유□□□□게 배우는

□·배

사무자동화산업기사 실기
과외노트 (MS Office 2021/2016/2010/2007)

저자 직강 무료 동영상 강의 제공

머리말

어린아이부터 어르신까지 누구든 그 배움에 소외되지 않게 알기 쉽게 강의하는 것

이것이 바로 강사로서의 저의 비전입니다.

'곰피디샘의 컴퓨터를 부탁해'라는 유튜브 채널을 통해 저의 비전의 통로가 될 수 있음에 감사한데, 언젠간 꼭 해 보고 싶었던 교재 출판의 꿈까지 채널을 통해 이룰 수 있게 되어 행복합니다.

본 교재는 독학하는 분들을 위해 쉽게 따라 하며 공부할 수 있도록 기초적인 내용까지 놓치지 않고 수록하였습니다. 특히, 가장 어려워하는 엑셀 함수는 제시된 문제를 암기해서 풀이하는 것이 아니라 함수 하나하나를 이해할 수 있도록 풀이하였습니다.

엑셀, 액세스, 파워포인트 공개문제와 실전 모의고사 문제를 반복해서 여러 번 풀이해 보고, 이해가 가지 않는 부분은 '곰피디샘의 컴퓨터를 부탁해' 채널의 강의 영상을 함께 보며 공부해 보시길 바랍니다.

시험을 준비하시는 모든 분들을 응원합니다.

편저자 씀

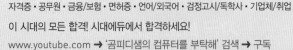

시험장 TIP

▣ 시험 당일 체크 리스트

체크	리스트
☐	**신분증을 챙겼는가?** ⋯▸ 신분증이 없으면 시험에 응시할 수 없으니 반드시 챙깁니다.
☐	**수험표를 출력하여 챙겼는가?** ⋯▸ 만약, 수험표를 출력하지 못한 수험생은 시험이 시작하기 전에 시험위원에게 문의하여 출력하도록 합니다.
☐	**검정색 볼펜을 챙겼는가?** ⋯▸ 개인별 답안표지와, 각 출력물에 비번호, 수험번호, 성명, 쪽번호를 입력해야 하므로 검정색 볼펜이 필요합니다(연필 또는 유색 필기구로 사용한 답안은 채점되지 않으며 0점 처리됩니다).
☐	**집에서 시험장까지 걸리는 시간을 확인했는가?** ⋯▸ 늦어도 시험 시작 30분 전에 도착해야 하므로 집에서 시험장까지 걸리는 시간을 미리 확인합니다.

▣ 시험장에 가면

❶ 대기실 : 시험장에 도착하면 대기실을 찾아서 대기실에서 대기합니다.

  ※ 시험시간 30분 전까지는 대기실에 입실해야 하며 수험번호에 따라서 대기실이 다를 수 있으니 자신의 수험번호에 맞는 대기실을 찾아서 대기합니다.

❷ 출석 확인 : 시험위원의 안내에 따라 신분증을 시험위원에게 보여준 후 출석 확인에 자신의 이름을 입력합니다.

❸ 비번호 뽑기 및 시험장 입실 : 출석 확인을 한 후 뽑기 통에 있는 비번호를 직접 뽑아서 왼쪽 가슴에 단 후 뽑은 비번호가 붙은 좌석에 착석합니다.

❹ 시험지 배부 및 유의사항 : 개인별 답안 표지와 시험지를 배부하고 시험위원이 수험자 유의사항에 대해서 설명합니다.

❺ 컴퓨터 오류 여부 확인 : 시험위원이 컴퓨터에 오류가 있는지 설치된 프로그램이 잘 실행되는지 확인할 수 있는 시간을 줍니다. 이상이 있을 시 자리를 변경할 수 있도록 요청합니다.

  ※ S/W를 지참한 수험자에 한해 설치시간 : 30분

❻ 시험 시작 : 시험이 시작되면 엑셀, 액세스, 파워포인트 문제를 2시간 동안 풀이합니다. 저장은 반드시 시험위원이 지정한 위치에 지정된 파일명(비번호)으로 저장합니다(중간중간 반드시 여러 번 저장합니다).

❼ 인쇄(10분) : 시험을 완료했으면 시험위원의 지시에 따라 USB에 저장하거나, 혹은 지정된 자리에서 파일을 열어 수험자가 직접 출력합니다(표계산(SP) 1매, 자료처리(DBMS) 2매, 시상(PT) 1매). 이때 인쇄 작업을 위한 제반 설정, 미리 보기 및 여백 등에 한해 수정할 수 있습니다.

❽ 인적사항과 쪽번호 기록 : 4매의 인쇄물 상단에 비번호, 수험번호, 성명을 입력하고 하단 중앙에는 쪽번호(4-1, 4-2, 4-3, 4-4)를 입력합니다. 개인별 답안 표지와 함께 시험위원에게 제출하고 퇴실합니다.

시험안내

◎ 사무자동화산업기사란?

일반 사무환경에서 사무작업을 하고 있는 실무자로 하여금 업무상 발생하는 데이터의 안전성을 확보하고, 작업효율을 증진시킴으로써 궁극적으로 인간중심의 정보문화 정착에 기여하며 보다 효율적으로 업무에 필요한 정보를 이용하게 하기 위하여 자격제도를 제정하였고 과정평가형 자격 취득 가능 종목입니다.

◎ 과정평가형 자격이란?

국가직무능력표준(NCS : National Competency Standards)으로 설계된 교육 · 훈련과정을 체계적으로 이수하고 내 · 외부 평가를 거쳐 취득하는 국가기술자격입니다.

◎ 응시자격

❶ 기능사(타 산업기사, 타 자격 포함) 이상+실무 1년 이상
❷ 동일분야 자격 산업기사 이상
❸ 2년제 또는 3년제 졸업자, 예정자(관련학과)
❹ 4년제 관련학과 전 과정의 1/2 이상 수료자
❺ 실무경력 2년 이상

◎ 응시료

필기	실기
19,400원	31,000원

▣ 검정방법

구분	문항 및 시험방법	시험시간	합격 기준
필기	1. 사무자동화시스템 2. 사무경영관리개론 3. 프로그래밍일반 4. 정보통신개론	2시간 (과목당 30분)	100점을 만점으로 하여 과목당 40점 이상, 전과목 평균 60점 이상
실기	사무자동화 실무	2시간	100점 만점 60점 이상

▣ 시험일정(2024년 기준)

구분	필기			실기		
	필기원서접수 (휴일제외)	필기시험	필기합격 (예정자)발표	실기원서접수 (휴일제외)	실기시험	최종합격자 발표일
정기 기사 1회	1.23~1.26	2.15~3.07	3.13	3.26~3.29	4.27~5.17	6.18
정기 기사 2회	4.16~4.19	5.09~5.28	6.05	6.25~6.28	7.28~8.14	9.10
정기 기사 3회	6.18~6.21	7.05~7.27	8.07	9.10~9.13	10.19~11.08	12.11

▣ 검정현황

연도	필기			실기		
	응시	합격	합격률	응시	합격	합격률
2023년	11,142명	6,241명	56.0%	6,678명	4,727명	70.8%
2022년	10,619명	5,905명	55.6%	6,461명	4,578명	70.9%
2021년	12,044명	6,845명	56.8%	7,306명	4,904명	67.1%
2020년	8,739명	5,157명	59.0%	6,896명	4,358명	63.2%
2019년	14,421명	9,521명	66.0%	10,289명	6,237명	60.6%
2018년	13,861명	8,213명	59.3%	8,997명	5,022명	55.8%

❖ 정확한 시험 일정 및 세부사항에 대해서는 시행처에서 반드시 확인하시기 바랍니다.

이 책의 구성과 특징

상세한 공개문제 풀이

▶ 엑셀, 액세스, 파워포인트를 처음 사용해보시는 분들도 따라할 수 있도록 상세하게 설명하였습니다. 또한 Tip과 Q&A를 통해 저자의 노하우도 배워보세요.

▶ 저자 직강 무료 동영상 강의를 쉽고 편하게 시청할 수 있도록 QR을 수록하였습니다. 각 내용에 알맞은 강의를 연결하여 공부해 보세요.

실전 모의고사 문제로 실전 감각 익히기

▶ 사무자동화산업기사 시험의 노하우를 가진 저자가 출제경향을 분석하여 실제 시험과 비슷한 수준으로 문제를 생성하였습니다. 문제를 풀면서 실전 감각을 익히고 동영상 강의로 풀이과정을 보면서 복습해 보세요.

Q&A 자주하는 질문

Q 엑셀, 파워포인트, 액세스 작업 시 정해진 순서가 있나요?

순서는 상관없이 수험자가 편한 순서대로 작업하도록 합니다. 표계산(SP) 작업 A4용지 1매, 자료처리(DBMS) 작업 A4용지 2매, 시상(PT) 작업 A4용지 1매 총 4매를 순서에 상관없이 출력만 하면 됩니다.

Q 시험장에서 인쇄는 어떻게 하나요?

인쇄는 반드시 수험자 본인이 단 1회를 원칙으로 직접 출력하되 기계적인 결함이나 화면상의 표시와 인쇄 출력물의 결과가 상이할 경우에 한하여 수험자가 원하는 경우 추가로 1회 출력할 수 있습니다. 또한 인쇄를 할 때는 시험장에 따라 USB에 저장하거나, 감독관이 지정한 폴더에 저장한 후 감독관이 지정한 자리에서 출력하면 됩니다. 출력에 관해 어려움이 있으면 감독관의 도움을 받을 수 있습니다.

Q 머리글/바닥글을 이용하여 인쇄물 상단에 인적사항과 하단에 쪽번호를 입력해도 되나요?

상단의 인적사항과 하단의 쪽번호는 반드시 자필로 기입해 주어야 합니다. 상단의 6cm의 여백을 지정한 후 비번호, 수험번호, 성명을 기입하고, 하단에 쪽번호를 4-1, 4-2, 4-3, 4-4로 기입합니다.

Q 어떨 때 실격이 되나요?

(가) 시험시간 내에 요구사항을 완성하지 못한 경우(최종 출력물 4장 미만인 경우)

(나) 3개 작업(SP, DB, PT)에서 요구사항에 제시된 세부작업(작업표, 그래프, 조회화면, 보고서, 제1 슬라이드, 제2 슬라이드) 중 어느 하나라도 누락된 경우

(다) SP : 작업표 또는 그래프에서 그 득점이 0점인 경우

(라) SP : 작업표에서 수식을 작성치 않은 경우

(마) SP : 그래프에서 데이터영역(범위)설정 오류로 요구사항과 맞지 않는 경우

(바) DB : 조회화면 또는 보고서에서 그 득점이 0점인 경우

(사) DB : 조회화면에서 SQL 문을 작성치 않은 경우(공란인 경우)

(아) DB : 보고서에서 중간, 결과행 동시 오류로 0점 처리된 경우

(자) PT : 제1 슬라이드에서 그 득점이 0점인 경우

(차) PT : 제2 슬라이드에서 그 득점이 0점인 경우

(카) 기타 각 작업에서 지성한 요구사항과 맞지 않은 경우

(타) 기능이 해당 등급 수준에 전혀 도달하지 못한 것으로 시험위원이 판단할 경우 또는 시험 중 시설장비의 조작 취급이 미숙하여 위해를 일으킨 것으로 예상되어 시험위원 전원이 합의한 경우

(파) 제출한 파일 내용과 출력물의 내용이 상이한 경우

(하) 수험자 본인이 수험 도중 시험에 대한 포기 의사를 표시하는 경우

Q 실기시험 보러 갈 때 챙겨야 할 준비물은 무엇인가요?

수험표와 신분증(주민등록증, 운전면허 등), 검은색 필기구(연필류, 유색 필기구, 지워지는 펜은 안 됨)를 준비합니다. 신분증을 지참하지 않으면 시험을 응시할 수 없으니 반드시 지참하도록 합니다.

Q 엑셀의 값이 들어 있는 셀이 '####'으로 나타납니다.

열의 너비를 늘려서 셀 안에 있는 값이 모두 나타나도록 지정합니다.

Q 엑셀 수식 입력할 때 작은따옴표(')를 넣는 이유는?

=로 시작하는 수식은 계산 값으로 나타납니다. 수식을 문자열로 지정하려면 수식 앞에 작은 따옴표(')를 넣어준 후 수식을 복사하면 문자열로 나타납니다.

Q 엑셀에서 인쇄 미리 보기를 했더니 엑셀 표 테두리가 깨져 보여요.

미리 보기 화면은 축소해서 보이는 화면이기 때문에 테두리가 보이지 않을 수 있습니다. 실제 출력을 하게 되면 제대로 출력이 되니 걱정하지 않아도 됩니다.

Q 엑셀에서 금액에 대한 수치를 원화(₩)로 표시할 때 표시형식을 [회계]와 [통화] 중에서 어떤 형식으로 지정해야 하나요?

회계 또는 통화 둘 다 사용해도 됩니다. 원화(₩)표시만 지정되면 감점되지는 않습니다.

Q 엑셀에서 그래프를 만들었는데 범위를 잘못 지정해서 차트를 만들었어요. 다시 처음부터 만들어야 할까요?

차트의 범위를 잘못 지정한 경우에는 차트를 선택한 후 차트 도구의 [디자인]-[데이터 선택]을 클릭하여 범위를 다시 지정할 수 있습니다.

Q 엑셀 그래프 제목의 크기를 [확대출력] 하라는 건 어떻게 하면 되나요?

그래프 제목의 크기가 정확하게 제시될 때는 그 크기대로 지정하면 됩니다. 확대출력은 그래프의 X축, Y축의 글자 크기보다 크게 출력하면 되기 때문에 수험자가 적당하게 크기를 지정하면 됩니다.

Q&A 자주하는 질문

Q 액세스에서 폼과 보고서 쿼리에 눈금 표시 때문에 작업하기가 불편해요

폼과 보고서 쿼리의 [디자인 보기]에서 마우스 우클릭 후 [눈금]을 선택해 줍니다.

Q 액세스의 테이블1과 테이블2의 값과 필드 속성을 잘못 입력했어요. 처음부터 다시 만들어야 하나요?

테이블1과 테이블2의 값을 다시 수정해주면 쿼리와 폼이 변경된 값으로 변경됩니다.

Q 도형 색 채우기를 할 때 "회색 40%" 정도는 어떻게 지정하나요?

[서식]–[도형 채우기]에서 [흰색, 배경 1, 35% 더 어둡게]로 지정합니다.

Q 슬라이드 크기는 표준(4:3)과 와이드스크린(16:9) 중에 어떤걸로 하나요?

슬라이드 크기는 둘 중에 원하는 크기로 선택하여 지정해도 됩니다. 문제를 보고 수험자가 판단하여 선택합니다.

Q 두 개의 슬라이드를 한 장으로 어떻게 인쇄하나요?

[파일]–[인쇄]에서 [전체 페이지 슬라이드]를 유인물 [2슬라이드]로 변경합니다.

Q 파워포인트에서 상단 6cm 여백은 어디서 주나요?

파워포인트에서는 여백 지정이 불가능합니다. 파워포인트에서 출력을 하면 상단 여백이 적당히 있는 상태에서 출력되기 때문에 그대로 인쇄하여 인적사항을 기록합니다.

예제 파일 다운로드

예제 파일 및 부록 실습 자료는 시대에듀 사이트 (www.sdedu.co.kr/book/)의 [프로그램]에서 「유선배 사무자동화산업기사」를 검색한 후 첨부 파일을 다운로드 받아주세요.

이 책의 목차

이 책의 목차

유튜브 선생님에게 배우는

유선배

PART 1
엑셀(Excel)
공개문제
파헤치기

엑셀 공개문제 1회

표 계산(SP) 작업

한국대학 사무자동화과에서는 학생 성적 처리를 스프레드시트를 통해 처리하려고 한다. 다음 자료(DATA)를 이용하여 작성 조건에 따라 작업표와 그래프를 작성하고, 그 인쇄 출력물을 제출하시오.

가. 작업표(WORK SHEET) 작성

1) 자료(DATA)

학생별 성적자료

열 행	A	B	C	D
2	학생이름	과제등급	중간	기말
3	김기찬	C	70	73
4	김수진	C	50	49
5	김정현	A	45	60
6	김찬진	C	69	82
7	박찬호	B	54	58
8	박현정	C	77	78
9	신명훈	A	85	74
10	이소라	B	84	65
11	이재민	C	57	80
12	최종혁	C	48	50
13	최진현	B	58	68
14	홍길동	A	70	72
15	송대관	A	62	80
16	송수정	B	65	88
17	송경관	A	62	92
18	김춘봉	B	82	48
19	임현식	A	55	64
20	임경철	C	76	60
21	신기한	A	54	60
22	김경태	B	50	45

※ 자료(DATA) 부분에서 음영 처리 표시된 부분은 행/열의 기준을 나타내며 이는 작성(입력)하지 않음을 반드시 유의하시오.

2) 작업표 형식

학생 성적 현황

열＼행	A	B	C	D	E	F	G	H	I	J
2	학생이름	과제등급	중간	기말	과제점수	총점	조정점수	최종점수	총점순위	평가
3 . 22	–	–	–	–	①	②	③	④	⑤	⑥
23	평균		⑦	⑦	⑦	⑦	⑦	⑦		
24	85점 이상인 학생수							⑧		
25	과제등급이 A 또는 B인 학생들의 최종점수의 합							⑨		
26	⑩									
27	총점순위가 10 이상 15 이하인 합						⑪	⑪		
28	이씨이면서 과제등급이 B 또는 C인 합						⑫	⑫		
29	⑬									

3) 작성 조건

가) 작성 시 유의 사항

Ⓐ 작업표의 작성은 "나)~라)" 항에 제시된 내용을 따르고 반드시 제시된 조건(함수 적용, 단서 조항 등)에 따라 처리하시오.

Ⓑ **제시된 작성 조건을 따르지 아니하고 여타의 방법 일체**(제시된 함수 이외 다른 함수 적용, 함수 미적용, 별도 전자계산기 사용 등)를 사용하여 도출된 결과는 그 답이 맞더라도 **정답으로 인정되지 않음**을 반드시 유의하시오.

나) 작업표의 구성 및 서식

Ⓐ **"작업표 형식"에서 행과 열에 관계된 음영 처리 표시된 부분은 작성하지 않음을 유의하고 반드시 제시된 행/열에 맞추도록 하시오.**

Ⓑ 제목서식 : 16 포인트 크기로 하시오.

Ⓒ 글꼴서체 : 임의 선정하시오.

다) 원문자가 표시된 셀은 아래의 방법을 이용하여 처리하시오.

① 과제점수 : 과제등급이 "A"이면 20, "B"이면 15, "C"이면 10으로 하시오.

② 총점 = 과제점수+((중간+기말)×40%)

③ 조정점수 : 기말이 중간보다 크거나 같으면 조정점수는 기말× 20%, 기말이 중간보다 작으면 조정점수는 중간×10%

④ 최종점수 = 총점+조정점수

⑤ 총점순위 : 최종점수를 기준으로 순위를 산정하시오(단, 최종점수 가 가장 높은 경우 순위를 1로 한다).

⑥ 평가 : 최종점수가 90 이상이면 "최우수", 80 이상 90 미만이면 "우수", 60 미만이면 "미달", 그 외는 "보통"

⑦ 각 항목의 평균을 구하시오.

⑧ 최종점수가 85점 이상인 학생 수를 계산하시오.

⑨ 과제등급이 A 또는 B인 학생들의 최종점수의 합을 산출하시오(단, 소수 첫 번째 자리에서 반올림하여 정수로 표시하는 ROUND 함수 와 SUMPRODUCT, ISNUMBER, FIND 함수를 모두 사용한 수식 을 작성하시오).

⑩ ⑨에 적용된 수식을(함수) 기재하시오("="는 생략).

⑪ 총점순위가 10 이상 15 이하인 조정점수, 최종점수의 합을 각각 산 출하시오.

⑫ 성이 이씨이면서 과제등급이 B 또는 C인 조정점수, 최종점수의 합 을 각각 산출하시오.

⑬ 작성 조건 ⑫에 사용된 수식을 기재하시오.

　– 단, 조정점수 기준으로

　– 수식에 SUMPRODUCT, LEFT 함수 반드시 포함

> ※ 함수식을 기재하는 셀과 연관된 지정함수조건(함수지정)이 있을 경우 제시 된 함수만을 사용해 함수식을 구성 및 작업하여야 하며, 작성 조건을 위배 하여 임의로 작성할 시 해당 답이 맞더라도 틀린 항목으로 채점됨을 유의 하시오. 만약, 구체적인 함수가 제시되지 않을 경우 수험자가 스스로 적합 한 함수를 선정하여 작업하시오.
>
> ※ 또한 함수식을 작성할 때는 "라) 작업표의 정렬순서(SORT)"에 따라 조건에 맞게 정렬 후 도출된 결과에 의한 함수식을 기재하시오.

라) 작업표의 정렬순서(SORT)는 최종점수의 내림차순으로 하고, 최종점수 가 같으면 과제등급의 오름차순으로 하시오.

마) 기타

(1) 금액에 대한 수치는 원화(₩) 표시를 하고 천 단위마다 ','(Comma) 를 표시하시오(단, 금액 이외의 수치는 ','(Comma)를 표시하지 않 도록 하시오).

(2) 모든 수치(숫자, 통화, 회계, 백분율 등)는 셀 서식의 속성을 설정 하는 과정에서 소수 자릿수를 "0"으로 지정하여 정수로 표시토록 하시오.

(3) 음수는 "–"가 표시되도록 하시오.

(4) 숫자 셀은 우측을 수직으로 맞추고, 문자 셀은 수평중앙으로 맞추며 이외 사항은 작업표 형식에 따르도록 하시오. 특히, 단서조항이 있을 경우는 단서조항을 우선으로 하고, 인쇄출력 시 판독 불가능이 발생되지 않도록 인쇄 미리 보기 등을 통하여 셀의 크기를 적당히 조정하시오.

나. 그래프(GRAPH) 작성

작성한 "학생 성적 현황"에서 최종점수가 85점 이상인 학생이름별 총점과 조정점수를 나타내는 그래프를 작성하시오.

작성 조건

1) 그래프 형태 : 혼합형 단일축 그래프
   총점(묶은 세로 막대형), 조정점수(데이터 표식이 있는 꺾은선형)
   (단, 총점만 데이터 레이블의 값이 표시된 혼합형 단일축 그래프로 하시오)

2) 그래프 제목 : 학생별 성적현황 – – – – (확대출력)

3) X축 제목 : 학생이름

4) Y축 제목 : 점수

5) X축 항목 단위 : 해당 문자열

6) Y축 눈금 단위 : 임의

7) 범례 : 총점, 조정점수

8) 출력물 크기 : A4 용지 1/2장 범위 내

9) 기타 : 작성 조건에 없는 형식이나 모양은 기본 설정값에 따르며, 그래프 너비는 작업표에 맞추도록 하시오.

※ 그래프는 반드시 작성된 작업표와 연동하여 작업하여야 하며, 그래프의 영역(범위) 설정 오류로 인한 불이익은 전적으로 수험자 본인에게 있습니다.

01 저장하기

1) [시작] ➡ [Microsoft Office] ➡ [Microsoft Excel 2016]을 클릭하여 엑셀을 실행합니다.

2) [새 통합 문서]를 클릭합니다.

Tip

엑셀 2007 버전
[오피스 단추 🏢]-[저장]

엑셀 2010 버전
[파일]-[저장]

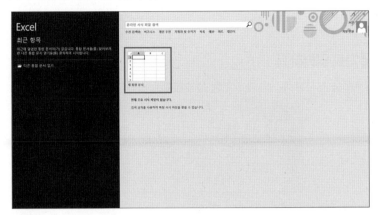

2) [파일]-[저장]-[찾아보기]를 클릭한 후 저장 위치는 [바탕화면]-[비번호 폴더] 안에 파일이름을 SP-비번호로 입력한 후 [확인]을 클릭합니다.

Tip

저장 위치와 파일명은 시험
당일 시험위원의 지시에 따
라 지정된 곳에 지정된 파일
명으로 저장해야 합니다.

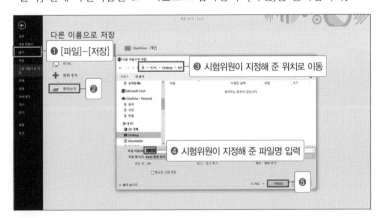

작업표를 작성할 때에는 자료(DATA)와 작업표 형식 문제를 잘 살펴보고 셀의 위치를 확인하여 오타가 나지 않고 작성해야 합니다. 오타가 발생하면 다음 문제까지 영향을 끼치기 때문에 실격될 확률이 높습니다. 또한 숨겨져 있는 열이 있을 수 있으니 자료(DATA)와 작업표 형식에 맞춰 작성해야 합니다.

> **Tip**
>
> 엑셀에서 데이터를 입력하고 Enter 를 누르면 아래 셀로 이동하고 Tab 을 누르면 우측 셀로 이동됩니다.

1 자료 입력하기

1) 엑셀을 실행한 후, A1셀에 학생 성적 현황을 입력하고 Enter 를 누릅니다.

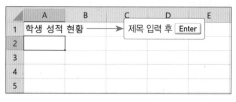

2) 아래와 같이 나머지 데이터를 입력합니다.

과제등급을 입력할 때는 B3:B4셀을 선택한 후 Ctrl 을 누른 채 B6, B8, B11:12, B20셀을 선택한 후 문자열 C를 입력하고 Ctrl + Enter 를 누릅니다.

> **Tip**
>
> **과제등급에서 같은 문자열을 입력할 때**
> - 채우기 핸들을 이용하여 같은 문자열을 채워 넣습니다.
> - 같은 문자열이 입력될 셀을 Ctrl 을 이용하여 선택한 후 내용을 입력하고 Ctrl + Enter 를 누릅니다.

	A	B	C	D	E	F	G	H	I	J	K
1	학생 성적 현황										
2	학생이름	과제등급	중간	기말	과제점수	총점	조정점수	최종점수	총점순위	평가	
3	김기찬	C	70	73							
4	김수진	C	50	49							
5	김정현	A	45	60							
6	김찬진	C	69	82							
7	박찬호	B	54	58							
8	박현정	C	77	78							
9	신명훈	A	85	74							
10	이소라	B	84	65							
11	이재민	C	57	80							
12	최종혁	C	48	50							
13	최진현	B	58	68							
14	홍길동	A	70	72							
15	송대관	A	62	80							
16	송수정	B	65	88							
17	송경관	A	62	92							
18	김준봉	B	82	48							
19	임현식	A	55	64							
20	임경철	C	76	60							
21	신기한	A	54	60							
22	김경태	B	50	45							
23	평균										
24	85점 이상인 학생수										
25	과제등급이 A 또는 B인 학생들의 최종점수의 합										
26											
27	총점순위가 10 이상 15 이하인 합										
28	이씨이면서 과제등급이 B 또는 C인 합										

> 같은 문자열이 입력될 셀을 Ctrl 을 이용하여 선택한 후 내용을 입력하고 Ctrl + Enter 를 누릅니다.

> 셀 병합은 데이터를 입력하며 따로 하지 말고, 데이터 입력 후 한꺼번에 선택하여 셀 병합을 지정합니다.

② 병합하고 가운데 맞춤

1) A1:J1까지 드래그하여 선택합니다. **Ctrl**을 누른 상태에서 A23:B23,
   A24:G24, A25:G25, A26:J26, A27:F27, A28:F28, A29:J29,
   I27:J28, I23:J25셀까지 드래그하여 선택합니다.

2) [홈]-[병합하고 가운데 맞춤]을 클릭합니다.

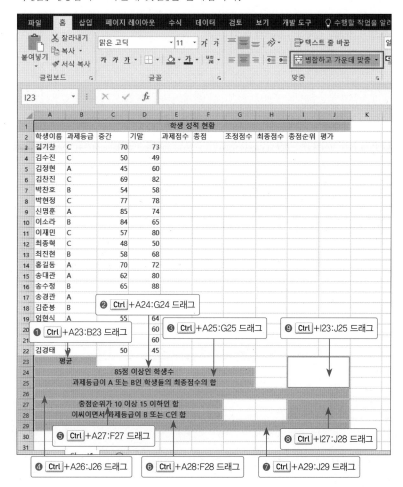

Tip

**셀 안에 데이터가 '####'
으로 표시될 때**

- 열너비가 충분하지 않을
  때 – 열과 열 사이를 더
  블 클릭 또는 드래그하여
  늘려줍니다.
- 날짜 또는 시간이 음수일
  경우

03 조건 문제 풀이

① 과제점수 : 과제등급이 "A"이면 20, "B"이면 15, "C"이면 10으로 하시오.

조건1   참1   조건2   참2   거짓

조건이 3개일 경우 IF 함수의 공식

=IF(조건1,참1,IF(조건2,참2,거짓))

조건1 : 과제등급="A"   참1 : 20

조건2 : 과제등급="B"   참2 : 15

거짓 : 10

❍ IF 함수의 마지막 3번째 조건인 과제등급이 "C"이면 조건의 IF는 생략 가능합니다. 과제등급이 A와 B가 아닐 경우 나머지는 "C"라는 거짓 값으로 넣어줍니다.

	A	B	C	D	E	F	G	H	I	J
1	학생 성적 현황									
2	학생이름	과제등급	중간	기말	과제점수	총점	조정점수	최종점수	총점순위	평가
3	김기찬	C	70	73	=IF(B3="A",20,IF(B3="B",15,10))					
4	김수진	C	50	49						
5	김정현	A	45	60						
6	김찬진	C	69	82						
7	박찬호	B	54	58						
8	박현정	C	77	78						
9	신명훈	A	85	74						
10	이소라	B	84	65						

E3셀에 수식 입력

=IF(B3="A",20,IF(B3="B",15,10)

조건1   참1   조건2   참2 거짓

조건1	B3(과제등급)이 "A"이면	**참1**	20이라는 숫자 값을 나타내고
조건2	B3(과제등급)이 "B"이면	**참2**	15이라는 숫자 값을 나타내고
거짓	B3(과제등급)이 "A"나 "B"가 아닌 나머지는 10이라는 값을 나타내라.		

1) B3셀에 =IF(B3="A",20,까지 입력한 후 IF(B3="A",20,까지 드래그하여 마우스 우클릭을 한 후 [복사] 또는 Ctrl + C 를 누릅니다.

	A	B	C	D	E	F	G	H	I	J
1	학생 성적 현황									
2	학생이름	과제등급	중간	기말	과제점수	총점			러	평가
3	김기찬	C	70	73	=IF(B3="A",20,					
4	김수진	C	50	49	IF(logical_test, [value_if_true], [value_if_false])					
5	김정현	A	45	60						
6	김찬진	C	69	82						
7	박찬호	B	54	58						
8	박현정	C	77	78						
9	신명훈	A	85	74						

❶ 블록 지정
❷ Ctrl + C

2) 수식 끝에 커서를 두고 마우스 우클릭을 한 후 [붙여넣기] 또는 **Ctrl** + **V** 를 누릅니다. "A"를 "B"로 고치고, 20을 15로 변경합니다.

❶ 수식 끝에 커서 위치   ❷ **Ctrl** + **V**

3) 마지막으로 거짓 값인 10을 입력하고 두 번째 IF 함수의 닫는 소괄호 ')', 첫 번째 IF 함수의 닫는 소괄호 ')', 총 닫는 소괄호를 2번 '))' 입력한 후 **Enter** 를 누릅니다.

○ 비교 연산자

연산자	의미	연산자	의미
>=	이상(크거나 같다)	<=	이하(작거나 같다)
>	초과(크다)	<	미만(작다)
=	같다(이면)	<>	같지 않다

② 총점 = 과제점수+((중간+기말)×40%)

	A	B	C	D	E	F	G	H	I
1				학생 성적 현황					
2	학생이름	과제등급	중간	기말	과제점수	총점	조정점수	최종점수	총점순위	평ㅣ
3	김기찬	C	70	73	10	=E3+((C3+D3)*40%)			
4	김수진	C	50	49					
5	김정현	A	45	60					

1) F3셀을 선택한 후 =을 입력하고 과제점수 셀인 E3셀을 클릭합니다.
2) +를 입력하고 여는 소괄호 '((' 2개를 입력합니다.
3) 중간점수인 C3셀을 클릭한 후 +를 입력하고 기말점수인 D3셀을 클릭한 후 닫는 소괄호 ')'를 입력합니다.
4) *(곱하기)와 40%를 입력하고 닫는 소괄호 ')'를 입력한 후 **Enter** 를 누릅니다.

③ 조정점수 : 기말이 중간보다 <u>크거나 같으면</u> 조정점수는 <u>기말×20%</u>

조건   참

기말이 중간보다 <u>작으면</u> 조정점수는 <u>중간×10%</u>

거짓

조건이 2개일 경우 IF 함수의 공식

=IF(조건, 참, 거짓)

조건 : 기말>=중간   참 : 기말*20%

거짓 : 중간*10%

Q & A

함수의 닫는 소괄호를 넘지 않고 엔터를 한다면..

함수의 닫는 소괄호 ')'는 함수의 개수대로 닫아 줍니다. 함수가 1개일 경우에는 닫는 소괄호 ')'를 닫지 않아도 수식이 완성되지만, 중첩 함수일 경우에는 함수의 개수만큼 함수의 공식이 끝나는 위치에서 닫아 주어야 합니다.

중첩 IF 함수 같은 경우에는 마지막에 IF의 개수만큼 소괄호를 한꺼번에 닫아 주거나 그냥 **Enter** 를 눌렀을 경우 아래와 같은 창이 나오면 [예]를 클릭하여 수식을 완성해줍니다.

Tip

반드시 문제에 출제되는 내용으로, 연산 우선순위대로 계산이 되어야 하므로 문제에 나와 있는 소괄호 위치 그대로 넣어주어야 합니다.

Tip

40% 대신 0.4를 입력해서 =E3+((C3+D3)*0.4)로 입력해주어도 같은 결과가 나타납니다.

	A	B	C	D	E	F	G	H	I	J
1					학생 성적 현황					
2	학생이름	과제등급	중간	기말	과제점수	총점	조정점수	최종점수	총점순위	평가
3	김기찬	C	70	73	10	67.2	=IF(D3>=C3,D3*20%,C3*10%)			
4	김수진	C	50	49						
5	김정현	A	45	60						
6	김찬진	C	69	82						

G3셀에 수식 입력

$$=IF(D3>=C3,D3*20\%,C3*10\%)$$

조건　　　　참　　　　거짓

조건	D3(기말)이 C3(중간)보다 크거나 같으면
참	D3(기말) 점수에서 20%를 곱하고
거짓	그렇지 않으면(기말이 중간보다 작다면) C3(중간) 점수에서 10%를 곱해서 나타내라.

④ 최종점수 = 총점+조정점수

	A	B	C	D	E	F	G	H	I	J
1					학생 성적 현황					
2	학생이름	과제등급	중간	기말	과제점수	총점	조정점수	최종점수	총점순위	평가
3	김기찬	C	70	73	10	67.2	14.6	=F3+G3		
4	김수진	C	50	49						
5	김정현	A	45	60						
6	김찬진	C	69	82						

H3셀에 수식 입력

1) H3셀을 선택한 후 =을 입력하고 총점 셀인 F3셀을 클릭합니다.

2) +를 입력하고 조정점수 셀인 G3셀을 클릭한 후 Enter 를 누릅니다. 김기찬의 총점과 조정점수가 더해진 값이 나타납니다.

⑤ 총점순위 : 최종점수를 기준으로 순위를 산정하시오(단, 최종점수가 가장 높은 경우 순위를 1로 한다).

내림차순 순위를 구하는 RANK 함수의 공식

=RANK(내 점수, 전체 점수 범위)

절대참조(F4키)

◆ 최종점수를 기준으로 순위를 구해야 하므로 김기찬의 최종점수(H3)가 전체 '최종점수 전체 범위(H3:H22)' 중에서 몇 위인지 구해야 합니다.

◐ 김기찬의 순위를 구한 후 채우기 핸들을 끌어서 김경태의 순위까지 구해야 하는데, 이때 '최종점수 전체 범위(H3:H22)'를 절대참조로 지정해 주지 않으면 제대로 된 결과가 나오지 않습니다. 반드시 최종점수 전체 범위(H3:H22)는 F4 를 한번 눌러 절대참조로 변경해 줍니다.

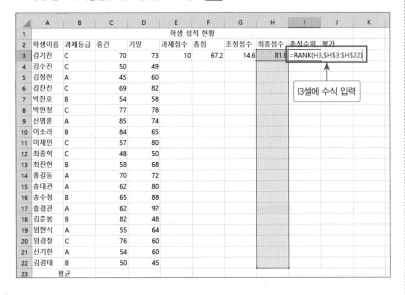

Tip

내림차순 & 오름차순 순위
- 내림차순 순위 : 가장 높은 값이 1위, 가장 낮은 값이 마지막 순위가 되는 방식(마지막 옵션을 생략하거나 0을 넣어 줌)
- 오름차순 순위 : 가장 낮은 값이 1위, 가장 높은 값이 마지막 순위가 되는 방식(마지막 옵션에 1을 넣어 줌)

=RANK(H3,$H$3:$H$22)

내 점수 전체 점수 범위

1) I3셀을 선택한 후 =RANK(까지 입력한 후 김기찬의 최종점수인 H3셀을 클릭한 후 ,(쉼표)를 입력합니다.
2) 김기찬에서부터 김경태까지의 전체 최종점수 범위를 선택하기 위해서 H3:H22셀까지 드래그합니다.
3) 이 범위는 절대 바뀌지 않을 절대참조로 지정해야 하므로 H3:H22를 키보드의 F4 를 한번 눌러 절대참조($H$3:$H$22)로 지정합니다.
4) Enter 를 눌러서 수식을 완료합니다.

Tip

상대참조
셀에 수식을 작성한 후 채우기 핸들로 복사할 때 위치에 따라 셀 주소도 함께 바뀌는 참조방식(※ J5, H3:H22)

절대참조와 상대참조 결과의 차이

〈RANK 함수의 전체 점수 범위를 절대참조로 지정하지 않았다면〉

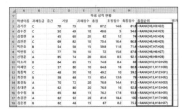

절대 변하면 안 되는 H3:H22셀 주소의 행이 밀리면서 제대로 된 결과가 나오지 않습니다.

전체 점수 범위가 밀리면서 최종점수가 같지 않음에도 순위가 동일하게 나오는 오류가 생깁니다.

Tip

절대참조
셀에 수식을 작성한 후 채우기 핸들로 복사하더라도 셀 주소는 절대 변하지 않는 참조방식(※ $J$5, $H$3:$H$22)

〈RANK 함수의 전체 점수 범위를 절대참조로 지정했다면〉

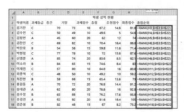
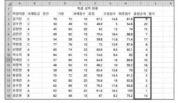

H3:H22셀이 절대 변경되지 않은 절대참조로 지정이 되면서 순위가 올바르게 구해졌습니다.

⑥ 평가 : 최종점수가 90 이상이면 "최우수", 80 이상 90 미만이면 "우수",
　　　　　 조건1　　　　　　　참1　　　조건2　　　　　　　　참2

　　 60 미만이면 "미달", 그 외에는 "보통"
　　　 조건3　　 참3　　　　　　 거짓

조건이 4개일 경우 IF 함수의 공식

=IF(조건1, 참1, IF(조건2, 참2, IF(조건3, 참3, 거짓)))

조건1 : 최종점수>=90　　　　　　　참1 : "최우수"

조건2 : 최종점수>=80　　　　　　　참2 : "우수"

조건3 : 최종점수<60　　　　　　　참3 : "미달"

　　　　　　　　　　　　　　　　 거짓 : "보통"

❶ 조건2의 "최종점수가 80 이상 90 미만이면" 조건은 언뜻 보면 조건이 2개인 것 같아 헷갈릴
　 수 있지만 "최종점수가 80 이상이면"이라는 조건으로만 IF문에서 사용해 줍니다.

❶ 마지막 "그 외에는"이라는 조건의 IF문은 생략하고 거짓 값만 "보통"이라고 넣어줍니다.

=IF(H3>=90,"최우수",IF(H3>=80,"우수",
　　 조건1　　　 참1　　　 조건2　　 참2

IF(H3<60,"미달","보통")))
　 조건3　　 참3　　 거짓

조건1	H2(최종점수)가 90 이상이면	참1	"최우수"라는 문자열을 나타내고
조건2	H2(최종점수)가 80 이상이면	참2	"우수"라는 문자열을 나타내고

1) J3셀에 =IF(H3>=90,"최우수",까지 입력한 후 IF(H3>=90,"최우수",까지 드래그하여 마우스 우클릭을 한 후 [복사] 또는 Ctrl + C 를 누릅니다.

2) 수식 끝에 커서를 두고 마우스 우클릭을 한 후 [붙여넣기] 또는 Ctrl + V 를 2번 누릅니다.

3) 수식을 아래와 같이 =IF(H3>=90,"최우수",IF(H3>=80,"우수",IF(H3<60,"미달",로 변경합니다.

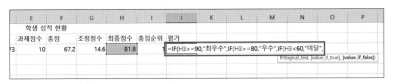

4) 마지막 최종점수가 90 이상도 아니고, 80 이상도 아니고, 60 미만도 아니면 "보통"이라고 입력을 해야 하므로 **"보통"**을 입력하고 IF 함수가 3개이므로 닫는 괄호 3개 ')))'를 입력한 후 Enter 를 누릅니다.

5) 수식을 다 채워넣기 위해서, E3:J3셀까지 드래그하여 선택한 후 채우기 핸들에서 마우스 포인터가 검정색 십자 모양(十)일 때 22행까지 드래그합니다.

Tip

수식에 문자열을 나타낼 때는 반드시 ""(큰따옴표) 안에 문자열을 넣어주어야 합니다.
=IF(H2>90,"최우수","우수")

Tip

복사하지 않고 직접 입력하여 수식을 구해도 됩니다.

Tip

복사한 수식을 변경할 때는 변경할 글자를 드래그하여 블록 지정한 후 새로운 글자를 입력하여 주면 기존 글자는 지워지고 새로운 글자가 입력됩니다.

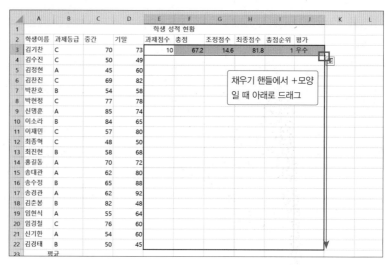

채우기 핸들에서 +모양
일 때 아래로 드래그

6) 모든 수식들이 채워졌습니다. 수식들이 맞게 채워졌는지 다시 한번 점검해
줍니다.

Tip

여기서는 첫 번째 줄의 수식
을 구한 후 한꺼번에 블록
지정하고 채우기 핸들로 끌
어서 나머지 값들도 채워줍
니다. 물론 하나씩 수식을
구한 후에 채우기 핸들로 채
워주어도 됩니다.

모든 수식들이
채워졌는지 확인

⑦ 각 항목의 평균을 계산하시오.

▶ 유선배 강의

평균을 구하는 AVERAGE 함수

=AVERAGE(범위)

1) C23셀을 선택한 후 =AVERAGE(까지 입력한 후 C3:C22셀까지 드래그한
후 Enter 를 누릅니다.

2) C23셀을 다시 선택한 후 채우기 핸들에서 마우스 커서가 +로 바뀌면 H23
셀까지 드래그하여 채워줍니다.

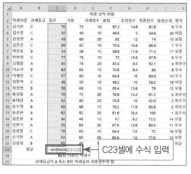 

C23셀에 수식 입력

채우기 핸들로 드래그

과제등급이 A 또는 B인 학생들의 최종점수의 합

⑧ 최종점수가 85점 이상인 학생 수를 계산하시오.

조건을 만족하는 개수를 구하는 COUNTIF 함수의 공식
=COUNTIF(조건범위,"조건")

$$=COUNTIF(\underline{H3:H22},\underline{">=85"})$$

조건범위   조건

● 조건범위인 최종점수(H3:H22) 중에서 85보다 크거나 같은 게 몇 개인지를 구합니다.

	A	B	C	D	E	F	G	H	I	J	K	L
1					학생 성적 현황							
2	학생이름	과제등급	중간		기말	과제점수	총점	조정점수	최종점수	총점순위	평가	
3	김기찬	C	70	73	10	67.2	14.6	81.8	9	우수		
4	김수진	C	50	49	10	49.6	5	54.6	20	미달		
5	김정현	A	45	60	20	62	12	74	15	보통		
6	김찬진	A	69	82	10	70.4	16.4	86.8	7	우수		
7	박찬호	B	54	58	15	59.8	11.6	71.4	17	보통		
8	박현정	C	77	78	10	72	15.6	87.6	6	우수		
9	신명훈	C	85	74	20	83.6	8.5	92.1	4	최우수		
10	이소라	C	84	65	15	74.6	8.4	83	8	우수		
11	이재민	C	57	80	10	64.8	16	80.8	10	우수		
12	최종혁	C	48	50	10	49.2	10	59.2	18	미달		
13	최진현	B	58	68	15	65.4	13.6	79	12	보통		
14	홍길동	A	70	72	20	76.8	14.4	91.2	5	최우수		
15	송대관	A	62	80	20	76.8	16	92.8	3	최우수		
16	송수정	B	65	88	15	76.2	17.6	93.8	2	최우수		
17	송경관	A	62	92	20	81.6	18.4	100	1	최우수		
18	김춘봉	B	82	48	15	67	8.2	75.2	14	보통		
19	임현식	A	55	64	20	67.6	12.8	80.4	11	우수		
20	임경철	C	76	60	10	64.4	7.6					
21	신기한	A	54	60	20	65.6	12					
22	김경태	B	50	45	15	53	7	58	19	미달		
23	평균		63.65	67.3	15	67.38	12.185	79.565				
24		85점 이상인 학생 수						=COUNTIF(H3:H22,">=85")				
25	과제등급이 A 또는 B인 학생들의 최종점수의 합											

H24셀에 수식 입력

SUMPRODUCT 함수는 배열함수입니다. 일반적인 함수는 한 번에 하나의 셀을 대상으로 작업하지만 배열함수는 한 번에 여러 개의 배열(셀 영역)을 대상으로 계산할 수 있습니다.

배열함수의 규칙
· 조건은 괄호( )를 묶어서 표시합니다.
· (조건)*(조건)일 경우는 두 개의 조건이 다 만족해야만 성립할 수 있는 AND 조건입니다.
· (조건)+(조건)일 경우는 두 개 중에 하나라도 만족하면 성립할 수 있는 OR 조건입니다.

AND	1*1=1	TRUE
	1*0=0	FALSE
	0*1=0	FALSE
	0*0=0	FALSE
OR	1+1=2	TRUE
	1+0=1	TRUE
	0+1=1	TRUE
	0+0=0	FALSE

⑨ 과제등급이 A 또는 B인 학생들의 최종점수의 합을 산출하시오(단, 소수 첫 번째 자리에서 반올림하여 정수로 표시하는 ROUND 함수와 SUMPRODUCT, ISNUMBER, FIND 함수를 모두 사용한 수식을 작성하시오).

○ 이번 문제는 시험을 준비하는 수험생들이 가장 어려워하는 함수 문제입니다. 함수를 무조건 암기하는 것보다는 각각의 함수들을 익힌 후에 문제를 이해하고 풀어보는 것을 추천합니다. 여기에서는 문제로 바로 넘어가지 않고 각 함수들을 이해한 후 문제를 풀어보도록 하겠습니다.

지정한 배열(영역)에 대응하는 셀끼리 곱하고, 그 곱의 합을 구할 때 사용하는 SUMPRODUCT 함수의 공식

=SUMPRODUCT(배열1,배열2....)

$$=SUMPRODUCT(\underline{C5:C8},\underline{D5:D8})$$

배열1　　배열2

SUMPRODUCT 함수 이해하기

	A	B	C	D	E	F	G
1							
2		곰피디 주식회사 매출액					
3							
4		제품	수량	단가	매출액		
5		A제품	50 ×	20,000 =	1,000,000		
6		B제품	89 ×	15,000 =	1,335,000		
7		C제품	125 ×	25,000 =	3,125,000		
8		D제품	58 ×	30,000 =	1,740,000		
9		총 매출액	=SUMPRODUCT(C5:C8,D5:D8)				
10							
11							
12							
13							

←=SUM(E5:E8)을 해도 총 매출액이 나옵니다.

○ A제품에서 D제품까지 대응하는 셀인 각 수량과 단가를 곱해서 나타난 값의 합계를 구합니다.

○ 제품별 수량과 단가를 곱한 매출액을 합해서 =SUM(E5:E8)으로 총 매출액을 구해도 되지만, SUMPRODUCT 함수를 이용하면 더욱 쉽게 구할 수 있습니다.

○ =SUMPRODUCT(C5:C8,D5:D8)라고 입력한 결과는
(C5*D5)+(C6*D6)+(C7*D7)+(C8*D8)한 결과와 같습니다.

두 가지 조건이 들어간 SUMPRODUCT 함수

〈연습문제〉
거래처가 A이고 판매물품이 마우스인 매출액의 합을 구하시오.

◐ SUMPRODUCT 함수에서 조건이 2개일 경우에는 제일 먼저 조건이 AND(그리고) 조건인지,
OR(또는) 조건인지 확인합니다.

◐ AND 조건일 때는 *(곱하기), OR 조건일 때는 +(더하기)를 사용해 줍니다.

	A	B	C	D	E	F	G	H	I	J
1										
2			곰피디 주식회사 거래내역							
3										
4		거래처	판매물품	수량	단가	매출액				
5		B	모니터	50	350,000	17,500,000				
6		A	마우스	89	26,000	2,314,000				
7		C	마우스	125	26,000	3,250,000				
8		B	스피커	58	110,000	6,380,000				
9		A	스피커	150	110,000	16,500,000				
10		C	모니터	63	350,000	22,050,000				
11		B	마우스	90	26,000	2,340,000				
12		A	스피커	88	110,000	9,680,000				
13		C	스피커	150	110,000	16,500,000				
14		B	모니터	99	350,000	34,650,000				
15		C	스피커	100	110,000	11,000,000				
16		A	마우스	103	26,000	2,678,000				
17		B	모니터	126	350,000	44,100,000				
18		거래처가 A이고 판매물품이 마우스인 매출액의 합				=SUMPRODUCT((B5:B17="A")*(C5:C17="마우스"),F5:F17)				
19										

=SUMPRODUCT((B5:B17="A")*(C5:C17="마우스"),

조건1	AND	조건2
①	③	②

F5:F17)

곱한 후에 합계를 구할 범위
④

① · ② **조건1&조건2** : B5:B17셀 중에서 "A"이고, C5:C17셀 중에서 "마우스"
를 둘 다 만족하면 TRUE(1), 그렇지 않으면 FALSE(0) 값을 나타냅니다.

③ **AND** : 조건1과 조건2를 모두 만족해야만 TRUE(1)를 나타냅니다.

④ **곱한 후 합계범위** : (조건1)*(조건2)에서 나타난 1 또는 0의 값과 대응하는
셀인 매출액의 값을 곱해서 나타난 값의 합계를 구합니다.

Tip
엑셀에서 논리값 TRUE와
FALSE는 상황에 따라
TRUE(참)는 1로, FALSE는
0인 숫자로 처리됩니다.

(B5:B17="A")*(C5:C17="마우스")
2개의 조건 중 모두 만족하면 1,
그렇지 않으면 0

...사 거래내역

거래처	판매물품		수량	단가	매출액	
B	모니터	0	50	350,000	17,500,000	0×17,500,000=0
A	마우스	1	89	26,000	2,314,000	1×2,314,000=2,314,000
C	마우스	0	125	26,000	3,250,000	0×3,250,000=0
B	스피커	0	58	110,000	6,380,000	0×6,380,000=0
A	스피커	0	150	110,000	16,500,000	0×16,500,000=0
C	모니터	0	63	350,000	22,050,000	0×22,050,000=0
B	마우스	0	90	26,000	2,340,000	0×2,340,000=0
A	스피커	0	88	110,000	9,680,000	0×9,680,000=0
C	스피커	0	150	110,000	16,500,000	0×16,500,000=0
B	모니터	0	99	350,000	34,650,000	0×34,650,000=0
C	스피커	0	100	110,000	11,000,000	0×11,000,000=0
A	마우스	1	103	26,000	2,678,000	1×2,678,000=2,678,000
B	모니터	0	126	350,000	44,100,000	0×44,100,000=0
거래처가 A이고 판매물품이 마우스인 매출액의 합					4,992,000	

곱해서 나타난 값의 합을 구함

ISNUMBER 함수 이해하기

지정된 셀 또는 값이 숫자이면 TRUE(1), 숫자가 아니면 FALSE(0) 값을 반환합니다.

=ISNUMBER(값)

값	ISNUMBER 결과	함수식
1	TRUE	=ISNUMBER(B3)
200	TRUE	=ISNUMBER(B4)
1000	TRUE	=ISNUMBER(B5)
A123	FALSE	=ISNUMBER(B6)
AB567	FALSE	=ISNUMBER(B7)
05월 05일	TRUE	=ISNUMBER(B8)

값이 숫자일 경우 TRUE,
숫자가 아닐 경우 FALSE를 반환

FIND 함수 이해하기

지정한 문자열에서 찾는 글자가 몇 번째에 있는지 해당 위치를 반환합니다. 찾는 문자가 없다면 #VALUE! 오류를 발생시킵니다.

=FIND(찾을 문자, 텍스트, 시작위치)

- 찾을 문자 : 찾고자 하는 문자열
- 텍스트 : 찾을 문자열이 포함된 전체 문자열
- 시작위치 : 찾을 문자를 몇 번째 위치부터 찾을지 시작위치 지정. 생략하면 1로 처리

=FIND("A",$B$3:$B$22)

찾을 문자 ① 텍스트 ② 시작위치 생략 ③

① 찾을 문자 : A라는 값을 찾아라.

② 텍스트 : A라는 문자열이 포함된 위치를 B3:B22셀 안에서 찾아라.

③ 시작위치 : 생략했기 때문에 첫 번째 시작위치를 반환하라.

Tip

• AND 조건 : *(곱하기)
• OR 조건 : +(더하기)

	A	B	C	D
1				
2	학생이름	과제등급	FIND함수 결과	FIND 함수식
3	김기찬	C	#VALUE!	=FIND("A",$B$3:$B$22)
4	김수진	C	#VALUE!	=FIND("A",$B$3:$B$22)
5	김청현	A	1	=FIND("A",$B$3:$B$22)
6	김찬진	C	#VALUE!	=FIND("A",$B$3:$B$22)
7	박찬호	B	#VALUE!	=FIND("A",$B$3:$B$22)
8	박현정	C	#VALUE!	=FIND("A",$B$3:$B$22)
9	신영훈	A	1	=FIND("A",$B$3:$B$22)
10	이소라	B	#VALUE!	=FIND("A",$B$3:$B$22)
11	이재민	C	#VALUE!	=FIND("A",$B$3:$B$22)
12	최종혁	C	#VALUE!	=FIND("A",$B$3:$B$22)
13	최진혁	B	#VALUE!	=FIND("A",$B$3:$B$22)
14	홍길동	A	1	=FIND("A",$B$3:$B$22)
15	송대관	A	1	=FIND("A",$B$3:$B$22)
16	송수정	B	#VALUE!	=FIND("A",$B$3:$B$22)
17	송경관	A	1	=FIND("A",$B$3:$B$22)
18	김준봉	B	#VALUE!	=FIND("A",$B$3:$B$22)
19	임현식	A	1	=FIND("A",$B$3:$B$22)
20	임경철	C	#VALUE!	=FIND("A",$B$3:$B$22)
21	신기한	A	1	=FIND("A",$B$3:$B$22)
22	김경태	B	#VALUE!	=FIND("A",$B$3:$B$22)

> 과제등급이 A인 경우에만 시작위치인 1이 반환되었고, A라는 문자열이 없는 경우에는 #VALUE! 오류 발생

ROUND 함수 이해하기

숫자 값이나 함수식의 결과값을 원하는 자리에서 반올림합니다.

=ROUND(값 또는 함수식,자릿수)

Tip

ROUND 함수와 함께 무조건 올림하는 ROUNDUP 함수와 무조건 내림하는 ROUNDDOWN 함수도 함께 기억해 줍니다.

	B	C	D	E	F
2	반올림 자리	자릿수	값	결과	함수식
3	천의 자리	-3	1234.5678	1000	=ROUND(D3,-3)
4	백의 자리	-2	1234.5678	1200	=ROUND(D4,-2)
5	십의 자리	-1	1234.5678	1230	=ROUND(D5,-1)
6	일의 자리	0	1234.5678	1235	=ROUND(D6,0)
7	소수점 첫째 자리	1	1234.5678	1234.6	=ROUND(D7,1)
8	소수점 둘째 자리	2	1234.5678	1234.57	=ROUND(D8,2)

ROUND 계열 자릿수 이해하기

자릿수	반올림 자리	자릿수	반올림 자리
−1	십의 자리	0	일의 자리(정수)
−2	백의 자리	1	소수점 첫째 자리
−3	천의 자리	2	소수점 둘째 자리
−4	만의 자리	3	소수점 셋째 자리
−5	십만 자리	4	소수점 넷째 자리

❍ 지금까지 9번 문제에 나오는 SUMPRODUCT, ISNUMBER, FIND 함수에 대해서 살펴보았습니다. 그럼 이 함수들을 조합해서 문제를 풀어보겠습니다.

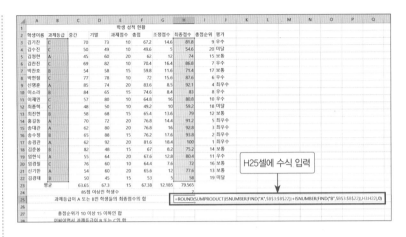

$$=\text{ROUND}(\underline{\text{SUMPRODUCT}(\underline{\text{ISNUMBER}(\text{FIND}("A",\$B\$3:\$B}$$
❶

$$\underline{\$22))+\text{ISNUMBER}(\text{FIND}("B",\$B\$3:\$B\$22))},\underline{H3:H22}),\underline{0})$$
❷ ❸

① ISNUMBER(FIND("A",$B$3:$B$22))+ISNUMBER(FIND("B",$B$3:$B$22))

- FIND("A",$B$3:$B$22)+FIND("B",$B$3:$B$22)의 함수의 뜻은 B3:B22셀 범위 중에 "A" 또는(+) "B"가 있다면 A와 B의 시작위치 1이라는 값을 나타내라는 뜻입니다. 만약 A나 B가 있지 않다면 #VALUE! 오류를 발생시킵니다.

- A나 B를 못 찾으면 오류 값이 나타나므로 제대로 된 결과를 구할 수 없습니다. FIND 함수 앞에 ISNUMBER라는 함수를 중첩해서, 숫자일 경우에는 1, 숫자가 아닌 경우에는 0이라는 값을 반환시킵니다.

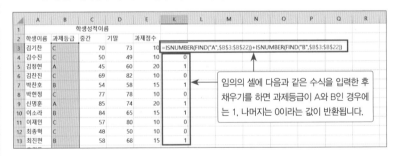

② SUMPRODUCT(ISNUMBER(FIND("A",$B$3:$B$22))+ISNUMBER(FIND("B", $B$3:$B$22)),H3:H22)

SUMPRODUCT 함수를 이용하여 ISNUMBER(FIND("A",$B$3:$B$22)) +ISNUMBER(FIND("B",$B$3:$B$22))로 구한 값에 대응하는 최종점수 (H3:H22)의 셀끼리 곱하고 그 곱의 합을 구해줍니다.

③ =ROUND(SUMPRODUCT(ISNUMBER(FIND("A",$B$3:$B$22))+ISNUMBER
(FIND("B",$B$3:$B$22)),H3:H22),0)

SUMPRODUCT 함수로 곱한 값의 합을 구해 준 후 정수값으로 구해줍니다.

⑪ 총점순위가 10 이상 15 이하인 조정점수, 최종점수의 합을 각각 산출하시오.

○ 총점순위가 10 이상 그리고 15 이하인(두 개의 조건을 모두 만족하는) 합을 구하는 문제이므
로 다중의 조건의 합을 구하는 SUMIFS 함수를 이용하여 구해줍니다.

다중 조건에 대한 합계를 구하는 SUMIFS 함수
=SUMIFS(합계범위,조건범위1,"조건1",조건범위2,"조건2"...)

	A	B	C	D	E	F	G	H	I	J	K	L	M
4	김수진	C	50	49	10	49.6	5	54.6	20	미달			
5	김정현	A	45	60	20	62	12	74	15	보통			
6	김찬진	C	69	82	10	70.4	16.4	86.8	7	우수			
7	박찬호	B	54	58	15	59.8	11.6	71.4	17	보통			
8	박현정	C	77	78	10	72	15.6	87.6	6	우수			
9	신명훈	A	85	74	20	83.6	8.5	92.1	4	최우수			
10	이소라	B	84	65	15	74.6	8.4	83	8	우수			
11	이재민	A	57	80	10	64.8	16	80.8	10	우수			
12	최종혁	C	48	50	10	49.2	10	59.2	18	미달			
13	최진현	B	58	68	15	65.4	13.6	79	12	보통			
14	홍길동	A	70	72	20	76.8	14.4	91.2	5	최우수			
15	송대관	A	62	80	20	76.8	16	92.8	3	최우수			
16	송수정	B	65	88	15	76.2	17.6	93.8	2	최우수			
17	송경관	A	62	92	20	81.6	18.4	100	1	최우수			
18	김춘봉	B	82	48	15	67	8.2	75.2	14	보통			
19	임현식	A	55	64	20	67.6	12.8	80.4	11	우수			
20	임경철	C	76	60	10	64.4	7.6	72	16	보통			
21	신기한	A	54	60	20	65.6							
22	김경태	B	50	45	15	5							
23	평균		63.65	67.3	15	67.3							
24	85점 이상인 학생수												
25	과제등급이 A 또는 B인 학생들의 최종점수의 합					1069							
26													
27	총점순위가 10 이상 15 이하인 합					=SUMIFS(G3:G22,$I$3:$I$22,">=10",$I$3:$I$22,"<=15")							
28	이씨이면서 과제등급이 B 또는 C인 합												

G27셀에 수식을 입력한 후 채우기 핸들로 H27까지 드래그하여 채워줍니다.

$$=SUMIFS(G3:G22,\$I\$3:\$I\$22,">=10",\$I\$3:\$I\$22,"<=15")$$

합계범위	조건범위1	조건1	조건범위2	조건2
①	②	③	④	⑤

① **합계범위** : G27셀에는 다중 조건에 맞는 조정점수의 합을 구해야 하기 때
문에 합계범위를 G3:G22셀로 지정합니다. 수식을 구하고 채우기 핸들로
우측으로 끌었을 때 H27셀에서는 합계범위가 최종점수 범위(H3:H22)로
상대적으로 바뀝니다.

② **조건범위1** : 총점순위가 조건범위이므로 I3:I22셀까지 지정합니다. 수식을
구하고 채우기 핸들로 우측으로 끌었을 때 I3:I22셀까지의 범위는 절대 변
경이 되면 안 되는 절대값으로 지정해야 하므로 F4를 눌러서 $I$3:$I$22
로 지정합니다.

③ **조건1** : 첫 번째 조건은 총점순위가 10 이상이므로 ">=10"을 입력합니다.

④ **조건범위2** : 조건범위2도 조건범위1과 마찬가지로 총점순위가 조건범위이
므로 $I$3:$I$22로 지정합니다.

Tip

SUMIF, SUMIFS, AVERAGEIF,
AVERAGEIFS, COUNTIF,
COUNTIFS 함수들의 조건에
는 큰따옴표("")를 넣어주어
야 합니다(셀을 참조할 때는
예외).

Q&A

**조건범위를 반드시 절대
값(F4)으로 바꿔야 하나
요?**

절대값으로 변경을 하라는
조건이 없으므로 절대값을
지정하지 않아도 됩니다.
하지만, 그럴 경우에는 G27
셀, H27셀의 수식을 각각
지정해줘야 합니다.

⑤ 조건2 : 두 번째 조건은 총점순위가 15 이하이므로 "<=15"를 입력합니다.

○ G27셀에 수식을 구한 후 채우기 핸들을 드래그하여 H27셀까지 끌어줍니다.

⑫ 성이 이씨면서 과제등급이 B 또는 C인 조정점수, 최종점수의 합을 각각 산출
하시오(수식에 SUMPRODUCT, LEFT 함수 반드시 포함).

○ =SUMPRODUCT((성="이")*((과제등급="B")+(과제등급="C")),조정점수범위)

Tip

텍스트 함수

• LEFT 함수 : 텍스트 왼쪽
에서 원하는 문자열 추출
=LEFT(문자열,문자의
개수)
• RIGHT 함수 : 텍스트 오
른쪽에서 원하는 문자열
추출
=RIGHT(문자열,문자의
개수)
• MID 함수 : 위치와 개수
를 지정하여 원하는 문자
열 추출
=MID(문자열,시작위치,
문자의 개수)

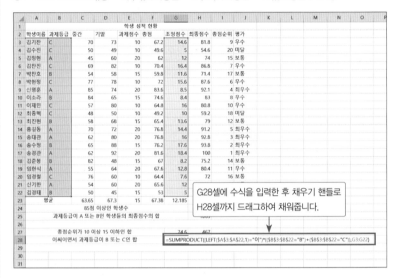

G28셀에 수식을 입력한 후 채우기 핸들로
H28셀까지 드래그하여 채워줍니다.

$$=SUMPRODUCT(\underbrace{(LEFT(\$A\$3:\$A\$22,1)="0|")}_{①}\underbrace{*}_{②}$$

$$\underbrace{((\$B\$3:\$B\$22="B")}_{③}\underbrace{+}_{④}\underbrace{(\$B\$3:\$B\$22="C"))}_{⑤},\underbrace{G3:G22)}_{⑥}$$

① (LEFT($A$3:$A$22,1)="이") : A3:A22셀에 있는 값의 왼쪽에서 첫 번째
글자가 "이"와 같으면 TRUE, 그렇지 않으면 FALSE 값을 반환합니다.
A3:A22셀의 범위는 절대 변하면 안 되므로 절대참조(F4)로 지정합니다.

② * : 그리고(AND) 조건으로 앞에 있는 조건과 뒤에 있는 조건을 둘 다 만족
할 때만 참(TRUE)을 반환합니다.

③ ($B$3:$B$22="B") : B3:B22셀에 있는 값이 "B"이면 TRUE, 그렇지 않으
면 FALSE를 반환합니다. B3:B22셀의 범위는 절대 변하면 안 되므로 절
대참조(F4)로 지정합니다.

④ + : 또는(OR) 조건으로 앞에 있는 조건과 뒤에 있는 조건을 둘 다 만족하
거나 하나만 만족해도 참(TRUE)을 반환합니다.

⑤ ($B$3:$B$22="C") : B3:B22셀에 있는 값이 "C"이면 TRUE, 그렇지 않으
면 FALSE를 반환합니다.

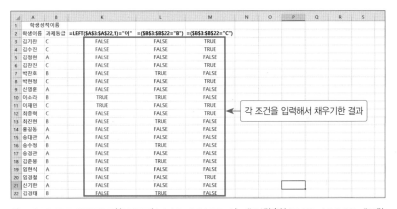

각 조건을 입력해서 채우기한 결과

⑥ =SUMPRODUCT((LEFT($A$3:$A$22,1)="이")*(($B$3:$B$22="B")
+($B$3:$B$22="C")),G3:G22)

각 조건들의 곱하고 더해서 구해진 값에 대응하는 조정점수(G3:G22)의 셀
끼리 곱하고 그 곱의 합을 구해줍니다.

◆ G28셀에서 채우기 핸들로 H28셀까지 드래그하여 채워줍니다. 이때 G3:G22은 최종점수
인 H3:H22셀로 바꿔야 하므로 절대참조가 아닌 상대참조로 지정합니다.

⊘ 정렬하기

라) 작업표의 정렬순서(SORT)는 최종점수의 내림차순으로 하고, 최종점수가 같
으면 과제등급의 오름차순으로 하시오.

1) 정렬을 하기 위해서 A2:J22셀까지 블록 지정한 후 [데이터] 탭의 [정렬]을
클릭합니다.

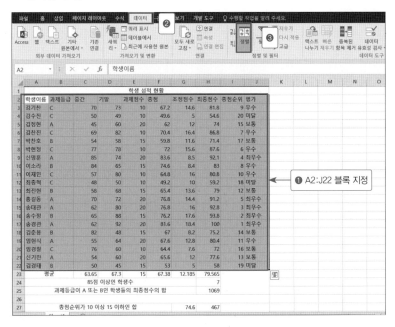

❶ A2:J22 블록 지정

2) 첫 번째 정렬 기준은 "최종점수"로 선택하고 정렬을 "내림차순 정렬"로 지정한 후 [기준 추가]를 클릭합니다.

3) 새로운 기준이 만들어졌으면 새로운 정렬 기준을 "과제등급"으로 선택하고 정렬을 "오름차순 정렬"로 지정한 후 [확인]을 클릭합니다.

⊘ 함수 수식 복사하기

1) H25셀을 선택한 후 수식 입력줄에 있는 수식을 드래그하여 맨 앞의 '='을 제외하고 블록 지정합니다.

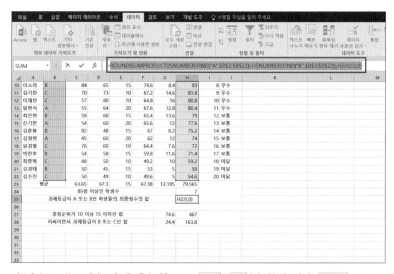

2) 마우스 우클릭을 한 후 [복사] 또는 Ctrl + C (복사)한 다음 Enter 를 누릅니다.

Tip

수식을 복사할 때

• 수식 복사하려는 셀을 선택하고 수식 입력줄에서 복사합니다.
• 수식 복사하려는 셀을 더블 클릭하여 수식을 복사합니다.

Tip

"또한 함수식을 작성할 때는 라) 작업표의 정렬순서(SORT)에 따라 조건에 맞게 정렬 후 도출된 결과에 의한 함수식을 기재하시오."라는 조건이 있으므로 함수식을 복사하는 문제는 반드시 정렬 작업이 끝난 후에 작업해야 합니다.

만약, 정렬을 하기 전에 수식을 복사한다면 셀 주소가 달라지므로 반드시 정렬 후에 복사하도록 합니다.

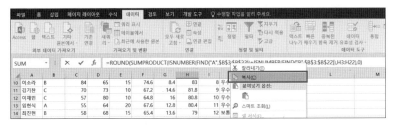

3) 병합된 A26셀을 클릭해서 작은따옴표(')를 입력한 후 [Ctrl]+[V] (붙여넣기)
또는 마우스 우클릭을 한 다음 [붙여넣기]를 클릭하고 [Enter]를 누릅니다
(※ 수식 입력줄을 클릭한 후 붙여넣기를 해도 됩니다).

4) 수식이 전체가 보이도록 열 너비를 조절하여 줍니다.

> ⑬ 작성 조건 ⑫에 사용된 수식을 기재하시오.
> – 단, 조정점수 기준으로
> – 수식에 SUMPRODUCT, LEFT 함수 반드시 포함

1) G28셀을 선택한 후 수식 입력줄에서 함수식을 드래그하여 블록 지정합니다.

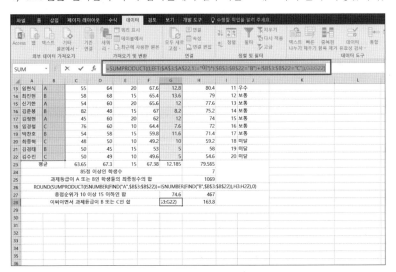

2) [Ctrl]+[C] (복사) 또는 마우스 우클릭을 한 후 [복사]를 클릭하고 [Enter]를
누릅니다.

3) 병합된 A29셀을 클릭해서 작은따옴표(')를 입력한 후 [Ctrl]+[V] (붙여넣기)
또는 마우스 우클릭을 한 다음 [붙여넣기]를 클릭하고 [Enter]를 누릅니다
(※ 수식 입력줄을 클릭한 후 붙여넣기를 해도 됩니다).

Q&A

**함수식을 복사할 때 작은
따옴표(')를 왜 넣을까?**

함수식을 문자열로 넣기 위
함입니다. 함수식 앞에 =
을 생략할 경우에는 함수식
만 복사해도 되지만 =이
있는 함수식을 복사할 때는
반드시 작은따옴표(')를 맨
앞에 넣어주어야 합니다.

Tip

만약, 문제에 금액이 나왔다면 금액이 있는 셀들만 Ctrl 을 누른 채 드래그하여 블록 지정 후 [홈]-[표시 형식]-[회계 표시 형식]을 클릭합니다.

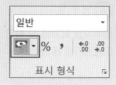

기타조건

☑ 금액에 대한 수치 원화(₩)로 표시 및 쉼표 스타일(,) 지정하기

(1) 금액에 대한 수치는 원화(₩) 표시를 하고 천 단위마다 ','(Comma)를 표시하시오(단, 금액 이외의 수치는 ','(Comma)를 표시하지 않도록 하시오).

● 금액에 대한 수치는 원화(₩)로 표시하고 천 단위마다 ','를 표시해야 합니다. 그러나 이번 문제에 대한 값들은 금액이 아니라 천 단위가 넘어가지 않는 점수값이므로 지정하지 않습니다.

☑ 소수 자릿수를 0으로 지정하기

(2) 모든 수치(숫자, 통화, 회계, 백분율 등)는 셀 서식의 속성을 설정하는 과정에서 소수 자릿수를 "0"으로 지정하여 정수로 표시토록 하시오.

1) 모두 수치의 소수 자릿수를 0으로 지정하기 위해서 C3:H23셀까지 드래그합니다.

2) Ctrl 을 누른 채 H24:25셀을 드래그하고, 다시 G27:H28셀까지 드래그하여 블록 지정합니다.

3) [홈]-[표시 형식]-[자릿수 줄임 .00 →.0]을 정수값이 될 때까지 클릭합니다.

Tip

자릿수 줄임을 클릭했는데 자릿수가 줄어들지 않을 경우 [자릿수 늘림 ←.0 .00]을 클릭한 후 다시 [자릿수 줄임 .00 →.0]을 클릭합니다.

Tip

셀 서식(Ctrl + 1)의 표시 형식에서 [숫자]를 클릭한 후 소수 자릿수를 '0'으로 지정해도 됩니다.

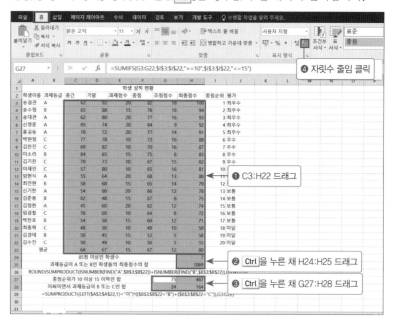

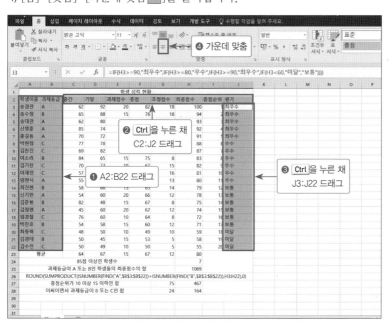

☑ 음수를 −로 표시하기

(3) 음수는 "−"가 표시되도록 하시오.

○ 음수는 "−"가 표시되도록 설정해야 합니다. 그러나 이번 문제에 대한 값들은 음수값이 없으므로 지정하지 않습니다.

Tip

음수값이 있는 경우 자동으로 음수(−)값이 표시되므로 그대로 두거나, ₩(원화 기호)가 필요한 음수값일 경우에는 [회계] 형식으로 지정합니다.

☑ 숫자 및 문자 셀 정렬하기

(4) 숫자 셀은 우측을 수직으로 맞추고, 문자 셀은 수평 중앙으로 맞추며 이외 사항은 작업표 형식에 따르도록 하시오. 특히, 단서조항이 있을 경우는 단서 조항을 우선으로 하고, 인쇄출력 시 판독 불가능이 발생되지 않도록 인쇄 미리 보기 등을 통하여 셀의 크기를 적당히 조정하시오.

1) 숫자 셀은 우측 정렬로 지정해야 합니다. 이미 숫자 셀은 우측 정렬로 맞춰 있으므로 별도의 서식을 지정하지 않습니다. 수직으로는 자동으로 맞춰있기 때문에 숫자 셀을 출력 형태와 한번 비교해 보고 넘어갑니다.

2) 문자 셀을 수평 가운데(중앙) 정렬로 지정하기 위해서 A2:B22셀을 드래그하여 블록 지정합니다.

3) Ctrl 을 누른 채 C2:J2셀을 드래그하고, 다시 J3:J22셀까지 드래그하여 블록 지정합니다.

4) [홈]−[맞춤]−[가운데 맞춤▤]을 클릭합니다.

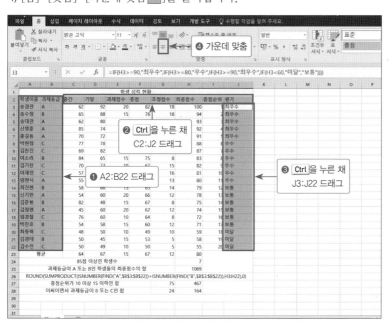

☑ 작업표 형식을 보고 열 숨기기

○ 작업표 형식을 보고 중간에 숨기기가 되어 있는지 확인합니다. 숨기기가 필요한 열이 있을 경우에는 열 머리글을 선택한 후 마우스 우클릭을 한 후 [숨기기]를 클릭합니다. 이번 문제의 작업표 형식을 살펴보면 숨기기가 되어 있는 열이 없기 때문에 숨기기를 지정하지 않습니다.

열 숨기기 및 숨기기 취소

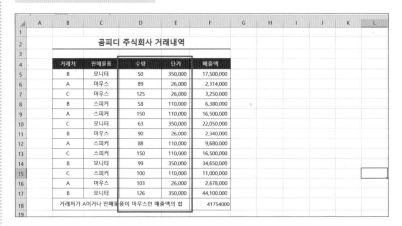

○ 위에 엑셀 문서에서 수량과 단가 열인 D열과 E열의 숨기기를 해보려고 합니다. 열이나 행 숨기기를 하면 인쇄를 했을 때 숨기기를 한 열과 행은 인쇄가 되지 않습니다.

※ 열 숨기기

1) D열 머리글에서 마우스 커서가 ↓일 때 E열 머리글까지 드래그하여 블록 지정합니다.

B	C	D ↓	E →	D열에서 E열까지 드래그		H
		곰피디	주식회사 거래내역			
거래처	판매물품	수량	단가	매출액		
B	모니터	50	350,000	17,500,000		
A	마우스	89	26,000	2,314,000		
C	마우스	125	26,000	3,250,000		
B	스피커	58	110,000	6,380,000		
A	스피커	150	110,000	16,500,000		
C	모니터	63	350,000	22,050,000		
B	마우스	90	26,000	2,340,000		
A	스피커	88	110,000	9,680,000		

2) 블록이 지정된 곳에서 마우스 우클릭을 한 후 [숨기기]를 클릭하면 선택한
   열이 숨겨집니다.

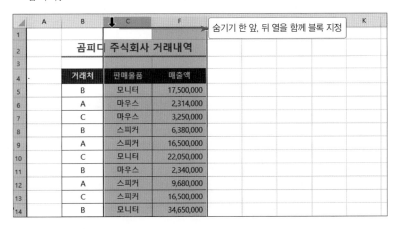

※ 열 숨기기 취소

1) 숨어 있는 D열~E열의 앞, 뒤 열(C열~F열)을 함께 드래그하여 블록 지정
   합니다.

2) 마우스 우클릭을 한 후 [숨기기 취소]를 클릭합니다.

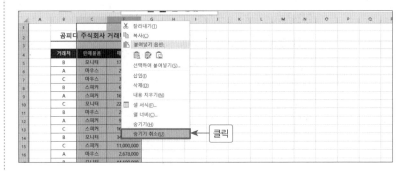

⊘ 제목서식 지정

- 제목서식 : 16 포인트 크기로 하시오.
- 글꼴서체 : 임의 선정하시오.

❖ 제목과 본문 내용의 글꼴서체는 임의로 지정할 수 있으므로 따로 글꼴을 변경해 주는 것보다
는 기본 서체인 '맑은 고딕'체로 그대로 사용해 주는 것이 좋습니다.

❖ 제목의 크기는 16 포인트로 지정해야 하므로 병합되어있는 A1:J1셀을 선택한 후 글꼴 크기
를 16으로 지정합니다.

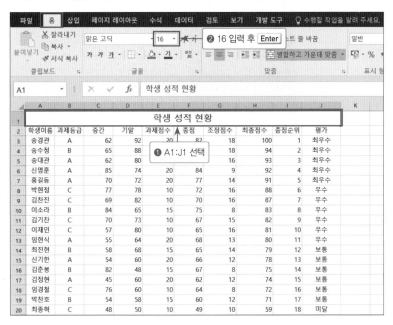

✅ 테두리 지정하기

1) 전체 테두리를 지정하기 위해서 A2:J29셀을 블록 지정합니다.

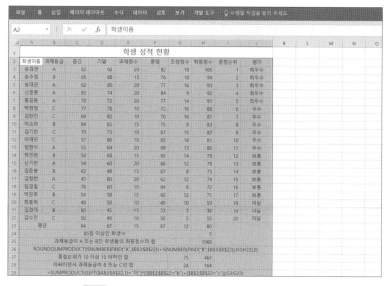

2) [홈]-[테두리 田 ▾]의 더보기▼를 클릭한 후 [모든 테두리 田 모든 테두리(A)]를 선택합니다.

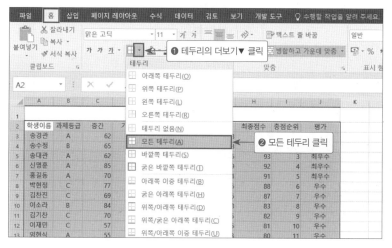

3) 작업표 형식을 보면 3~22행까지 안쪽 가로 선이 없습니다. A3:J22셀까지 블록 지정하고 마우스 우클릭을 한 후 [셀 서식] 또는 Ctrl + 1 을 누릅니다.

4) [테두리] 탭에서 스타일을 [없음]으로 지정하고, [안쪽 가로 선]을 선택한 후 [확인]을 클릭합니다.

Tip

데이터 입력 후 수식 입력 등의 편집을 할 때 테두리가 없어서 셀의 위치가 정확하게 파악되지 않은 경우가 있습니다. 이럴 때는 전체 테두리를 처음부터 지정해 놓고 편집을 모두 마친 후 3행부터 22행까지 가로 선을 투명으로 지정해 놓는 것도 좋습니다.

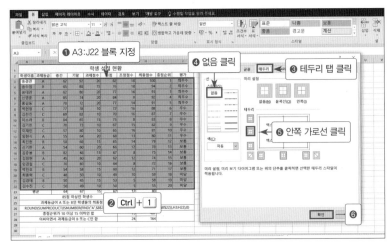

5) 병합되어있는 I23:J25셀을 선택한 후 Ctrl 을 누른 채 I27:J28셀을 클릭
   하여 같이 선택합니다.

6) 마우스 우클릭을 한 후 [셀 서식] 또는 Ctrl + 1 을 눌러 셀 서식으로 들어
   간 후 [테두리] 탭에서 선 스타일을 [실선]으로 지정하고 [양쪽 대각선]을
   클릭한 후 [확인]을 클릭합니다.

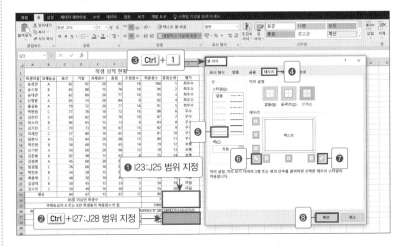

04 그래프(GRAPH) 작성

작성한 "학생 성적 현황"에서 최종점수가 85점 이상인 학생이름별 총점과 조정 점수를 나타내는 그래프를 작성하시오.

[작성 조건]
1) 그래프 형태 : 혼합형 단일축 그래프
   총점(묶은 세로 막대형), 조정점수(데이터 표식이 있는 꺾은선형)
   (단, 총점만 데이터 레이블의 값이 표시된 혼합형 단일축 그래프로 하시오)
2) 그래프 제목 : 학생별 성적현황 –––– (확대출력)
3) X축 제목 : 학생이름
4) Y축 제목 : 점수
5) X축 항목 단위 : 해당 문자열
6) Y축 눈금 단위 : 임의
7) 범례 : 총점, 조정점수
8) 출력물 크기 : A4 용지 1/2장 범위 내
9) 기타 : 작성 조건에 없는 형식이나 모양은 기본 설정값에 따르며, 그래프 너
   비는 작업표에 맞추도록 하시오.

☑ 범위 지정하기

◆ 최종점수가 85점 이상인 학생이름에 대한 총점과 조정점수에 대한 그래프를 만들어야 하므
   로 최종점수가 85점 이상인 송경관부터 김찬진까지의 학생이름 계열과 총점과 조정점수 계
   열을 범위로 지정해야 합니다.
1) A2:A9셀까지 범위를 지정합니다.
2) Ctrl 을 누른 채 F2:G9셀까지 드래그하여 범위를 지정합니다.

학생이름	과제등급	중간	기말	과제점수	총점	조정점수	최종점수	총점순위	평가
송경관	A			20	82	18			
송수정	B		60	15	76	18			
송대관	A	62	80	20	77	16			
신명훈	A	85	74	20	84	9	92	4	최우수
홍길동	A	70	72	20	77	14	91	5	최우수
박현정	C	77	78	10	72	16	88	6	우수
김찬진	C	69	82	10	70	16	87	7	우수
이소라	B	84	65	15	75	8	83	8	우수
김기찬	C	70	73	10	67	15	82	9	우수
이재민	C	57	80	10	65	16	81	10	우수
임현식	A	55	64	20	68	13	80	11	우수

❶ A2:A9 드래그
❷ Ctrl 을 누른 채 F2:G9 드래그

✅ 그래프 만들기

1) 그래프를 만들기 위해 [삽입]–[세로 또는 가로 막대형 차트 삽입 ▮▮ ▾]–[묶은 세로 막대형 ▮▮]을 클릭합니다.

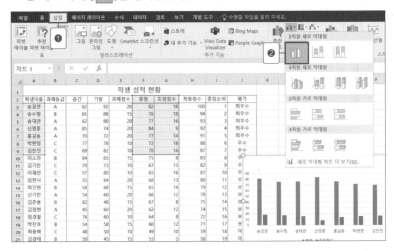

✅ 그래프 이동 및 크기 조절하기

1) 만들어진 그래프를 작업표 하단으로 드래그하여 이동합니다. 이때 차트의 왼쪽 모서리가 A31셀에 위치하도록 이동합니다.

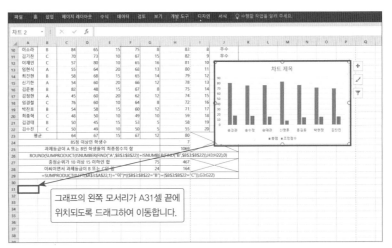

2) 차트의 조절점을 이용하여 상단의 작업표의 열 너비인 J열까지 크기를 늘려줍니다. 차트의 높이는 적당하게 조절합니다.

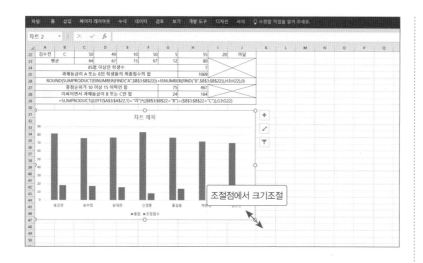

☑ 조정점수 계열 데이터 표식이 있는 꺾은선형으로 차트 종류 변경하기

1) 조정점수 계열을 클릭합니다. 그러면 조정점수 계열 그래프만 모두 선택이 됩니다.

2) 선택된 곳에서 마우스 우클릭을 한 후 [계열 차트 종류 변경]을 클릭합니다.

Tip

엑셀 2007 & 2010 버전 차트 종류 변경

[계열 차트 종류 변경]에서 [꺾은선형]을 클릭한 후 [표식이 있는 꺾은선형]을 선택해야 합니다.

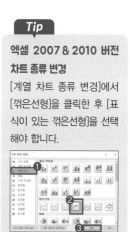

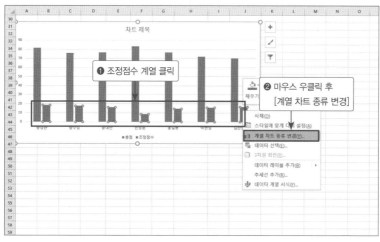

3) 좌측 [콤보]가 선택된 상태에서 조정점수 계열의 차트 종류를 [표식이 있는 꺾은선형]으로 선택한 후 [확인]을 클릭합니다.

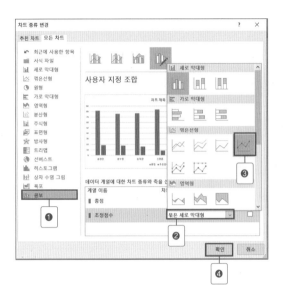

Tip

엑셀 2007 & 2010 버전
레이블값 표시
마우스 우클릭 후 [데이터
레이블 추가]

✅ 총점 데이터 레이블값 표시하기

1) 총점 계열의 데이터 막대를 클릭하면 총점의 모든 계열이 선택됩니다.

2) 총점 계열의 데이터 막대 위에서 마우스 우클릭을 한 후 [데이터 레이블 추가]-[데이터 레이블 추가]를 클릭합니다.

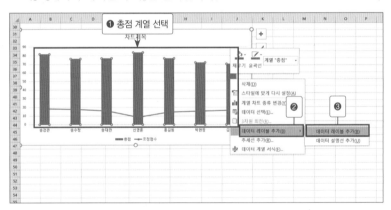

✅ 그래프 제목 삽입하기

1) 차트 제목을 선택한 후 [홈] 탭에서 글자 크기를 16pt로 입력합니다.

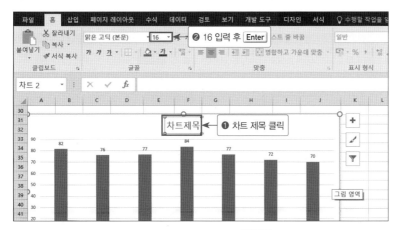

2) 수식 입력줄에 **학생별 성적현황**을 입력한 후 Enter 를 누릅니다.

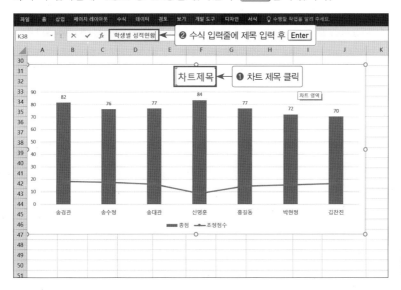

Tip

엑셀 2016에서 그래프를 삽입하면 차트의 제목이 있는 그래프가 삽입됩니다. 엑셀 2007&2010 버전에서는 차트 제목이 없는 그래프가 삽입되므로 2007&2010 버전에서는 [차트 도구]의 [레이아웃] 탭에서 [차트 제목]-[차트 위]를 선택한 후 제목을 삽입해야 합니다.

☑ X축 제목 삽입하기

1) 차트 도구의 [디자인] 탭–[차트 요소 추가]–[축 제목]–[기본 가로]를 클릭합니다.

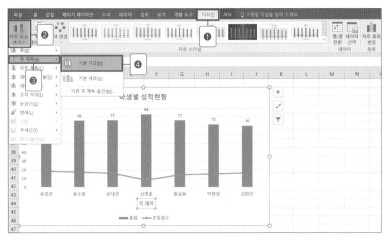

2) 축 제목을 선택 후 수식 입력줄에서 **학생이름**을 입력한 후 Enter 를 누릅니다.

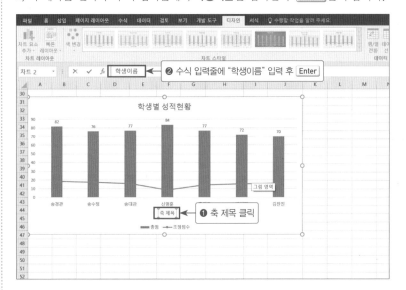

✅ Y축 제목 삽입하기

1) 차트 도구의 [디자인] 탭-[차트 요소 추가]-[축 제목]-[기본 세로]를 클릭합니다.

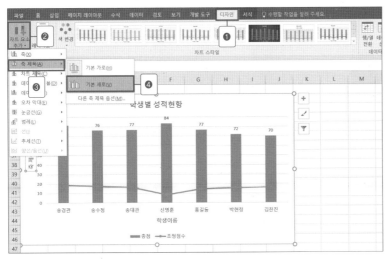

2) 축 제목을 선택 후 수식 입력줄에서 **점수**를 입력합니다.

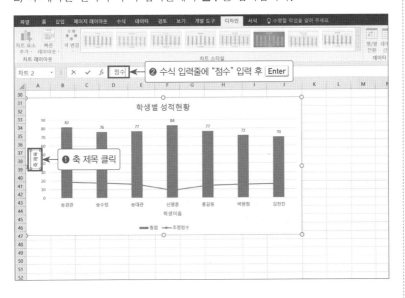

Tip

엑셀 2007 & 2010 버전에서 Y축 제목 입력하기
[레이아웃]-[축 제목]-[기본 세로축 제목]-[제목 회전]으로 들어갑니다.

Tip

엑셀 2021 버전에서 Y축 제목 입력하기
[차트 디자인] 탭-[차트 요소 추가]-[축 제목]-[기본 세로]로 들어갑니다.

Tip

엑셀 2016&2021 버전에서는 범례가 하단에 표시되고, 엑셀 2007&2010 버전에서는 우측에 표시됩니다. 범례의 위치는 버전에 따라 기본적으로 지정된 위치로 설정해 주면 됩니다.

✅ 페이지 설정

1) 데이터가 입력된 셀을 선택한 후 [파일]-[인쇄]를 클릭합니다. 모든 데이터
들이 한 페이지에 나타나지 않습니다.

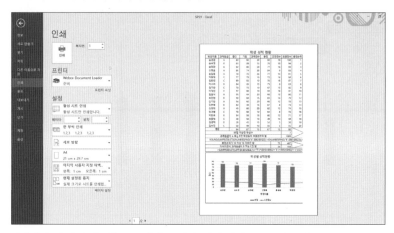

2) [현재 설정된 용지]를 클릭한 후 [한 페이지에 시트 맞추기]를 클릭합니다.
모든 행과 열의 데이터가 한 페이지 안에 축소되어 나타난 것을 알 수 있습
니다.

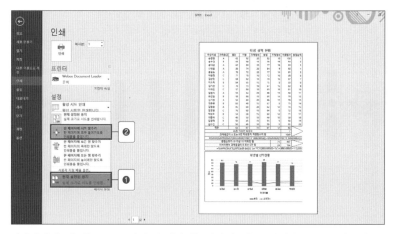

3) [페이지 설정]으로 들어간 후 [여백] 탭에서 위쪽 여백을 6으로 입력하고,
페이지 가운데 맞춤을 가로, 세로 체크 후 [확인]을 클릭합니다.

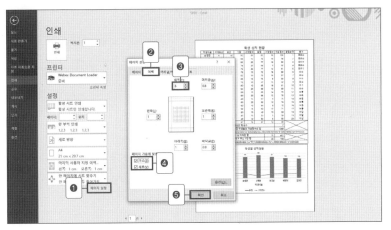

> **Tip**
>
> 인쇄는 엑셀, 액세스, 파워
> 포인트 세 가지 작업이 다
> 끝난 후에 실제로 인쇄 작업
> 을 해야 합니다. 미리 보기
> 를 하여 제대로 나오는지 확
> 인한 후 저장하고 엑셀을 닫
> 아 줍니다.

4) 인쇄를 클릭하여 출력 작업을 진행합니다(실제 출력은 세 가지 작업을 모두 마친 후 진행합니다).

5) [파일]-[저장]을 클릭합니다.

6) 이전 버튼을 클릭하여 편집화면으로 되돌아갑니다.

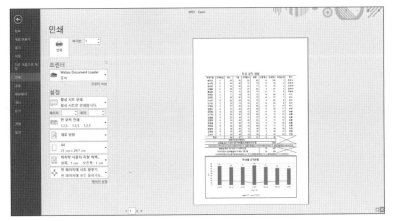

〈완성〉

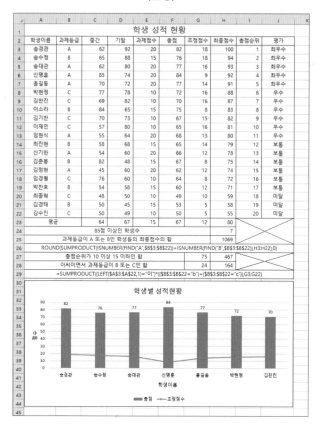

엑셀 공개문제 2회

표 계산(SP) 작업

한국산업인력금융지주에서는 고객의 예금 및 대출 계산을 분석하고자 한다. 다음 자료(DATA)를 이용하여 작성 조건에 따라 작업표와 그래프를 작성하고, 그 인쇄 출력물을 제출하시오.

가. 작업표(WORK SHEET) 작성

1) 자료(DATA)

고객 예금 및 대출 현황

[(단위, 원(KRW))]

행 \ 열	B	C	D	E	F	G
4	은행명	고객명	성별	예금	지출	대출금액
5	전자은행	김종남	1	2,200,000	1,200,000	300,000
6	학교은행	박철수	1	1,775,000	270,000	560,000
7	비자은행	남민종	1	1,850,000	250,000	520,000
8	전자은행	곽수지	0	3,500,000	2,600,000	900,000
9	비자은행	편영표	1	2,180,000	580,000	500,000
10	학교은행	황귀영	0	1,087,000	387,000	550,000
11	전자은행	하석태	1	2,040,000	300,000	570,000
12	전자은행	박종식	1	2,750,000	800,000	850,000
13	학교은행	심수미	0	1,580,000	640,000	420,000
14	비자은행	김지수	0	5,200,000	1,500,000	2,800,000
15	학교은행	이남석	1	1,175,000	800,000	290,000
16	전자은행	임지영	0	3,570,000	210,000	2,360,000
17	비자은행	강승헌	1	2,000,000	320,000	9,000,000
18	전자은행	정연수	1	2,540,000	280,000	1,500,000
19	학교은행	이인용	0	1,600,000	270,000	1,800,000
20	전자은행	송춘석	1	1,800,000	420,000	620,000
21	비자은행	심남숙	0	2,200,000	530,000	870,000
22	전자은행	전은미	1	3,100,000	440,000	1,040,000
23	학교은행	함미경	0	2,440,000	170,000	380,000
24	비자은행	이철희	1	2,640,000	220,000	640,000

※ 자료(DATA) 부분에서 음영 처리 표시된 부분은 행/열의 기준을 나타내며 이는 작성(입력)하지 않음을 반드시 유의하시오.

2) 작업표 형식

은행별 고객 대출 계산

열\행	B	C	H	I	J	K	L
4	은행명	고객명	성별	잔액	대출이자	대출가능액	비고
5 · 24	–	–	①	②	③	④	⑤
25	평균		⑥	⑥	⑥		
26	전자은행 또는 비자은행의 합					⑦	
27	⑧						
28	여성이고 이씨이면서 학교은행인 고객들의 합				⑨	⑨	
29	이씨이면서 우수고객인 고객들의 합				⑩	⑩	
30	잔액이 1500000 이상 2000000 미만인 합				⑪	⑪	
31	⑫						

3) 작성 조건

가) 작성 시 유의 사항

Ⓐ 작업표의 작성은 "나)~라)" 항에 제시된 내용을 따르고 반드시 제시된 조건(함수 적용, 단서 조항 등)에 따라 처리하시오.

Ⓑ **제시된 작성 조건을 따르지 아니하고 여타의 방법 일체**(제시된 함수 이외 다른 함수 적용, 함수 미적용, 별도 전자계산기 사용 등)를 사용하여 도출된 결과는 그 답이 맞더라도 **정답으로 인정되지 않음**을 반드시 유의하시오.

나) 작업표의 구성 및 서식

Ⓐ **"작업표 형식"에서 행과 열에 관계된 음영 처리 표시된 부분은 작성하지 않음을 유의하고 반드시 제시된 행/열에 맞추도록 하시오.**

Ⓑ 제목서식 : 16 포인트 크기로 하시오.

Ⓒ 글꼴서체 : 임의 선정하시오.

다) 원문자가 표시된 셀은 아래의 방법을 이용하여 처리하시오.

① 성별 : "남성"과 "여성"으로 표기한다.

(단, 주어진 자료의 성별에서 남성은 "1", 여성은 "0"으로 표기되어 있음)

② 잔액 : 예금–지출

③ 대출이자 : 대출금액×10%

④ 대출가능액 = 잔액–대출금액

⑤ 비고 : 대출가능액이 >1,000,000이면 "우수고객", 대출가능액이 <500,000이면 "불량고객"으로 표시하고, 나머지는 공란으로 하시오.

⑥ 평균 : 각 항목별 평균 산출

⑦ 전자은행 또는 비자은행을 거래하는 고객들의 대출가능액의 합을 산출하시오.

⑧ 항목 ⑦ 산정 시 사용한 함수식을 기재하시오.

(단, SUMPRODUCT, ISNUMBER, FIND 함수 모두 사용한 함수식 기재)

⑨ 여성이고 성이 이씨이면서 학교은행을 거래하는 고객들의 대출이자, 대출가능액 합을 각각 산출하시오.

⑩ 성이 이씨이면서 우수고객인 고객들의 대출이자, 대출가능액 합을 각각 산출하시오.

(단, SUMPRODUCT 함수를 사용하시오)

⑪ 잔액이 1500000 이상 2000000 미만인 고객들의 대출이자, 대출가능액 합을 산출하시오.

⑫ 항목 ⑩ 산정 시 사용한 함수식 기재

(단, 대출가능액 기준으로, 수식에 SUMPRODUCT, LEFT 함수 반드시 포함)

※ 함수식을 기재하는 셀과 연관된 지정함수조건(함수지정)이 있을 경우 **제시된 함수만을 사용해 함수식을 구성 및 작업**하여야 하며, 작성 조건을 위배하여 임의로 작성할 시 해당 답이 맞더라도 틀린 항목으로 채점됨을 유의하시오. 만약, 구체적인 함수가 제시되지 않을 경우 수험자가 <u>스스로 적합한 함수를 선정</u>하여 작업하시오.

※ 또한 함수식을 작성할 때는 "라) 작업표의 정렬순서(SORT)"에 따라 조건에 맞게 **정렬 후 도출된 결과**에 의한 함수식을 기재하시오.

라) 작업표의 정렬순서(SORT)는 은행명의 오름차순으로 정렬하고, 은행명이 같으면 대출가능액의 오름차순으로 정렬하시오.

마) 기타

(1) 금액에 대한 수치는 원화(₩) 표시를 하고 천 단위마다 ','(Comma)를 표시하시오.

(단, 금액 이외의 수치는 ','(Comma)를 표시하지 않도록 하시오)

(2) 모든 수치(숫자, 통화, 회계, 백분율 등)는 셀 서식의 속성을 설정하는 과정에서 소수 자릿수를 "0"으로 지정하여 정수로 표시토록 하시오.

(3) 음수는 "−"가 표시되도록 하시오.

(4) 숫자 셀은 우측을 수직으로 맞추고, 문자 셀은 수평중앙으로 맞추며 이외 사항은 작업표 형식에 따르도록 하시오. 특히, 단서조항이 있을 경우는 단서조항을 우선으로 하고, 인쇄출력 시 판독 불가능이 발생되지 않도록 인쇄 미리 보기 등을 통하여 셀의 크기를 적당히 조정하시오.

나. 그래프(GRAPH) 작성

작성한 작업표에서 전자은행에 대한 고객명별 잔액과 대출가능액을 나타내는 그래프를 작성하시오.

작성 조건

1) 그래프 형태 : 혼합형 단일축 그래프

   잔액(묶은 세로 막대형), 대출가능액(데이터 표식이 있는 꺾은선형)

   (단, 잔액만 데이터 레이블의 값이 표시된 혼합형 단일축 그래프로 하시오)

2) 그래프 제목 : 전자은행 고객 대출 금액 ---- (확대출력)

3) X축 제목 : 고객명

4) Y축 제목 : 금액

5) X축 항목 단위 : 해당 문자열

6) Y축 눈금 단위 : 임의

7) 범례 : 잔액, 대출가능액

8) 출력물 크기 : A4 용지 1/2장 범위 내

9) 기타 : 작성 조건에 없는 형식이나 모양은 기본 설정값에 따르며, 그래프 너비는 작업표에 맞추도록 하시오.

※ 그래프는 반드시 작성된 작업표와 연동하여 작업하여야 하며, 그래프의 영역(범위) 설정 오류로 인한 불이익은 전적으로 수험자 본인에게 있습니다.

엑셀 공개문제
2회 풀이

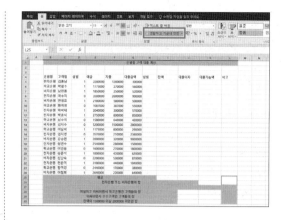

01 저장하기

▶ 유선배 강의

1) [파일]-[저장]-[찾아보기]를 클릭하여, 바탕화면의 본인의 [비번호 폴더] 안에 시험위원이 지정해준 파일명으로 저장합니다.

02 작업표 작성 및 병합하기

1) 자료(DATA)와 작업표 형식을 보고 아래와 같이 데이터를 입력합니다.

※ 금액을 입력할 때는 ','(쉼표)를 입력하지 않고 숫자만 입력합니다.

2) B1:L1셀까지 드래그하여 블록 지정한 후 **Ctrl**을 계속 누른 채 B25:H25, B26:J26, B27:L27, B28:I28, B29:I29, B30:I30, B31:L31, L28:L30, L25:L26셀까지 드래그하여 선택해 줍니다. 모든 선택이 끝날 때까지 **Ctrl**을 계속 눌러주고 선택이 끝나면 **Ctrl**을 손에서 떼어줍니다.

3) [홈] 탭에 맞춤 그룹의 [병합하고 가운데 맞춤]을 클릭하여 병합시켜 줍니다.

03 조건 문제 풀이

▶ 유선배 강의

❶ 성별 : "남성"과 "여성"으로 표기한다(단, 주어진 자료의 성별에서 남성은 "1", 여성은 "0"으로 표기되어 있음).

공식	=IF(조건,참,거짓)
함수식(H5)	=IF(D5=1,"남성","여성")
설명	D5셀에 있는 값이 1이면 참값인 "남성"을 나타내고, 그렇지 않으면 "여성"을 나타냅니다.

성별	예금	지출	대출금액	성별	잔액	대출이자	대출가능액	비고
1	2200000	1200000	300000	=IF(D5=1,"남성","여성")				
1	1775000	270000	560000					
1	1850000	250000	520000					

❷ 잔액 : 예금-지출

함수식(I5)	=E5-F5
설명	예금(E5셀)에서 지출(F5셀)을 뺀 값을 나타냅니다.

고객명	성별	예금	지출	대출금액	성별	잔액	대출이자	대출가능액	비고
김종남	1	2200000	1200000	300000	남성	=E5-F5			
박철수	1	1775000	270000	560000					
남민종	1	1850000	250000	520000					
곽수지	0	3500000	2600000	900000					

❸ 대출이자 : 대출금액×10%

함수식(J5)	=G5*10%
설명	대출금액(G5셀)에서 10%를 곱한 값을 나타냅니다.

	C	D	E	F	G	H	I	J	K
				은행별 고객 대출 계산					
	고객명	성별	예금	지출	대출금액	성별	잔액	대출이자	대출가능액	비
	김종남	1	2200000	1200000	300000	남성	1000000	=G5*10%	
	박철수	1	1775000	270000	560000				
	남민종	1	1850000	250000	520000				
	곽수지	0	3500000	2600000	900000				
	편영표	1	2180000	580000	500000				

❹ 대출가능액 = 잔액－대출금액

함수식(K5)	=I5-G5
설명	잔액(I5셀)에서 대출금액(G5셀)을 뺀 값을 나타냅니다.

E	F	G	H	I	J	K	L	M
		은행별 고객 대출 계산						
예금	지출	대출금액	성별	잔액	대출이자	대출가능액		비고
2200000	1200000	300000	남성	1000000	3000	=I5-G5		
1775000	270000	560000						
1850000	250000	520000						
3500000	2600000	900000						
2180000	580000	500000						

❺ 비고 : 대출가능액이 >1,000,000이면 "우수고객", 대출가능액이 <500,0000이면 "불량고객"으로 표시하고, 나머지는 공란으로 하시오.

공식	=IF(조건1,참1,IF(조건2,참2,거짓))
함수식(L5)	=IF(K5>1000000,"우수고객",IF(K5<500000,"불량고객",""))
설명	• **조건1** : 대출가능액이 1,000,000 초과하면 • **참1** : "우수고객"을 나타내고, • **조건2** : 대출가능액이 500,000 미만이면 • **참2** : "불량고객"을 나타내고, • **거짓** : 조건1도 조건2도 만족하지 않으면 빈 셀("")을 표시합니다

J	K	L	M	N	O	P	Q	R	S
대출이자	대출가능액	비고							
300000	700000	=IF(K5>1000000,"우수고객",IF(K5<500000,"불량고객",""))							

❻ H5:L5셀까지 드래그하여 블록 지정한 후 L5셀의 채우기 핸들을 끌어서 L24셀까지 채워줍니다.

❻ 평균 : 각 항목별 평균 산출

공식	=AVERAGE(범위)
함수식(I25)	=AVERAGE(I5:I24)
설명	잔액(I5:I24)의 평균 금액을 구합니다.

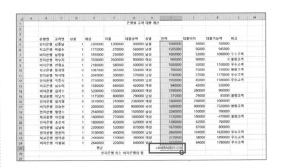

❼ I25셀의 채우기 핸들을 드래그하여 K25셀까지 평균값을 구해줍니다.

❼ 전자은행 또는 비자은행을 거래하는 고객들의 대출가능액의 합을 산출하시오.

공식	=SUMPRODUCT(배열1,배열2....) =ISNUMBER(값) =FIND(찾을 문자,텍스트)
함수식(K26)	=SUMPRODUCT(ISNUMBER(FIND("전자은행",$B$5:$B$24))+ISNUMBER(FIND("비자은행",$B$5:$B$24)),K5:K24)
설명	• **FIND 함수** : 전자은행 <u>또는</u> OR(+) 비자은행이라는 글자가 있으면 1이라는 숫자(위치값)를 반환하고 없으면 #VALUE!라는 오류값을 반환합니다. • **ISNUMBER 함수** : FIND 함수로 구한 값이 숫자이면 TRUE(1), 그렇지 않으면 FALSE(0)를 반환합니다. • **SUMPRODUCT 함수** : ISNUMBER 함수로 추출된 TRUE(1), FALSE(0)와 대응하는 대출가능액끼리 곱하고 곱한 값의 합계를 구합니다.

❽ 항목 ❼ 산정 시 사용한 함수식을 기재하시오.

1) K26셀을 선택한 후 수식 입력줄에 있는 수식 전체를 드래그하여 블록 지정합니다.
2) 마우스 우클릭을 한 후 [복사] 또는 Ctrl + C (복사)한 다음 Enter 를 누릅니다.
3) 병합된 B27셀을 클릭해서 작은따옴표(')를 입력한 다음 Ctrl + V (붙여넣기) 또는 마우스 우클릭을 한 후 [붙여넣기]를 클릭하고 Enter 를 누릅니다(※ 수식 입력줄을 클릭한 후 붙여넣기를 해도 됩니다).
4) 수식이 전체가 보이도록 열 너비를 조절합니다.

❾ 여성이고 성이 이씨이면서 학교은행을 거래하는 고객들의 대출이자, 대출가능액 합을 각각 산출하시오.

공식	=SUMIFS(합계범위,조건범위1,"조건1",조건범위2,"조건2",조건범위3,"조건3")
함수식(J28)	=SUMIFS(J5:J24,$H$5:$H$24,"여성",$C$5:$C$24,"이*",$B$5:$B$24,"학교은행")
설명	• **합계범위** : 3개의 조건을 모두 만족하는 대출이자의 합계를 구해야 하므로 합계범위는 J5:J24입니다. • **조건범위1&조건1** : 성별 범위(H5:H24) 중에 첫 번째 조건인 "여성"을 만족하는 대출이자의 합계를 구합니다. • **조건범위2&조건2** : 고객명(C5:C24) 중 두 번째 조건인 이씨("이*")를 만족하는 대출이자의 합계를 구합니다. • **조건범위3&조건3** : 은행명(B5:B24) 중 세 번째 조건인 "학교은행"을 만족하는 대출이자의 합계를 구합니다.

○ J28셀에서 채우기 핸들을 드래그하여 K28셀까지 채워줍니다.

❿ 성이 이씨이면서 우수고객인 고객들의 대출이자, 대출가능액 합을 각각 산출하시오(단, SUMPRODUCT 함수를 사용하시오).

공식	=SUMPRODUCT(배열1,배열2....) =LEFT(문자열,문자의 개수)
함수식(J29)	=SUMPRODUCT((LEFT($C$5:$C$24,1)="이")*($L$5:$L$24="우수고객"),J5:J24)
설명	• C5:C24셀의 첫 글자가 "이"이고 **그리고 AND(*)** "우수고객"이면 TRUE(1), 그렇지 않으면 FALSE(0)를 반환합니다. • 두 조건으로 추출된 TRUE(1), FALSE(0)와 대응하는 대출이자와 곱한 값의 합계를 구합니다.

○ J29셀의 채우기 핸들을 드래그하여 K29셀까지 채워줍니다.

⓫ 잔액이 1500000 이상 2000000 미만인 고객들의 대출이자, 대출가능액 합을 산출하시오.

공식	=SUMIFS(합계범위,조건범위1,"조건1",조건범위2,"조건2")
함수식(J30)	=SUMIFS(J5:J24,$I$5:$I$24,">=1500000",$I$5:$I$24,"<2000000")

		설명	

- **합계범위** : 2개의 조건을 모두 만족하는 대출이자의 합계를 구해야 하므로 합계범위는 J5:J24입니다.
- **조건범위1&조건1** : 잔액 범위(I5:I24) 중 첫 번째 조건인 ">=1500000"을 만족하는 대출이자의 합계를 구합니다(그리고).
- **조건범위2&조건2** : 잔액 범위(I5:I24) 중 두 번째 조건인 "<2000000"을 만족하는 대출이자의 합계를 구합니다.

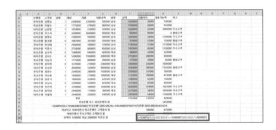

◑ J30셀의 채우기 핸들을 드래그하여 K30셀까지 채워줍니다.

⓬ 항목 ❿ 산정 시 사용한 함수식 기재(단, 대출가능액 기준으로, 수식에 SUMPRODUCT, LEFT 함수 반드시 포함)

1) K29셀을 선택한 후 수식 입력줄에 있는 수식 전체를 드래그하여 블록 지정합니다.
2) 마우스 우클릭을 한 후 [복사] 또는 Ctrl + C (복사)한 다음 Enter 를 누릅니다.
3) 병합된 B31셀을 클릭해서 작은따옴표(')를 입력한 다음 Ctrl + V (붙여넣기) 또는 마우스 우클릭을 한 후 [붙여넣기]를 클릭하고 Enter 를 누릅니다(※ 수식 입력줄을 클릭한 후 붙여넣기를 해도 됩니다).

04 ▶ 정렬하기

라) 작업표의 정렬순서(SORT)는 은행명의 오름차순으로 정렬하고, 은행명이 같으면 대출가능액의 오름차순으로 정렬하시오.

1) 정렬을 하기 위해서 B4:L24셀까지 블록 지정한 후에 [데이터] 탭의 [정렬]을 클릭합니다.
2) 첫 번째 정렬 기준은 "은행명"으로 선택하고 정렬을 "오름차순 정렬"로 지정한 후 [기준 추가]를 클릭합니다.
3) 새로운 기준이 만들어졌으면 새로운 정렬 기준을 "대출가능액"으로 선택하고 정렬을 "오름차순 정렬"로 지정한 후 [확인]을 클릭합니다.

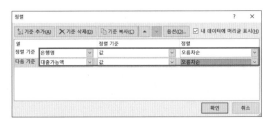

05 ▶ 기타 조건

(1) 금액에 대한 수치는 원화(₩) 표시를 하고 천 단위마다 ','(Comma)를 표시하시오.
(2) 모든 수치(숫자, 통화, 회계, 백분율 등)는 셀 서식의 속성을 설정하는 과정에서 소수 자릿수를 "0"으로 지정하여 정수로 표시토록 하시오.
(3) 음수는 "–"가 표시되도록 하시오.
(4) 숫자 셀은 우측을 수직으로 맞추고, 문자 셀은 수평중앙으로 맞추며 이외 사항은 작업표 형식에 따르도록 하시오. 특히, 단서조항이 있을 경우는 단서조항을 우선으로 하고, 인쇄출력 시 판독 불가능이 발생되지 않도록 인쇄 미리 보기 등을 통하여 셀의 크기를 적당히 조정하시오.

1) 금액이 있는 E5:G24, I5:K25, K26, J28:K30 셀을 Ctrl 을 이용하여 선택합니다.

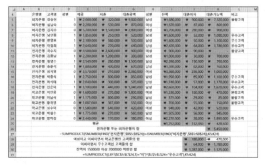

2) [홈] 탭의 표시 형식 그룹에서 [회계 표시 형식]을 클릭합니다.

3) 문자 셀을 수평 중앙으로 맞추기 위해서 B4:C24, D4:L4, H5:H24, L5:L24셀을 Ctrl 을 이용하여 선택한 후 [가운데 맞춤 ▤]을 클릭합니다.

06 ▶ 열 숨기기

1) A열을 클릭한 후 Ctrl 을 누른 채 D열에서 G열까지 드래그합니다.
2) 마우스 우클릭을 한 후 [숨기기]를 클릭합니다.

07 ▶ 제목서식 변경하기

1) 병합된 B1:L1셀을 선택한 후 [홈] 탭에서 글자 크기를 16pt로 입력합니다.

08 ▶ 테두리 지정하기

1) B4:L31셀까지 드래그하여 블록 지정한 후 [홈] 탭의 글꼴 그룹에서 테두리를 [모든 테두리 ⊞ ▾]로 선택합니다.
2) 다시, B5:L24셀까지 드래그하여 블록 지정한 후 Ctrl + 1 (셀 서식)의 [테두리] 탭에서 스타일을 [없음]으로 지정하고 [중간 가로선 ▤]을 선택한 후 [확인]을 클릭합니다.

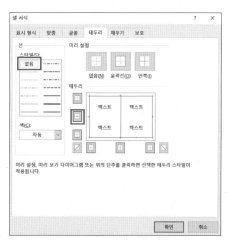

09 그래프(GRAPH) 작성

나. 그래프(GRAPH) 작성

작성한 작업표에서 전자은행에 대한 고객명별 잔액과 대출가능액을 나타내는 그래프를 작성하시오.

[작성 조건]

1) 그래프 형태 : 혼합형 단일축 그래프
   잔액(묶은 세로 막대형), 대출가능액(데이터 표식이 있는 꺾은선형)
   (단, 잔액만 데이터 레이블의 값이 표시된 혼합형 단일축 그래프로 하시오)
2) 그래프 제목 : 전자은행 고객 대출 금액
   ──── (확대출력)
3) X축 제목 : 고객명
4) Y축 제목 : 금액
5) X축 항목 단위 : 해당 문자열
6) Y축 눈금 단위 : 임의
7) 범례 : 잔액, 대출가능액
8) 출력물 크기 : A4 용지 1/2장 범위 내
9) 기타 : 작성 조건에 없는 형식이나 모양은 기본 설정값에 따르며, 그래프 너비는 작업표에 맞추도록 하시오.

☑ 차트 만들기

1) C4셀을 클릭한 후, Ctrl 을 누른 채 I4, K4, C11:C18, I11:I18, K11:K18셀을 아래와 같이 드래그합니다.

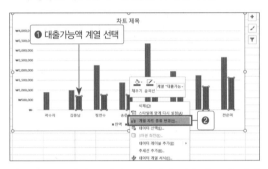

2) 그래프를 만들기 위해 [삽입]−[세로 또는 가로 막대형 차트 삽입]−[묶은 세로 막대형]을 클릭합니다.

엑셀 2010 버전
[삽입]−[세로 막대형]−[묶은 세로 막대형]

3) 만들어진 그래프를 작업표 하단으로 드래그하여 이동합니다. 이때 차트의 왼쪽 모서리가 B33셀에 위치하도록 이동합니다.
4) 차트의 조절점을 이용하여 상단의 작업표의 열 너비인 L열까지 크기를 늘려줍니다. 차트의 높이는 적당하게 조절해 줍니다.

☑ 차트 종류 변경하기

1) 대출가능액 계열만 선택하고 마우스 우클릭을 한 후 [계열 차트 종류 변경]을 클릭합니다.

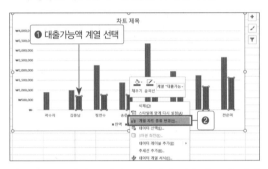

2) 좌측 [콤보]가 선택된 상태에서 대출가능액 계열의 차트 종류를 [표식이 있는 꺾은선형]으로 선택한 후 [확인]을 클릭합니다.

엑셀 2010 버전
마우스 우클릭을 한 후 [계열 차트 종류 변경]을 클릭합니다. 좌측의 [꺾은선형]을 선택한 후 [표식이 있는 꺾은선형]을 클릭합니다.

☑ 레이블값 표시하기

1) 잔액 계열의 데이터 막대를 선택합니다.

2) 선택한 잔액 계열의 데이터 막대 위에서 마우스 우클릭을 한 후 [데이터 레이블 추가]-[데이터 레이블 추가]를 클릭합니다

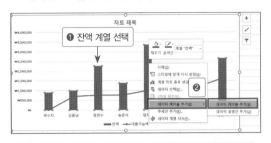

엑셀 2010 버전
마우스 우클릭 후 [데이터 레이블 추가]

✅ 그래프 제목

1) 차트 제목을 선택한 후 [홈] 탭에서 글자 크기를 16pt로 입력합니다.
2) 수식 입력줄에 **전자은행 고객 대출 금액**을 입력한 후 Enter 를 누릅니다.

엑셀 2010 버전
[차트 도구]의 [레이아웃] 탭의 레이블 그룹에 있는 [차트 제목]-[차트 위]를 선택한 후 제목을 삽입합니다.

✅ X축 제목 삽입하기

1) 차트 도구의 [디자인] 탭-[차트 요소 추가]-[축 제목]-[기본 가로]를 클릭합니다.
2) 축 제목을 선택 후 수식 입력줄에서 **고객명**을 입력한 후 Enter 를 누릅니다.

엑셀 2010 버전
[레이아웃]-[축 제목]-[기본 가로축 제목]-[축 아래 제목]

엑셀 2021 버전
[차트 디자인] 탭-[차트 요소 추가]-[축 제목]-[기본 가로]

✅ Y축 제목 삽입하기

1) 차트 도구의 [디자인] 탭-[차트 요소 추가]-[축 제목]-[기본 세로]를 클릭합니다.

2) 축 제목을 선택 후 수식 입력줄에서 **금액**을 입력한 후 Enter 를 누릅니다.

엑셀 2010 버전
[레이아웃]-[축 제목]-[기본 세로축 제목]-[제목 회전]

엑셀 2021 버전
[차트 디자인] 탭-[차트 요소 추가]-[축 제목]-[기본 세로]

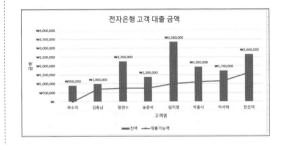

차트 글자 색과 테두리
엑셀 2016&2021은 차트의 글자 색이 회색으로 보이기 때문에 차트 영역을 선택한 후 글자 색을 검정으로 지정하고, [서식] 탭에서 [도형 윤곽선]을 검정으로 지정해두면 좋습니다. 지정하지 않아도 감점되지는 않습니다.

10 페이지 설정 및 인쇄

✅ 페이지 설정

1) 데이터가 입력된 셀을 선택한 후 [파일]-[인쇄]를 클릭합니다(모든 데이터들이 한 페이지에 나타나지 않습니다).
2) [현재 설정된 용지]를 클릭한 후 [한 페이지에 시트 맞추기]를 클릭합니다(모든 행과 열의 데이터가 한 페이지 안에 축소되어 나타난 것을 알 수 있습니다).
3) [페이지 설정]으로 들어간 후 [여백] 탭에서 위쪽 여백을 6으로 입력하고, 페이지 가운데 맞춤을 가로, 세로 체크 후 [확인]을 클릭합니다.
4) 인쇄를 클릭하여 출력 작업을 진행합니다(실제 출력은 세 가지 작업을 모두 마친 후 진행합니다).
5) [파일]-[저장]을 클릭합니다.
6) 이전 버튼을 클릭하여 편집화면으로 되돌아갑니다.

| 작업표 작성 |

은행별 고객 대출 계산

은행명	고객명	성별	잔액	대출이자	대출가능액	비고
비자은행	강승헌	남성	₩ 1,680,000	₩ 900,000	-₩ 7,320,000	불량고객
비자은행	심남숙	여성	₩ 1,670,000	₩ 87,000	₩ 800,000	
비자은행	김지수	여성	₩ 3,700,000	₩ 280,000	₩ 900,000	
비자은행	남민종	남성	₩ 1,600,000	₩ 52,000	₩ 1,080,000	우수고객
비자은행	편영표	남성	₩ 1,600,000	₩ 50,000	₩ 1,100,000	우수고객
비자은행	이철희	남성	₩ 2,420,000	₩ 64,000	₩ 1,780,000	우수고객
전자은행	곽수지	여성	₩ 900,000	₩ 90,000	₩ -	불량고객
전자은행	김종남	남성	₩ 1,000,000	₩ 30,000	₩ 700,000	
전자은행	정연수	남성	₩ 2,260,000	₩ 150,000	₩ 760,000	
전자은행	송준석	남성	₩ 1,380,000	₩ 62,000	₩ 760,000	
전자은행	임지영	여성	₩ 3,360,000	₩ 236,000	₩ 1,000,000	
전자은행	박종식	남성	₩ 1,950,000	₩ 85,000	₩ 1,100,000	우수고객
전자은행	하석태	남성	₩ 1,740,000	₩ 57,000	₩ 1,170,000	우수고객
전자은행	전은미	남성	₩ 2,660,000	₩ 104,000	₩ 1,620,000	우수고객
학교은행	이인용	여성	₩ 1,330,000	₩ 180,000	-₩ 470,000	불량고객
학교은행	이남석	남성	₩ 375,000	₩ 29,000	₩ 85,000	불량고객
학교은행	황귀영	여성	₩ 700,000	₩ 55,000	₩ 150,000	불량고객
학교은행	심수미	여성	₩ 940,000	₩ 42,000	₩ 520,000	
학교은행	박철수	남성	₩ 1,505,000	₩ 56,000	₩ 945,000	
학교은행	함미경	여성	₩ 2,270,000	₩ 38,000	₩ 1,890,000	우수고객
평균			₩ 1,752,000	₩ 132,350	₩ 428,500	
전자은행 또는 비자은행의 합					₩ 5,450,000	
=SUMPRODUCT((ISNUMBER(FIND("전자은행",B5:B24)))+(ISNUMBER(FIND("비자은행",B5:B24))),K5:K24)						
여성이고 이씨이면서 학교은행인 고객들의 합			₩ 180,000	-₩ 470,000		
이씨이면서 우수고객인 고객들의 합			₩ 64,000	₩ 1,780,000		
잔액이 1500000 이상 2000000 미만인 합			₩ 1,287,000	-₩ 1,125,000		
=SUMPRODUCT((LEFT($C$5:$C$24,1)="이")*($L$5:$L$24="우수고객"),J5:J24)						

| 그래프 작성 |

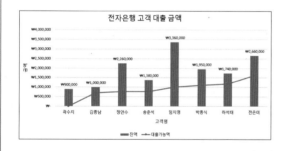

| 인쇄 미리 보기 |

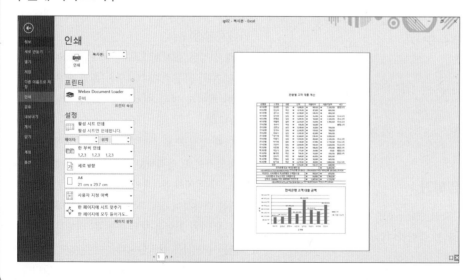

3

엑셀 공개문제 3회

표 계산(SP) 작업

JA 렌터카에서는 NCS기반 사무자동화시스템을 기반으로 자동차별 렌트현황을 분석하고자 합니다. 다음 자료(DATA)를 이용하여 작성 조건에 따라 작업표와 그래프를 작성하고, 그 인쇄 출력물을 제출하시오.

가. 작업표(WORK SHEET) 작성

1) 자료(DATA)

자동차 렌트 현황

행 \ 열	A	B	D	E
3	대여자	코드	대여일자	반납일자
4	권은경	A-4	5월 9일	5월 28일
5	김명호	C-3	10월 6일	10월 14일
6	이나요	C-1	7월 8일	7월 28일
7	서영준	C-2	5월 20일	6월 29일
8	원미경	B-1	4월 24일	4월 29일
9	윤나영	B-4	5월 16일	5월 25일
10	이경호	B-2	3월 11일	3월 19일
11	이수현	B-3	4월 4일	4월 15일
12	조성진	A-2	8월 18일	9월 29일
13	이수경	A-1	9월 16일	9월 30일
14	김종서	A-5	8월 13일	8월 14일
15	박호호	C-4	9월 7일	9월 28일
16	김동렬	C-5	8월 17일	8월 23일
17	이승엽	B-1	9월 16일	9월 18일
18	이종범	A-6	9월 24일	9월 27일
19	박세리	C-6	7월 6일	7월 13일
20	최경주	C-7	7월 7일	7월 7일
21	이봉주	B-6	9월 16일	9월 29일
22	유남규	A-7	6월 7일	6월 11일
23	한기주	B-7	6월 16일	6월 28일

※ 자료(DATA) 부분에서 음영 처리 표시된 부분은 행/열의 기준을 나타내며 이는 작성(입력)하지 않음을 반드시 유의하시오.

2) 작업표 형식

자동차 렌트 관리

열＼행	A	B	C	F	G	H	I	J
3	대여자	코드	차종	대여일	기본요금	부가요금	합계금액	종합
4 · 23	–	–	①	②	③	④	⑤	⑥
24	요금합계		승용차	⑦	⑦	⑦	⑦	
25			승합차	⑧	⑧	⑧	⑧	
26			버스	⑨	⑨	⑨	⑨	
27	"이"씨 성이면서 코드에 "1"을 포함한 합					⑩	⑩	
28	"김"씨 성이면서 코드에 "5"를 포함한 합					⑪	⑪	
29	종합 열에 사용된 함수식(조성진 기준)					⑫		
30	⑬							

3) 작성 조건

가) 작성 시 유의 사항

　Ⓐ 작업표의 작성은 "나)~라)" 항에 제시된 내용을 따르고 반드시 제시된 조건(함수 적용, 단서 조항 등)에 따라 처리하시오.

　Ⓑ **제시된 작성 조건을 따르지 아니하고 여타의 방법 일체**(제시된 함수 이외 다른 함수 적용, 함수 미적용, 별도 전자계산기 사용 등)를 사용하여 도출된 결과는 그 답이 맞더라도 **정답으로 인정되지 않음**을 반드시 유의하시오.

　Ⓒ 작업표상 텍스트 레이블과 작성 조건이 서로 다를 경우에는 **작성 조건을 기준**으로 수정하여 작업하시오.

나) 작업표의 구성 및 서식

　Ⓐ **"작업표 형식"에서 행과 열에 관계된 음영 처리 표시된 부분은 작성하지 않음을 유의하고 반드시 제시된 행/열에 맞추도록 하시오.**

　Ⓑ 제목서식 : 20 포인트 크기로 하고 가운데 표시, 임의글꼴

　Ⓒ 글꼴서체 : 임의 선정하시오.

다) 원문자가 표시된 셀은 아래의 방법을 이용하여 처리하시오.

　① 차종 : 코드의 첫문자가 "A"이면 "버스", "B"이면 "승합차", "C"이면 "승용차"로 표시하시오

　② 대여일 : 반납일자 – 대여일자+1

　③ 기본요금 : 차종이 승용차이면 150,000원, 승합차이면 200,000원, 버스이면 400,000원으로 하시오.

　④ 부가요금 : 대여일×부가세

　　(단, 부가세 : 승용차이면 10,000원, 승합차이면 50,000원, 버스이면 80,000원이다)

⑤ 합계금액 = 기본요금+부가요금

⑥ 종합 : 대여자, 코드 맨 앞 1자리, 대여일을 CONCATENATE, LEFT 함수를 사용하여 예와 같이 표시하시오(예 **이나요:C:21일** 형태로 하시오).

⑦ 승용차의 요금합계 : 차종의 승용차인 각 항목별 합계를 산출하시오.
　(단, SUMIF 또는 SUMIFS 함수 사용)

⑧ 승합차의 요금합계 : 차종의 승합차인 각 항목별 합계를 산출하시오.
　(단, SUMIF 또는 SUMIFS 함수 사용)

⑨ 버스의 요금합계 : 차종의 버스인 각 항목별 합계를 산출하시오.
　(단, SUMIF 또는 SUMIFS 함수 사용)

⑩ "이"씨 성이면서 코드에 "1"을 포함한 각 항목별 합계를 산출하시오.
　(단, SUMPRODUCT 함수 사용)

⑪ "김"씨 성이면서 코드에 "5"를 포함한 각 항목별 합계를 산출하시오.
　(단, SUMPRODUCT 함수 사용)

⑫ 항목 ⑥에 사용된 함수식을 기재하시오.
　(단, 조성진을 기준으로 하시오)

⑬ 항목 ⑨에 사용된 함수식을 기재하시오.
　(단, 합계금액을 기준으로 하시오)

> ※ 함수식을 기재하는 ⑫~⑬은 반드시 해당 항목에 제시된 함수의 작성 조건에 따라 도출된 함수식 기재하여야 하며, 작성 조건을 위배하여 임의로 작성할 시 해당 답이 맞더라도 틀린 항목으로 채점됨을 유의하십시오. 또한 함수식을 작성할 때는 라) 정렬순서(SORT)에 따라 조건에 맞게 **정렬 후 도출된 결과**에 의한 함수식을 기재하시오.

라) 작업표의 정렬순서(SORT)는 대여일 오름차순으로 정렬하고, 대여일이 같으면 합계금액의 오름차순으로 정렬하시오.

마) 기타

(1) 금액에 대한 수치는 원화(₩) 표시를 하고 천 단위마다 ','(Comma)를 표시하시오.
　(단, 금액 이외의 수치는 ','(Comma)를 표시하지 않도록 하시오)

(2) 모든 수치(숫자, 통화, 회계, 백분율 등)는 셀 서식의 속성을 설정하는 과정에서 소수 자릿수를 "0"으로 지정하여 정수로 표시토록 하시오.

(3) 음수는 "-"가 표시되도록 하시오.

(4) 숫자 셀은 우측을 수직으로 맞추고, 문자 셀은 수평중앙으로 맞추며 이외 사항은 작업표 형식에 따른다. 특히, 인쇄출력 시 판독 불가능이 발생되지 않도록 인쇄 미리 보기 등을 통하여 셀의 크기를 적당히 조정하시오.

나. 그래프(GRAPH) 작성

작성한 작업표에서 대여일이 10일 이상인 경우의 대여자별 부가요금과 합계금액을 나타내는 그래프를 작성하십시오.

작성 조건

1) 그래프 형태
   부가요금(묶은 세로 막대형), 합계금액(데이터 표식이 있는 꺾은선형) : 혼합형 단일축 그래프
   (단, 합계금액만 데이터 레이블의 값이 표시된 혼합형 단일축 그래프로 하시오)

2) 그래프 제목 : 렌트 현황 분석 ──── (확대출력)

3) X축 제목 : 대여자

4) Y축 제목 : 금액

5) X축 항목 단위 : 해당 문자열

6) Y축 눈금 단위 : 임의

7) 범례 : 부가요금, 합계금액

8) 출력물 크기 : A4 용지 1/2장 범위 내

9) 기타 : 작성 조건에 없는 형식이나 모양은 기본 설정값에 따르며, 그래프 너비는 작업표에 맞추도록 하시오.

※ 그래프는 반드시 작성된 작업표와 연동하여 작업하여야 하며, 그래프의 영역(범위) 설정 오류로 인한 불이익은 전적으로 수험자 본인에게 있습니다.

엑셀 공개문제

3회 풀이

▶ 유선배 강의

01 저장하기

1) [파일]-[저장]-[찾아보기]를 클릭하여, 바탕화면의 본인의 [비번호 폴더] 안에 시험위원이 지정해 준 파일명으로 저장합니다.

02 작업표 작성 및 병합하기

1) 자료(DATA)와 작업표 형식을 보고 아래와 같이 데이터를 입력합니다.

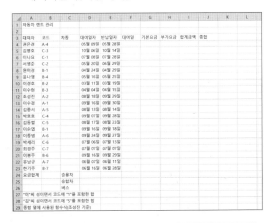

> ※ 날짜를 입력할 때는 5-9라고 입력하고 Enter를 누르면 05월 09일이라고 나타납니다.

2) 날짜 형식을 맞추기 위해 D4:E23셀까지 블록 지정한 후 Ctrl + 1 또는 마우스 우클릭을 한 후 [셀 서식]을 클릭합니다.

3) [표시 형식] 탭의 [사용자 지정]에서 형식을 m월 d일로 입력한 후 [확인]을 클릭합니다.

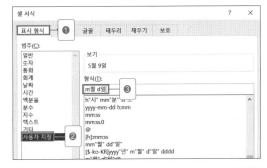

2) A1:J1셀까지 드래그하여 블록 지정한 후 Ctrl을 계속 누른 채 A24:B26, A27:G27, A28:G28, A29:G29, A30:J30, H29:J29, J24:J28셀까지 드래그하여 선택합니다. 모든 선택이 끝날 때까지 Ctrl을 계속 눌러주고 선택이 끝나면 Ctrl을 손에서 떼어줍니다.

3) [홈] 탭에 맞춤 그룹의 [병합하고 가운데 맞춤]을 클릭하여 병합시켜 줍니다.

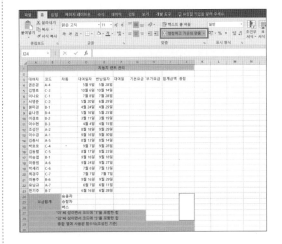

▶ 유선배 강의

03 조건 문제 풀이

❶ 차종 : 코드의 첫 문자가 "A"이면 "버스", "B"이면 "승합차", "C"이면 "승용차"로 표시하시오.

공식	=IF(조건1,참1,IF(조건2,참2,거짓)) =LEFT(문자열,문자의 개수)
함수식(C4)	=IF(LEFT(B4,1)="A","버스",IF(LEFT(B4,1)="B","승합차","승용차"))

설명	• **조건1(LEFT(B4,1)="A")** : B4셀의 왼쪽에서부터 한 글자가 "A"이면 • **참1("버스")** : "버스"를 나타내고, • **조건2(LEFT(B4,1)="B")** : B4셀의 왼쪽에서부터 한 글자가 "B"이면 • **참2("승합차")** : "승합차"를 나타내고, • **거짓("승용차")** : 조건1도 조건2도 만족하지 않으면 "승용차"를 나타냅니다.

● C4셀의 채우기 핸들을 드래그하여 C23셀까지 드래그합니다.

❷ 대여일 : 반납일자 - 대여일자 + 1

함수식(F4)	=E4-D4+1
설명	반납일자(E4셀)에서 대여일자(D4셀)를 뺀 값에서 1을 더한 값을 나타냅니다.

❸ 기본요금 : 차종이 승용차이면 150,000원, 승합차이면 200,000원, 버스이면 400,000원으로 하시오.

공식	=IF(조건1,참1,IF(조건2,참2,거짓))
함수식(G4)	=IF(C4="승용차",150000,IF(C4="승합차",200000,400000))

설명	• **조건1(C4="승용차")** : C4셀의 차종이 "승용차"이면 • **참1(150000)** : "150000"을 나타내고, • **조건2(C4="승합차")** : C4셀의 차종이 "승합차"이면 • **참2(200000)** : "200000"을 나타내고, • **거짓(400000)** : 조건1도 조건2도 만족하지 않으면 "400000"을 표시합니다.

● IF 함수에서 숫자(금액)를 입력할 때 큰따옴표("")를 넣어 "150000"로 넣어주게 되면 값은 나타나지만 문자열로 인식하므로 계산이 불가능합니다. 그러므로 숫자(금액)를 입력할 때는 큰따옴표("")를 넣지 않습니다.

❹ 부가요금 : 대여일×부가세(단, 부가세 : 승용차이면 10,000원, 승합차이면 50,000원, 버스이면 80,000원이다)

공식	=IF(조건1,참1,IF(조건2,참2,거짓))
함수식(H4)	=F4*IF(C4="승용차",10000,IF(C4="승합차",50000,80000))
설명	대여일(F4셀)에서 부가세를 곱한 값을 나타내는데, 부가세는 차종이 승용차이면 10000을 나타내고, 승합차이면 50000을 나타내고 그렇지 않으면 80000을 나타냅니다.

❺ 합계금액 = 기본요금+부가요금

함수식(I4)	=G4+H4
설명	기본요금(G4셀)에서 부가요금(H4셀)을 더한 값을 나타냅니다.

	E	F	G	H	I	J	K
1	자동차 렌트 관리						
2							
3	반납일자	대여일	기본요금	부가요금	합계금액	종합	
4	5월 28일	20	400000	1600000	=G4+H4		
5	10월 14일						
6	7월 28일						
7	6월 29일						
8	4월 29일						
9	5월 25일						

❻ 종합 : 대여자, 코드 맨 앞 1자리, 대여일을 CONCATENATE, LEFT 함수를 사용하여 예와 같이 표시하시오(예 **이나요:C:21일** 형태로 하시오).

공식	=CONCATENATE(연결대상1,연결대상2...) =LEFT(문자열,문자의 개수)
함수식(J4)	=CONCATENATE(A4,":",LEFT(B4,1),":",F4,"일")
설명	A4셀의 값과 ":" 문자열과, B4셀에 있는 왼쪽에서 한 글자와, ":" 문자열과 F4셀에 있는 값과 "일"이라는 문자열을 연결시켜줍니다.

◉ F4:J4셀까지 드래그하여 블록 지정한 후 J4셀의 채우기 핸들을 끌어서 J23셀까지 채워줍니다.

❼ 승용차의 요금합계 : 차종의 승용차인 각 항목별 합계를 산출하시오(단, SUMIF 또는 SUMIFS 함수 사용).

공식	=SUMIF(조건범위,조건,합계범위)
함수식(F24)	=SUMIF($C$4:$C$23,$C$24,F4:F23)
설명	• **조건범위&조건** : 차종(C4:C23) 중에서 조건인 승용차(C24셀)를 만족하는 대여일의 합계를 구하라. 조건을 "승용차"로 입력해줘도 됩니다. • **합계범위** : 조건을 만족하는 대여일의 합계를 구해야 하므로 합계범위는 F4:F23입니다.

◉ F24셀의 채우기 핸들을 드래그하여 I24셀까지 채워줍니다.

❽ 승합차의 요금합계 : 차종의 승합차인 각 항목별 합계를 산출하시오(단, SUMIF 또는 SUMIFS 함수 사용).

공식	=SUMIF(조건범위,조건,합계범위)
함수식(F25)	=SUMIF($C$4:$C$23,$C$25,F4:F23)
설명	• **조건범위&조건** : 차종(C4:C23) 중에서 조건인 승합차(C25셀)를 만족하는 대여일의 합계를 구하라. 조건을 "승합차"로 입력해줘도 됩니다. • **합계범위** : 조건을 만족하는 대여일의 합계를 구해야 하므로 합계범위는 F4:F23입니다.

◉ F25셀의 채우기 핸들을 드래그하여 I25셀까지 채워줍니다.

❾ 버스의 요금합계 : 차종의 승합차인 각 항목별 합계를 산출하시오(단, SUMIF 또는 SUMIFS 함수 사용).

공식	=SUMIF(조건범위,조건,합계범위)
함수식(F26)	=SUMIF($C$4:$C$23,$C$26,F4:F23)
설명	• **조건범위&조건** : 차종(C4:C23) 중에서 조건인 버스(C26셀)를 만족하는 대여일의 합계를 구합니다. 조건을 "버스"로 입력해줘도 됩니다. • **합계범위** : 조건을 만족하는 대여일의 합계를 구해야 하므로 합계범위는 F4:F23입니다.

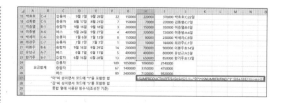

○ F26셀의 채우기 핸들을 드래그하여 I26셀까지 채워줍니다.

> ※ **❼~❾까지 한꺼번에 구하기**
> 절대참조와 혼합참조를 이용하여 F24셀에 다음과 같은 수식을 입력합니다.
> =SUMIF($C$4:$C$23,$C24,F$4:F$23)
> F24셀의 채우기 핸들을 드래그하여 I24셀까지 채워준 후 다시 I24셀의 채우기 핸들을 드래그하여 I26셀까지 채워줍니다.

❿ "이"씨 성이면서 코드에 "1"을 포함한 각 항목별 합계를 산출하시오(단, SUMPRODUCT 함수 사용).

공식	=SUMPRODUCT(배열1,배열2....)
함수식(H27)	=SUMPRODUCT((LEFT($A$4:$A$23,1)="이")*(ISNUMBER(FIND("1",$B$4:$B$23))),H4:H23)
설명	• A4:A23셀의 첫 글자가 "이"이고 **그리고 AND(*)** 코드에 "1"을 포함하면 TRUE(1), 그렇지 않으면 FALSE(0)를 반환합니다. • 두 조건으로 추출된 TRUE(1), FALSE(0)와 대응하는 부가요금(H4:H23)을 곱한 값의 합계를 구합니다.

○ H27셀의 채우기 핸들을 드래그하여 I27셀까지 채워줍니다.

⓫ "김"씨 성이면서 코드에 "5"를 포함한 각 항목별 합계를 산출하시오(단, SUMPRODUCT 함수 사용).

공식	=SUMPRODUCT(배열1,배열2....)
함수식(H28)	=SUMPRODUCT((LEFT($A$4:$A$23,1)="김")*(ISNUMBER(FIND("5",$B$4:$B$23))),H4:H23)
설명	• 대여자(A4:A23)의 첫 글자가 "김"이고 **그리고 AND(*)**. 코드(B4:B23)에 "5"를 포함하면 TRUE(1), 그렇지 않으면 FALSE(0)를 반환합니다. • 두 조건으로 추출된 TRUE(1), FALSE(0)와 대응하는 부가요금(H4:H23)을 곱한 값의 합계를 구합니다.

○ H28셀의 채우기 핸들을 드래그하여 I28셀까지 채워줍니다.

⓬ 항목 **❻**에 사용된 함수식을 기재하시오(단, 조성진을 기준으로 하십시오).

> ※ **⓬**의 함수식 복사는 정렬하기 전과 정렬한 후에 셀 주소가 달라질 수 있기 때문에 반드시 정렬 작업이 끝난 후에 작업해야 합니다.

1) J23셀(조성진의 종합)을 선택한 후 수식 입력줄에 있는 수식 전체를 드래그하여 블록 지정합니다.

2) 마우스 우클릭을 한 후 [복사] 또는 Ctrl + C (복사)한 다음 Enter 를 누릅니다.

3) 병합된 H29:J29셀을 클릭해서 작은따옴표(')를 입력한 다음 Ctrl + V (붙여넣기) 또는 마우스 우클릭을 한 후 [붙여넣기]를 클릭하고 Enter 를 누릅니다(※ 수식 입력줄을 클릭한 후 붙여넣기를 해도 됩니다).

4) 수식이 전체가 보이도록 열 너비를 조절합니다.

> ⑬ 항목 ❾에 사용된 함수식을 기재하시오(단, 합계 금액을 기준으로 하시오).

1) I26셀(버스의 합계금액)을 선택한 후 수식 입력줄에 있는 수식 전체를 드래그하여 블록 지정합니다.

2) 마우스 우클릭을 한 후 [복사] 또는 Ctrl + C (복사)한 다음 Enter 를 누릅니다.

3) 병합된 A30:J30셀을 클릭해서 작은따옴표(')를 입력한 다음 Ctrl + V (붙여넣기) 또는 마우스 우클릭을 한 후 [붙여넣기]하고 Enter 를 누릅니다(※ 수식 입력줄을 클릭한 후 붙여넣기를 해도 됩니다).

04 정렬하기

> 라) 작업표의 정렬순서(SORT)는 대여일 오름차순 으로 정렬하고, 대여일이 같으면 합계금액의 오 름차순으로 정렬하시오.

1) 정렬을 하기 위해서 A3:J23셀까지 블록 지정한 후에 [데이터] 탭의 [정렬]을 클릭합니다.

2) 첫 번째 정렬 기준은 "대여일"로 선택하고 정렬 을 "오름차순 정렬"로 지정한 후 [기준 추가]를 클릭합니다.

3) 새로운 기준이 만들어졌으면 새로운 정렬 기준을 "합계금액"으로 선택하고 정렬을 "오름차순 정 렬"로 지정한 후 [확인]을 클릭합니다.

05 기타 조건

> (1) 금액에 대한 수치는 원화(₩) 표시를 하고 천 단 위마다 ','(Comma)를 표시하시오.
> (2) 모든 수치(숫자, 통화, 회계, 백분율 등)는 셀 서 식의 속성을 설정하는 과정에서 소수 자릿수를 "0"으로 지정하여 정수로 표시토록 하시오.
> (3) 음수는 "-"가 표시되도록 하시오.
> (4) 숫자 셀은 우측을 수직으로 맞추고, 문자 셀은 수평중앙으로 맞추며 이외 사항은 작업표 형식 에 따르도록 하시오. 특히, 인쇄출력 시 판독 불 가능이 발생되지 않도록 인쇄 미리 보기 등을 통하여 셀의 크기를 적당히 조정하시오.

1) 금액이 있는 G4:I26, H27:I28셀을 Ctrl 을 이용 하여 선택합니다.

2) [홈] 탭의 표시 형식 그룹에서 [회계 표시 형식]을 클릭합니다.

3) 문자 셀을 수평 중앙으로 맞추기 위해서 A3:E23, C24:C26, J3:J23, F3:I3셀을 Ctrl 을 이용하여 선택한 후 [가운데 맞춤 ▤]을 클릭 합니다.

06 열 숨기기

1) D열에서 E열까지 드래그합니다.
2) 마우스 우클릭을 한 후 [숨기기]를 클릭합니다.

07 제목서식 변경하기

1) 병합된 A1:J1셀을 선택한 후 [홈] 탭에서 글자 크기를 20pt로 입력합니다.

08 테두리 지정하기

1) A3:J30셀까지 드래그하여 블록 지정한 후 [홈] 탭의 글꼴 그룹에서 테두리를 [모든 테두리 ⊞▾] 로 선택합니다.

2) 다시, A4:J23셀까지 드래그하여 블록 지정한 후 Ctrl + 1 (셀 서식)의 [테두리] 탭에서 스타일을 [없음]으로 지정하고 [중간 가로선 ⊟]을 선택한 후 [확인]을 클릭합니다.

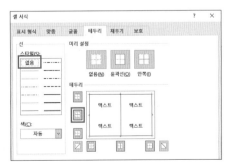

09 그래프(GRAPH) 작성

나. 그래프(GRAPH) 작성
작성한 작업표에서 대여일이 10일 이상인 경우의 대여자별 부가요금과 합계금액을 나타내는 그래프를 작성하십시오.

[작성 조건]

1) 그래프 형태
   부가요금(묶은 세로 막대형), 합계금액(데이터 표식이 있는 꺾은선형) : 혼합형 단일축 그래프
   (단, 합계금액만 데이터 레이블의 값이 표시된 혼합형 단일축 그래프로 하시오)
2) 그래프 제목 : 렌트 현황 분석 ──── (확대출력)
3) X축 제목 : 대여자
4) Y축 제목 : 금액
5) X축 항목 단위 : 해당 문자열
6) Y축 눈금 단위 : 임의
7) 범례 : 부가요금, 합계금액
8) 출력물 크기 : A4 용지 1/2장 범위 내
9) 기타 : 작성 조건에 없는 형식이나 모양은 기본 설정값에 따르며, 그래프 너비는 작업표에 맞추도록 하시오.

✅ 차트 만들기

1) A3셀을 클릭한 후, Ctrl 을 누른 채 H3:I3, A14:A23, H14:I23셀을 아래와 같이 드래그합니다.

2) 그래프를 만들기 위해 [삽입]-[세로 또는 가로 막대형 차트 삽입 ■▪▾]-[묶은 세로 막대형 ▥]을 클릭합니다.

3) 만들어진 그래프를 작업표 하단으로 드래그하여 이동합니다. 이때 차트의 왼쪽 모서리가 A32셀에 위치하도록 이동합니다.

4) 차트의 조절점을 이용하여 상단의 작업표의 열너비인 J열까지 크기를 늘려줍니다. 차트의 높이를 적당하게 조절해 줍니다.

✅ 차트 종류 변경하기

1) 합계금액 계열만 선택하고 마우스 우클릭을 한 후 [계열 차트 종류 변경]을 클릭합니다.

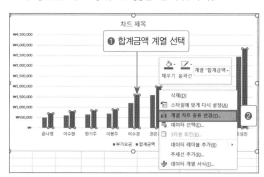

2) 좌측 [콤보]가 선택된 상태에서 합계금액 계열의 차트 종류를 [표식이 있는 꺾은선형]으로 선택한 후 [확인]을 클릭합니다.

✅ 레이블값 표시하기

1) 합계금액 계열의 표식을 선택합니다.

2) 선택한 합계금액 계열의 표식 위에서 마우스 우클릭을 한 후 [데이터 레이블 추가]-[데이터 레이블 추가]를 클릭합니다.

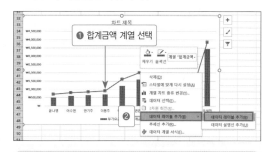

✅ 그래프 제목

1) 차트 제목을 선택한 후 [홈] 탭에서 글자 크기를 16pt로 입력합니다.

2) 수식 입력줄에 렌트 현황 분석을 입력한 후 Enter를 누릅니다.

✅ X축 제목 삽입하기

1) 차트 도구의 [디자인] 탭-[차트 요소 추가]-[축 제목]-[기본 가로]를 클릭합니다.

2) 축 제목을 선택 후 수식 입력줄에서 대여자를 입력한 후 Enter를 누릅니다.

✅ Y축 제목 삽입하기

1) 차트 도구의 [디자인] 탭–[차트 요소 추가]–[축 제목]–[기본 세로]를 클릭합니다.
2) 축 제목을 선택 후 수식 입력줄에서 금액을 입력한 후 Enter 를 누릅니다.

> **엑셀 2010 버전**
> [레이아웃]–[축 제목]–[기본 세로축 제목]–[제목 회전]
>
> **엑셀 2021 버전**
> [차트 디자인] 탭–[차트 요소 추가]–[축 제목]–[기본 세로]

> **차트 글자 색과 테두리**
> 엑셀 2016&2021은 차트의 글자 색이 회색으로 보이기 때문에 차트 영역을 선택한 후 글자 색을 검정으로 지정하고, [서식] 탭에서 [도형 윤곽선]을 검정으로 지정해두면 좋습니다. 지정하지 않아도 감점되지는 않습니다.

10 ▶ 페이지 설정 및 인쇄

✅ 페이지 설정

1) 데이터가 입력된 셀을 선택한 후 [파일]–[인쇄]를 클릭합니다(모든 데이터들이 한 페이지에 나타나지 않습니다).
2) [현재 설정된 용지]를 클릭한 후 **[한 페이지에 시트 맞추기]**를 클릭합니다(모든 행과 열의 데이터가 한 페이지 안에 축소되어 나타난 것을 알 수 있습니다).
3) [페이지 설정]으로 들어간 후 [여백] 탭에서 위쪽 여백을 6으로 입력하고, 페이지 가운데 맞춤을 가로, 세로 체크 후 [확인]을 클릭합니다.
4) 인쇄를 클릭하여 출력 작업을 진행합니다(실제 출력은 세 가지 작업을 모두 마친 후 진행합니다).
5) [파일]–[저장]을 클릭합니다.
6) 이전 버튼을 클릭하여 편집화면으로 되돌아갑니다.

| 작업표 작성 |

자동차 렌트 관리

대여자	코드	차종	대여일	기본요금	부가요금	합계금액	종합
최경주	C-7	승용차	1	₩ 150,000	₩ 10,000	₩ 160,000	최경주:C:1일
김종서	A-5	버스	2	₩ 400,000	₩ 160,000	₩ 560,000	김종서:A:2일
이승엽	B-1	승합차	3	₩ 200,000	₩ 150,000	₩ 350,000	이승엽:B:3일
이종범	A-6	버스	4	₩ 400,000	₩ 320,000	₩ 720,000	이종범:A:4일
유남규	A-7	버스	5	₩ 400,000	₩ 400,000	₩ 800,000	유남규:A:5일
원미경	B-1	승합차	6	₩ 200,000	₩ 300,000	₩ 500,000	원미경:B:6일
김동렬	C-5	승용차	7	₩ 150,000	₩ 70,000	₩ 220,000	김동렬:C:7일
박세리	C-6	승용차	8	₩ 150,000	₩ 80,000	₩ 230,000	박세리:C:8일
김명호	C-3	승용차	9	₩ 150,000	₩ 90,000	₩ 240,000	김명호:C:9일
이경호	B-2	승합차	9	₩ 200,000	₩ 450,000	₩ 650,000	이경호:B:9일
윤나영	B-4	승합차	10	₩ 200,000	₩ 500,000	₩ 700,000	윤나영:B:10일
이수현	B-3	승합차	12	₩ 200,000	₩ 600,000	₩ 800,000	이수현:B:12일
한기주	B-7	승합차	13	₩ 200,000	₩ 650,000	₩ 850,000	한기주:B:13일
이봉주	B-6	승합차	14	₩ 200,000	₩ 700,000	₩ 900,000	이봉주:B:14일
이수경	A-1	버스	15	₩ 400,000	₩ 1,200,000	₩ 1,600,000	이수경:A:15일
권은경	A-4	버스	20	₩ 400,000	₩ 1,600,000	₩ 2,000,000	권은경:A:20일
이나요	C-1	승용차	21	₩ 150,000	₩ 210,000	₩ 360,000	이나요:C:21일
박호호	C-4	승용차	22	₩ 150,000	₩ 220,000	₩ 370,000	박호호:C:22일
서영준	C-2	승용차	41	₩ 150,000	₩ 410,000	₩ 560,000	서영준:C:41일
조성진	A-2	버스	43	₩ 400,000	₩ 3,440,000	₩ 3,040,000	조성진:A:43일
요금합계		승용차	109	₩ 1,050,000	₩ 1,090,000	₩ 2,140,000	
		승합차	67	₩ 1,400,000	₩ 3,350,000	₩ 4,750,000	
		버스	89	₩ 2,400,000	₩ 7,120,000	₩ 9,520,000	
"이"씨 성이면서 코드에 "1"을 포함한 합					₩ 1,560,000	₩ 2,310,000	
"김"씨 성이면서 코드에 "5"를 포함한 합					₩ 230,000	₩ 780,000	
종합 열에 사용된 함수식(조성진 기준)				=CONCATENATE(A23,":",LEFT(B23,1),":",F23,"일")			
				=SUMIF($C$4:$C23,$C26,I$4:I$23)			

| 그래프 작성 |

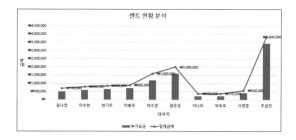

렌트 현황 분석

| 인쇄 미리 보기 |

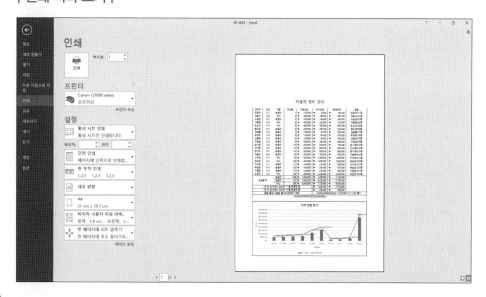

엑셀 공개문제 4회

표 계산(SP) 작업

가나다정보기술에서는 컴퓨터 부품별 매출실적 현황을 분석하고자 한다. 다음 자료(DATA)를 이용하여 작성 조건에 따라 작업표와 그래프를 작성하고, 그 인쇄 출력물을 제출하시오.

가. 작업표(WORK SHEET) 작성

1) 자료(DATA)

입출고 현황

행 \ 열	A	B	C	E
3	품목코드	품목이름	출고량	입고가
4	SS-218	스캐너	31	437,000
5	SS-219	스캐너	38	320,000
6	LM-229	모니터	68	240,000
7	PT-202	프린터	31	165,000
8	LM-227	모니터	39	150,000
9	PT-205	프린터	36	190,000
10	PT-204	프린터	48	180,000
11	LM-228	모니터	46	210,000
12	PT-203	프린터	57	170,000
13	MS-214	마우스	25	15,400
14	MS-215	마우스	43	6,800
15	SS-220	스캐너	34	480,000
16	LM-239	모니터	48	340,000
17	PT-232	프린터	21	130,000
18	LM-237	모니터	27	120,000
19	PT-235	프린터	22	210,000
20	PT-234	프린터	45	170,000
21	LM-238	모니터	23	210,000
22	PT-233	프린터	28	110,000
23	MS-234	마우스	22	6,200

※ 자료(DATA) 부분에서 음영 처리 표시된 부분은 행/열의 기준을 나타내며 이는 작성(입력)하지 않음을 반드시 유의하시오.

2) 작업표 형식

거래 이익금 현황

열\행	A	D	E	F	G	H	I	J
3	품목코드	품목명	입고가	출고가	거래금액	이익금액	평가	순위
4 · 23	–	①	–	②	③	④	⑤	⑥
24	품목별 합계		프린트		⑦	⑦		
25			모니터		⑧	⑧		
26	품목이름이 마우스이고 출고가가 7,000 이상인 품목들의 합					⑨		
27	평가가 A급인 제품의 이익금액 합계					⑩		
28	이익금액이 1,000,000 이상 2,000,000 미만 품목들의 합					⑪		
29	⑫							
30	⑬							

3) 작성 조건

가) 작성 시 유의 사항

Ⓐ 작업표의 작성은 "나)~라)" 항에 제시된 내용을 따르고 반드시 제시된 조건(함수 적용, 기재된 단서 조항 등)에 따라 처리하시오.

Ⓑ **제시된 작성 조건을 따르지 아니하고 여타의 방법 일체**(제시된 함수 이외 다른 함수 적용, 함수 미적용, 별도 전자계산기 사용 등)를 사용하여 도출된 결과는 그 답이 맞더라도 **정답으로 인정되지 않음**을 반드시 유의하시오.

Ⓒ 작업표상 텍스트 레이블과 작성 조건이 서로 다를 경우에는 **작성 조건을 기준**으로 수정하여 작업하시오.

나) 작업표의 구성 및 서식

Ⓐ **"작업표 형식"에서 행과 열에 관계된 음영 처리 표시된 부분은 작성하지 않음을 유의하고 반드시 제시된 행/열에 맞추도록 하시오.**

Ⓑ 제목서식 : 폰트는 20 포인트 크기로 하고 가운데 정렬합니다.

Ⓒ 글꼴 및 크기 : 이외 기타 글꼴 및 크기는 임의 선정하시오.

다) 원문자가 표시된 셀은 아래의 방법을 이용하여 처리하시오.

① 품목명은 품목코드 앞 2개의 문자와 품목이름을 텍스트 함수 "CONCATENATE", 문자열 함수 LEFT 함수를 조합하여 작성하시오.

(예 품목코드 "SS-218", 품목이름이 "스캐너"인 경우 "SS#스캐너"로 표시)

② 출고가 = 입고가+(입고가×28%)

③ 거래금액 = 출고가×출고량

④ 이익금액 = (출고가 – 입고가)×출고량

⑤ 평가 : 이익금액이 2,500,000 이상이면 "A급", 2,500,000 미만 1,000,000 이상이면 "B급", 그렇지 않으면 "C급"으로 표시하시오(단, IF 함수 사용).

⑥ 순위 : 거래금액을 기준으로 순위를 산정하시오.
  (단, RANK 함수 사용, 순위 산정 기준은 내림차순으로)

⑦ 프린터의 품목별 합계 : 품목이름이 프린터인 각 항목별 합계를 산출하시오.
  (단, SUMIF 또는 SUMIFS 함수 사용)

⑧ 모니터의 품목별 합계 : 품목이름이 모니터인 각 항목별 합계를 산출하시오.
  (단, SUMIF 또는 SUMIFS 함수 사용)

⑨ 품목이름이 마우스이고 출고가가 7,000 이상인 품목들의 합계를 산출하시오.
  (단, SUMIFS 함수 사용)

⑩ 평가가 A급에 해당하는 품목의 이익금액의 합계를 산출하시오.
  (단, SUMIF 또는 SUMIFS 함수 사용)

⑪ 이익금액이 1,000,000 이상 2,000,000 미만 품목들의 합계를 산출하시오.
  (단, SUMIF 또는 SUMIFS 함수 사용)

⑫ "⑪"에 사용된 수식을 기재하시오.

⑬ "①"에 사용된 수식을 기재하시오(단, 품목코드 LM-228 기준으로).

> ※ 함수식을 기재하는 ⑫~⑬은 반드시 해당항목에 제시된 함수의 작성 조건에 따라 도출된 함수식 기재하여야 하며, 작성 조건을 위배하여 임의로 작성할 시 해당 답이 맞더라도 틀린 항목으로 채점됨을 유의하십시오. 또한 함수식을 작성할 때는 라) 정렬순서(SORT)에 따라 조건에 맞게 정렬 후 도출된 결과에 의한 함수식을 기재하시오.

라) 작업표의 정렬순서(SORT)는 평가의 오름차순으로 정렬하고, 같은 평가 안에서는 이익금액의 오름차순으로 정렬하시오.

마) 기타

(1) 금액에 대한 수치는 원화(₩) 표시를 하고 천 단위마다 ','(Comma)를 표시하시오.
  (단, 금액 이외의 수치는 ','(Comma)를 표시하지 않도록 하시오)

(2) 모든 수치(숫자, 통화, 회계, 백분율 등)는 셀 서식의 속성을 설정하는 과정에서 소수 자릿수를 "0"으로 지정하여 정수로 표시토록 하시오.

(3) 음수는 "−"가 표시되도록 하시오.

(4) 숫자 셀은 우측을 수직으로 맞추고, 문자 셀은 수평중앙으로 맞추며 이외 사항은 작업표 형식에 따른다. 특히, 인쇄출력 시 판독 불가능이 발생되지 않도록 인쇄 미리 보기 등을 통하여 셀의 크기를 적당히 조정하시오.

나. 그래프(GRAPH) 작성

작성한 작업표에서 평가가 A급인 경우의 품목코드별 입고가와 출고가를 나타내는 그래프를 작성하시오.

작성 조건

1) 그래프 형태 : 혼합형 단일축 그래프
   입고가(묶은 세로 막대형), 출고가(데이터 표식이 있는 꺾은선형)
   (단, 입고가만 데이터 레이블의 값이 표시된 혼합형 단일축 그래프로 하시오)

2) 그래프 제목 : 제품별 입출고가 현황 ---- (글자크기 : 18, 글꼴서체 임의)

3) X축 제목 : 품목코드

4) Y축 제목 : 금액

5) X축 항목 단위 : 해당 문자열

6) Y축 눈금 단위 : 임의

7) 범례 : 입고가, 출고가

8) 출력물 크기 : A4 용지 1/2장 범위 내

9) 기타 : 작성 조건에 없는 형식이나 모양은 기본 설정값에 따르며, 그래프 너비는 작업표에 맞추도록 하시오.

※ 그래프는 반드시 작성된 작업표와 연동하여 작업하여야 하며, 그래프의 영역(범위) 설정 오류로 인한 불이익은 전적으로 수험자 본인에게 있습니다.

4회 풀이

▶ 유선배 강의

01 저장하기

1) [파일]-[저장]-[찾아보기]를 클릭하여, 바탕화면의 본인의 [비번호 폴더] 안에 시험위원이 지정해 준 파일명으로 저장합니다.

02 작업표 작성 및 병합하기

1) 자료(DATA)와 작업표 형식을 보고 아래와 같이 데이터를 입력합니다.

2) A1:J1셀까지 드래그하여 블록 지정한 후 Ctrl 을 계속 누른 채 A24:D25, E24:F24, E25:F25, A26:G26, A27:G27, A28:G28, A29:J29, A30:J30, I24:J28셀까지 선택합니다. 모든 선택이 끝날 때까지 Ctrl 을 계속 눌러주고 선택이 끝나면 Ctrl 을 손에서 떼어줍니다.

3) [홈] 탭에 맞춤 그룹의 [병합하고 가운데 맞춤]을 클릭하여 병합시켜 줍니다.

	A	B	C	D	E	F	G	H	I	J
1				거래 이익금 현황						
2										
3	품목코드	품목이름	출고량	품목명	입고가	출고가	거래금액	이익금액	평가	순위
4	SS-218	스캐너	31		437000					
5	SS-219	스캐너	38		320000					
6	LM-229	모니터	68		240000					
7	PT-202	프린터	31		165000					
8	LM-227	모니터	39		150000					
9	PT-205	프린터	36		190000					
10	PT-204	프린터	48		180000					
11	LM-228	모니터	46		210000					
12	PT-203	프린터	57		170000					
13	MS-214	마우스	25		15400					
14	MS-215	마우스	43		6800					
15	SS-220	스캐너	34		480000					
16	LM-239	모니터	48		340000					
17	PT-232	프린터	21		130000					
18	LM-237	모니터	27		120000					
19	PT-235	프린터	22		210000					
20	PT-234	프린터	45		170000					
21	LM-238	모니터	23		210000					
22	PT-233	프린터	28		110000					
23	MS-234	마우스	22		6200					
24		품목별 합계								
25										
26		품목이름이 마우스이고 출고가가 7,000 이상인 품목들의 합								
27		평가가 A급인 제품의 이익금액 합계								
28		이익금액이 1,000,000 이상 2,000,000 미만 품목들의 합								
29										
30										

※ A26:G26셀과 A28:G28셀의 글자를 두 줄로 입력을 해줘야 하므로 병합을 먼저 한 후에 글자를 입력하는 것이 좋습니다.

※ Alt + Enter 를 눌러 두 줄로 입력합니다.

▶ 유선배 강의

03 조건 문제 풀이

❶ 품목명은 품목코드 앞 2개의 문자와 품목이름을 텍스트 함수 "CONCATENATE", 문자열 함수 LEFT 함수를 조합하여 작성하시오.
(예 품목코드 "SS-218", 품목이름이 "스캐너"인 경우 "SS#스캐너"로 표시)

공식	=CONCATENATE(연결대상1,연결대상2...)
	=LEFT(문자열,문자의 개수)
함수식(D4)	=CONCATENATE(LEFT(A4,2),"#",B4)
설명	A4셀에 왼쪽에서 2글자와 "#"문자열과, B4셀에 있는 품목이름을 연결합니다.

	A	B	C	D	E	F	G
1				거래 이익금 현황			
2							
3	품목코드	품목이름	출고량	품목명	입고가	출고가	거래금액	이
4	SS-218	스캐너	31	=CONCATENATE(LEFT(A4,2),"#",B4)			
5	SS-219	스캐너	38		320000		
6	LM-229	모니터	68		240000		
7	PT-202	프린터	31		165000		
8	LM-227	모니터	39		150000		
9	PT-205	프린터	36		190000		
10	PT-204	프린터	48		180000		
11	LM-228	모니터	46		210000		
12	PT-203	프린터	57		170000		

➡ D4셀의 채우기 핸들을 드래그하여 D23셀까지 드래그합니다.

❷ 출고가 = 입고가+(입고가×28%)

함수식(F4)	=E4+(E4*28%)
설명	입고가(E4셀)에서 28%를 곱한 값에서 입고가(E4셀)를 더한 값을 나타냅니다.

❸ 거래금액 = 출고가×출고량

함수식(G4)	=F4*C4
설명	출고가(F4셀)에서 출고량(C4셀)을 곱한 값을 나타냅니다.

❹ 이익금액 = (출고가 – 입고가)×출고량

함수식(H4)	=(F4−E4)*C4
설명	출고가(F4셀)에서 입고가(E4셀)를 뺀 값에서 출고량(C4셀)을 곱한 값을 나타냅니다.

❺ 평가 : 이익금액이 2,500,000 이상이면 "A급", 2,500,000 미만 1,000,000 이상이면 "B급", 그렇지 않으면 "C급"으로 표시하시오(단, IF 함수 사용).

공식	=IF(조건1,참1,IF(조건2,참2,거짓))
함수식(I4)	=IF(H4>=2500000,"A급",IF(H4>=1000000,"B급","C급"))
설명	• **조건1**(H4>=2500000) : H4셀의 이익금액이 2,500,000 이상이면 • **참1**(A급) : "A급"을 나타내고 • **조건2**(H4>=1000000) : H4셀의 이익금액이 1,000,000 이상이면 • **참2**(B급) : "B급"을 나타내고 • **거짓**(C급) : 조건1도 조건2도 만족하지 않으면 "C급"을 나타냅니다.

❻ 순위 : 거래금액을 기준으로 순위를 산정하시오 (단, RANK 함수 사용, 순위 산정 기준은 내림차순으로).

공식	=RANK(내 거래금액,전체 거래금액 범위) 절대참조(F4)
함수식(J4)	=RANK(G4,$G$4:$G$23)
설명	각각의 거래금액이 전체 거래금액 범위(G4:G23) 중 몇 위인지를 구합니다.

➌ F4:J4셀까지 드래그하여 블록 지정한 후 J4셀의 채우기 핸들을 끌어서 J23셀까지 채워줍니다.

❼ 프린터의 품목별 합계 : 품목이름이 프린터인 각 항목별 합계를 산출하시오(단, SUMIF 또는 SUMIFS 함수 사용).

공식	=SUMIF(조건범위,조건,합계범위)
함수식(G24)	=SUMIF($B$4:$B$23,$E$24,G4:G23)
설명	• **조건범위&조건** : 품목이름(B4:B23) 중에 조건인 프린터(E24셀)를 만족하는 거래금액의 합계를 구합니다. 조건을 "프린터"로 입력해줘도 됩니다. • **합계범위** : 조건을 만족하는 거래금액의 합계를 구해야 하므로 합계범위는 G4:G23입니다.

◑ G24셀의 채우기 핸들을 드래그하여 H24셀까지 채워줍니다.

❽ 모니터의 품목별 합계 : 품목이름이 모니터인 각 항목별 합계를 산출하시오(단, SUMIF 또는 SUMIFS 함수 사용).

공식	=SUMIF(조건범위,조건,합계범위)
함수식(G25)	=SUMIF($B$4:$B$23,$E$25,G4:G23)
설명	• **조건범위&조건** : 품목이름(B4:B23) 중에 조건인 모니터(E25셀)를 만족하는 거래금액의 합계를 구하라. 조건을 "모니터"로 입력해줘도 됩니다. • **합계범위** : 조건을 만족하는 거래금액의 합계를 구해야 하므로 합계범위는 G4:G23입니다.

◑ G25셀의 채우기 핸들을 드래그하여 H25셀까지 채워줍니다.

절대참조와 혼합참조를 이용하여 G24셀에 다음과 같은 수식을 입력합니다.

=SUMIF($B$4:$B$23,$E24,G$4:G$23)

G24셀의 채우기 핸들을 드래그하여 H24셀까지 채워준 후 다시 H24셀의 채우기 핸들을 드래그하여 H25셀까지 채워줍니다.

❾ 품목이름이 마우스이고 출고가가 7,000 이상인 품목들의 합계를 산출하시오(단, SUMIFS 함수 사용).

공식	=SUMIFS(합계범위,조건범위1,"조건1",조건범위2,"조건2")
함수식(H26)	=SUMIFS(H4:H23,B4:B23,"마우스",F4:F23,">=7000")
설명	• **합계범위** : 2개의 조건을 모두 만족하는 이익금액의 합계를 구해야 하므로 합계범위는 H4:H23입니다. • **조건범위1&조건1** : 품목이름 범위(B4:B23) 중 첫 번째 조건인 "마우스"를 만족하는 이익금액의 합계를 구합니다(그리고). • **조건범위2&조건2** : 출고가 범위(F4:F23) 중 두 번째 조건인 ">=7000"을 만족하는 이익금액의 합계를 구합니다.

❿ 평가가 A급에 해당하는 품목의 이익금액의 합계를 산출하시오(단, SUMIF 또는 SUMIFS 함수 사용).

공식	=SUMIF(조건범위,조건,합계범위)
함수식(H27)	=SUMIF(I4:I23,"A급",H4:H23)

설명	• **조건범위&조건** : 평가(I4:I23) 중 조건인 "A급"을 만족하는 이익금액의 합계를 구합니다. 조건을 직접 입력할 때는 큰따옴표("") 안에 조건을 넣어서 입력합니다. • **합계범위** : 조건을 만족하는 이익금액의 합계를 구해야 하므로 합계범위는 H4:H23입니다.

❿ **이익금액이 1,000,000 이상 2,000,000 미만 품목들의 합계를 산출하시오(단, SUMIF 또는 SUMIFS 함수 사용).**

공식	=SUMIFS(합계범위,조건범위1,"조건1",조건범위2,"조건2")
함수식(H26)	=SUMIFS(H4:H23,H4:H23,">=1000000",H4:H23,"<=2000000")
설명	• **합계범위** : 2개의 조건을 모두 만족하는 이익금액의 합계를 구해야 하므로 합계범위는 H4:H23입니다. • **조건범위1&조건1** : 이익금액의 범위(H4:H23) 중 첫 번째 조건인 ">=1000000"을 만족하는 이익금액의 합계를 구합니다(그리고). • **조건범위2&조건2** : 이익금액의 범위(H4:H23) 중 두 번째 조건인 "<=2000000"을 만족하는 이익금액의 합계를 구합니다.

⓬ **"❿"에 사용된 수식을 기재하시오.**

1) H28셀을 선택한 후 수식 입력줄에 있는 수식 전체를 드래그하여 블록 지정합니다.
2) 마우스 우클릭을 한 후 [복사] 또는 Ctrl + C (복사)한 다음 Enter 를 누릅니다.
3) 병합된 A29:J29셀을 클릭해서 작은따옴표(')를 입력한 다음 Ctrl + V (붙여넣기) 또는 마우스 우클릭을 한 후 [붙여넣기]를 클릭하고 Enter 를 누릅니다(※ 수식 입력줄을 클릭한 후 붙여넣기를 해도 됩니다).

⓭ **"❶"에 사용된 수식을 기재하시오(단, 품목코드 LM-228 기준으로).**

※ ⓭의 함수식 복사는 정렬하기 전과 정렬한 후에 셀 주소가 달라질 수 있기 때문에 반드시 정렬 작업이 끝난 후에 작업해야 합니다.

1) D4셀(품목코드 LM-228의 품목명)을 선택한 후 수식 입력줄에 있는 수식 전체를 드래그하여 블록 지정합니다.
2) 마우스 우클릭을 한 후 [복사] 또는 Ctrl + C (복사)한 다음 Enter 를 누릅니다.
3) 병합된 A30:J30셀을 클릭해서 작은따옴표(')를 입력한 다음 Ctrl + V (붙여넣기) 또는 마우스 우클릭을 한 후 [붙여넣기]를 클릭하고 Enter 를 누릅니다(※ 수식 입력줄을 클릭한 후 붙여넣기를 해도 됩니다).
4) 수식이 전체가 보이도록 열 너비를 조절합니다.

04 정렬하기

라) 작업표의 정렬순서(SORT)는 평가의 오름차순
으로 정렬하고, 같은 평가 안에서는 이익금액의
오름차순으로 정렬하시오.

1) 정렬을 하기 위해서 A3:J23셀까지 블록 지정한
후에 [데이터] 탭의 [정렬]을 클릭합니다.
2) 첫 번째 정렬 기준은 "평가"로 선택하고 정렬을
"오름차순 정렬"로 지정한 후 [기준 추가]를 클릭
합니다.
3) 새로운 기준이 만들어졌으면 새로운 정렬 기준을
"이익금액"으로 선택하고 정렬을 "오름차순 정
렬"로 지정한 후 [확인]을 클릭합니다.

05 기타 조건

(1) 금액에 대한 수치는 원화(₩) 표시를 하고 천 단
위마다 ','(Comma)를 표시하시오.
(2) 모든 수치(숫자, 통화, 회계, 백분율 등)는 셀 서
식의 속성을 설정하는 과정에서 소수 자릿수를
"0"으로 지정하여 정수로 표시토록 하시오.
(3) 음수는 "−"가 표시되도록 하시오.
(4) 숫자 셀은 우측을 수직으로 맞추고, 문자 셀은
수평중앙으로 맞추며 이외 사항은 작업표 형식
에 따르도록 하시오. 특히, 인쇄출력 시 판독 불
가능이 발생되지 않도록 인쇄 미리 보기 등을
통하여 셀의 크기를 적당히 조정하시오.

1) 금액이 있는 E4:H23, G24:H25, H26:H28셀을
Ctrl 을 이용하여 선택합니다.
2) [홈] 탭의 표시 형식 그룹에서 [회계 표시 형식]을
클릭합니다.

3) 문자 셀을 수평 중앙으로 맞추기 위해서
A3:B23, C3:J3, D4:D23, I4:I23셀을 Ctrl 을
이용하여 선택한 후 [가운데 맞춤 ≡]을 클릭합
니다.
4) 금액이 ####으로 표시되면 열 너비를 늘려줍니다.

06 열 숨기기

1) B열에서 C열까지 드래그합니다.
2) 마우스 우클릭을 한 후 [숨기기]를 클릭합니다.

07 제목서식 변경하기

1) 병합된 A1:J1셀을 선택한 후 [홈] 탭에서 글자 크기를 20pt로 입력합니다.

08 테두리 지정하기

1) A3:J30셀까지 드래그하여 블록 지정한 후 [홈] 탭의 글꼴 그룹의 테두리를 [모든 테두리⊞▾]로 선택합니다.

2) 다시, A4:J23셀까지 드래그하여 블록 지정한 후 Ctrl + 1 (셀 서식)의 [테두리] 탭에서 스타일을 [없음]으로 지정하고 [중간 가로선⊟]을 선택한 후 [확인]을 클릭합니다.

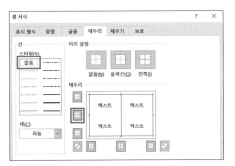

3) 병합된 I24:J28셀을 선택한 후 Ctrl + 1 (셀 서식)의 [테두리] 탭에서 스타일을 [실선]으로 지정하고, [양쪽 대각선]을 선택한 후 [확인]을 클릭합니다.

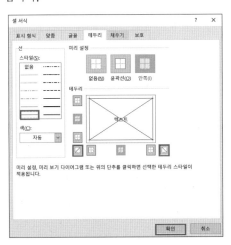

09 그래프(GRAPH) 작성

나. 그래프(GRAPH) 작성

작성한 작업표에서 평가가 A급인 경우의 품목코드별 입고가와 출고가를 나타내는 그래프를 작성하시오.

[작성 조건]

1) 그래프 형태 : 혼합형 단일축 그래프
   입고가(묶은 세로 막대형), 출고가(데이터 표식이 있는 꺾은선형)
   (단, 입고가만 데이터 레이블의 값이 표시된 혼합형 단일축 그래프로 하시오.)

2) 그래프 제목 : 제품별 입출고가 현황 ————
   (글자크기 : 18, 글꼴서체 임의)

3) X축 제목 : 품목코드

4) Y축 제목 : 금액

5) X축 항목 단위 : 해당 문자열

6) Y축 눈금 단위 : 임의

7) 범례 : 입고가, 출고가

8) 출력물 크기 : A4 용지 1/2장 범위 내

9) 기타 : 작성 조건에 없는 형식이나 모양은 기본 설정 값에 따르며, 그래프 너비는 작업표에 맞추도록 하시오.

☑ 차트 만들기

1) A3:A10셀을 드래그한 후, Ctrl 을 누른 채 E3:F10셀을 아래와 같이 드래그합니다.

2) 그래프를 만들기 위해 [삽입]–[세로 또는 가로 막대형 차트 삽입▮▮▾]–[묶은 세로 막대형 ▮▮]을 클릭합니다.

품목코드	품목명	입고가	출고가	거래금액	이익금액	평가	순위
LM-228	LM#모니터	₩ 210,000	₩ 268,800	₩ 12,364,800	₩ 2,704,800	A급	7
PT-203	PT#프린터	₩ 170,000	₩ 217,600	₩ 12,403,200	₩ 2,713,200	A급	6
SS-219	SS#스캐너	₩ 320,000	₩ 409,600	₩ 15,564,800	₩ 3,404,800	A급	5
SS-218	SS#스캐너	₩ 437,000	₩ 559,360	₩ 17,340,160	₩ 3,793,160	A급	4
LM-229	LM#모니터	₩ 240,000	₩ 307,200	₩ 20,889,600	₩ 4,569,600	A급	1
SS-220	SS#스캐너	₩ 480,000	₩ 614,400	₩ 20,889,600	₩ 4,569,600	A급	1
LM-239	LM#모니터	₩ 340,000	₩ 435,200	₩ 20,889,600	₩ 4,569,600	A급	1
PT-235	PT#프린터	₩ 210,000	₩ 268,800	₩ 5,913,600	₩ 1,293,600	B급	14
LM-238	LM#모니터	₩ 210,000	₩ 268,800	₩ 6,182,400	₩ 1,352,400	B급	13
PT-202	PT#프린터	₩ 165,000	₩ 211,200	₩ 6,547,200	₩ 1,432,200	B급	12
LM-227	LM#모니터	₩ 150,000	₩ 192,000	₩ 7,488,000	₩ 1,638,000	B급	11
PT-205	PT#프린터	₩ 190,000	₩ 243,200	₩ 8,755,200	₩ 1,915,200	B급	10
PT-234	PT#프린터	₩ 170,000	₩ 217,600	₩ 9,792,000	₩ 2,142,000	B급	9
PT-204	PT#프린터	₩ 180,000	₩ 230,400	₩ 11,059,200	₩ 2,419,200	B급	8
MS-234	MS#마우스	₩ 6,200	₩ 7,936	₩ 174,592	₩ 38,192	C급	20
MS-215	MS#마우스	₩ 6,800	₩ 8,704	₩ 374,272	₩ 81,872	C급	19
MS-214	MS#마우스	₩ 15,400	₩ 19,712	₩ 492,800	₩ 107,800	C급	18
PT-232	PT#프린터	₩ 130,000	₩ 166,400	₩ 3,494,400	₩ 764,400	C급	17
PT-233	PT#프린터	₩ 110,000	₩ 140,800	₩ 3,942,400	₩ 862,400	C급	16

3) 만들어진 그래프를 작업표 하단으로 드래그하여 이동합니다. 이때 차트의 왼쪽 모서리가 A32셀에 위치하도록 이동합니다.
4) 차트의 조절점을 이용하여 상단의 작업표의 열 너비인 J열까지 크기를 늘려줍니다. 차트의 높이는 적당하게 조절해 줍니다.

✓ 차트 종류 변경하기

1) 출고가 계열만 선택하고 마우스 우클릭을 한 후 [계열 차트 종류 변경]을 클릭합니다.

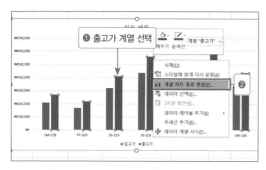

2) 좌측 [콤보]가 선택된 상태에서 출고가 계열의 차트 종류를 [표식이 있는 꺾은선형]으로 선택한 후 [확인]을 클릭합니다.

✓ 레이블값 표시하기

1) 입고가 계열의 데이터 막대를 선택합니다.
2) 선택한 입고가 계열의 데이터 막대 위에서 마우스 우클릭을 한 후 [데이터 레이블 추가]-[데이터 레이블 추가]를 클릭합니다

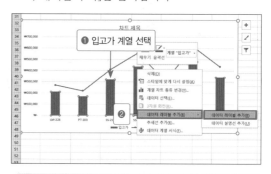

✓ 그래프 제목

1) 차트 제목을 선택한 후 [홈] 탭에서 글자 크기를 18pt로 입력합니다.
2) 수식 입력줄에 제품별 입출고가 현황을 입력한 후 Enter 를 누릅니다.

✅ X축 제목 삽입하기

1) 차트 도구의 [디자인] 탭-[차트 요소 추가]-[축 제목]-[기본 가로]를 클릭합니다.
2) 축 제목을 선택 후 수식 입력줄에서 품목코드를 입력한 후 Enter 를 누릅니다.

> **엑셀 2010 버전**
> [레이아웃]-[축 제목]-[기본 가로축 제목]-[축 아래 제목]
>
> **엑셀 2021 버전**
> [차트 디자인] 탭-[차트 요소 추가]-[축 제목]-[기본 가로]

✅ Y축 제목 삽입하기

1) 차트 도구의 [디자인] 탭-[차트 요소 추가]-[축 제목]-[기본 세로]를 클릭합니다.
2) 축 제목을 선택 후 수식 입력줄에서 금액을 입력한 후 Enter 를 누릅니다.

> **엑셀 2010 버전**
> [레이아웃]-[축 제목]-[기본 세로축 제목]-[제목 회전]
>
> **엑셀 2021 버전**
> [차트 디자인] 탭-[차트 요소 추가]-[축 제목]-[기본 세로]

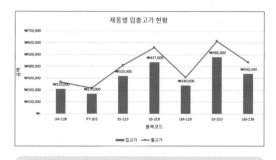

> **차트 글자 색과 테두리**
> 엑셀 2016&2021은 차트의 글자 색이 회색으로 보이기 때문에 차트 영역을 선택한 후 글자 색을 검정으로 지정하고, [서식] 탭에서 [도형 윤곽선]을 검정으로 지정해두면 좋습니다. 지정하지 않아도 감점되지는 않습니다.

10 페이지 설정 및 인쇄

✅ 페이지 설정

1) 데이터가 입력된 셀을 선택한 후 [파일]-[인쇄]를 클릭합니다(모든 데이터들이 한 페이지에 나타나지 않습니다).
2) [현재 설정된 용지]를 클릭한 후 **[한 페이지에 시트 맞추기]**를 클릭합니다(모든 행과 열의 데이터가 한 페이지 안에 축소되어 나타난 것을 알 수 있습니다).
3) [페이지 설정]으로 들어간 후 [여백] 탭에서 위쪽 여백을 6으로 입력하고, 페이지 가운데 맞춤을 가로, 세로 체크 후 [확인]을 클릭합니다.
4) 인쇄를 클릭하여 출력 작업을 진행합니다(실제 출력은 세 가지 작업을 모두 마친 후 진행합니다).
5) [파일]-[저장]을 클릭합니다.
6) 이전 버튼을 클릭하여 편집화면으로 되돌아갑니다.

| 작업표 작성 |

거래 이익금 현황

품목코드	품목명	입고가	출고가	거래금액	이익금액	평가	순위
LM-228	LM#모니터	₩210,000	₩268,800	₩12,364,800	₩ 2,704,800	A급	7
PT-203	PT#프린터	₩170,000	₩217,600	₩12,403,200	₩ 2,713,200	A급	6
SS-219	SS#스캐너	₩320,000	₩409,600	₩15,564,800	₩ 3,404,800	A급	5
SS-218	SS#스캐너	₩437,000	₩559,360	₩17,340,160	₩ 3,793,160	A급	4
LM-229	LM#모니터	₩240,000	₩307,200	₩20,889,600	₩ 4,569,600	A급	1
SS-220	SS#스캐너	₩480,000	₩614,400	₩20,889,600	₩ 4,569,600	A급	1
LM-239	LM#모니터	₩340,000	₩435,200	₩20,889,600	₩ 4,569,600	A급	1
PT-235	PT#프린터	₩210,000	₩268,800	₩ 5,913,600	₩ 1,293,600	B급	14
LM-238	LM#모니터	₩210,000	₩268,800	₩ 6,182,400	₩ 1,352,400	B급	13
PT-202	PT#프린터	₩165,000	₩211,200	₩ 6,547,200	₩ 1,432,200	B급	12
LM-227	LM#모니터	₩150,000	₩192,000	₩ 7,488,000	₩ 1,638,000	B급	11
PT-205	PT#프린터	₩190,000	₩243,200	₩ 8,755,200	₩ 1,915,200	B급	10
PT-234	PT#프린터	₩170,000	₩217,600	₩ 9,792,000	₩ 2,142,000	B급	9
PT-204	PT#프린터	₩180,000	₩230,400	₩11,059,200	₩ 2,419,200	B급	8
MS-234	MS#마우스	₩ 6,200	₩ 7,936	₩ 174,592	₩ 38,192	C급	20
MS-215	MS#마우스	₩ 6,800	₩ 8,704	₩ 374,272	₩ 81,872	C급	19
MS-214	MS#마우스	₩ 15,400	₩ 19,712	₩ 492,800	₩ 107,800	C급	18
PT-232	PT#프린터	₩130,000	₩166,400	₩ 3,494,400	₩ 764,400	C급	17
PT-233	PT#프린터	₩110,000	₩140,800	₩ 3,942,400	₩ 862,400	C급	16
LM-237	LM#모니터	₩120,000	₩153,600	₩ 4,147,200	₩ 907,200	C급	15
품목별 합계			프린터		₩61,907,200	₩13,542,200	
			모니터		₩71,961,600	₩15,741,600	
품목이름이 마우스이고 출고가가 7,000 이상인 품목들의 합					₩ 227,864		
평가가 A급인 제품의 이익금액 합계					₩26,324,760		
이익금액이 1,000,000 이상 2,000,000 미만 품목들의 합					₩ 7,631,400		
=SUMIFS(H4:H23,H4:H23,">=1000000",H4:H23,"<2000000")							
=CONCATENATE(LEFT(A4,2),"#",B4)							

| 그래프 작성 |

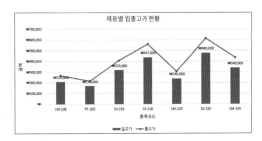

제품별 입출고가 현황

| 인쇄 미리 보기 |

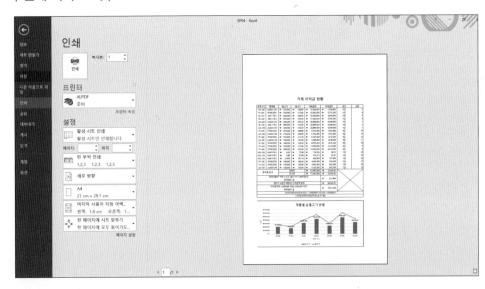

엑셀 공개문제 5회

표 계산(SP) 작업

웨스터항공에서는 항공운영 수입내역을 작성하여 분석하고자 한다. 다음 자료(DATA)를 이용하여 작성 조건에 따라 작업표와 그 래프를 작성하고, 그 인쇄 출력물을 제출하시오.

가. 작업표(WORK SHEET) 작성

1) 자료(DATA)

항공사 운영 현황

행 \ 열	A	B	C	D	E
3	국가	관광객	수익	운영비	사고여객기
4	미국	10	130,000	20,000	7
5	한국	4	70,000	8,000	3
6	베트남	15	200,000	26,000	9
7	러시아	3	70,000	6,000	1
8	영국	2	70,000	4,000	1
9	일본	1	10,000	2,000	7
10	덴마크	7	130,000	14,000	4
11	프랑스	8	130,000	16,000	5
12	중국	6	130,000	1,000	1
13	홍콩	12	200,000	5,000	2
14	필리핀	11	200,000	3,000	3
15	호주	5	70,000	18,000	1
16	뉴질랜드	9	130,000	13,000	1
17	독일	7	260,000	15,000	1
18	스위스	8	130,000	4,000	1
19	벨기에	12	190,000	19,000	1
20	네덜란드	9	170,000	11,000	2
21	체코	6	130,000	3,000	1
22	폴란드	15	90,000	5,000	1
23	대만	12	170,000	8,000	3

※ 자료(DATA) 부분에서 음영 처리 표시된 부분은 행/열의 기준을 나타내며 이는 작성(입력)하지 않음을 반드시 유의하시오.

2) 작업표 형식

항공 운영 수입 현황

열\행	A	B	C	F	G	H	I	J
3	국가	관광객	수익	세금	순이익금	신뢰도	항로폐쇄여부	순위
4 · 23	–	–	–	①	②	③	④	⑤
24	평균			⑥	⑥			
25	신뢰도별 합계	A	⑦	⑦	⑦			
26		B	⑧	⑧	⑧			
27		C	⑨	⑨	⑨			
28	관광객이 10 이상 15 미만의 합			⑩	⑩			
29	항로폐쇄여부에서 "폐쇄"인 개수				⑪개			
30	⑫							
31	⑬							

3) 작성 조건

가) 작성 시 유의 사항

Ⓐ 작업표의 작성은 "나)~라)" 항에 제시된 내용을 따르고 반드시 제시된 조건(함수 적용, 기재된 단서 조항 등)에 따라 처리하시오.

Ⓑ **제시된 작성 조건을 따르지 아니하고 여타의 방법 일체**(제시된 함수 이외 다른 함수 적용, 함수 미적용, 별도 전자계산기 사용 등)를 사용하여 도출된 결과는 그 답이 맞더라도 **정답으로 인정되지 않음**을 반드시 유의하시오.

Ⓒ 작업표상 텍스트 레이블과 작성 조건이 서로 다를 경우에는 **작성 조건을 기준**으로 수정하여 작업하시오.

나) 작업표의 구성 및 서식

Ⓐ **"작업표 형식"에서 행과 열에 관계된 음영 처리 표시된 부분은 작성하지 않음을 유의하고 반드시 제시된 행/열에 맞추도록 하시오.**

Ⓑ 제목서식 : 폰트는 20 포인트 크기로 하고 가운데 정렬합니다.

Ⓒ 글꼴 및 크기 : 이외 기타 글꼴 및 크기는 임의 선정하시오.

다) 원문자가 표시된 셀은 아래의 방법을 이용하여 처리하시오.

① 세금 : 수익×1%

② 순이익금 : 수익-세금-운영비

③ 신뢰도 : 사고여객기의 수가 7 이상은 "D", 4 이상 7 미만은 "C", 2 이상 4 미만은 "B", 나머지는 "A"로 표시하시오.

④ 항로폐쇄여부 : 순이익금이 100,000원 이하이면 "폐쇄"로 표시하고, 나머지는 공란으로 하시오.

⑤ 순위 : 관광객이 가장 많은 수를 1로 순위를 나타내시오(단, RANK 함수 사용).

⑥ 평균 : 각 해당 항목별 평균을 산출하시오(단, AVERAGE 함수 사용).

⑦ 신뢰도별 합계 A : 신뢰도가 "A"인 각 항목별 합계를 산출하시오.

   (단, SUMIF 또는 SUMIFS 함수 사용)

⑧ 신뢰도별 합계 B : 신뢰도가 "B"인 각 항목별 합계 산출하시오.

   (단, SUMIF 또는 SUMIFS 함수 사용)

⑨ 신뢰도별 합계 C : 신뢰도가 "C"인 각 항목별 합계 산출하시오.

   (단, SUMIF 또는 SUMIFS 함수 사용)

⑩ 관광객이 10 이상 15 미만인 합 : 각 항목별 합계 산출하시오.

   (단, SUMIF 또는 SUMIFS 함수 사용)

⑪ 항목 ④를 처리한 결과 "폐쇄"인 셀의 개수를 산출하시오.

   (단, COUNTIF 또는 COUNTIFS 함수 사용, 결과값 뒤에 "개"가 출력되도록 하시오)

⑫ 항목 ⑩에 사용한 함수식을 기재하시오(단, 순이익금을 기준으로 하시오).

⑬ 항목 ④에 사용한 함수식을 기재하시오(단, 국가가 "일본"인 행을 기준으로, IF 함수 사용).

> ※ 함수식을 기재하는 ⑫~⑬은 반드시 해당항목에 제시된 함수의 작성 조건에 따라 도출된 함수식 기재하여야 하며,
> 작성 조건을 위배하여 임의로 작성할 시 해당 답이 맞더라도 틀린 항목으로 채점됨을 유의하십시오. 또한 함수식을
> 작성할 때는 라) 정렬순서(SORT)에 따라 조건에 맞게 **정렬 후 도출된 결과**에 의한 함수식을 기재하시오.

라) 작업표의 정렬순서(SORT)는 항공폐쇄여부의 오름차순으로 정렬하고, 항로폐쇄여부가 같으면 순이익금의 오름차순으로 정렬하시오.

마) 기타

   (1) 금액에 대한 수치는 원화(₩) 표시를 하고 천 단위마다 ','(Comma)를 표시하시오.

      (단, 금액 이외의 수치는 ','(Comma)를 표시하지 않도록 하시오)

   (2) 모든 수치(숫자, 통화, 회계, 백분율 등)는 셀 서식의 속성을 설정하는 과정에서 소수 자릿수를 "0"으로 지정하여 정수로 표시토록 하시오.

   (3) 음수는 "−"가 표시되도록 하시오.

   (4) 숫자 셀은 우측을 수직으로 맞추고, 문자 셀은 수평중앙으로 맞추며 이외 사항은 작업표 형식에 따른다. 특히, 인쇄출력 시 판독 불가능이 발생되지 않도록 인쇄 미리 보기 등을 통하여 셀의 크기를 적당히 조정하시오.

나. 그래프(GRAPH) 작성

작성한 작업표에서 항로폐쇄여부가 폐쇄인 국가별 수익과 순이익금을 나타내는 그래프를 작성하시오.

작성 조건

1) 그래프 형태 : 혼합형 단일축 그래프

　순이익금(묶은 세로 막대형), 수익(데이터 표식이 있는 꺾은선형)

　(단, 수익만 데이터 레이블의 값이 표시된 혼합형 단일축 그래프로 하시오)

2) 그래프 제목 : 폐쇄항로 국가의 이익금 현황 ---- (확대출력)

3) X축 제목 : 국가

4) Y축 제목 : 금액

5) X축 항목 단위 : 해당 문자열

6) Y축 눈금 단위 : 임의

7) 범례 : 순이익금, 수익

8) 출력물 크기 : A4 용지 1/2장 범위 내

9) 기타 : 작성 조건에 없는 형식이나 모양은 기본 설정값에 따르며, 그래프 너비는 작업표에 맞추도록 하시오.

※ 그래프는 반드시 작성된 작업표와 연동하여 작업하여야 하며, 그래프의 영역(범위) 설정 오류로 인한 불이익은 전적으로 수험자 본인에게 있습니다.

엑셀 공개문제

5회 풀이

01 저장하기

1) [파일]-[저장]-[찾아보기]를 클릭하여, 바탕화면의 본인의 [비번호 폴더] 안에 시험위원이 지정해준 파일명으로 저장합니다.

02 작업표 작성 및 병합하기

1) 자료(DATA)와 작업표 형식을 보고 아래와 같이 데이터를 입력합니다.

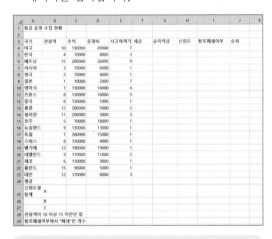

※ A25셀의 값은 Alt + Enter 를 눌러 두 줄로 입력합니다.

2) A1:J1셀까지 드래그하여 블록 지정한 후 Ctrl 을 계속 누른 채 A24:C24, A25:A27, A28:C28, A29:F29, A30:J30, A31:J31, H24:J29셀까지 선택합니다. 모든 선택이 끝날 때까지 Ctrl 을 계속 눌러주고 선택이 끝나면 Ctrl 을 손에서 떼어줍니다.

3) [홈] 탭에 맞춤 그룹의 [병합하고 가운데 맞춤]을 클릭하여 병합시켜 줍니다.

03 조건 문제 풀이

❶ 세금 : 수익×1%

함수식(F4)	=C4*1%
설명	수익(C4셀)에서 1%를 곱한 값을 나타냅니다.

❷ 순이익금 : 수익-세금-운영비

함수식(G4)	=C4-F4-D4
설명	수익(C4셀)에서 세금(F4셀)과 운영비(D4셀)를 뺀 값을 나타냅니다.

	A	B	C	D	E	F	G
1					항공 운영 수입 현황		
2							
3	국가	관광객	수익	운영비	사고여객기	세금	순이익금	신뢰
4	미국	10	130000	20000	7	1300	=C4-F4-D4
5	한국	4	70000	8000	3		
6	베트남	15	200000	26000	9		
7	러시아	3	70000	6000	1		

	E	F	G	H	I	J	K
1	항공 운영 수입 현황						
3	사고여객기	세금	순이익금	신뢰도	항로폐쇄여부	순위	
4	7	1300	108700	D	=IF(G4<=100000,"폐쇄","")		
5	3						
6	9						
7	1						

❸ 신뢰도 : 사고여객기의 수가 7 이상은 "D", 4 이상 7 미만은 "C", 2 이상 4 미만은 "B", 나머지는 "A"로 표시하시오.

공식	=IF(조건1,"참1",IF(조건2,"참2",IF(조건3,"참3","거짓")))
함수식(H4)	=IF(E4>=7,"D",IF(E4>=4,"C",IF(E4>=2,"B","A")))
설명	• 조건1(E4>=7) : E4셀의 사고여객기의 수가 7 이상이면 • 참1(D) : "D"을 나타내고 • 조건2(E4>=4) : E4셀의 사고여객기의 수가 4 이상이면 • 참2(C) : "C"를 나타내고 • 조건3(E4>=2) : E4셀의 사고여객기의 수가 2 이상이면 • 참3(B) : "B"를 나타내고 • 거짓(A) : 그렇지 않으면 "A"를 나타냅니다.

	E	F	G	H	I	J	K
1	항공 운영 수입 현황						
3	사고여객기	세금	순이익금	신뢰도	항로폐쇄여부	순위	
4	7	1300	108700	=IF(E4>=7,"D",IF(E4>=4,"C",IF(E4>=2,"B","A")))			
5	3						
6	9						
7	1						

❹ 항로폐쇄여부 : 순이익금이 100,000원 이하이면 "폐쇄"로 표시하고, 나머지는 공란으로 하시오.

공식	=IF(조건1,"참1","거짓")
함수식(I4)	=IF(G4<=100000,"폐쇄","")
설명	• 조건(G4<=100000) : G4셀의 순이익금이 100,000 이하이면 • 참(폐쇄) : "폐쇄"를 나타내고 • 거짓("") : 그렇지 않으면 빈 셀("")을 나타냅니다.

❺ 순위 : 관광객이 가장 많은 수를 1로 순위를 나타내시오(단, RANK 함수 사용).

공식	=RANK(내 관광객,전체 관광객 범위) 절대참조(F4)
함수식(J4)	=RANK(B4,$B$4:$B$23)
설명	각각의 관광객이 전체 관광객 범위(B4:B23) 중 몇 위인지를 구합니다.

	B	C	D	E	F	G	H	I	J	K	L
1				항공 운영 수입 현황							
3	관광객	수익	운영비	사고여객기	세금	순이익금	신뢰도	항로폐쇄여부	순위	
4	10	130000	20000	7	1300	108700	D		=RANK(B4,$B$4:$B$23)	
5	4	70000	8000	3						
6	15	200000	26000	9						
7	3	70000	6000	1						
8	2	70000	4000	1						

◗ F4:J4셀까지 드래그하여 블록 지정한 후 J4셀의 채우기 핸들을 끌어서 J23셀까지 채워줍니다.

❻ 평균 : 각 해당 항목별 평균을 산출하시오(단, AVERAGE 함수 사용).

공식	=AVERAGE(범위)
함수식(F24)	=AVERAGE(F4:F23)
설명	세금(F4:F23)의 평균을 구합니다.

	A	B	C	D	E	F	G	H	I	J	K
1					항공 운영 수입 현황						
3	국가	관광객	수익	운영비	사고여객기	세금	순이익금	신뢰도	항로폐쇄여부	순위	
4	미국	10	130000	20000	7	1300	108700	D		7	
5	한국	4	70000	8000	3	700	61300	B	폐쇄	17	
6	베트남	15	200000	26000	9	2000	172000	D		1	
7	러시아	3	70000	6000	1	700	63300	A	폐쇄	18	
8	영국	2	70000	4000	1	700	65300	A	폐쇄	19	
9	일본	1	10000	2000	1	100	7900	D	폐쇄	20	
10	덴마크	7	130000	14000	4	1300	114700	C		12	
11	프랑스	8	130000	16000	5	1300	112700	C		10	
12	중국	6	130000	1000	7	1300	127700	A		14	
13	홍콩	2	200000	5000	3	2000	193000	B		3	
14	필리핀	11	200000	3000	3	2000	195000	B		6	
15	호주	5	70000	18000	1	700	51300	A	폐쇄	16	
16	뉴질랜드	9	130000	13000	1	1300	115700	A		8	
17	독일	7	260000	15000	1	2600	242400	A		12	
18	스위스	3	130000	4000	1	1300	124700	A		10	
19	벨기에	12	190000	19000	1	1900	169100	A		3	
20	네덜란드	9	170000	11000	2	1700	157300	B		8	
21	체코	6	130000	3000	1	1300	125700	A		14	
22	폴란드	15	90000	5000	1	900	84100	A	폐쇄	1	
23	대만	12	170000	8000	1	1700	160300	B		3	
24	평균					=AVERAGE(F4:F23)					

◗ F24셀의 채우기 핸들을 드래그하여 G24셀까지 채워줍니다.

❼ 신뢰도별 합계 A : 신뢰도가 "A"인 각 항목별 합계를 산출하시오(단, SUMIF 또는 SUMIFS 함수 사용).

공식	=SUMIF(조건범위,조건,합계범위)
함수식(C25)	=SUMIF($H$4:$H$23,$B$25,C4:C23)
설명	• **조건범위&조건** : 신뢰도(H4:H23) 중에서 조건인 A(B25셀)를 만족하는 수익의 합계를 구합니다. 조건을 "A"로 입력해도 됩니다. • **합계범위** : 조건을 만족하는 수익의 합계를 구해야 하므로 합계범위는 C4:C23입니다.

◐ C25셀의 채우기 핸들을 드래그하여 G25셀까지 채워줍니다.

❽ 신뢰도별 합계 B : 신뢰도가 "B"인 각 항목별 합계 산출하시오(단, SUMIF 또는 SUMIFS 함수 사용).

공식	=SUMIF(조건범위,조건,합계범위)
함수식(C26)	=SUMIF($H$4:$H$23,$B$26,C4:C23)
설명	• **조건범위&조건** : 신뢰도(H4:H23) 중에서 조건인 B(B26셀)를 만족하는 수익의 합계를 구합니다. 조건을 "B"로 입력해도 됩니다. • **합계범위** : 조건을 만족하는 수익의 합계를 구해야 하므로 합계범위는 C4:C23입니다.

◐ C26셀의 채우기 핸들을 드래그하여 G26셀까지 채워줍니다.

❾ 신뢰도별 합계 C : 신뢰도가 "C"인 각 항목별 합계 산출하시오(단, SUMIF 또는 SUMIFS 함수 사용).

공식	=SUMIF(조건범위,조건,합계범위)
함수식(C27)	=SUMIF($H$4:$H$23,$B$27,C4:C23)
설명	• **조건범위&조건** : 신뢰도(H4:H23) 중에서 조건인 C(B27셀)를 만족하는 수익의 합계를 구합니다. 조건을 "C"로 입력해도 됩니다. • **합계범위** : 조건을 만족하는 수익의 합계를 구해야 하므로 합계범위는 C4:C23입니다.

◐ C27셀의 채우기 핸들을 드래그하여 G27셀까지 채워줍니다.

❼~❾까지 한꺼번에 구하기
절대참조와 혼합참조를 이용하여 C25셀에 다음과 같은 수식을 입력합니다.
=SUMIF($H$4:$H$23,$B25,C$4:C$23)
C25셀의 채우기 핸들을 드래그하여 G25셀까지 채워준 후 다시 G25셀의 채우기 핸들을 드래그하여 G27셀까지 채워줍니다.

❿ 관광객이 10 이상 15 미만인 합 : 각 항목별 합계 산출하시오(단, SUMIF 또는 SUMIFS 함수 사용).

공식	=SUMIFS(합계범위,조건범위1,"조건1",조건범위2,"조건2")
함수식(F28)	=SUMIFS(F4:F23,$B$4:$B$23,">=10",$B$4:$B$23,"<15")

설명	• **합계범위** : 2개의 조건을 모두 만족하는 세금의 합계를 구해야 하므로 합계범위는 F4:F23입니다. • **조건범위1&조건1** : 관광객 범위(B4:B23) 중에서 첫 번째 조건인 ">=10"을 만족하는 세금의 합계를 구합니다(그리고). • **조건범위2&조건2** : 관광객 범위(B4:B23) 중에서 두 번째 조건인 "<15"를 만족하는 세금의 합계를 구합니다.

◐ F28셀의 채우기 핸들을 드래그하여 G28셀까지 채워줍니다.

❶ 항목 ❹를 처리한 결과 "폐쇄"인 셀의 개수를 산출하시오(단, COUNTIF 또는 COUNTIFS 함수 사용, 결과값 뒤에 "개"가 출력되도록 하시오).

공식	=COUNTIF(조건범위,"조건")
함수식(G29)	=COUNTIF(I4:I23,"폐쇄")
설명	• **조건범위** : 항로폐쇄여부(I4:I23) 중에서 원하는 조건의 개수를 구해야 하므로 조건범위는 I4:I23입니다. • **조건** : "폐쇄"가 몇 개인지 구해야 하므로 조건을 "폐쇄"라고 입력합니다.
"개" 출력	1) G29셀을 선택하고 마우스 우클릭을 한 후 [셀 서식] 또는 Ctrl + 1 을 누릅니다. 2) [표시 형식] 탭의 [사용자 지정]에서 형식을 #개로 입력한 후 [확인]을 클릭합니다.

❷ "❿"항목에 사용한 함수식을 기재하시오(단, 순이익금을 기준으로 하시오).

1) G28셀을 선택한 후 수식 입력줄에 있는 수식 전체를 드래그하여 블록 지정합니다.
2) 마우스 우클릭을 한 후 [복사] 또는 Ctrl + C (복사)한 다음 Enter 를 누릅니다.
3) 병합된 A30:J30셀을 클릭해서 작은따옴표(')를 입력한 다음 Ctrl + V (붙여넣기) 또는 마우스 우클릭을 한 후 [붙여넣기]를 클릭하고 Enter 를 누릅니다(※ 수식 입력줄을 클릭한 후 붙여넣기를 해도 됩니다).

❸ "❹"에 사용한 함수식을 기재하시오(단, 국가가 "일본"인 행을 기준으로, IF 함수 사용).

※ ❸의 함수식 복사는 정렬하기 전과 정렬한 후에 셀 주소가 달라질 수 있기 때문에 반드시 정렬 작업이 끝난 후에 작업해야 합니다.

1) I18셀(국가가 "일본"인 항로폐쇄여부)을 선택한 후 수식 입력줄에 있는 수식 전체를 드래그하여 블록 지정합니다.
2) 마우스 우클릭을 한 후 [복사] 또는 Ctrl + C (복사)한 다음 Enter 를 누릅니다.
3) 병합된 A31:J31셀을 클릭해서 작은따옴표(')를 입력한 다음 Ctrl + V (붙여넣기) 또는 마우스 우클릭을 한 후 [붙여넣기]를 클릭하고 Enter 를 누릅니다(※ 수식 입력줄을 클릭한 후 붙여넣기를 해도 됩니다).

04 정렬하기

라) 작업표의 정렬순서(SORT)는 항로폐쇄여부의
오름차순으로 정렬하고, 항로폐쇄여부가 같으
면 순이익금의 오름차순으로 정렬하시오.

1) 정렬을 하기 위해서 A3:J23셀까지 블록 지정한
후에 [데이터] 탭의 [정렬]을 클릭합니다.
2) 첫 번째 정렬 기준은 "항로폐쇄여부"로 선택하고
정렬을 "오름차순 정렬"로 지정한 후 [기준 추가]
를 클릭합니다.
3) 새로운 기준이 만들어졌으면 새로운 정렬 기준을
"순이익금"으로 선택하고 정렬을 "오름차순 정렬"
로 지정한 후 [확인]을 클릭합니다.

05 기타 조건

(1) 금액에 대한 수치는 원화(₩) 표시를 하고 천 단
위마다 ','(Comma)를 표시하시오.
(2) 모든 수치(숫자, 통화, 회계, 백분율 등)는 셀 서
식의 속성을 설정하는 과정에서 소수 자릿수를
"0"으로 지정하여 정수로 표시토록 하시오.
(3) 음수는 "-"가 표시되도록 하시오.
(4) 숫자 셀은 우측을 수직으로 맞추고, 문자 셀은
수평중앙으로 맞추며 이외 사항은 작업표 형식
에 따르도록 하시오. 특히, 인쇄출력 시 판독 불
가능이 발생되지 않도록 인쇄 미리 보기 등을
통하여 셀의 크기를 적당히 조정하시오.

1) 금액이 있는 C4:D23, C25:D27, F4:G28셀을
Ctrl 을 이용하여 선택합니다.
2) [홈] 탭의 표시 형식 그룹에서 [회계 표시 형식]을
클릭합니다.

3) 문자 셀을 수평 중앙으로 맞추기 위해서
A3:A23, B3:J3, H4:I23, B25:B27셀을 Ctrl
을 이용하여 선택한 후 [가운데 맞춤 ≡]을 클릭
합니다.
4) 금액이 ####으로 표시되면 열 너비를 적당하게
늘려줍니다.

06 열 숨기기

1) D열에서 E열까지 드래그합니다.
2) 마우스 우클릭을 한 후 [숨기기]를 클릭합니다.

07 제목서식 변경하기

1) 병합된 A1:J1셀을 선택한 후 [홈] 탭에서 글자
크기를 20pt로 입력합니다.

1) A3:J31셀까지 드래그하여 블록 지정한 후 [홈] 탭의 글꼴 그룹에서 테두리를 [모든 테두리⊞▾]로 선택합니다.

2) 다시, A4:J23셀까지 드래그하여 블록 지정한 후 Ctrl + 1 (셀 서식)의 [테두리] 탭에서 스타일을 [없음]으로 지정하고 [중간 가로선⊞]을 선택한 후 [확인]을 클릭합니다.

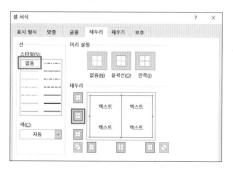

3) 병합된 H24:J29셀을 선택하고 Ctrl + 1 (셀 서식)의 [테두리] 탭에서 [실선]을 선택한 후 [양쪽 대각선]을 클릭합니다.

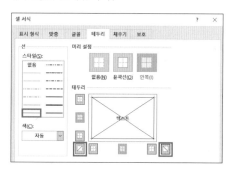

나. 그래프(GRAPH) 작성
작성한 작업표에서 항로폐쇄여부가 폐쇄인 국가별 수익과 순이익금을 나타내는 그래프를 작성하시오.

[작성 조건]

1) 그래프 형태 : 혼합형 단일축 그래프
   순이익금(묶은 세로 막대형), 수익(데이터 표식이 있는 꺾은선형)
   (단, 수익만 데이터 레이블의 값이 표시된 혼합형 단일축 그래프로 하시오)

2) 그래프 제목 : 폐쇄항로 국가의 이익금 현황
   ‒ ‒ ‒ ‒ (확대출력)

3) X축 제목 : 국가

4) Y축 제목 : 금액

5) X축 항목 단위 : 해당 문자열

6) Y축 눈금 단위 : 임의

7) 범례 : 순이익금, 수익

8) 출력물 크기 : A4 용지 1/2장 범위 내

9) 기타 : 작성 조건에 없는 형식이나 모양은 기본 설정값에 따르며, 그래프 너비는 작업표에 맞추도록 하시오.

✅ 차트 만들기

1) A3셀을 선택한 후, Ctrl 을 누른 채 C3, G3, A18:A23, C18:C23, G18:G23셀을 아래와 같이 드래그합니다.

2) 그래프를 만들기 위해 [삽입]–[세로 또는 가로 막대형 차트 삽입▮▮▾]–[묶은 세로 막대형▮▮]을 클릭합니다.

[삽입]-[세로 막대형]-[묶은 세로 막대형]

3) 만들어진 그래프를 작업표 하단으로 드래그하여 이동합니다. 이때 차트의 왼쪽 모서리가 A33셀에 위치하도록 이동합니다.

4) 차트의 조절점을 이용하여 상단의 작업표의 열 너비인 J열까지 크기를 늘려줍니다. 차트의 높이는 적당하게 조절해 줍니다.

✓ 차트 종류 변경하기

1) 수익 계열만 선택하고 마우스 우클릭을 한 후 [계열 차트 종류 변경]을 클릭합니다.

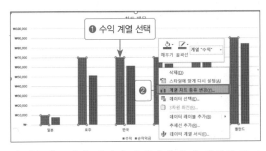

2) 좌측 [콤보]가 선택된 상태에서 수익 계열의 차트 종류를 [표식이 있는 꺾은선형]으로 선택한 후 [확인]을 클릭합니다.

마우스 우클릭을 한 후 [계열 차트 종류 변경]을 클릭합니다. 좌측의 [꺾은선형]을 선택한 후 [표식이 있는 꺾은선형]을 클릭합니다.

✓ 레이블값 표시하기

1) 수익 계열의 데이터 막대를 선택합니다.
2) 선택한 수익 계열의 데이터 막대 위에서 마우스 우클릭을 한 후 [데이터 레이블 추가]-[데이터 레이블 추가]를 클릭합니다

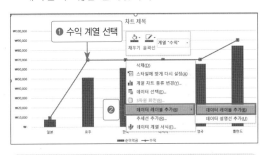

마우스 우클릭 후 [데이터 레이블 추가]

✓ 그래프 제목

1) 차트 제목을 선택한 후 [홈] 탭에서 글자 크기를 18pt로 입력합니다.
2) 수식 입력줄에 폐쇄항로 국가의 이익금 현황을 입력한 후 Enter 를 누릅니다.

[차트 도구]의 [레이아웃] 탭의 레이블 그룹에 있는 [차트 제목]-[차트 위]를 선택한 후 제목을 삽입합니다.

✅ X축 제목 삽입하기

1) 차트 도구의 [디자인] 탭-[차트 요소 추가]-[축 제목]-[기본 가로]를 클릭합니다.
2) 축 제목을 선택 후 수식 입력줄에서 국가을 입력한 후 Enter 를 누릅니다.

> **엑셀 2010 버전**
> [레이아웃]-[축 제목]-[기본 가로축 제목]-[축 아래 제목]
>
> **엑셀 2021 버전**
> [차트 디자인] 탭-[차트 요소 추가]-[축 제목]-[기본 가로]

✅ Y축 제목 삽입하기

1) 차트 도구의 [디자인] 탭-[차트 요소 추가]-[축 제목]-[기본 세로]를 클릭합니다.
2) 축 제목을 선택 후 수식 입력줄에서 **금액**을 입력한 후 Enter 를 누릅니다.

> **엑셀 2010 버전**
> [레이아웃]-[축 제목]-[기본 세로축 제목]-[제목 회전]
>
> **엑셀 2021 버전**
> [차트 디자인] 탭-[차트 요소 추가]-[축 제목]-[기본 세로]

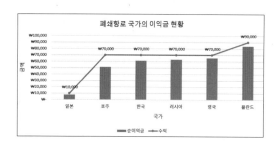

> **차트 글자 색과 테두리**
> 엑셀 2016&2021은 차트의 글자 색이 회색으로 보이기 때문에 차트 영역을 선택한 후 글자 색을 검정으로 지정하고, [서식] 탭에서 [도형 윤곽선]을 검정으로 지정해두면 좋습니다. 지정하지 않아도 감점되지는 않습니다.

---

10 ▶ 페이지 설정 및 인쇄

✅ 페이지 설정

1) 데이터가 입력된 셀을 선택한 후 [파일]-[인쇄]를 클릭합니다(모든 데이터들이 한 페이지에 나타나지 않습니다).
2) [현재 설정된 용지]를 클릭한 후 **[한 페이지에 시트 맞추기]**를 클릭합니다(모든 행과 열의 데이터가 한 페이지 안에 축소되어 나타난 것을 알 수 있습니다).
3) [페이지 설정]으로 들어간 후 [여백] 탭에서 위쪽 여백을 6으로 입력하고, 페이지 가운데 맞춤을 가로, 세로 체크 후 [확인]을 클릭합니다.
4) 인쇄를 클릭하여 출력 작업을 진행합니다(실제 출력은 세 가지 작업을 모두 마친 후 진행합니다).
5) [파일]-[저장]을 클릭합니다.
6) 이전 버튼을 클릭하여 편집화면으로 되돌아갑니다.

| 작업표 작성 |

항공 운영 수입 현황

국가	관광객	수익		세금	순이익금	신뢰도	항로폐쇄여부	순위
미국	10	₩	130,000	₩ 1,300	₩ 108,700	D		7
프랑스	8	₩	130,000	₩ 1,300	₩ 112,700	C		10
덴마크	7	₩	130,000	₩ 1,300	₩ 114,700	C		12
뉴질랜드	9	₩	130,000	₩ 1,300	₩ 115,700	A		8
스위스	8	₩	130,000	₩ 1,300	₩ 124,700	A		10
체코	6	₩	130,000	₩ 1,300	₩ 125,700	A		14
중국	6	₩	130,000	₩ 1,300	₩ 127,700	A		14
네덜란드	9	₩	170,000	₩ 1,700	₩ 157,300	B		8
대만	12	₩	170,000	₩ 1,700	₩ 160,300	B		3
벨기에	12	₩	190,000	₩ 1,900	₩ 169,100	A		3
베트남	15	₩	200,000	₩ 2,000	₩ 172,000	D		1
홍콩	12	₩	200,000	₩ 2,000	₩ 193,000	B		3
필리핀	11	₩	200,000	₩ 2,000	₩ 195,000	B		6
독일	7	₩	260,000	₩ 2,600	₩ 242,400	A		12
일본	1	₩	10,000	₩ 100	₩ 7,900	D	폐쇄	20
호주	5	₩	70,000	₩ 700	₩ 51,300	A	폐쇄	16
한국	4	₩	70,000	₩ 700	₩ 61,300	B	폐쇄	17
러시아	3	₩	70,000	₩ 700	₩ 63,300	A	폐쇄	18
영국	2	₩	70,000	₩ 700	₩ 65,300	A	폐쇄	19
폴란드	15	₩	90,000	₩ 900	₩ 84,100	A	폐쇄	1
평균				₩ 1,340	₩ 122,610			
신뢰도별 합계	A	₩ 1,270,000		₩ 12,700	₩ 1,169,300			
	B	₩ 810,000		₩ 8,100	₩ 766,900			
	C	₩ 260,000		₩ 2,600	₩ 227,400			
관광객이 10 이상 15 미만의 합				₩ 8,900	₩ 826,100			
항로폐쇄여부에서 "폐쇄"인 개수					6개			
=SUMIFS(G4:G23,$B$4:$B$23,">=10",$B$4:$B$23,"<15")								
=IF(G18<=100000,"폐쇄","")								

| 그래프 작성 |

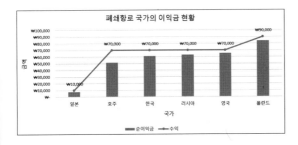

폐쇄항로 국가의 이익금 현황

| 인쇄 미리 보기 |

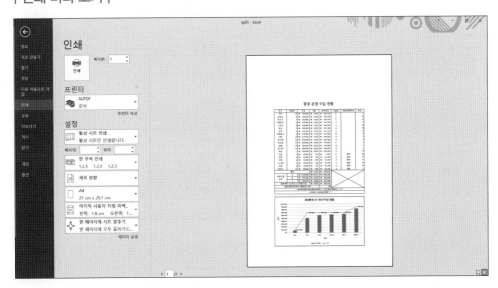

표 계산(SP) 작업

한국산업인력마트에서는 상품 매출의 할인 금액을 분석하고자 합니다. 다음 자료(DATA)를 이용하여 작성 조건에 따라 작업표와 그래프를 작성하고, 그 인쇄 출력물을 제출하도록 합니다.

가. 작업표(WORK SHEET) 작성

1) 자료(DATA)

상품별 주문 할인 현황

행\열	B 상품명	C 성명	D 성별	E 주문수량	F 할인수량	G 재고금액
5	라면	김기철	1	30	3	1,003,000
6	과자	박철순	1	45	4	850,000
7	주스	권민자	0	67	7	1,120,000
8	라면	곽해남	1	32	4	720,000
9	과자	표진영	1	58	6	550,000
10	주스	황현철	1	21	3	985,000
11	라면	하석주	1	57	6	570,000
12	과자	박수진	1	39	4	853,000
13	주스	김천진	1	42	5	1,120,000
14	과자	김준희	0	33	6	660,000
15	라면	이남호	1	46	5	790,000
16	과자	임수영	0	75	8	460,000
17	주스	이수영	0	35	3	800,000
18	라면	조경태	1	46	3	790,000
19	주스	김동희	0	23	5	890,000
20	라면	이지성	1	38	2	720,000
21	과자	김성주	0	35	8	580,000
22	라면	서정만	1	58	7	640,000
23	주스	이지연	0	47	5	670,000
24	과자	김희숙	0	29	4	820,000

※ 자료(DATA) 부분에서 음영 처리 표시된 부분은 행/열의 기준을 나타내며 이는 작성(입력)하지 않음을 반드시 유의하시오.

2) 작업표 형식

상품별 주문 금액 계산

열 행	B	C	H	I	J	K	L
4	상품명	성명	성별	주문금액	할인금액	지급금액	합계금액
5 · 24	–	–	①	②	③	④	⑤
25	평균			⑥	⑥	⑥	⑥
26	과자 또는 주스의 합계금액의 합						⑦
27	⑧						
28	남성이면서 라면 또는 주스를 주문한 금액의 합					⑨	⑨
29	성이 김씨이면서 라면 또는 주스를 주문한 금액이 합					⑩	⑩
30	할인금액이 20000 이상 30000 미만인 합					⑪	⑪
31	⑫						

3) 작성 조건

가) 작성 시 유의 사항

  Ⓐ 작업표의 작성은 "나)~라)" 항에 제시된 내용을 따르고 반드시 제시된 조건(함수 적용, 기재된 단서 조항 등)에 따라 처리하시오.

  Ⓑ 제시된 작성 조건을 따르지 아니하고 여타의 방법 일체(제시된 함수 이외 다른 함수 적용, 함수 미적용, 별도 전자계산기 사용 등)를 사용하여 도출된 결과는 그 답이 맞더라도 **정답으로 인정되지 않음**을 반드시 유의하시오.

  Ⓒ 작업표상 텍스트 레이블과 작성 조건이 서로 다를 경우에는 **작성 조건을 기준**으로 수정하여 작업하시오.

나) 작업표의 구성 및 서식

  Ⓐ "작업표 형식"에서 행과 열에 관계된 음영 처리 표시된 부분은 작성하지 않음을 유의하고 반드시 제시된 행/열에 맞추도록 하시오.

  Ⓑ 제목서식 : 16 포인트 크기로 하시오.

  Ⓒ 글꼴서식 : 임의 선정하시오.

다) 원문자가 표시된 셀은 아래의 방법을 이용하여 처리하시오.

  ① 성별 : "남성" 또는 "여성"으로 표기하시오.

    (단, 주어진 자료(DATA)의 성별에서 남성은 1, 여성은 0으로 표시되어 있음)

  ② 주문금액 : 주문수량×단가

    (단, 단가 : 라면 – 3,500원, 과자 – 4,500원, 주스 – 7,800원)

  ③ 할인금액 : 할인수량×단가

④ 지급금액 : 주문금액−할인금액

⑤ 합계금액 : 지급금액+재고금액

⑥ 평균 : 각 해당 항목별 평균을 산출하시오.

⑦ 상품명이 과자 또는 주스인 합계금액의 합을 산출하시오.

　(단, SUMPRODUCT, ISNUMBER, FIND 함수를 모두 조합한(사용한) 함수식을 기재하시오)

⑧ 항목 ⑦ 산정 시 사용된 함수식을 기재하시오.

⑨ 남성이면 라면 또는 주스를 주문한 금액의 지급금액, 합계금액의 합을 각각 산출하시오

⑩ 성이 김씨이면서 라면 또는 주스를 주문한 금액의 지급금액, 합계금액의 합을 각각 산출하시오.

⑪ 할인금액이 20000 이상 30000 미만인 지급금액, 합계금액의 합을 각각 산출하시오.

　(단, SUMIF 또는 SUMIFS 함수를 사용하시오)

⑫ 작성 조건 ⑪에 사용된 함수식을 기재하시오(단, 합계금액 기준으로).

> ※ 함수식을 기재하는 셀과 연관된 지정함수조건(함수지정)이 있을 경우 **제시된 함수만을 사용해 함수식을 구성 및 작업**하여야 하며, 작성 조건을 위배하여 임의로 작성할 시 해당 답이 맞더라도 틀린 항목으로 채점됨을 유의하십시오. 또한 함수식을 작성할 때는 라) 정렬순서(SORT)에 따라 조건에 맞게 **정렬 후 도출된 결과**에 의한 함수식을 기재하시오.

라) 작업표의 정렬순서(SORT)는 성별을 기준으로 "여성", "남성" 순서로 하고, 성별이 같으면 합계금액의 내림차순으로 정렬하시오.

마) 기타

(1) 금액에 대한 수치는 원화(₩) 표시를 하고 천 단위마다 ','(Comma)를 표시하시오.

　(단, 금액 이외의 수치는 ','(Comma)를 표시하지 않도록 하시오)

(2) 모든 수치(숫자, 통화, 회계, 백분율 등)는 셀 서식의 속성을 설정하는 과정에서 소수 자릿수를 "0" 으로 지정하여 정수로 표시토록 하시오.

(3) 음수는 "−"가 표시되도록 하시오.

(4) 숫자 셀은 우측을 수직으로 맞추고, 문자 셀은 수평중앙으로 맞추며 이외 사항은 작업표 형식에 따른다. 특히, 인쇄출력 시 판독 불가능이 발생되지 않도록 인쇄 미리 보기 등을 통하여 셀의 크기를 적당히 조정하시오.

나. 그래프(GRAPH) 작성

작성한 작업표에서 여성에 대한 성명별 합계금액과 주문금액을 나타내는 그래프를 작성하시오.

작성 조건

1) 그래프 형태 : 혼합형 단일축 그래프

　 합계금액(묶은 세로 막대형), 주문금액(데이터 표식이 있는 꺾은선형)

　 (단, 합계금액만 데이터 레이블의 값이 표시된 혼합형 단일축 그래프로 하시오)

2) 그래프 제목 : 여성 주문 금액 계산 ---- (확대출력)

3) X축 제목 : 성명

4) Y축 제목 : 금액

5) X축 항목 단위 : 해당 문자열

6) Y축 눈금 단위 : 임의

7) 범례 : 합계금액, 주문금액

8) 출력물 크기 : A4 용지 1/2장 범위 내

9) 기타 : 작성 조건에 없는 형식이나 모양은 기본 설정값에 따르며, 그래프 너비는 작업표에 맞추도록 하시오.

※ 그래프는 반드시 작성된 작업표와 연동하여 작업하여야 하며, 그래프의 영역(범위) 설정 오류로 인한 불이익은 전적으로 수험자 본인에게 있습니다.

6회 풀이

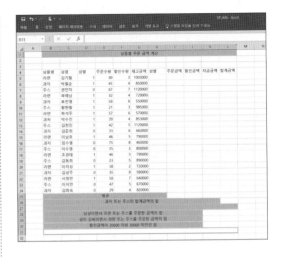

▶ 유선배 강의

01 저장하기

1) [파일]-[저장]-[찾아보기]를 클릭하여, 바탕화면 의 본인의 [비번호 폴더] 안에 시험위원이 지정해 준 파일명으로 저장합니다.

02 작업표 작성 및 병합하기

1) 자료(DATA)와 작업표 형식을 보고 아래와 같이 데이터를 입력합니다.

2) B1:L1셀까지 드래그하여 블록 지정한 후 Ctrl 을 계속 누른 채 B25:H25, B26:K26, B27:L27, B28:J28, B29:J29, B30:J30, B31:L31셀까지 선택합니다. 모든 선택이 끝날 때까지 Ctrl 을 계속 눌러주고 선택이 끝나면 Ctrl 을 손에서 떼어 줍니다.

3) [홈] 탭에 맞춤 그룹의 [병합하고 가운데 맞춤]을 클릭하여 병합시켜 줍니다.

03 조건 문제 풀이

▶ 유선배 강의

❶ 성별 : "남성" 또는 "여성"으로 표기하시오(단, 주어진 자료(DATA)의 성별에서 남성은 1, 여성 은 0으로 표시되어 있음).

공식	=IF(조건1,"참1","거짓")
함수식(H5)	=IF(D5=1,"남성","여성")
설명	• 조건(D5=1) : D5셀의 성별이 1이면 • 참(남성) : "남성"을 나타내고 • 거짓(여성) : 그렇지 않으면 "여성"을 나타냅니다.

❷ 주문금액 : 주문수량×단가

(단, 단가 : 라면-3,500원, 과자-4,500원, 주 스-7,800원)

공식	=주문수량*IF(조건1, "참1",IF(조건2, "참2", 거짓))
함수식(I5)	=E5*IF(B5="라면",3500,IF(B5="과자",4500,7800))
설명	• 조건1(B5="라면") : B5셀의 상품명이 "라면"이면 • 참1(D) : 주문수량(E5셀)에서 3500을 곱한 값을 나타내고 • 조건2(B5="과자") : B5셀의 상품명이 "과자"이면 • 참2(C) : 주문수량(E5셀)에서 4500을 곱한 값을 나타내고 • 거짓(A) : 그렇지 않으면 주문수량(E5셀)에서 7800을 곱한 값을 나타냅니다.

❸ 할인금액 : 할인수량×단가

공식	=할인수량*IF(조건1, "참1",IF(조건2, "참2", 거짓))
함수식(J5)	=F5*IF(B5="라면",3500,IF(B5="과자",4500,7800))
설명	• 조건1(B5="라면") : B5셀의 상품명이 "라면"이면 • 참1(D) : 할인수량(F5셀)에서 3500을 곱한 값을 나타내고 • 조건2(B5="과자") : B5셀의 상품명이 "과자"이면 • 참2(C) : 할인수량(F5셀)에서 4500을 곱한 값을 나타내고 • 거짓(A) : 그렇지 않으면 할인수량(F5셀)에서 7800을 곱한 값을 나타냅니다.

❹ 지급금액 : 주문금액－할인금액

함수식(K5)	=I5-J5
설명	주문금액(I5셀)에서 할인금액(J5셀)을 뺀 값을 나타냅니다.

❺ 합계금액 : 지급금액＋재고금액

함수식(L5)	=K5+G5
설명	지급금액(K5셀)에서 재고금액(G5셀)을 더한 값을 나타냅니다.

◑ H5:L5셀까지 드래그하여 블록 지정한 후 L5셀의 채우기 핸들을 끌어서 L24셀까지 채워줍니다.

❻ 평균 : 각 해당 항목별 평균을 산출하시오.

공식	=AVERAGE(범위)
함수식(I24)	=AVERAGE(I5:L24)
설명	주문금액(I5:L24)의 평균을 구합니다.

○ I25셀의 채우기 핸들을 드래그하여 L25셀까지 채워줍니다.

---

❼ 상품명이 과자 또는 주스인 합계금액의 합을 산출하시오(단, SUMPRODUCT, ISNUMBER, FIND 함수를 모두 조합한(사용한) 함수식을 기재하시오).

공식	=SUMPRODUCT(배열1,배열2....) =ISNUMBER(값) =FIND(찾을 문자,텍스트)
함수식(L26)	=SUMPRODUCT(ISNUMBER(FIND("과자",B5:B24))+ISNUMBER(FIND("주스",B5:B24)),L5:L24)
설명	• FIND 함수 : 과자 **또는** OR(+) 주스라는 글자가 있으면 1이라는 숫자(위치값)를 반환하고 없으면 #VALUE!라는 오류값을 반환합니다. • ISNUMBER 함수 : FIND 함수로 구한 값이 숫자이면 TRUE(1), 그렇지 않으면 FALSE(0)를 반환합니다. • SUMPRODUCT 함수 : ISNUMBER 함수로 추출된 TRUE(1), FALSE(0)와 대응하는 합계금액끼리 곱하고 곱한 값의 합계를 구합니다.

---

❽ 항목 **❼** 산정 시 사용된 함수식을 기재하시오.

1) L26셀을 선택한 후 수식 입력줄에 있는 수식 전체를 드래그하여 블록 지정합니다.
2) 마우스 우클릭을 한 후 [복사] 또는 Ctrl + C (복사)한 다음 Enter 를 누릅니다.
3) 병합된 B27:L27셀을 클릭해서 작은따옴표(')를 입력한 다음 Ctrl + V (붙여넣기) 또는 마우스 우클릭을 한 후 [붙여넣기]를 클릭하고 Enter 를 누릅니다(※ 수식 입력줄을 클릭한 후 붙여넣기를 해도 됩니다).

---

❾ 남성이면서 라면 또는 주스를 주문한 금액의 지급금액, 합계금액의 합을 각각 산출하시오.

공식	=SUMPRODUCT(배열1,배열2....)
함수식(K28)	=SUMPRODUCT(($H$5:$H$24="남성")*(($B$5:$B$24="라면")+($B$5:$B$24="주스")),K5:K24)
설명	• 성별(H5:H24)이 "남성"이면서 그리고 AND(*) 상품명(B5:B24)이 "라면" **또는** OR(+) "주스"이면 TRUE(1), 그렇지 않으면 FALSE(0)를 반환합니다. • 두 조건으로 추출된 TRUE(1), FALSE(0)와 대응하는 지급금액과 합계금액의 곱한 값의 합계를 구합니다.

※ "남성이면서 라면 또는 주스"의 조건은 "남성이면서 라면" 또는 "남성이면서 주스"인 조건으로 구해야 하므로 라면 또는 주스 앞뒤에 괄호( )로 한 번 더 묶어주어서 구하거나 또는 아래와 같은 함수식으로 구해주어도 됩니다.
=SUMPRODUCT((($H$5:$H$24="남성")*($B$5:$B$24="라면"))+(($H$5:$H$24="남성")*($B$5:$B$24="주스")),K5:K24)

◉ K28셀의 채우기 핸들을 드래그하여 L28셀까지 채워줍니다.

---

⑩ 성이 김씨이면서 라면 또는 주스를 주문한 금액의 지급금액, 합계금액의 합을 각각 산출하시오.

공식	=SUMPRODUCT(배열1,배열2....)
함수식(K29)	=SUMPRODUCT((LEFT($C$5:$C$24,1)="김")*(($B$5:$B$24="라면")+($B$5:$B$24="주스")),K5:K24)
설명	• 성명(C5:C24)의 첫 글자가 "김"이고 <u>그리고 AND(*)</u> 상품명(B5:B24)이 "라면" <u>또는 OR(+)</u> "주스"이면 TRUE(1), 그렇지 않으면 FALSE(0)를 반환합니다. • 두 조건으로 추출된 TRUE(1), FALSE(0)와 대응하는 지급금액과 합계금액의 곱한 값의 합계를 구합니다.

※ **"성이 김씨이면서 라면 또는 주스"**의 조건은 "성이 김씨이면서 라면" 또는 "성이 김씨이면서 주스"인 조건으로 구해야 하므로 아래와 같은 함수식으로 구해도 됩니다.
=SUMPRODUCT(((LEFT($C$5:$C$24,1)="김")*($B$5:$B$24="라면"))+((LEFT($C$5:$C$24,1)="김")*($B$5:$B$24="주스")),K5:K24)

◉ K29셀의 채우기 핸들을 드래그하여 L29셀까지 채워줍니다.

---

⑪ 할인금액이 20000 이상 30000 미만인 지급금액, 합계금액의 합을 각각 산출하시오(단, SUMIF 또는 SUMIFS 함수를 사용하시오).

공식	=SUMIFS(합계범위,조건범위1,"조건1",조건범위2,"조건2")
함수식(K30)	=SUMIFS(K5:K24,$J$5:$J$24,">=20000",$J$5:$J$24,"<30000")
설명	• **합계범위** : 2개의 조건을 모두 만족하는 지급금액의 합계를 구해야 하므로 합계범위는 K5:K24입니다. • **조건범위1&조건1** : 할인금액 범위(J5:J24) 중 첫 번째 조건인 ">=20000"을 만족하는 지급금액의 합계를 구합니다. • **조건범위2&조건2** : 할인금액 범위(J5:J24) 중에서 두 번째 조건인 "<30000"을 만족하는 지급금액의 합계를 구합니다.

◉ K30셀의 채우기 핸들을 드래그하여 L30셀까지 채워줍니다.

---

⑫ 작성 조건 **⑪**에 사용된 함수식을 기재하시오(단, 합계금액 기준으로).

1) L30셀을 선택한 후 수식 입력줄에 있는 수식 전체를 드래그하여 블록 지정합니다.
2) 마우스 우클릭을 한 후 [복사] 또는 Ctrl + C (복사)한 다음 Enter를 누릅니다.
3) 병합된 B31:L31셀을 클릭해서 작은따옴표(')를 입력한 다음 Ctrl + V (붙여넣기) 또는 마우스 우클릭을 한 후 [붙여넣기]를 클릭하고 Enter를 누릅니다(※ 수식 입력줄을 클릭한 후 붙여넣기를 해도 됩니다).

라) 작업표의 정렬순서(SORT)는 성별을 기준으로 "여성", "남성" 순서로 하고, 성별이 같으면 합계금액의 내림차순으로 정렬하시오.

1) 정렬을 하기 위해서 B4:L24셀까지 블록 지정한 후에 [데이터] 탭의 [정렬]을 클릭합니다.
2) 첫 번째 정렬 기준은 **"성별"**로 선택하고 정렬을 **"내림차순 정렬"**로 지정한 후 [기준 추가]를 클릭합니다.
3) 새로운 기준이 만들어졌으면 새로운 정렬 기준을 **"합계금액"**으로 선택하고 정렬을 **"내림차순 정렬"**로 지정한 후 [확인]을 클릭합니다.

※ "성별" 필드명이 2개이기 때문에 정렬기준에서 내가 정렬할 기준을 정확하게 보고 선택해야 합니다. 첫 번째 성별은 0과 1로 되어 있으므로 첫 번째 성별로 정렬을 할 때는 "오름차순" 정렬로 지정을 해야 하고, 두 번째 성별은 "남성"과 "여성"으로 되어 있으므로 "내림차순" 정렬을 해야 합니다.

(1) 금액에 대한 수치는 원화(₩) 표시를 하고 천 단위마다 ','(Comma)를 표시하시오.
(2) 모든 수치(숫자, 통화, 회계, 백분율 등)는 셀 서식의 속성을 설정하는 과정에서 소수 자릿수를 "0"으로 지정하여 정수로 표시토록 하시오.
(3) 음수는 "−"가 표시되도록 하시오.
(4) 숫자 셀은 우측을 수직으로 맞추고, 문자 셀은 수평중앙으로 맞추며 이외 사항은 작업표 형식에 따르도록 하시오. 특히, 단서조항이 있을 경우는 단서조항을 우선으로 하고, 인쇄출력 시 판독 불가능이 발생되지 않도록 인쇄 미리 보기 등을 통하여 셀의 크기를 적당히 조정하시오.

1) 금액이 있는 G5:G24, I5:L25, L26, K28:L30셀을 Ctrl 을 이용하여 선택합니다.
2) [홈] 탭의 표시 형식 그룹에서 [회계 표시 형식]을 클릭합니다.

3) 문자 셀을 수평 중앙으로 맞추기 위해서 B4:L4, B5:C24, H5:H24셀을 Ctrl 을 이용하여 선택한 후 [가운데 맞춤 ≡]을 클릭합니다.
4) 금액이 ####으로 표시되면 열 너비를 적당하게 늘려줍니다.

06 · 열 숨기기

1) A열을 클릭한 후 Ctrl 을 누른 채 D열에서 G열까지 드래그합니다.
2) 마우스 우클릭을 한 후 [숨기기]를 클릭합니다.

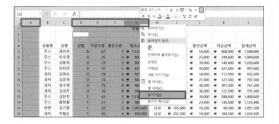

07 · 제목서식 변경하기

1) 병합된 B1:L1셀을 선택한 후 [홈] 탭에서 글자 크기를 16pt로 입력합니다.

08 · 테두리 지정하기

1) B4:L31셀까지 드래그하여 블록 지정한 후 [홈] 탭의 글꼴 그룹에서 테두리를 [모든 테두리 ⊞ ·] 로 선택합니다.
2) 다시, B5:L24셀까지 드래그하여 블록 지정한 후 Ctrl + 1 (셀 서식)의 [테두리] 탭에서 스타일을 [없음]으로 지정하고 [중간 가로선 ⊟]을 선택한 후 [확인]을 클릭합니다.

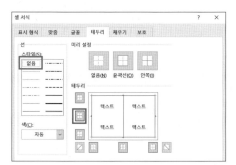

09 · 그래프(GRAPH) 작성

나. 그래프(GRAPH) 작성

작성한 작업표에서 여성에 대한 성명별 합계금액과 주문금액을 나타내는 그래프를 작성하시오.

[작성 조건]

1) 그래프 형태 : 혼합형 단일축 그래프
   합계금액(묶은 세로 막대형), 주문금액(데이터 표식이 있는 꺾은선형)
   (단, 합계금액만 데이터 레이블의 값이 표시된 혼합형 단일축 그래프로 하시오)
2) 그래프 제목 : 여성 주문 금액 계산 – – – – (확대출력)
3) X축 제목 : 성명
4) Y축 제목 : 금액
5) X축 항목 단위 : 해당 문자열
6) Y축 눈금 단위 : 임의
7) 범례 : 합계금액, 주문금액
8) 출력물 크기 : A4 용지 1/2장 범위 내
9) 기타 : 작성 조건에 없는 형식이나 모양은 기본 설정값에 따르며, 그래프 너비는 작업표에 맞추도록 하시오.

✅ 차트 만들기

1) C4:C12셀을 드래그한 후, Ctrl 을 누른 채 I4:I12, L4:L12셀을 아래와 같이 드래그합니다.
2) 그래프를 만들기 위해 [삽입]-[세로 또는 가로 막대형 차트 삽입 ▮▮]-[묶은 세로 막대형 ▮▮]을 클릭합니다.

B	C	H	J	K	L	M
			상품별 주문 금액 계산			
상품명	성명	성별	주문금액	할인금액	지급금액	합계금액
주스	권민자	여성	₩ 522,600	₩ 54,600	₩ 468,000	₩ 1,588,000
주스	이수영	여성	₩ 273,000	₩ 23,400	₩ 249,600	₩ 1,049,600
주스	김동희	여성	₩ 179,400	₩ 39,000	₩ 140,400	₩ 1,030,400
주스	이지연	여성	₩ 366,600	₩ 39,000	₩ 327,600	₩ 997,600
과자	김희숙	여성	₩ 130,500	₩ 18,000	₩ 112,500	₩ 932,500
과자	김준희	여성	₩ 148,500	₩ 27,000	₩ 121,500	₩ 781,500
과자	임수명	여성	₩ 337,500	₩ 36,000	₩ 301,500	₩ 761,500
과자	김성주	여성	₩ 157,500	₩ 36,000	₩ 121,500	₩ 701,500
주스	김전진	남성	₩ 327,600	₩ 39,000	₩ 288,600	₩ 1,408,600
주스	황현철	남성	₩ 163,800	₩ 23,400	₩ 140,400	₩ 1,125,400
라면	김기철	남성	₩ 105,000	₩ 10,500	₩ 94,500	₩ 1,097,500
과자	박철순	남성	₩ 202,500	₩ 18,000	₩ 184,500	₩ 1,034,500
과자	박수진	남성	₩ 175,500	₩ 18,000	₩ 157,500	₩ 1,010,500
라면	조경태	남성	₩ 161,000	₩ 10,500	₩ 150,500	₩ 940,500

3) 만들어진 그래프를 작업표 하단으로 드래그하여 이동합니다. 이때 차트의 왼쪽 모서리가 B33셀에 위치하도록 이동합니다.

4) 차트의 조절점을 이용하여 상단의 작업표의 열 너비인 L열까지 크기를 늘려줍니다. 차트의 높이는 적당하게 조절해 줍니다.

✅ 차트 종류 변경하기

1) 주문금액 계열만 선택하고 마우스 우클릭을 한 후 [계열 차트 종류 변경]을 클릭합니다.

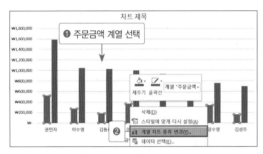

2) 좌측 [콤보]가 선택된 상태에서 주문금액 계열의 차트 종류를 [표식이 있는 꺾은선형]으로 선택한 후 [확인]을 클릭합니다.

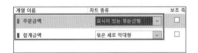

✅ 레이블값 표시하기

1) 합계금액 계열의 데이터 막대를 선택합니다.

2) 선택한 합계금액 계열의 데이터 막대 위에서 마우스 우클릭을 한 후 [데이터 레이블 추가]-[데이터 레이블 추가]를 클릭합니다.

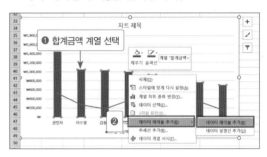

✅ 그래프 제목

1) 차트 제목을 선택한 후 [홈] 탭에서 글자 크기를 18pt로 입력합니다.

2) 수식 입력줄에 여성 주문 금액 계산을 입력한 후 Enter 를 누릅니다.

✅ X축 제목 삽입하기

1) 차트 도구의 [디자인] 탭-[차트 요소 추가]-[축 제목]-[기본 가로]를 클릭합니다.

2) 축 제목을 선택 후 수식 입력줄에서 성명을 입력한 후 Enter 를 누릅니다.

⊘ Y축 제목 삽입하기

1) 차트 도구의 [디자인] 탭-[차트 요소 추가]-[축 제목]-[기본 세로]를 클릭합니다.
2) 축 제목을 선택 후 수식 입력줄에서 금액을 입력한 후 Enter 를 누릅니다.

> **엑셀 2010 버전**
> [레이아웃]-[축 제목]-[기본 세로축 제목]-[제목 회전]
>
> **엑셀 2021 버전**
> [차트 디자인] 탭-[차트 요소 추가]-[축 제목]-[기본 세로]

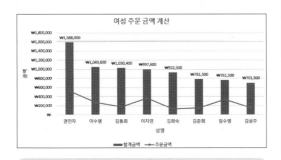

> **차트 글자 색과 테두리**
> 엑셀 2016&2021은 차트의 글자 색이 회색으로 보이기 때문에 차트 영역을 선택한 후 글자 색을 검정으로 지정하고, [서식] 탭에서 [도형 윤곽선]을 검정으로 지정해두면 좋습니다. 지정하지 않아도 감점되지는 않습니다.

10 페이지 설정 및 인쇄

⊘ 페이지 설정

1) 데이터가 입력된 셀을 선택한 후 [파일]-[인쇄]를 클릭합니다(모든 데이터들이 한 페이지에 나타나지 않습니다).
2) [현재 설정된 용지]를 클릭한 후 **[한 페이지에 시트 맞추기]**를 클릭합니다(모든 행과 열의 데이터가 한 페이지 안에 축소되어 나타난 것을 알 수 있습니다).
3) [페이지 설정]으로 들어간 후 [여백] 탭에서 위쪽 여백을 6으로 입력하고, 페이지 가운데 맞춤을 가로, 세로 체크 후 [확인]을 클릭합니다.
4) 인쇄를 클릭하여 출력 작업을 진행합니다(실제 출력은 세 가지 작업을 모두 마친 후 진행합니다).
5) [파일]-[저장]을 클릭합니다.
6) 이전 버튼을 클릭하여 편집화면으로 되돌아갑니다.

| 작업표 작성 |

상품명	성명	성별	주문금액		할인금액		지급금액		합계금액	
주스	권민자	여성	₩	522,600	₩	54,600	₩	468,000	₩	1,588,000
주스	이수영	여성	₩	273,000	₩	23,400	₩	249,600	₩	1,049,600
주스	김동희	여성	₩	179,400	₩	39,000	₩	140,400	₩	1,030,400
주스	이지연	여성	₩	366,600	₩	39,000	₩	327,600	₩	997,600
과자	김희숙	여성	₩	130,500	₩	18,000	₩	112,500	₩	932,500
과자	김준희	여성	₩	148,500	₩	27,000	₩	121,500	₩	781,500
과자	임수영	여성	₩	337,500	₩	36,000	₩	301,500	₩	761,500
과자	김성주	여성	₩	157,500	₩	36,000	₩	121,500	₩	701,500
주스	김천진	남성	₩	327,600	₩	39,000	₩	288,600	₩	1,408,600
주스	황현철	남성	₩	163,800	₩	23,400	₩	140,400	₩	1,125,400
라면	김기철	남성	₩	105,000	₩	10,500	₩	94,500	₩	1,097,500
과자	박철순	남성	₩	202,500	₩	18,000	₩	184,500	₩	1,034,500
과자	박수진	남성	₩	175,500	₩	18,000	₩	157,500	₩	1,010,500
라면	조경태	남성	₩	161,000	₩	10,500	₩	150,500	₩	940,500
라면	이남호	남성	₩	161,000	₩	17,500	₩	143,500	₩	933,500
라면	이지성	남성	₩	133,000	₩	7,000	₩	126,000	₩	846,000
라면	서정만	남성	₩	203,000	₩	24,500	₩	178,500	₩	818,500
라면	곽혜남	남성	₩	112,000	₩	14,000	₩	98,000	₩	818,500
과자	표진영	남성	₩	261,000	₩	27,000	₩	234,000	₩	784,000
라면	하석주	남성	₩	199,500	₩	21,000	₩	178,500	₩	748,500
평균			₩	216,025	₩	25,170	₩	190,855	₩	970,405
과자 또는 주스의 합계금액의 합									₩	13,205,600
=SUMPRODUCT((ISNUMBER(FIND("과자",B5:B24))+ISNUMBER(FIND("주스",B5:B24)),L5:L24)										
남성이면서 라면 또는 주스를 주문한 금액의 합							₩	1,398,500	₩	8,736,500
성이 김씨이면서 라면 또는 주스를 주문한 금액의 합							₩	523,500	₩	3,536,500
할인금액이 20000 이상 30000 미만인 합							₩	1,102,500	₩	5,307,500
=SUMIFS(L5:L24,$J$5:$J$24,">=20000",$J$5:$J$24,"<30000")										

| 그래프 작성 |

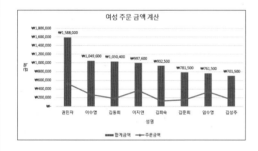

| 인쇄 미리 보기 |

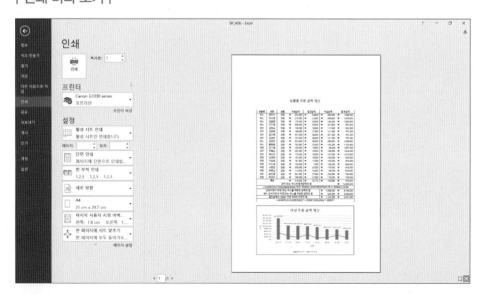

유튜브 선생님에게 배우는

유선배

PART 2
액세스(Access)
공개문제
파헤치기

자료처리(DBMS) 작업

외식 프랜차이즈 암소가든에서는 판매관리를 전산화하려고 한다. 다음 입력자료를 이용하여 DB를 설계하고 작성 조건에 따라 처리파일을 작성하고, 그 인쇄 출력물을 제출하시오.

가. 자료처리(DBMS) 작업 작성 조건

1) 자료처리(DBMS) 작업은 조회화면(SCREEN) 설계와 자료처리보고서의 2가지 작업을 수행하여 그 결과물을 인쇄용지(A4) 기준 각 1장씩 총 2장을 제출하여야 채점 대상이 됨을 유의하시오.

2) 반드시 인쇄작업 수행 전 미리 보기 등을 통해 여백을 조정하고, 수치, 문자 등 구성요소가 누락되지 않도록 주의하시오. **구성요소가 누락되어 인쇄되지 않은 결과로 인한 모든 책임은 전적으로 수험자 본인에게 있음**을 반드시 유의하시오.

3) 문제지에 기재된 작성 조건에 따라 처리하고, 조회화면 및 자료처리보고서의 **서식이 작성 조건과 상이할 경우 시험위원의 지시에 따라 작업하시오.**

나. 입력자료

판매 실적 현황

일자	업소명	품목코드	판매수량
2015-05-06	한사랑	AA	100
2015-05-06	한우네	AA	15
2015-05-06	강남촌	BB	20
2015-05-06	멋사랑	CC	50
2015-06-01	한사랑	AA	200
2015-06-01	한우네	CC	25
2015-06-01	멋사랑	DD	100
2015-10-05	한사랑	BB	30
2015-10-05	강남촌	DD	25
2015-10-05	멋사랑	AA	100
2015-11-10	강남촌	AA	20
2015-11-10	한우네	BB	30
2015-11-10	한사랑	CC	200
2015-12-05	강남촌	CC	75
2015-12-05	멋사랑	AA	35

제품마스터

품목코드	제품명	단가
AA	자켓	15,000
BB	바지	25,000
CC	셔츠	10,000
DD	치마	30,000

다. 조회화면(SCREEN) 설계

> ※ 다음 조건에 따라 업소명이 "강남촌" 또는 "멋사랑"이면서, 판매수량이 50개 이상인 현황을 조회할 수 있는 화면을 설계하고 해당 데이터를 출력하시오.

1) 해당 현황은 목록 상자(리스트박스)에서 필드명 "일자"의 내림차순으로 출력하고, 화면 아래에 조회 시 작성한 SQL문을 복사하시오.
   - WHERE 조건절에 업소명, 판매수량 반드시 포함
   - INNER JOIN, ORDER BY 구문 반드시 포함
   ※ SQL문에 상기 내용 미포함 시 SQL 작성 부분 0점 처리

2) 리스트박스 조회 시 작성된 SQL문이 작성되지 않을 경우 "다. 조회화면(SCREEN) 설계" 과제가 0점 처리됨을 반드시 유의하시오.

3) 목록 상자에 표시되어야 할 필수적인 필드명은 다음과 같습니다.
   - 제품명, 단가, 일자, 업소명, 판매수량

4) 폼 서식에 제반되는 폰트, 점선 등은 아래 [조회화면 서식]에 보이는 대로 기재하시오.

5) 기타 사항은 "라. 자료처리 파일(FILE) 작성"의 [기타 조건]을 따르시오.

업소명이 "강남촌" 또는 "멋사랑"이면서 판매 수량이 50개 이상인 현황

제품명	단가	일자	업소명	판매수량

리스트박스 조회 시 작성된 SQL문

라. 자료처리 파일(FILE) 작성

※ 다음 조건에 따라 아래 양식과 같이 작성하시오.

[처리 조건]

1) 업소명(강남촌, 멋사랑, 한사랑, 한우네)별로 정리한 후, 같은 업소명 안에 서는 제품명의 오름차순으로 정렬(SORT)한다.

2) 판매금액 = 판매수량×단가

3) 비고는 판매금액이 ₩1,000,000 이상인 경우 "히트상품"으로 표시하고, 그 외는 공란으로 한다.

4) 업소명별 합계 : 판매수량, 판매금액의 합 산출

5) 총합계 : 판매수량, 판매금액의 총합 산출

[기타 조건]

1) 입력화면 및 보고서의 제목은 16 정도의 임의 서체로 하시오.

2) 금액에 대한 수치는 원화(₩) 표시를 하고 천 단위마다 ','(Comma)를 표시 하시오(단, 금액 이외의 수치는 ','(Comma)를 표시하지 않도록 하시오).

3) 모든 수치(숫자, 통화, 백분율 등)는 컨트롤의 속성을 설정하는 과정에서 소수 자릿수를 "0"으로 지정하여 정수로 표시하시오.

4) 데이터의 열과 간격은 일정하게 맞추도록 하시오.

5) 작성일자는 수험일자로 하시오.

업소별 제품 판매 현황

작성일자 : YYYY-MM-DD

업소명	제품명	일자	판매수량	단가	판매금액	비고
XXXX	XXXX	XX/XX/XX	XXXX	₩X,XXX	₩X,XXX	XXXX
		-	-	-	-	
합계			XXXX		₩X,XXX	
-		-	-	-	-	-
합계			XXXX		₩X,XXX	
총합계			XXXX		₩X,XXX	

〈조회화면(폼) 완성〉

업소명이 "강남촌" 또는 "멋사랑"이면서 판매 수량이 50개 이상인 현황

제품명	단가	일자	업소명	판매수량
셔츠	₩10,000	2015-12-05	강남촌	75
자켓	₩15,000	2015-10-05	멋사랑	100
치마	₩80,000	2015-06-01	멋사랑	100
셔츠	₩10,000	2015-05-06	멋사랑	50

리스트박스 조회시 작성된 SQL문

SELECT 테이블2.제품명, 테이블2.단가, 테이블1.일자, 테이블1.업소명, 테이블1.판매수량 FROM 테이블1 INNER JOIN 테이블2 ON 테이블1.품목코드 = 테이블2.품목코드 WHERE (((테이블1.업소명)="강남촌" Or (테이블1.업소명)="멋사랑") AND ((테이블1.판매수량)>=50)) ORDER BY 테이블1.일자 DESC;

〈보고서 완성〉

업소별 제품 판매 현황

작성일자 : 2022-05-19

업소명	제품명	일자	판매수량	단가	판매금액	비고
강남촌	바지	2015-05-06	20	₩25,000	₩500,000	
	셔츠	2015-12-05	75	₩10,000	₩750,000	
	자켓	2015-11-10	20	₩15,000	₩300,000	
	치마	2015-10-05	25	₩30,000	₩750,000	
합계			140		₩2,300,000	
멋사랑	셔츠	2015-05-06	50	₩10,000	₩500,000	
	자켓	2015-10-05	100	₩15,000	₩1,500,000	히트상품
	자켓	2015-12-05	35	₩15,000	₩525,000	
	치마	2015-06-01	100	₩30,000	₩3,000,000	히트상품
합계			285		₩5,525,000	
한사랑	바지	2015-10-05	30	₩25,000	₩750,000	
	셔츠	2015-11-10	200	₩10,000	₩2,000,000	히트상품
	자켓	2015-05-06	100	₩15,000	₩1,500,000	히트상품
	자켓	2015-06-01	200	₩15,000	₩3,000,000	히트상품
합계			530		₩7,250,000	
한우네	바지	2015-11-10	30	₩25,000	₩750,000	
	셔츠	2015-06-01	25	₩10,000	₩250,000	
	자켓	2015-05-06	15	₩15,000	₩225,000	
합계			70		₩1,225,000	
총 합계			1025		₩16,300,000	

01 저장하기

Tip
액세스 2007 & 2010 버전
액세스를 실행한 후 [새 데
이터베이스]를 클릭합니다.

1) [시작] ➡ [Microsoft Office] ➡ [Microsoft Access 2016]을 클릭하여 액
세스를 실행합니다.

2) [새 데스크톱 데이터베이스]를 클릭합니다.

Tip
액세스 2021 버전
액세스를 실행한 후 [빈 데
이터베이스]를 클릭합니다.

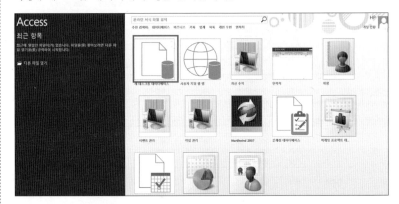

3) 파일 이름 입력하는 우측의 📁를 클릭합니다.

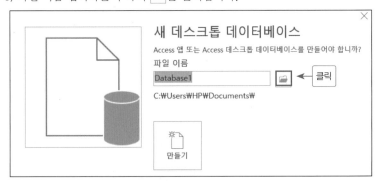

Tip
저장 위치와 파일명은 시험
당일 시험위원의 지시에 따
라 지정된 곳에 지정된 파일
명으로 저장해야 합니다.

4) 저장 위치는 [바탕화면]-[비번호 폴더] 안에 파일 이름을 **DB-비번호**로 입
력한 후 [확인]을 클릭합니다.

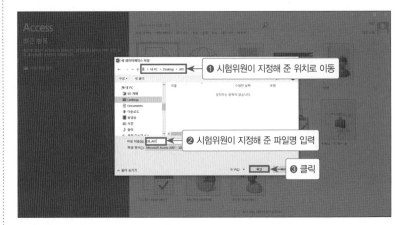

5) [만들기] 버튼을 클릭합니다.

Tip

• **필드** : 열을 의미(세로)하며, 일자, 업소명 품목코드 판매수량 총 4개의 필드(열)로 구성되어 있습니다.
• **레코드** : 행을 의미(가로)하며, 총 15개의 레코드(행)로 구성되어 있습니다.

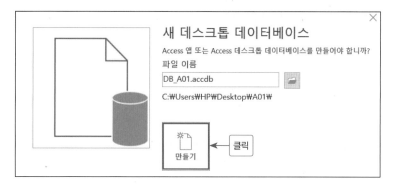

---

02 테이블 작성하기

✅ 첫 번째 테이블 작성하기

1) 입력자료의 필드명과 데이터 형식을 비교해서 첫 번째 테이블을 작성합니다.

판 매 실 적 현 황

일자	업소명	품목코드	판매수량
2015-05-06	한사랑	AA	100
2015-05-06	한우네	AA	15
2015-05-06	강남촌	BB	20
2015-05-06	멋사랑	CC	50
2015-06-01	한사랑	AA	200
2015-06-01	한우네	CC	25
2015-06-01	멋사랑	DD	100
2015-10-05	한사랑	BB	30
2015-10-05	강남촌	DD	25
2015-10-05	멋사랑	AA	100
2015-11-10	강남촌	AA	20
2015-11-10	한우네	BB	30
2015-11-10	한사랑	CC	200
2015-12-05	강남촌	CC	75
2015-12-05	멋사랑	AA	35

← 필드명

← 레코드

일자 필드
형식 : 날짜/시간

업소명 필드
형식 : 짧은 텍스트

품목코드 필드
형식 : 짧은 텍스트
IME 모드 : 영숫자 반자

판매수량 필드
형식 : 숫자

Tip

디자인 보기로 들어가기
• [필드] 탭-[보기]-[디자인 보기]
• [홈] 탭-[보기]-[디자인 보기]
• [테이블1] 탭에서 마우스 우클릭을 한 후 [디자인 보기]

Tip

액세스 2007 디자인 보기
[데이터시트] 탭-[보기]-[디자인 보기]

2) 테이블 도구의 [필드] 탭의 [보기]에서 [디자인 보기]를 클릭합니다.

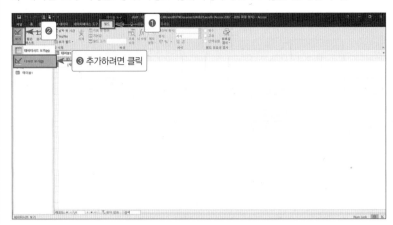

❸ 추가하려면 클릭

3) 테이블을 저장하라는 창이 나오면 테이블 이름을 그대로 '테이블1'로 지정한 후 [확인]을 클릭합니다.

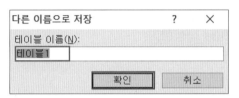

4) 필드 이름에 기본적으로 만들어진 ID를 지우고 **일자**를 입력합니다. 데이터 형식의 ⬇를 클릭한 후 '**날짜/시간**'으로 지정합니다.

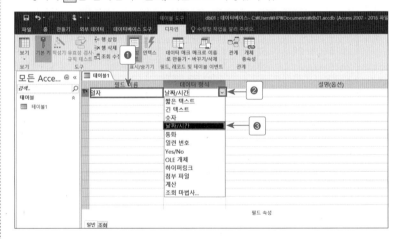

5) 다른 필드명도 아래와 같이 입력하고 데이터 형식도 변경합니다.

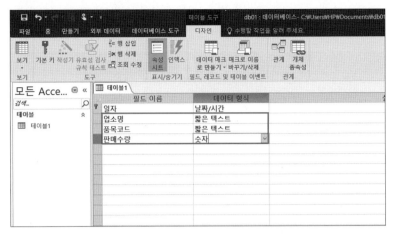

Tip

액세스 2007 & 2010 버전
데이터 형식의 짧은 텍스트
대신 [텍스트]로 지정합니다.

6) 품목코드는 영문자를 입력해야 하므로 데이디 형식을 짧은 텍스드로 지징한 후, IME 모드를 '영숫자 반자'로 지정합니다.

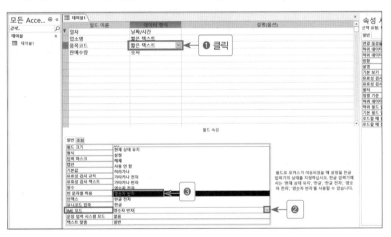

Tip

품목 코드의 IME 모드를 '영
숫자 반자'로 지정하면 데이
터시트를 입력할 때 한/영
을 눌러 한글을 영문으로 바
꾸어서 입력하지 않아도 되
기 때문에 좀 더 쉽게 데이
터를 입력할 수 있습니다.

액세스의 데이터 형식

데이터 형식은 입력자료를 보고 적합한 데이터 형식을 직접 선택해 주어야 합니다.

날짜/시간	날짜와 시간을 입력할 때 사용
짧은 텍스트 (2007/2010 버전 : 텍스트)	한글, 영어, 숫자가 들어 있는 데이터를 입력할 때 사용(이름, 제목)
숫자	산술 계산에 사용되는 숫자를 입력할 때 사용
통화	숫자 형식에 화폐를 표시할 때 사용

7) 조건에 기본 키를 지정하라는 조건이 없으므로 기본 키를 해제하기 위해, '일자'의 필드 이름을 클릭한 후, 테이블 도구의 [디자인] 탭에서 [기본 키]를 클릭하여 기본 키를 해제합니다.

8) 테이블 도구의 [보기]-[데이터시트 보기]를 클릭합니다.

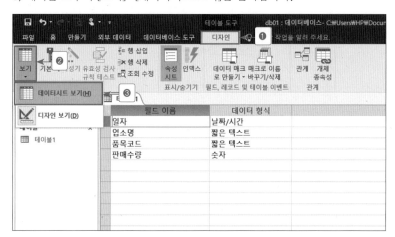

9) 테이블 저장 대화상자가 나타나면 [예]를 클릭합니다.

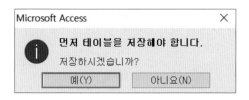

10) 아래와 같이 테이블1에 데이터를 입력합니다. 필드를 이동할 때는 방향키 (↑, ↓, ←, →)를 이용합니다.

일자	업소명	품목코드	판매수량
2015-05-06	한사랑	AA	100
2015-05-06	한우네	AA	15
2015-05-06	강남촌	BB	20
2015-05-06	멋사랑	CC	50
2015-06-01	한사랑	AA	200
2015-06-01	한우네	CC	25
2015-06-01	멋사랑	DD	100
2015-10-05	한사랑	BB	30
2015-10-05	강남촌	DD	25
2015-10-05	멋사랑	AA	100
2015-11-10	강남촌	AA	20
2015-11-10	한우네	BB	30
2015-11-10	한사랑	CC	200
2015-12-05	강남촌	CC	75
2015-12-05	멋사랑	AA	35
*			0

Tip

날짜를 입력할 때 '15-5-6'을 입력하면 자동으로 '2015-05-06'이라는 날짜 값으로 변경됩니다.

11) '테이블1' 탭 위에서 마우스 우클릭을 한 후 [닫기]를 클릭하여 테이블1을 닫아 줍니다. 좌측에 '테이블1'을 더블 클릭하여 데이터가 올바르게 입력이 되었는지 다시 한번 확인합니다.

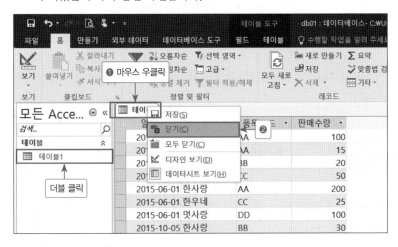

☑ 두 번째 테이블 작성하기

1) 입력자료의 필드명과 데이터 형식을 비교해서 두 번째 테이블을 작성합니다.

2) [만들기] 탭의 [테이블 디자인]을 클릭하여 두 번째 테이블을 만듭니다.

3) 아래와 같이 필드 이름과 데이터 형식을 지정합니다. 품목코드는 영문자로 입력해야 하므로 품목코드 필드속성의 IME 모드를 '영숫자 반자'로 지정합니다.

4) 테이블 도구의 [보기]–[데이터시트 보기]를 클릭한 후 테이블 저장 대화상자가 나타나면 [예]를 클릭합니다. 테이블 이름은 기본 설정된 '테이블2'로 지정한 후 [확인]을 클릭합니다.

Tip

단가는 금액을 입력해야 하므로 데이터 형식을 숫자가 아니라 "통화"로 지정합니다.

5) "기본 키를 정의하지 않았습니다. 기본 키를 만드시겠습니까?"라는 대화상자가 나오면 [아니요]를 클릭합니다. 기본 키에 대한 조건이 나오지 않았으므로 기본 키는 설정하지 않습니다.

6) 아래와 같이 테이블2에 데이터를 입력합니다. 필드를 이동할 때는 방향키(↑, ↓, ←, →)를 이용합니다.

7) '테이블2' 탭 위에서 마우스 우클릭을 한 후 [닫기]를 클릭하여 테이블2를 닫아 줍니다. 좌측에 '테이블2'를 더블 클릭하여 데이터가 올바르게 입력이 되었는지 다시 한번 확인합니다.

▶ 유선배 강의

03 ▶ 폼 작성 및 편집

✅ 폼 디자인 만들기

1) [만들기] 탭에서 [폼 디자인]을 클릭합니다.

✅ 레이블로 제목 만들기

1) 폼의 우측 하단 모서리에서 마우스 커서가 ✥ 모양일 때 가로는 19cm, 세로는 20cm 안쪽으로 드래그합니다.

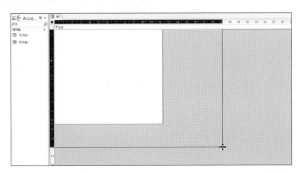

Tip

폼의 사이즈는 A4 크기인 21×29.7cm 안에 디자인 되도록 폼 크기를 가로 사이즈는 19cm까지 늘려주고, 세로 사이즈는 20cm 안쪽까지 조절해 줍니다.

Q&A

폼의 가로 사이즈를 19cm 이상으로 늘리면 어떻게 될까?

인쇄로 들어가면 보고서 너비가 페이지 너비보다 넓어서 일부 페이지는 공백으로 뜬다는 메시지 창이 나타납니다.

Tip

폼에 눈금이 표시되어 있어요!

폼에 눈금선이 표시되어 있
는 게 작업하기 편하다면 그
대로 작업해도 되지만, 눈금
선이 있는 게 불편하다면 폼
위에서 마우스 우클릭을 한
후 [눈금]을 클릭하여 해제
합니다.

Tip

제목을 입력할 때 줄 바꿈을
하려면 Shift + Enter 를 누
릅니다.

Tip

다른 위치에서 서식 변경하기
• 액세스 2016 버전
　폼 디자인 도구의 [서식] 탭
• 액세스 2010 버전
　폼 디자인 도구의 [형식] 탭
• 액세스 2007 버전
　폼 디자인 도구의 [디자
　인] 탭

2) 폼의 제목을 입력하기 위해서, 폼 디자인 도구의 [디자인] 탭에서 [레이블
가]을 클릭한 후 폼의 상단에 적당한 크기로 드래그합니다.

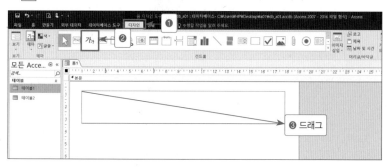

3) 레이블 안에 제목을 입력한 후 글자를 블록 지정하거나, 레이블 테두리를
클릭한 후 [홈] 탭에서 크기를 16pt로 입력합니다. 글자를 레이블 크기에
딱 맞게 조절하려면 조절점을 더블 클릭합니다. 테두리 조절점을 드래그하
여 레이블을 가운데로 맞춰줍니다.

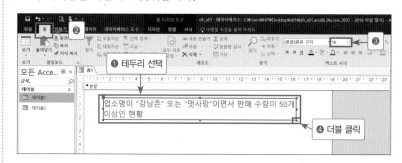

✅ 목록 상자 만들기

1) 폼 디자인 도구의 [디자인] 탭에서 [목록 상자 ▦]를 클릭한 후 제목 아래에 적당한 크기로 드래그합니다.

Tip

액세스 2021 버전에서는 [디자인] 탭 대신 [양식 디자인] 탭으로 들어갑니다.

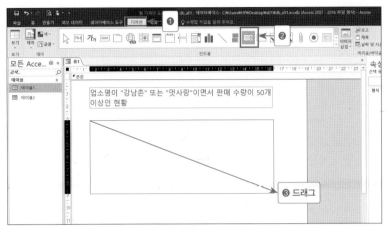

2) "목록 상자 마법사" 창이 나타나면 [취소]를 클릭하여 창을 닫아 줍니다.

3) 목록 상자 왼쪽에 있는 "List1:" 레이블을 선택한 후 Delete 를 눌러 삭제합니다.

4) 만들어진 목록 상자를 선택한 후 폼 디자인 도구의 [디자인] 탭에서 [속성 시트]를 클릭하여 우측에 [속성 시트]가 나타나도록 설정합니다.

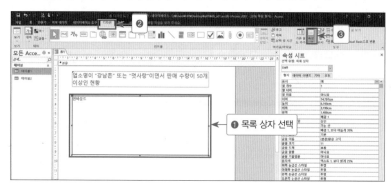

Tip

여기서는 List1:으로 나왔지만 List0:으로 나올 수도 있고, 목록 상자를 여러개 만들 경우 List2:, List4: 등 임의의 숫자로 나올 수 있습니다. List 레이블 이름의 숫자와 상관없이 진행하면 됩니다.
※ 레이블 이름은 [속성 시트]-[기타] 탭의 이름에서 변경할 수 있습니다.

5) [속성 시트]의 [데이터] 탭에서 [행 원본]을 선택한 후 ⋯를 클릭합니다.

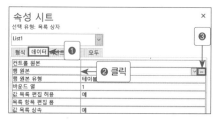

6) 테이블 표시 창이 나타나면 '테이블1'과 '테이블2'를 더블 클릭한 후 [닫기]를 클릭합니다.

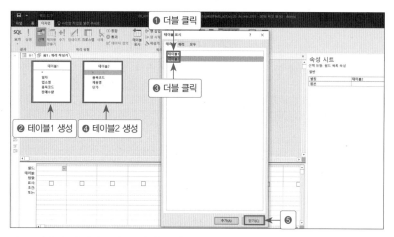

7) 조회화면 설계의 1번 조건에 보면 "INNER JOIN 구문 반드시 포함"이라고 되어 있습니다. INNER JOIN을 하기 위해서 테이블1에 있는 품목코드 필드를 테이블2의 품목코드로 드래그하여 연결합니다.

Tip

내부조인(INNER JOIN)
관계가 설정된 두 테이블에서 조인된 필드가 일치한 행만 쿼리 결과로 표시됩니다.

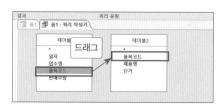

8) 조회화면 서식에 나와 있는 순서대로 제품명, 단가, 일자, 업소명, 판매수
량 필드명을 더블 클릭하여 필드에 추가합니다.

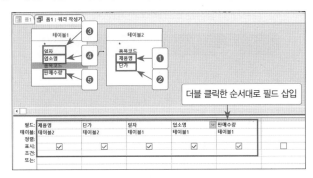

업소명이 "강남촌" 또는 "멋사랑"이면서 판매 수량이 50개 이상인 현황 나타내기

9) 업소명의 조건에 강남촌 or 멋사랑을 입력한 후 Enter 를 누릅니다. **"강남
촌" Or "멋사랑"**으로 변경되어 나타납니다.

10) 그리고(AND) 판매 수량이 50개 이상인 현황을 나타내려면, 판매수량의
조건에 >=50을 입력합니다. AND 조건이므로 같은 행에 조건을 입력합
니다.

필드명 "일자"의 내림차순으로 출력

11) 필드명 일자를 내림차순으로 정렬하기 위해 일자의 정렬에서 ✓를 클릭
한 후 내림차순을 선택합니다.

Tip

• AND 조건 : 같은 행에 조
건을 입력
업소명이 강남촌 또는 멋
사랑이면서(AND) 판매수
량이 50 이상

• OR 조건 : 다른 행에 조건
을 입력
업소명이 강남촌 또는 멋
사랑이거나(OR) 판매수량
이 50 이상

12) [폼1 : 쿼리 작성기] 탭에서 마우스 우클릭을 한 후 [데이터시트 보기]를 클릭하여, "강남촌" 또는 "멋사랑"이면서 판매수량이 50 이상인 현황이 나타나는지, 일자가 내림차순으로 나오는지를 확인합니다.

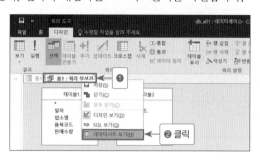

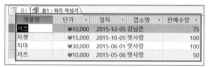

13) 다시, [폼1 : 쿼리 작성기] 탭에서 마우스 우클릭을 한 후 [SQL 보기]를 클릭하여 조건에 나와 있는 아래의 WHERE 조건절, INNER JOIN, ORDER BY 문이 포함되어 있는지 확인합니다.

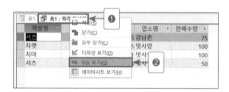

• WHERE 조건절에 업소명, 판매수량 반드시 포함
• INNER JOIN, ORDER BY 구문 반드시 포함

14) [폼1 : 쿼리 작성기] 탭의 [닫기⊠]를 클릭한 후, "SQL문을 업데이트하시 겠습니까?"라는 대화상자가 나오면 [예]를 클릭합니다.

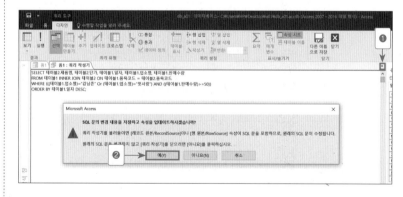

14) [속성 시트]의 [형식] 탭에서 **열 개수**를 5로 입력하고, **열 이름**을 **예**로 선택합니다.

15) [폼1] 탭에서 마우스 우클릭을 한 후 [폼 보기]를 클릭하여 확인합니다.

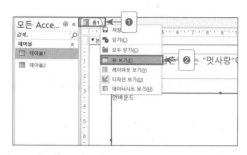

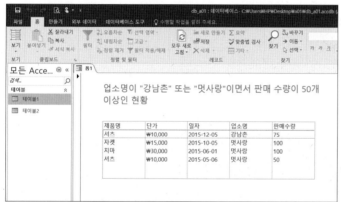

✅ 선 그리기

1) 목록 상자의 하단의 선을 만들기 위해 다시 [홈] 탭-[보기]-[디자인 보기]를 클릭한 후 폼 디자인 도구의 [디자인] 탭에서 [선▱]을 선택합니다.

Tip

[홈] 탭-[보기]-[폼 보기]를 클릭하면 아래 그림과 같이 열이 하나밖에 없고, 열 이름이 나타나지 않습니다. 열을 조회하면 서식과 같이 5개의 열과 이름을 표시하는 작업을 해야 합니다.

Tip

폼 보기에서 데이터가 한눈에 보이도록 설정되어 있어야 합니다. 만약, 목록 상자의 크기가 작아서 스크롤바가 생기면 안 됩니다.

목록 상자 데이터가 나오면 하단의 약간의 여백이 남도록 [디자인 보기]에서 목록 상자의 사이즈를 조절해 줍니다.

2) ⌈Shift⌉를 누른 채 드래그하여 직선을 그려줍니다.

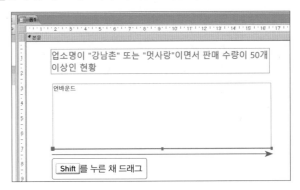

3) [속성 시트]의 [형식] 탭에서 [테두리 두께]를 [6pt]로 지정한 후 목록 상자 하단에 위치시킵니다.

✅ 텍스트 상자 만들기

1) 폼 디자인 도구의 [디자인] 탭에서 [텍스트 상자ꇙ]를 선택한 후 목록 상자 아래쪽에 적당하게 드래그하여 그려줍니다.

2) "텍스트 상자 마법사" 창이 나오면 [취소]를 클릭합니다.

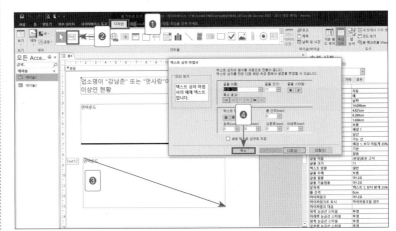

3) 텍스트 상자 왼쪽에 있는 레이블을 선택하여 **리스트박스 조회 시 작성된 SQL문**을 입력합니다.

Tip

액세스 2010 버전에서 글자 크기를 변경할 때는 [서식] 탭이 아닌 [형식] 탭에서 크기를 지정합니다.

4) 레이블 테두리를 선택한 후, 폼 디자인 도구의 [서식] 탭에서 글자 크기를 16pt로 입력합니다. 레이블과 텍스트 상자의 **이동 핸들을 드래그**하여 위치를 이동할 수 있습니다. **크기 조절점을 더블 클릭**하면 레이블의 글자의 크기에 맞추어 자동으로 레이블의 크기가 조절됩니다.

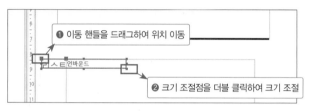

Tip

글자를 입력하고 커서가 깜빡거리는 상태에서 Esc를 누르면 레이블이 선택됩니다.

5) 우측 하단에서 드래그하여 텍스트 상자, 선, 목록 상자가 조금이라도 포함되도록 드래그합니다.

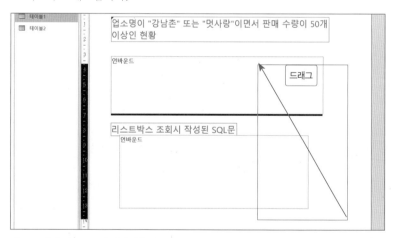

Tip

텍스트 상자를 클릭한 후 Shift를 누른 채, 선과 목록 상자를 클릭하여 선택해도 됩니다.

6) 폼 디자인 도구의 [정렬] 탭-[맞춤]-[왼쪽]을 클릭하여 목록 상자와 선의 왼쪽이 맞춰지도록 지정합니다.

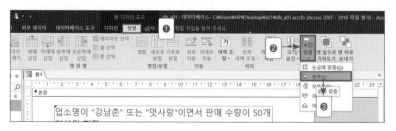

7) 폼 디자인 도구의 [정렬] 탭-[크기/공간]-[가장 넓은 너비에]를 클릭하여 좌/우 크기를 동일하게 맞춰줍니다.

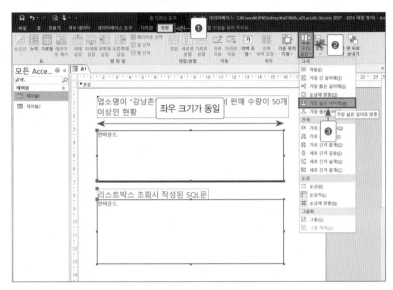

8) [속성 시트]의 [형식] 탭에서 [테두리 색]을 [검정 텍스트]로 지정합니다.

9) 빈 곳을 클릭하고 다시 텍스트 상자만 선택한 후 [속성 시트]의 [테두리 스타일]을 [파선]으로 지정합니다.

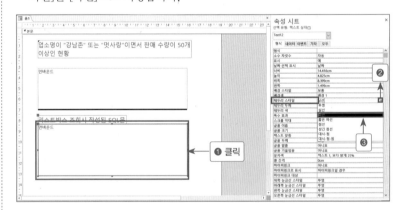

☑ SQL문 복사하기

1) 목록 상자를 클릭한 후, [속성 시트]의 [데이터] 탭에서 [행 원본]을 클릭하면 SQL문이 블록 지정됩니다.

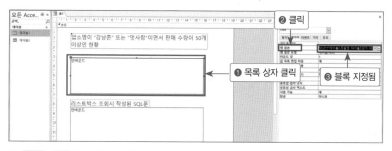

2) Ctrl + C (복사)를 누른 후, 텍스트 상자를 클릭합니다.

3) =를 입력하고, 작은따옴표(')를 입력합니다. Ctrl + V (붙여넣기)를 한 후 다시 작은따옴표(')로 닫아 줍니다.

> 리스트박스 조회시 작성된 SQL문
> ='SELECT 테이블2.제품명, 테이블2.단가, 테이블1.일자, 테이블1.업소명, 테이블1.판매수량 FROM 테이블1 INNER JOIN 테이블2 ON 테이블1.품목코드 = 테이블2.품목코드 WHERE (((테이블1.업소명)="강남촌" Or (테이블1.업소명)="멋사랑") AND ((테이블1.판매수량)>=50)) ORDER BY 테이블1.일자 DESC; '

4) 전체를 드래그하여 모든 컨트롤을 선택한 후 폼 디자인 도구의 [서식] 탭에서 글꼴 색을 [검정, 텍스트 1]로 지정합니다.

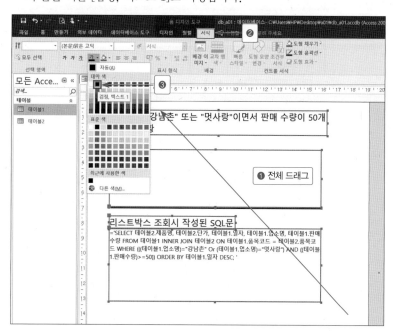

Tip

2010 버전에서는 기본 글꼴 색이 '검정, 텍스트 1'로 지정되어 있으므로 따로 지정하지 않아도 됩니다. 글자 색을 변경하는 조건은 없기 때문에 지정을 하지 않아도 감점되지는 않습니다.

Tip

폼의 빈 공간을 클릭한 후 Ctrl + A 를 눌러 모두 선택해도 됩니다.

5) [폼1] 탭의 [닫기⊠]를 클릭한 후, "폼1을 저장하시겠습니까?"라는 대화상
자가 나오면 [예]를 클릭합니다. 폼 이름은 [폼1]로 지정한 후 [확인]을 클
릭합니다.

✅ 인쇄 미리 보기 및 여백 지정하기

1) [파일]-[인쇄]-[인쇄 미리 보기]에서 완성된 폼 화면을 확인할 수 있습니다.

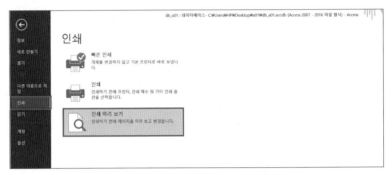

2) 상단 [페이지 설정]에서 **위쪽 여백**을 60으로 입력한 후 [확인]을 클릭합니
다. 인쇄될 결과물을 확인한 후 [인쇄 미리 보기 닫기]를 클릭합니다.

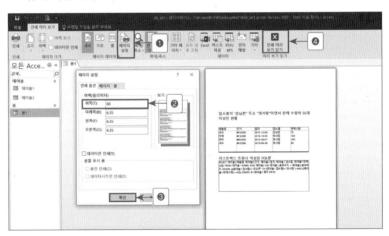

Q & A

위쪽 여백은 왜 지정하나요?
인쇄된 출력물 상단에는 수
험번호, 성명, 문제형별, 비
번호를 반드시 기입해야 하
므로 상단에 60mm(6cm)
의 여백을 지정합니다.

Tip

위쪽 여백을 제외하고 나머
지 여백은 기본 설정값으로
지정합니다. 폼의 가로의 위
치를 중앙으로 맞추려면 왼
쪽 여백을 적당하게 지정해
도 됩니다. 따로 조건이 없
기 때문에 점수와는 상관없
이 자유롭게 지정합니다.

Tip

액세스 2007 버전
[오피스 단추🗐]-[인쇄]-
[인쇄 미리 보기]

04 쿼리 작성 및 편집

✅ 쿼리 디자인 만들기

1) [만들기]–[쿼리] 그룹에서 [쿼리 디자인]을 클릭합니다.

Tip

액세스 2007 버전
[만들기]–[기타] 그룹에서
[쿼리 디자인]을 클릭합니다.

2) 테이블 표시 대화상자가 나타나면 '테이블1'과 '테이블2'를 순서대로 더블
클릭하여 테이블을 생성시킨 후 [닫기]를 클릭합니다.

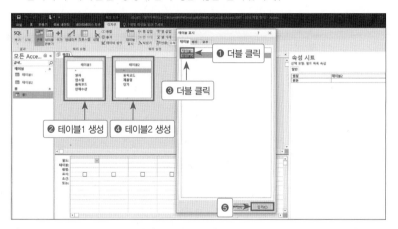

3) 테이블1의 품목코드를 테이블2의 품목코드로 드래그하여 조인(JOIN)을 시
켜줍니다.

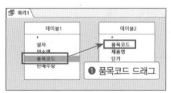 

☑ 테이블 조인 및 필드 추가

※ 이제 보고서의 필드명을 순서대로 더블 클릭하여 등록시켜 줍니다. 만약
   필드명이 없으면 처리 조건을 보고 구해주어야 합니다.

업소별 제품 판매 현황

작성일자 : YYYY-MM-DD

업소명	제품명	일자	판매수량	단가	판매금액	비고
XXXX	XXXX	XX/XX/XX	XXXX	WX,XXX	WX,XXX	XXXX
-		-	-	-	-	
합계			XXXX		WX,XXX	
-	-	-	-	-	-	-
합계			XXXX		WX,XXX	
총합계			XXXX		WX,XXX	

1) 업소명, 제품명, 일자, 판매수량, 단가를 순서대로 더블 클릭하여 필드를
   추가하여 줍니다.

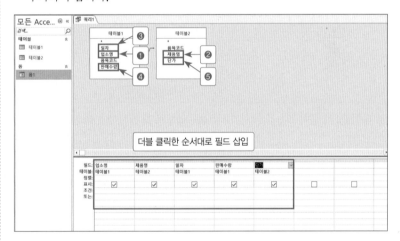

[처리 조건]

• 판매금액 = 판매수량×단가
• 비고는 판매금액이 ₩1,000,000 이상인 경우 "히트상품"으로 표시하고, 그 외에는 공란으로 한다.

2) 판매금액이라는 필드가 없기 때문에 단가 필드 옆에서 판매금액을 직접 만들어 줍니다. 조금 더 큰 화면에서 수식을 작성하려면, 단가 필드의 오른쪽을 선택하여 **마우스 우클릭을 한 후 [확대/축소]**를 클릭합니다.

3) '판매금액 = 판매수량×단가'이므로 **판매금액:판매수량*단가**를 입력한 후 [확인]을 클릭합니다.

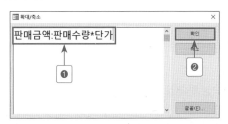

4) 판매금액 필드 옆에서 마우스 우클릭을 한 후 [확대/축소]를 클릭하고 비고:IIF(판매금액>=1000000,"히트상품","")를 입력한 후 [확인]을 클릭합니다.

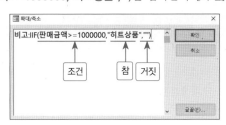

✅ 쿼리 확인하기

1) [쿼리1] 탭에서 마우스 우클릭을 한 후 [데이터시트 보기]를 클릭하여 쿼리 결과를 확인합니다.

2) [쿼리1] 탭의 [닫기☒]를 클릭한 후, "쿼리1을 저장하시겠습니까?"라는 대화상자가 나오면 [예]를 클릭합니다. 폼 이름은 [쿼리1]로 지정한 후 [확인]을 클릭합니다.

▶ 유선배 강의

05 보고서 작성 및 편집

✅ 보고서 마법사로 보고서 만들기

1) [만들기] 탭-[보고서] 그룹에서 [보고서 마법사]를 클릭합니다.

2) 보고서 마법사 대화상자가 나타나면 '테이블/쿼리'를 [쿼리: 쿼리1]로 변경합니다. 사용 가능한 필드에서 >> 를 클릭하여 선택한 필드로 모두 이동시킨 후 [다음]을 클릭합니다.

[처리 조건]

업소명(강남촌, 멋사랑, 한사랑, 한우네)별로 정리한 후, 같은 업소명 안에서는 제품명의
오름차순으로 정렬(SORT)하시오.

※ 위의 처리 조건처럼 "업소명"별로 정리해야 하기 때문에 "업소명"별로 그룹을 반드시 지정해
야 합니다.

3) 업소명을 선택한 후 ＞ 를 클릭하여 그룹 수준을 지정하고 [다음]을 클릭
합니다.

4) 같은 업소명 안에서는 제품명의 오름차순으로 정렬(SORT)해야 한다는 조
건이 있기 때문에 첫 번째 필드를 **제품명**으로 입력하고 오름차순으로 지정
한 후 [요약 옵션]을 클릭합니다.

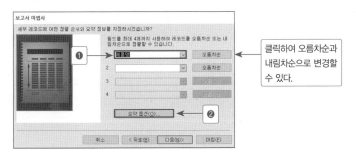

5) 판매수량과 판매금액의 합계 □를 클릭하여 ✓체크한 후 [확인]을 클릭합니다.

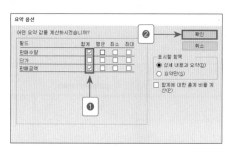

6) [다음]을 클릭하면 보고서 모양을 지정할 수 있는 보고서 마법사가 나타나는데 기본 설정 그대로 [다음]을 클릭합니다.

7) 보고서 제목은 [쿼리1]로 그대로 지정하고, [보고서 디자인 수정]을 선택한 후 [마침]을 클릭합니다.

※ 보고서 디자인 도구의 [디자인] 탭-[보기]-[보고서 보기]를 클릭하면 아래와 같은 보고서가 보입니다. 필드명의 위치와 크기 등이 맞지 않기 때문에 보고서 출력 형태와 맞게 위치를 조정하고, 필요 없는 컨트롤을 삭제해야 합니다. 확인하였으면 다시 [디자인] 탭-[보기]-[디자인 보기]를 클릭합니다.

Tip

'#####'으로 나오는 이유는 보고서의 열 너비가 충분치 않기 때문입니다. 값이 제대로 보이도록 열 너비를 조절해 줍니다.

✅ 필요 없는 컨트롤 삭제하기

1) [페이지 바닥글]의 날짜와 페이지 번호는 필요 없는 내용이므로 삭제해야 합니다. [페이지 바닥글]의 좌측 눈금선 부분을 ➡ 모양일 때 클릭하여 그 라인에 있는 컨트롤을 선택한 후 [Delete]를 눌러 삭제합니다.

Tip

액세스 2007 버전에서는 컨트롤이 그룹으로 지정되어 있기 때문에 컨트롤을 선택한 후 반드시 보고서 디자인 도구의 [정렬] 탭에서 [해제]를 선택합니다.

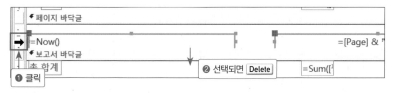

2) 업소명 바닥글에 있는 **="에 대한 요약"**도 필요 없는 내용이므로 좌측 눈금선 부분을 ➡ 모양일 때 클릭한 후 선택이 되면 [Delete]를 눌러 삭제합니다.

☑ 컨트롤 배치하기

1) 출력형태를 보면 업소명의 값이 [본문]에 위치해 있습니다. [업소명 머리글]에 있는 업소명을 [본문]으로 드래그하여 내려줍니다.

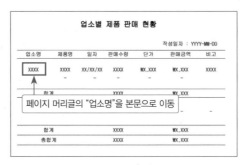

2) [업소명 머리글]과 [페이지 바닥글] 아래에서 마우스 커서가 ✚로 변할 때 위로 드래그하여 높이를 끝까지 줄여줍니다.

3) [업소명 바닥글]에 합계가 있는 눈금선 부분을 ➡ 모양일 때 클릭한 후 선택이 되면 키보드의 ↑를 눌러 위치를 위로 올려 줍니다. [업소명 바닥글]의 높이를 드래그하여 적당히 줄여줍니다.

Tip

여러 개의 컨트롤 선택
- 선택하려는 컨트롤이 포함이 되도록 드래그하여 선택합니다.
- Shift 를 눌러 선택합니다.

4) [페이지 머리글]과 [본문]의 업소명 컨트롤이 포함되게 드래그하여 선택합니다.

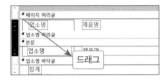

5) 보고서 디자인 도구의 [정렬] 탭-[맞춤]-[왼쪽]을 선택하여 두 컨트롤의 왼쪽을 맞춰줍니다.

Tip

액세스 2007 버전
보고서 디자인 도구의 [정렬]-[컨트롤 맞춤]으로 들어가서 왼쪽으로 지정합니다.

6) 보고서 디자인 도구의 [정렬] 탭-[크기/공간]-[가장 넓은 너비에]를 선택한 후 가장 넓은 너비에 맞춰 컨트롤을 동일하게 만들어 줍니다.

Tip

액세스 2007 버전
보고서 디자인 도구의 [정렬]-[크기]에서 설정합니다.

7) 크기가 동일해진 컨트롤의 크기를 필요에 따라 오른쪽 조절점을 드래그하여 적당하게 크기를 조절해 줍니다.

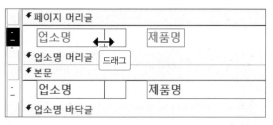

8) [페이지 머리글]과 [본문]의 제품명을 드래그하여 같이 선택한 후 좌측으로 드래그하여 위치를 이동합니다.

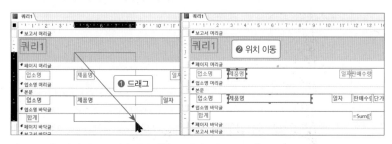

9) 보고서 디자인 도구의 [정렬] 탭-[맞춤]-[왼쪽]을 선택하고, 다시 [정렬] 탭-[크기/공간]-[가장 좁은 너비에]를 지정합니다. 제품명 컨트롤의 너비가 작으면 컨트롤 상자의 오른쪽 조절점을 이용하여 늘려줍니다.

10) [페이지 머리글]과 [본문]글에 있는 일자도 같은 방법으로 아래와 같이 컨트롤을 배치합니다.

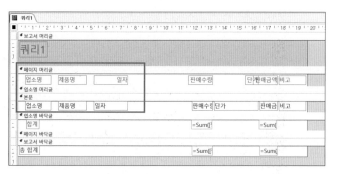

11) [페이지 머리글]과 [본문]에 있는 판매수량과 [업소명 바닥글]과 [보고서 바닥글]의 판매수량 합계를 포함하도록 드래그하여 선택한 후 일자 오른쪽으로 이동합니다.

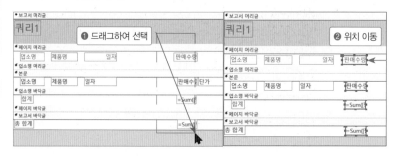

12) 보고서 디자인 도구의 **[정렬]** **탭-[맞춤]-[왼쪽]**을 선택하고, 다시 **[정렬]** **탭-[크기/공간]-[가장 넓은 너비에]**를 지정합니다. 제품명 컨트롤의 너비가 작으면 컨트롤 상자의 오른쪽 조절점을 이용하여 늘려줍니다.

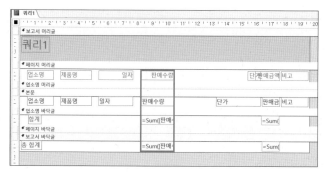

13) 같은 방법으로 단가, 판매금액, 비고도 아래와 같이 적당하게 배치해 줍니다.

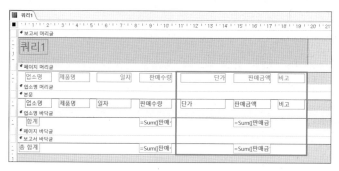

14) [업소명 바닥글]의 합계와 [보고서 바닥글]의 총 합계를 드래그하여 같이 선택한 후 업소명과 제품명 사이에 위치시킵니다. 총 합계만 다시 선택한 후 위치를 조정합니다.

✅ 보고서 제목 및 서식 지정하기

1) [쿼리1] 글자를 드래그하여 블록 지정한 후 보고서 제목인 **업소별 제품 판매 현황**을 입력합니다.

2) 제목의 바깥쪽 테두리를 선택한 후, 오른쪽 조절점에서 끝까지 드래그합니다.

3) 보고서 디자인 도구의 [서식] 탭에서 글꼴 크기를 16pt로 입력하고, [가운데 맞춤≡]을 클릭합니다.

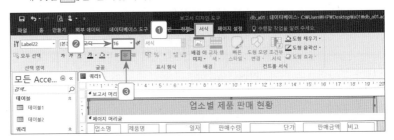

4) [페이지 머리글]의 우측 바깥쪽에서 드래그하여 필드를 모두 선택한 후 Shift 를 누른 채 [본문]의 업소명, 제품명, 일자를 각각 선택합니다.

5) 보고서 디자인 도구의 [서식] 탭에서 [가운데 맞춤≡]을 클릭합니다.

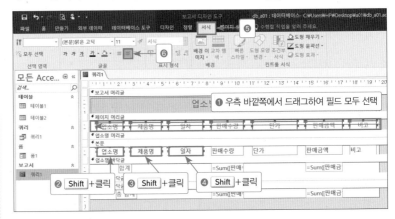

✅ 작성일자 입력하기

1) [보고서 머리글]의 높이 경계선에서 마우스 커서가 ✚모양일 때 적당한 크기로 아래로 드래그합니다.

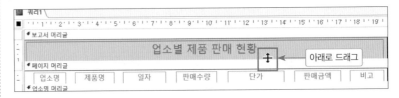

2) 보고서 디자인 도구의 [텍스트 상자 ^{가나}]를 클릭한 후 제목 우측 하단에 적당한 크기로 드래그합니다.

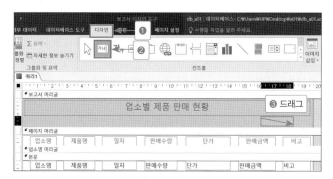

3) 레이블과 텍스트 상자가 삽입되면 레이블에는 **작성일자 :**를 입력하고 텍스트 상자에는 =Date( )를 입력합니다.

4) 레이블과 텍스트 상자의 이동 핸들을 이용하여 위치를 조절합니다.

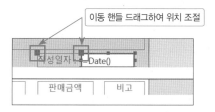

✅ 중복 내용 숨기기

※ 컨트롤의 값이 동일하면 중복된 내용을 숨겨서 표시할 수 있습니다. 출력 형태의 업소명 형식을 보면 중복된 내용이 숨겨지고 업소명이 하나만 표시되어 있습니다.

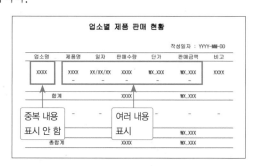

Tip

엑셀에서 오늘의 날짜를 구하는 함수는 =Today( )이지만 액세스에서는 =Date( )로 입력합니다.

날짜의 형식을 변경하려면 [속성 시트]의 [형식] 탭에서 변경할 수 있습니다.

형식	표시
YYYY-MM-DD	2023-01-01
MM-DD	01-01
M-D	1-1

Tip

레이아웃 보기에서 위치이동

[쿼리1] 탭에서 마우스 우클릭을 한 후 [레이아웃 보기]를 클릭합니다. 각 컨트롤을 선택한 후 마우스로 드래그하거나 키보드 방향키(←, →, ↑, ↓)를 이용하여 이동하면 조금 더 쉽게 이동할 수 있습니다.

1) [본문]에 업소명을 클릭한 후 [속성 시트]의 [형식] 탭에서 [중복 내용 숨기기]를 [예]로 설정합니다.

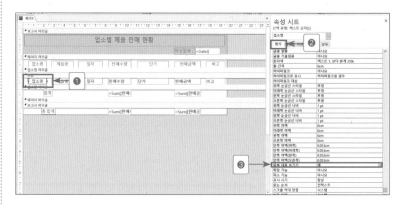

✅ 금액에 대한 수치 원화(₩)로 표시하기

※ [쿼리] 탭에서 마우스 우클릭을 한 후 [레이아웃 보기]로 들어가면 어디에 원화(₩) 표시가 필요한지 확인할 수 있습니다. [업소명 바닥글]의 합계와 [보고서 바닥글]의 총합계에 원화(₩) 표시가 들어가야 합니다.

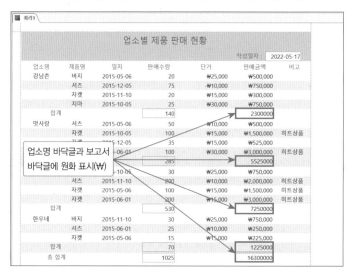

1) [업소명 바닥글]과 [보고서 바닥글]의 판매금액 합계 컨트롤을 드래그하여 선택합니다(Shift 를 이용하여 선택해도 됩니다).

2) [속성 시트]의 [형식] 탭에서 형식을 [통화]로 지정합니다.

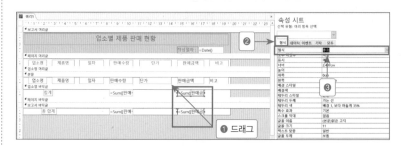

✅ 컨트롤 글꼴 색 및 윤곽선 설정하기

1) 모든 컨트롤을 드래그하거나 단축키 Ctrl + A (모두 선택)를 눌러 선택합니다.

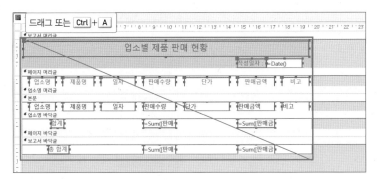

2) 보고서 디자인 도구의 [서식] 탭에서 [글꼴 색]을 [검정, 텍스트 1]로 선택하고, [도형 윤곽선]을 [투명]으로 지정합니다.

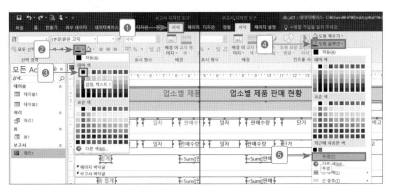

✅ 배경색 및 교차 행 색 설정하기

1) [보고서 머리글]을 선택한 후 보고서 디자인 도구의 [서식] 탭에서 [도형 채우기]를 [흰색, 배경 1]로 지정합니다.

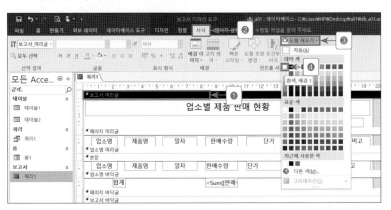

Tip

액세스 2007 버전
기본적으로 글꼴 색이 검정색으로 지정되어 있으므로 따로 설정하지 않습니다.

액세스 2010 버전
보고서 디자인 도구의 [형식] 탭에서 [글꼴 색]과 [도형 윤곽선]을 이용하여 변경합니다.

Tip

액세스 2007 버전
도형 채우기와 교차 행 색을 따로 설정해 주지 않아도 됩니다.

액세스 2010 버전
보고서 디자인 도구의 [형식] 탭에서 [도형 채우기]와 [대체 행 색]을 이용하여 변경합니다.

2) [본문]을 클릭한 후 보고서 디자인 도구의 [서식] 탭의 [교차 행 색]을 [색 없음]으로 지정합니다.

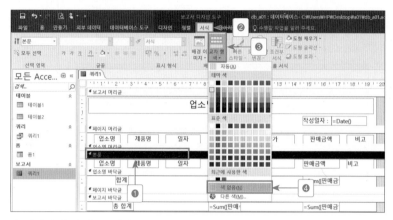

3) 마찬가지 방법으로 [업소명 바닥글]을 클릭하여 [교차 행 색]을 [색 없음]으로 지정합니다.

⊘ 선 삽입하기

※ 보고서의 출력형태와 같이 선을 지정하려면 페이지 머리글의 위, 아래와 업소명 바닥글의 위, 아래 그리고 보고서 바닥글의 아래에 선을 지정해야 합니다.

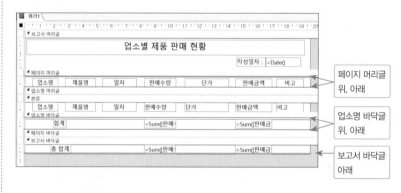

1) 보고서 디자인 도구의 [디자인] 탭을 클릭한 후 [선▢]을 선택합니다. [페이지 머리글]의 좌측부터 Shift 를 누른 채 드래그하여 그려줍니다.

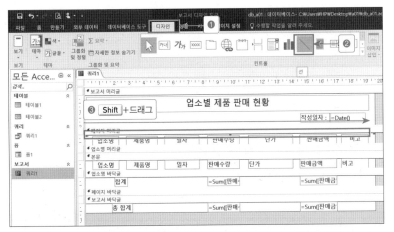

2) [페이지 머리글]의 위쪽에 그려준 선이 선택된 상태에서 Ctrl + C (복사)를 한 후 다시 Ctrl + V (붙여넣기)를 합니다.

3) 키보드의 아래 화살표(↓)를 눌러 복사된 선을 [페이지 머리글]의 아래쪽에 위치되도록 합니다.

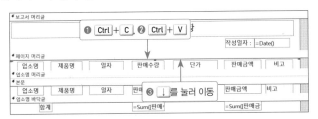

4) [업소명 바닥글]을 클릭한 후 Ctrl + V (붙여넣기)를 하면 [업소명 바닥글] 위쪽에 선이 복사됩니다. 다시 한번 Ctrl + V (붙여넣기)를 한 후 아래 화살표(↓)를 눌러 [업소명 바닥글]의 아래쪽에 위치시켜 줍니다.

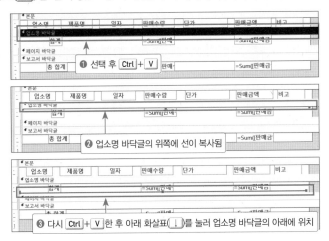

Q & A

선을 그렸는데 보이지 않아요!
선이 보이지 않는다고 선이 지워진 것이 아닙니다. 높이를 늘려주면 보이지 않던 선이 보입니다.

Tip

아래 화살표(↓)를 많이 누르면 '업소명 머리글' 아래로 선이 내려가게 됩니다. 그럴 때는 다시 위쪽 화살표(↑)를 눌러 다시 위로 올려 줍니다.

5) [보고서 바닥글]을 클릭한 후 Ctrl + V (붙여넣기)를 한 후 아래 화살표
(↓)를 눌러 [보고서 바닥글]의 아래쪽에 위치시켜 줍니다.

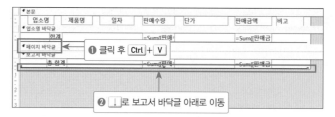

☑ 레이아웃 보기에서 세부 설정하기

1) [쿼리1] 탭에서 마우스 우클릭을 한 후 [레이아웃 보기]를 클릭하여 보고서
의 배치가 잘 되었는지 확인합니다.

Tip

레이아웃 보기에서 금액이
'######'으로 나와 있을 경
우 각 필드의 너비를 디자인
보기나 레이아웃 보기에서
늘려주면 됩니다.

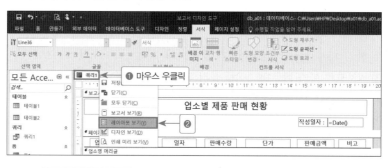

업소별 제품 판매 현황							
						작성일자 :	2022-05-17
업소명	제품명	일자	판매수량	단가	판매금액	비고	
강남촌	바지	2015-05-06	20	₩25,000	₩500,000		
	셔츠	2015-12-05	75	₩10,000	₩750,000		
	자켓	2015-11-10	20	₩15,000	₩300,000		
	치마	2015-10-05	25	₩30,000	₩750,000		
합계			140		₩2,300,000		
멋사랑	셔츠	2015-05-06	50	₩10,000	₩500,000		
	자켓	2015-10-05	100	₩15,000	₩1,500,000	히트상품	
	자켓	2015-12-05	35	₩15,000	₩525,000		
	치마	2015-06-01	100	₩30,000	₩3,000,000	히트상품	
합계			285		₩5,525,000		
한사랑	바지	2015-10-05	30	₩25,000	₩750,000		
	셔츠	2015-11-10	200	₩10,000	₩2,000,000	히트상품	
	자켓	2015-05-06	100	₩15,000	₩1,500,000	히트상품	
	자켓	2015-06-01	200	₩15,000	₩3,000,000	히트상품	
합계			530		₩7,250,000		
한우네	바지	2015-11-10	30	₩25,000	₩750,000		
	셔츠	2015-06-01	25	₩10,000	₩250,000		
	자켓	2015-05-06	15	₩15,000	₩225,000		
합계			70		₩1,225,000		
총 합계			1025		₩16,300,000		

2) 출력형태를 보면서 위치와 크기를 조절해 줍니다. 판매수량을 선택한 후 Shift 를 누른 채 합계와 총합계를 클릭합니다. 선택된 컨트롤의 오른쪽 경계선에서 마우스 커서가 ↔ 모양일 때 드래그하여 크기를 줄여주거나 방향키(↑ , ↓ , ← , →)를 이용하여 위치를 이동합니다.

Tip

방향키가 아닌 마우스로 드래그하여 위치를 이동해주어도 좋습니다.

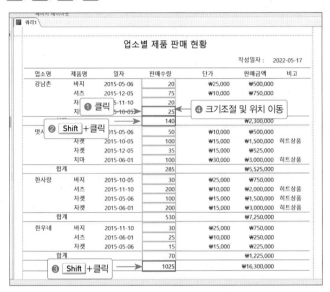

3) 단가와 판매금액 등도 출력 형태를 보며 위치를 조절해 줍니다.

업소별 제품 판매 현황

작성일자 : 2022-05-17

업소명	제품명	일자	판매수량	단가	판매금액	비고
강남촌	바지	2015-05-06	20	₩25,000	₩500,000	
	셔츠	2015-12-05	75	₩10,000	₩750,000	
	자켓	2015-11-10	20	₩15,000	₩300,000	
	치마	2015-10-05	25	₩30,000	₩750,000	
합계			140		₩2,300,000	
멋사랑	셔츠	2015-05-06	50	₩10,000	₩500,000	
	자켓	2015-10-05	100	₩15,000	₩1,500,000	히트상품
	자켓	2015-12-05	35	₩15,000	₩525,000	
	치마	2015-06-01	100	₩30,000	₩3,000,000	히트상품
합계			285		₩5,525,000	
한사랑	바지	2015-10-05	30	₩25,000	₩750,000	
	셔츠	2015-11-10	200	₩10,000	₩2,000,000	히트상품
	자켓	2015-05-06	100	₩15,000	₩1,500,000	히트상품
	자켓	2015-06-01	200	₩15,000	₩3,000,000	히트상품
합계			530		₩7,250,000	
한우네	바지	2015-11-10	30	₩25,000	₩750,000	
	셔츠	2015-06-01	25	₩10,000	₩250,000	
	자켓	2015-05-06	15	₩15,000	₩225,000	
합계			70		₩1,225,000	
총 합계			1025		₩16,300,000	

✅ 인쇄 미리 보기 및 페이지 설정

1) [쿼리1] 탭에서 마우스 우클릭을 한 후 [인쇄 미리 보기]를 클릭합니다.

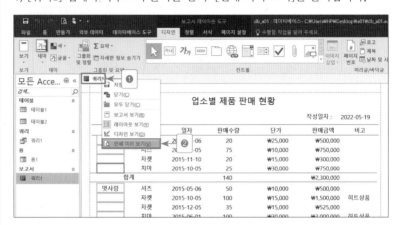

2) [인쇄 미리 보기] 탭에서 [페이지 설정]을 클릭합니다.

Tip

· 보고서 상단에는 비번호, 수험번호, 성명이 들어가야 하므로 60mm(6cm)의 여백을 지정해야 합니다.
· 위쪽 외에 다른 여백은 기본 설정 그대로 지정합니다.

3) 위쪽 여백을 60으로 입력한 후 [확인]을 클릭합니다.

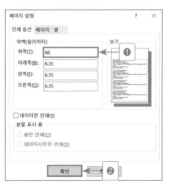

4) [인쇄 미리 보기 닫기]를 클릭하여 미리 보기를 닫아 준 후에 [파일]-[저장]을 클릭합니다. 우측 상단의 [닫기 ❌]를 클릭하여 액세스를 종료합니다.

Tip

출력은 엑셀, 액세스, 파워포인트까지 모든 작업이 끝난 후 한 번에 진행합니다.

〈DB 보고서(완성)〉

업소별 제품 판매 현황

작성일자 : 2022-05-19

업소명	제품명	일자	판매수량	단가	판매금액	비고
강남촌	바지	2015-05-06	20	₩25,000	₩500,000	
	셔츠	2015-12-05	75	₩10,000	₩750,000	
	자켓	2015-11-10	20	₩15,000	₩800,000	
	치마	2015-10-05	25	₩30,000	₩750,000	
합계			140		₩2,300,000	
멋사랑	셔츠	2015-05-06	50	₩10,000	₩500,000	
	자켓	2015-10-05	100	₩15,000	₩1,500,000	히트상품
	자켓	2015-12-05	35	₩15,000	₩525,000	
	치마	2015-06-01	100	₩30,000	₩3,000,000	히트상품
합계			285		₩5,525,000	
한사랑	바지	2015-10-05	30	₩25,000	₩750,000	
	셔츠	2015-11-10	200	₩10,000	₩2,000,000	히트상품
	자켓	2015-05-06	100	₩15,000	₩1,500,000	히트상품
	자켓	2015-06-01	200	₩15,000	₩3,000,000	히트상품
합계			530		₩7,250,000	
한우네	바지	2015-11-10	30	₩25,000	₩750,000	
	셔츠	2015-06-01	25	₩10,000	₩250,000	
	자켓	2015-05-06	15	₩15,000	₩225,000	
합계			70		₩1,225,000	
총 합계			1025		₩16,300,000	

자료처리(DBMS) 작업

DIXE 음반기획사에서는 음반 판매 관리를 전산화하려고 한다. 다음의 입력자료를 이용하여 DB를 설계하고 작성 조건에 따라 처리파일을 작성하고, 그 인쇄 출력물을 제출하시오.

가. 자료처리(DBMS) 작업 작성 조건

1) 자료처리(DBMS) 작업은 조회화면(SCREEN) 설계와 자료처리보고서의 2가지 작업을 수행하여 그 결과물을 인쇄용지(A4) 기준 각 1장씩 총 2장을 제출하여야 채점 대상이 됨을 유의하시오.

2) 반드시 인쇄작업 수행 전 미리 보기 등을 통해 여백을 조정하고, 수치, 문자 등 구성요소가 누락되지 않도록 주의하시오. **구성요소가 누락되어 인쇄되지 않은 결과로 인한 모든 책임은 전적으로 수험자 본인에게 있음**을 반드시 유의하시오.

3) 문제지에 기재된 작성 조건에 따라 처리하고, 조회화면 및 자료처리보고서의 **서식이 작성 조건과 상이할 경우에는 시험위원의 지시에 따라 작업하시오.**

나. 입력자료

음반 판매 내역

가수이름	음반코드	공급단가	판매수량	판매일
박성철	C33	23,000	5700	2014-09-03
김만종	B22	22,000	6200	2014-09-25
임창종	A11	21,000	3800	2014-08-15
조성모	C33	23,000	8100	2014-07-14
김건우	D44	24,000	1900	2014-07-21
유정순	D44	24,000	8300	2014-08-06
엄장화	A11	21,000	4400	2014-09-23
윤희열	C33	23,000	9200	2014-08-30
이수라	D44	24,000	6600	2014-09-01
김성민	B22	22,000	2800	2014-07-12
최정수	B22	22,000	7800	2014-07-12
유창호	A11	21,000	5300	2014-08-28
김수만	C33	23,000	1800	2014-08-05
김경숙	B22	22,000	4200	2014-08-05
이기선	A11	21,000	5000	2014-07-11
엄희영	C33	23,000	3300	2014-07-19
최준우	D44	24,000	2300	2014-08-30
형미림	A11	21,000	1500	2014-07-24
홍경순	A11	21,000	8000	2014-06-21
이광식	A11	21,000	7000	2014-06-22

음반코드표

음반코드	음반명	원가
A11	4집	8,200
B22	3집	8,700
C33	2집	9,300
D44	1집	9,800

다. 조회화면(SCREEN) 설계

> ※ 다음 조건에 따라 음반코드가 A나 B로 시작하면서 판매수량이 4000 이상인 현황을 조회할 수 있는 화면을 설계하고 해당 데이터를 출력하시오.

1) 해당 현황은 목록 상자(리스트박스)에서 판매수량 오름차순으로 출력하고, 화면 아래에 조회 시 작성한 SQL문을 복사하시오.
   - WHERE 조건절에 반드시 음반코드, 판매수량, LIKE 연산 반드시 포함
   - INNER JOIN, ORDER BY 구문 반드시 포함
   ※ SQL문에 상기 내용 미포함 시 SQL 작성 부분 0점 처리

2) 리스트박스 조회 시 작성된 SQL문이 작성되지 않을 경우에는 "**다. 조회화면(SCREEN) 설계**" 과제가 0점 처리됨을 반드시 유의하시오.

3) 목록 상자에 표시되어야 할 필수적인 필드명은 다음과 같습니다.
   - 음반코드, 음반명, 원가, 가수이름, 공급단가, 판매수량

4) 폼 서식에 제반되는 폰트, 점선 등은 아래 [조회화면 서식]에 보이는 대로 기재하시오.

5) 기타 사항은 "**라. 자료처리 파일(FILE) 작성**"의 [기타 조건]을 따르시오.

[조회화면 서식]

음반코드가 A나 B로 시작하면서
판매수량이 4000 이상인 현황

음반코드	음반명	원가	가수이름	공급단가	판매수량

리스트박스 조회 시 작성된 SQL문

라. 자료처리 파일(FILE) 작성

※ 다음 조건에 따라 아래 양식과 같이 작성하시오.

[처리 조건]

1) 판매일 중에서 월(6월, 7월, 8월, 9월)별로 정리한 후 같은 월에서는 판매이윤의 오름차순으로 정렬(SORT)한다.

2) 판매금액 : 판매수량×공급단가

3) 판매이윤 : 판매금액−(원가×판매수량)

4) 판매일은 MM−DD 형식으로 한다.

5) **월별소개** : 월별 판매수량, 판매금액, 판매이윤의 합 산출

6) **총합계** : 판매수량, 판매금액, 판매이윤의 전체 평균 산출

[기타 조건]

1) 조회화면 및 보고서의 제목은 16 정도의 임의 서체로 하시오.

2) 금액에 대한 수치는 원화(₩) 혹은 달러($) 표시를 하고 천 단위마다 ','(Comma)를 표시하시오.
   (단, 금액 이외의 수치는 ','(Comma)를 표시하지 않도록 하시오)

3) 모든 수치(숫자, 통화, 백분율 등)는 컨트롤의 속성을 설정하는 과정에서 소수 자릿수를 "0"으로 지정하여 정수로 표시하시오.

4) 데이터의 열과 간격은 일정하게 맞추도록 하시오.

월별 음반 판매 현황

판매일	가수이름	음반명	공급단가	판매수량	판매금액	판매이윤
MM−DD	XXXX	XXXX	₩X,XXX	XXXX	₩X,XXX	₩X,XXX
−	−	−	−	−	−	−
		6월 소계		XXXX	₩X,XXX	₩X,XXX
MM−DD	XXXX	XXXX	₩X,XXX	XXXX	₩X,XXX	₩X,XXX
−	−	−	−	−	−	−
		7월 소계		XXXX	₩X,XXX	₩X,XXX
MM−DD	XXXX	XXXX	₩X,XXX	XXXX	₩X,XXX	₩X,XXX
−	−	−	−	−	−	−
		8월 소계		XXXX	₩X,XXX	₩X,XXX
MM−DD	XXXX	XXXX	₩X,XXX	XXXX	₩X,XXX	₩X,XXX
−	−	−	−	−	−	−
		9월 소계		XXXX	₩X,XXX	₩X,XXX
		총평균		XXXX	₩X,XXX	₩X,XXX

액세스 공개문제
2회 풀이

01 저장하기

1) 액세스를 실행한 후 [새 데스크톱 데이터베이스]를 클릭합니다.
2) 파일 이름 입력하는 우측의 🖼를 클릭합니다.
3) 저장 위치는 [바탕화면]–[비번호 폴더] 안에 파일 이름을 DB–비번호로 입력한 후 [확인]을 클릭합니다.
4) [만들기] 버튼을 클릭합니다.

> **액세스 2007 & 2010 버전**
> 액세스 실행 후 [새 데이터베이스]가 선택되어있는 상태에서 우측 파일 이름 입력하는 곳 옆의 🖼를 클릭합니다.

02 테이블 작성하기

✅ 테이블1 만들기

1) 테이블 도구의 [필드] 탭의 [보기]의 [디자인 보기]를 클릭합니다.
2) 테이블을 저장하라는 창이 나오면 테이블 이름을 그대로 '테이블1'로 지정한 후 [확인]을 클릭합니다.

> **액세스 2007 버전**
> [데이터시트] 탭–[보기]–[디자인 보기]
>
> **액세스 2021 버전**
> [데이터 필드] 탭–[보기]–[디자인 보기]

3) 아래와 같이 필드 이름과 데이터 형식을 변경합니다.

테이블1		
필드 이름	**데이터 형식**	**설명**
🔑 가수이름	짧은 텍스트	
음반코드	짧은 텍스트	
공급단가	통화	
판매수량	숫자	
판매일	날짜/시간	

> ※ 음반코드는 영문자가 포함되기 때문에 하단에 필드 속성에 [IME 모드]를 [영숫자 반자]로 지정합니다.
> ※ 판매수량은 금액이 아니기 때문에 데이터 형식을 '숫자'로 지정해야 합니다.

> **액세스 2007 & 2010 버전**
> 데이터 형식의 짧은 텍스트 대신 [텍스트]로 지정합니다.

4) 조건에 기본 키를 지정하라는 조건이 없으므로 기본 키를 해제하기 위해, "가수이름" 필드 이름을 클릭한 후, 테이블 도구의 [디자인] 탭에서 [기본 키]를 클릭하여 기본 키를 해제합니다.
5) 테이블 도구의 [보기]–[데이터시트 보기]를 클릭한 후 테이블 저장 대화상자가 나타나면 [예]를 클릭합니다.
6) 아래와 같이 테이블1에 데이터를 입력합니다. 필드를 이동할 때는 방향키(↑, ↓, ←, →)를 이용합니다.

테이블1					
가수이름	음반코드	공급단가	판매수량	판매일	추가하려면 클릭
박성철	C33	₩23,000	5700	2014-09-03	
김만종	B22	₩22,000	6200	2014-09-25	
임창종	A11	₩21,000	3800	2014-08-15	
조성모	C33	₩23,000	8100	2014-07-14	
김건우	D44	₩24,000	1900	2014-07-21	
유정순	D44	₩24,000	8300	2014-08-06	
엄장화	A11	₩21,000	4400	2014-09-23	
윤희열	C33	₩23,000	9200	2014-08-30	
이수라	D44	₩24,000	6600	2014-09-01	
김성민	B22	₩22,000	2800	2014-07-12	
최정수	B22	₩22,000	7800	2014-07-12	
유장호	A11	₩21,000	5300	2014-08-28	
김수만	C33	₩23,000	1800	2014-08-05	
김경숙	B22	₩22,000	4200	2014-08-05	
이기선	A11	₩21,000	5000	2014-07-11	
염희영	C33	₩23,000	3300	2014-07-19	
최준우	D44	₩24,000	2300	2014-08-30	
형미림	A11	₩21,000	1500	2014-07-24	
홍경순	A11	₩21,000	8000	2014-06-21	
이광식	A11	₩21,000	7000	2014-06-22	

7) '테이블1' 탭 위에서 마우스 우클릭을 한 후 [닫기]를 클릭하여 테이블1을 닫아 줍니다. 좌측에 '테이블1'을 더블 클릭하여 데이터가 올바르게 입력이 되었는지 다시 한번 확인합니다.

> **액세스 2021 버전**
> [디자인] 탭 대신 [양식 디자인] 탭으로 들어갑니다.

☑ 테이블2 만들기

1) [만들기] 탭의 [테이블 디자인]을 클릭하여 두 번째 테이블을 만듭니다.

2) 아래와 같이 필드 이름과 데이터 형식을 지정합니다.

※ 음반코드는 영문자가 포함되기 때문에 하단에 필드 속성에 [IME 모드]를 [영숫자 반자]로 지정합니다.

3) 테이블 도구의 [보기]-[데이터시트 보기]를 클릭한 후 테이블 저장 대화상자가 나타나면 [예]-[확인]을 클릭합니다.

4) "기본 키를 정의하지 않았습니다. 기본 키를 만드시겠습니까?"라는 대화상자가 나오면 [아니요]를 클릭합니다.

5) 아래와 같이 테이블2에 데이터를 입력합니다. 필드를 이동할 때는 방향키(↑, ↓, ←, →)를 이용합니다.

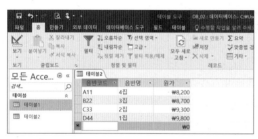

6) '테이블2' 탭 위에서 마우스 우클릭을 한 후 [닫기]를 클릭하여 테이블2를 닫아 줍니다. 좌측에 '테이블2'를 더블 클릭하여 데이터가 올바르게 입력이 되었는지 다시 한번 확인합니다.

---

03 폼 작성 및 편집

☑ 폼 디자인 만들기

1) [만들기] 탭에서 [폼 디자인]을 클릭합니다.

☑ 레이블로 제목 만들기

1) 폼의 우측 하단 모서리에서 마우스 커서가 ✛ 모양일 때 드래그하여 가로는 19cm, 세로는 20cm 안쪽으로 드래그합니다.

2) 폼의 제목을 입력하기 위해서, 폼 디자인 도구의 [디자인] 탭에서 [레이블 가까]을 클릭한 후 폼의 상단에 적당한 크기로 드래그합니다.

3) 레이블 안에 제목을 입력한 후 글자를 블록 지정하거나, 레이블 테두리를 클릭한 후 폼 디자인 도구의 [서식] 탭에서 크기를 16pt로 입력하고 [가운데 정렬≡]을 클릭합니다.

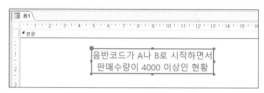

※ 제목에서 한 줄을 입력하고 줄 바꿈은 Shift + Enter 를 누릅니다.

※ 조절점을 더블 클릭하면 레이블 상자가 글자 크기에 맞춰서 조절됩니다.

☑ 목록 상자 만들기

1) 폼 디자인 도구의 [디자인] 탭에서 [목록 상자▦]를 클릭한 후 제목 아래에 적당한 크기로 드래그하여 그려줍니다.

2) "목록 상자 마법사" 창이 나타나면 [취소]를 클릭하여 창을 닫아 줍니다.

3) 목록 상자 왼쪽에 있는 "List1:" 레이블을 선택한 후 Delete 를 눌러 삭제합니다.

4) [속성 시트]의 [데이터] 탭에서 [행 원본]을 선택한 후 ⋯를 클릭합니다.

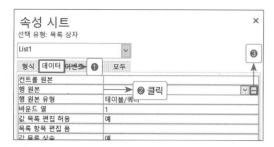

※ 속성 시트가 없으면 폼 디자인 도구의 [디자인] 탭에서 [속성 시트]를 클릭합니다.

5) 테이블 표시 창이 나타나면 '테이블1'과 '테이블2'를 더블 클릭한 후 [닫기]를 클릭합니다.

6) 테이블1에 있는 음반코드 필드를 테이블2의 음반코드로 드래그하여 연결합니다.

7) 조회화면 서식에 나와 있는 순서대로 음반코드, 음반명, 원가, 가수이름, 공급단가, 판매수량 필드명을 더블 클릭하여 필드에 추가합니다.

필드: 테이블: 정렬: 표시: 조건: 또는:	음반코드 테이블1 ☑	음반명 테이블2 ☑	원가 테이블2 ☑	가수이름 테이블1 ☑	공급단가 테이블1 ☑	판매수량 테이블1 ☑

"음반코드가 A나 B로 시작하면서 판매수량이 4000 이상인 현황"나타내기

8) 음반코드의 조건에 A* OR B*를 입력한 후 **Enter** 를 누르면 **Like "A*" Or Like "B*"**로 변경됩니다.

필드: 테이블: 정렬: 표시: 조건: 또는:	음반코드 테이블1 ☑ A* OR B*	음반명 테이블2 ☑	원가 테이블2 ☑

LIKE 연산자 *란?

식에서 Like 연산자를 사용하여 필드 값을 문자열 식과 비교할 수 있습니다

A*	첫 글자가 A로 시작이 되는 모든 데이터 추출
*A	마지막 글자가 A로 끝나는 모든 데이터 추출
A	A가 포함된 글자를 모든 데이터 추출

9) 판매수량이 4000 이상인 현황을 나타내려면, 판매수량의 조건에 >=4000을 입력합니다. AND 조건이므로 같은 행에 조건을 입력합니다.

10) 판매수량을 오름차순으로 정렬하기 위해 판매수량의 정렬에서 ☑를 클릭한 후 오름차순을 선택합니다.

11) [폼1 : 쿼리 작성기] 탭에서 마우스 우클릭을 한 후 [데이터시트 보기]를 클릭하여, 음반코드가 A나 B로 시작하면서 판매수량이 4000 이상인 현황이 나타나는지, 판매수량이 오름차순으로 나오는지를 확인합니다.

12) 다시, [폼1 : 쿼리 작성기] 탭에서 마우스 우클릭을 한 후 [SQL 보기]를 클릭하여 조건에 나와 있는 아래의 WHERE 조건절, LIKE 연산, INNER JOIN, ORDER BY 문이 포함되어 있는지 확인합니다.

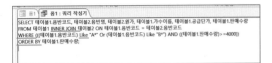

```
폼1 : 쿼리 작성기
SELECT 테이블1.음반코드, 테이블2.음반명, 테이블2.원가, 테이블1.가수이름, 테이블1.공급단가, 테이블1.판매수량
FROM 테이블1 INNER JOIN 테이블2 ON 테이블1.음반코드 = 테이블2.음반코드
WHERE (((테이블1.음반코드) Like "A*" Or (테이블1.음반코드) Like "B*") AND ((테이블1.판매수량) >=4000))
ORDER BY 테이블1.판매수량;
```

13) [폼1 : 쿼리 작성기] 탭에서 마우스 우클릭을 한 후 [닫기]-[예]를 클릭합니다.

14) [속성 시트]의 [형식] 탭에서 **열 개수**를 6으로 입력하고, **열 이름**을 **예**로 선택합니다.

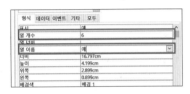

15) [폼1] 탭에서 마우스 우클릭을 한 후 [폼 보기]를 클릭하여 확인합니다.

음반코드	음반명	원가	가수이름	공급단가	판매수량
B22	3집	₩8,700	김경숙	₩22,000	4200
A11	4집	₩8,200	염장화	₩21,000	4400
A11	4집	₩8,200	이기선	₩21,000	5000
A11	4집	₩8,200	유창호	₩21,000	5300
B22	3집	₩8,700	김만종	₩22,000	6200
A11	4집	₩8,200	이광식	₩21,000	7000
B22	3집	₩8,700	최정수	₩22,000	7800
A11	4집	₩8,200	홍경순	₩21,000	8000

음반코드가 A나 B로 시작하면서
판매수량이 4000 이상인 현황

※ 목록 상자에 스크롤바가 생기면 감점이 되기 때문에 목록 상자의 높이를 키워주어 스크롤바가 생기지 않도록 합니다.

☑ 선 그리기

1) 목록 상자의 하단의 선을 만들기 위해 다시 [홈] 탭-[보기]-[디자인 보기]를 클릭한 후 폼 디자인 도구의 [디자인] 탭에서 [선◻]을 선택합니다.

2) Shift 를 누른 채 목록 상자 하단에 드래그하여 직선을 그려줍니다.

3) [속성 시트]의 [형식] 탭에서 [테두리 두께]를 [6pt]로 지정합니다.

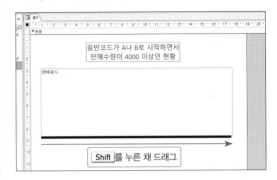

음반코드가 A나 B로 시작하면서
판매수량이 4000 이상인 현황

연바운드

Shift 를 누른 채 드래그

☑ 텍스트 상자 만들기

1) 폼 디자인 도구의 [디자인] 탭에서 [텍스트 상자 가나]를 선택한 후 목록 상자 아래쪽에 적당하게 드래그하여 그려줍니다.

2) "텍스트 상자 마법사" 창이 나오면 [취소]를 클릭합니다.

3) 텍스트 상자 왼쪽에 있는 레이블을 선택하여 **리스트박스 조회 시 작성된 SQL문**을 입력합니다.

4) 레이블 테두리를 선택한 후, 폼 디자인 도구의 [서식] 탭에서 글자 크기를 16pt로 입력합니다. 레이블과 텍스트 상자의 **이동 핸들을 드래그**하여 위치를 이동할 수 있습니다.

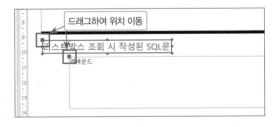

드래그하여 위치 이동

리스트박스 조회 시 작성된 SQL문

언바운드

5) 우측 하단에서 드래그하여 텍스트 상자, 선, 목록 상자가 조금이라도 포함되도록 선택합니다.

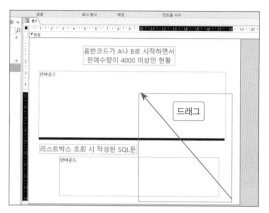

6) 폼 디자인 도구의 [정렬] 탭-[맞춤]-[왼쪽]을 클릭하고, 다시 [크기/공간]-[가장 넓은 너비에]를 클릭하여 좌/우 크기를 동일하게 맞춰줍니다.

7) [속성 시트]의 [형식] 탭에서 [테두리 색]을 [검정 텍스트]로 지정합니다.

8) 빈 곳을 클릭, 다시 텍스트 상자만 선택한 후 [속성 시트]의 [테두리 스타일]을 [파선]으로 지정합니다.

✅ SQL문 복사하기

1) 목록 상자를 클릭한 후 [속성 시트]의 [데이터] 탭에서 [행 원본]을 클릭합니다. Ctrl + C (복사)를 누른 후 텍스트 상자를 클릭합니다.

2) =를 입력하고, 작은따옴표(')를 입력합니다. Ctrl + V (붙여넣기)를 한 후 다시 작은따옴표(')로 닫아 줍니다.

> 리스트박스 조회 시 작성된 SQL문
>
> =‘SELECT 테이블1.음반코드, 테이블2.음반명, 테이블1.원가, 테이블1.가수이름, 테이블1.공급단가, 테이블1.판매수량 FROM 테이블1 INNER JOIN 테이블2 ON 테이블1.음반코드 = 테이블2.음반코드 WHERE ((테이블1.음반코드) Like "A*" Or (테이블1.음반코드) Like "B*") AND ((테이블1.판매수량) >=4000)) ORDER BY 테이블1.판매수량; ‘

3) 전체를 드래그하여 모든 컨트롤을 선택한 후 폼 디자인 도구의 [서식] 탭에서 [글꼴 색]을 [검정, 텍스트 1]로 지정합니다.

> ※ 액세스 2007 버전은 기본 글꼴 색이 "검정"이기 때문에 따로 글꼴 색 지정은 하지 않습니다.

✅ 인쇄 미리 보기 및 여백 지정하기

1) [파일]-[인쇄]-[인쇄 미리 보기]에서 완성된 폼 화면을 확인할 수 있습니다.

2) 상단 [페이지 설정]에서 위쪽 여백을 60으로 입력하고 [확인]을 클릭합니다. 인쇄될 결과물을 확인한 후 [인쇄 미리 보기 닫기]를 클릭합니다.

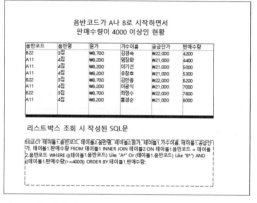

3) [폼1] 탭에서 마우스 우클릭을 한 후 [닫기]-[예]를 클릭합니다.

▶ 유선배 강의

04 ▶ 쿼리 작성 및 편집

✅ 쿼리 디자인 만들기

1) [만들기]-[쿼리] 그룹에서 [쿼리 디자인]을 클릭합니다.

> **액세스 2007 버전**
> [만들기]-[기타] 그룹의 [쿼리 디자인]

2) 테이블 표시 대화상자가 나타나면 '테이블1'과 '테이블2'를 순서대로 더블 클릭하여 테이블을 생성시킨 후 [닫기]를 클릭합니다.

3) 테이블1의 음반코드를 테이블2의 음반코드로 드래그하여 조인(JOIN)을 시켜줍니다.

✅ 테이블 조인 및 필드 추가

※ 보고서 서식을 보고 각각의 필드를 더블 클릭하여 실행하고, 계산이 필요한 필드는 처리 조건을 보고 계산합니다.

1) 보고서 서식을 보고 판매일, 가수이름, 음반명, 공급단가, 판매수량을 순서대로 더블 클릭하여 필드를 추가합니다.

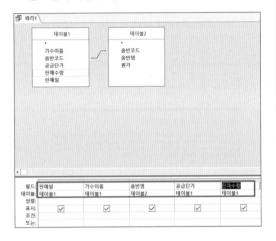

[처리 조건]
- 판매금액 : 판매수량×공급단가
- 판매이윤 : 판매금액−(원가×판매수량)

2) 판매수량 오른쪽 필드에 **판매금액: 판매수량*공급단가**를 입력합니다(※ 필드 위에서 마우스 우클릭을 한 후 [확대/축소]를 클릭하여 입력합니다).

3) 판매금액 오른쪽 필드에 **판매이윤: 판매금액−(원가*판매수량)**을 입력합니다.

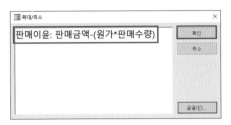

✅ 쿼리 확인하기

1) [쿼리1] 탭에서 마우스 우클릭을 한 후 [데이터시트 보기]를 클릭하여 쿼리 결과를 확인합니다.

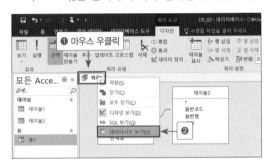

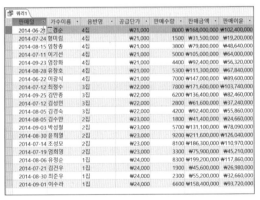

2) [쿼리1] 탭의 [닫기]를 클릭한 후, 대화상자가 나오면 [예]를 클릭합니다. 폼 이름은 [쿼리1]로 지정한 후 [확인]을 클릭합니다.

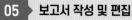
05 보고서 작성 및 편집

✅ 보고서 마법사로 보고서 만들기

1) [만들기] 탭-[보고서] 그룹에서 [보고서 마법사]를 클릭합니다.

2) 보고서 마법사 대화상자가 나타나면 '테이블/쿼리'를 [쿼리: 쿼리1]로 변경하고, 사용 가능한 필드에서 >> 를 클릭하여 선택한 필드로 모두 이동시킨 후 [다음]을 클릭합니다.

> **[처리 조건]**
> 판매일 중에서 월(6월, 7월, 8월, 9월)별로 정리한 후, 같은 월에서는 판매이윤의 오름차순으로 정렬(SORT)하시오.

3) 처리 조건에 판매일별로 정리하라는 지시가 있으므로 판매일을 선택한 후 > 를 클릭하여 그룹 수준을 지정하고 [다음]을 클릭합니다.

4) 같은 '월'에서는 판매이윤의 오름차순으로 정렬(SORT)해야 한다는 조건이 있기 때문에 첫 번째 필드를 **판매이윤**으로 입력하고 오름차순으로 지정한 후 [요약 옵션]을 클릭합니다.

> **[처리 조건]**
> • 월별소계 : 월별 판매수량, 판매금액, 판매이윤의 합 산출
> • 총평균 : 판매수량, 판매금액, 판매이윤의 전체 평균 산출

5) 판매수량, 판매금액, 판매이윤의 합계와 평균에 □를 클릭하여 ✓체크한 후 확인을 클릭합니다.

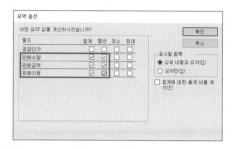

6) [다음]을 클릭하면 보고서 모양을 지정할 수 있는 보고서 마법사가 나타나는데 기본 설정 그대로 [다음]을 클릭합니다.

7) 보고서 제목은 [쿼리1]로 그대로 지정하고, [보고서 디자인 수정]을 선택한 후 [마침]을 클릭합니다.

✅ 필요 없는 컨트롤 삭제하기

1) [판매일 바닥글]의 ="에 대한 요약"의 좌측 눈금선에서 마우스 커서가 ➡로 바뀌면 클릭합니다. Shift 를 누른 채 [페이지 바닥글]에 =NOW, =Page와 [보고서 바닥글]에 총 합계의 컨트롤을 선택한 후 Delete 를 눌러 삭제합니다.

✅ 컨트롤 배치 및 속성 변경하기

1) 출력형태를 보면 판매일이 [본문]에 있으므로 [판매일 머리글]에 있는 =Format$([판매일])...을 [본문]으로 드래그하여 내려줍니다. 그리고 [판매일 바닥글]에 있는 평균을 [보고서 바닥글]로 내려줍니다.

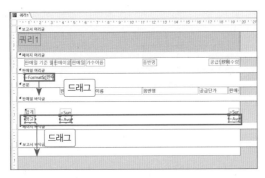

2) [판매일 머리글]과 [페이지 바닥글] 아래에서 마우스 커서가 **↕**로 변할 때 위로 드래그하여 높이를 끝까지 줄여줍니다. [판매일 바닥글]의 합계 컨트롤도 위치를 위쪽으로 이동한 후 높이를 줄여줍니다.

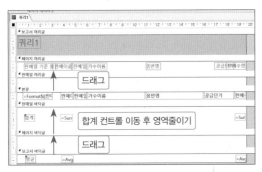

3) [페이지 머리글]의 "판매일 기준 월" 이름을 **판매일**이라고 변경합니다.

4) [본문]의 "=Format$([판매일]).."을 선택한 후 [속성 시트]의 [데이터] 탭에서 컨트롤 원본을 **판매일**로 변경합니다. 다시 [형식] 탭으로 가서 형식을 **mm-dd**로 입력합니다.

5) [페이지 머리글]의 판매일과 [본문]의 판매일 컨트롤이 포함되게 드래그하여 선택합니다.

6) 보고서 디자인 도구의 [정렬] 탭-[맞춤]-[왼쪽]을 선택하여 두 컨트롤의 왼쪽을 맞춰줍니다. 다시, [정렬] 탭-[크기/공간]-[가장 넓은 너비에]를 선택한 후 가장 넓은 너비에 맞춰 컨트롤을 동일하게 만들어 줍니다. 나머지 컨트롤도 보고서 서식대로 배치합니다.

7) 판매금액이 컨트롤이 없고, 판매일 컨트롤이 2개가 있습니다. [페이지 머리글]의 판매일 이름을 **판매금액**이라고 변경합니다. [본문]의 판매일을 선택한 후 [속성 시트]의 [데이터] 탭에서 형식을 **판매금액**이라고 변경합니다.

8) [판매일 바닥글]의 합계 =Sum(...)과 [보고서 바닥글]의 평균 =Avg(...)를 복사한 후 판매금액 하단에 위치시키고 =Sum([판매금액]), =Avg([판매금액])로 이름을 변경합니다.

9) [판매일 바닥글]의 합계를 **소계**, [보고서 바닥글]의 평균을 **총평균**으로 변경한 후 위치를 이동합니다.

10) [본문]의 "판매일"을 복사하여 소계와 총 평균의 좌측에 위치시켜 줍니다. [속성 시트]의 [형식] 탭의 형식을 **m월**로 입력합니다.

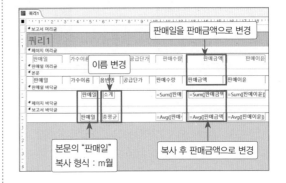

보고서 제목 및 서식 지정하기

1) [쿼리1] 글자를 드래그하여 블록 지정한 후 보고서 제목인 **월별 음반 판매 현황**을 입력합니다.
2) 제목의 바깥쪽 테두리를 선택한 후, 오른쪽 조절점에서 끝까지 드래그합니다.
3) 보고서 디자인 도구의 [서식] 탭에서 글꼴 크기를 16pt로 입력하고, [가운데 맞춤 ≡]을 클릭합니다.

액세스 2007 버전
폼 디자인 도구의 [디자인] 탭

액세스 2010 버전
폼 디자인 도구의 [형식] 탭

---

4) [페이지 머리글] 필드를 모두 선택한 후 Shift 를 누른 채 [본문]의 판매일, 가수이름, 음반명을 각각 선택합니다.
5) 보고서 디자인 도구의 [서식] 탭에서 [가운데 맞춤 ≡]을 클릭합니다.

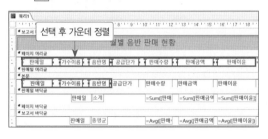

금액에 대한 수치 원화(₩)로 표시하기

1) [판매일 바닥글]과 [보고서 바닥글]의 판매금액, 판매이윤의 합계와 평균 컨트롤을 드래그하여 선택합니다(Shift 를 이용하여 선택해도 됩니다).
2) [속성 시트]의 [형식] 탭에서 형식을 [통화]로 지정합니다.

컨트롤 글꼴 색 및 윤곽선 설정하기

1) 모든 컨트롤을 드래그하거나 단축키 Ctrl + A (모두 선택)을 눌러 선택합니다.
2) 보고서 디자인 도구의 [서식] 탭에서 [글꼴 색]을 [검정, 텍스트 1]로 지정하고, [도형 윤곽선]을 [투명]으로 지정합니다.

배경색 및 교차 행 색 설정하기

1) [보고서 머리글]을 선택한 후 보고서 디자인 도구의 [서식] 탭에서 [도형 채우기]를 [흰색, 배경 1]로 지정합니다.
2) [본문]을 클릭한 후 보고서 디자인 도구의 [서식] 탭에서 [교차 행 색]을 [색 없음]으로 지정합니다.
3) 마찬가지 방법으로 [판매일 바닥글]을 클릭하여 [교차 행 색]을 [색 없음]으로 지정합니다.

✅ 선 삽입하기

1) 보고서 디자인 도구의 [디자인] 탭을 클릭한 후 [선☐]을 선택합니다. [페이지 머리글]의 좌측부터 Shift 를 누른 채 드래그하여 그려줍니다.

2) [페이지 머리글]의 위쪽에 그려준 선이 선택된 상태에서 Ctrl + C (복사)를 한 후 다시 Ctrl + V (붙여넣기)를 합니다.

3) 키보드의 아래 화살표(↓)를 눌러 복사된 선을 [페이지 머리글]의 아래쪽에 위치되도록 합니다.

4) [판매일 바닥글]을 클릭한 후 Ctrl + V (붙여넣기)를 하면 [판매일 바닥글] 위쪽에 선이 복사됩니다. 다시 한번 Ctrl + V (붙여넣기)를 한 후 아래 화살표(↓)를 눌러 [판매일 바닥글]의 아래쪽에 위치시켜 줍니다.

5) [보고서 바닥글]을 클릭한 후 Ctrl + V (붙여넣기)를 한 후 아래 화살표(↓)를 눌러 [보고서 바닥글]의 아래쪽에 위치시켜 줍니다.

✅ 레이아웃 보기에서 세부 설정하기

1) [쿼리1] 탭에서 마우스 우클릭을 한 후 [레이아웃 보기]를 클릭하여 보고서의 배치가 잘 되었는지 확인합니다.

2) 출력형태를 보면서 위치와 크기를 조절해 줍니다.

✅ 인쇄 미리 보기 및 페이지 설정

1) [쿼리1] 탭에서 마우스 우클릭을 한 후 [인쇄 미리 보기]를 클릭합니다.

2) [인쇄 미리 보기] 탭에서 [페이지 설정]을 클릭합니다.

3) 위쪽 여백을 60으로 입력한 후 [확인]을 클릭합니다.

4) [인쇄 미리 보기 닫기]를 클릭하여 미리 보기를 닫아 준 후에 [파일]-[저장]을 클릭합니다. 우측 상단의 [닫기 ✕]를 클릭하여 액세스를 종료합니다.

월별 음반 판매 현황

판매일	가수이름	음반명	공급단가	판매수량	판매금액	판매이윤
06-22	이광식	4집	₩21,000	7000	₩147,000,000	₩89,600,000
06-21	홍경순	4집	₩21,000	8000	₩168,000,000	₩102,400,000
		6월 소계		15000	₩315,000,000	₩192,000,000
07-34	형미림	4집	₩21,000	1500	₩81,500,000	₩19,200,000
07-21	김건우	1집	₩24,000	1900	₩45,600,000	₩26,980,000
07-12	김성연	3집	₩22,000	2800	₩61,600,000	₩87,240,000
07-19	엄희영	2집	₩23,000	3300	₩75,900,000	₩45,210,000
07-11	이기선	4집	₩21,000	5000	₩105,000,000	₩64,000,000
07-12	최정수	3집	₩22,000	7800	₩171,600,000	₩103,740,000
07-14	조성묘	2집	₩23,000	8100	₩186,300,000	₩110,970,000
		7월 소계		30400	₩677,900,000	₩407,340,000
08-05	김수만	2집	₩23,000	1800	₩41,400,000	₩24,660,000
08-30	최준우	1집	₩24,000	2300	₩55,200,000	₩82,660,000
08-15	임창훈	4집	₩21,000	3800	₩79,800,000	₩48,640,000
08-05	김경숙	3집	₩22,000	4200	₩92,400,000	₩55,860,000
08-28	유장효	4집	₩21,000	5300	₩111,300,000	₩67,840,000
08-06	유정순	1집	₩24,000	8300	₩199,200,000	₩117,860,000
08-30	윤희영	2집	₩23,000	9200	₩211,600,000	₩126,040,000
		8월 소계		34900	₩790,900,000	₩473,560,000
09-23	염장화	4집	₩21,000	4400	₩92,400,000	₩56,320,000
09-03	박성철	2집	₩23,000	5700	₩131,100,000	₩78,090,000
09-25	김만종	3집	₩22,000	6200	₩136,400,000	₩82,460,000
09-01	이수라	1집	₩24,000	6600	₩158,400,000	₩93,720,000
		9월 소계		22900	₩518,300,000	₩310,590,000
		6월 총평균		5160	₩115,085,000	₩69,174,500

| DB 조회화면 |

음반코드가 A나 B로 시작하면서
판매수량이 4000 이상인 현황

음반코드	음반명	원가	가수이름	공급단가	판매수량
B22	3집	₩8,700	김경숙	₩22,000	4200
A11	4집	₩8,200	엄장화	₩21,000	4400
A11	4집	₩8,200	이기선	₩21,000	5000
A11	4집	₩8,200	유창효	₩21,000	5300
B22	3집	₩8,700	김만종	₩22,000	6200
A11	4집	₩8,200	이광식	₩21,000	7000
B22	3집	₩8,700	최정수	₩22,000	7800
A11	4집	₩8,200	홍경순	₩21,000	8000

리스트박스 조회 시 작성된 SQL문

SELECT 테이블1.음반코드, 테이블2.음반명, 테이블2.원가, 테이블1.가수이름, 테이블1.공급단가, 테이블1.판매수량 FROM 테이블1 INNER JOIN 테이블2 ON 테이블1.음반코드 = 테이블2.음반코드 WHERE (((테이블1.음반코드) Like "A*" Or (테이블1.음반코드) Like "B*") AND ((테이블1.판매수량)>=4000)) ORDER BY 테이블1.판매수량;

| DB 보고서 |

월별 음반 판매 현황

판매일	가수이름	음반명	공급단가	판매수량	판매금액	판매이윤
06-22	이광식	4집	₩21,000	7000	₩147,000,000	₩89,600,000
06-21	홍경순	4집	₩21,000	8000	₩168,000,000	₩102,400,000
	6월 소계			15000	₩315,000,000	₩192,000,000
07-24	형미림	4집	₩21,000	1500	₩31,500,000	₩19,200,000
07-21	김건우	1집	₩24,000	1900	₩45,600,000	₩26,980,000
07-12	김성민	3집	₩22,000	2800	₩61,600,000	₩37,240,000
07-19	엄희영	2집	₩23,000	3300	₩75,900,000	₩45,210,000
07-11	이기선	4집	₩21,000	5000	₩105,000,000	₩64,000,000
07-12	최정수	3집	₩22,000	7800	₩171,600,000	₩103,740,000
07-14	조성모	2집	₩23,000	8100	₩186,300,000	₩110,970,000
	7월 소계			30400	₩677,500,000	₩407,340,000
08-05	김수만	2집	₩23,000	1800	₩41,400,000	₩24,660,000
08-30	최준우	1집	₩24,000	2300	₩55,200,000	₩32,660,000
08-15	엄창종	4집	₩21,000	3800	₩79,800,000	₩48,640,000
08-05	김경숙	3집	₩22,000	4200	₩92,400,000	₩55,860,000
08-28	유창효	4집	₩21,000	5300	₩111,300,000	₩67,840,000
08-06	유정순	1집	₩24,000	8300	₩199,200,000	₩117,860,000
08-30	윤희열	2집	₩23,000	9200	₩211,600,000	₩126,040,000
	8월 소계			34900	₩790,900,000	₩473,560,000
09-23	엄장화	4집	₩21,000	4400	₩92,400,000	₩56,320,000
09-03	박성철	2집	₩23,000	5700	₩131,100,000	₩78,090,000
09-25	김만종	3집	₩22,000	6200	₩136,400,000	₩82,460,000
09-01	이수라	1집	₩24,000	6600	₩158,400,000	₩93,720,000
	9월 소계			22900	₩518,300,000	₩810,590,000
	6월 총평균			5160	₩115,085,000	₩69,174,500

액세스 공개문제 3회

자료처리(DBMS) 작업

다포문구도매점에서는 소매점별 판매관리를 전산화하려고 한다. 다음의 입력자료를 이용하여 DB를 설계하고 작성 조건에 따라 처리파일을 작성하고, 그 인쇄 출력물을 제출하시오.

가. 자료처리(DBMS) 작업 작성 조건

1) 자료처리(DBMS) 작업은 조회화면(SCREEN) 설계와 자료처리보고서의 2가지 작업을 수행하여 그 결과물을 인쇄용지(A4) 기준 각 1장씩 총 2장을 제출하여야 채점 대상이 됨을 유의하시오.

2) 반드시 인쇄작업 수행 전 미리 보기 등을 통해 여백을 조정하고, 수치, 문자 등 구성요소가 누락되지 않도록 주의하시오. **구성요소가 누락되어 인쇄되지 않은 결과로 인한 모든 책임은 전적으로 수험자 본인에게 있음**을 반드시 유의하시오.

3) 문제지에 기재된 작성 조건에 따라 처리하고, 조회화면 및 자료처리보고서의 **서식이 작성 조건과 상이할 경우에는 시험위원의 지시에 따라 작업하시오.**

나. 입력자료

테이블1 : 소매점별판매현황

문구코드	소매점	구매수량	반품수량
101	서울문구	99	26
101	대전문구	9	0
201	제주문구	17	9
201	서울문구	20	3
201	대전문구	15	10
301	제주문구	50	20
301	서울문구	10	5
301	대전문구	87	15
401	제주문구	70	7
401	서울문구	66	25
401	대전문구	35	13
101	제주문구	23	0

테이블2 : 문구코드표

문구코드	문구명	단가
101	노트	700
201	볼펜	500
301	스케치북	1,000
401	지우개	300

다. 조회화면(SCREEN) 설계

> ※ 다음 조건에 따라 문구코드가 "101" 또는 "401"이면서 소매점이 "서울문구"인 현황을 조회할 수 있는 화면을 설계하고 해당 데이터를 출력하시오.

1) 해당 현황은 목록 상자(리스트박스)에서 반품수량 오름차순으로 출력하고, 화면 아래에 조회 시 작성한 SQL문을 복사하시오.
   - WHERE 조건절에 문구코드, 소매점 반드시 포함
   - INNER JOIN, ORDER BY 구문 반드시 포함
   ※ **SQL문에 상기 내용 미포함 시 SQL 작성 부분 0점 처리**

2) 리스트박스 조회 시 작성된 SQL문이 작성되지 않을 경우에는 "**다. 조회화면(SCREEN) 설계**" 과제가 0점 처리됨을 반드시 유의하시오.

3) 목록 상자에 표시되어야 할 필수적인 필드명은 다음과 같습니다.
   - 문구코드, 문구명, 단가, 소매점, 구매수량, 반품수량

4) 폼 서식에 제반되는 폰트, 점선 등은 아래 [조회화면 서식]에 보이는 대로 기재하시오.

5) 기타 사항은 "**라. 자료처리 파일(FILE) 작성**"의 [기타 조건]을 따르시오.

[조회화면 서식]

문구코드가 "101" 또는 "401"이면서 소매점이 "서울문구" 인 현황

문구코드	문구명	단가	소매점	구매수량	반품수량

리스트박스 조회 시 작성된 SQL문

라. 자료처리 파일(FILE) 작성

※ 다음 조건에 따라 아래 양식과 같이 작성하시오.

[처리 조건]

1) 소매점(대전문구, 서울문구, 제주문구)별로 정리한 후 같은 소매점 안에서는 문구명의 오름차순으로 정렬 (SORT)하시오.

2) **구매금액** : 구매수량×단가

3) **반품금액** : 반품수량×단가

4) **포인트적립액** : (구매수량−반품수량)×(단가의 1%)

5) **비고** : 포인트적립액이 80 이하인 경우 "관리요"로 표시하고, 그 외는 공란으로 처리

6) **합계** : 각 소매점별 구매금액, 반품금액, 포인트적립액의 합 산출

7) **총평균** : 구매금액, 반품금액, 포인트적립액의 전체 평균 산출

8) 작성일자는 수험일자로 하시오.

[기타 조건]

1) 조회화면 및 보고서의 제목은 16 정도의 임의 서체로 하시오.

2) 금액에 대한 수치는 원화(₩) 표시를 하고 천 단위마다 ','(Comma)를 표시하시오.

   (단, 금액 이외의 수치는 ','(Comma)를 표시하지 않도록 하시오)

3) 모든 수치(숫자, 통화, 백분율 등)는 컨트롤의 속성을 설정하는 과정에서 소수 자릿수를 "0"으로 지정하여 정수로 표시하시오.

4) 데이터의 열과 간격은 일정하게 맞추도록 하시오.

소매점별 문구 판매 현황

작성일자 : YYYY-MM-DD

문구명	문구코드	단가	구매금액	반품금액	포인트적립액	비고
XXXX	XXXX	₩X,XXX	₩X,XXX	₩X,XXX	₩X,XXX	XXXX
-	-	-	-	-	-	-
대전문구 합계			₩X,XXX	₩X,XXX	₩X,XXX	
-						-
서울문구 합계			₩X,XXX	₩X,XXX	₩X,XXX	
-	-	-	-	-	-
제주문구 합계			₩X,XXX	₩X,XXX	₩X,XXX	
총평균			₩X,XXX	₩X,XXX	₩X,XXX	

3회 풀이

 유선배 강의

01 저장하기

1) 액세스를 실행한 후 [새 데스크톱 데이터베이스]를 클릭합니다.
2) 파일 이름 입력하는 우측의 🖿를 클릭합니다.
3) 저장 위치는 [바탕화면]-[비번호 폴더] 안에 파일 이름을 DB-비번호로 입력한 후 [확인]을 클릭합니다.
4) [만들기] 버튼을 클릭합니다.

> **액세스 2007 & 2010 버전**
> 액세스 실행 후 [새 데이터베이스]가 선택되어있는 상태에서 우측 파일 이름 입력하는 곳 옆의 🖿를 클릭합니다.

02 테이블 작성하기

✅ 테이블1 만들기

1) 테이블 도구의 [필드] 탭의 [보기]에서 [디자인 보기]를 클릭합니다.
2) 테이블을 저장하라는 창이 나오면 테이블 이름을 그대로 '테이블1'로 지정한 후 [확인]을 클릭합니다.

> **액세스 2007 버전**
> [데이터시트] 탭-[보기]-[디자인 보기]
>
> **액세스 2021 버전**
> [데이터 필드] 탭-[보기]-[디자인 보기]

3) 아래와 같이 필드 이름과 데이터 형식을 변경합니다.

필드 이름	데이터 형식
문구코드	숫자
소매점	짧은 텍스트
구매수량	숫자
반품수량	숫자

> **액세스 2007 & 2010 버전**
> 데이터 형식의 짧은 텍스트 대신 [텍스트]로 지정합니다.

4) 조건에 기본 키를 지정하라는 조건이 없으므로 기본 키를 해제하기 위해, "문구코드" 필드 이름을 클릭한 후, 테이블 도구의 [디자인] 탭에서 [기본 키]를 클릭하여 기본 키를 해제합니다.
5) 테이블 도구의 [보기]-[데이터시트 보기]를 클릭한 후 테이블 저장 대화상자가 나타나면 [예]를 클릭합니다.
6) 아래와 같이 테이블1에 데이터를 입력합니다. 필드를 이동할 때는 방향키(↑, ↓, ←, →)를 이용합니다.

문구코드	소매점	구매수량	반품수량
101	서울문구	99	26
101	대전문구	9	0
201	제주문구	17	9
201	서울문구	20	3
201	대전문구	15	10
301	제주문구	50	20
301	서울문구	10	5
301	대전문구	87	15
401	제주문구	70	7
401	서울문구	66	25
401	대전문구	35	13
101	제주문구	23	0
0		0	0

7) '테이블1' 탭 위에서 마우스 우클릭을 한 후 [닫기]를 클릭하여 테이블1을 닫아 줍니다. 좌측에 '테이블1'을 더블 클릭하여 데이터가 올바르게 입력이 되었는지 다시 한번 확인합니다.

> **액세스 2021 버전**
> [디자인] 탭 대신 [양식 디자인] 탭으로 들어갑니다.

✅ 테이블2 만들기

1) [만들기] 탭의 [테이블 디자인]을 클릭하여 두 번째 테이블을 만듭니다.

2) 아래와 같이 필드 이름과 데이터 형식을 지정합니다.

※ 단가는 금액이기 때문에 데이터 형식을 "통화"로 지정합니다.

3) 테이블 도구의 [보기]–[데이터시트 보기]를 클릭한 후 테이블 저장 대화상자가 나타나면 [예]–[확인]을 클릭합니다.

4) "기본 키를 정의하지 않았습니다. 기본 키를 만드시겠습니까?"라는 대화상자가 나오면 [아니요]를 클릭합니다.

5) 아래와 같이 테이블2에 데이터를 입력합니다. 필드를 이동할 때는 방향키(↑, ↓, ←, →)를 이용합니다.

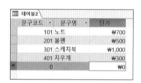

6) '테이블2' 탭 위에서 마우스 우클릭을 한 후 [닫기]를 클릭하여 테이블2를 닫아 줍니다. 좌측에 '테이블2'를 더블 클릭하여 데이터가 올바르게 입력되었는지 다시 한번 확인합니다.

▶ 유선배 강의

03 폼 작성 및 편집

✅ 폼 디자인 만들기

1) [만들기] 탭에서 [폼 디자인]을 클릭합니다.

✅ 레이블로 제목 만들기

1) 폼의 우측 하단 모서리에서 마우스 커서가 ✛ 모양일 때 드래그하여 가로는 19cm, 세로는 20cm 안쪽으로 드래그합니다.

2) 폼의 제목을 입력하기 위해서, 폼 디자인 도구의 [디자인] 탭에서 [레이블 *가가*]을 클릭한 후 폼의 상단에 적당한 크기로 드래그합니다.

3) 레이블 안에 제목을 입력한 후 글자를 블록 지정하거나, 레이블 테두리를 클릭한 후 폼 디자인 도구의 [서식] 탭에서 크기를 16pt로 입력합니다.

※ 제목에서 한 줄을 입력하고 줄 바꿈은 Shift + Enter 를 누릅니다.

※ 조절점을 더블 클릭하면 레이블 상자가 글자 크기에 맞춰서 조절됩니다.

✅ 목록 상자 만들기

1) 폼 디자인 도구의 [디자인] 탭에서 [목록 상자 ▦]를 클릭한 후 제목 아래에 적당한 크기로 드래그하여 그려줍니다.

2) "목록 상자 마법사" 창이 나타나면 [취소]를 클릭하여 창을 닫아 줍니다.

3) 목록 상자 왼쪽에 있는 "List1:" 레이블을 선택한 후 Delete 를 눌러 삭제합니다.

4) [속성 시트]의 [데이터] 탭에서 [행 원본]을 선택한 후 ⋯를 클릭합니다.

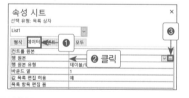

※ 속성 시트가 없으면 폼 디자인 도구의 [디자인] 탭에서 [속성 시트]를 클릭합니다.

5) 테이블 표시 창이 나타나면 '테이블1'과 '테이블2'를 더블 클릭한 후 [닫기]를 클릭합니다.

6) 테이블1에 있는 문구코드 필드를 테이블2의 문구코드로 드래그하여 연결합니다.

7) 조회화면 서식에 나와 있는 순서대로 문구코드, 문구명, 단가, 소매점, 구매수량, 반품수량 필드명을 더블 클릭하여 필드에 추가합니다.

> 문구코드가 "101" 또는 "401"이면서 소매점이 "서울문구"인 현황 나타내기

8) 문구코드의 조건에 101 OR 401을 입력한 후 Enter 를 누릅니다.

9) 소매점이 "서울문구"인 현황을 나타내려면, 소매점의 조건에 **서울문구**를 입력합니다. AND 조건이므로 같은 행에 조건을 입력합니다.

10) 반품수량을 오름차순으로 정렬하기 위해 반품수량의 정렬에서 ▽를 클릭한 후 오름차순을 선택합니다.

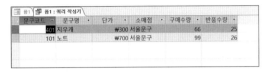

11) [폼1 : 쿼리 작성기] 탭에서 마우스 우클릭을 한 후 [데이터시트 보기]를 클릭하여, 문구코드가 101 또는 401이면서 소매점이 서울문구인 현황이 나타나는지, 반품수량이 오름차순으로 나오는지를 확인합니다.

12) 다시, [폼1 : 쿼리 작성기] 탭에서 마우스 우클릭을 한 후 [SQL 보기]를 클릭하여 조건에 나와 있는 아래의 WHERE 조건절, INNER JOIN, ORDER BY 문이 포함되어 있는지 확인합니다.

13) [폼1 : 쿼리 작성기] 탭에서 마우스 우클릭을 한 후 [닫기]-[예]를 클릭합니다.

14) [속성 시트]의 [형식] 탭에서 **열 개수**를 6으로 입력하고, **열 이름**을 **예**로 선택합니다.

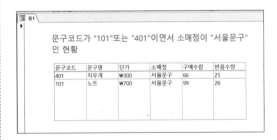

15) [폼1] 탭에서 마우스 우클릭을 한 후 [폼 보기]를 클릭하여 확인합니다.

※ 목록 상자에 스크롤바가 생기면 감점이 되기 때문에 목록 상자의 높이를 키워주어 스크롤바가 생기지 않도록 합니다.

✅ 선 그리기

1) 목록 상자 하단의 선을 만들기 위해 다시 [홈] 탭-[보기]-[디자인 보기]를 클릭한 후 폼 디자인 도구의 [디자인] 탭에서 [선 ◹]을 선택합니다.
2) Shift 를 누른 채 목록 상자 하단에 드래그하여 직선을 그려줍니다.
3) [속성 시트]의 [형식] 탭에서 [테두리 두께]를 [6pt]로 지정합니다.

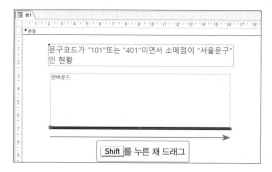

✅ 텍스트 상자 만들기

1) 폼 디자인 도구의 [디자인] 탭에서 [텍스트 상자 가내]를 선택한 후 목록 상자 아래쪽에 적당하게 드래그하여 그려줍니다.
2) "텍스트 상자 마법사" 창이 나오면 [취소]를 클릭합니다.
3) 텍스트 상자 왼쪽에 있는 레이블을 선택하여 **리스트박스 조회 시 작성된 SQL문**을 입력합니다.
4) 레이블 테두리를 선택한 후, 폼 디자인 도구의 [서식] 탭에서 글자 크기를 16pt로 입력합니다. 레이블과 텍스트 상자의 **이동 핸들을 드래그**하여 위치를 이동할 수 있습니다.

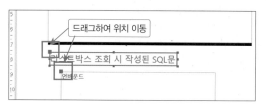

5) 우측 하단에서 드래그하여 텍스트 상자, 선, 목록 상자가 조금이라도 포함되도록 선택합니다.

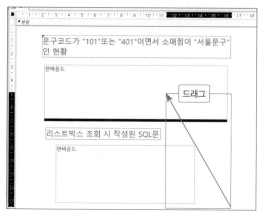

6) 폼 디자인 도구의 [정렬] 탭-[맞춤]-[왼쪽]을 클릭하고, 다시 [크기/공간]-[가장 넓은 너비에]를 클릭하여 좌/우 크기를 동일하게 맞춰줍니다.
7) [속성 시트]의 [형식] 탭에서 [테두리 색]을 [검정 텍스트]로 지정합니다.
8) 빈 곳을 클릭, 다시 텍스트 상자만 선택한 후 [속성 시트]의 [테두리 스타일]을 [파선]으로 지정합니다.

✅ SQL문 복사하기

1) 목록 상자를 클릭한 후, [속성 시트]의 [데이터] 탭에서 [행 원본]을 클릭합니다. Ctrl + C (복사)를 누른 후, 텍스트 상자를 클릭합니다.
2) =를 입력하고, 작은따옴표(')를 입력합니다. Ctrl + V (붙여넣기)를 한 후 다시 작은따옴표(')로 닫아 줍니다.

3) 전체를 드래그하여 모든 컨트롤을 선택한 후 폼 디자인 도구의 [서식] 탭에서 [글꼴 색 가]을 [검정, 텍스트 1]로 지정합니다.

> ※ 액세스 2007 버전은 기본 글꼴 색이 "검정"이기 때문에 따로 글꼴 색 지정은 하지 않습니다.

✅ 인쇄 미리 보기 및 여백 지정하기

1) [파일]-[인쇄]-[인쇄 미리 보기]에서 완성된 폼 화면을 확인할 수 있습니다.

2) 상단 [페이지 설정]에서 **위쪽 여백**을 60으로 입력하고 [확인]을 클릭합니다. 인쇄될 결과물을 확인한 후 [인쇄 미리 보기 닫기]를 클릭합니다.

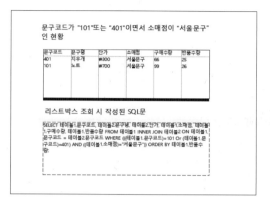

3) [폼1] 탭에서 마우스 우클릭을 한 후 [닫기]-[예]를 클릭합니다.

▶ 유선배 강의

04　쿼리 작성 및 편집

✅ 쿼리 디자인 만들기

1) [만들기]-[쿼리] 그룹에서 [쿼리 디자인]을 클릭합니다.

> **액세스 2007 버전**
> [만들기]-[기타] 그룹의 [쿼리 디자인]

2) 테이블 표시 대화상자가 나타나면 '테이블1'과 '테이블2'를 순서대로 더블 클릭하여 테이블을 생성시킨 후 [닫기]를 클릭합니다.

3) 테이블1의 문구코드를 테이블2의 문구코드로 드래그하여 조인(JOIN)을 시켜줍니다.

✅ 테이블 조인 및 필드 추가

> ※ 보고서 서식을 보고 각각의 필드를 더블 클릭하여 실행하고, 계산이 필요한 필드는 처리 조건을 보고 계산합니다.

1) 보고서 서식을 보고 문구명, 문구코드, 단가를 순서대로 더블 클릭하여 필드를 추가하여 줍니다.

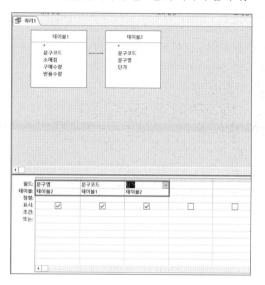

> **[처리 조건]**
> • 구매금액 : 구매수량×단가
> • 반품금액 : 반품수량×단가
> • 포인트적립액 : (구매수량−반품수량)*(단가의 1%)
> • 비고 : 포인트적립액이 80 이하인 경우 "관리요"로 표시하고, 그 외는 공란으로 처리

2) 단가 오른쪽 필드에 구매금액:구매수량*단가를 입력합니다(※ 필드 위에서 마우스 우클릭을 한 후 [확대/축소]를 클릭하여 입력합니다).

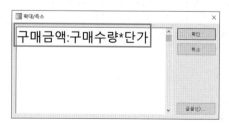

3) 구매금액 오른쪽 필드에 반품금액:반품수량*단가를 입력합니다.

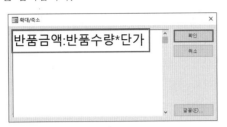

4) 반품금액 오른쪽 필드에 포인트적립액:(구매수량-반품수량)*(단가*0.01)를 입력합니다.

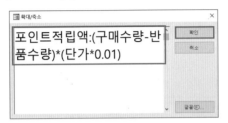

5) 포인트적립액 오른쪽 필드에 비고:IIF(포인트적립액<=80,"관리요","")를 입력합니다.

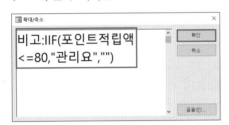

6) 처리 조건에 "소매점(대전문구, 서울문구, 제주문구)별로"라는 조건이 있기 때문에 소매점 필드도 반드시 더블 클릭해서 추가해야 합니다.

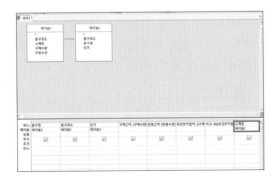

✓ 쿼리 확인하기

1) [쿼리1] 탭에서 마우스 우클릭을 한 후 [데이터시트 보기]를 클릭하여 쿼리 결과를 확인합니다.

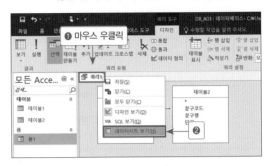

2) [쿼리1] 탭의 [닫기]를 클릭한 후, 대화상자가 나오면 [예]를 클릭합니다. 폼 이름은 [쿼리1]로 지정한 후 [확인]을 클릭합니다.

▶ 유선배 강의

05 보고서 작성 및 편집

✓ 보고서 마법사로 보고서 만들기

1) [만들기] 탭-[보고서] 그룹에서 [보고서 마법사]를 클릭합니다.

2) 보고서 마법사 대화상자가 나타나면 '테이블/쿼리'를 [쿼리: 쿼리1]로 변경하고, 사용 가능한 필드에서 를 클릭하여 선택한 필드로 모두 이동시킨 후 [다음]을 클릭합니다.

[처리 조건]

소매점(대전문구, 서울문구, 제주문구)별로 정리한 후, 같은 소매점 안에서는 문구명의 오름차순으로 정렬(SORT)하시오.

3) 처리 조건에 소매점 별로 정리하라는 지시가 있으므로 소매점을 선택한 후 > 를 클릭하여 그룹 수준을 지정하고 [다음]을 클릭합니다.

4) 같은 소매점 안에서는 문구명의 오름차순으로 정렬(SORT)해야 한다는 조건이 있기 때문에 첫 번째 필드를 **문구명**으로 입력하고 오름차순으로 지정한 후 [요약 옵션]을 클릭합니다.

[처리 조건]

• 합계 : 각 소매점별 구매금액, 반품금액, 포인트적립액의 합 산출
• 총평균 : 구매금액, 반품금액, 포인트적립액의 전체 평균 산출

5) 구매금액, 반품금액, 포인트적립액의 합계와 평균에 □를 클릭하여 ✓체크한 후 [확인]을 클릭합니다.

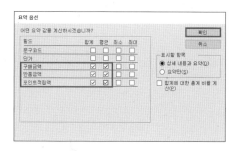

6) [다음]을 클릭하면 보고서 모양을 지정할 수 있는 보고서 마법사가 나타나는데 기본 설정 그대로 지정된 상태로 [다음]을 클릭합니다.

7) 보고서 제목은 [쿼리1] 그대로 지정하고, [보고서 디자인 수정]을 선택한 후 [마침]을 클릭합니다.

✅ 필요 없는 컨트롤 삭제하기

1) [소매점 바닥글]의 =**"에 대한 요약"**의 좌측 눈금선에서 마우스 커서가 ➡로 바뀌면 클릭합니다. Shift 를 누른 채 [페이지 바닥글]의 =NOW, =Page와 [보고서 바닥글]의 총합계의 컨트롤을 선택한 후 Delete 를 눌러 삭제합니다.

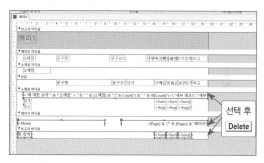

✅ 컨트롤 배치 및 속성 변경하기

1) 출력형태를 보면 소매점이 [소매점 바닥글]에 있습니다. [본문]에 있는 소매점을 [소매점 바닥글]로 내려줍니다. 그리고 [소매점 바닥글]에 있는 평균을 [보고서 바닥글]로 내려줍니다.

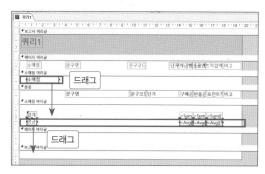

2) [소매점 머리글]과 [페이지 바닥글] 아래에서 마우스 커서가 ✚로 변할 때 위로 드래그하여 높이를 끝까지 줄여줍니다. [소매점 바닥글]에 합계 컨트롤 위치를 위쪽으로 이동 후 높이를 줄여줍니다.

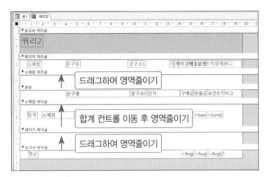

3) [페이지 머리글]의 소매점을 선택한 후 Delete 로 지우고, [본문]의 소매점을 [소매점 바닥글]의 합계 왼쪽에 위치시킵니다.

4) 각 컨트롤의 위치와 크기를 아래와 같이 변경합니다. [보고서 바닥글]의 합계를 **총평균**으로 변경합니다.

※ [쿼리1] 탭에서 마우스 우클릭을 한 후 [레이아웃 보기]를 클릭해서 '####'으로 나타나면, 컨트롤의 너비를 조금 더 늘려주어야 합니다.

✓ 보고서 제목 및 서식 지정하기

1) [쿼리1] 글자를 드래그하여 블록 지정한 후 보고서 제목인 **소매점별 문구 판매 현황**을 입력합니다.

2) 제목의 바깥쪽 테두리를 선택한 후, 오른쪽 조절점에서 끝까지 드래그합니다.

3) 보고서 디자인 도구의 [서식] 탭에서 글꼴 크기를 16pt로 입력하고, [가운데 맞춤 ≡]을 클릭합니다.

> **액세스 2007 버전**
> 폼 디자인 도구의 [디자인] 탭
>
> **액세스 2010 버전**
> 폼 디자인 도구의 [형식] 탭

4) [페이지 머리글] 필드 모두 선택한 후 Shift 를 누른 채 [본문]의 문구명, 문구코드, 비고를 각각 선택합니다.

5) 보고서 디자인 도구의 [서식] 탭에서 [가운데 맞춤 ≡]을 클릭합니다.

✅ 작성일자 입력하기

1) [보고서 머리글]의 높이 경계선에서 마우스 커서가
   ✛ 모양일 때 적당한 크기로 아래로 드래그합니다.
2) 보고서 디자인 도구의 [텍스트 상자[가내]]를 선택한
   후 제목 우측 하단에 적당한 크기로 드래그합니다.
3) 레이블과 텍스트 상자가 삽입되면 레이블에는 **작
   성일자 :**를 입력하고 텍스트 상자에는 **=Date( )**를
   입력합니다.
4) 레이블과 텍스트 상자의 이동핸들을 이용하여 위
   치를 조절합니다. 텍스트 상자를 선택한 후 "왼
   쪽 맞춤"을 합니다.

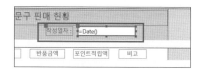

✅ 금액에 대한 수치 원화(₩)로 표시하기

1) [본문]과 [소매점 바닥글]과 [보고서 바닥글]의 구
   매금액, 반품금액, 포인트적립액의 합계와 평균
   컨트롤을 드래그하여 선택합니다(Shift 를 이용
   하여 선택해도 됩니다).
2) [속성 시트]의 [형식] 탭에서 형식을 [통화]로 지
   정합니다.

✅ 컨트롤 글꼴 색 및 윤곽선 설정하기

1) 모든 컨트롤을 드래그하거나 단축키 Ctrl + A
   (모두 선택)를 눌러 선택합니다.
2) 보고서 디자인 도구의 [서식] 탭에서 [글꼴 색]을
   [검정, 텍스트 1]로 지정하고, [도형 윤곽선]을 [투
   명]으로 지정합니다.

✅ 배경색 및 교차 행 색 설정하기

1) [보고서 머리글]을 선택한 후 보고서 디자인 도구
   의 [서식] 탭에서 [도형 채우기]를 [흰색, 배경 1]
   로 지정합니다.
2) [본문]을 클릭한 후 보고서 디사인 도구의 [서식]
   탭에서 [교차 행 색]을 [색 없음]으로 지정합니다.
3) 마찬가지 방법으로 [소매점 바닥글]을 클릭하여
   [교차 행 색]을 [색 없음]으로 지정합니다.

✅ 선 삽입하기

1) 보고서 디자인 도구의 [디자인] 탭을 클릭한 후
   [선☐]을 선택합니다. [페이지 머리글]의 좌측부
   터 Shift 를 누른 채 드래그하여 그려줍니다.
2) [페이지 머리글]의 위쪽에 그려준 선이 선택된 상
   태에서 Ctrl + C (복사)를 한 후 다시 Ctrl + V
   (붙여넣기)를 합니다.
3) 키보드의 아래 화살표(↓)를 눌러 복사된 선을
   [페이지 머리글]의 아래쪽에 위치되도록 합니다.
4) [소매점 바닥글]을 클릭한 후 Ctrl + V (붙여넣
   기)를 하면 [소매점 바닥글] 위쪽에 선이 복사됩니
   다. 다시 한번 Ctrl + V (붙여넣기)를 한 후 아
   래 화살표(↓)를 눌러 [소매점 바닥글]의 아래쪽
   에 위치시켜 줍니다.
5) [보고서 바닥글]을 클릭한 후 Ctrl + V (붙여넣
   기)를 하고 아래 화살표(↓)를 눌러 [보고서 바
   닥글]의 아래쪽에 위치시켜 줍니다.

문구명	문구코드	단가	구매금액	반품금액	포인트적립액	비고
노트	101	₩700	₩6,300	₩0	63	관리요
볼펜	201	₩500	₩7,500	₩5,000	25	관리요
스케치북	301	₩1,000	₩87,000	₩15,000	720	
지우개	401	₩800	₩10,500	₩3,900	66	관리요
대전문구 합계			₩111,300	₩23,900	₩874	
노트	101	₩700	₩69,300	₩18,200	511	
볼펜	201	₩500	₩10,000	₩1,500	85	
스케치북	301	₩1,000	₩10,000	₩5,000	50	관리요
지우개	401	₩800	₩19,800	₩7,500	123	
서울문구 합계			₩109,100	₩32,200	₩769	
노트	101	₩700	₩16,100	₩0	161	
볼펜	201	₩500	₩8,500	₩4,500	40	관리요
스케치북	301	₩1,000	₩50,000	₩20,000	300	
지우개	401	₩800	₩21,000	₩2,100	189	
제주문구 합계			₩95,600	₩26,600	₩690	
총평균			₩26,333	₩6,892	₩194	

소매점별 문구 판매 현황

작성일자 : 2022-05-27

✅ 레이아웃 보기에서 세부 설정하기

1) [쿼리1] 탭에서 마우스 우클릭을 한 후 [레이아웃 보기]를 클릭하여 보고서의 배치가 잘 되었는지 확인합니다.

2) 출력형태를 보면서 위치와 크기를 조절해 줍니다.

06 인쇄 및 페이지 설정

✅ 인쇄 미리 보기 및 페이지 설정

1) [쿼리1] 탭에서 마우스 우클릭을 한 후 [인쇄 미리 보기]를 클릭합니다.

2) [인쇄 미리 보기] 탭에서 [페이지 설정]을 클릭합니다.

3) 위쪽 여백을 60으로 입력한 후 [확인]을 클릭합니다.

4) [인쇄 미리 보기 닫기]를 클릭하여 미리 보기를 닫아 준 후에 [파일]-[저장]을 클릭합니다. 우측 상단의 [닫기 X]를 클릭하여 엑세스를 종료합니다.

| DB 조회화면 |

문구코드가 "101"또는 "401"이면서 소매점이 "서울문구"
인 현황

문구코드	문구명	단가	소매점	구매수량	반품수량
401	지우개	₩300	서울문구	66	25
101	노트	₩700	서울문구	99	26

리스트박스 조회 시 작성된 SQL문

SELECT 테이블1.문구코드, 테이블2.문구명, 테이블2.단가, 테이블1.소매점, 테이블1.구매수량, 테이블1.반품수량 FROM 테이블1 INNER JOIN 테이블2 ON 테이블1.문구코드 = 테이블2.문구코드 WHERE (((테이블1.문구코드)=101 Or (테이블1.문구코드)=401) AND ((테이블1.소매점)="서울문구")) ORDER BY 테이블1.반품수량;

| DB 보고서 |

소매점별 문구 판매 현황

작성일자 : 2022-05-27

문구명	문구코드	단가	구매금액	반품금액	포인트적립액	비고
노트	101	₩700	₩6,300	₩0	63	관리요
볼펜	201	₩500	₩7,500	₩5,000	25	관리요
스케치북	301	₩1,000	₩87,000	₩15,000	720	
지우개	401	₩300	₩10,500	₩8,900	66	관리요
대전문구 합계			₩111,300	₩23,900	₩874	
노트	101	₩700	₩69,300	₩18,200	511	
볼펜	201	₩500	₩10,000	₩1,500	85	
스케치북	301	₩1,000	₩10,000	₩5,000	50	관리요
지우개	401	₩300	₩19,800	₩7,500	123	
서울문구 합계			₩109,100	₩32,200	₩769	
노트	101	₩700	₩16,100	₩0	161	
볼펜	201	₩500	₩8,500	₩4,500	40	관리요
스케치북	301	₩1,000	₩50,000	₩20,000	300	
지우개	401	₩300	₩21,000	₩2,100	189	
제주문구 합계			₩95,600	₩26,600	₩690	
총평균			₩26,333	₩6,892	₩194	

자료처리(DBMS) 작업

> KST 텔레콤에서는 인터넷 회선사용료를 전산화하려고 한다. 다음의 입력자료를 이용하여 DB를 설계하고 작성 조건에 따라 처리 파일을 작성하고, 그 인쇄 출력물을 제출하시오.

가. 자료처리(DBMS) 작업 작성 조건

1) 자료처리(DBMS) 작업은 조회화면(SCREEN) 설계와 자료처리보고서의 2가지 작업을 수행하여 그 결과물을 인쇄용지(A4) 기준 각 1장씩 총 2장을 제출하여야 채점 대상이 됨을 유의하시오.

2) 반드시 인쇄작업 수행 전 미리 보기 등을 통해 여백을 조정하고, 수치, 문자 등 구성요소가 누락되지 않도록 주의하시오. **구성요소가 누락되어 인쇄되지 않은 결과**로 인한 **모든 책임은 전적으로 수험자 본인에게 있음**을 반드시 유의하시오.

3) 문제지에 기재된 작성 조건에 따라 처리하고, 조회화면 및 자료처리보고서의 **서식이 작성 조건과 상이할 경우에는 시험위원의 지시에 따라 작업하시오.**

나. 입력자료

인터넷 회선사용 내역

고객번호	가입일	설치장소	회선수
A-101	2008-08-14	아파트	312
O-101	2006-08-04	오피스텔	294
H-101	2013-08-30	일반주택	125
O-102	2014-08-10	오피스텔	225
A-102	1999-08-07	아파트	238
H-102	2012-08-21	일반주택	119
H-103	2002-08-11	일반주택	63
A-103	2013-08-25	아파트	331
O-103	2014-08-07	오피스텔	275
H-104	2013-08-04	일반주택	177
O-104	2014-03-12	오피스텔	214
A-104	2012-08-01	아파트	188
O-105	2010-08-16	오피스텔	233
A-105	2009-08-02	아파트	186
H-105	2010-08-25	일반주택	89
H-154	2008-07-14	일반주택	98
O-157	2006-06-10	오피스텔	130
H-133	1998-03-01	일반주택	182
A-110	2012-12-16	아파트	257
O-133	2014-04-01	오피스텔	120

단가표

설치장소	단가
오피스텔	48,000
아파트	25,000
일반주택	30,000

다. 조회화면(SCREEN) 설계

> ※ 다음 조건에 따라 고객번호가 O 또는 H로 시작하면서 회선수가 200 이상인 고객 현황을 조회할 수 있는 화면을 설계하고 해당 데이터를 출력하시오.

1) 해당 현황은 목록 상자(리스트박스)에서 가입일 오름차순으로 출력하고, 화면 아래에 조회 시 작성한 SQL문을 복사하시오.
   - WHERE 조건절에 고객번호, 회선수 반드시 포함
   - INNER JOIN, LIKE, ORDER BY 구문 반드시 포함
   ※ SQL문에 상기 내용 미포함 시 SQL 작성 부분 0점 처리

2) 리스트박스 조회 시 작성된 SQL문이 작성되지 않을 경우에는 "**다. 조회화면(SCREEN) 설계**" 과제가 0점 처리됨을 반드시 유의하시오.

3) 목록 상자에 표시되어야 할 필수적인 필드명은 다음과 같습니다.
   - 고객번호, 가입일, 설치장소, 회원수, 단가

4) 폼 서식에 제반되는 폰트, 점선 등은 아래 [조회화면 서식]에 보이는 대로 기재하시오.

5) 기타 사항은 "**라. 자료처리 파일(FILE) 작성**"의 [기타 조건]을 따르시오.

[조회화면 서식]

고객번호가 O 또는 H로 시작하면서 회선수가 200이상인 고객 현황

고객번호	가입일	설치장소	회선수	단가

리스트박스 조회 시 작성된 SQL문

라. 자료처리 파일(FILE) 작성

※ 다음 조건에 따라 아래 양식과 같이 작성하시오.

[처리 조건]

1) 설치장소(아파트, 오피스텔, 일반주택)별로 정리한 후 같은 설치장소 안에서는 가입일의 오름차순으로 정렬(SORT)하시오.

2) 회선료 : 회선수×단가

3) 설치비 : 회선료×130%

4) 모뎀임대료 : (회선료+설치비)×5%

5) 총액 : 회선료+설치비+모뎀임대료

6) 합계 : 설치장소별 설치비, 모뎀임대료, 총액의 합을 산출하시오.

7) **총평균** : 설치비, 모뎀임대료, 총액의 전체 평균을 산출하시오.

8) 가입일은 MM−DD 형식으로 표시하시오.

[기타 조건]

1) 조회화면 및 보고서의 제목은 16 정도의 임의 서체로 하시오.

2) 금액에 대한 수치는 원화(₩) 표시를 하고 천 단위마다 ','(Comma)를 표시하시오.

 (단, 금액 이외의 수치는 ','(Comma)를 표시하지 않도록 하시오)

3) 모든 수치(숫자, 통화, 백분율 등)는 컨트롤의 속성을 설정하는 과정에서 소수 자릿수를 "0"으로 지정하여 정수로 표시하시오.

4) 데이터의 열과 간격은 일정하게 맞추도록 하시오.

인터넷 회선 사용료 내역

가입일	회선수	단가	회선료	설치비	모뎀임대료	총액
MM−DD	XXXX	₩X,XXX	₩X,XXX	₩X,XXX	₩X,XXX	₩X,XXX
-		-	-	-	-	-
		아파트 합계		₩X,XXX	₩X,XXX	₩X,XXX
-	-	-	-	-	-	-
		오피스텔 합계		₩X,XXX	₩X,XXX	₩X,XXX
-	-	-	-	-	-	-
		일반주택 합계		₩X,XXX	₩X,XXX	₩X,XXX
		총평균		₩X,XXX	₩X,XXX	₩X,XXX

▶ 유선배 강의

01 저장하기

1) 액세스를 실행한 후 [새 데스크톱 데이터베이스]를 클릭합니다.
2) 파일 이름 입력하는 우측의 🖼를 클릭합니다.
3) 저장 위치는 [바탕화면]–[비번호 폴더] 안에 파일 이름을 DB–비번호로 입력한 후 [확인]을 클릭합니다.
4) [만들기] 버튼을 클릭합니다.

> **액세스 2007 & 2010 버전**
> 액세스 실행 후 [새 데이터베이스]가 선택되어 있는 상태에서 우측 파일 이름 입력하는 곳 옆의 🖼를 클릭합니다.

02 테이블 작성하기

✓ 테이블1 만들기

1) 테이블 도구의 [필드] 탭의 [보기]의 [디자인 보기]를 클릭합니다.
2) 테이블을 저장하라는 창이 나오면 테이블 이름을 그대로 '테이블1'로 지정한 후 [확인]을 클릭합니다.

> **액세스 2007 버전**
> [데이터시트] 탭–[보기]–[디자인 보기]

> **액세스 2021 버전**
> [데이터 필드] 탭–[보기]–[디자인 보기]

3) 아래와 같이 필드 이름과 데이터 형식을 변경합니다.

필드 이름	데이터 형식
고객번호	짧은 텍스트
가입일	날짜/시간
설치장소	짧은 텍스트
회선수	숫자

> **액세스 2007 & 2010 버전**
> 데이터 형식의 짧은 텍스트 대신 [텍스트]로 지정합니다.

> ※ 고객번호 필드의 데이터 형식은 짧은 텍스트로 하고, 필드속성의 [IME 모드]를 [영숫자 반자]로 지정합니다.

4) 조건에 기본 키를 지정하라는 조건이 없으므로 기본 키를 해제하기 위해, "고객번호" 필드 이름을 클릭한 후, 테이블 도구의 [디자인] 탭에서 [기본 키]를 클릭하여 기본 키를 해제합니다.
5) 테이블 도구의 [보기]–[데이터시트 보기]를 클릭한 후 테이블 저장 대화상자가 나타나면 [예]를 클릭합니다.
6) 아래와 같이 테이블1에 데이터를 입력합니다. 필드를 이동할 때는 방향키(↑, ↓, ←, →)를 이용합니다.

7) '테이블1' 탭 위에서 마우스 우클릭을 한 후 [닫기]를 클릭하여 테이블1을 닫아줍니다. 좌측에 '테이블1'을 더블 클릭하여 데이터가 올바르게 입력이 되었는지 다시 한번 확인합니다.

> **액세스 2021 버전**
> [디자인] 탭 대신 [양식 디자인] 탭으로 들어갑니다.

✓ 테이블2 만들기

1) [만들기] 탭의 [테이블 디자인]을 클릭하여 두 번째 테이블을 만듭니다.

2) 아래와 같이 필드 이름과 데이터 형식을 지정합니다.

3) 테이블 도구의 [보기]-[데이터시트 보기]를 클릭한 후 테이블 저장 대화상자가 나타나면 [예]-[확인]을 클릭합니다.

4) "기본 키를 정의하지 않았습니다. 기본 키를 만드시겠습니까?"라는 대화상자가 나오면 [아니요]를 클릭합니다.

5) 아래와 같이 테이블2에 데이터를 입력합니다. 필드를 이동할 때는 방향키(↑, ↓, ←, →)를 이용합니다.

6) '테이블2' 탭 위에서 마우스 우클릭을 한 후 [닫기]를 눌러 테이블2를 닫아 줍니다. 좌측에 '테이블2'를 더블 클릭하여 데이터가 올바르게 입력되었는지 다시 한번 확인합니다.

▶ 유선배 강의

03 폼 작성 및 편집

⊘ 폼 디자인 만들기

1) [만들기] 탭에서 [폼 디자인]을 클릭합니다.

⊘ 레이블로 제목 만들기

1) 폼의 우측 하단 모서리에서 마우스 커서가 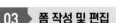 모양일 때 드래그하여 가로는 19cm, 세로는 20cm 안쪽으로 드래그합니다.

2) 폼의 제목을 입력하기 위해서, 폼 디자인 도구의 [디자인] 탭에서 [레이블]을 클릭한 후 폼의 상단에 적당한 크기로 드래그합니다.

3) 레이블 안에 제목을 입력한 후 글자를 블록 지정하거나, 레이블 테두리를 클릭한 후 폼 디자인 도구의 [서식] 탭에서 크기를 16pt로 입력하고 [가운데 정렬 ≡]을 클릭합니다.

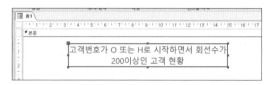

※ 제목에서 한 줄을 입력하고 줄 바꿈은 [Shift]+[Enter]를 누릅니다.
※ 조절점을 더블 클릭하면 레이블 상자가 글자 크기에 맞춰서 조절됩니다.

⊘ 목록 상자 만들기

1) 폼 디자인 도구의 [디자인] 탭에서 [목록 상자 ▦]를 클릭한 후 제목 아래에 적당한 크기로 드래그하여 그려줍니다.

2) "목록 상자 마법사" 창이 나타나면 [취소]를 클릭하여 창을 닫아줍니다.

3) 목록 상자 왼쪽에 있는 "List1:" 레이블을 선택한 후 [Delete]를 눌러 삭제합니다.

4) [속성 시트]의 [데이터] 탭에서 [행 원본]을 선택한 후 ⋯를 클릭합니다.

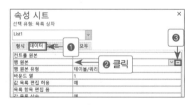

※ 속성 시트가 없으면 폼 디자인 도구의 [디자인] 탭에서 [속성 시트]를 클릭합니다.

5) 테이블 표시 창이 나타나면 '테이블1'과 '테이블2'를 더블 클릭한 후 [닫기]를 클릭합니다.

6) 테이블1에 있는 설치장소 필드를 테이블2의 설치장소로 드래그하여 연결합니다.

7) 조회화면 서식에 나와 있는 순서대로 고객번호, 가입일, 설치장소, 회선수, 단가 필드명을 더블클릭하여 필드에 추가합니다.

고객번호가 O 또는 H로 시작하면서 회선수가 200 이상인 고객 현황을 나타내기

8) 고객번호의 조건에 O* OR H*를 입력한 후 Enter를 누르면 Like "O*" Or Like "H*"로 변경됩니다.

9) 회선수가 200 이상인 고객 현황을 나타내려면, 회선수의 조건에 >=200을 입력합니다. AND 조건이므로 같은 행에 조건을 입력합니다.

10) 가입일을 오름차순으로 정렬하기 위해 가입일의 정렬에서 ∨를 클릭하여 오름차순을 선택합니다.

11) [폼1 : 쿼리 작성기] 탭에서 마우스 우클릭을 한 후 [데이터시트 보기]를 클릭하여, 고객번호가 O 또는 H로 시작하면서 회선수가 200 이상인 고객 현황이 나타나는지, 가입일이 오름차순으로 나오는지를 확인합니다.

12) 다시, [폼1 : 쿼리 작성기] 탭에서 마우스 우클릭을 한 후 [SQL 보기]를 클릭하여 조건에 나와 있는 아래의 WHERE 조건절, INNER JOIN, LIKE, ORDER BY 문이 포함되어 있는지 확인합니다.

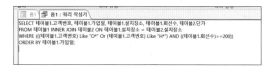

13) [폼1 : 쿼리 작성기] 탭에서 마우스 우클릭을 한 후 [닫기]-[예]를 클릭합니다.

14) [속성 시트]의 [형식] 탭에서 **열 개수**를 5로 입력하고, **열 이름**을 **예**로 선택합니다.

14) [폼1] 탭에서 마우스 우클릭을 한 후 [폼 보기]를 클릭하여 확인합니다.

※ 목록 상자에 스크롤바가 생기면 감점이 되기 때문에 목록 상자의 높이를 키워주어 스크롤바가 생기지 않도록 합니다.

✅ 선 그리기

1) 목록 상자의 하단의 선을 만들기 위해 다시 [홈] 탭-[보기]-[디자인 보기]를 클릭한 후 폼 디자인 도구의 [디자인] 탭에서 [선 ◻]을 선택합니다.

2) Shift 를 누른 채 목록 상자 하단에 드래그하여 직선을 그려줍니다.

3) [속성 시트]의 [형식] 탭에서 [테두리 두께]를 [6pt]로 지정합니다.

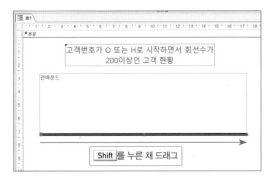

✅ 텍스트 상자 만들기

1) 폼 디자인 도구의 [디자인] 탭에서 [텍스트 상자 ⌨]를 선택한 후 목록 상자 아래쪽에 적당하게 드래그하여 그려줍니다.

2) "텍스트 상자 마법사" 창이 나오면 [취소]를 클릭합니다.

3) 텍스트 상자 왼쪽에 있는 레이블을 선택하여 **리스트박스 조회 시 작성된 SQL문**을 입력합니다.

4) 레이블 테두리를 선택한 후, 폼 디자인 도구의 [서식] 탭에서 글자 크기를 16pt로 입력합니다. 레이블과 텍스트 상자의 **이동 핸들을 드래그**하여 위치를 이동할 수 있습니다.

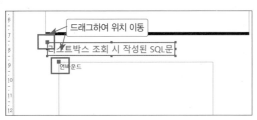

5) 우측 하단에서 드래그하여 텍스트 상자, 선, 목록 상자가 조금이라도 포함되도록 선택합니다.

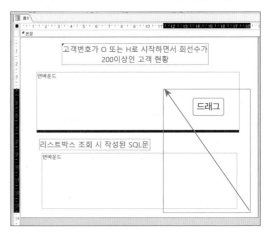

6) 폼 디자인 도구의 [정렬] 탭-[맞춤]-[왼쪽]을 클릭하고, 다시 [크기/공간]-[가장 넓은 너비에]를 클릭하여 좌/우 크기를 동일하게 맞춰줍니다.

7) [속성 시트]의 [형식] 탭에서 [테두리 색]을 [검정 텍스트]로 지정합니다.

8) 빈 곳을 클릭, 다시 텍스트 상자만 선택한 후 [속성 시트]의 [테두리 스타일]을 [파선]으로 지정합니다.

✅ SQL문 복사하기

1) 목록 상자를 클릭한 후, [속성 시트]의 [데이터] 탭에서 [행 원본]을 클릭합니다. Ctrl + C (복사)를 누른 후, 텍스트 상자를 클릭합니다.

2) =를 입력하고, 작은따옴표(')를 입력합니다. Ctrl + V (붙여넣기)를 한 후 다시 작은따옴표(')로 닫아 줍니다.

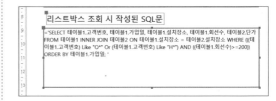

3) 전체를 드래그하여 모든 컨트롤을 선택한 후 폼 디자인 도구의 [서식] 탭에서 [글꼴 색 **가**]을 [검정, 텍스트 1]로 지정합니다.

> ※ 액세스 2007 버전은 기본 글꼴 색이 "검정"이기 때문에 따로 글꼴 색 지정은 하지 않습니다.

인쇄 미리 보기 및 여백 지정하기

1) [파일]−[인쇄]−[인쇄 미리 보기]에서 완성된 폼 화면을 확인할 수 있습니다.

2) 상단 [페이지 설정]에서 **위쪽 여백**을 60으로 입력 하고 [확인]을 클릭합니다. 인쇄될 결과물을 확인 한 후 [인쇄 미리 보기 닫기]를 클릭합니다.

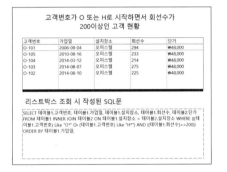

3) [폼1] 탭에서 마우스 우클릭을 한 후 [닫기]−[예] 를 클릭합니다.

▶ 유선배 강의

04 쿼리 작성 및 편집

쿼리 디자인 만들기

1) [만들기]−[쿼리] 그룹에서 [쿼리 디자인]을 클릭 합니다.

> **액세스 2007 버전**
> [만들기]−[기타] 그룹의 [쿼리 디자인]

2) 테이블 표시 대화상자가 나타나면 '테이블1'과 '테이블2'를 순서대로 더블 클릭하여 테이블을 생 성시킨 후 [닫기]를 클릭합니다.

3) 테이블1의 **설치장소**를 테이블2의 **설치장소**로 드 래그하여 조인(JOIN)을 시켜줍니다.

테이블 조인 및 필드 추가

> ※ 보고서 서식을 보고 각각의 필드를 더블 클릭하여 실행하 고, 계산이 필요한 필드는 처리 조건을 보고 계산합니다.

1) 보고서 서식을 보고 가입일, 회선수, 단가를 순서 대로 더블 클릭하여 필드를 추가하여 줍니다.

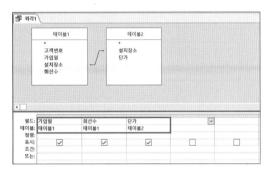

> **[처리 조건]**
> • 회선료 : 회선수×단가
> • 설치비 : 회선료×130%
> • 모뎀임대료 : (회선료+설치비)×5%
> • 총액 : 회선료+설치비+모뎀임대료

2) 단가 오른쪽 필드에 **회선료:회선수*단가**를 입력 합니다(※ 필드 위에서 마우스 우클릭을 한 후 [확대/축소]를 클릭하여 입력합니다).

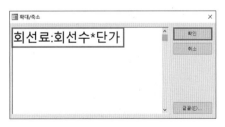

3) 회선료 오른쪽 필드에 설치비:회선료*1.3을 입력합니다.

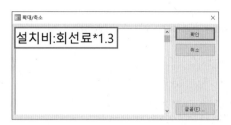

4) 설치비 오른쪽 필드에 모뎀임대료:(회선료+설치비)*0.05를 입력합니다.

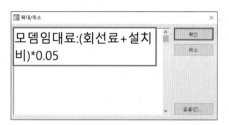

5) 모뎀임대료 오른쪽 필드에 총액:회선료+설치비+모뎀임대료를 입력합니다.

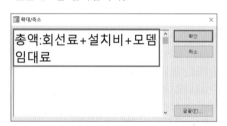

6) 처리 조건에 "설치장소(아파트, 오피스텔, 일반주택)별로"라는 조건이 있으므로 설치장소 필드도 반드시 더블 클릭해서 추가해야 합니다.

✅ 쿼리 확인하기

1) [쿼리1] 탭에서 마우스 우클릭을 한 후 [데이터시트 보기]를 클릭하여 쿼리 결과를 확인합니다.

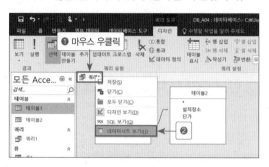

2) [쿼리1] 탭의 [닫기]를 클릭한 후, 대화상자가 나오면 [예]를 클릭합니다. 폼 이름은 [쿼리1]로 지정한 후 [확인]을 클릭합니다.

05 보고서 작성 및 편집

✅ 보고서 마법사로 보고서 만들기

1) [만들기] 탭-[보고서] 그룹에서 [보고서 마법사]를 클릭합니다.

2) 보고서 마법사 대화상자가 나타나면 '테이블/쿼리'를 **[쿼리: 쿼리1]**로 변경하고, 사용 가능한 필드에서 >> 를 클릭하여 선택한 필드로 모두 이동시킨 후 [다음]을 클릭합니다.

[처리 조건]
설치장소(아파트, 오피스텔, 일반주택)별로 정리한 후, 같은 설치장소 안에서는 가입일의 오름차순으로 정렬(SORT)하시오.

3) 처리 조건에 설치장소별로 정리하라는 지시가 있으므로 설치장소를 선택한 후 > 를 클릭하여 그룹 수준을 지정하고 [다음]을 클릭합니다.

4) 같은 설치장소 안에서는 가입일의 오름차순으로 정렬(SORT)해야 한다는 조건이 있으므로 첫 번째 필드에 **가입일**을 입력하고 오름차순으로 지정한 후 [요약 옵션]을 클릭합니다.

[처리 조건]
• 합계 : 설치장소별 설치비, 모뎀임대료, 총액의 합을 산출하시오.
• 총평균 : 설치비, 모뎀임대료, 총액의 전체 평균을 산출하시오.

5) 설치비, 모뎀임대료, 총액의 합계와 평균에 □를 클릭하여 ✓체크한 후 확인을 클릭합니다.

6) [다음]을 클릭하면 보고서 모양을 지정할 수 있는 보고서 마법사가 나타나는데 기본 설정 그대로 [다음]을 클릭합니다.

7) 보고서 제목은 [쿼리1]로 그대로 지정하고, [보고서 디자인 수정]을 선택한 후 [마침]을 클릭합니다.

✅ 필요 없는 컨트롤 삭제하기

1) [설치장소 바닥글]의 ="에 대한 요약"의 좌측 눈금선에서 마우스 커서가 ➡로 바뀌면 클릭합니다. Shift 를 누른 채 [페이지 바닥글]에 =NOW, =Page와 [보고서 바닥글]에 총 합계의 컨트롤을 선택한 후 Delete 를 눌러 삭제합니다.

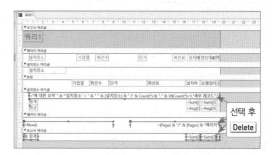

✅ 컨트롤 배치 및 속성 변경하기

1) [페이지 머리글]의 설치장소를 선택한 후 Delete 를 눌러 삭제합니다.

2) [설치장소 머리글]에 있는 설치장소는 합계 좌측으로 드래그합니다.

3) [설치장소 바닥글]에 있는 평균을 선택한 후 [보고서 바닥글]로 이동합니다.

4) [설치장소 머리글]과 [페이지 바닥글] 아래에서 마우스 커서가 ✚로 변할 때 위로 드래그하여 높이를 끝까지 줄여줍니다. [설치장소 바닥글]에 합계 컨트롤도 위치를 위쪽으로 이동한 후 높이를 줄여줍니다.

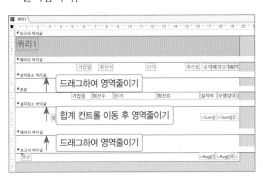

5) 각 컨트롤의 위치와 크기를 아래와 같이 변경합니다. [보고서 바닥글]의 합계를 **총평균**으로 변경합니다.

※ [쿼리1] 탭에서 마우스 우클릭을 한 후 [레이아웃 보기]를 클릭해서 '####'으로 나타나 있으면, 컨트롤의 너비를 조금 더 늘려주어야 합니다.

✅ 보고서 제목 및 서식 지정하기

1) [쿼리1] 글자를 드래그하여 블록 지정한 후 보고서 제목인 **인터넷 회선 사용료 내역**을 입력합니다.

2) 제목의 바깥쪽 테두리를 선택한 후, 오른쪽 조절점에서 끝까지 드래그합니다.

3) 보고서 디자인 도구의 [서식] 탭에서 글꼴 크기를 16pt로 입력하고, [가운데 맞춤 ≡]을 클릭합니다.

액세스 2007 버전
폼 디자인 도구의 [디자인] 탭

액세스 2010 버전
폼 디자인 도구의 [형식] 탭

4) [페이지 머리글] 필드를 모두 선택한 후 **Shift**를 누른 채 [본문]의 가입일, [설치장소 바닥글]의 설치장소를 각각 선택합니다.

5) 보고서 디자인 도구의 [서식] 탭에서 [가운데 맞춤 ≡]을 클릭합니다.

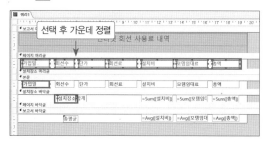

가입일 형식 표시하기

> [처리 조건]
> 가입일은 MM-DD 형식으로 표시하시오.

1) [본문]의 가입일을 선택한 후 [속성 시트]의 [형식] 탭에서 형식을 MM-DD로 입력한 후 **Enter**를 누릅니다.

금액에 대한 수치 원화(₩)로 표시하기

1) [본문]의 설치비, 모뎀임대료, 총액, [설치장소 바닥글]과 [보고서 바닥글]의 설치비, 모뎀임대료, 총액의 합계와 평균 컨트롤을 드래그하여 선택합니다(**Shift**를 이용하여 선택해도 됩니다).

2) [속성 시트]의 [형식] 탭에서 형식을 [통화]로 지정합니다.

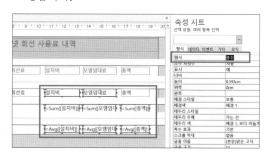

컨트롤 글꼴 색 및 윤곽선 설정하기

1) 모든 컨트롤을 드래그하거나 단축키 **Ctrl**+**A** (모두 선택)를 눌러 선택합니다.

2) 보고서 디자인 도구의 [서식] 탭에서 [글꼴 색]을 [검정, 텍스트 1]로 지정하고, [도형 윤곽선]을 [투명]으로 지정합니다.

배경색 및 교차 행 색 설정하기

1) [보고서 머리글]을 선택한 후 보고서 디자인 도구의 [서식] 탭에서 [도형 채우기]를 [흰색, 배경 1]로 지정합니다.

2) [본문]을 클릭한 후 보고서 디자인 도구의 [서식] 탭에서 [교차 행 색]을 [색 없음]으로 지정합니다.

3) 마찬가지 방법으로 [설치장소 바닥글]을 클릭하여 [교차 행 색]을 [색 없음]으로 지정합니다.

✅ 선 삽입하기

1) 보고서 디자인 도구의 [디자인] 탭을 클릭한 후 [선◻]을 선택합니다. [페이지 머리글]의 좌측부터 Shift 를 누른 채 드래그하여 그려줍니다.

2) [페이지 머리글]의 위쪽에 그려준 선이 선택된 상태에서 Ctrl + C (복사)를 한 후 다시 Ctrl + V (붙여넣기)를 합니다.

3) 키보드의 아래 화살표(↓)를 눌러 복사된 선을 [페이지 머리글]의 아래쪽에 위치되도록 합니다.

4) [설치장소 바닥글]을 클릭한 후 Ctrl + V (붙여넣기)를 하면 [설치장소 바닥글] 위쪽에 선이 복사됩니다. 다시 한번 Ctrl + V (붙여넣기)를 한 후 아래 화살표(↓)를 눌러 [설치장소 바닥글]의 아래쪽에 위치시켜 줍니다.

5) [보고서 바닥글]을 클릭한 후 Ctrl + V (붙여넣기)를 한 후 아래 화살표(↓)를 눌러 [보고서 바닥글]의 아래쪽에 위치시켜 줍니다.

✅ 레이아웃 보기에서 세부 설정하기

1) [쿼리1] 탭에서 마우스 우클릭을 한 후 [레이아웃 보기]를 클릭하여 보고서의 배치가 잘 되었는지 확인합니다.

2) 출력형태를 보면서 위치와 크기를 조절해 줍니다.

✅ 인쇄 미리 보기 및 페이지 설정

1) [쿼리1] 탭에서 마우스 우클릭을 한 후 [인쇄 미리 보기]를 클릭합니다.

2) [인쇄 미리 보기] 탭에서 [페이지 설정]을 클릭합니다.

3) 위쪽 여백을 60으로 입력한 후 [확인]을 클릭합니다.

4) [인쇄 미리 보기 닫기]를 클릭하여 미리 보기를 닫아 준 후에 [파일]-[저장]을 클릭합니다. 우측 상단의 [닫기 X]를 클릭하여 액세스를 종료합니다.

인터넷 회선 사용료 내역

가입일	회선수	단가	회선료	설치비	모뎀임대료	총액
08-07	238	₩25,000	₩5,950,000	₩7,735,000	₩684,250	₩14,369,250
08-14	312	₩25,000	₩7,800,000	₩10,140,000	₩897,000	₩18,837,000
08-02	186	₩25,000	₩4,650,000	₩6,045,000	₩534,750	₩11,229,750
08-01	188	₩25,000	₩4,700,000	₩6,110,000	₩540,500	₩11,350,500
12-16	257	₩25,000	₩6,425,000	₩8,352,500	₩738,875	₩15,516,375
08-25	331	₩25,000	₩8,275,000	₩10,757,500	₩951,625	₩19,984,125
아파트 합계				₩49,140,000	₩4,347,000	₩91,287,000
06-10	130	₩48,000	₩6,240,000	₩8,112,000	₩717,600	₩15,069,600
08-04	294	₩48,000	₩14,112,000	₩18,345,600	₩1,622,880	₩34,080,480
08-16	233	₩48,000	₩11,184,000	₩14,539,200	₩1,286,160	₩27,009,360
03-12	214	₩48,000	₩10,272,000	₩13,353,600	₩1,181,280	₩24,806,880
04-01	120	₩48,000	₩5,760,000	₩7,488,000	₩662,400	₩13,910,400
08-07	275	₩48,000	₩13,200,000	₩17,160,000	₩1,518,000	₩31,878,000
08-10	225	₩48,000	₩10,800,000	₩14,040,000	₩1,242,000	₩26,082,000
오피스텔 합계				₩93,038,400	₩8,230,320	₩172,886,720
08-01	182	₩30,000	₩5,460,000	₩7,098,000	₩627,900	₩13,185,900
08-11	63	₩30,000	₩1,890,000	₩2,457,000	₩217,350	₩4,564,350
07-14	98	₩30,000	₩2,940,000	₩3,822,000	₩338,100	₩7,100,100
08-25	89	₩30,000	₩2,670,000	₩3,471,000	₩307,050	₩6,448,050
08-21	119	₩30,000	₩3,570,000	₩4,641,000	₩410,550	₩8,621,550
08-04	177	₩30,000	₩5,310,000	₩6,903,000	₩610,650	₩12,823,650
08-30	125	₩30,000	₩3,750,000	₩4,875,000	₩431,250	₩9,056,250
일반주택 합계				₩33,267,000	₩2,942,850	₩61,799,850
총평균				₩8,772,270	₩776,009	₩16,296,179

완성

| DB 조회화면 |

고객번호가 O 또는 H로 시작하면서 회선수가 200이상인 고객 현황

고객번호	가입일	설치장소	회선수	단가
O-101	2006-08-04	오피스텔	294	₩48,000
O-105	2010-08-16	오피스텔	233	₩48,000
O-104	2014-03-12	오피스텔	214	₩48,000
O-103	2014-08-07	오피스텔	275	₩48,000
O-102	2014-08-10	오피스텔	225	₩48,000

리스트박스 조회 시 작성된 SQL문

```
SELECT 테이블1.고객번호, 테이블1.가입일, 테이블1.설치장소, 테이블1.회선수, 테이블2.단가
FROM 테이블1 INNER JOIN 테이블2 ON 테이블1.설치장소 = 테이블2.설치장소 WHERE (((테
이블1.고객번호) Like "O*" Or (테이블1.고객번호) Like "H*") AND ((테이블1.회선수)>=200))
ORDER BY 테이블1.가입일;
```

| DB 보고서 |

인터넷 회선 사용료 내역

가입일	회선수	단가	회선료	설치비	모뎀임대료	총액
08-07	238	₩25,000	₩5,950,000	₩7,735,000	₩684,250	₩14,369,250
08-14	312	₩25,000	₩7,800,000	₩10,140,000	₩897,000	₩18,837,000
08-02	186	₩25,000	₩4,650,000	₩6,045,000	₩534,750	₩11,229,750
08-01	188	₩25,000	₩4,700,000	₩6,110,000	₩540,500	₩11,350,500
12-16	257	₩25,000	₩6,425,000	₩8,352,500	₩738,875	₩15,516,375
08-25	331	₩25,000	₩8,275,000	₩10,757,500	₩951,625	₩19,984,125
아파트 합계				₩49,140,000	₩4,347,000	₩91,287,000
06-10	130	₩48,000	₩6,240,000	₩8,112,000	₩717,600	₩15,069,600
08-04	294	₩48,000	₩14,112,000	₩18,345,600	₩1,622,880	₩34,080,480
08-16	233	₩48,000	₩11,184,000	₩14,539,200	₩1,286,160	₩27,009,360
03-12	214	₩48,000	₩10,272,000	₩13,353,600	₩1,181,280	₩24,806,880
04-01	120	₩48,000	₩5,760,000	₩7,488,000	₩662,400	₩13,910,400
08-07	275	₩48,000	₩13,200,000	₩17,160,000	₩1,518,000	₩31,878,000
08-10	225	₩48,000	₩10,800,000	₩14,040,000	₩1,242,000	₩26,082,000
오피스텔 합계				₩93,038,400	₩8,230,320	₩172,836,720
08-01	182	₩30,000	₩5,460,000	₩7,098,000	₩627,900	₩13,185,900
08-11	63	₩30,000	₩1,890,000	₩2,457,000	₩217,350	₩4,564,350
07-14	98	₩30,000	₩2,940,000	₩3,822,000	₩338,100	₩7,100,100
08-25	89	₩30,000	₩2,670,000	₩3,471,000	₩807,050	₩6,448,050
08-21	119	₩30,000	₩3,570,000	₩4,641,000	₩410,550	₩8,621,550
08-04	177	₩30,000	₩5,310,000	₩6,903,000	₩610,650	₩12,823,650
08-30	125	₩30,000	₩3,750,000	₩4,875,000	₩431,250	₩9,056,250
일반주택 합계				₩33,267,000	₩2,942,850	₩61,799,850
총평균				₩8,772,270	₩776,009	₩16,296,179

자료처리(DBMS) 작업

한국과학연구소에서 신입 직원 교육 현황을 전산화하려고 한다. 다음의 입력자료를 이용하여 DB를 설계하고 작성 조건에 따라 처리파일을 작성한 후 인쇄 출력물을 제출하시오.

가. 자료처리(DBMS) 작업 작성 조건

1) 자료처리(DBMS)작업은 조회화면(SCREEN) 설계와 자료처리보고서의 2가지 작업을 수행하여 그 결과물을 인쇄용지(A4) 기준 각 1장씩 총 2장을 제출하여야 채점 대상이 됨을 유의하시오.

2) 반드시 인쇄작업 수행 전 미리 보기 등을 통해 여백을 조정하고, 수치, 문자 등 구성요소가 누락되지 않도록 주의하시오. **구성요소가 누락되어 인쇄되지 않은 결과**로 인한 **모든 책임은 전적으로 수험자 본인에게 있음**을 반드시 유의하시오.

3) 문제지 기재된 작성 조건에 따라 처리하고, 조회화면 및 자료처리보고서의 **서식이 작성 조건과 상이할 경우**에는 **시험위원의 지시에 따라 작업하시오.**

나. 입력자료

직원교육현황

직원번호	구분코드	교육월수	연수비
1010	C	11	200,000
1340	A	7	60,000
3674	A	7	60,000
4233	C	9	100,000
3452	S	5	130,000
5664	S	3	200,000
7355	A	4	70,000
7626	S	12	190,000
3847	S	9	200,000
9907	C	10	110,000
1102	S	5	180,000
3212	A	3	60,000
2433	C	12	220,000
3012	C	5	80,000
4310	A	10	150,000

직원구분

구분코드	종류
A	파견직
C	경력직
S	전산직

다. 조회화면(SCREEN) 설계

> ※ 다음 조건에 따라 구분코드가 A 또는 S이면서 연수비가 200,000원 미만인 데이터 현황을 조회할 수 있는 화면을 설계하고 해당 데이터를 출력하시오.

1) 해당 현황은 목록 상자(리스트박스)에서 필드명 "직원번호"의 **오름차순**으로 출력하고, 화면 아래에 조회 시 작성한 SQL문을 복사하시오.
    - WHERE 조건절에 구분코드, 연수비 반드시 포함
    - INNER JOIN, ORDER BY 구문 반드시 포함
    ※ **SQL문에 상기 내용 미포함 시 SQL 작성 부분 0점 처리**

2) 리스트박스 조회 시 작성된 SQL문이 작성되지 않을 경우에는 "**다. 조회화면(SCREEN) 설계**" 과제가 0점 처리됨을 반드시 유의하시오.

3) 목록 상자에 표시되어야 할 필수적인 필드명은 다음과 같습니다.
    - 직원번호, 구분코드, 연수비, 교육월수, 종류

4) 폼 서식에 제반되는 폰트, 점선 등은 아래 [조회화면 서식]에 보이는 대로 기재하시오.

5) 기타 사항은 "**라. 자료처리 파일(FILE) 작성**"의 [기타 조건]을 따르시오.

[조회화면 서식]

직원구분 코드가 A 또는 S이면서 연수비가 200,000원 미만인 데이터 현황

직원번호	구분코드	연수비	교육월수	종류

리스트박스 조회 시 작성된 SQL문

라. 자료처리 파일(FILE) 작성

※ 다음 조건에 따라 아래 양식과 같이 작성하시오.

[처리 조건]

1) 구분코드별 오름차순으로 정렬한 후, 같은 구분코드 안에서는 직원번호 오름차순으로 정렬(SORT)한다.

2) 기본교육비는 직원종류에 따라 다르게 적용한다.

   (파견직은 150,000원, 경력직은 200,000원, 전산직은 300,000원)

3) 총교육비 = 기본교육비×교육월수

   (기본교육비는 2번 항목을 참고하여 산정한다)

4) **교육비할인액** : 교육월수가 12개월 이상이면 300,000원 할인

   교육월수가 6개월 이상 12개월 미만이면 200,000원 할인

   교육월수가 6개월 미만이면 50,000원 할인

5) 최종 납부액 = 총교육비−교육비할인액−연수비

6) **직원 구분별 합계** : 총교육비, 교육비할인액, 최종 납부액의 합 산출

   (zzzz 합계 : zzzz에는 직원구분코드에 해당하는 종류가 출력되도록 한다)

7) **총평균** : 총교육비, 교육비할인액, 최종 납부액의 전체 평균 산출

8) 작성일자는 오늘 날짜(수험일자)로 한다.

[기타 조건]

1) 조회화면 및 보고서의 제목은 16 정도의 임의 서체로 하시오.

2) 금액에 대한 수치는 원화(₩) 표시를 하고 천 단위마다 ','(Comma)를 표시하시오.

   (단, 금액 이외의 수치는 ','(Comma)를 표시하지 않도록 하시오)

3) 모든 수치(숫자, 통화, 백분율 등)는 컨트롤의 속성을 설정하는 과정에서 소수 자릿수를 "0"으로 지정하여 정수로 표시하시오.

4) 데이터의 열과 간격은 일정하게 맞추도록 하시오.

직원 교육비 산출 현황

작성일자 : YYYY-MM-DD

구분코드	직원번호	교육월수	연수비	총교육비	교육비할인액	최종 납부액
XXXX	XXXX	XX	₩X,XXX	₩X,XXX	₩X,XXX	₩X,XXX
	YYYY	YY	₩Y,YYY	₩Y,YYY	₩Y,YYY	₩Y,YYY
zzzz 합계				₩X,XXX	₩X,XXX	₩X,XXX
-			-	-	-	-
zzzz 합계				₩X,XXX	₩X,XXX	₩X,XXX
-			-	-	-	-
zzzz 합계				₩X,XXX	₩X,XXX	₩X,XXX
총평균				₩X,XXX	₩X,XXX	₩X,XXX

01 저장하기

▶ 유선배 강의

1) 액세스를 실행한 후 [새 데스크톱 데이터베이스] 를 클릭합니다.
2) 파일 이름 입력하는 우측의 📁를 클릭합니다.
3) 저장 위치는 [바탕화면]–[비번호 폴더] 안에 파 일 이름을 DB–비번호로 입력한 후 [확인]을 클릭 합니다.
4) [만들기] 버튼을 클릭합니다.

> **액세스 2007 & 2010 버전**
> 액세스 실행 후 [새 데이터베이스]가 선택되어 있는 상태에 서 우측 파일 이름 입력하는 곳 옆의 📁를 클릭합니다.

02 테이블 작성하기

✅ 테이블1 만들기

1) 테이블 도구의 [필드] 탭의 [보기]의 [디자인 보 기]를 클릭합니다.
2) 테이블을 저장하라는 창이 나오면 테이블 이름을 그대로 '테이블1'로 지정한 후 [확인]을 클릭합니다.

> **액세스 2007 버전**
> [데이터시트] 탭–[보기]–[디자인 보기]
>
> **액세스 2021 버전**
> [데이터 필드] 탭–[보기]–[디자인 보기]

3) 아래와 같이 필드 이름과 데이터 형식을 변경합 니다.

🗔 테이블1	
필드 이름	**데이터 형식**
직원번호	숫자
구분코드	짧은 텍스트
교육월수	숫자
연수비	통화

> **액세스 2007 & 2010 버전**
> 데이터 형식의 짧은 텍스트 대신 [텍스트]로 지정합니다.

> ※ 구분코드의 데이터 형식은 짧은 텍스트로 하고, 필드속 성의 [IME 모드]를 [영숫자 반자]로 지정합니다.

4) 조건에 기본 키를 지정하라는 조건이 없으므로 기본 키를 해제하기 위해, "직원번호" 필드 이름 을 클릭한 후, 테이블 도구의 [디자인] 탭에서 [기본 키]를 클릭하여 기본 키를 해제합니다.
5) 테이블 도구의 [보기]–[데이터시트 보기]를 클릭 한 후 테이블 저장 대화상자가 나타나면 [예]를 클릭합니다.
6) 아래와 같이 테이블1에 데이터를 입력합니다. 필 드를 이동할 때는 방향키(↑, ↓, ←, →)를 이용합니다.

🗔 테이블1			
직원번호 ▾	구분코드 ▾	교육월수 ▾	연수비 ▾
1010	C	11	₩200,000
1340	A	7	₩60,000
3674	A	7	₩60,000
4233	C	9	₩100,000
3452	S	5	₩130,000
5664	S	3	₩200,000
7355	A	4	₩70,000
7626	S	12	₩190,000
3847	S	9	₩200,000
9907	C	10	₩110,000
1102	S	5	₩180,000
3212	A	3	₩60,000
2433	C	12	₩220,000
3012	C	5	₩80,000
4310	A	10	₩150,000
0		0	

7) '테이블1' 탭 위에서 마우스 우클릭을 한 후 [닫 기]를 클릭하여 테이블1을 닫아 줍니다. 좌측에 '테이블1'을 더블 클릭하여 데이터가 올바르게 입 력이 되었는지 다시 한번 확인합니다.

> **액세스 2021 버전**
> [디자인] 탭 대신 [양식 디자인] 탭으로 들어갑니다.

✅ 테이블2 만들기

1) [만들기] 탭의 [테이블 디자인]을 클릭하여 두 번 째 테이블을 만듭니다.

2) 아래와 같이 필드 이름과 데이터 형식을 지정합니다.

3) 테이블 도구의 [보기]-[데이터시트 보기]를 클릭한 후 테이블 저장 대화상자가 나타나면 [예]-[확인]을 클릭합니다.

4) "기본 키를 정의하지 않았습니다. 기본 키를 만드시겠습니까?"라는 대화상자가 나오면 [아니요]를 클릭합니다.

5) 아래와 같이 테이블2에 데이터를 입력합니다. 필드를 이동할 때는 방향키(↑, ↓, ←, →)를 이용합니다.

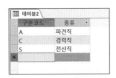

6) '테이블2' 탭 위에서 마우스 우클릭을 한 후 [닫기]를 클릭하여 테이블2를 닫아 줍니다. 좌측에 '테이블2'를 더블 클릭하여 데이터가 올바르게 입력되었는지 다시 한번 확인합니다.

▶ 유선배 강의

03 폼 작성 및 편집

✔ 폼 디자인 만들기

1) [만들기] 탭에서 [폼 디자인]을 클릭합니다.

✔ 레이블로 제목 만들기

1) 폼의 우측 하단 모서리에서 마우스 커서가 ✛ 모양일 때 드래그하여 가로는 19cm, 세로는 20cm 안쪽으로 드래그합니다.

2) 폼의 제목을 입력하기 위해 폼 디자인 도구의 [디자인] 탭에서 [레이블가]을 클릭한 후 폼의 상단에 적당한 크기로 드래그합니다.

3) 레이블 안에 제목을 입력한 후 글자를 블록 지정하거나, 레이블 테두리를 클릭한 후 폼 디자인 도구의 [서식] 탭에서 크기를 16pt로 입력합니다.

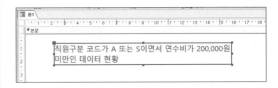

※ 제목에서 한 줄을 입력하고 줄 바꿈은 [Shift]+[Enter]를 누릅니다.
※ 조절점을 더블 클릭하면 레이블 상자가 글자 크기에 맞춰서 조절됩니다.

✔ 목록 상자 만들기

1) 폼 디자인 도구의 [디자인] 탭에서 [목록 상자🔢]를 클릭한 후 제목 아래에 적당한 크기로 드래그하여 그려줍니다.

2) "목록 상자 마법사" 창이 나타나면 [취소]를 클릭하여 창을 닫아 줍니다.

3) 목록 상자 왼쪽에 있는 "List1:" 레이블을 선택한 후 [Delete]를 눌러 삭제합니다.

4) [속성 시트]의 [데이터] 탭에서 [행 원본]을 선택한 후 ⋯를 클릭합니다.

※ 속성 시트가 없으면 폼 디자인 도구의 [디자인] 탭에서 [속성 시트]를 클릭합니다.

5) 테이블 표시 창이 나타나면 '테이블1'과 '테이블2'를 더블 클릭한 후 [닫기]를 클릭합니다.

6) 테이블1에 있는 구분코드 필드를 테이블2의 구
분코드로 드래그하여 연결시켜 줍니다.

7) 조회화면 서식에 나와 있는 순서대로 직원번호,
구분코드, 연수비, 교육월수, 종류 필드명을 더
블 클릭하여 필드에 추가합니다.

직원구분 코드가 A 또는 S이면서 연수비가
200,000원 미만인 데이터 현황을 나타내기

8) 구분코드의 조건에 A OR S를 입력한 후 Enter
를 누르면 **"A" Or "S"**로 변경됩니다.

9) 연수비가 200,000 미만인 데이터 현황을 나타내
려면, 연수비 조건에 **<200000**을 입력합니다.
AND 조건이므로 같은 행에 조건을 입력합니다.

10) 직원번호를 오름차순으로 정렬하기 위해 직원
번호의 정렬에서 ✓를 클릭하여 오름차순을 선
택합니다.

11) [폼1 : 쿼리 작성기] 탭에서 마우스 우클릭을 한
후 [데이터시트 보기]를 클릭하여, 직원구분 코
드가 A 또는 S이면서 연수비가 200,000원 미
만인 데이터 현황이 나타나는지, 직원번호가 오
름차순으로 나오는지를 확인합니다.

12) 다시, [폼1 : 쿼리 작성기] 탭에서 마우스 우클
릭을 한 후 [SQL 보기]를 클릭하여 조건에 나와
있는 아래의 WHERE 조건절, INNER JOIN,
ORDER BY 문이 포함되어 있는지 확인합니다.

13) [폼1 : 쿼리 작성기] 탭에서 마우스 우클릭을 한
후 [닫기]-[예]를 클릭합니다.

14) [속성 시트]의 [형식] 탭에서 **열 개수**를 5로 입
력하고, **열 이름**을 **예**로 선택합니다.

15) [폼1] 탭에서 마우스 우클릭을 한 후 [폼 보기]를 클릭하여 확인합니다.

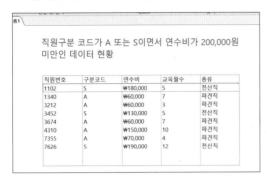

직원구분 코드가 A 또는 S이면서 연수비가 200,000원 미만인 데이터 현황

직원번호	구분코드	연수비	교육월수	종류
1102	S	₩180,000	5	전산직
1340	A	₩60,000	7	파견직
3212	A	₩60,000	3	파견직
3452	S	₩130,000	5	전산직
3674	A	₩60,000	7	파견직
4310	A	₩150,000	10	파견직
7355	A	₩70,000	4	파견직
7626	S	₩190,000	12	전산직

※ 목록 상자에 스크롤바가 생기면 감점이 되기 때문에 목록 상자의 높이를 키워주어 스크롤바가 생기지 않도록 합니다.

☑ 선 그리기

1) 목록 상자 하단의 선을 만들기 위해 다시 [홈] 탭 –[보기]–[디자인 보기]를 클릭한 후 폼 디자인 도구의 [디자인] 탭에서 [선▨]을 선택합니다.

2) [Shift]를 누른 채 목록 상자 하단에 드래그하여 직선을 그려줍니다.

3) [속성 시트]의 [형식] 탭에서 [테두리 두께]를 [6pt]로 지정합니다.

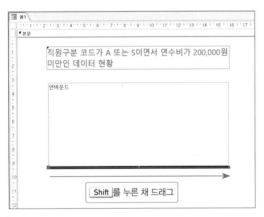

직원구분 코드가 A 또는 S이면서 연수비가 200,000원 미만인 데이터 현황

언바운드

[Shift]를 누른 채 드래그

☑ 텍스트 상자 만들기

1) 폼 디자인 도구의 [디자인] 탭에서 [텍스트 상자 가내]를 선택한 후 목록 상자 아래쪽에 적당하게 드래그하여 그려줍니다.

2) "텍스트 상자 마법사" 창이 나오면 [취소]를 클릭합니다.

3) 텍스트 상자 왼쪽에 있는 레이블을 선택한 후 **리스트박스 조회 시 작성된 SQL문**을 입력합니다.

4) 레이블 테두리를 선택한 후 폼 디자인 도구의 [서식] 탭에서 글자 크기를 16pt로 입력합니다. 레이블과 텍스트 상자의 **이동 핸들을 드래그**하여 위치를 이동할 수 있습니다.

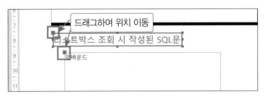

드래그하여 위치 이동
리스트박스 조회 시 작성된 SQL문
언바운드

5) 우측 하단에서 드래그하여 텍스트 상자, 선, 목록 상자가 조금이라도 포함되도록 선택합니다.

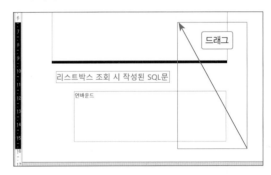

드래그
리스트박스 조회 시 작성된 SQL문
언바운드

6) 폼 디자인 도구의 [정렬] 탭–[맞춤]–[왼쪽]을 클릭하고, 다시 [크기/공간]–[가장 넓은 너비에]를 클릭하여 좌/우 크기를 동일하게 맞춰줍니다.

7) [속성 시트]의 [형식] 탭에서 [테두리 색]을 [검정 텍스트]로 지정합니다.

8) 빈 곳을 클릭한 후 다시 텍스트 상자만 선택하고 [속성 시트]의 [테두리 스타일]을 [파선]으로 지정합니다.

✅ SQL문 복사하기

1) 목록 상자를 클릭한 후 [속성 시트]의 [데이터] 탭에서 [행 원본]을 클릭합니다. Ctrl + C (복사)를 누른 후 텍스트 상자를 클릭합니다.

2) =를 입력하고, 작은따옴표(')를 입력합니다. Ctrl + V (붙여넣기)를 한 후 다시 작은따옴표(')로 닫아 줍니다.

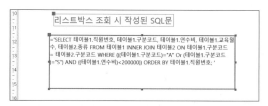

리스트박스 조회 시 작성된 SQL문

='SELECT 테이블1.직원번호, 테이블1.구분코드, 테이블1.연수비, 테이블1.교육월수, 테이블2.종류 FROM 테이블1 INNER JOIN 테이블2 ON 테이블1.구분코드=테이블2.구분코드 WHERE ((테이블1.구분코드)="A" Or (테이블1.구분코드)="S") AND ((테이블1.연수비)<200000)) ORDER BY 테이블1.직원번호; '

3) 전체를 드래그하여 모든 컨트롤을 선택한 후 폼 디자인 도구의 [서식] 탭에서 [글꼴 색 🔲]을 [검정, 텍스트 1]로 지정합니다.

> ※ 액세스 2007 버전은 기본 글꼴 색이 "검정"이기 때문에 따로 글꼴 색 지정은 하지 않습니다.

✅ 인쇄 미리 보기 및 여백 지정하기

1) [파일]-[인쇄]-[인쇄 미리 보기]에서 완성된 폼 화면을 확인할 수 있습니다.

2) 상단 [페이지 설정]에서 **위쪽 여백**을 60으로 입력하고 [확인]을 클릭합니다. 인쇄될 결과물을 확인한 후 [인쇄 미리 보기 닫기]를 클릭합니다.

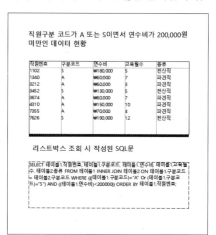

3) [폼1] 탭에서 마우스 우클릭을 한 후 [닫기]-[예]를 클릭합니다.

---

04 쿼리 작성 및 편집

✅ 쿼리 디자인 만들기

1) [만들기]-[쿼리] 그룹에서 [쿼리 디자인]을 클릭합니다.

> **액세스 2007 버전**
> [만들기]-[기타] 그룹의 [쿼리 디자인]

2) 테이블 표시 대화상자가 나타나면 '테이블1'과 '테이블2'를 순서대로 더블 클릭하여 테이블을 생성시킨 후 [닫기]를 클릭합니다.

3) 테이블1의 **구분코드**를 테이블2의 **구분코드**로 드래그하여 조인(JOIN)을 시켜줍니다.

✅ 테이블 조인 및 필드 추가

> ※ 보고서 서식을 보고 각각의 필드를 더블 클릭하여 실행하고, 계산이 필요한 필드는 처리 조건을 보고 계산합니다.

1) 보고서 서식을 보고 구분코드, 직원번호, 교육월수, 연수비를 순서대로 더블 클릭하여 필드를 추가하여 줍니다.

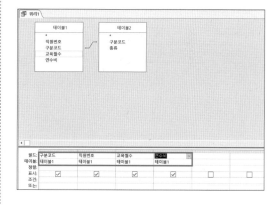

[처리 조건]
- 기본교육비는 직원종류에 따라 다르게 적용한다.
 (파견직은 150,000원, 경력직은 200,000원, 전산직은 300,000원)
- 총교육비 = 기본교육비×교육월수
 (기본교육비는 2번 항목을 참고하여 산정한다)
- 교육비할인액
 – 교육월수가 12개월 이상이면 300,000원 할인
 – 교육월수가 6개월 이상 12개월 미만이면 200,000원 할인
 – 교육월수가 6개월 미만이면 50,000원 할인
- 최종 납부액 = 총교육비−교육비할인액−연수비

2) 연수비 오른쪽 필드에 **기본교육비:IIF(종류="파견직",150000,IIF(종류="경력직",200000,300000))**를 입력합니다(※ 필드 위에서 마우스 우클릭을 한 후 [확대/축소]를 클릭하여 입력합니다).

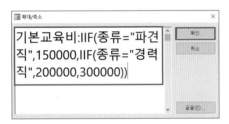

3) 기본교육비 오른쪽 필드에 **총교육비:기본교육비*교육월수**를 입력합니다.

4) 총교육비 오른쪽 필드에 **교육비할인액:IIF(교육월수>=12,300000,IIF(교육월수>=6,200000,50000))**를 입력합니다.

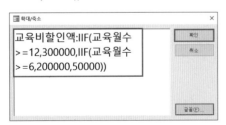

5) 교육비할인액 오른쪽 필드에 **최종 납부액:총교육비−교육비할인액−연수비**를 입력합니다.

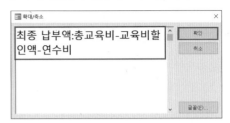

6) 처리 조건에 **"zzz에는 직원구분 코드에 해당하는 종류가 출력되도록 한다"**라는 조건이 있으므로 **종류 필드도 반드시 더블 클릭해서 추가**해야 합니다.

✅ 쿼리 확인하기

1) [쿼리1] 탭에서 마우스 우클릭을 한 후 [데이터시트 보기]를 클릭하여 쿼리 결과를 확인합니다.

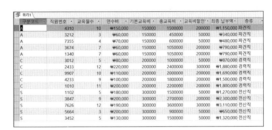

2) [쿼리1] 탭의 [닫기]를 클릭한 후, 대화상자가 나오면 [예]를 클릭합니다. 폼 이름은 [쿼리1]로 지정한 후 [확인]을 클릭합니다.

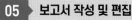

05 보고서 작성 및 편집

☑ 보고서 마법사로 보고서 만들기

1) [만들기] 탭-[보고서] 그룹에서 [보고서 마법사]를 클릭합니다.

2) 보고서 마법사 대화상자가 나타나면 '테이블/쿼리'를 **[쿼리: 쿼리1]**로 변경하고, 사용 가능한 필드에서 **>>** 를 클릭하여 선택한 필드로 모든 이동시킨 후 [다음]을 클릭합니다.

[처리 조건]
구분코드별로 오름차순으로 정렬한 후, 같은 구분코드 안에서는 직원번호 오름차순으로 정렬(SORT)하시오.

3) 처리 조건에 구분코드별로 정리하라는 지시가 있으므로 구분코드를 선택한 후 **>** 를 클릭하여 그룹 수준을 지정하고 [다음]을 클릭합니다.

4) 같은 구분코드 안에서는 직원번호를 오름차순으로 정렬(SORT)해야 한다는 조건이 있으므로 첫 번째 필드를 **직원번호**로 입력하고 오름차순으로 지정한 후 [요약 옵션]을 클릭합니다.

[처리 조건]
• 직원 구분별 합계 : 총교육비, 교육비할인액, 최종 납부액의 합 산출(zzzz 합계 : zzzz에는 직원구분코드에 해당하는 종류가 출력되도록 한다)
• 총평균 : 총교육비, 교육비할인액, 최종 납부액의 전체 평균 산출

5) 총교육비, 교육비할인액, 최종 납부액의 합계와 평균에 □를 클릭하여 ✓체크한 후 [확인]을 클릭합니다.

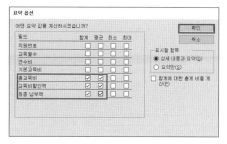

6) [다음]을 클릭하면 보고서 모양을 지정할 수 있는 보고서 마법사가 나타나는데 기본 설정 그대로 지정된 상태로 [다음]을 클릭합니다.

7) 보고서 제목은 [쿼리1]로 그대로 지정하고, [보고서 디자인 수정]을 선택한 후 [마침]을 클릭합니다.

☑ 필요 없는 컨트롤 삭제하기

1) [구분코드 바닥글]의 =**"에 대한 요약"**의 좌측 눈금선에서 마우스 커서가 ➡로 바뀌면 클릭합니다. Shift 를 누른 채 [페이지 바닥글]에 =NOW, =Page와 [보고서 바닥글]에 총 합계의 컨트롤을 선택한 후 Delete 를 눌러 삭제합니다.

✅ 컨트롤 배치 및 속성 변경하기

1) [페이지 머리글]의 종류를 선택한 후 Delete 를 눌러 삭제합니다.
2) [본문]에 있는 종류는 합계 좌측으로 드래그하여 이동합니다.
3) [구분코드 머리글]에 있는 구분코드를 본문으로 드래그하여 이동합니다.
4) [구분코드 바닥글]에 있는 평균은 선택한 후 [보고서 바닥글]로 이동합니다.

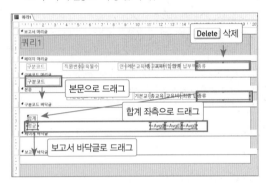

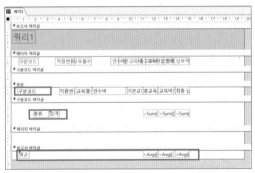

5) [구분코드 머리글]과 [페이지 바닥글] 아래에서 마우스 커서가 ✚로 변할 때 위로 드래그하여 높이를 끝까지 줄여줍니다. [구분코드 바닥글]에 합계 컨트롤도 위치를 위쪽으로 이동한 후 높이를 줄여줍니다.

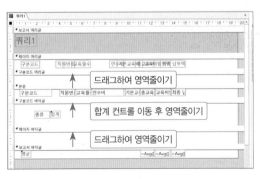

6) 각 컨트롤의 위치와 크기를 아래와 같이 변경합니다. 기본교육비 컨트롤은 선택한 후 삭제해 줍니다. [보고서 바닥글]의 평균을 **총평균**으로 변경합니다.

> ※ [쿼리1] 탭에서 마우스 우클릭을 한 후 [레이아웃 보기]를 클릭해서 '####'으로 나타나 있으면, 컨트롤의 너비를 조금 더 늘려주어야 합니다.

✅ 보고서 제목 및 서식 지정하기

1) [쿼리1] 글자를 드래그하여 블록 지정한 후 보고서 제목인 **직원 교육비 산출 현황**을 입력합니다.
2) 제목의 바깥쪽 테두리를 선택한 후, 오른쪽 조절점에서 끝까지 드래그합니다.
3) 보고서 디자인 도구의 [서식] 탭에서 글꼴 크기를 16pt로 입력하고, [가운데 맞춤▤]을 클릭합니다.

> **액세스 2007 버전**
> 폼 디자인 도구의 [디자인] 탭
>
> **액세스 2010 버전**
> 폼 디자인 도구의 [형식] 탭

4) [페이지 머리글] 필드를 모두 선택한 후 Shift 를 누른 채 [본문]의 구분코드, [구분코드 바닥글]의 종류를 각각 선택합니다.
5) 보고서 디자인 도구의 [서식] 탭에서 [가운데 맞춤▤]을 클릭합니다.

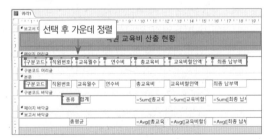

✅ 작성일자 입력하기

1) [보고서 머리글]의 높이 경계선에서 마우스 커서가 ↕ 모양일 때 적당한 크기로 아래로 드래그합니다.
2) 보고서 디자인 도구의 [텍스트 상자가내]를 선택한 후 제목 우측 하단에 적당한 크기로 드래그합니다.
3) 레이블과 텍스트 상자가 삽입되면 레이블에는 작성일자 :를 입력하고 텍스트 상자에는 =Date( )를 입력합니다.
4) 레이블과 텍스트 상자의 이동핸들을 이용하여 위치를 조절합니다. 텍스트 상자를 선택한 후 "왼쪽 맞춤"을 합니다.

✅ 중복 내용 숨기기

1) [본문]에 있는 구분코드를 클릭한 후 [속성 시트]의 [형식] 탭에서 [중복 내용 숨기기]를 [예]로 설정합니다.

✅ 금액에 대한 수치 원화(₩)로 표시하기

1) [구분코드 바닥글]과 [보고서 바닥글]의 총교육비, 교육비할인액, 최종 납부액의 합계와 평균, 그리고 [본문]의 총교육비, 교육비할인액, 최종 납부액 컨트롤을 Shift 를 이용하여 선택합니다.
2) [속성 시트]의 [형식] 탭에서 형식을 [통화]로 지정합니다.

✅ 컨트롤 글꼴 색 및 윤곽선 설정하기

1) 모든 컨트롤을 드래그하거나 단축키 Ctrl + A (모두 선택)를 눌러 선택합니다.
2) 보고서 디자인 도구의 [서식] 탭에서 [글꼴 색]을 [검정, 텍스트 1]로 지정하고, [도형 윤곽선]을 [투명]으로 지정합니다.

✅ 배경색 및 교차 행 색 설정하기

1) [보고서 머리글]을 선택한 후 보고서 디자인 도구의 [서식] 탭에서 [도형 채우기]를 [흰색, 배경 1]로 지정합니다.
2) [본문]을 클릭한 후 보고서 디자인 도구의 [서식] 탭에서 [교차 행 색]을 [색 없음]으로 지정합니다.
3) 마찬가지 방법으로 [구분코드 바닥글]을 클릭하여 [교차 행 색]을 [색 없음]으로 지정합니다.

✅ 선 삽입하기

1) 보고서 디자인 도구의 [디자인] 탭을 클릭한 후 [선◻]을 선택합니다. [페이지 머리글]의 좌측부터 Shift 를 누른 채 드래그하여 그려줍니다.
2) [페이지 머리글]의 위쪽에 그려준 선이 선택된 상태에서 Ctrl + C (복사)를 한 후 다시 Ctrl + V (붙여넣기)를 합니다.
3) 키보드의 아래 화살표(↓)를 눌러 복사된 선을 [페이지 머리글]의 아래쪽에 위치되도록 합니다.
4) [구분코드 바닥글]을 클릭한 후 Ctrl + V (붙여넣기)를 하면 [구분코드 바닥글] 위쪽에 선이 복사됩니다. 다시 한번 Ctrl + V (붙여넣기)를 한 후 아래 화살표(↓)를 눌러 [구분코드 바닥글]의 아래쪽에 위치시켜 줍니다.

5) [보고서 바닥글]을 클릭한 후 Ctrl + V (붙여넣기)를 한 후 아래 화살표(↓)를 눌러 [보고서 바닥글]의 아래쪽에 위치시켜 줍니다.

✅ 레이아웃 보기에서 세부 설정하기

1) [쿼리1] 탭에서 마우스 우클릭을 한 후 [레이아웃 보기]를 클릭하여 보고서의 배치가 잘 되었는지 확인합니다.

2) 출력형태를 보면서 위치와 크기를 조절해 줍니다.

✅ 인쇄 미리 보기 및 페이지 설정

1) [쿼리1] 탭에서 마우스 우클릭을 한 후 [인쇄 미리 보기]를 클릭합니다.

2) [인쇄 미리 보기] 탭에서 [페이지 설정]을 클릭합니다.

3) 위쪽 여백을 60으로 입력한 후 [확인]을 클릭합니다.

4) [인쇄 미리 보기 닫기]를 클릭하여 미리 보기를 닫아 준 후에 [파일]-[저장]을 클릭합니다. 우측 상단의 [닫기 X]를 클릭하여 액세스를 종료합니다.

직원 교육비 산출 현황

작성일자 : 2022-11-18

구분코드	직원번호	교육월수	연수비	총교육비	교육비할인액	최종 납부액
A	1340	7	₩60,000	₩1,050,000	₩200,000	₩790,000
	3212	3	₩60,000	₩450,000	₩50,000	₩840,000
	3674	7	₩60,000	₩1,050,000	₩200,000	₩790,000
	4310	10	₩150,000	₩1,500,000	₩200,000	₩1,150,000
	7355	4	₩70,000	₩600,000	₩50,000	₩480,000
	파견직 합계			₩4,650,000	₩700,000	₩3,550,000
C	1010	11	₩200,000	₩2,200,000	₩200,000	₩1,800,000
	2433	12	₩220,000	₩2,400,000	₩300,000	₩1,880,000
	3012	5	₩80,000	₩1,000,000	₩50,000	₩670,000
	4233	9	₩100,000	₩1,800,000	₩200,000	₩1,500,000
	9907	4	₩110,000	₩600,000	₩50,000	₩1,690,000
	경력직 합계			₩9,400,000	₩950,000	₩7,740,000
S	1102	5	₩180,000	₩1,500,000	₩50,000	₩1,270,000
	3452	5	₩130,000	₩1,500,000	₩200,000	₩1,320,000
	3847	9	₩200,000	₩2,700,000	₩200,000	₩2,800,000
	5664	3	₩200,000	₩900,000	₩200,000	₩650,000
	7626	12	₩190,000	₩3,600,000	₩300,000	₩3,110,000
	전산직 합계			₩10,200,000	₩650,000	₩8,650,000
	총평균			₩1,616,667	₩153,333	₩1,329,333

| DB 조회화면 |

직원구분 코드가 A 또는 S이면서 연수비가 200,000원
미만인 데이터 현황

직원번호	구분코드	연수비	교육월수	종류
1102	S	₩180,000	5	전산직
1340	A	₩60,000	7	파견직
3212	A	₩60,000	3	파견직
3452	S	₩130,000	5	전산직
3674	A	₩60,000	7	파견직
4310	A	₩150,000	10	파견직
7355	A	₩70,000	4	파견직
7626	S	₩190,000	12	전산직

리스트박스 조회 시 작성된 SQL문

SELECT 테이블1.직원번호, 테이블1.구분코드, 테이블1.연수비, 테이블1.교육월
수, 테이블2.종류 FROM 테이블1 INNER JOIN 테이블2 ON 테이블1.구분코드
= 테이블2.구분코드 WHERE (((테이블1.구분코드)="A" Or (테이블1.구분코
드)="S") AND ((테이블1.연수비)<200000)) ORDER BY 테이블1.직원번호;

| DB 보고서 |

직원 교육비 산출 현황

작성일자 : 2022-11-18

구분코드	직원번호	교육월수	연수비	총교육비	교육비할인액	최종 납부액
A	1340	7	₩60,000	₩1,050,000	₩200,000	₩790,000
	3212	3	₩60,000	₩450,000	₩50,000	₩340,000
	3674	7	₩60,000	₩1,050,000	₩200,000	₩790,000
	4310	10	₩150,000	₩1,500,000	₩200,000	₩1,150,000
	7355	4	₩70,000	₩600,000	₩50,000	₩480,000
파견직 합계				₩4,650,000	₩700,000	₩3,550,000
C	1010	11	₩200,000	₩2,200,000	₩200,000	₩1,800,000
	2433	12	₩220,000	₩2,400,000	₩300,000	₩1,880,000
	3012	5	₩80,000	₩1,000,000	₩50,000	₩870,000
	4233	9	₩100,000	₩1,800,000	₩200,000	₩1,500,000
	9907	10	₩110,000	₩2,000,000	₩200,000	₩1,690,000
경력직 합계				₩9,400,000	₩950,000	₩7,740,000
S	1102	5	₩180,000	₩1,500,000	₩50,000	₩1,270,000
	3452	5	₩130,000	₩1,500,000	₩50,000	₩1,320,000
	3847	9	₩200,000	₩2,700,000	₩200,000	₩2,300,000
	5664	3	₩200,000	₩900,000	₩50,000	₩650,000
	7626	12	₩190,000	₩3,600,000	₩300,000	₩3,110,000
전산직 합계				₩10,200,000	₩650,000	₩8,650,000
총평균				₩1,616,667	₩153,333	₩1,329,333

자료처리(DBMS) 작업

XX 스포츠센터에서는 센터 사용현황을 전산화하려고 한다. 다음의 입력자료를 이용하여 DB를 설계하고 작성 조건에 따라 처리파일을 작성하고, 그 인쇄 출력물을 제출하시오.

가. 자료처리(DBMS) 작업 작성 조건

1) 자료처리(DBMS)작업은 조회화면(SCREEN) 설계와 자료처리보고서의 2가지 작업을 수행하여 그 결과물을 인쇄용지(A4) 기준 각 1장씩 총 2장을 제출하여야 채점 대상이 됨을 유의하시오.

2) 반드시 인쇄작업 수행 전 미리 보기 등을 통해 여백을 조정하고, 수치, 문자 등 구성요소가 누락되지 않도록 주의하시오. **구성요소가 누락되어 인쇄되지 않은 결과**로 인한 **모든 책임은 전적으로 수험자 본인에게 있음**을 반드시 유의하시오.

3) 문제지에 기재된 작성 조건에 따라 처리하고, 조회화면 및 자료처리보고서의 **서식이 작성 조건과 상이할 경우에는 시험위원의 지시에 따라 작업하시오.**

나. 입력자료

<table>
<tr><th colspan="4">스포츠센터 사용현황</th><th></th><th colspan="2">기본요금표</th></tr>
<tr><th>회원번호</th><th>회원등급코드</th><th>운동종류</th><th>사용시간</th><th></th><th>회원등급코드</th><th>기본요금</th></tr>
<tr><td>M8</td><td>AA</td><td>테니스</td><td>59</td><td></td><td>AA</td><td>1,500</td></tr>
<tr><td>M1</td><td>AA</td><td>수영</td><td>89</td><td></td><td>BB</td><td>2,500</td></tr>
<tr><td>M6</td><td>BB</td><td>스쿼시</td><td>79</td><td></td><td>CC</td><td>3,500</td></tr>
<tr><td>M2</td><td>CC</td><td>헬스</td><td>55</td><td></td><td>DD</td><td>4,500</td></tr>
<tr><td>M3</td><td>DD</td><td>테니스</td><td>70</td><td></td><td></td><td></td></tr>
<tr><td>M5</td><td>AA</td><td>스쿼시</td><td>80</td><td></td><td></td><td></td></tr>
<tr><td>M4</td><td>BB</td><td>수영</td><td>39</td><td></td><td></td><td></td></tr>
<tr><td>M7</td><td>CC</td><td>헬스</td><td>62</td><td></td><td></td><td></td></tr>
<tr><td>M11</td><td>DD</td><td>스쿼시</td><td>57</td><td></td><td></td><td></td></tr>
<tr><td>M9</td><td>AA</td><td>테니스</td><td>71</td><td></td><td></td><td></td></tr>
<tr><td>M10</td><td>BB</td><td>스쿼시</td><td>67</td><td></td><td></td><td></td></tr>
<tr><td>M12</td><td>CC</td><td>테니스</td><td>75</td><td></td><td></td><td></td></tr>
<tr><td>M13</td><td>BB</td><td>헬스</td><td>52</td><td></td><td></td><td></td></tr>
<tr><td>M14</td><td>CC</td><td>수영</td><td>65</td><td></td><td></td><td></td></tr>
<tr><td>M15</td><td>DD</td><td>스쿼시</td><td>58</td><td></td><td></td><td></td></tr>
<tr><td>M16</td><td>AA</td><td>헬스</td><td>43</td><td></td><td></td><td></td></tr>
<tr><td>M20</td><td>CC</td><td>수영</td><td>56</td><td></td><td></td><td></td></tr>
<tr><td>M18</td><td>BB</td><td>스쿼시</td><td>88</td><td></td><td></td><td></td></tr>
<tr><td>M17</td><td>DD</td><td>헬스</td><td>100</td><td></td><td></td><td></td></tr>
<tr><td>M19</td><td>CC</td><td>수영</td><td>23</td><td></td><td></td><td></td></tr>
</table>

다. 조회화면(SCREEN) 설계

> ※ 다음 조건에 따라 회원등급코드가 AA 또는 BB이면서 운동종류가 수영이고 사용시간이 60 이상인 현황을 조회할 수 있는 화면을 설계하고 해당 데이터를 출력하시오.

1) 해당 현황은 목록 상자(리스트박스)에서 회원등급코드 오름차순으로 출력하고, 화면 아래에 조회 시 작성한 SQL문을 복사하시오.
   - WHERE 조건절에 회원등급코드, 운동종류, 사용시간 반드시 포함
   - ORDER BY 구문 반드시 포함
   ※ SQL문에 상기 내용 미포함 시 SQL 작성 부분 0점 처리

2) 리스트박스 조회 시 작성된 SQL문이 작성되지 않을 경우에는 "다. 조회화면(SCREEN) 설계" 과제가 0점 처리됨을 반드시 유의하시오.

3) 목록 상자에 표시되어야 할 필수적인 필드명은 다음과 같습니다.
   - 회원번호, 회원등급코드, 기본요금, 운동종류, 사용시간

4) 폼 서식에 제반되는 폰트, 점선 등은 아래 [조회화면 서식]에 보이는 대로 기재하시오.

5) 기타 사항은 "라. 자료처리 파일(FILE) 작성"의 [기타 조건]을 따르시오.

[조회화면 서식]

회원등급코드가 AA 또는 BB이면서 운동종류가 수영이고 사용시간이 60 이상인 현황

회원번호	회원등급코드	기본요금	운동종류	사용시간

리스트박스 조회 시 작성된 SQL문

라. 자료처리 파일(FILE) 작성

※ 다음 조건에 따라 아래 양식과 같이 작성하시오.

[처리 조건]

1) 운동종류(수영, 스쿼시, 테니스, 헬스)별로 정리한 후, 같은 운동종류 안에서는 회원등급코드의 오름차순으로 정렬(SORT)한다.

2) **사용요금** : 사용시간×기본요금

3) **보너스점수** : 사용요금의 7%

4) **비고** : 보너스점수가 10,000 이상은 "특별",
  보너스점수가 10,000 미만에서 5,000 이상은 "우수",
  보너스점수가 5,000 미만은 "보통"으로 표시한다.

5) **운동종류별 합계** : 사용시간, 사용요금, 보너스점수의 합 산출

6) **총평균** : 사용시간, 사용요금, 보너스점수의 전체 평균 산출

[기타 조건]

1) 입력화면 및 보고서의 제목은 16 정도의 임의 서체로 하시오.

2) 금액에 대한 수치는 원화(₩) 표시를 하고 천 단위마다 ','(Comma)를 표시하시오.
  (단, 금액 이외의 수치는 ','(Comma)를 표시하지 않도록 하시오)

3) 모든 수치(숫자, 통화, 백분율 등)는 컨트롤의 속성을 설정하는 과정에서 소수 자릿수를 "0"으로 지정하여 정수로 표시하시오.

4) 데이터의 열과 간격은 일정하게 맞추도록 하시오.

스포츠센터 사용 현황

회원등급코드	회원번호	사용시간	기본요금	사용요금	보너스점수	비고
XXXX	XXXX	XXXX	₩X,XXX	₩X,XXX	XXXX	XXXX
-	-	-	-	-	-	-
수영 합계		XXXX		₩X,XXX	XXXX	
XXXX	XXXX	XXXX	₩X,XXX	₩X,XXX	XXXX	XXXX
-	-	-	-	-	-	-
스쿼시 합계		XXXX		₩X,XXX	XXXX	
-	-	-	-	-	-	-
테니스 합계		XXXX		₩X,XXX	XXXX	
-	-	-	-	-	-	-
헬스 합계		XXXX		₩X,XXX	XXXX	
총평균		XXXX		₩X,XXX	XXXX	

6회 풀이

▶ 유선배 강의

01 저장하기

1) 액세스를 실행한 후 [새 데스크톱 데이터베이스] 를 클릭합니다.
2) 파일 이름 입력하는 우측의 📁를 클릭합니다.
3) 저장 위치는 [바탕화면]-[비번호 폴더] 안에 파일 이름을 DB-비번호로 입력한 후 [확인]을 클릭합니다.
4) [만들기] 버튼을 클릭합니다.

> **액세스 2007 & 2010 버전**
> 액세스 실행 후 [새 데이터베이스]가 선택되어있는 상태에서 우측 파일 이름 입력하는 곳 옆의 📁를 클릭합니다.

02 테이블 작성하기

✅ 테이블1 만들기

1) 테이블 도구의 [필드] 탭-[보기]에서 [디자인 보기]를 클릭합니다.
2) 테이블을 저장하라는 창이 나오면 테이블 이름을 그대로 '테이블1'로 지정한 후 [확인]을 클릭합니다.

> **액세스 2007 버전**
> [데이터시트] 탭-[보기]-[디자인 보기]
>
> **액세스 2021 버전**
> [데이터 필드] 탭-[보기]-[디자인 보기]

3) 아래와 같이 필드 이름과 데이터 형식을 변경합니다.

필드 이름	데이터 형식
회원번호	짧은 텍스트
회원등급코드	짧은 텍스트
운동종류	짧은 텍스트
사용시간	숫자

> **액세스 2007 & 2010 버전**
> 데이터 형식의 짧은 텍스트 대신 [텍스트]로 지정합니다.

> ※ 회원번호와 회원등급코드의 데이터 형식은 짧은 텍스트로 하고, 필드속성의 [IME 모드]를 [영숫자 반자]로 지정합니다.

4) 조건에 기본 키를 지정하라는 조건이 없으므로 기본 키를 해제하기 위해, "회원번호" 필드 이름을 클릭한 후, 테이블 도구의 [디자인] 탭에서 [기본 키]를 클릭하여 기본 키를 해제합니다.
5) 테이블 도구의 [보기]-[데이터시트 보기]를 클릭한 후 테이블 저장 대화상자가 나타나면 [예]를 클릭합니다.
6) 아래와 같이 테이블1에 데이터를 입력합니다. 필드를 이동할 때는 방향키(↑, ↓, ←, →)를 이용합니다.

회원번호	회원등급코드	운동종류	사용시간
M8	AA	테니스	59
M1	AA	수영	89
M6	BB	스쿼시	79
M2	CC	헬스	55
M3	DD	테니스	70
M5	AA	스쿼시	80
M4	BB	수영	39
M7	CC	헬스	62
M11	DD	스쿼시	57
M9	AA	테니스	71
M10	BB	스쿼시	67
M12	CC	테니스	75
M13	BB	헬스	52
M14	CC	수영	65
M15	DD	스쿼시	58
M16	AA	헬스	43
M20	CC	수영	56
M18	BB	스쿼시	88
M17	DD	헬스	100
M19	CC	수영	23

7) '테이블1' 탭 위에서 마우스 우클릭을 한 후 [닫기]를 클릭하여 테이블1을 닫아 줍니다. 좌측에 '테이블1'을 더블 클릭하여 데이터가 올바르게 입력이 되었는지 다시 한번 확인합니다.

> **액세스 2021 버전**
> [디자인] 탭 대신 [양식 디자인] 탭으로 들어갑니다.

☑ 테이블2 만들기

1) [만들기] 탭의 [테이블 디자인]을 클릭하여 두 번째 테이블을 만듭니다.
2) 아래와 같이 필드 이름과 데이터 형식을 지정합니다.

필드 이름	데이터 형식
회원등급코드	짧은 텍스트
기본요금	통화

3) 테이블 도구의 [보기]−[데이터시트 보기]를 클릭한 후 테이블 저장 대화상자가 나타나면 [예]−[확인]을 클릭합니다.
4) "기본 키를 정의하지 않았습니다. 기본 키를 만드시겠습니까?"라는 대화상자가 나오면 [아니요]를 클릭합니다.
5) 아래와 같이 테이블2에 데이터를 입력합니다. 필드를 이동할 때는 방향키(↑, ↓, ←, →)를 이용합니다.

회원등급코 ·	기본요금
AA	₩1,500
BB	₩2,500
CC	₩3,500
DD	₩4,500
	₩0

6) '테이블2' 탭 위에서 마우스 우클릭을 한 후 [닫기]를 클릭하여 테이블2를 닫아 줍니다. 좌측에 '테이블2'를 더블 클릭하여 데이터가 올바르게 입력되었는지 다시 한번 확인합니다.

▶ 유선배 강의

03 폼 작성 및 편집

☑ 폼 디자인 만들기

1) [만들기] 탭에서 [폼 디자인]을 클릭합니다.

☑ 레이블로 제목 만들기

1) 폼의 우측 하단 모서리에서 마우스 커서가 ✛ 모양일 때 드래그하여 가로는 19cm, 세로는 20cm 안쪽으로 드래그합니다.
2) 폼의 제목을 입력하기 위해 폼 디자인 도구의 [디자인] 탭에서 [레이블 가]를 클릭한 후 폼의 상단에 적당한 크기로 드래그합니다.
3) 레이블 안에 제목을 입력한 후 글자를 블록 지정하거나, 레이블 테두리를 클릭한 후 폼 디자인 도구의 [서식] 탭에서 크기를 16pt로 입력합니다.

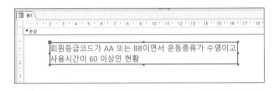

회원등급코드가 AA 또는 BB이면서 운동종류가 수영이고 사용시간이 60 이상인 현황

※ 제목에서 한 줄을 입력하고 줄 바꿈은 Shift + Enter 를 누릅니다.
※ 조절점을 더블 클릭하면 레이블 상자가 글자 크기에 맞춰서 조절됩니다.

☑ 목록 상자 만들기

1) 폼 디자인 도구의 [디자인] 탭에서 [목록 상자 ▤]를 클릭한 후 제목 아래에 적당한 크기로 드래그하여 그려줍니다.
2) "목록 상자 마법사" 창이 나타나면 [취소]를 클릭하여 창을 닫아 줍니다.
3) 목록 상자 왼쪽에 있는 "List1:" 레이블을 선택한 후 Delete 를 눌러 삭제합니다.
4) [속성 시트]의 [데이터] 탭에서 [행 원본]을 선택한 후 ▦를 클릭합니다.

속성 시트
선택 유형: 목록 상자
List9
형식 데이터 ❶ 모두
컨트롤 원본
행 원본 ❷ 클릭
행 원본 유형 테이블/쿼리
바운드 열 1
값 목록 편집 허용 예
목록 항목 편집 폼
값 목록 상속 예
행 원본 값만 표시 아니요
기본값
❸

5) 테이블 표시 창이 나타나면 '테이블1'과 '테이블2'를 더블 클릭한 후 [닫기]를 클릭합니다.

6) 테이블1에 있는 **"회원등급코드"** 필드를 테이블2의 **"회원등급코드"**로 드래그하여 연결시켜 줍니다.

7) 조회화면 서식에 나와 있는 순서대로 회원번호, 회원등급코드, 기본요금, 운동종류, 사용시간 필드명을 더블 클릭하여 필드에 추가합니다.

필드:	회원번호	회원등급코드	기본요금	운동종류	사용시간
테이블:	테이블1	테이블1	테이블2	테이블1	테이블1
정렬:					
표시:	✓	✓	✓	✓	✓
조건:					
또는:					

회원등급코드가 AA 또는 BB이면서 운동종류가 수영이고 사용시간이 60 이상인 현황을 나타내기

8) 회원등급코드 조건에 AA OR BB라고 입력한 후 Enter 를 누르면 **"AA Or BB"**로 변경됩니다.

필드:	회원번호	회원등급코드	기본요금
테이블:	테이블1	테이블1	테이블2
정렬:			
표시:	✓		✓
조건:		AA OR BB	
또는:			

9) 운동종류가 수영이고 사용시간이 60 이상인 현황을 나타내기 위해 운동종류 필드의 조건에 수영으로 입력하고, 사용시간 필드의 조건에 >=60으로 입력한 후 Enter 를 누릅니다. AND 조건이므로 같은 행에 조건을 입력합니다.

10) 회원등급코드를 오름차순으로 정렬하기 위해 회원등급코드의 정렬에서 ∨를 클릭하여 오름차순을 선택합니다.

필드:	회원번호	회원등급코드	기본요금	운동종류	사용시간
테이블:	테이블1	테이블1	테이블2	테이블1	테이블1
정렬:		오름차순			
표시:	✓	✓	✓	✓	✓
조건:		"AA" Or "BB"		"수영"	>=60
또는:					

11) [폼1 : 쿼리 작성기] 탭에서 마우스 우클릭을 한 후 [데이터시트 보기]를 클릭하여, 회원등급코드가 AA 또는 BB이면서 운동종류가 수영이고 사용시간이 60 이상인 데이터 현황이 나타나는지, 회원등급코드가 오름차순으로 나오는지를 확인합니다.

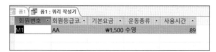

12) 다시, [폼1 : 쿼리 작성기] 탭에서 마우스 우클릭을 한 후 [SQL 보기]를 클릭하여 조건에 나와 있는 아래의 WHERE 조건절, ORDER BY 문이 포함되어 있는지 확인합니다.

13) [폼1 : 쿼리 작성기] 탭에서 마우스 우클릭을 한 후 [닫기]-[예]를 클릭합니다.

14) [속성시트]의 [형식] 탭에서 **열 개수**를 5로 입력하고, **열 이름**을 **예**로 선택합니다.

15) [폼1] 탭에서 마우스 우클릭을 한 후 [폼 보기]를 클릭하여 확인합니다.

✅ 선 그리기

1) 목록 상자의 하단의 선을 만들기 위해 다시 [홈] 탭-[보기]-[디자인 보기]를 클릭한 후 폼 디자인 도구의 [디자인] 탭에서 [선 ◻]을 선택합니다.
2) Shift 를 누른 채 목록 상자 하단에 드래그하여 직선을 그려줍니다.
3) [속성 시트]의 [형식] 탭에서 [테두리 두께]를 [6pt]로 지정합니다.

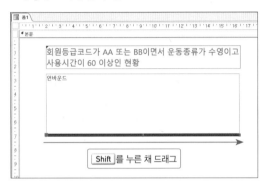

✅ 텍스트 상자 만들기

1) 폼 디자인 도구의 [디자인] 탭에서 [텍스트 상자 가나] 를 선택한 후 목록 상자 아래쪽에 적당하게 드래그하여 그려줍니다.
2) "텍스트 상자 마법사" 창이 나오면 [취소]를 클릭합니다.
3) 텍스트 상자 왼쪽에 있는 레이블을 선택하여 **리스트박스 조회 시 작성된 SQL문**을 입력합니다.
4) 레이블 테두리를 선택한 후, 폼 디자인 도구의 [서식] 탭에서 글자 크기를 16pt로 입력합니다. 레이블과 텍스트 상자의 **이동 핸들을 드래그**하여 위치를 이동할 수 있습니다.

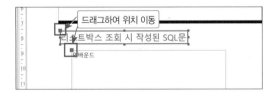

5) 우측 하단에서 드래그하여 텍스트 상자, 선, 목록 상자가 조금이라도 포함되도록 선택합니다.

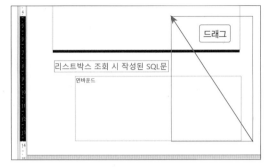

6) 폼 디자인 도구의 [정렬] 탭-[맞춤]-[왼쪽]을 클릭하고, 다시 [크기/공간]-[가장 넓은 너비에]를 클릭하여 좌/우 크기를 동일하게 맞춰줍니다.
7) [속성 시트]의 [형식] 탭에서 [테두리 색]을 [검정 텍스트]로 지정합니다.
8) 빈 곳을 클릭한 후 다시 텍스트 상자만 선택하고 [속성 시트]의 [테두리 스타일]을 [파선]으로 지정합니다.

✅ SQL문 복사하기

1) 목록 상자를 클릭한 후 [속성 시트]의 [데이터] 탭에서 [행 원본]을 클릭합니다. Ctrl + C (복사)를 누른 후 텍스트 상자를 클릭합니다.
2) =를 입력하고, 작은따옴표(')를 입력합니다. Ctrl + V (붙여넣기)를 한 후 다시 작은따옴표(')로 닫아 줍니다.

3) 전체를 드래그하여 모든 컨트롤을 선택한 후 폼 디자인 도구의 [서식] 탭에서 [글꼴 색 가]을 [검정, 텍스트 1]로 지정합니다.

※ 액세스 2007 버전은 기본 글꼴 색이 "검정"이기 때문에 따로 글꼴 색 지정은 하지 않습니다.

✅ 인쇄 미리 보기 및 여백 지정하기

1) [파일]-[인쇄]-[인쇄 미리 보기]에서 완성된 폼 화면을 확인할 수 있습니다.

2) 상단 [페이지 설정]에서 **위쪽 여백**을 60으로 입력하고 [확인]을 클릭합니다. 인쇄될 결과물을 확인한 후 [인쇄 미리 보기 닫기]를 클릭합니다.

3) [폼1] 탭에서 마우스 우클릭을 한 후 [닫기]-[예]를 클릭합니다.

▶ 유선배 강의

04   쿼리 작성 및 편집

✅ 쿼리 디자인 만들기

1) [만들기]-[쿼리] 그룹에서 [쿼리 디자인]을 클릭합니다.

> **액세스 2007 버전**
> [만들기]-[기타] 그룹의 [쿼리디자인]

2) 테이블 표시 대화상자가 나타나면 '테이블1'과 '테이블2'를 순서대로 더블 클릭하여 테이블을 생성시킨 후 [닫기]를 클릭합니다.

3) 테이블1의 **회원등급코드**를 테이블2의 **회원등급코드**로 드래그하여 조인(JOIN)을 시켜줍니다.

✅ 테이블 조인 및 필드 추가

> ※ 보고서 서식을 보고 각각의 필드를 더블 클릭하여 실행하고, 계산이 필요한 필드는 처리 조건을 보고 계산합니다.

1) 보고서 서식을 보고 회원등급코드, 회원번호, 사용시간, 기본요금을 순서대로 더블 클릭하여 필드를 추가하여 줍니다.

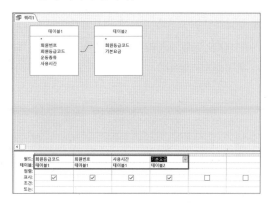

> **[처리 조건]**
> - 사용요금 : 사용시간×기본요금
> - 보너스점수 : 사용요금의 7%
> - 비고 : 보너스점수 10,000 이상은 "특별",
>   보너스점수 10,000 미만에서 5,000 이상은 "우수",
>   보너스점수 5,000 미만은 "보통"으로 표시한다.

2) 기본요금 오른쪽 필드에 **사용요금:사용시간*기본요금**을 입력합니다(※ 필드 위에서 마우스 우클릭을 한 후 [확대/축소]를 클릭하여 입력합니다).

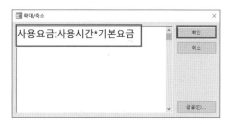

3) 사용요금 오른쪽 필드에 보너스점수:사용요
금*0.07을 입력합니다.

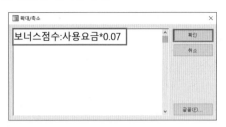

4) 보너스점수 오른쪽 필드에 비고:IIF(보너스점수>
=10000,"특별",IIF(보너스점수>=5000,"우수","보
통"))을 입력합니다.

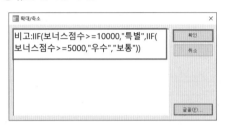

5) 처리 조건에 **"운동종류(수영, 스쿼시, 테니스, 헬스)
별로 정리한 후"**라는 조건이 있으므로 **운동종류**
필드도 반드시 더블 클릭해서 추가**해야합니다.

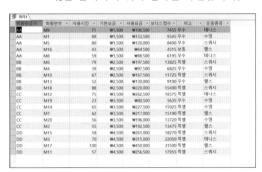

쿼리 확인하기

1) [쿼리1] 탭에서 마우스 우클릭을 한 후 [데이터시
트 보기]를 클릭하여 쿼리 결과를 확인합니다.

05 보고서 작성 및 편집

보고서 마법사로 보고서 만들기

1) [만들기] 탭-[보고서] 그룹에서 [보고서 마법사]
를 클릭합니다.

2) 보고서 마법사 대화상자가 나타나면 '테이블/쿼
리'를 [쿼리: 쿼리1]로 변경하고, 사용 가능한 필
드에서 >> 를 클릭하여 선택한 필드로 모두 이
동시킨 후 [다음]을 클릭합니다.

[처리 조건]
운동종류(수영, 스쿼시, 테니스, 헬스)별로 정리한 후, 같
은 운동종류 안에서는 회원등급코드의 오름차순으로 정
렬(SORT)하시오.

---

3) 처리 조건에 **운동종류**별로 정리하라는 지시가 있
으므로 **운동종류**를 선택한 후 > 를 클릭하여 그
룹 수준을 지정하고 [다음]을 클릭합니다.

4) 같은 구분코드 안에서는 회원등급코드의 오름차
순으로 정렬(SORT)해야 한다는 조건이 있기 때문
에 첫 번째 필드를 **회원등급코드**로 입력하고 오름
차순으로 지정한 후 [요약 옵션]을 클릭합니다.

2) [쿼리1] 탭의 [닫기]를 클릭한 후, 대화상자가 나
오면 [예]를 합니다. 폼 이름은 [쿼리1]로 지정한
후 [확인]을 클릭합니다.

5) 사용시간, 사용요금, 보너스점수의 합계와 평균에 □를 클릭하여 ✓체크한 후 확인을 클릭합니다.

6) [다음]을 클릭하면 보고서 모양을 지정할 수 있는 보고서 마법사가 나타나는데 기본 설정 그대로 [다음]을 클릭합니다.

7) 보고서 제목은 [쿼리1]로 그대로 지정하고, [보고서 디자인 수정]을 선택한 후 [마침]을 클릭합니다.

✅ 필요 없는 컨트롤 삭제하기

1) [운동종류 바닥글]의 ="에 대한 요약"의 좌측 눈금선에서 마우스 커서가 ➡로 바뀌면 클릭합니다. Shift 를 누른 채 [페이지 바닥글]에 =NOW, =Page와 [보고서 바닥글]에 총합계의 컨트롤을 선택한 후 Delete 를 눌러 삭제합니다.

✅ 컨트롤 배치 및 속성 변경하기

1) [페이지 머리글]의 운동종류를 선택한 후 Delete 를 눌러 삭제합니다.

2) [운동종류 머리글]에 있는 운동종류는 합계 좌측으로 드래그하여 이동합니다.

3) [운동종류 바닥글]에 있는 평균은 선택한 후 [보고서 바닥글]로 이동하여 줍니다.

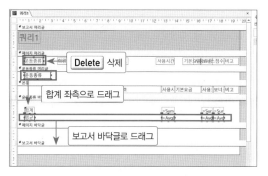

4) [운동종류 머리글]과 [페이지 바닥글] 아래 영역을 마우스 커서가 ➕로 변할 때 위로 드래그하여 높이를 끝까지 줄여줍니다. [운동종류 바닥글]에 합계 컨트롤도 위치를 위쪽 이동 후 높이를 줄여줍니다.

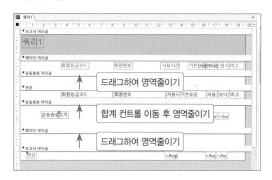

5) 각 컨트롤의 위치와 크기를 아래와 같이 변경합니다. [보고서 바닥글]의 평균을 **총평균**으로 변경합니다.

※ [쿼리1] 탭에서 마우스 우클릭을 한 후 [레이아웃 보기]를 클릭해서 ####으로 나타나 있으면, 컨트롤의 너비를 조금 더 늘려줘야 합니다.

☑ 보고서 제목 및 서식 지정하기

1) [쿼리1] 글자를 드래그하여 블록 지정한 후 보고서 제목인 **스포츠센터 사용 현황**을 입력합니다.
2) 제목의 바깥쪽 테두리를 선택한 후, 오른쪽 조절점에서 끝까지 드래그합니다.
3) 보고서 디자인 도구의 [서식] 탭에서 글꼴 크기를 16pt로 입력하고, [가운데 맞춤 ≡]을 클릭합니다.

액세스 2007 버전
폼 디자인 도구의 [디자인] 탭

액세스 2010 버전
폼 디자인 도구의 [형식] 탭

4) [페이지 머리글] 필드를 모두 선택한 후 Shift 를 누른 채 [본문]의 회원등급코드, 회원번호, [운동종류 바닥글]의 운동종류를 각각 선택합니다.
5) 보고서 디자인 도구의 [서식] 탭에서 [가운데 맞춤 ≡]을 클릭합니다.

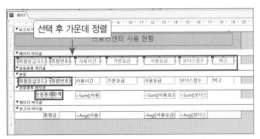

☑ 금액에 대한 수치 원화(₩)로 표시하기

1) [운동종류 바닥글]과 [보고서 바닥글]의 사용요금의 합계와 평균 컨트롤을 Shift 를 이용하여 선택합니다.
2) [속성 시트]의 [형식] 탭에서 형식을 [통화]로 지정합니다.

☑ 소수 자릿수를 "0"으로 지정하여 정수로 표시하기

1) [보고서 바닥글]의 사용시간의 평균 컨트롤을 선택한 후 [속성 시트]의 [형식] 탭에서 형식을 0으로 입력합니다.

☑ 컨트롤 글꼴 색 및 윤곽선 설정하기

1) 모든 컨트롤을 드래그하거나 단축키 Ctrl + A (모두 선택)를 눌러 선택합니다.
2) 보고서 디자인 도구의 [서식] 탭에서 [글꼴 색]을 [검정, 텍스트 1]로 지정하고, [도형 윤곽선]을 [투명]으로 지정합니다.

✅ 배경색 및 교차 행 색 설정하기

1) [보고서 머리글]을 선택한 후 보고서 디자인 도구의 [서식] 탭에서 [도형 채우기]를 [흰색, 배경 1]로 지정합니다.
2) [본문]을 클릭한 후 보고서 디자인 도구의 [서식] 탭에서 [교차 행 색]을 [색 없음]으로 지정합니다.
3) 마찬가지 방법으로 [운동종류 바닥글]을 클릭하여 [교차 행 색]을 [색 없음]으로 지정합니다.

✅ 선 삽입하기

1) 보고서 디자인 도구의 [디자인] 탭을 클릭한 후 [선▨]을 선택합니다. [페이지 머리글]의 좌측부터 Shift 를 누른 채 드래그하여 그려줍니다.
2) [페이지 머리글]의 위쪽에 그려준 선이 선택된 상태에서 Ctrl + C (복사)를 한 후 다시 Ctrl + V (붙여넣기)를 합니다.
3) 키보드의 아래 화살표(↓)를 눌러 복사된 선을 [페이지 머리글]의 아래쪽에 위치되도록 합니다.
4) [운동종류 바닥글]을 클릭한 후 Ctrl + V (붙여넣기)를 하면 [운동종류 바닥글] 위쪽에 선이 복사됩니다. 다시 한번 Ctrl + V (붙여넣기)를 한 후 아래 화살표(↓)를 눌러 [운동종류 바닥글]의 아래쪽에 위치시켜 줍니다.
5) [보고서 바닥글]을 클릭한 후 Ctrl + V (붙여넣기)를 한 후 아래 화살표(↓)를 눌러 [보고서 바닥글]의 아래쪽에 위치시켜 줍니다.

✅ 레이아웃 보기에서 세부 설정하기

1) [쿼리1] 탭에서 마우스 우클릭을 한 후 [레이아웃 보기]를 클릭하여 보고서의 배치가 잘 되었는지 확인합니다.
2) 출력 형태를 보면서 위치와 크기를 조절해 줍니다.

06 인쇄 및 페이지 설정

✅ 인쇄 미리 보기 및 페이지 설정

1) [쿼리1] 탭에서 마우스 우클릭을 한 후 [인쇄 미리 보기]를 클릭합니다.
2) [인쇄 미리 보기] 탭에서 [페이지 설정]을 클릭합니다.
3) 위쪽 여백을 60으로 입력한 후 [확인]을 클릭합니다.
4) [인쇄 미리 보기 닫기]를 클릭하여 미리 보기를 닫아 준 후에 [파일]-[저장]을 클릭합니다. 우측 상단의 [닫기 ☒]를 클릭하여 액세스를 종료합니다.

스포츠센터 사용 현황

회원등급코드	회원번호	사용시간	기본요금	사용요금	보너스점수	비고
AA	M1	89	₩1,500	₩133,500	9345	우수
BB	M4	39	₩2,500	₩97,500	6825	우수
CC	M20	56	₩3,500	₩196,000	13720	특별
CC	M14	65	₩3,500	₩227,500	15925	특별
CC	M19	23	₩3,500	₩80,500	5635	우수
수영 합계		272		₩735,000	51450	
AA	M5	80	₩1,500	₩120,000	8400	우수
BB	M18	88	₩2,500	₩220,000	15400	특별
BB	M6	79	₩2,500	₩197,500	13825	특별
BB	M10	67	₩2,500	₩167,500	11725	특별
DD	M15	58	₩4,500	₩261,000	18270	특별
DD	M11	57	₩4,500	₩256,500	17955	특별
스쿼시 합계		429		₩1,222,500	85575	
AA	M8	59	₩1,500	₩88,500	6195	우수
AA	M9	71	₩1,500	₩106,500	7455	우수
CC	M12	75	₩3,500	₩262,500	18375	특별
DD	M3	70	₩4,500	₩315,000	22050	특별
테니스 합계		275		₩772,500	54075	
AA	M16	43	₩1,500	₩64,500	4515	보통
BB	M13	52	₩2,500	₩130,000	9100	우수
CC	M7	62	₩3,500	₩217,000	15190	특별
CC	M2	55	₩3,500	₩192,500	13475	특별
DD	M17	100	₩4,500	₩450,000	31500	특별
헬스 합계		312		₩1,054,000	73780	
총평균		64		₩189,200	13244	

| DB 조회화면 |

회원등급코드가 AA 또는 BB이면서 운동종류가 수영이고
사용시간이 60 이상인 현황

회원번호	회원등급코드	기본요금	운동종류	사용시간
M1	AA	₩1,500	수영	89

리스트박스 조회 시 작성된 SQL문

```
SELECT 테이블1.회원번호, 테이블1.회원등급코드, 테이블2.기본요금, 테이블1.운동
종류, 테이블1.사용시간 FROM 테이블1 INNER JOIN 테이블2 ON 테이블1.회원등
급코드 = 테이블2.회원등급코드 WHERE (((테이블1.회원등급코드)="AA" Or (테이
블1.회원등급코드)="BB") AND ((테이블1.운동종류)="수영") AND ((테이블1.사용시
간)>=60)) ORDER BY 테이블1.회원등급코드;
```

| DB 보고서 |

스포츠센터 사용 현황

회원등급코드	회원번호	사용시간	기본요금	사용요금	보너스점수	비고
AA	M1	89	₩1,500	₩133,500	9345	우수
BB	M4	39	₩2,500	₩97,500	6825	우수
CC	M20	56	₩3,500	₩196,000	13720	특별
CC	M14	65	₩3,500	₩227,500	15925	특별
CC	M19	23	₩3,500	₩80,500	5635	우수
수영 합계		272		₩735,000	51450	
AA	M5	80	₩1,500	₩120,000	8400	우수
BB	M18	88	₩2,500	₩220,000	15400	특별
BB	M6	79	₩2,500	₩197,500	13825	특별
BB	M10	67	₩2,500	₩167,500	11725	특별
DD	M15	58	₩4,500	₩261,000	18270	특별
DD	M11	57	₩4,500	₩256,500	17955	특별
스쿼시 합계		429		₩1,222,500	85575	
AA	M8	59	₩1,500	₩88,500	6195	우수
AA	M9	71	₩1,500	₩106,500	7455	우수
CC	M12	75	₩3,500	₩262,500	18375	특별
DD	M3	70	₩4,500	₩315,000	22050	특별
테니스 합계		275		₩772,500	54075	
AA	M16	43	₩1,500	₩64,500	4515	보통
BB	M13	52	₩2,500	₩130,000	9100	우수
CC	M7	62	₩3,500	₩217,000	15190	특별
CC	M2	55	₩3,500	₩192,500	13475	특별
DD	M17	100	₩4,500	₩450,000	31500	특별
헬스 합계		312		₩1,054,000	73780	
총평균		64		₩189,200	13244	

유튜브 선생님에게 배우는

유선배

PART 3
파워포인트
(PowerPoint)
공개문제 파헤치기

파워포인트 공개문제 1회

▶ 유선배 강의

시상(PT) 작업

주어진 2개의 슬라이드를 슬라이드 작성 조건에 따라 작업하여 인쇄합니다.

※ 슬라이드 작성 조건

1) 각 슬라이드를 문제의 **슬라이드 원안**과 같이 인쇄하여 제출합니다.
   (특히 글자, 음영, 그림자, 도형 등 인쇄된 내용 그대로 작업함을 유의하시오)

2) "주1)" 등 특수한 속성 지정이 되어 있는 경우 지시에 따라 작성하시오.

3) 글꼴은 문제 원안과 같거나 유사한 형태로 작업합니다.

4) 글자, 그림 및 도형 등의 크기와 모양은 문제 원안과 같거나 유사한 형태로 작업합니다.

5) 모든 글씨, 선 등은 흑백(그레이스케일)으로 작업하되, 글상자, 그림 및 도형 등에서 색 채우기가 있는 경우 색 채우기는 회색 40% 정도, 투명도 0%를 기준으로 작업합니다.

6) 각 슬라이드는 원안과 같이 **외곽선 테두리가 인쇄**되도록 인쇄합니다.

7) 각 슬라이드 크기는 A4 용지의 1/2 범위 내에 인쇄가 가능한 크기가 되도록 조정하여, 슬라이드 2개를 A4 용지 1매 안에 모두 인쇄합니다.

8) 비번호, 수험번호, 성명, 페이지 번호 등은 반드시 자필로 기재합니다.

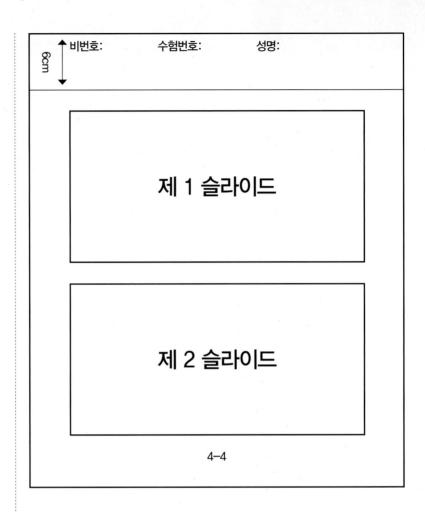

4-4

〈제1 슬라이드〉

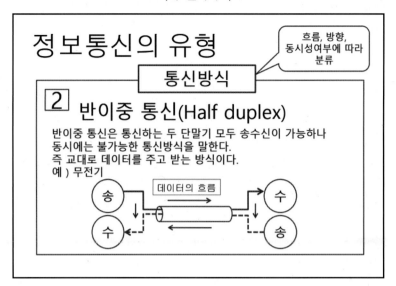

〈제2 슬라이드〉

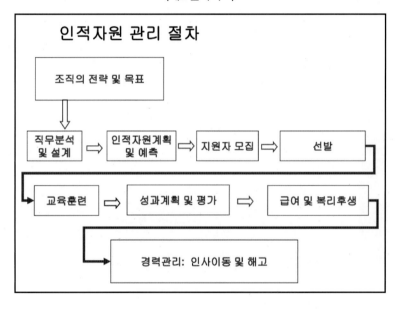

Tip

파워포인트 2007 버전
좌측 상단의[오피스 단추 🔘]
-[저장]을 클릭합니다.

파워포인트 2010 버전
[파일]-[저장]을 클릭합니다.

01 저장하기

1) [시작] ➡ [Microsoft Office] ➡ [Microsoft PowerPoint 2016]을 클릭하여 파워포인트를 실행합니다.

2) [파일]-[저장]-[찾아보기]를 클릭하면 저장 창이 나타납니다.

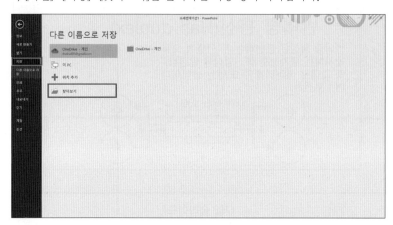

3) 저장 위치는 [바탕화면]-[비번호 폴더] 안에 파일이름을 **DB-비번호**로 입력한 후 [저장]을 클릭합니다.

Tip

저장 위치와 파일명은 시험당일 시험위원의 지시에 따라 지정된 곳에 지정된 파일명으로 저장해야 합니다.

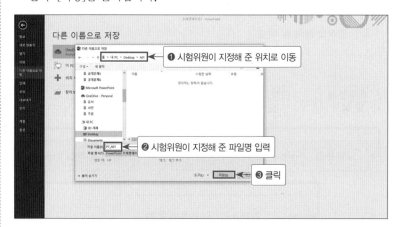

02 레이아웃 및 새 슬라이드

☑ 슬라이드 크기 변경하기

파워포인트 2016&2021의 슬라이드 크기는 와이드스크린(16:9)이 기본입니다. 문제에 따라서 16:9 또는 4:3 비율로 임의로 맞추어 설정합니다(이번 문제에서는 세로의 높이가 높아야 하므로 4:3 비율로 변경하여 만들어 보겠습니다).

1) [디자인]-[슬라이드 크기]를 클릭한 후 [표준 4:3]으로 변경합니다.

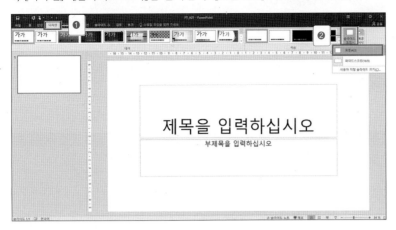

✅ 레이아웃 변경하기

1) [홈] 탭-[레이아웃]에서 [빈 화면]을 클릭합니다.

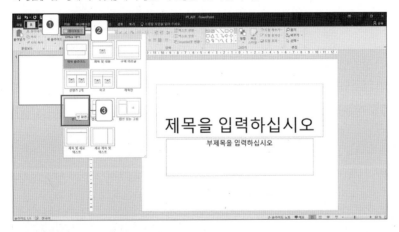

✅ 새 슬라이드 만들기

1) 슬라이드 미리 보기 창의 슬라이드를 클릭한 후 Enter 를 눌러 빈 화면 새 슬라이드를 추가합니다.

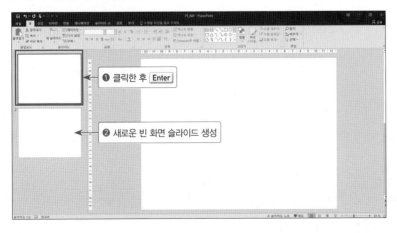

Tip

다른 방법으로 새 슬라이드 만들기
• [홈]-[새 슬라이드]
• 슬라이드 미리 보기 창에서 마우스 우클릭 후 [새 슬라이드]
• Ctrl + M

Tip

글꼴 크기 변경하기
- 글꼴 크기 작게
  Ctrl + [
- 글꼴 크기 크게
  Ctrl +]

03 ▶ 도형 삽입하기1

(제1 슬라이드)

✓ 제목 만들기

1) [삽입]−[텍스트 상자 █]를 클릭한 후 슬라이드 좌측 상단을 클릭합니다.

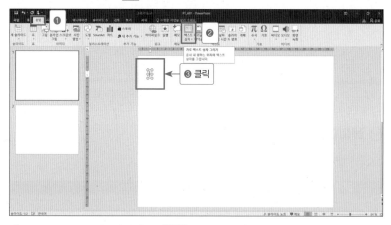

2) 정보통신의 유형을 입력한 후 Esc 를 누르면 텍스트 상자가 선택됩니다.

3) [홈] 탭에서 글꼴 크기를 48pt로 입력합니다.

Tip

글자를 블록 지정하거나, 텍스트 상자 테두리를 클릭해 주어도 됩니다.

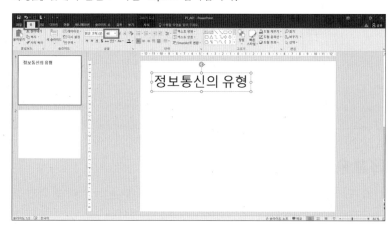

Tip

글자를 블록 지정한 후 마우스 우클릭을 했을 때 나오는 서식 줄에서 글꼴 및 크기 등의 서식을 변경할 수 있습니다.

☑ 직사각형 삽입하기1

1) [삽입] 탭-[도형]에서 [직사각형☐]을 클릭합니다.

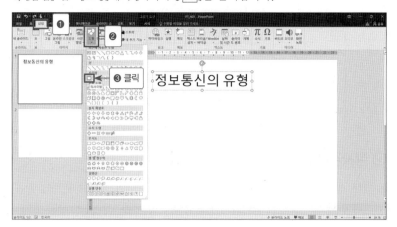

2) 제목 아래에 적당한 크기로 드래그하여 사각형을 그려줍니다. [서식]-[도형 스타일]에서 [색 윤곽선-검정, 어둡게 1[가나대]], [도형 윤곽선]-[두께]-[2 ¼pt]로 지정합니다.

Tip

글꼴과 크기는 문제와 비슷하거나 동일하게 임의대로 설정해 주면 됩니다.

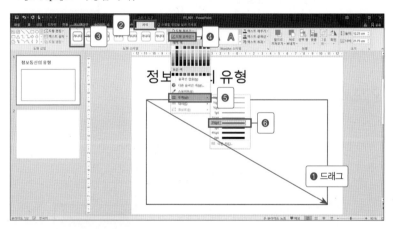

Tip

파워포인트 2021 버전에서는 [서식] 탭 대신 [도형 서식] 탭을 사용합니다.

☑ 직사각형 삽입하기2

1) 다시 [삽입]-[도형]-[직사각형☐]을 클릭한 후 아래와 같이 드래그한 다음 [서식]-[도형 스타일]에서 [색 윤곽선-검정, 어둡게 1[가나대]], [도형 윤곽선]-[두께]-[3pt]로 지정합니다.

2) [홈] 탭에서 글꼴 크기를 **32pt** 정도로 지정하고 도형 안에 글자를 입력합니다.

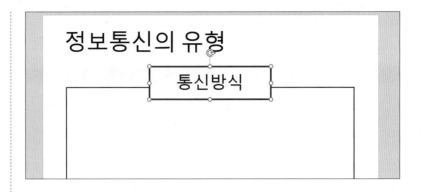

✓ 직사각형 복사하기

1) 만든 '통신방식' 사각형을 Ctrl 을 누른 채 드래그하여 복사한 후 내용을 수정하고 텍스트 상자를 줄여줍니다(도형 윤곽선 두께 : 2¼pt, 글꼴 크기 : 44pt).

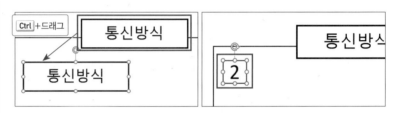

✓ 모서리가 둥근 사각형 설명선 삽입하기

1) [삽입]−[도형]에서 설명선의 [모서리가 둥근 사각형 설명선▢]을 클릭한 후 아래와 같이 드래그하여 그려줍니다.

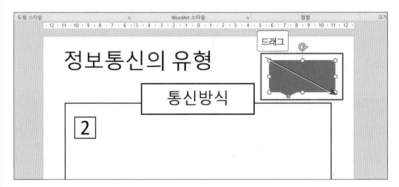

2) 도형의 노란색 조절점을 드래그하여 적당하게 배치합니다.

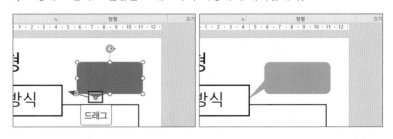

Tip

도형 스타일과 선의 두께는 도형을 모두 그린 후 Shift 로 도형을 여러 개 선택하여 변경해 주어도 됩니다.

3) [서식]-[도형 스타일]에서 [색 윤곽선 - 검정, 어둡게 1], [도형 윤곽
선]-[두께]-[2 ¼pt]로 지정합니다. 도형 안에 글자를 입력합니다(20pt).

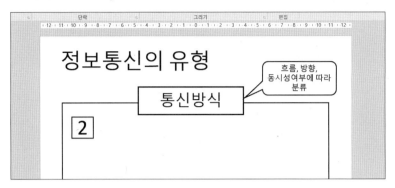

04 텍스트 상자 삽입하기

✓ 텍스트 상자 삽입하기1

1) [삽입]-[텍스트 상자]를 클릭하여 아래 그림과 같이 적당하게 드래그하
여 그려줍니다.

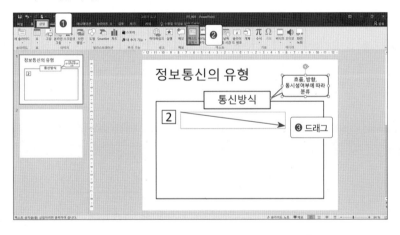

2) 반이중 통신(Half duplex)을 입력한 후 Esc 를 눌러 텍스트 상자를 선택하고
   [홈] 탭에서 글꼴 크기를 36pt로 입력합니다.

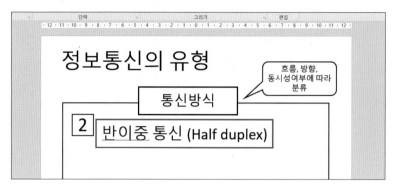

✅ 텍스트 상자 삽입하기2

1) [삽입]-[텍스트 상자 ▦]를 클릭하여 아래 그림과 같이 적당하게 드래그하
   여 그려준 후 내용을 입력합니다(20pt).

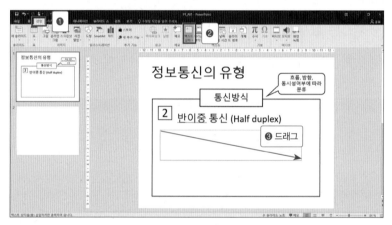

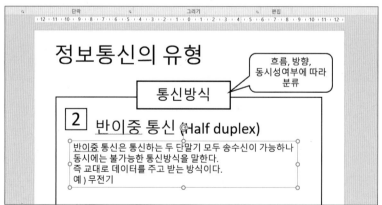

05 도형 삽입하기2

⊘ 타원 삽입 & 복사하기

1) [삽입]-[도형]-[타원◯]을 클릭한 후 Shift 를 누른 채 드래그하여 그려
   줍니다.

2) [서식]-[도형 스타일]에서 [색 윤곽선 - 검정, 어둡게 1개내], [도형 윤곽
   선]-[두께]-[2 1/4pt]로 지정합니다.

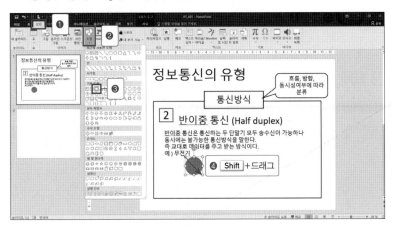

> **Tip**
>
> 도형을 그릴 때 Shift 를 누른 채 그리면 정원, 정사각형을 그릴 수 있습니다.

3) 복사하기 전에 도형을 선택한 후 [홈] 탭에서 글꼴 크기를 24pt로 입력합니다.

4) 도형이 선택된 상태에서 Ctrl + Shift 를 누른 채 아래로 드래그하여 복사
   합니다.

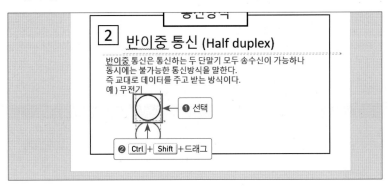

> **Tip**
>
> 개체를 복사할 때는 Ctrl 을 누른 채 드래그하여 복사할 수 있습니다.
>
> Ctrl 과 Shift 를 같이 누른 후 드래그하면 수평/수직을 맞춘 채 복사할 수 있습니다.

5) 첫 번째 타원을 선택한 후 Shift 를 누른 채 다른 타원을 클릭합니다.

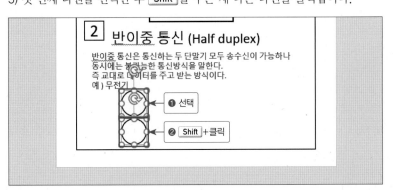

6) Ctrl + Shift 를 누른 상태에서 우측으로 드래그하여 복사합니다.

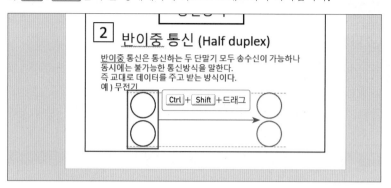

✅ 원통 삽입하기

1) [삽입]-[도형]에서 [원통 ⬜]을 클릭한 후 드래그하여 그려줍니다.

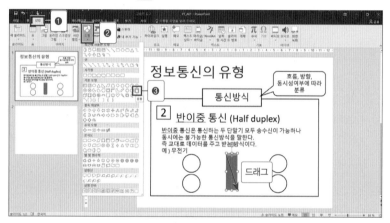

2) [서식]-[회전]-[왼쪽으로 90도 회전]을 클릭하여 도형을 회전시킨 후 크기와 위치를 적당하게 배치시킵니다.

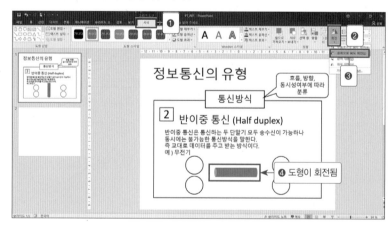

3) [서식]-[도형 스타일]에서 [색 윤곽선 - 검정, 어둡게 1 가나다], [도형 윤곽선]-[두께]-[2 ¼pt]로 지정합니다.

✅ 연결선 삽입하기

1) [삽입]-[도형]에서 [꺾인 연결선 ㄴ]을 클릭합니다.

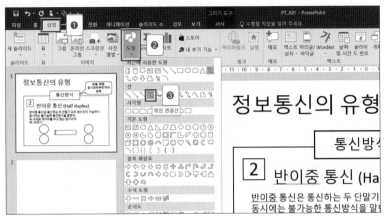

2) 타원 오른쪽 조절점부터 원통 좌측 조절점까지 드래그하여 연결합니다.

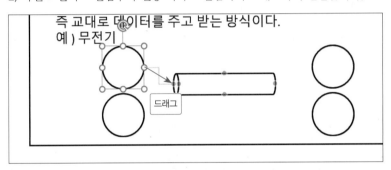

3) 마찬가지 방법으로 아래 그림과 같이 [꺾인 연결선 ㄴ]으로 연결합니다.

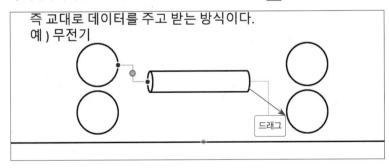

4) [삽입]-[도형]에서 [꺾인 화살표 연결선 └┐]을 클릭하여 아래와 같이 타원 과 원통을 연결합니다.

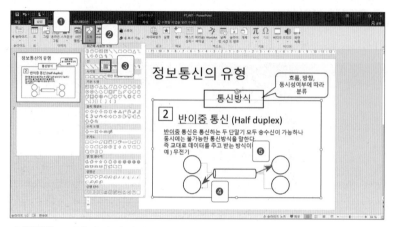

5) **Shift** 를 이용하여 삽입한 연결선을 모두 선택합니다.

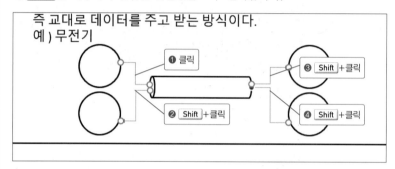

6) [서식]-[도형 윤곽선]-[검정, 텍스트 1 ■]을 선택한 후 다시 [도형 윤곽 선]-[두께]에서 [3pt]로 지정합니다.

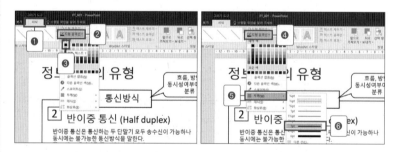

7) 아래 그림과 같이 두 개의 연결선을 Shift 로 선택한 후 [서식]-[도형 윤곽
   선]-[대시]-[파선]을 클릭합니다.

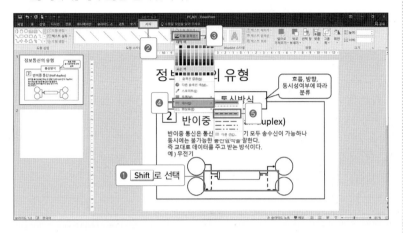

✅ 화살표 삽입하기

1) [삽입]-[도형]-[화살표 ➘]를 클릭하여 Shift 를 누른 채 드래그합니다. 삽
   입된 선을 선택한 후 Ctrl + Shift 를 누른 채 드래그하여 복사합니다.

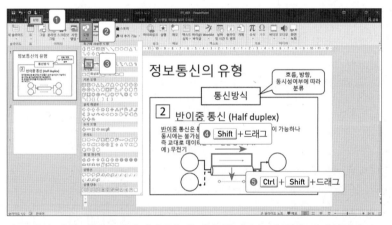

Tip

화살표를 그릴 때 Shift 를
누른 채 드래그하면 직선으
로 화살표가 그려집니다.

2) 복사된 선이 선택된 상태에서 [서식]-[회전]-[좌우 대칭]을 클릭합니다.

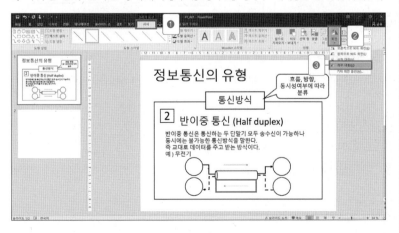

3) 마찬가지 방법으로 [삽입]-[도형]-[화살표 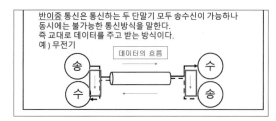]를 클릭한 후 드래그하여 삽입한 다음 Ctrl + Shift 를 누른 채 드래그하여 복사합니다.

4) 삽입한 화살표를 Shift 를 누른 채 모두 선택한 후 [서식]-[도형 윤곽선]-[검정, 텍스트 1 ■], 다시 [도형 윤곽선]-[두께]-[2 1/4pt]로 지정합니다.

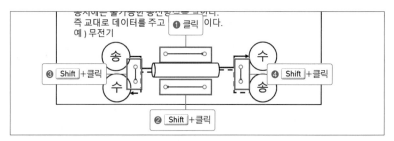

5) 화살표 도형을 Shift 를 누른 채 모두 선택한 후 [서식]-[도형 윤곽선]-[화살표 스타일 2]를 선택합니다.

☑ 직사각형 삽입 및 마무리하기

1) [삽입]-[도형]-[직사각형 □]을 클릭한 후 아래와 같이 드래그한 다음 [서식]-[도형 스타일]에서 [색 윤곽선 - 검정, 어둡게 1 가대], [도형 윤곽선]-[두께]-[1pt]로 지정합니다.

2) 도형 안에 글자를 넣어 완성합니다.

데이터의 흐름	굴림, 18pt
송, 수	28pt

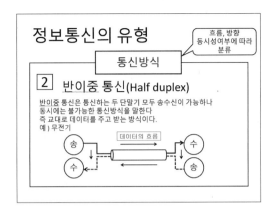

✓ 제목 만들기

1) [삽입]-[텍스트 상자 📝]를 클릭한 후 슬라이드 좌측 상단에 클릭한 다음 인적자원 관리 절차를 입력합니다.

2) Esc 를 눌러 텍스트 상자가 선택되면 [홈] 탭에서 글꼴을 굴림, 글꼴 크기를 32pt, 굵게 지정합니다.

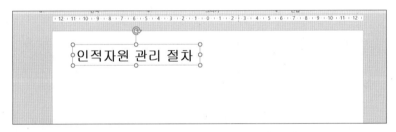

✓ 직사각형 삽입&복사하기

1) [삽입]-[도형]-[직사각형▢]을 클릭한 후 아래와 같이 드래그한 다음 [서식]-[도형 스타일]에서 [색 윤곽선 – 검정, 어둡게 1 가나다], [도형 윤곽선]-[두께]-[1pt]로 지정합니다.

2) [홈] 탭에서 글꼴을 굴림, 크기를 20pt로 입력합니다.

> **Tip**
>
> 빈 도형을 선택 후 글꼴 및 크기를 지정하여 복사하면 복사된 도형에도 같은 서식이 지정된 상태로 복사가 됩니다.

4) 도형을 선택한 후 [Ctrl]+드래그하여 도형을 복사합니다. 복사한 도형의 크기를 적당히 줄여서 아래와 같이 배치시킵니다.

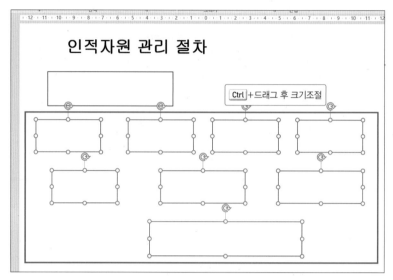

5) 각각의 도형을 선택한 후 글자를 입력합니다(굴림, 20pt).

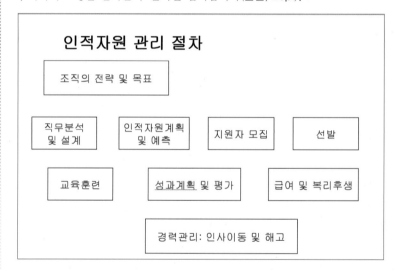

✅ 아래쪽 화살표 & 오른쪽 화살표 삽입하기

1) [삽입]-[도형]-[아래쪽 화살표 ⬇️]를 클릭한 후 드래그하여 그려줍니다.

2) [서식]-[도형 스타일]에서 [색 윤곽선-검정, 어둡게 1🔲], [도형 윤곽선]-[두께]-[1 ½pt]로 지정합니다.

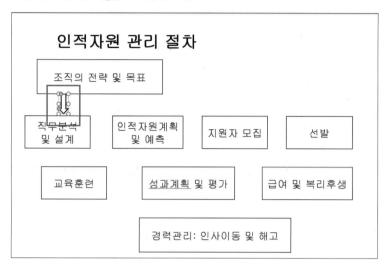

3) [삽입]-[도형]-[오른쪽 화살표 ➡️]를 클릭한 후 적당한 크기로 그려줍니다.

4) [서식]-[도형 스타일]에서 [색 윤곽선-검정, 어둡게 1🔲], [도형 윤곽선]-[두께]-[1 ½pt]로 지정합니다.

5) 삽입한 오른쪽 화살표를 선택한 후 ⎡Ctrl⎤+⎡Shift⎤+드래그(또는 ⎡Ctrl⎤+드래그)하여 복사합니다.

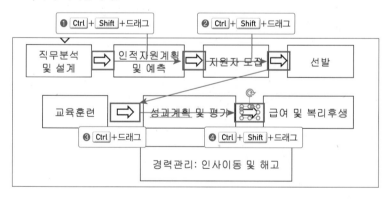

✅ 꺾인 화살표 연결선 삽입하기

1) [삽입]–[도형]–[꺾인 화살표 연결선 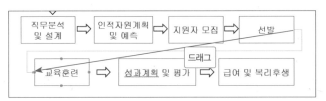]을 클릭합니다.
2) '선발' 도형의 오른쪽 조절점에서부터 '교육훈련' 도형의 왼쪽 조절점까지
   드래그하여 연결합니다.

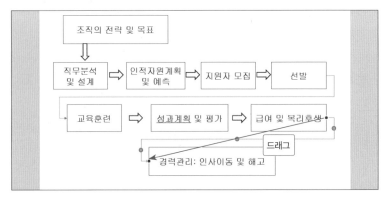

3) 마찬가지 방법으로 아래와 같이 [삽입]–[도형]–[꺾인 화살표 연결선 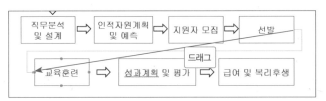]을
   클릭하여 연결시켜줍니다.

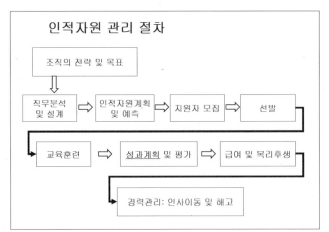

4) 삽입한 꺾인 화살표 연결선을 Shift 를 이용하여 모두 선택한 후 [서
   식]–[도형 윤곽선]–[검정, 텍스트 1 ■], 다시 [도형 윤곽선]–[두께]–
   [4 ½pt]로 지정합니다.

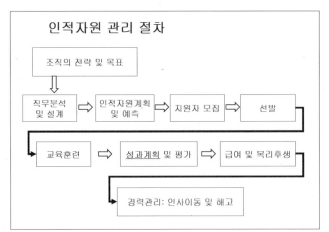

1) [보기]-[유인물 마스터]를 클릭합니다.

2) [유인물 마스터]에서 **날짜**와 **페이지 번호** 체크를 해제한 후 [**마스터 보기 닫기**]를 클릭합니다.

1) [파일]-[인쇄]에서 슬라이드 설정을 [2슬라이드]와 고품질로 지정한 후 [인쇄]를 클릭합니다.

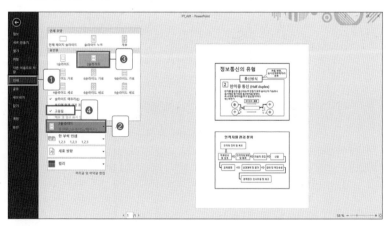

| 인쇄 미리 보기 |

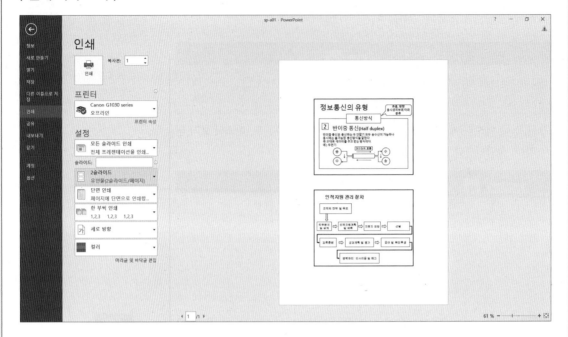

시상(PT) 작업

주어진 2개의 슬라이드를 슬라이드 작성 조건에 따라 작업하여 인쇄합니다.

※ 슬라이드 작성 조건

1) 각 슬라이드를 문제의 **슬라이드 원안**과 같이 인쇄하여 제출합니다.
   (특히 글자, 음영, 그림자, 도형 등 인쇄된 내용 그대로 작업함을 유의하시오)

2) "주1)" 등 특수한 속성 지정이 되어 있는 경우 지시에 따라 작성하시오.

3) 글꼴은 문제 원안과 같거나 유사한 형태로 작업합니다.

4) 글자, 그림 및 도형 등의 크기와 모양은 문제 원안과 같거나 유사한 형태로 작업합니다.

5) 모든 글씨, 선 등은 흑백(그레이스케일)으로 작업하되, 글상자, 그림 및 도형 등에서 색 채우기가 있는 경우 색 채우기는 회색 40% 정도, 투명도 0%를 기준으로 작업합니다.

6) 각 슬라이드는 원안과 같이 **외곽선 테두리가 인쇄**되도록 인쇄합니다.

7) 각 슬라이드 크기는 A4 용지의 1/2 범위 내에 인쇄가 가능한 크기가 되도록 조정하여, 슬라이드 2개를 A4 용지 1매 안에 모두 인쇄합니다.

8) 비번호, 수험번호, 성명, 페이지 번호 등은 반드시 자필로 기재합니다.

비번호: 수험번호: 성명:

6cm

제 1 슬라이드

제 2 슬라이드

4-4

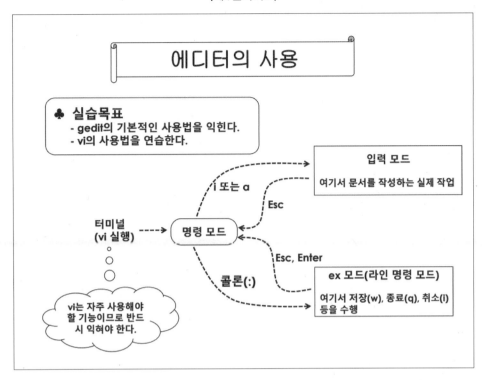

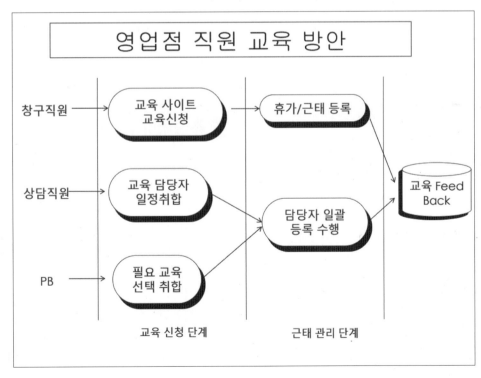

2회 풀이
▶ 유선배 강의

01 저장하기

1) [시작] ➡ [Microsoft Office] ➡ [Microsoft PowerPoint 2016]을 클릭하여 파워포인트를 실행합니다.
2) [파일]-[저장]-[찾아보기]를 클릭하면 저장 창이 나타납니다.
3) 저장 위치는 [바탕화면]-[비번호 폴더] 안에 파일이름을 DB-비번호로 입력한 후 [저장]을 클릭합니다.

02 슬라이드 크기 변경하기

1) [디자인]-[슬라이드 크기]를 클릭한 후 [표준 4:3]으로 변경합니다.

03 레이아웃 변경하기

1) [홈] 탭-[레이아웃]에서 [빈 화면]을 클릭합니다.

04 새 슬라이드 만들기

1) 슬라이드 미리 보기 창의 슬라이드를 클릭한 후 Enter를 눌러 빈 화면 새 슬라이드를 추가합니다.

> 제1 슬라이드

05 제목 만들기

1) [삽입]-[도형]-[가로로 말린 두루마리 모양📄]을 클릭한 후 드래그하여 그려줍니다.
2) [서식]-[도형 스타일]에서 [색 윤곽선-검정, 어둡게 1가나다]로 지정합니다.
3) 제목 에디터의 사용을 입력한 후, Esc를 눌러 도형이 선택되면 [홈] 탭에 글꼴을 굴림, 굵게, 글꼴 크기를 32pt로 지정합니다.

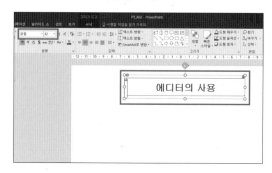

※ 파워포인트 2021 버전에서는 [서식] 탭 대신 [도형 서식] 탭을 사용합니다.

06 모서리가 둥근 직사각형 삽입하기

1) [삽입]-[도형]-[모서리가 둥근 직사각형⬜]을 클릭한 후 적당하게 드래그합니다.
2) [서식]-[도형 스타일]에서 [색 윤곽선-검정, 어둡게 1가나다]로 지정합니다.
3) 도형을 선택한 후 [홈] 탭에서 글꼴을 맑은 고딕, 굵게, 글꼴 크기는 20pt, [왼쪽 정렬▤]로 지정합니다.
4) ㅁ을 입력한 후 한자를 누릅니다. 특수문자 목록 창이 나오면 ♣를 더블 클릭하여 삽입합니다.

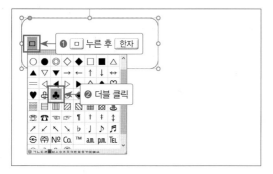

5) 나머지 내용을 아래와 같이 입력합니다.

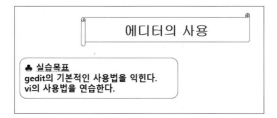

6) 아래 두 줄을 블록 지정한 후 [홈] 탭에서 글꼴 크기를 16pt로 입력하고, [목록 수준 늘림 ⊟]을 클릭합니다.

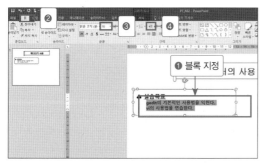

7) [홈]-[글머리 기호] 옆의 ▼를 클릭한 후 [글머리 기호 및 번호 매기기]를 클릭합니다.

8) [사용자 지정]을 클릭합니다. 하위 집합을 [일반 문장 부호]로 선택하고 '–'을 찾아서 클릭한 후 [확인]을 클릭합니다.

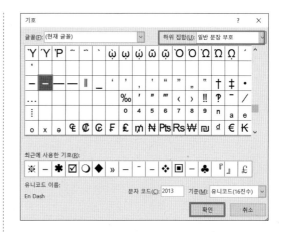

※ 파워포인트에서 영어를 입력하면 자동으로 첫 글자가 대문자로 변경됩니다. 변경된 대문자를 소문자로 다시 수정하거나, [파일]-[옵션]-[언어 교정]-[자동 고침 옵션]에서 '문장 첫 글자를 대문자로'를 해제해야 합니다.

07 직사각형&모서리가 둥근 직사각형 삽입하기

1) [삽입]-[도형]-[직사각형 □]을 클릭한 후 슬라이드에 적당하게 드래그합니다.

2) [서식]-[도형 스타일]에서 [색 윤곽선 – 검정, 어둡게 1 凱텔]로 지정합니다.

3) Ctrl + Shift +드래그하여 복사한 후 각 도형을 선택하고 내용을 입력합니다(맑은 고딕, 굵게, 16pt/14pt).

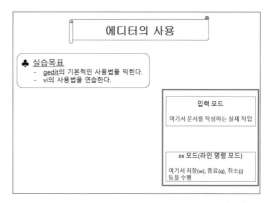

4) [삽입]-[도형]-[모서리가 둥근 직사각형 ▢]을 클릭한 후 드래그하여 삽입합니다([도형 스타일]-[색 윤곽선 – 검정, 어둡게 1 凱텔]).

5) 모서리가 둥근 직사각형의 변형 조절점(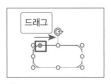)을 오른쪽으로 드래그하여 모서리를 더 둥글게 지정합니다.

6) 명령 모드라는 글자를 입력합니다(맑은 고딕, 굵게, 16pt).

08 화살표 & 구부러진 화살표 연결선 삽입하기

1) [삽입]-[도형]-[화살표]를 클릭하여 Shift 를 누른 채 드래그합니다.

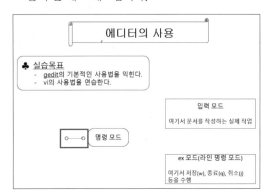

2) [삽입]-[도형]-[구부러진 화살표 연결선]을 클릭한 후, 아래의 그림과 같이 연결합니다.

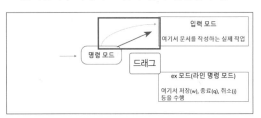

3) 다른 연결선도 아래와 같이 연결한 후 화살표와 구부러진 화살표 연결선을 Shift 를 누른 채 모두 선택하여 [서식]-[도형 윤곽선]-[검정, 텍스트 1 ■], 다시 [도형 윤곽선]-[두께]-[2 1/4pt], [도형 윤곽선]-[대시]-[파선]으로 지정합니다.

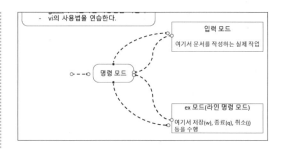

※ 도형의 위치와 연결선의 위치를 문제와 비교해 가면서 지정하되 잘 맞지 않으면 위치를 이동하면서 만들어 줍니다.

09 텍스트 상자 삽입하기

1) [삽입]-[텍스트 상자]를 클릭합니다.
2) 슬라이드의 적당한 위치에 클릭한 후 내용을 입력하고 위치를 조절합니다(18pt, 굵게).

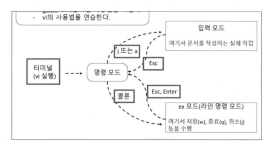

10 구름 모양 설명선 삽입하기

1) [삽입]-[도형]-[구름 모양 설명선]을 클릭한 후 드래그하여 삽입합니다([도형 스타일]-[색 윤곽선 - 검정, 어둡게 1]).
2) 변형 조절점(●)을 드래그하여 구름 모양 설명선의 끝부분이 위로 향하도록 변경합니다.
3) 도형을 선택한 후 내용을 입력합니다(16pt, 굵게).

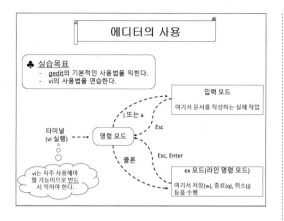

제2 슬라이드

11 제목 만들기

1) [삽입]-[도형]-[직사각형□]을 클릭한 후 드래
   그하여 그려줍니다.
2) [서식]-[도형 스타일]에서 [색 윤곽선 - 검정, 어
   둡게 1⟨까대⟩]로 지정합니다.
3) 제목 **영업점 직원 교육 방안**을 입력한 후, Esc 를
   눌러 도형이 선택되면 [홈] 탭에서 글꼴을 굴림,
   글꼴 크기를 32pt로 지정합니다.

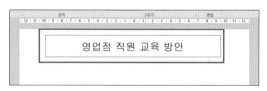

12 세로 선 삽입하기

1) [삽입]-[도형]-[선◥]을 클릭한 후 Shift 를 누
   른 채 세로로 선을 드래그합니다.
2) 삽입된 선을 선택한 후 Ctrl + Shift +드래그하여
   2개를 더 복사합니다.

3) 삽입된 선을 모두 선택한 후 **[서식]-[도형 윤곽
   선]-[검정, 텍스트 1■]**을 선택합니다.

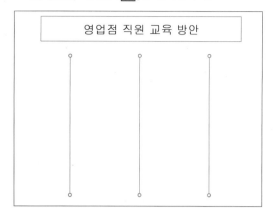

※ 3개의 선을 모두 선택한 후 [서식]-[맞춤]-[가로 간격
   을 동일하게]를 선택하면 사이의 간격이 동일해집니다.

13 텍스트 상자 삽입하기

1) [삽입]-[텍스트 상자⟨카리⟩]를 클릭합니다.
2) 슬라이드의 적당한 위치에 클릭한 후 내용을 입
   력하고 위치를 조절합니다(18pt, 16pt).

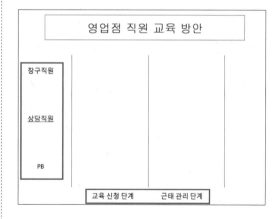

1) [삽입]-[도형]-[모서리가 둥근 직사각형□]을
   클릭한 후 드래그하여 삽입합니다([도형 스타
   일]-[색 윤곽선 - 검정, 어둡게 1가나다]).
2) 모서리가 둥근 사각형의 변형 조절점(●)을 오른쪽
   으로 드래그하여 모서리를 더 둥글게 지정합니다.

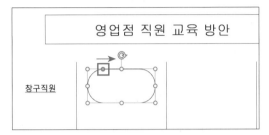

3) 도형을 선택한 후 [서식]-[도형 효과]-[그림자]
   에서 [오프셋 대각선 오른쪽 아래]를 클릭합니다.

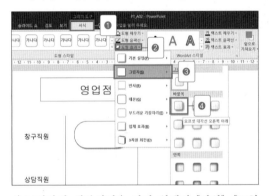

4) 그림자의 세부설정을 하기 위해서 [서식]-[도형
   효과]-[그림자]-[그림자 옵션]을 클릭합니다.
5) 투명도 : 0pt, 흐리게 : 0pt로 입력하고 간격을
   문제에서 나오는 그림자와 비슷하게 지정합니다
   (여기서는 8pt 정도로 지정하겠습니다).

6) Ctrl + Shift +드래그(또는 Ctrl +드래그)로 도형
   을 아래와 같이 복사한 후 크기 조절 및 글자를
   입력합니다(18pt).

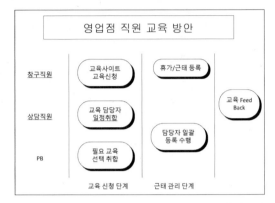

7) '교육 Feed Back' 도형을 선택한 후 [서식]-[도형
   편집]-[도형 모양 변경]-[순서도: 자기디스
   크 🗄]를 클릭합니다.

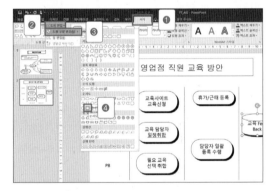

8) 그림자의 위치를 변경하기 위해서, [서식]-[도형
   효과]-[그림자]-[그림자 옵션]에서 각도를 135°
   정도로 설정합니다.

15 ▶ 화살표 삽입하기

1) [삽입]-[도형]-[화살표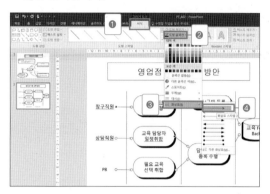]를 클릭한 후 드래그하여 삽입하여 아래와 같이 삽입합니다.

2) 삽입한 모든 화살표를 **Shift** 를 이용하여 선택한 후 **[서식]-[도형 윤곽선]-[검정, 텍스트 1■]**을 선택합니다.

3) 모든 화살표가 선택되어 있는 상태에서 [서식]-[도형 윤곽선]-[화살표]에서 [화살표 스타일 2]를 클릭합니다.

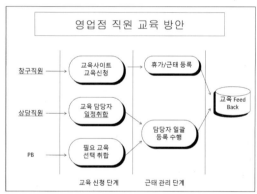

16 ▶ 날짜와 페이지 번호 제거하기

1) [보기]-[유인물 마스터]를 클릭합니다.

2) [유인물 마스터]에 **날짜**와 **페이지 번호** 체크를 해제한 후 **[마스터 보기 닫기]**를 클릭합니다.

17 ▶ 페이지 설정 및 인쇄

1) [파일]-[인쇄]에서 슬라이드 설정을 [2슬라이드]와 고품질로 지정한 후 [인쇄]를 클릭합니다.

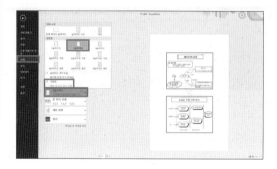

| 인쇄 미리 보기 |

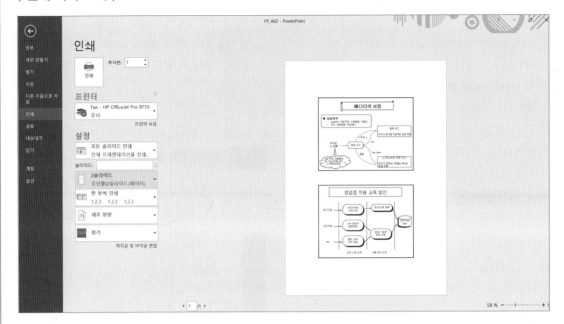

시상(PT) 작업

주어진 2개의 슬라이드를 슬라이드 작성 조건에 따라 작업하여 인쇄합니다.

※ 슬라이드 작성 조건

1) 각 슬라이드를 문제의 **슬라이드 원안**과 같이 인쇄하여 제출합니다.
   (특히 글자, 음영, 그림자, 도형 등 인쇄된 내용 그대로 작업함을 유의하시오)

2) "주1)" 등 특수한 속성 지정이 되어 있는 경우 지시에 따라 작성하시오.

3) 글꼴은 문제 원안과 같거나 유사한 형태로 작업합니다.

4) 글자, 그림 및 도형 등의 크기와 모양은 문제 원안과 같거나 유사한 형태로 작업합니다.

5) 모든 글씨, 선 등은 흑백(그레이스케일)으로 작업하되, 글상자, 그림 및 도형 등에서 색 채우기가 있는 경우 색 채우기는 회색 40% 정도, 투명도 0%를 기준으로 작업합니다.

6) 각 슬라이드는 원안과 같이 **외곽선 테두리가 인쇄**되도록 인쇄합니다.

7) 각 슬라이드 크기는 A4 용지의 1/2 범위 내에 인쇄가 가능한 크기가 되도록 조정하여, 슬라이드 2개를 A4 용지 1매 안에 모두 인쇄합니다.

8) 비번호, 수험번호, 성명, 페이지 번호 등은 반드시 자필로 기재합니다.

6cm

제 1 슬라이드

제 2 슬라이드

4-4

〈제1 슬라이드〉

Vmware의 특징

① 똑같은 운영체제가 필요할 경우 복사해서 사용
② 운영체제의 특정시점을 저장 : Snapshot 기능

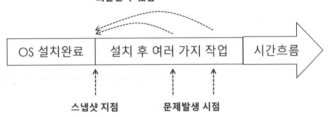

언제든지 스냅샷 지점으로
되돌릴 수 있음

| OS 설치완료 | 설치 후 여러 가지 작업 | 시간흐름 |

스냅샷 지점   문제발생 시점

③ 하드디스크 등의 하드웨어를 여러 개 장착 가능
④ 현재 PC의 상태를 그대로 저장해 놓고, 다음 사용할 때 현재 상태를
　이어서 구동 : Suspend 기능

〈제2 슬라이드〉

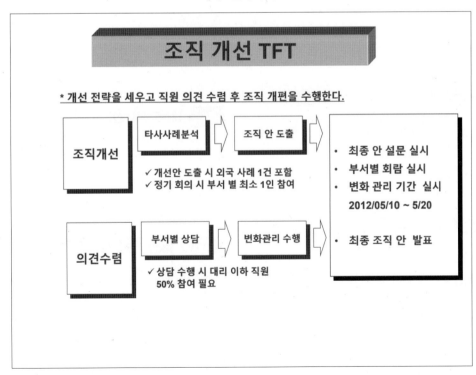

조직 개선 TFT

* 개선 전략을 세우고 직원 의견 수렴 후 조직 개편을 수행한다.

조직개선　　타사사례분석　　조직 안 도출

✓ 개선안 도출 시 외국 사례 1건 포함
✓ 정기 회의 시 부서 별 최소 1인 참여

- 최종 안 설문 실시
- 부서별 회람 실시
- 변화 관리 기간 실시
  2012/05/10 ~ 5/20

- 최종 조직 안 발표

의견수렴　　부서별 상담　　변화관리 수행

✓ 상담 수행 시 대리 이하 직원
　50% 참여 필요

01 저장하기

1) [시작] ➡ [Microsoft Office] ➡ [Microsoft PowerPoint 2016]을 클릭하여 파워포인트를 실행합니다.
2) [파일]-[저장]-[찾아보기]를 클릭하면 저장 창이 나타납니다.
3) 저장 위치는 [바탕화면]-[비번호 폴더] 안에 파일이름을 DB-비번호로 입력한 후 [저장]을 클릭합니다.

02 슬라이드 크기 변경하기

1) [디자인]-[슬라이드 크기]를 클릭한 후 [표준 4:3]으로 변경합니다.

03 레이아웃 변경하기

1) [홈] 탭-[레이아웃]에서 [빈 화면]을 클릭합니다.

04 새 슬라이드 만들기

1) 슬라이드 미리 보기 창의 슬라이드를 클릭한 후 Enter 를 눌러 빈 화면 새 슬라이드를 추가합니다.

제1 슬라이드

05 제목 만들기

1) [삽입]-[도형]-[모서리가 둥근 직사각형▢]을 클릭한 후 드래그하여 그려줍니다.
2) [서식]-[도형 스타일]에서 [색 윤곽선 - 검정, 어둡게 1 ▣]로 지정합니다.
3) 제목 Vmware의 특징을 입력한 후, Esc 를 눌러 도형이 선택되면 [홈] 탭에서 글꼴을 굴림, 글꼴 크기를 36pt로 지정합니다.

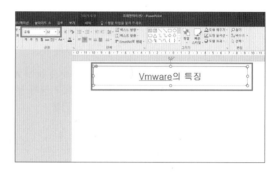

※ 파워포인트 2021 버전에서는 [서식] 탭 대신 [도형 서식] 탭을 사용합니다.

06 텍스트 상자 삽입하기1

1) [삽입]-[텍스트 상자 ㉙]를 클릭한 후 슬라이드의 적당한 위치에 클릭합니다.
2) [홈] 탭-[번호 매기기 ▤]의 ▼를 클릭한 후 [원숫자 ▤]를 선택합니다.

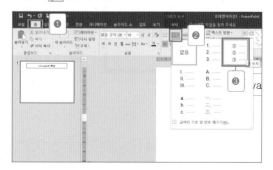

3) 내용을 입력하고 위치를 조절합니다(맑은 고딕, 16pt, 굵게).

4) 텍스트 상자를 선택하고 Ctrl + Shift +드래그하여 복사한 후 내용을 변경합니다.

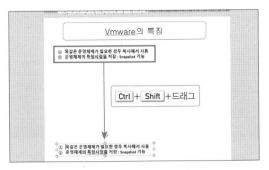

5) 복사한 글자를 블록 지정하고 [홈] 탭-[번호 매기기]의 ▼를 클릭한 후 [글머리 기호 및 번호 매기기]에서 시작 번호를 3으로 입력한 후 [확인]을 클릭합니다.

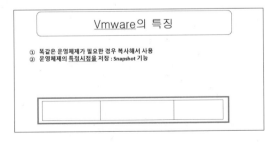

07 직사각형 삽입하기

1) [삽입]-[도형]-[직사각형]을 클릭한 후 슬라이드 왼쪽 하단에 적당하게 드래그합니다.

2) [서식]-[도형 스타일]에서 [색 윤곽선 - 검정, 어둡게 1]로 지정합니다.

3) Ctrl + Shift +드래그하여 아래와 같이 직사각형을 2개 더 복사한 후 크기도 적당하게 조절합니다.

4) 복사한 마지막 도형을 선택한 후, [서식]-[도형 편집]-[도형 모양 변경]에서 [오른쪽 화살표 →]를 클릭합니다. 오른쪽 화살표로 변경된 도형의 크기를 조절한 후 도형 안에 글자를 입력합니다(18pt).

08 화살표&곡선 삽입하기

1) [삽입]-[도형]-[화살표]를 클릭하여 Shift 를 누른 채 드래그한 후 [서식]-[도형 윤곽선]에서 아래와 같이 서식을 변경합니다.

도형 윤곽선 색	검정, 텍스트 1
두께	1¹/₂pt
대시	파선
화살표	화살표 스타일 2

2) Ctrl + Shift 를 누른 채 우측으로 드래그하여 화살표를 복사합니다.

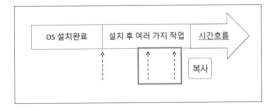

3) [삽입]-[도형]-[곡선 ⌐]을 클릭한 후, ❶ 시작 위치 ❷ 곡선을 만들 위치 ❸ 끝낼 위치를 클릭하고 Esc 를 눌러 마무리합니다.

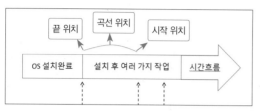

4) [서식]-[도형 윤곽선]에서 아래와 같이 서식을 변경합니다.

도형 윤곽선 색	검정, 텍스트 1
두께	1pt
대시	파선
화살표	화살표 스타일 2

5) 마찬가지 방법으로 곡선을 하나 더 만들어 줍니다.

---

09 텍스트 상자 삽입하기2

1) [삽입]-[텍스트 상자 🗐]를 클릭한 후 슬라이드의 적당한 위치에 클릭하고 아래와 같이 입력합니다(14pt, 굵게).

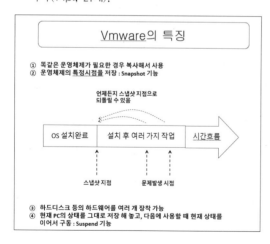

제2 슬라이드

10 제목 만들기

1) [삽입]-[도형]-[직사각형 ▢]을 클릭한 후 드래그하여 그려줍니다.

2) [서식] 탭에서 아래와 같이 서식을 지정합니다.

도형 채우기 색	흰색, 배경 1, 35% 더 어둡게
도형 윤곽선 색	윤곽선 없음

3) 도형 위에서 마우스 우클릭을 한 후 [도형 서식]-[효과 🏠]에서 아래와 같이 효과를 지정합니다.

3차원 서식	❶ [깊이] 색 : 흰색, 배경 1, 50% 더 어둡게 ❷ [깊이] : 80pt ❸ [조명] : 균형있게 ❹ [각도] : 20°
3차원 회전	[미리설정] : 오른쪽 위 오블리크

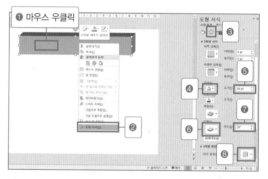

4) 도형 안에 제목을 입력합니다(맑은 고딕, 굵게, 32pt).

---

11 직사각형 삽입 후 복사하기

1) [삽입]-[도형]-[직사각형 ▢]을 클릭한 후 슬라이드에 적당하게 드래그합니다([도형 스타일]-[색 윤곽선 - 검정, 어둡게 1 🔲]).

2) 도형을 선택한 후 [서식]-[도형 효과]-[그림자]에서 [오프셋 대각선 오른쪽 아래]를 클릭합니다.

3) 그림자의 세부설정을 하기 위해서 [서식]–[도형 효과]–[그림자]–[그림자 옵션]을 클릭합니다.

4) 투명도 : 0pt, 흐리게 : 0pt로 입력하고 간격을 문제에서 나오는 그림자와 비슷하게 지정합니다 (여기서는 8pt 정도로 지정하겠습니다).

5) Ctrl + Shift +드래그(또는 Ctrl +드래그)를 이용하여 아래와 같이 사각형을 복사한 후 크기를 조절합니다.

6) 도형 안에 글자를 입력한 후, 글꼴 크기 및 정렬 등의 서식을 적당하게 지정합니다.

7) 오른쪽 큰 사각형의 글자는 블록 설정하고 마우스 우클릭을 한 후 [글머리 기호]–[속이 찬 둥근 글머리 기호]를 클릭하고 [홈] 탭에서 줄간격을 1.5로 지정합니다(※ 변화 관리 기간 실시 입력 후 Shift + Enter 를 눌러 다음 줄로).

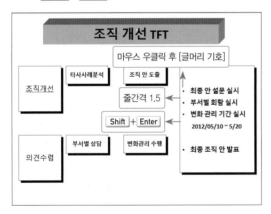

12 ▶ 오른쪽 화살표 삽입 후 복사하기

1) [삽입]–[도형]–[오른쪽 화살표➡]를 클릭한 후 슬라이드에 적당하게 드래그합니다([도형 스타일]–[색 윤곽선 – 검정, 어둡게 1⬛]).

2) Ctrl +드래그를 이용하여 복사합니다.

13 ▶ 텍스트 상자 삽입하기

1) [삽입]–[텍스트 상자⬛]를 클릭합니다.

2) 슬라이드의 적당한 위치에 클릭한 후 내용을 입력하고 위치를 조절합니다. 글머리 기호가 들어간 텍스트는 글자를 입력하고 마우스 우클릭을 한 후 [글머리 기호]–[대조표 글머리 기호]를 지정합니다.

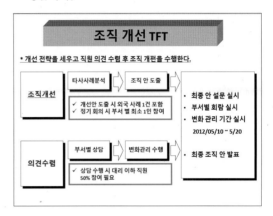

14 ▶ 날짜와 페이지 번호 제거하기

1) [보기]–[유인물 마스터]를 클릭합니다.

2) [유인물 마스터]에서 날짜와 페이지 번호 체크를 해제한 후 [마스터 보기 닫기]를 클릭합니다.

15 ▶ 페이지 설정 및 인쇄

1) [파일]–[인쇄]로 들어간 후 슬라이드 설정을 [2슬라이드]와 고품질로 지정한 후 [인쇄]를 클릭합니다.

| 인쇄 미리 보기 |

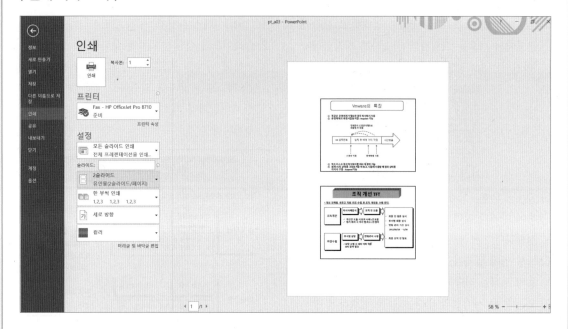

시상(PT) 작업

주어진 2개의 슬라이드를 슬라이드 작성 조건에 따라 작업하여 인쇄합니다.

※ 슬라이드 작성 조건

1) 각 슬라이드를 문제의 **슬라이드 원안**과 같이 인쇄하여 제출합니다.
   (특히 글자, 음영, 그림자, 도형 등 인쇄된 내용 그대로 작업함을 유의하시오)

2) "주1)" 등 특수한 속성 지정이 되어 있는 경우 지시에 따라 작성하시오.

3) 글꼴은 문제 원안과 같거나 유사한 형태로 작업합니다.

4) 글자, 그림 및 도형 등의 크기와 모양은 문제 원안과 같거나 유사한 형태로 작업합니다.

5) 모든 글씨, 선 등은 흑백(그레이스케일)으로 작업하되, 글상자, 그림 및 도형 등에서 색 채우기가 있는 경우 색 채우기는 회색 40% 정도, 투명도 0%를 기준으로 작업합니다.

6) 각 슬라이드는 원안과 같이 **외곽선 테두리가 인쇄**되도록 인쇄합니다.

7) 각 슬라이드 크기는 A4 용지의 1/2 범위 내에 인쇄가 가능한 크기가 되도록 조정하여, 슬라이드 2개를 A4 용지 1매 안에 모두 인쇄합니다.

8) 비번호, 수험번호, 성명, 페이지 번호 등은 반드시 자필로 기재합니다.

비번호:　　　　수험번호:　　　　성명:

6cm

제 1 슬라이드

제 2 슬라이드

4-4

비디오와 애니메이션의 비교

■ 비디오: 실 세계를 촬영한 결과

■ 애니메이션: 컴퓨터를 이용하여 일련의 장면을 인공적으로 생성

구분	비디오	애니메이션
공통점	- 인간의 감성에 직접적인 자극을 주는 방식 - 흥미를 유발, 어떤 과정을 보이기에 적합	
차이점	- 과도한 정보를 동시에 제공 - 실 예를 들어 보일 경우에 적절 - 제작비용이 많이 듦	- 주제에 초점을 맞추고 특징을 강조 - 제작비용이 비디오에 비해 저렴 - 이미지나 그래픽보다는 고비용

비디오		플래시, 스위시
카메라, 사진		고전 기법

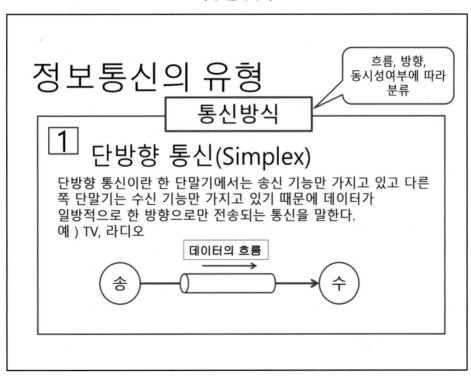

정보통신의 유형

통신방식

> 흐름, 방향, 동시성여부에 따라 분류

1 단방향 통신(Simplex)

단방향 통신이란 한 단말기에서는 송신 기능만 가지고 있고 다른 쪽 단말기는 수신 기능만 가지고 있기 때문에 데이터가 일방적으로 한 방향으로만 전송되는 통신을 말한다.

예) TV, 라디오

데이터의 흐름

송 → 수

01 저장하기

1) [시작] ➡ [Microsoft Office] ➡ [Microsoft PowerPoint 2016]을 클릭하여 파워포인트를 실행합니다.
2) [파일]-[저장]-[찾아보기]를 클릭하면 저장 창이 나타납니다.
3) 저장 위치는 [바탕화면]-[비번호 폴더] 안에 파일이름을 DB-비번호로 입력한 후 [저장]을 클릭합니다.

02 슬라이드 크기 변경하기

1) [디자인]-[슬라이드 크기]를 클릭한 후 [표준 4:3]으로 변경합니다.

03 레이아웃 변경하기

1) [홈] 탭-[레이아웃]에서 [빈 화면]을 클릭합니다.

04 새 슬라이드 만들기

1) 슬라이드 미리 보기 창의 슬라이드를 클릭한 후 Enter 를 눌러 빈 화면 새 슬라이드를 추가합니다.

제1 슬라이드

05 제목 만들기

1) [삽입]-[도형]-[모서리가 둥근 직사각형 ▢]을 클릭한 후 드래그하여 그려줍니다.
2) [서식]-[도형 스타일]에서 [색 윤곽선 - 검정, 어둡게 1 ▥]로 지정합니다.
3) 제목 비디오와 애니메이션의 비교를 입력한 후, Esc 를 눌러 도형이 선택되면 [홈] 탭에서 글꼴을 굴림, 굵게, 글꼴 크기를 32pt로 지정합니다.
4) 도형을 선택한 후 [서식]-[도형 효과]-[그림자]에서 [오프셋 대각선 오른쪽 아래]를 클릭합니다.
5) 그림자의 세부설정을 하기 위해서 [서식]-[도형 효과]-[그림자]-[그림자 옵션]을 클릭합니다.
6) 투명도 : 0pt, 흐리게 : 5pt, 간격을 8pt로 입력합니다.

비디오와 애니메이션의 비교

> ※ 파워포인트 2021 버전에서는 [서식] 탭 대신 [도형 서식] 탭을 사용합니다.

06 텍스트 상자 삽입하기

1) [삽입]-[텍스트 상자 ▤]를 클릭한 후 슬라이드의 적당한 위치에 클릭하여 글자를 입력합니다 (맑은 고딕, 18pt, 줄간격 1.5).
2) 글자를 블록 지정하고 마우스 우클릭을 한 후 [글머리 기호]-[글머리 기호 및 번호 매기기]-[사용자 지정]에서 ■를 선택합니다.

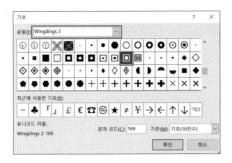

07 표 삽입하기

1) [삽입]-[표]-[표 삽입]을 클릭한 후 열3, 행3의 표를 만들어 줍니다.

2) 표 도구의 [디자인] 탭에서 머리글 행과 줄무늬 행의 표 스타일 옵션을 해제합니다.

3) 표 바깥쪽 테두리를 선택한 후 음영은 '흰색, 배경 1'로 지정하고, 테두리는 '모든 테두리'를 선택합니다. 표의 테두리를 드래그하여 위치를 아래로 내려 주고 열의 너비를 마우스로 드래그하여 맞춰줍니다.

4) 병합이 필요한 셀을 드래그하여 블록 지정한 후 표 도구의 [레이아웃]-[셀 병합]을 클릭합니다.

5) 셀 전체를 블록 지정한 후 표 도구의 [레이아웃]에서 [가운데 맞춤﹦], [세로 가운데 맞춤▤]을 클릭하고 글자를 입력합니다(맑은 고딕, 14pt, 굵게, 줄간격 1.5).

　※ 왼쪽 맞춤이 필요한 셀을 블록 지정한 후 [왼쪽 맞춤﹦]을 클릭합니다.

6) 셀 안에 내용을 입력합니다(14pt, 굵게).

08 빗면 도형 삽입하기

1) [삽입]-[도형]-[빗면▢] 도형을 삽입한 후 [서식] 탭-[도형 스타일]에서 [색 윤곽선 - 검정, 어둡게 1가나다]로 지정합니다.

2) Ctrl + Shift +드래그하여 복사한 후 내용을 입력합니다(18pt).

09 액자 도형 삽입하기

1) [삽입]-[도형]-[액자 ▢] 도형을 삽입한 후 [서식] 탭-[도형 스타일]에서 [색 윤곽선 - 검정, 어둡게 1가나다]로 지정합니다.

2) [서식] 탭-[도형 채우기]에서 [흰색 배경 1, 35% 더 어둡게]를 선택합니다.

3) Ctrl + Shift +드래그하여 복사한 후 내용을 입력합니다.

10 ▶ 왼쪽/오른쪽/위쪽 화살표 도형 삽입하기

1) [삽입]-[도형]-[왼쪽/오른쪽/위쪽 화살표⚖️] 도형을 삽입한 후 [서식] 탭-[도형 스타일]에서 [색 윤곽선 - 검정, 어둡게 1 가나다]로 지정합니다.
2) [서식] 탭-[도형 채우기]에서 [흰색 배경 1, 35% 더 어둡게]를 선택합니다.

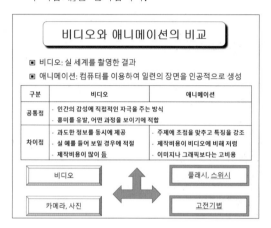

제2 슬라이드

11 ▶ 제목 만들기

1) [삽입]-[텍스트 상자 가]를 클릭한 후 슬라이드 좌측 상단에 클릭합니다.
2) 정보통신의 유형을 입력한 후 Esc를 누르면 텍스트 상자가 선택됩니다.
3) [홈] 탭에서 글꼴 크기를 48pt로 입력합니다.

12 ▶ 직사각형 삽입하기1

1) [삽입] 탭 - [도형]에서 [직사각형□]을 클릭합니다.
2) 제목 아래에 적당한 크기로 드래그하여 사각형을 그려줍니다. [서식]-[도형 스타일]에서 [색 윤곽선 - 검정, 어둡게 1 가나다], [도형 윤곽선]-[두께]-[2 ¼pt]로 지정합니다.

13 ▶ 직사각형 삽입하기2

1) 다시 [삽입]-[도형]-[직사각형□]을 클릭하고 아래와 같이 드래그한 후 [서식]-[도형 스타일]에서 [색 윤곽선 - 검정, 어둡게 1 가나다], [도형 윤곽선]-[두께]-[3pt]로 지정합니다.
2) [홈] 탭에서 글꼴 크기를 32pt 정도로 입력합니다.

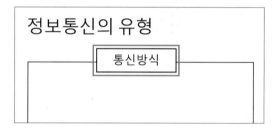

14 ▶ 직사각형 복사하기

1) 만든 '통신방식' 사각형을 Ctrl을 누른 채 드래그하여 복사한 후 내용을 수정하고 텍스트 상자를 줄여줍니다(도형 윤곽선 두께 : 1 ½pt, 글꼴 크기 : 32pt).

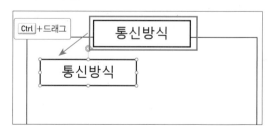

15 ▶ 모서리가 둥근 사각형 설명선 삽입하기

1) [삽입]-[도형]에서 설명선의 [모서리가 둥근 사각형 설명선]을 클릭한 후 드래그하여 그려줍니다.
2) 도형의 노란색 조절점을 드래그하여 적당하게 배치시켜 줍니다.
3) [서식]-[도형 스타일]에서 [색 윤곽선 - 검정, 어둡게 1], [도형 윤곽선]-[두께]-[1½pt]로 지정하고 도형 안에 글자를 입력합니다.

16 ▶ 텍스트 상자 삽입하기1

1) [삽입]-[텍스트 상자]를 클릭하고 적당하게 드래그하여 그려줍니다.
2) 단방향 통신(Simplex)을 입력한 후 Esc 를 눌러 텍스트 상자를 선택하고 [홈] 탭에서 글꼴 크기를 32pt로 입력합니다.

17 ▶ 텍스트 상자 삽입하기2

1) [삽입]-[텍스트 상자]를 클릭하고 드래그하여 그려준 후 내용을 입력합니다(20pt).

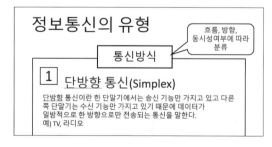

18 ▶ 타원 삽입&복사하기

1) [삽입]-[타원]을 클릭한 후 Shift 를 누른 채 드래그하여 그려줍니다.
2) [서식]-[도형 스타일]에서 [색 윤곽선 - 검정, 어둡게 1], [도형 윤곽선]-[두께]-[2¼pt]로 지정합니다(24pt).
3) 도형을 선택한 후 Ctrl + Shift 를 누른 상태에서 우측으로 드래그하여 복사한 후 내용을 입력합니다.

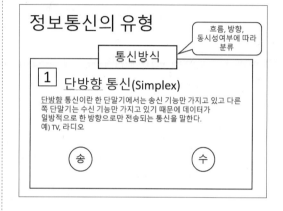

19 ▶ 원통 삽입하기

1) [삽입]-[도형]에서 [원통]을 클릭한 후 드래그하여 그려줍니다.
2) [서식]-[회전]-[왼쪽으로 90도 회전]을 클릭하여 도형을 회전시킨 후 크기와 위치를 적당하게 배치합니다.
3) [서식]-[도형 스타일]에서 [색 윤곽선 - 검정, 어둡게 1], [도형 윤곽선]-[두께]-[2¼pt]로 지정합니다.

20 화살표 삽입하기1

1) [삽입]-[도형]에서 [화살표 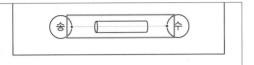]를 클릭합니다.
2) 좌측 타원 오른쪽 조절점부터 우측 타원 왼쪽 조절점까지 드래그하여 연결합니다.

3) [서식]-[도형 윤곽선]-[검정, 텍스트 1 ■], 다시 [도형 윤곽선]-[두께]-[3pt]로 지정합니다.
4) 원통을 선택한 후 [서식]-[앞으로 가져오기]-[맨 앞으로 가져오기]를 클릭합니다.

21 화살표 삽입하기2

1) [삽입]-[도형]-[화살표]를 클릭한 후 Shift 를 누른 채 드래그합니다(도형 윤곽선 두께 : 3pt).

22 직사각형 삽입하기3

1) [삽입]-[도형]-[직사각형 □]을 클릭한 후 아래와 같이 드래그한 다음 내용을 입력합니다(굴림, 18pt, 굵게).

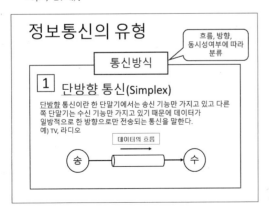

23 날짜와 페이지 번호 제거하기

1) [보기]-[유인물 마스터]를 클릭합니다.
2) [유인물 마스터]에서 **날짜**와 **페이지 번호** 체크를 해제한 후 [**마스터 보기 닫기**]를 클릭합니다.

24 페이지 설정 및 인쇄

1) [파일]-[인쇄]에서 슬라이드 설정을 [2슬라이드]와 고품질로 지정한 후 [인쇄]를 클릭합니다.

| 인쇄 미리 보기 |

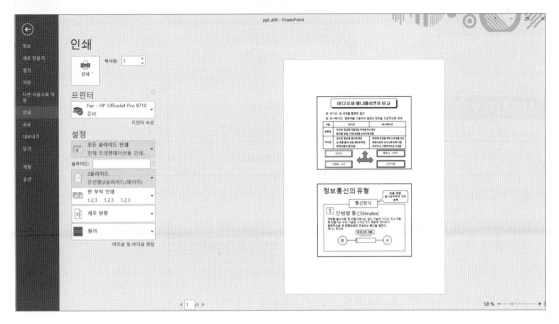

시상(PT) 작업

주어진 2개의 슬라이드를 슬라이드 작성 조건에 따라 작업하여 인쇄합니다.

※ 슬라이드 작성 조건

1) 각 슬라이드를 문제의 **슬라이드 원안**과 같이 인쇄하여 제출합니다.
   (특히 글자, 음영, 그림자, 도형 등 인쇄된 내용 그대로 작업함을 유의하시오)

2) "주1)" 등 특수한 속성 지정이 되어 있는 경우 지시에 따라 작성하시오.

3) 글꼴은 문제 원안과 같거나 유사한 형태로 작업합니다.

4) 글자, 그림 및 도형 등의 크기와 모양은 문제 원안과 같거나 유사한 형태로 작업합니다.

5) 모든 글씨, 선 등은 흑백(그레이스케일)으로 작업하되, 글상자, 그림 및 도형 등에서 색 채우기가 있는 경우 색 채우기는 회색 40% 정도, 투명도 0%를 기준으로 작업합니다.

6) 각 슬라이드는 원안과 같이 **외곽선 테두리가 인쇄**되도록 인쇄합니다.

7) 각 슬라이드 크기는 A4 용지의 1/2 범위 내에 인쇄가 가능한 크기가 되도록 조정하여, 슬라이드 2개를 A4 용지 1매 안에 모두 인쇄합니다.

8) 비번호, 수험번호, 성명, 페이지 번호 등은 반드시 자필로 기재합니다.

비번호:　　　　　수험번호:　　　　　성명:

6cm

제 1 슬라이드

제 2 슬라이드

4-4

〈제1 슬라이드〉

이미지의 처리와 압축

❖ **JPEG에 의한 이미지 데이터의 압축 및 복원 과정**

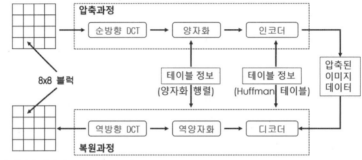

입력된 이미지 데이터

압축과정
순방향 DCT → 양자화 → 인코더

8x8 블럭

테이블 정보
(양자화 행렬)

테이블 정보
(Huffman 테이블)

압축된 이미지 데이터

역방향 DCT → 역양자화 → 디코더

복원과정

복원된 이미지 데이터

〈제2 슬라이드〉

5) 망의 형태에 의한 통신망 구분

스타(Star)형
- 중앙에 컴퓨터가 있고 이를 중심으로 단말기들이 연결되는 형태.
- 중앙 집중방식
- 장점
    » 각 장치는 하나의 링크와 하나의 I/O 포트만 필요로 하므로 설치와 재구성이 쉽다
    » 하나의 링크에 문제가 발생하면 해당 링크만 영향을 받는다.
    » 그물형(망형)보다는 비용이 적게 든다.
    » 네트워크의 오류진단이 용이.
- 단점
    » 추가 비용이 많이 들며 컴퓨터와 단말기간의 통신회선의 수가 많이 필요하다.

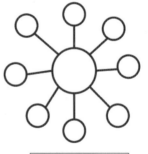

스타형 통신망

01 저장하기

1) [시작] ➡ [Microsoft Office] ➡ [Microsoft PowerPoint 2016]을 클릭하여 파워포인트를 실행합니다.
2) [파일]-[저장]-[찾아보기]를 클릭하면 저장 창이 나타납니다.
3) 저장 위치는 [바탕화면]-[비번호 폴더] 안에 파일이름을 DB-비번호로 입력한 후 [저상]을 클릭합니다.

02 슬라이드 크기 변경하기

1) [디자인]-[슬라이드 크기]를 클릭한 후 [표준 4:3]으로 변경합니다.

03 레이아웃 변경하기

1) [홈] 탭-[레이아웃]에서 [빈 화면]을 클릭합니다.

04 새 슬라이드 만들기

1) 슬라이드 미리 보기 창의 슬라이드를 클릭한 후 Enter를 눌러 빈 화면 새 슬라이드를 추가합니다.

제1 슬라이드

05 제목 만들기

1) [삽입]-[도형]-[가로로 말린 두루마리 모양 🔲]을 클릭한 후 드래그하여 그려줍니다.
2) [서식]-[도형 스타일]에서 [색 윤곽선 - 검정, 어둡게 1 가나다]로 지정합니다.
3) 제목 이미지의 처리와 압축을 입력한 후, Esc를 눌러 도형이 선택되면 [홈] 탭에서 글꼴을 굴림, 굵게, 글꼴 크기를 36pt로 지정합니다.

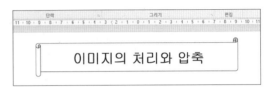

※ 파워포인트 2021 버전에서는 [서식] 탭 대신 [도형 서식] 탭을 사용합니다.

06 텍스트 상자 삽입하기1

1) [삽입]-[텍스트 상자 🔳]를 클릭한 후 슬라이드의 적당한 위치에 선택하여 글자를 입력합니다 (맑은 고딕, 18pt, 굵게).
2) 글자를 블록 지정하고 마우스 우클릭을 한 후 [글머리 기호]-[글머리 기호 및 번호 매기기]-[사용자 지정]으로 들어갑니다. [Wingdings]를 선택한 후 글머리 기호를 찾아서 클릭합니다.

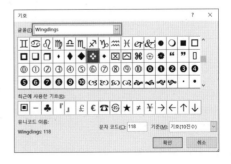

1) [삽입]–[표]–[표 삽입]을 클릭한 후 열4, 행4의 표
   를 만들어 줍니다.

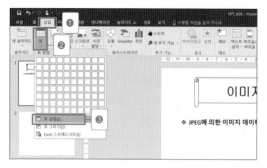

2) 표 도구의 [디자인] 탭에서 머리글 행과 줄무늬
   행의 표 스타일 옵션을 해제합니다.

3) 표 바깥쪽 테두리를 선택한 후 음영은 '흰색, 배
   경 1'로 지정하고, 테두리는 '모든 테두리'를 선택
   합니다. 표의 테두리를 선택한 후 오른쪽 조절점
   을 좌측으로 드래그하여 표의 크기를 줄여줍니다.

4) 표의 테두리를 선택한 후 Ctrl + Shift +드래그하
   여 복사합니다.

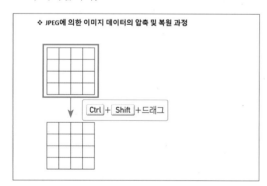

1) [삽입]–[도형]–[직사각형□]을 클릭한 후 드래
   그하여 그려줍니다.

도형 스타일	[색 윤곽선 – 검정, 어둡게 1 가나다]
도형 윤곽선–대시	파선

2) Ctrl + Shift +드래그하여 아래로 복사합니다.

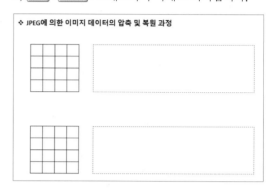

1) [삽입]–[도형]–[모서리가 둥근 직사각형□]을
   클릭한 후 드래그하여 그려준 다음 [서식]–[도형
   스타일]에서 [색 윤곽선 – 검정, 어둡게 1 가나다]로
   지정합니다(굴림, 14pt).

2) Ctrl + Shift +드래그하여 복사한 후 내용을 입력
   합니다.

1) [삽입]–[도형]–[직사각형□]을 클릭한 후 드래
   그하여 그려준 다음 [서식]–[도형 스타일]에서
   [색 윤곽선 – 검정, 어둡게 1 가나다]로 지정합니다
   (맑은 고딕, 14pt).

2) Ctrl + Shift +드래그하여 복사한 후 내용을 입력
   합니다.

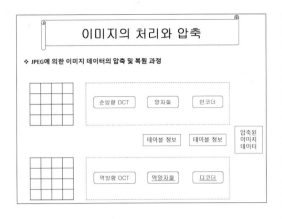

1) [삽입]-[도형]-[화살표]와 [꺾인 화살표 연결선]을 삽입한 후 [서식]-[도형 윤곽선]-[검정, 텍스트 1], 다시 [도형 윤곽선]-[두께]-[3pt]로 지정합니다(※ 화살표를 복사하여 배치합니다).
2) 좌우대칭이 필요한 화살표는 [서식]-[회전]-[좌우대칭]을 선택합니다.

11 양방향 화살표 삽입하기

1) [삽입]-[도형]-[양방향 화살표]를 삽입한 후 [서식]-[도형 윤곽선]-[검정, 텍스트 1■], 다시 [도형 윤곽선]-[두께]-[3pt]로 지정합니다.
2) Ctrl + Shift +드래그하여 복사합니다.
3) '테이블 정보' 직사각형 두 개를 Shift 를 이용하여 선택한 후 [서식]-[앞으로 가져오기]-[맨 앞으로 가져오기]를 클릭합니다.

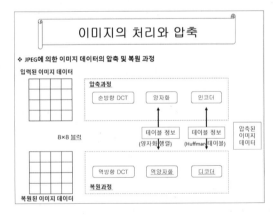

13 텍스트 상자 삽입하기2

1) [삽입]-[텍스트 상자]를 클릭한 후 슬라이드의 적당한 위치에 클릭하여 글자를 입력합니다(맑은 고딕, 16pt).

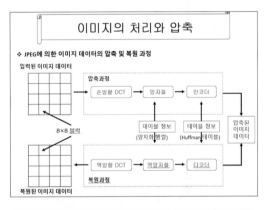

- '8×8 블럭' 글자는 '굴림'으로 지정합니다.
- ×(곱하기)는 ㄷ을 누르고 한자 를 눌러서 찾습니다.

제2 슬라이드

14 제목 만들기

1) [삽입]-[텍스트 상자]를 클릭한 후 슬라이드 좌측 상단에 클릭합니다.
2) 5) 망의 형태에 의한 통신망 구분을 입력합니다(굴림, 32pt, 굵게).

15 ▶ 텍스트 상자 삽입하기

1) [삽입]–[텍스트 상자▣]를 클릭하고 적당하게 드래그하여 그려줍니다.

2) 아래와 같이 내용을 입력합니다. "이를 중심으로"에서는 문단이 연결되어야 하기 때문에 Shift + Enter 를 눌러 줄 바꿈을 합니다.

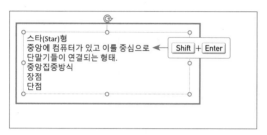

3) "중앙에 컴퓨터"부터 "단점"까지 드래그하여 블록 지정합니다.

4) 마우스 우클릭을 한 후 [글머리 기호]–[글머리 기호 및 번호 매기기]의 [사용자 지정]을 클릭합니다.

5) 하위 집합을 [일반 문장 부호]로 지정하고 '—'을 선택한 후 [확인]을 클릭합니다.

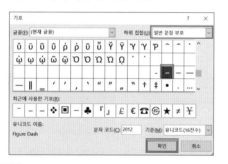

6) Tab 또는 [홈] 탭–[단락] 그룹에서 [목록 수준 늘림▣]을 클릭합니다.

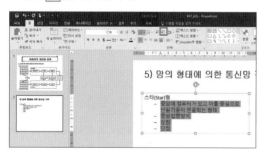

7) "장점" 뒤에서 Enter 를 누르고 마우스 우클릭을 한 후 [글머리 기호]–[글머리 기호 및 번호 매기기]의 [사용자 지정]을 클릭합니다.

8) 하위 집합을 [라틴어–1 추가]로 지정한 후 '≫'을 선택하고 [확인]을 클릭니다.

9) Tab 또는 [홈] 탭–[단락] 그룹에서 [목록 수준 늘림▣]을 클릭한 후 장점의 내용을 입력합니다. 단점도 마찬가지 방법으로 아래와 같이 내용을 입력합니다.

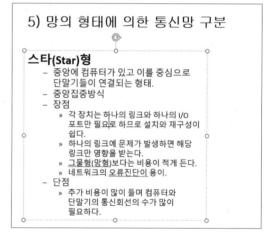

〈서식 지정〉

스타(Star)형	맑은 고딕, 28pt, 굵게
– 내용	맑은 고딕, 20pt
≫ 내용	맑은 고딕, 18pt

16 타원 삽입 및 복사하기

1) [삽입]-[도형]-[타원○]을 클릭한 후 Shift 를 누른 채 정원을 그려줍니다.

[서식]-[도형 스타일]	[색 윤곽선-검정, 어둡게 1🔲]
[서식]-[색 윤곽선]-[두께]	3pt

2) 위쪽으로 Ctrl + Shift +드래그(**수직 맞춰 복사**)하여 복사한 후 Shift 를 누른 채 타원의 크기를 줄여줍니다.

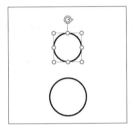

3) 줄인 사이즈의 타원을 Ctrl +드래그(**복사**)하여 아래와 같이 복사합니다.

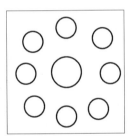

17 선 삽입하기

1) [삽입]-[도형]-[선🔲]을 클릭한 후 Shift 를 누른 채 아래와 같이 드래그합니다.

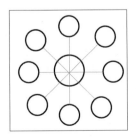

2) Shift 를 이용하여 삽입한 선을 모두 선택한 후 아래와 같이 [서식] 탭에서 서식을 지정합니다.

[도형 윤곽선]	검정, 텍스트 1
[도형 윤곽선]-[두께]	3pt

3) 선이 모두 선택되어있는 상태에서 [서식]-[뒤로 보내기]-[맨 뒤로 보내기]를 클릭합니다.

18 직사각형 삽입하기

1) 삽입]-[도형]-[직사각형🔲]을 클릭한 후 드래그하여 그려준 다음 [서식]-[도형 스타일]에서 [색 윤곽선-검정, 어둡게 1🔲]로 지정하고 글자를 입력합니다(맑은 고딕, 20pt).

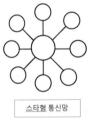

19 날짜와 페이지 번호 제거하기

1) [보기]-[유인물 마스터]를 클릭합니다.
2) [유인물 마스터]에서 **날짜**와 **페이지 번호** 체크를 해제한 후 [**마스터 보기 닫기**]를 클릭합니다.

20 페이지 설정 및 인쇄

1) [파일]-[인쇄]에서 슬라이드 설정을 [2슬라이드]와 고품질로 지정한 후 [인쇄]를 클릭합니다.

| 인쇄 미리 보기 |

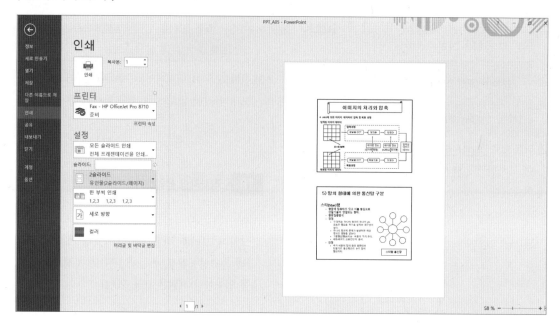

파워포인트 공개문제 6회

시상(PT) 작업

주어진 2개의 슬라이드를 슬라이드 작성 조건에 따라 작업하여 인쇄합니다.

※ 슬라이드 작성 조건

1) 각 슬라이드를 문제의 **슬라이드 원안**과 같이 인쇄하여 제출합니다.
   (특히 글자, 음영, 그림자, 도형 등 인쇄된 내용 그대로 작업함을 유의하시오)

2) "주1)" 등 특수한 속성 지정이 되어 있는 경우 지시에 따라 작성하시오.

3) 글꼴은 문제 원안과 같거나 유사한 형태로 작업합니다.

4) 글자, 그림 및 도형 등의 크기와 모양은 문제 원안과 같거나 유사한 형태로 작업합니다.

5) 모든 글씨, 선 등은 흑백(그레이스케일)으로 작업하되, 글상자, 그림 및 도형 등에서 색 채우기가 있는 경우 색 채우기는 회색 40% 정도, 투명도 0%를 기준으로 작업합니다.

6) 각 슬라이드는 원안과 같이 **외곽선 테두리가 인쇄**되도록 인쇄합니다.

7) 각 슬라이드 크기는 A4 용지의 1/2 범위 내에 인쇄가 가능한 크기가 되도록 조정하여, 슬라이드 2개를 A4 용지 1매 안에 모두 인쇄합니다.

8) 비번호, 수험번호, 성명, 페이지 번호 등은 반드시 자필로 기재합니다.

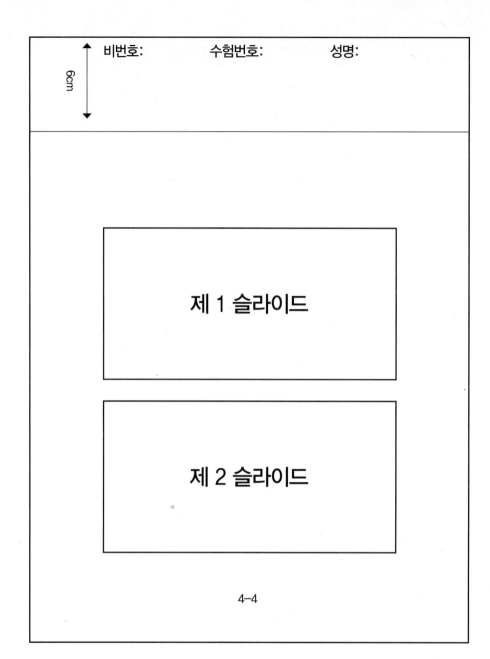

〈제1 슬라이드〉

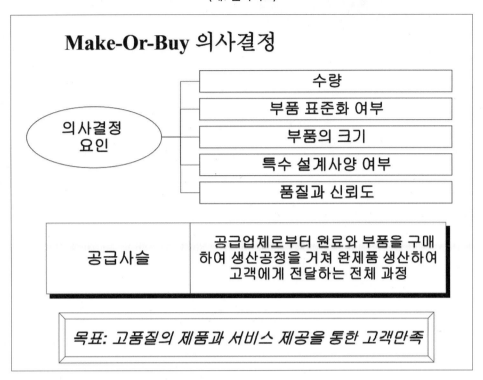

〈제2 슬라이드〉

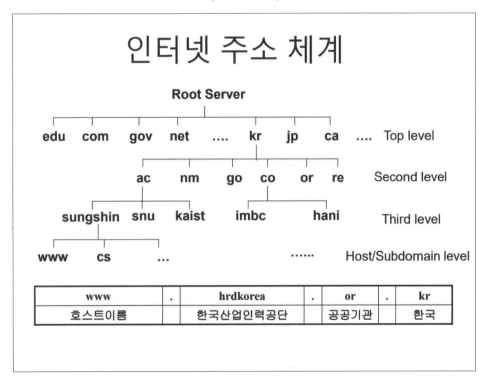

01 저장하기

1) [시작] ➡ [Microsoft Office] ➡ [Microsoft PowerPoint 2016]을 클릭하여 파워포인트를 실행합니다.
2) [파일]-[저장]-[찾아보기]를 클릭하면 저장 창이 나타납니다.
3) 저장 위치는 [바탕화면]-[비번호 폴더] 안에 파일이름을 DB-비번호로 입력한 후 [저장]을 클릭합니다.

02 슬라이드 크기 변경하기

1) [디자인]-[슬라이드 크기]를 클릭한 후 [표준 4:3]으로 변경합니다.

03 레이아웃 변경하기

1) [홈] 탭-[레이아웃]에서 [빈 화면]을 클릭합니다.

04 새 슬라이드 만들기

1) 슬라이드 미리 보기 창의 슬라이드를 클릭한 후 Enter 를 눌러 빈 화면 새 슬라이드를 추가합니다.

제1 슬라이드

05 제목 만들기

1) [삽입]-[텍스트 상자 가]를 클릭한 후 슬라이드의 적당한 위치를 클릭하여 글자를 입력합니다.
2) 제목 Make-Or-Buy 의사결정을 입력한 후, Esc 를 눌러 도형이 선택되면 [홈] 탭에서 글꼴을 바탕, 굵게, 글꼴 크기를 32pt로 지정합니다.

06 타원 삽입하기

1) [삽입]-[도형]-[타원○]을 클릭한 후 드래그하여 그려줍니다.
2) [서식]-[도형 스타일]에서 [색 윤곽선 - 검정, 어둡게 1 가나다]로 지정하고 글자를 입력합니다(굴림, 굵게, 32pt).

※ 파워포인트 2021 버전에서는 [서식] 탭 대신 [도형 서식] 탭을 사용합니다.

07 직사각형 삽입하기

1) [삽입]-[도형]-[직사각형□]을 클릭한 후 길게 드래그하여 그려줍니다.

도형 스타일	[색 윤곽선 - 검정, 어둡게 1 가나다]
글꼴 서식	굴림, 굵게, 24pt

2) Ctrl + Shift +드래그하여 아래로 복사한 후 도형 안에 글자를 입력합니다.

---

08 ▶ **꺾인 연결선 삽입하기**

1) [삽입]-[도형]에서 [꺾인 연결선 └]을 클릭한 후 첫 번째 직사각형 왼쪽 조절점에서 타원 오른쪽 조절점까지 드래그하여 연결합니다.

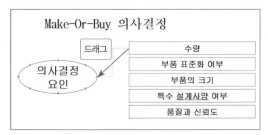

2) 나머지도 같은 방법으로 꺾인 연결선으로 연결해 줍니다.

3) 삽입한 선을 드래그하여 선택한 후 [서식]-[도형 윤곽선-검정, 텍스트 1 ■]로 지정합니다.

---

09 ▶ **직사각형 삽입 및 그림자 설정하기**

1) [삽입]-[도형]-[직사각형 □]을 클릭한 후 드래 그하여 그려준 다음 [서식]-[도형 스타일]에서 [색 윤곽선 - 검정, 어둡게 1 ☐]로 지정합니다.

2) Ctrl + Shift +오른쪽으로 드래그하여 복사한 후 내용을 입력합니다.

왼쪽 직사각형	굴림, 굵게, 24pt
오른쪽 직사각형	굴림, 굵게, 22pt

3) Shift 를 누른 채 두 직사각형을 선택한 후, [서 식]-[도형 효과]-[그림자]에서 [오프셋 대각선 오른쪽 아래]를 선택합니다.

4) 그림자의 세부 설정을 하기 위해서 [서식]-[도형 효과]-[그림자]-[그림자 옵션]을 클릭합니다.

5) 투명도 : 0pt, 흐리게 : 0pt, 간격을 8pt로 입력합니다.

---

10 ▶ **빗면 도형 삽입하기**

1) [삽입]-[도형]-[빗면 ☐] 도형을 삽입한 후 내용을 입력하고 아래의 효과를 지정합니다.

도형 스타일	[색 윤곽선 - 검정, 어둡게 1 ☐]
도형 채우기	없음
글꼴 서식	굴림, 굵게, 24pt

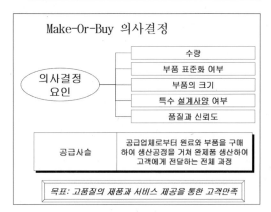

11 제목 만들기

1) [삽입]-[텍스트 상자 🖹]를 클릭한 후 슬라이드
의 적당한 위치를 클릭하여 글자를 입력합니다
(맑은 고딕, 44pt).

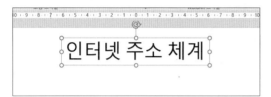

12 텍스트 상자 삽입하기

1) [삽입]-[텍스트 상자 🖹]를 아래와 같이 만들어
글자를 입력합니다. 하나의 텍스트 상자를 만들고
Ctrl +드래그하여 복사한 후 글자를 변경합니다.

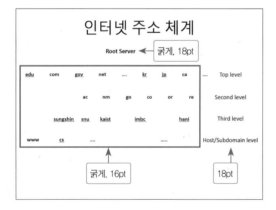

13 꺾인 연결선 삽입하기

1) [삽입]-[도형]에서 [꺾인 연결선 ㄴ]을 클릭한 후
텍스트 상자와 텍스트 상자를 아래와 같이 연결
해 줍니다.
2) 삽입한 선을 선택한 후 [서식]-[도형 윤곽선-검
정, 텍스트 1 ■]로 지정합니다.

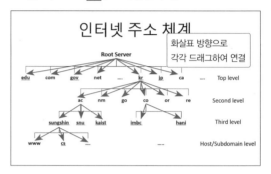

14 표 삽입&복사하기

1) [삽입]-[표]-[표 삽입]을 클릭한 후 열7, 행2의
표를 만든 다음 표의 테두리를 드래그하여 하단
으로 이동 및 크기 조절합니다.
2) 표 도구의 [디자인] 탭에서 머리글 행과 줄무늬
행의 표 스타일 옵션을 해제합니다.
3) 표 바깥쪽 테두리를 선택한 후 표 도구의 [디자
인] 탭에서 음영은 '흰색, 배경 1'로 지정하고, 테
두리는 '모든 테두리'로 선택합니다.
4) 펜 두께를 1.5pt로 지정하고, 다시 테두리를 [바
깥쪽 테두리 ⊞]로 선택합니다.

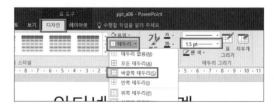

5) 표 전체를 블록 지정한 후 표 도구의 [레이아웃]
에서 [가운데 맞춤 ≡]과 [세로 가운데 맞춤 ⊟]
을 클릭합니다.
6) 셀과 셀 사이의 선에서 드래그하여 셀의 크기를
조절한 후 글자를 입력합니다.

| 첫 번째 행 | 궁서, 굵게, 14pt, 가운데 맞춤 |
| 두 번째 행 | 굴림, 굵게, 18pt, 가운데 맞춤 |

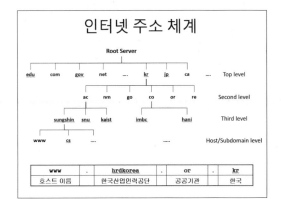

1) [보기]-[유인물 마스터]를 클릭합니다.
2) [유인물 마스터]에서 **날짜**와 **페이지 번호** 체크를
해제한 후 [**마스터 보기 닫기**]를 클릭합니다.

1) [파일]-[인쇄]에서 슬라이드 설정을 [2슬라이드]와
고품질로 지정한 후 [인쇄]를 클릭합니다.

| 인쇄 미리 보기 |

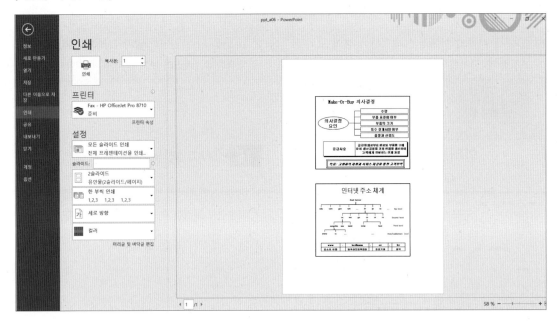

유튜브 선생님에게 배우는

유선배

PART 4
실전 모의고사

국가기술자격 실기 실전 모의고사

자격종목	사무자동화산업기사	과제명	사무자동화 실무

비번호		시험일시		시험장명	

▶ 시험시간 : 2시간
 (단, 인쇄작업 : 별도 10분 이내, S/W 지참 수험자에 한해 설치시간 : 30분)

1. 요구사항

※ 다음에 제시된 요구사항에 맞도록 사무자동화 실무 작업을 수행하시오.

가. 표 계산(SP) 작업

1) 작업표 작성 : 자료(DATA)를 이용하여 작업표를 작성합니다.
2) 그래프 작성 : 그래프 작성 조건에 따라 그래프를 작성합니다.
3) 작성한 작업표와 그래프를 인쇄용지 1장에 인쇄합니다.

나. 자료처리(DBMS) 작업

1) 조회화면(SCREEN) 설계 : 처리 결과에 따라 조회화면을 설계하고 **인쇄합니다.**
2) 자료처리보고서를 작성하여 **인쇄합니다.**

다. 시상(PT) 작업

1) 제1 슬라이드 작성 : 문제지에 제시된 제1 슬라이드를 작성합니다.
2) 제2 슬라이드 작성 : 문제지에 제시된 제2 슬라이드를 작성합니다.
3) 작성한 제1, 제2 슬라이드를 인쇄용지 **1장에 인쇄합니다.**

2. 수험자 유의사항

가. 수험자는 **지정된 장소**에서, **지정된 시설과 용구만 사용**하여 시험에 임해야 하며, 수험자 임의 이동이 금지됨을 반드시 유의하시기 바랍니다.

나. 수험자 인적 사항 및 답안작성은 반드시 검은색 필기구만 사용하여야 하며, 그 외 연필류, 유색 필기구, 지워지는 펜 등을 사용한 답안은 채점하지 않으며 0점 처리됩니다.

다. 수험자 PC의 바탕화면에 비번호로 폴더를 생성하고 시험위원이 지정한 각 과제(SP, DB, PT)의 파일명을 확인하여 수시로 저장하시기 바랍니다.
 (단, 시험위원이 지정한 사항을 위반하고 수험자 임의로 작업하여 파일 입출력 문제가 발생될 경우 제반되는 문제점 일체는 수험자의 귀책사유에 귀속됩니다)

라. 작업의 순서는 3개 작업(SP, DB, PT) 중 수험자가 직접 임의 선택하여 시작할 수 있으나 각 작업의 세부 작업은 주어진 항목순서에 따라 수행하도록 합니다.

마. 각 작업별 출력물의 상단 여백은 반드시 6cm(60mm)로 조정하시기 바랍니다.

바. 인쇄용지는 A4 기준 총 4매가 되게 하고, 인쇄방향은 세로(좁게)로 선택하여 출력합니다.

사. 인쇄는 반드시 수험자 본인이 하여야 하며, 작업을 완료한 수험자는 시험위원이 지정하는 프린터에서 파일의 인쇄 작업을 위한 제반 설정, 미리 보기 및 여백 등에 한하여 수정할 수 있으나, **출력 작업은 단 1회를 원칙으로 합니다.**
 (단, 기계적 결함은 예외로 하고, 각 작업에서 화면상의 표시와 인쇄 출력물의 결과가 상이한 경우에 한하여 수험자가 원하는 경우 추가로 1회 출력을 할 수 있습니다)

아. 인쇄물은 A4 각 장마다 중앙 상단(위쪽 여백 내에 인적 사항(비번호/수험번호/성명)과 중앙 하단에 **쪽번호를 반드시 자필로 기입**한 후 1)~4) 순으로 편철하여 제출합니다.

  1) 개인별 답안 표지
  2) 표 계산(SP) 작업 : 작업표와 그래프 출력(A4용지 1매)
  3) 자료처리(DBMS) 작업 : 조회화면(SCREEN) 설계 출력(A4용지 1매)
  　　　　　　　　　　　　　　자료처리보고서 출력(A4용지 1매)
  4) 시상(PT) 작업 : 슬라이드 2개 출력(A4용지 1매)

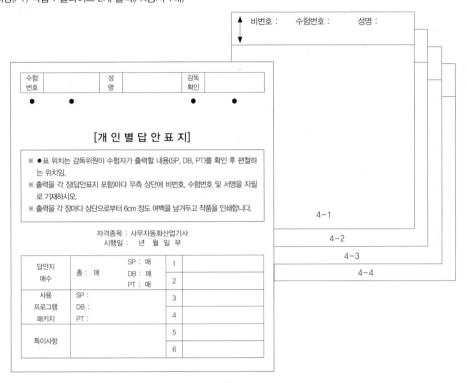

자. 수험자는 작업 전에 간단한 몸 풀기 운동을 실시한 후에 시험에 임합니다.

차. 다음 사항은 실격에 해당하여 채점대상에서 제외됩니다.

  1) 시험시간 내에 요구사항을 완성하지 못한 경우(최종 출력물 4장 미만인 경우)
  2) 3개 작업(SP, DB, PT)에서 요구사항에 제시된 세부작업(**작업표, 그래프, 조회화면, 보고서, 제1 슬라이드, 제2 슬라이드**) 중 <u>어느 하나라도 누락된 경우</u>
  3) SP : 작업표 또는 그래프에서 그 득점이 0점인 경우
  4) SP : 작업표에서 수식을 작성치 않은 경우
  5) SP : 그래프에서 데이터영역(범위) 설정 오류로 요구사항과 맞지 않는 경우
  6) DB : 조회화면 또는 보고서에서 그 득점이 0점인 경우
  7) DB : 조회화면에서 SQL문을 작성치 않은 경우(공란인 경우)
  8) DB : 보고서에서 중간, 결과행 동시 오류로 0점 처리된 경우
  9) PT : 제1 슬라이드에서 그 득점이 0점인 경우
  10) PT : 제2 슬라이드에서 그 득점이 0점인 경우
  11) 기타 각 작업에서 지정한 요구사항과 맞지 않은 경우
  12) 기능이 해당 등급 수준에 전혀 도달하지 못한 것으로 시험위원이 판단할 경우 또는 시험 중 시설장비의 조작 취급이 미숙하여 위해를 일으킨 것으로 예상되어 시험위원 전원이 합의한 경우
  13) 제출한 파일 내용과 출력물의 내용이 상이한 경우
  14) 수험자 본인이 수험 도중 시험에 대한 포기 의사를 표시하는 경우

카. **사무자동화산업기사 종목 실기시험은 출력물을 기준으로 채점하며, 답안지 및 채점기준은 공개하지 않습니다.**

※ 수험자 유의사항 미준수로 인한 모든 채점상의 불이익은 수험자 본인에게 책임이 있습니다.

표 계산(SP) 작업

가나다 회사에서는 입사 지원자 서류 평가 현황을 분석하고자 한다. 다음 자료(DATA)를 이용하여 작성 조건에 따라 작업표와 그래프를 작성하고, 그 인쇄 출력물을 제출하시오.

가. 작업표(WORK SHEET) 작성

1) 자료(DATA)

입사 지원자 현황

행\열	A	B	C	D	E
3	지원부서	이름	근무개월수	이수과목	자기소개서
4	기획부	진상훈	25	5	19
5	전산부	고미경	24	4	12
6	영업부	김성윤	30	4	9
7	전산부	이윤수	36	3	10
8	기획부	허병옥	40	4	11
9	전산부	하창일	38	5	17
10	기획부	이정일	20	3	5
11	영업부	하정희	38	4	16
12	기획부	명연정	30	5	14
13	영업부	이수진	12	3	15
14	전산부	김길수	22	4	8
15	기획부	서현우	25	5	10
16	영업부	임수경	24	3	8
17	전산부	하석진	12	3	12
18	기획부	주우민	15	4	18
19	기획부	민서연	19	4	16
20	영업부	감태경	29	5	7
21	전산부	김진우	33	3	11
22	기획부	윤창재	15	4	16
23	영업부	김진호	24	5	10

※ 자료(DATA) 부분에서 음영 처리 표시된 부분은 행/열의 기준을 나타내며 이는 작성(입력)하지 않음을 반드시 유의하시오.

2) 작업표 형식

입사 지원자 현황

열＼행	A	B	E	F	G	H	I	J
3	지원부서	이름	자기소개서	교육점수	경력점수	전문성	최종점수	순위
4 · 23	–	–	–	①	②	③	④	⑤
24	평균		⑥	⑥	⑥	⑥	⑥	
25	지원부서별 합계	기획부	⑦	⑦	⑦	⑦	⑦	
26		전산부	⑧	⑧	⑧	⑧	⑧	
27		영업부	⑨	⑨	⑨	⑨	⑨	
28	지원부서가 영업부 또는 기획부 지원자의 최종점수의 합						⑩	
29	근무개월수가 18 이상 24 미만인 합						⑪	
30	⑫							
31	⑬							

3) 작성 조건

가) 작성 시 유의 사항

Ⓐ 작업표의 작성은 "나)~라)" 항에 제시된 내용을 따르고 반드시 제시된 조건(함수 적용, 기재된 단서 조항 등)에 따라 처리하시오.

Ⓑ **제시된 작성 조건을 따르지 아니하고 여타의 방법 일체**(제시된 함수 이외 다른 함수 적용, 함수 미적용, 별도 전자계산기 사용 등)를 사용하여 도출된 결과는 그 답이 맞더라도 **정답으로 인정되지 않음**을 반드시 유의하시오.

Ⓒ 작업표상 텍스트 레이블과 작성 조건이 서로 다를 경우에는 **작성 조건을 기준**으로 수정하여 작업하시오.

나) 작업표의 구성 및 서식

Ⓐ **"작업표 형식"에서 행과 열에 관계된 음영 처리 표시된 부분은 작성하지 않음을 유의하고 반드시 제시된 행/열에 맞추도록 하시오.**

Ⓑ 제목서식 : 폰트는 20 포인트 크기로 하고 가운데 정렬합니다.

Ⓒ 글꼴 및 크기 : 이외 기타 글꼴 및 크기는 임의 선정하시오.

다) 원문자가 표시된 셀은 아래의 방법을 이용하여 처리하시오.

① 교육점수 : 이수과목이 5과목이면 이수과목×600%, 이수과목이 4과목이면 이수과목×500%, 이수과목이 3과목이면 이수과목×300%로 나타내시오.

② 경력점수 : 근무개월수가 24개월 이상이면 20, 18개월 이상이면 18, 18개월 미만이면 16으로 하시오.

③ 전문성 : 경력점수+(자기소개서×50%)

④ 최종점수 : 자기소개서+교육점수+경력점수+전문성

⑤ 순위 : 최종점수를 기준으로 순위를 산정하시오.

　(단, RANK 함수 사용, 순위 산정 기준은 내림차순으로)

⑥ 평균 : 각 항목별 평균 산출

⑦ 기획부의 부서별 합계 : 지원부서가 기획부인 각 항목별 합계를 산출하시오.

　(단, SUMIF 또는 SUMIFS 함수 사용)

⑧ 전산부의 부서별 합계 : 지원부서가 전산부인 각 항목별 합계를 산출하시오.

　(단, SUMIF 또는 SUMIFS 함수 사용)

⑨ 영업부의 부서별 합계 : 지원부서가 영업부인 각 항목별 합계를 산출하시오.

　(단, SUMIF 또는 SUMIFS 함수 사용)

⑩ 지원부서가 영업부 또는 기획부 지원자의 최종점수의 합을 산출하시오.

　(단, SUMPRODUCT, ISNUMBER, FIND 함수를 모두 사용하여 수식을 작성하시오)

⑪ 근무개월수가 18 이상 24 미만인 최종점수의 합을 산출하시오.

　(단, 소수 첫째 자리에서 반올림하여 정수로 표시하는 ROUND 함수와 SUMIFS 함수를 사용하여
　수식을 작성하시오)

⑫ "⑩"에 사용된 수식을 기재하시오.

⑬ "⑪"에 사용된 수식을 기재하시오(단, '이정일'을 기준으로).

> ※ 함수식을 기재하는 ⑫~⑬란은 반드시 해당항목에 제시된 함수의 작성 조건에 따라 도출된 함수식 기재하여야 하
> 며, 작성 조건을 위배하여 임의로 작성할 시 해당 답이 맞더라도 틀린 항목으로 채점됨을 유의하십시오. 또한 함수
> 식을 작성할 때는 라) 정렬순서(SORT)에 따라 조건에 맞게 **정렬 후 도출된 결과**에 의한 함수식을 기재하시오.

라) 작업표의 정렬순서(SORT)는 지원부서별로 오름차순으로 정렬하고, 같은 지원부서 안에서는 최종점수
의 내림차순으로 정렬하시오.

마) 기타

(1) 금액에 대한 수치는 원화(₩) 표시를 하고 천 단위마다 ','(Comma)를 표시하시오.

　(단, 금액 이외의 수치는 ','(Comma)를 표시하지 않도록 하시오)

(2) 모든 수치(숫자, 통화, 회계, 백분율 등)는 셀 서식의 속성을 설정하는 과정에서 소수 자릿수를 "0"
으로 지정하여 정수로 표시토록 하시오.

(3) 음수는 "−"가 표시되도록 하시오.

(4) 숫자 셀은 우측을 수직으로 맞추고, 문자 셀은 수평중앙으로 맞추며 이외 사항은 작업표 형식에 따
른다. 특히, 인쇄출력 시 판독 불가능이 발생되지 않도록 인쇄 미리 보기 등을 통하여 셀의 크기를
적당히 조정하시오.

나. 그래프(GRAPH) 작성

작성한 작업표에서 지원부서가 기획부인 지원자 이름별 교육점수와 최종점수를 나타내는 그래프를 작성하시오.

작성 조건

1) 그래프 형태 : 혼합형 단일축 그래프

최종점수(묶은 세로 막대형), 교육점수(데이터 표식이 있는 꺾은선형)

(단, 교육점수만 데이터 레이블의 값이 표시된 혼합형 단일축 그래프로 하시오)

2) 그래프 제목 : 입사 지원자 현황 ---- (글자 크기 : 18, 글꼴 서체 임의)

3) X축 제목 : 성명

4) Y축 제목 : 점수

5) X축 항목 단위 : 해당 문자열

6) Y축 눈금 단위 : 임의

7) 범례 : 최종점수, 교육점수

8) 출력물 크기 : A4 용지 1/2장 범위 내

9) 기타 : 작성 조건에 없는 형식이나 모양은 기본 설정값에 따르며, 그래프 너비는 작업표에 맞추도록 하시오.

※ 그래프는 반드시 작성된 작업표와 연동하여 작업하여야 하며, 그래프의 영역(범위) 설정 오류로 인한 불이익은 전적으로 수험자 본인에게 있습니다.

자료처리(DBMS) 작업

시대인 교육원에서 수강료 납부 내역을 전산화하려고 한다. 다음 입력자료를 이용하여 DB를 설계하고 작성 조건에 따라 처리 파일을 작성하고, 그 인쇄 출력물을 제출하시오.

가. 자료처리(DBMS) 작업 작성 조건

1) 자료처리(DBMS) 작업은 조회화면(SCREEN) 설계와 자료처리보고서의 2가지 작업을 수행하여 그 결과물을 인쇄용지(A4) 기준 각 1장씩 총 2장을 제출하여야 채점대상이 됨을 유의하시오.

2) 반드시 인쇄작업 수행 전 미리 보기 등을 통해 여백을 조정하고, 수치, 문자 등 구성요소가 누락되지 않도록 주의하시오. 구성요소가 누락되어 인쇄되지 않은 결과로 인한 모든 책임은 전적으로 수험자 본인에게 있음을 반드시 유의하시오.

3) 문제지에 기재된 작성 조건에 따라 처리하고, 조회화면 및 자료처리보고서의 **서식이 작성 조건과 상이할 경우에는 시험위원의 지시에 따라 작업하시오.**

나. 입력자료

시대인 교육원 수강 현황

수강생	수강코드	교육개월수	수강금액
김준하	AA	12	170,000
이진애	CC	9	190,000
박진호	BB	8	160,000
김채순	AA	7	110,000
이태경	CC	5	120,000
나현정	AA	8	150,000
박경윤	BB	11	190,000
서규만	DD	10	160,000
박경수	AA	9	170,000
최진우	BB	7	140,000
서승기	CC	9	165,000
신나리	DD	11	165,000
최금서	AA	12	150,000
주아름	DD	8	130,000
서은지	BB	9	180,000
김예슬	CC	6	190,000
이영진	BB	3	190,000
유경민	DD	4	150,000
이유경	CC	12	120,000
임진아	DD	9	160,000

수강구분

수강코드	종류
AA	사회복지사
BB	보육교사
CC	경찰행정
DD	소방학

다. 조회화면(SCREEN) 설계

※ 다음 조건에 따라 수강코드가 AA 또는 BB이면서 수강금액이 150,000 미만인 현황을 조회할 수 있는 화면을 설계하고 해당 데이터를 출력하시오.

1) 해당 현황은 목록 상자(리스트박스)에서 필드명 "수강생"의 내림차순으로 출력하고, 화면 아래에 조회 시 작성한 SQL문을 복사하시오.
   - WHERE 조건절에 수강코드, 수강금액 반드시 포함
   - INNER JOIN, ORDER BY 구문 반드시 포함
   ※ SQL문에 상기 내용 미포함 시 SQL 작성 부분 0점 처리

2) 리스트박스 조회 시 작성된 SQL문이 작성되지 않을 경우에는 "다. 조회화면(SCREEN) 설계" 과제가 0점 처리됨을 반드시 유의하시오.

3) 목록 상자에 표시되어야 할 필수적인 필드명은 다음과 같습니다.
   - 수강생, 수강코드, 수강금액, 교육개월수, 종류

4) 폼 서식에 제반되는 폰트, 점선 등은 아래 [조회화면 서식]에 보이는 대로 기재하시오.

5) 기타 사항은 "라. 자료처리 파일(FILE) 작성"의 [기타 조건]을 따르시오.

[조회화면 서식]

수강코드가 AA 또는 BB이면서 수강금액이 150,000 미만인 수강생 현황

수강생	수강코드	수강금액	교육개월수	종류

리스트박스 조회 시 작성된 SQL문

라. 자료처리 파일(FILE) 작성

※ 다음 조건에 따라 아래 양식과 같이 작성하시오.

처리 조건

1) 수강코드(AA, BB, CC, DD)별로 정리한 후, 같은 수강코드 안에서는 수강생의 오름차순으로 정렬(SORT) 한다.

2) 총수강료 = (교육개월수×수강금액)-국가지원금

3) 국가지원금은 수강코드에 따라 다르게 적용한다.
   (AA는 300,000, BB는 200,000, CC는 150,000 DD는 100,000)

4) 납부수강료 : 총수강료-국가지원금

5) 수강코드별 합계 : 총수강료, 국가지원금, 납부수강료의 합 산출

6) 총평균 : 총수강료, 국가지원금, 납부수강료의 전체 평균 산출

기타 조건

1) 입력화면 및 보고서의 제목은 16 정도의 임의 서체로 하시오.

2) 금액에 대한 수치는 원화(₩) 표시를 하고 천 단위마다 ','(Comma)를 표시하시오.
   (단, 금액 이외의 수치는 ','(Comma)를 표시하지 않도록 하시오)

3) 모든 수치(숫자, 통화, 백분율 등)는 컨트롤의 속성을 설정하는 과정에서 소수 자릿수를 "0"으로 지정하여 정수로 표시하시오.

4) 데이터의 열과 간격은 일정하게 맞추도록 하시오.

수강료 납부 내역

수강코드	수강생	교육개월수	수강금액	총수강료	국가지원금	납부수강료
XXXX	XXXX	XXXX	₩XXXX	₩XXXX	₩XXXX	₩XXXX
		–	–	–	–	–
	AA 합계		₩XXXX	₩XXXX	₩XXXX	₩XXXX
–	–	–	–	–	–	–
	BB 합계		₩XXXX	₩XXXX	₩XXXX	₩XXXX
		–	–	–	–	–
	CC 합계		₩XXXX	₩XXXX	₩XXXX	₩XXXX
–	–	–	–	–	–	–
	DD 합계		₩XXXX	₩XXXX	₩XXXX	₩XXXX
	총 평균		₩XXXX	₩XXXX	₩XXXX	₩XXXX

시상(PT) 작업

주어진 2개의 슬라이드를 슬라이드 작성 조건에 따라 작업하여 인쇄합니다.

※ 슬라이드 작성 조건

1) 각 슬라이드를 문제의 **슬라이드 원안**과 같이 인쇄하여 제출합니다.

   (특히 글자, 음영, 그림자, 도형 등 인쇄된 내용 그대로 작업함을 유의하시오)

2) "주1" 등 특수한 속성 지정이 되어 있는 경우 지시에 따라 작성하시오.

3) 글꼴은 문제 원안과 같거나 유사한 형태로 작업합니다.

4) 글자, 그림 및 도형 등의 크기와 모양은 문제 원안과 같거나 유사한 형태로 작업합니다.

5) 모든 글씨, 선 등은 흑백(그레이스케일)으로 작업하되, 글상자, 그림 및 도형 등에서 색 채우기가 있는 경우 색 채우기는 회색 40% 정도, 투명도 0%를 기준으로 작업합니다.

6) 각 슬라이드는 원안과 같이 **외곽선 테두리가 인쇄**되도록 인쇄합니다.

7) 각 슬라이드 크기는 A4 용지의 1/2 범위 내에 인쇄가 가능한 크기가 되도록 조정하여, 슬라이드 2개를 A4 용지 1매 안에 모두 인쇄합니다.

8) 비번호, 수험번호, 성명, 페이지 번호 등은 반드시 자필로 기재합니다.

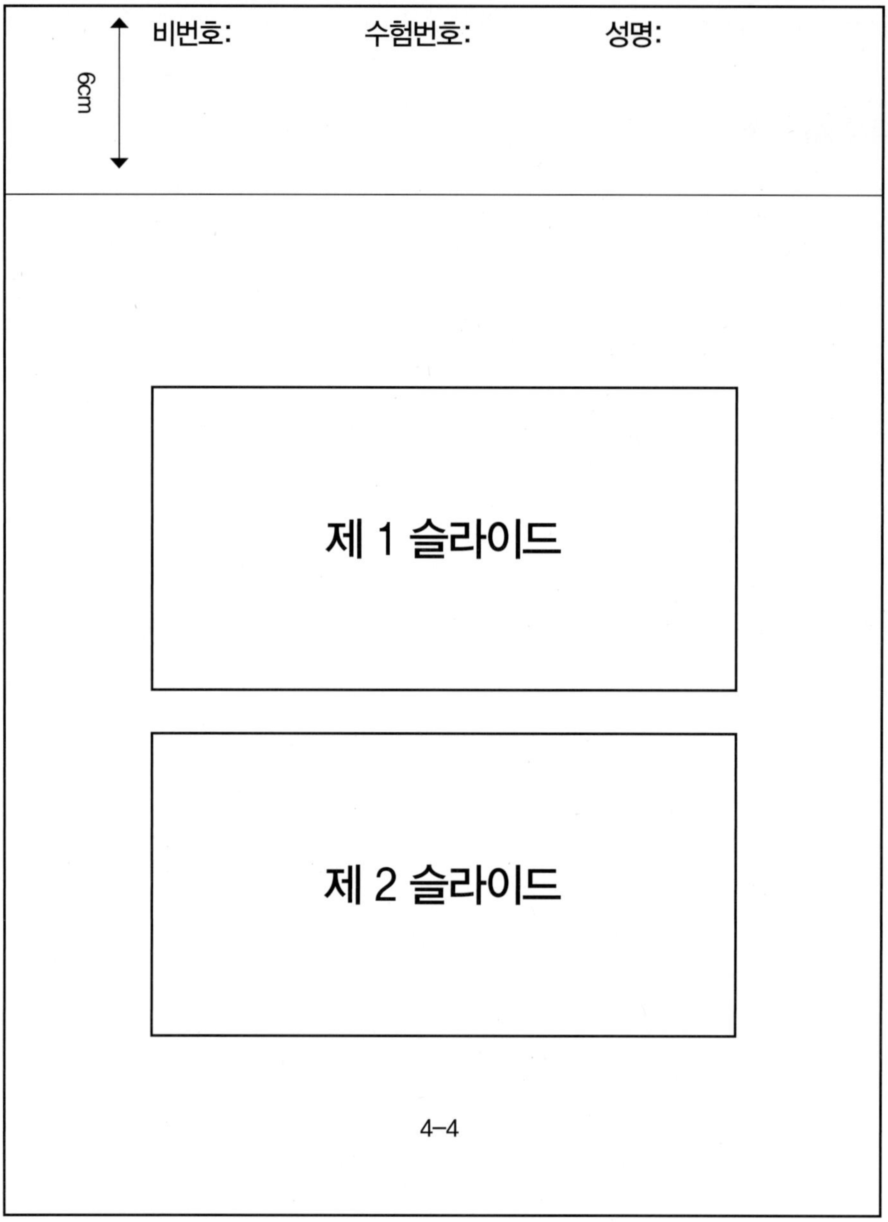

비번호:　　　　　　수험번호:　　　　　성명:

6cm

제 1 슬라이드

제 2 슬라이드

4-4

〈제1 슬라이드〉

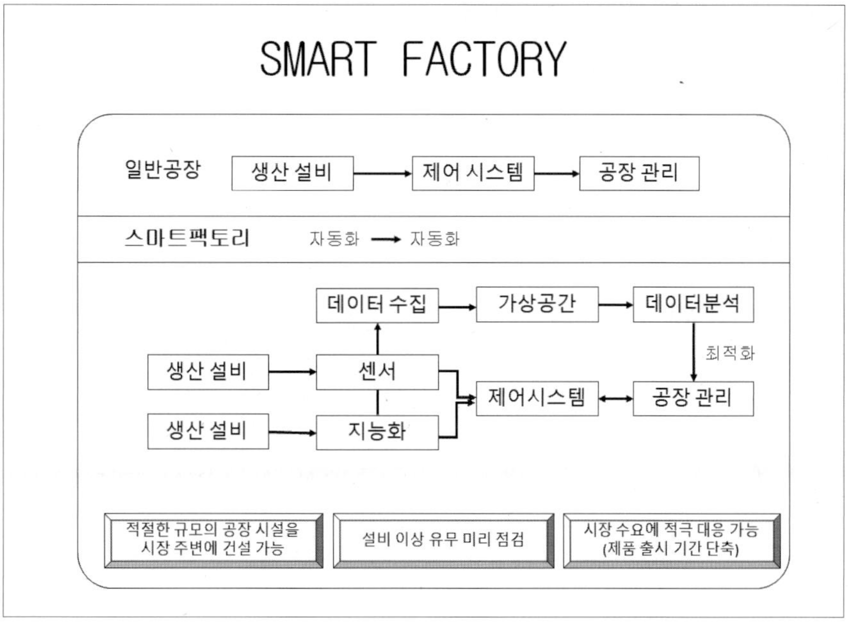

SMART FACTORY

일반공장   생산 설비 → 제어 시스템 → 공장 관리

스마트팩토리   자동화 → 자동화

데이터 수집 → 가상공간 → 데이터분석

생산 설비 → 센서

생산 설비 → 지능화

제어시스템 → 공장 관리

최적화

| 적절한 규모의 공장 시설을 시장 주변에 건설 가능 | 설비 이상 유무 미리 점검 | 시장 수요에 적극 대응 가능 (제품 출시 기간 단축) |

〈제2 슬라이드〉

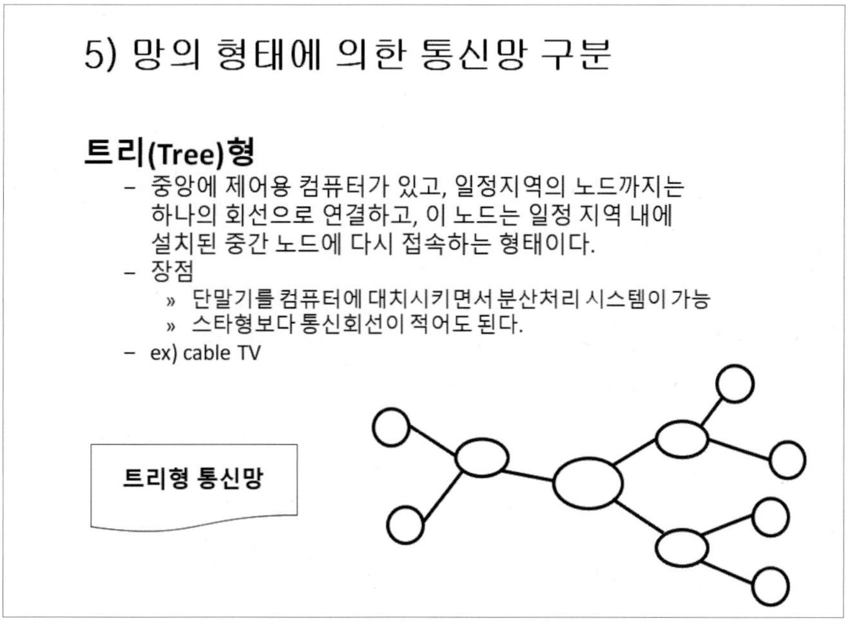

5) 망의 형태에 의한 통신망 구분

트리(Tree)형
- 중앙에 제어용 컴퓨터가 있고, 일정지역의 노드까지는 하나의 회선으로 연결하고, 이 노드는 일정 지역 내에 설치된 중간 노드에 다시 접속하는 형태이다.
- 장점
  » 단말기를 컴퓨터에 대치시키면서 분산처리 시스템이 가능
  » 스타형보다 통신회선이 적어도 된다.
- ex) cable TV

트리형 통신망

엑셀 실전 모의고사 1회 풀이

1 저장하기

1) [파일]-[저장]-[찾아보기]를 클릭하여, 바탕화면의 본인의 [비번호 폴더] 안에 시험위원이 지정해준 파일명으로 저장합니다.

2 작업표 작성 및 병합하기

1) 자료(DATA)와 작업표 형식을 보고 아래와 같이 데이터를 입력합니다.

2) A1:J1셀까지 드래그하여 블록 지정한 후 Ctrl 을 계속 누른 채 A24:B24, A25:A27, A28:H28, A29:H29, A30:J30, A31:J31, J24:J29셀을 드래그하여 선택해 줍니다. 모든 선택이 끝날 때까지 Ctrl 을 계속 눌러주고 선택이 끝나면 Ctrl 을 손에서 떼어줍니다.

3) [홈] 탭에 맞춤 그룹의 [병합하고 가운데 맞춤]을 클릭하여 병합시켜 줍니다.

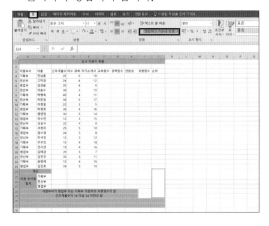

3 조건 문제 풀이

❶ 교육점수 : 이수과목이 5과목이면 이수과목×600%, 이수과목이 4과목이면 이수과목×500%, 이수과목이 3과목이면 이수과목×300%로 나타내시오.

공식	=IF(조건1,참1,IF(조건2,참2,거짓))
함수식(F4)	=IF(D4=5,D4*600%,IF(D4=4,D4*500%,D4*300%))
설명	• 조건1 : 이수과목(D4)이 5과목이면, • 참1 : 이수과목(D4)에서 600%를 곱하고 • 조건2 : 이수과목(D4)이 4과목이면, • 참2 : 이수과목(D4)에서 500%를 곱하고 • 거짓 : 조건1도 조건2도 만족하지 않으면 이수과목(D4)에서 400%를 곱하여 표시합니다.

	A	B	C	D	E	F	G	H	I	J
1					입사 지원자 현황					
3	지원부서	이름	근무개월수	이수과목	자기소개서	교육점수	경력점수	전문성	최종점수	순위
4	기획부	진상훈	25	5	19	=IF(D4=5,D4*600%,IF(D4=4,D4*500%,D4*300%))				
5	기획부	명연정	30	5	14					
6	기획부	서현우	25	5	10					
7	기획부	민서연	19	4	11					
8	기획부	주우민	15	4	18					
9	기획부	허병욱	40	4	11					
10	기획부	윤창재	15	4	16					

❷ 경력점수 : 근무개월수가 24개월 이상이면 20, 18개월 이상이면 18, 18개월 미만이면 16으로 하시오.

공식	=IF(조건1,참1,IF(조건2,참2,거짓))
함수식(G4)	=IF(C4>=24,20,IF(C4>=18,18,16))
설명	• 조건1 : 근무개월수(C4)가 24개월 이상이면 • 참1 : 20을 나타내고 • 조건2 : 근무개월수(C4)가 18개월 이상이면 • 참2 : 18을 나타내고 • 거짓 : 조건1도 조건2도 만족하지 않으면 16을 표시합니다.

	A	B	C	D	E	F	G	H	I	J
1					입사 지원자 현황					
3	지원부서	이름	근무개월수	이수과목	자기소개서	교육점수	경력점수	전문성	최종점수	순위
4	기획부	진상훈	25	5	19	30	=IF(C4>=24,20,IF(C4>=18,18,16))			
5	전산부	고미경	24	4	12					
6	영업부	김성윤	30	4	9					
7	전산부	이윤수	36	3	10					
8	기획부	허병욱	40	4	11					
9	전산부	하창일	38	5	17					
10	기획부	이정일	20	3	5					

❸ 전문성 : 경력점수＋(자기소개서×50%)

함수식(H4)	=G4+(E4*50%)
설명	경력점수(G4)에서 자기소개서×50%한 값을 더해서 표시합니다.

❹ 최종점수 : 자기소개서＋교육점수＋경력점수＋ 전문성

함수식(I4)	=E4+F4+G4+H4
설명	자기소개서(E4)에서 교육점수(F4)와 경력점수(G4)와 전문성(H4)을 더한 값을 표시합니다.

❺ 순위 : 최종점수를 기준으로 순위를 산정하시오 (단, RANK 함수 사용, 순위 산정 기준은 내림차 순으로).

공식	=RANK(내 최종점수,전체 최종점수 범위)
함수식(J4)	=RANK(I4,$I$4:$I$23)
설명	각각의 최종점수가 전체 최종점수 범위 (I4:I23) 중 몇 위인지를 구합니다.

❍ F4:J4셀까지 드래그하여 블록 지정한 후 J4셀의 채우기 핸들을 끌어서 J23셀까지 채워줍니다.

❻ 평균 : 각 항목별 평균 산출

공식	=AVERAGE(범위)
함수식(E24)	=AVERAGE(E4:E23)
설명	자기소개서(E4:E23)의 평균 금액을 구합니다.

❍ E24셀의 채우기 핸들을 드래그하여 I24셀까지 평균값을 구해줍니다.

❼ 기획부의 부서별 합계 : 지원부서가 기획부인 각 항목별 합계를 산출하시오(단, SUMIF 또는 SUMIFS 함수 사용).

공식	=SUMIF(조건범위,조건,합계범위)
함수식(E25)	=SUMIF($A$4:$A$23,$B$25,E4:E23)
설명	• **조건범위&조건** : 지원부서(A4:A23) 중 조건인 기획부(B25)를 만족하는 자기소개서의 합계를 구합니다. 조건을 "기획부"로 입력해 주어도 됩니다. • **합계범위** : 조건을 만족하는 자기소개서의 합계를 구해야 하므로 합계범위는 E4:E23입니다.

◐ E25셀의 채우기 핸들을 드래그하여 I25셀까지 채워줍니다.

❽ 전산부의 부서별 합계 : 지원부서가 전산부인 각 항목별 합계를 산출하시오(단, SUMIF 또는 SUMIFS 함수 사용).

공식	=SUMIF(조건범위,조건,합계범위)
함수식(E26)	=SUMIF($A$4:$A$23,$B$26,E4:E23)
설명	• **조건범위&조건** : 지원부서(A4:A23) 중 조건인 전산부(B26)를 만족하는 자기소개서의 합계를 구합니다. 조건을 "전산부"로 입력해 주어도 됩니다. • **합계범위** : 조건을 만족하는 자기소개서의 합계를 구해야 하므로 합계범위는 E4:E23입니다.

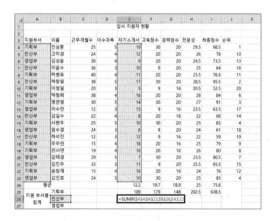

◐ E26셀의 채우기 핸들을 드래그하여 I26셀까지 채워줍니다.

❾ 영업의 부서별 합계 : 지원부서가 영업부인 각 항목별 합계를 산출하시오(단, SUMIF 또는 SUMIFS 함수 사용).

공식	=SUMIF(조건범위,조건,합계범위)
함수식(E27)	=SUMIF($A$4:$A$23,$B$27,E4:E23)
설명	• **조건범위&조건** : 지원부서(A4:A23) 중 조건인 영업부(B27)를 만족하는 자기소개서의 합계를 구합니다. 조건을 "영업부"로 입력해 주어도 됩니다. • **합계범위** : 조건을 만족하는 자기소개서의 합계를 구해야 하므로 합계범위는 E4:E23입니다.

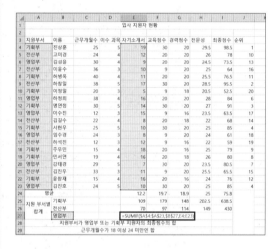

◐ E27셀의 채우기 핸들을 드래그하여 I27셀까지 채워줍니다.

※ ❼∼❾까지 한꺼번에 구하기
절대참조와 혼합참조를 이용하여 E25셀에 다음과 같은 수식을 입력합니다.
=SUMIF($A$4:$A$23,$B25,E$4:E$23)
E25셀의 채우기 핸들을 드래그하여 I25셀까지 채워준 후 다시 I25셀의 채우기 핸들을 드래그하여 I27셀까지 채워줍니다.

⑩ 지원부서가 영업부 또는 기획부 지원자의 최종 점수의 합을 산출하시오(단, SUMPRODUCT, ISNUMBER, FIND 함수를 모두 사용하여 수식을 작성하시오).

공식	=SUMPRODUCT(배열1,배열2....) =ISNUMBER(값) =FIND(찾을 문자,텍스트)
함수식(I28)	=SUMPRODUCT(ISNUMBER(FIND("영업부",A4:A23)+ISNUMBER(FIND("기획부",A4:A23)),I4:I23)
설명	• FIND 함수 : A4:A23 영역에 영업부 또는 OR(+) 기획부라는 글자가 있으면 1이라는 숫자(위치값)를 반환하고 없으면 #VALUE!라는 오류값을 반환합니다. • ISNUMBER 함수 : FIND 함수로 구한 값이 숫자이면 TRUE(1), 그렇지 않으면 FALSE(0)을 반환합니다. • SUMPRODUCT 함수 : ISNUMBER 함수로 추출된 TRUE(1), FALSE(0)와 대응하는 최종점수끼리 곱하고, 곱한 값의 합계를 구합니다.

⑪ 근무개월수가 18 이상 24 미만인 최종점수의 합을 산출하시오(단, 소수 첫째 자리에서 반올림하여 정수로 표시하는 ROUND 함수와 SUMIFS 함수를 사용하여 수식을 작성하시오).

공식	=SUMIFS(합계범위,조건범위1,"조건1", 조건범위2,"조건2") =ROUND(값 또는 함수식,자릿수)
함수식(I29)	=ROUND(SUMIFS(I4:I23, C4:C23, ">=18",C4:C23,"<24"),0)

설명	• 합계범위 : 2개의 조건을 모두 만족하는 최종점수의 합계를 구해야 하므로 합계범위는 I4:I23입니다. • 조건범위1&조건1 : 근무개월수 범위 (C4:C23) 중 첫 번째 조건인 ">=18"을 만족하고 (그리고) • 조건범위2&조건2 : 근무개월수 범위 (C4:C23) 중 두 번째 조건인 "<24"를 만족하는 최종점수의 합계를 구합니다. • ROUND 함수 : SUMIFS로 구한 값을 소수 첫째 자리에서 반올림하여 정수값으로 나타냅니다.

⑫ "⑩"에 사용된 수식을 기재하시오.

1) I28셀을 선택한 후 수식 입력줄에 있는 수식 전체를 드래그하여 블록을 지정합니다.
2) 마우스 우클릭을 한 후 [복사] 또는 Ctrl + C (복사)한 다음 Enter 를 누릅니다.
3) 병합된 A30셀을 클릭해서 작은따옴표(')를 입력한 다음 Ctrl + V (붙여넣기) 또는 마우스 우클릭을 한 후 [붙여넣기]를 클릭하고 Enter 를 누릅니다(※ 수식 입력줄을 클릭한 후 붙여넣기를 해도 됩니다).

④ 정렬하기

> 라) 작업표의 정렬순서(SORT)는 지원부서별로 오름차순으로 정렬하고, 같은 지원부서 안에서는 최종점수의 내림차순으로 정렬하시오.

1) 정렬을 하기 위해서 A3:J23셀까지 블록 지정한 후 [데이터] 탭의 [정렬]을 클릭합니다.
2) 첫 번째 정렬 기준은 "지원부서"로 선택하고 정렬을 "오름차순 정렬"로 지정한 후 [기준 추가]를 클릭합니다.
3) 새로운 기준이 만들어졌으면 새로운 정렬 기준을 "최종점수"로 선택하고 정렬을 "내림차순 정렬"로 지정한 후 [확인]을 클릭합니다.

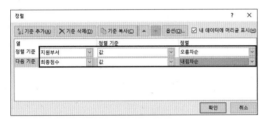

> ⑬ "❶"에 사용된 수식을 기재하시오(단, '이정일'을 기준으로).

❖ 이 수식 복사는 반드시 정렬작업 후에 작업하도록 합니다.
1) '이정일'의 교육점수인 F11셀을 선택한 후 수식 입력줄에 있는 수식 전체를 드래그하여 블록을 지정합니다.
2) 마우스 우클릭을 한 후 [복사] 또는 Ctrl + C (복사)한 다음 Enter 를 누릅니다.
3) 병합된 A31셀을 클릭해서 작은따옴표(')를 입력한 다음 Ctrl + V (붙여넣기) 또는 마우스 우클릭을 한 후 [붙여넣기]를 클릭하고 Enter 를 누릅니다(※ 수식 입력줄을 클릭한 후 붙여넣기를 해도 됩니다).

⑤ 기타 조건

> (1) 금액에 대한 수치는 원화(₩) 표시를 하고 천 단위마다 ','(Comma)를 표시하시오.
> (2) 모든 수치(숫자, 통화, 회계, 백분율 등)는 셀 서식의 속성을 설정하는 과정에서 소수 자릿수를 "0"으로 지정하여 정수로 표시토록 하시오.
> (3) 음수는 "−"가 표시되도록 하시오.
> (4) 숫자 셀은 우측을 수직으로 맞추고, 문자 셀은 수평중앙으로 맞추며 이외 사항은 작업표 형식에 따르도록 하시오. 특히, 인쇄출력 시 판독 불가능이 발생되지 않도록 인쇄 미리 보기 등을 통하여 셀의 크기를 적당히 조정하시오.

1) 소수 자릿수가 포함되어있는 H4:I27셀을 블록 지정한 후 Ctrl 을 누른 채 E24:G24셀까지 드래그합니다. [홈] 탭의 표시 형식 그룹에서 [표시 형식]을 [숫자]로 변경합니다.

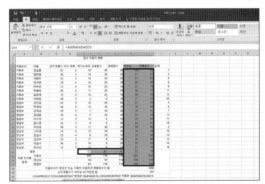

2) 문자 셀을 수평 중앙으로 맞추기 위해서 A3:J3, A4:B23, B25:B27셀을 Ctrl 을 이용하여 선택한 후 [가운데 맞춤 ≡]을 클릭합니다.

6 열 숨기기

1) C~D열을 드래그하여 선택합니다.
2) 마우스 우클릭을 한 후 [숨기기]를 클릭합니다.

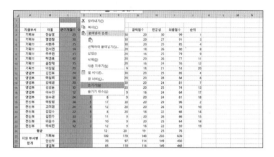

7 제목 서식 변경하기

1) 병합된 A1:J1셀을 선택한 후 [홈] 탭에서 글자
크기를 20pt로 입력합니다.

8 테두리 지정하기

1) A3:J31셀까지 드래그하여 블록 지정한 후 [홈]
탭의 글꼴 그룹에서 테두리를 [모든 테두리⊞▼]
로 선택합니다.
2) 다시, A4:J23셀까지 드래그하여 블록 지정합니
다. Ctrl + 1 (셀 서식)의 [테두리] 탭에서 스타
일을 [없음]으로 지정하고 [중간 가로선⊞]을 선
택한 후 [확인]을 클릭합니다.

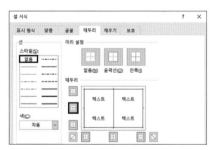

3) 병합되어있는 J24:J29셀을 선택한 후 셀 서식의
[테두리] 탭에서 스타일을 [실선]으로 지정하고
[양쪽 대각선]을 선택한 후 [확인]을 클릭합니다.

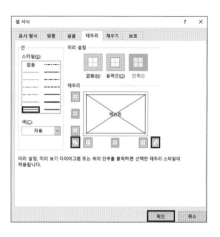

9 그래프(GRAPH) 작성

나. 그래프(GRAPH) 작성
작성한 작업표에서 지원부서가 기획부인 지원자 이
름별 교육점수와 최종점수를 나타내는 그래프를 작
성하시오.

[작성 조건]
1) 그래프 형태 : 혼합형 단일축 그래프
최종점수(묶은 세로 막대형), 교육점수(데이터 표
식이 있는 꺾은선형)
(단, 교육점수만 데이터 레이블의 값이 표시된 혼
합형 단일축 그래프로 하시오)
2) 그래프 제목 : 입사 지원자 현황 – – – – (글자
크기 : 18, 글꼴 서체 임의)
3) X축 제목 : 성명
4) Y축 제목 : 점수
5) X축 항목 단위 : 해당 문자열
6) Y축 눈금 단위 : 임의
7) 범례 : 최종점수, 교육점수
8) 출력물 크기 : A4 용지 1/2장 범위 내
9) 기타 : 작성 조건에 없는 형식이나 모양은 기본 설
정값에 따르며, 그래프 너비는 작업표에 맞추도록
하시오.

✅ 차트 만들기

1) B3:B11셀을 드래그하여 선택한 후, [Ctrl]을 누른 채 F3:F11, I3:I11셀을 드래그합니다.

2) 그래프를 만들기 위해 [삽입]-[세로 또는 가로 막대형 차트 삽입 ▮▮▾]-[묶은 세로 막대형 ▮▮]을 클릭합니다.

엑셀 2010 버전
[삽입]-[세로 막대형]-[묶은 세로 막대형]

3) 만들어진 그래프를 작업표 하단으로 드래그하여 이동합니다. 이때 차트의 왼쪽 모서리가 A33셀에 위치하도록 이동합니다.

4) 차트의 조절점을 이용하여 상단의 작업표의 열 너비인 J열까지 크기를 늘려줍니다. 차트의 높이는 적당하게 조절해 줍니다.

✅ 차트 종류 변경하기

1) 교육점수 계열만 선택하고 마우스 우클릭을 한 후 [계열 차트 종류 변경]을 클릭합니다.

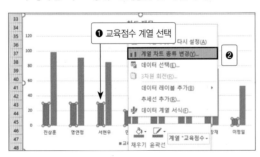

2) 좌측 [콤보]가 선택된 상태에서 교육점수 계열의 차트 종류를 [표식이 있는 꺾은선형]으로 선택한 후 [확인]을 클릭합니다.

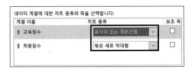

엑셀 2010 버전
마우스 우클릭을 한 후 [계열 차트 종류 변경]을 클릭합니다. 좌측의 [꺾은선형]을 선택한 후 [표식이 있는 꺾은선형]을 클릭합니다.

✅ 레이블값 표시하기

1) 교육점수 계열의 표식을 클릭합니다.

2) 선택한 교육점수 계열의 표식 위에서 마우스 우클릭을 한 후 [데이터 레이블 추가]-[데이터 레이블 추가]를 클릭합니다

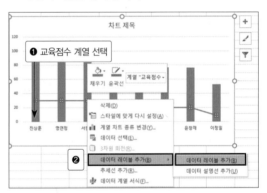

엑셀 2010 버전
마우스 우클릭 후 [데이터 레이블 추가]

☑ 그래프 제목

1) 차트 제목을 선택한 후 [홈] 탭에서 글자 크기를 18pt로 입력합니다.
2) 수식 입력줄에 **입사 지원자 현황**을 입력한 후 Enter 를 누릅니다.

> **엑셀 2010 버전**
> [차트 도구]의 [레이아웃] 탭의 레이블 그룹에 있는 [차트 제목]-[차트 위]를 선택한 후 제목을 삽입합니다.

☑ X축 제목 삽입하기

1) 차트 도구의 [디자인] 탭-[차트 요소 추가]-[축 제목]-[기본 가로]를 클릭합니다.
2) 축 제목을 선택 후 수식 입력줄에서 **성명**을 입력한 후 Enter 를 누릅니다.

> **엑셀 2010 버전**
> [레이아웃]-[축 제목]-[기본 가로축 제목]-[축 아래 제목]

> **엑셀 2021 버전**
> [차트 디자인] 탭-[차트 요소 추가]-[축 제목]-[기본 가로]

☑ Y축 제목 삽입하기

1) 차트 도구의 [디자인] 탭-[차트 요소 추가]-[축 제목]-[기본 세로]를 클릭합니다.
2) 축 제목을 선택 후 수식 입력줄에서 **점수**를 입력한 후 Enter 를 누릅니다.

> **엑셀 2010 버전**
> [레이아웃]-[축 제목]-[기본 세로축 제목]-[제목 회전]

> **엑셀 2021 버전**
> [차트 디자인] 탭-[차트 요소 추가]-[축 제목]-[기본 세로]

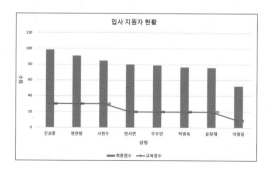

> **차트 글자 색과 테두리**
> 엑셀 2016&2021은 차트의 글자 색이 회색으로 보이기 때문에 차트 영역을 선택한 후 글자 색을 검정으로 지정하고, [서식] 탭에서 [도형 윤곽선]을 검정으로 지정해두면 좋습니다. 지정하지 않아도 감점되지는 않습니다.

⑩ 페이지 설정 및 인쇄
☑ 페이지 설정

1) 데이터가 입력된 셀을 선택한 후 [파일]-[인쇄]를 클릭합니다(모든 데이터들이 한 페이지에 나타나지 않습니다).
2) [현재 설정된 용지]를 클릭한 후 **[한 페이지에 시트 맞추기]**를 클릭합니다(모든 행과 열의 데이터가 한 페이지 안에 축소되어 나타난 것을 알 수 있습니다).
3) [페이지 설정]으로 들어간 후 [여백] 탭에서 위쪽 여백을 6으로 입력하고, 페이지 가운데 맞춤을 가로, 세로 체크 후 [확인]을 클릭합니다.
4) 인쇄를 클릭하여 출력 작업을 진행합니다(실제 출력은 세 가지 작업을 모두 마친 후 진행합니다).
5) [파일]-[저장]을 클릭합니다.
6) 이전 버튼을 클릭하여 편집화면으로 되돌아갑니다.

| 작업표 작성 |

입사 지원자 현황

지원부서	이름	자기소개서	교육점수	경력점수	전문성	최종점수	순위
기획부	진상훈	19	30	20	30	99	1
기획부	명연정	14	30	20	27	91	3
기획부	서현우	10	30	20	25	85	4
기획부	민서연	16	20	18	26	80	8
기획부	주우민	18	20	16	25	79	9
기획부	허병욱	11	20	20	26	77	11
기획부	윤창재	16	20	16	24	76	12
기획부	이정일	5	9	18	21	53	20
영업부	김진호	10	30	20	25	85	4
영업부	하정희	16	20	20	28	84	6
영업부	강태경	7	30	20	24	81	7
영업부	김성윤	9	20	20	25	74	13
영업부	이수진	15	9	16	24	64	17
영업부	임수경	8	9	20	24	61	18
전산부	하창일	17	30	20	29	96	2
전산부	고미경	12	20	20	26	78	10
전산부	김길수	8	20	18	22	68	14
전산부	김진우	11	9	20	26	66	15
전산부	이윤수	10	9	20	25	64	16
전산부	하석진	12	9	16	22	59	19
평균		12.2	19.7	18.9	25	76	
지원 부서별 합계	기획부	109	179	148	203	639	
	전산부	70	97	114	149	430	
	영업부	65	118	116	149	448	
지원부서가 영업부 또는 기획부 지원자의 최종점수의 합						1086	
근무개월수가 18 이상 24 미만인 합						201	
=SUMPRODUCT(ISNUMBER(FIND("영업부",$A$4:$A$23))+ISNUMBER(FIND("기획부",$A$4:$A$23)),I4:I23)							
=IF(D11=5,D11*600%,IF(D11=4,D11*500%,D11*300%))							

| 그래프 작성 |

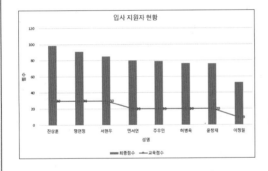

| 인쇄 미리 보기 |

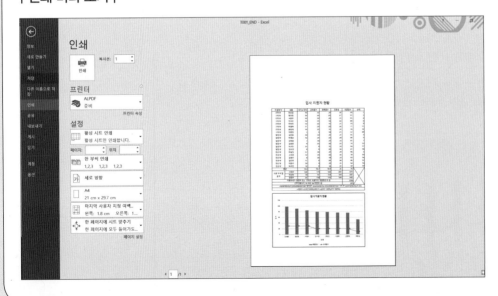

유선배 강의

 액세스 실전 모의고사 1회 풀이

1 저장하기

1) 액세스를 실행한 후 [새 데스크톱 데이터베이스]를 클릭합니다.
2) 파일 이름 입력하는 우측의 🖿를 클릭합니다.
3) 저장 위치는 [바탕화면]-[비번호 폴더] 안에 시험위원이 지정해 준 파일명을 입력한 후 [확인]을 클릭합니다.

> **액세스 2007 & 2010 버전**
> 액세스 실행 후 [새 데이터베이스]가 선택되어있는 상태에서 우측 파일 이름 입력하는 곳 옆의 🖿를 클릭합니다.

2 테이블 작성하기

✅ 테이블1 만들기

1) 테이블 도구의 [필드] 탭-[보기]에서 [디자인 보기]를 클릭합니다.
2) 테이블을 저장하라는 창이 나오면 테이블 이름을 그대로 '테이블1'로 지정한 후 [확인]을 클릭합니다.

> **액세스 2007 버전**
> [데이터시트] 탭-[보기]-[디자인 보기]
>
> **액세스 2021 버전**
> [데이터 필드] 탭-[보기]-[디자인 보기]

3) 아래와 같이 필드 이름과 데이터 형식을 변경합니다.

필드 이름	데이터 형식
수강생	짧은 텍스트
수강코드	짧은 텍스트
교육개월수	숫자
수강금액	통화

※ 수강코드는 영문자가 포함되기 때문에 하단에 필드 속성에 [IME 모드]를 [영숫자 반자]로 지정합니다.

> **액세스 2007 & 2010 버전**
> 데이터 형식의 짧은 텍스트 대신 [텍스트]로 지정합니다.

4) 조건에 기본 키를 지정하라는 조건이 없으므로 기본 키를 해제하기 위해, "수강생" 필드 이름을 클릭한 후, 테이블 도구의 [디자인] 탭에서 [기본 키]를 클릭하여 기본 키를 해제합니다.
5) 테이블 도구의 [보기]-[데이터시트 보기]를 클릭한 후 테이블 저장 대화상자가 나타나면 [예]를 클릭합니다.
6) 아래와 같이 테이블1에 데이터를 입력합니다. 필드를 이동할 때는 방향키(↑, ↓, ←, →)를 이용합니다.

수강생	수강코드	교육개월수	수강금액
김준하	AA	12	₩170,000
이진애	CC	9	₩190,000
박진호	BB	8	₩160,000
김채순	AA	7	₩110,000
이태경	CC	5	₩120,000
나현정	AA	8	₩150,000
박경윤	BB	11	₩190,000
서규만	DD	10	₩160,000
박경수	AA	9	₩170,000
최진우	BB	7	₩140,000
서승기	CC	9	₩165,000
신나리	DD	11	₩165,000
최금서	AA	12	₩150,000
주아름	DD	8	₩130,000
서은지	BB	9	₩180,000
김예솔	CC	6	₩190,000
이영진	BB	3	₩190,000
유경민	DD	4	₩150,000
이유경	CC	12	₩120,000
임진아	DD	9	₩160,000
		0	₩0

7) '테이블1' 탭 위에서 마우스 우클릭을 한 후 [닫기]를 클릭하여 테이블1을 닫아 줍니다. 좌측에 '테이블1'을 더블 클릭하여 데이터가 올바르게 입력되었는지 다시 한번 확인합니다.

> **액세스 2021 버전**
> [디자인] 탭 대신 [양식 디자인] 탭으로 들어갑니다.

✅ 테이블2 만들기

1) [만들기] 탭의 [테이블 디자인]을 클릭하여 두 번째 테이블을 만듭니다.
2) 아래와 같이 필드 이름과 데이터 형식을 지정합니다.

필드 이름	데이터 형식
수강코드	짧은 텍스트
종류	짧은 텍스트

3) 테이블 도구의 [보기]-[데이터시트 보기]를 클릭
   한 후 테이블 저장 대화상자가 나타나면 [예]-
   [확인]을 클릭합니다.
4) "기본 키를 정의하지 않았습니다. 기본 키를 만드
   시겠습니까?"라는 대화상자가 나오면 [아니요]를
   클릭합니다.
5) 아래와 같이 테이블2에 데이터를 입력합니다. 필
   드를 이동할 때는 방향키(↑, ↓, ←, →)를
   이용합니다.

6) '테이블2' 탭 위에서 마우스 우클릭을 한 후 [닫
   기]를 클릭하여 테이블2를 닫아 줍니다. 좌측에
   '테이블2'를 더블 클릭하여 데이터가 올바르게 입
   력되었는지 다시 한번 확인합니다.

3 폼 작성 및 편집

✅ 폼 디자인 만들기

1) [만들기] 탭에서 [폼 디자인]을 클릭합니다.

✅ 레이블로 제목 만들기

1) 폼의 우측 하단 모서리에서 마우스 커서가 ✛
   모양일 때 드래그하여 가로는 19cm, 세로는
   20cm 안쪽으로 드래그합니다.
2) 폼의 제목을 입력하기 위해서, 폼 디자인 도구의
   [디자인] 탭에서 [레이블 가ᄀ]을 클릭한 후 폼의
   상단에 적당한 크기로 드래그합니다.

3) 레이블 안에 제목을 입력한 후 글자를 블록 지정
   하거나, 레이블 테두리를 클릭한 후 폼 디자인 도
   구의 [서식] 탭에서 크기를 16pt로 입력합니다.

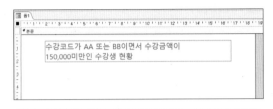

✅ 목록 상자 만들기

1) 폼 디자인 도구의 [디자인] 탭에서 [목록 상자
   ▣]를 클릭한 후 제목 아래에 적당한 크기로 드
   래그하여 그려줍니다.
2) "목록 상자 마법사" 창이 나타나면 [취소]를 클릭
   하여 창을 닫아 줍니다.
3) 목록 상자 왼쪽에 있는 "List1:" 레이블을 선택한
   후 Delete 를 눌러 삭제합니다.
4) [속성 시트]의 [데이터] 탭에서 [행 원본]을 선택
   한 후 ⋯를 클릭합니다.

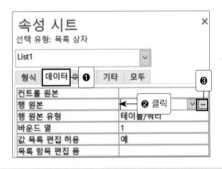

5) 테이블 표시 창이 나타나면 '테이블1'과 '테이블2'
   를 더블 클릭한 후 [닫기]를 클릭합니다.

6) 테이블1에 있는 **수강코드** 필드를 테이블2의 **수강코드**로 드래그하여 연결해 줍니다.

7) 조회화면 서식에 나와 있는 순서대로 수강생, 수강코드, 수강금액, 교육개월수, 종류 필드명을 더블 클릭하여 필드에 추가합니다.

> "수강코드가 AA 또는 BB이면서 수강금액이 150,000 미만인 수강생 현황"나타내기

8) 수강코드의 조건에 **AA OR BB**를 입력한 후 Enter 를 누르면 **"AA" Or "BB"**로 변경됩니다.

9) 수강금액이 150,000 미만인 현황을 나타내려면, 수강금액의 조건에 **<150000**을 입력합니다. AND 조건이므로 같은 행에 조건을 입력합니다.

> 필드명 "수강생"의 내림차순으로 출력

10) 수강생을 내림차순으로 정렬하기 위해 수강생의 정렬에서 ⌄를 클릭한 후 내림차순을 선택합니다.

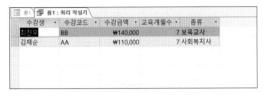

11) [폼1 : 쿼리 작성기] 탭에서 마우스 우클릭을 한 후 [데이터시트 보기]를 클릭하여, 수강코드가 AA 또는 BB이면서 수강금액이 150,000 미만인 현황이 나타나는지, 수강생이 내림차순으로 나오는지를 확인합니다.

12) 다시, [폼1 : 쿼리 작성기] 탭에서 마우스 우클릭을 한 후 [SQL 보기]를 클릭하여 조건에 나와 있는 아래의 WHERE 조건절, INNER JOIN, ORDER BY 문이 포함되어 있는지 확인합니다.

13) [폼1 : 쿼리 작성기] 탭에서 마우스 우클릭을 한 후 [닫기]-[예]를 클릭합니다.

14) [속성 시트]의 [형식] 탭에서 **열 개수**를 5로 입력하고, **열 이름**을 예로 선택합니다.

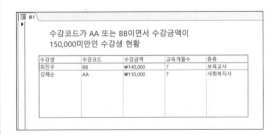

15) [폼1] 탭에서 마우스 우클릭을 한 후 [폼 보기]를 클릭하여 확인합니다.

> ※ 목록 상자에 스크롤바가 생기면 감점이 되기 때문에 목록 상자의 높이를 키워주어 스크롤바가 생기지 않도록 합니다.

✅ 선 그리기

1) 목록 상자의 하단의 선을 만들기 위해 다시 [홈] 탭-[보기]-[디자인 보기]를 클릭한 후 폼 디자인 도구의 [디자인] 탭에서 [선◻]을 선택합니다.
2) Shift 를 누른 채 목록 상자 하단에 드래그하여 직선을 그려줍니다.
3) [속성 시트]의 [형식] 탭에서 [테두리 두께]를 [6pt]로 지정합니다.

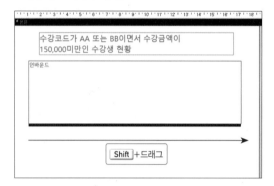

✅ 텍스트 상자 만들기

1) 폼 디자인 도구의 [디자인] 탭에서 [텍스트]를 선택한 후 목록 상자 아래쪽에 적당하게 드래그하여 그려줍니다.
2) "텍스트 상자 마법사" 창이 나오면 [취소]를 클릭합니다.
3) 텍스트 상자 왼쪽에 있는 레이블을 선택하여 **리스트박스 조회 시 작성된 SQL문**을 입력합니다.
4) 레이블 테두리를 선택한 후, 폼 디자인 도구의 [서식] 탭에서 글자 크기를 16pt로 입력합니다. 레이블과 텍스트 상자의 **이동 핸들을 드래그**하여 위치를 이동할 수 있습니다.

5) 우측 하단에서 드래그하여 텍스트 상자, 선, 목록 상자가 조금이라도 포함되도록 선택합니다.

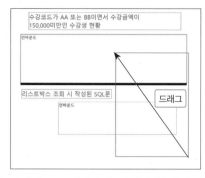

6) 폼 디자인 도구의 [정렬] 탭-[맞춤]-[왼쪽]을 클릭하고, 다시 [크기/공간]-[가장 넓은 너비에]를 클릭하여 좌/우 크기를 동일하게 맞춰줍니다.
7) [속성 시트]의 [형식] 탭에서 [테두리 색]을 [검정 텍스트]로 지정합니다.
8) 빈 곳을 클릭, 다시 텍스트 상자만 선택한 후 [속성 시트]의 [테두리 스타일]을 [파선]으로 지정합니다.

✅ SQL문 복사하기

1) 목록 상자를 선택한 후, [속성 시트]의 [데이터] 탭에서 [행 원본]을 클릭합니다. Ctrl + C (복사)를 누른 후, 텍스트 상자를 클릭합니다.
2) =를 입력하고, 작은따옴표(')를 입력합니다. Ctrl + V (붙여넣기)를 한 후 다시 작은따옴표(')로 닫아 줍니다.

3) 전체를 드래그하여 모든 컨트롤을 선택한 후 폼 디자인 도구의 [서식] 탭에서 [글꼴 색 🄰]을 [검정, 텍스트 1]로 지정합니다. [본문]을 클릭해서 [교차 행 색]을 [흰색, 배경 1]로 지정합니다.

※ 액세스 2007 버전은 기본 글꼴 색이 "검정"이기 때문에 따로 글꼴 색 지정은 하지 않습니다.

☑ 인쇄 미리 보기 및 여백 지정하기

1) [파일]-[인쇄]-[인쇄 미리 보기]에서 완성된 폼 화면을 확인할 수 있습니다.
2) 상단 [페이지 설정]에서 **위쪽 여백**을 60으로 입력하고 [확인]을 클릭합니다. 인쇄될 결과물을 확인한 후 [인쇄 미리 보기 닫기]를 클릭합니다.

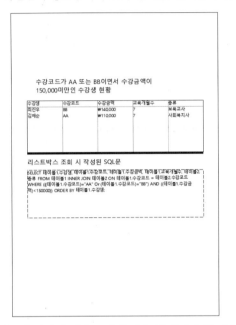

3) [폼1] 탭에서 마우스 우클릭을 한 후 [닫기]-[예]를 클릭합니다.

4 쿼리 작성 및 편집

☑ 쿼리 디자인 만들기

1) [만들기]-[쿼리] 그룹에서 [쿼리 디자인]을 클릭합니다.

> **액세스 2007 버전**
> [만들기]-[기타] 그룹의 [쿼리 디자인]

2) 테이블 표시 대화상자가 나타나면 '테이블1'과 '테이블2'를 순서대로 더블 클릭하여 테이블을 생성시킨 후 [닫기]를 클릭합니다.
3) 테이블1의 수강코드를 테이블2의 수강코드로 드래그하여 조인(JOIN)을 시켜줍니다.

☑ 테이블 조인 및 필드 추가

> ※ 보고서 서식을 보고 각각의 필드를 더블 클릭하여 실행하고, 계산이 필요한 필드는 처리 조건을 보고 계산합니다.

1) 보고서 서식을 보고 수강코드, 수강생, 교육개월수, 수강금액을 순서대로 더블 클릭하여 필드를 추가하여 줍니다.

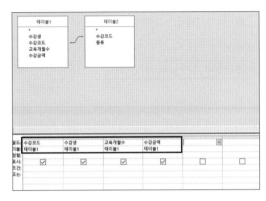

> **[처리 조건]**
> • 총수강료 = (교육개월수×수강금액)-국가지원금
> • 국가지원금은 수강코드에 따라 다르게 적용한다(AA는 300,000, BB는 200,000, CC는 150,000 DD는 100,000).
> • 납부수강료 : 총수강료-국가지원금

2) 수강금액 오른쪽 필드에 **총수강료: (교육개월수*수강금액)-국가지원금**을 입력합니다(※ 필드 위에서 마우스 우클릭을 한 후 [확대/축소]를 클릭하여 입력합니다).

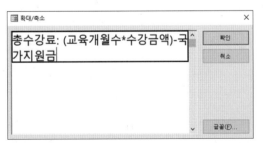

3) 총수강료 오른쪽 필드에 **국가지원금: IIf(테이블1.수강코드="AA",300000,IIf(테이블1.수강코드="BB",200000,IIf(테이블1.수강코드="CC",150000,100000)))**를 입력합니다.

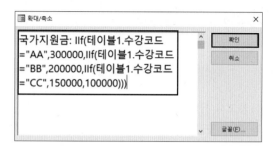

4) 국가지원금 오른쪽 필드에 **납부수강료: 총수강료-국가지원금**을 입력합니다.

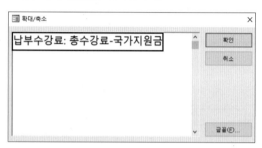

✓ 쿼리 확인하기

1) [쿼리1] 탭에서 마우스 우클릭을 한 후 [데이터 시트 보기]를 클릭하여 쿼리 결과를 확인합니다.

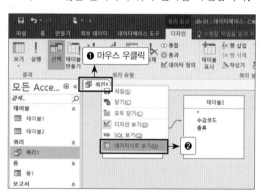

2) [쿼리1] 탭의 [닫기]를 클릭한 후, 대화상자가 나오면 [예]를 클릭합니다. 폼 이름은 [쿼리1]로 지정한 후 [확인]을 클릭합니다.

5 보고서 작성 및 편집

✓ 보고서 마법사로 보고서 만들기

1) [만들기] 탭의 보고서 그룹에서 [보고서 마법사]를 클릭합니다.

2) 보고서 마법사 대화상자가 나타나면 '테이블/쿼리'를 **[쿼리: 쿼리1]**로 변경하고, 사용 가능한 필드를 >> 를 클릭하여 선택한 필드로 모두 이동시킨 후 [다음]을 클릭합니다.

> **[처리 조건]**
> 수강코드(AA, BB, CC, DD)별로 정리한 후, 같은 수강코드 안에서는 수강생의 오름차순으로 정렬(SORT)하시오.

3) 처리 조건에 수강코드별로 정리하라는 지시가 있으므로 판매일을 선택한 후 > 를 클릭하여 그룹 수준을 지정하고 [다음]을 클릭합니다.

4) 같은 수강코드 안에서는 수강생의 오름차순으로 정렬(SORT)해야 한다는 조건이 있으므로 첫 번째 필드에 **수강생**을 입력하고 오름차순으로 지정한 후 [요약 옵션]을 클릭합니다.

[처리 조건]
- 수강코드별 합계 : 총수강료, 국가지원금, 납부수강료의 합 산출
- 총평균 : 총수강료, 국가지원금, 납부수강료의 전체 평균 산출

---

5) 총수강료, 국가지원금, 납부수강료의 합계와 평균에 □를 클릭하여 ✓체크한 후 [확인]을 클릭합니다.

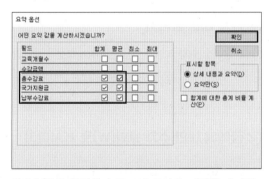

6) [다음]을 클릭하면 보고서 모양을 지정할 수 있는 보고서 마법사가 나타나는데 기본 설정 그대로 [다음]을 클릭합니다.

7) 보고서 제목은 [쿼리1]로 그대로 지정하고, [보고서 디자인 수정]을 선택한 후 [마침]을 클릭합니다.

✓ 필요 없는 컨트롤 삭제하기

1) [수강코드 바닥글]의 ="에 대한 요약"의 좌측 눈금선에서 마우스 커서가 ➡로 바뀌면 클릭합니다. Shift 를 누른 채 [페이지 바닥글]의 =NOW, =Page와 [보고서 바닥글]의 총 합계 컨트롤을 선택한 후 Delete 를 눌러 삭제합니다.

✓ 컨트롤 배치 및 속성 변경하기

1) [수강코드 머리글]의 수강코드를 [본문]으로 드래그합니다.

2) [수강코드 바닥글]의 평균을 선택한 후 [보고서 바닥글]로 드래그합니다.

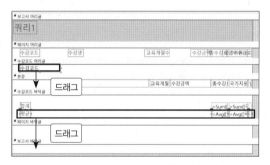

3) [본문]의 수강코드를 Ctrl + C (복사)를 눌러 [수강코드 바닥글]을 선택한 후 Ctrl + V (붙여넣기)를 눌러 합계 좌측에 배치합니다.

4) [수강코드 머리글]과 [페이지 바닥글] 아래에서 마우스 커서가 ✚로 변할 때 위로 드래그하여 높이를 끝까지 줄여줍니다. [수강코드 바닥글]에 합계 컨트롤도 위치를 위쪽으로 이동한 후 높이를 줄여줍니다.

5) [페이지 머리글]의 수강코드와 [본문]의 수강코드 컨트롤이 포함되게 드래그하여 선택합니다.

6) 보고서 디자인 도구의 [정렬] 탭-[맞춤]-[왼쪽]을 선택하여 두 컨트롤의 왼쪽을 맞춰줍니다. 다시, [정렬] 탭-[크기/공간]-[가장 좁은 너비에] 또는 [가장 넓은 너비에]를 선택한 후 크기를 적당하게 조절합니다. 크기가 맞지 않을 때는 컨트롤 조절 점으로 적당하게 드래그하여 크기를 조절합니다.

7) 각 컨트롤의 위치와 크기를 아래와 같이 변경합니다. [보고서 바닥글]의 평균을 **총 평균**으로 변경합니다.

※ [쿼리1] 탭에서 마우스 우클릭을 한 후 [레이아웃 보기]를 클릭해서 #####으로 나타나 있으면, 컨트롤의 너비를 조금 더 늘려주어야 합니다.

✅ 보고서 제목 및 서식 지정하기

1) [쿼리1] 글자를 드래그하여 블록 지정한 후 보고서 제목 **수강료 납부 내역**을 입력합니다.

2) 제목의 바깥쪽 테두리를 선택한 후, 오른쪽 조절점에서 끝까지 드래그합니다.

3) 보고서 디자인 도구의 [서식] 탭에서 글자 크기를 16pt로 입력하고, [가운데 맞춤≡]을 클릭합니다.

> **액세스 2007 버전**
> 폼 디자인 도구의 [디자인] 탭
>
> **액세스 2010 버전**
> 폼 디자인 도구의 [형식] 탭

4) [페이지 머리글] 필드를 모두 선택한 후 Shift 를 누른 채 [본문]의 수강코드, 수강생을 각각 선택합니다.

5) 보고서 디자인 도구의 [서식] 탭에서 [가운데 맞춤≡]을 클릭합니다.

6) [수강코드 바닥글]의 수강코드는 [오른쪽 맞춤 ≡]을 클릭합니다.

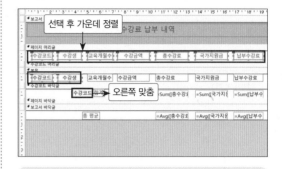

※ 조금 더 세부적으로 각 컨트롤의 위치를 변경하려면 [쿼리1]에서 마우스 우클릭을 한 후 [레이아웃 보기]에서 각 컨트롤의 위치나 크기를 조절할 수 있습니다.

✅ 중복 내용 숨기기

1) [본문]의 수강코드를 선택한 후 [속성 시트]의 [형식] 탭에서 [중복 내용 숨기기]를 [예]로 변경합니다.

✅ 금액에 대한 수치 원화(₩)로 표시하기

※ 레이아웃 보기로 들어가면 원화(₩) 표시가 없는 컨트롤을 확인할 수 있습니다.

1) [수강코드 바닥글]과 [보고서 바닥글]의 총수강료, 국가지원금, 납부수강료의 합계와 평균, [본문]의 국가지원금을 Shift 를 이용하여 선택합니다.

2) [속성 시트]의 [형식] 탭에서 형식을 [통화]로 지정합니다.

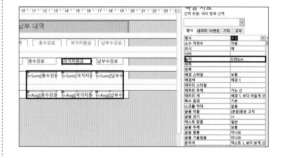

컨트롤 글꼴 색 및 윤곽선 설정하기

1) 모든 컨트롤을 드래그하거나 단축키 Ctrl + A (모두 선택)를 눌러 선택해줍니다.
2) 보고서 디자인 도구의 [서식] 탭에서 [글꼴 색]을 [검정, 텍스트 1]로 지정하고, [도형 윤곽선]을 [투명]으로 지정합니다.

배경색 및 교차 행 색 설정하기

1) [보고서 머리글]을 선택한 후 보고서 디자인 도구의 [서식] 탭에서 [도형 채우기]를 [흰색, 배경 1]로 지정합니다.
2) [본문]을 클릭한 후 보고서 디자인 도구의 [서식] 탭에서 [교차 행 색]을 [색 없음]으로 지정합니다.
3) 마찬가지 방법으로 [수강코드 바닥글]을 클릭하여 [교차 행 색]을 [색 없음]으로 지정합니다.

선 삽입하기

1) 보고서 디자인 도구의 [디자인] 탭을 클릭한 후 [선￢]을 선택합니다. [페이지 머리글]의 좌측부터 Shift 를 누른 채 드래그하여 그려줍니다.
2) [페이지 머리글]의 위쪽에 그려준 선이 선택된 상태에서 Ctrl + C (복사)를 한 후 다시 Ctrl + V (붙여넣기)를 합니다.
3) 키보드의 아래 화살표(↓)를 눌러 복사된 선을 [페이지 머리글]의 아래쪽에 위치되도록 합니다.
4) [수강코드 바닥글]을 클릭한 후 Ctrl + V (붙여넣기)를 하면 [수강코드 바닥글] 위쪽에 선이 복사됩니다. 다시 한번 Ctrl + V (붙여넣기)를 한 후 아래 화살표(↓)를 눌러 [수강코드 바닥글]의 아래쪽에 위치시켜 줍니다.
5) [보고서 바닥글]을 클릭한 후 Ctrl + V (붙여넣기)를 한 후 아래 화살표(↓)를 눌러 [보고서 바닥글]의 아래쪽에 위치시켜 줍니다.

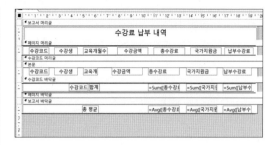

레이아웃 보기에서 세부 설정하기

1) [쿼리1] 탭에서 마우스 우클릭을 한 후 [레이아웃 보기]를 클릭하여 보고서의 배치가 잘 되었는지 확인합니다.
2) 출력 형태를 보면서 위치와 크기를 조절해 줍니다.

6 인쇄 및 페이지 설정

인쇄 미리 보기 및 페이지 설정

1) [쿼리1] 탭에서 마우스 우클릭을 한 후 [인쇄 미리 보기]를 클릭합니다.
2) [인쇄 미리 보기] 탭에서 [페이지 설정]을 클릭합니다.
3) 위쪽 여백을 60으로 입력한 후 [확인]을 클릭합니다.
4) [인쇄 미리 보기 닫기]를 클릭하여 미리 보기를 닫아 준 후에 [파일]-[저장]을 클릭합니다. 우측 상단의 [닫기 X]를 클릭하여 액세스를 종료합니다.

| DB 조회화면 |

수강코드가 AA 또는 BB이면서 수강금액이
150,000미만인 수강생 현황

수강생	수강코드	수강금액	교육개월수	종류
최진우	BB	₩140,000	7	보육교사
김채운	AA	₩110,000	7	사회복지사

리스트박스 조회 시 작성된 SQL문

SELECT 테이블1.수강생, 테이블1.수강코드, 테이블1.주강금액, 테이블1.교육개월수, 테이블2.
종류 FROM 테이블1 INNER JOIN 테이블2 ON 테이블1.수강코드 = 테이블2.수강코드
WHERE ((테이블1.수강코드)="AA" Or (테이블1.수강코드)="BB") AND ((테이블1.수강금
액)<150000)) ORDER BY 테이블1.수강생;

| DB 보고서 |

수강료 납부 내역

수강코드	수강생	교육개월수	수강금액	총수강료	국가지원금	납부수강료
AA	김준하	12	₩170,000	₩1,740,000	₩300,000	₩1,440,000
	김채운	7	₩110,000	₩470,000	₩300,000	₩170,000
	나현정	8	₩150,000	₩900,000	₩300,000	₩600,000
	박경수	9	₩170,000	₩1,230,000	₩300,000	₩930,000
	최금서	12	₩150,000	₩1,500,000	₩300,000	₩1,200,000
AA 합계				₩5,840,000	₩1,500,000	₩4,340,000
BB	박경윤	11	₩190,000	₩1,890,000	₩200,000	₩1,690,000
	박진호	8	₩160,000	₩1,080,000	₩200,000	₩880,000
	서은지	9	₩180,000	₩1,420,000	₩200,000	₩1,220,000
	이영진	3	₩190,000	₩370,000	₩200,000	₩170,000
	최진우	7	₩140,000	₩780,000	₩200,000	₩580,000
BB 합계				₩5,540,000	₩1,000,000	₩4,540,000
CC	김예슬	6	₩190,000	₩990,000	₩150,000	₩840,000
	서승기	9	₩165,000	₩1,335,000	₩150,000	₩1,185,000
	이유경	12	₩120,000	₩1,290,000	₩150,000	₩1,140,000
	이진애	9	₩190,000	₩1,560,000	₩150,000	₩1,410,000
	이태경	5	₩120,000	₩450,000	₩150,000	₩800,000
CC 합계				₩5,625,000	₩750,000	₩4,875,000
DD	서규만	10	₩160,000	₩1,500,000	₩100,000	₩1,400,000
	신나리	11	₩165,000	₩1,715,000	₩100,000	₩1,615,000
	유경민	4	₩150,000	₩500,000	₩100,000	₩400,000
	임진아	9	₩160,000	₩1,340,000	₩100,000	₩1,240,000
	주아롬	8	₩130,000	₩940,000	₩100,000	₩840,000
DD 합계				₩5,995,000	₩500,000	₩5,495,000
총 평균				₩1,150,000	₩187,500	₩962,500

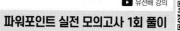
1 저장하기

1) [시작] ➡ [Microsoft Office] ➡ [Microsoft PowerPoint 2016]을 클릭하여 파워포인트를 실행합니다.

2) [파일]-[저장]-[찾아보기]를 클릭하면 저장 창이 나타납니다.

3) 저장 위치는 [바탕화면]-[비번호 폴더] 안에 시험위원이 지정해 준 파일명을 입력한 후 [확인]을 클릭합니다.

2 슬라이드 크기 변경하기

1) [디자인]-[슬라이드 크기]를 클릭한 후 [표준 4:3]으로 변경합니다.

3 레이아웃 변경하기

1) [홈] 탭-[레이아웃]에서 [빈 화면]을 클릭합니다.

4 새 슬라이드 만들기

1) 슬라이드 미리 보기 창의 슬라이드를 클릭한 후 Enter를 눌러 빈 화면 새 슬라이드를 추가합니다.

제1 슬라이드

5 제목 만들기

1) [삽입]-[텍스트 상자 가]를 클릭한 후 슬라이드 좌측 상단에 선택합니다.

2) SMART FACTORY를 입력한 후 Esc를 누르면 텍스트 상자가 선택됩니다.

3) [홈] 탭에서 글꼴은 **굴림**, 크기는 **44pt**로 지정합니다.

6 모서리가 둥근 직사각형 삽입하기

1) [삽입]-[모서리가 둥근 직사각형 ◻]을 클릭한 후 제목 아래 크게 그려줍니다.

2) [서식] 탭에서 [도형 스타일]을 [색 윤곽선 – 검정, 어둡게 1 가나다]로 지정합니다.

> ※ 파워포인트 2021 버전에서는 [서식] 탭 대신 [도형 서식] 탭을 사용합니다.

7 직사각형 삽입하기1

1) [삽입]-[직사각형 ◻]을 클릭한 후 아래와 같이 그려줍니다.

2) [서식] 탭에서 [도형 스타일]을 [색 윤곽선 – 검정, 어둡게 1 가나다]로 지정합니다.

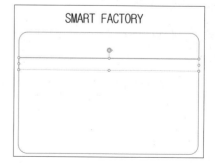

8 직사각형 삽입하기2

1) [삽입]-[직사각형□]을 클릭한 후 드래그합니다.
2) [서식] 탭에서 [도형 스타일]을 [색 윤곽선 - 검정, 어둡게 1 가나다]로 지정합니다.
3) Ctrl + Shift +드래그 또는 Ctrl +드래그하여 복사한 후 내용을 입력합니다(맑은 고딕, 18pt).

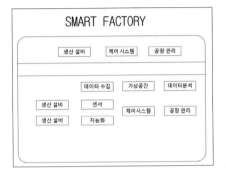

9 텍스트 상자 삽입하기

1) [삽입]-[텍스트 상자 가]를 클릭한 후 슬라이드의 적당한 위치에 각각 클릭하여 글자를 입력합니다.

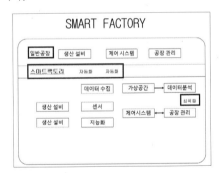

일반공장	맑은 고딕, 18pt
스마트팩토리	굴림, 20pt, 굵게
자동화, 최적화	굴림, 16pt

※ 글꼴 및 크기는 비슷하게만 지정하면 감점되지 않습니다.

10 화살표 삽입하기

1) [삽입]-[도형]-[화살표◥]를 클릭한 후 각각 드래그하여 연결해 줍니다.
2) 삽입한 연결선을 Shift 를 눌러 선택한 후 [서식]-[도형 윤곽선-검정, 텍스트 1]로 지정합니다.
3) 다시, [서식]-[도형 윤곽선]-[두께]를 [2¼pt]로 지정합니다.
4) 센서 도형을 선택한 후 [서식]-[앞으로 보내기]-[맨 앞으로 보내기]를 클릭합니다.

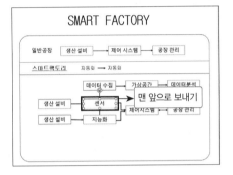

11 빗면 삽입하기

1) [삽입]-[도형]-[빗면□]을 선택한 후 드래그하여 그려준 후 [서식] 탭에서 [도형 스타일]을 [색 윤곽선 - 검정, 어둡게 1 가나다]로 지정합니다(맑은 고딕, 14pt).
2) Ctrl + Shift +드래그하여 복사한 후 내용을 입력합니다.

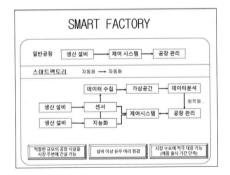

⑫ 제목 만들기

1) [삽입]-[텍스트 상자📋]를 클릭한 후 슬라이드 좌측 상단에 선택합니다.
2) 5) 망의 형태에 의한 통신망 구분을 입력합니다(굴림, 32pt, 굵게).

⑬ 텍스트 상자 삽입하기

1) [삽입]-[텍스트 상자📋]를 클릭한 후 슬라이드의 빈 공간을 클릭합니다.
2) 아래와 같이 내용을 입력합니다. "노드까지는"과 "지역 내에"에서는 문단이 연결되어야 하므로 Shift + Enter 를 눌러 줄 바꿈을 합니다.

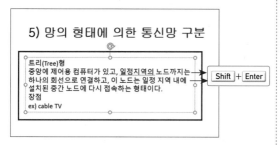

3) "중앙에"부터 "ex).."까지 드래그하여 블록 지정합니다.
4) 마우스 우클릭을 한 후 [글머리 기호]-[글머리 기호 및 번호 매기기]의 [사용자 지정]을 클릭합니다.
5) 하위 집합을 [일반 문장 부호]로 지정하고 '─'을 선택한 후 [확인]을 클릭합니다.

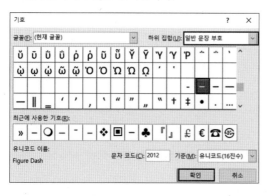

6) Tab 또는 [홈] 탭-[단락] 그룹에서 [목록 수준 늘림📋]을 클릭합니다.

7) "장점" 뒤에서 Enter 를 누르고 마우스 우클릭을 한 후 [글머리 기호]-[글머리 기호 및 번호 매기기]의 [사용자 지정]을 클릭합니다.
8) 하위 집합을 [라틴어-1 추가]로 지정하고 '≫'을 선택한 후 [확인]을 클릭합니다.

9) Tab 또는 [홈] 탭-[단락] 그룹에서 [목록 수준 늘림📋]을 선택한 후 장점의 내용을 입력합니다.

5) 망의 형태에 의한 통신망 구분

트리(Tree)형
- 중앙에 제어용 컴퓨터가 있고, 일정지역의 노드까지는 하나의 회선으로 연결하고, 이 노드는 일정 지역 내에 설치된 중간 노드에 다시 접속하는 형태이다.
- 장점
  » 단말기를 컴퓨터에 대치시키면서 분산처리 시스템이 가능
  » 스타형보다 통신회선이 적어도 된다.
- ex) cable TV

〈서식 지정〉

트리(Tree)형	맑은 고딕, 28pt, 굵게
– 내용	맑은 고딕, 20pt
≫ 내용	맑은 고딕, 18pt

🔟4 타원 삽입 및 복사하기

1) [삽입]-[도형]-[타원◯]을 클릭한 후 드래그하여 그려줍니다.

[서식]-[도형 스타일]	[색 윤곽선-검정, 어둡게 1ᵍᵃⁿᵈᵃ]
[서식]-[색 윤곽선]-[두께]	3pt

2) Ctrl+드래그로 복사하고 크기를 조절한 후 아래와 같이 타원을 만들어 줍니다.

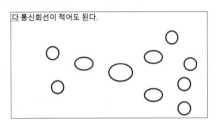

🔟5 선 삽입하기

1) [삽입]-[도형]-[선▧]을 클릭한 후 Shift 를 누른 채 아래와 같이 드래그합니다.
2) [서식] 탭에서 아래와 같이 서식을 지정합니다.

[도형 윤곽선]	검정, 텍스트 1
[도형 윤곽선]-[두께]	3pt

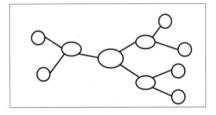

🔟6 순서도: 문서 삽입하기

1) [삽입]-[도형]-[순서도: 문서▢]를 선택한 후 드래그하여 그려준 후 [서식] 탭에서 [도형 스타일]을 [색 윤곽선-검정, 어둡게 1ᵍᵃⁿᵈᵃ]로 지정하고 글자를 입력합니다(맑은 고딕, 20pt, 굵게).

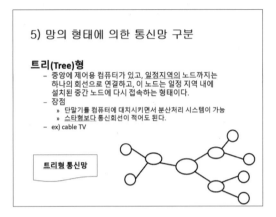

🔟7 날짜와 페이지 번호 제거하기

1) [보기]-[유인물 마스터]를 클릭합니다.
2) [유인물 마스터]에서 **날짜**와 **페이지 번호** 체크를 해제한 후 [**마스터 보기 닫기**]를 클릭합니다.

🔟8 페이지 설정 및 인쇄

1) [파일]-[인쇄]에서 슬라이드 설정을 [2슬라이드]와 고품질로 지정한 후 [인쇄]를 클릭합니다.

| 인쇄 미리 보기 |

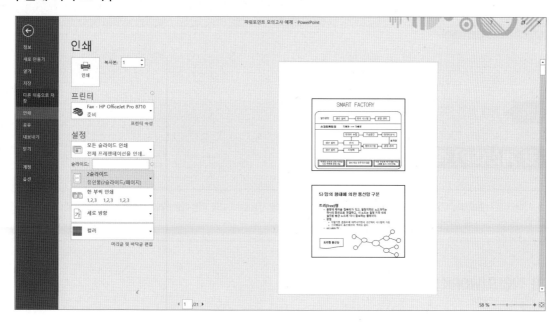

표 계산(SP) 작업

시대인 도서관에서는 도서 대여 관리 현황을 분석하고자 한다. 다음 자료(DATA)를 이용하여 작성 조건에 따라 작업표와 그래프를 작성하고, 그 인쇄 출력물을 제출하시오.

가. 작업표(WORK SHEET) 작성

1) 자료(DATA)

도서 대여 관리 현황

행\열	B	C	D	E	F	G
3	대여코드	도서명	분류	판매가격	연체료	대여수량
4	AA-211	종의 기원	과학기술	12,000	2,500	251
5	CC-214	위대한 개츠비	문학	13,000	4,200	389
6	CC-258	나의 산에서	아동	12,000	25,000	1050
7	BB-217	홍길동전	문학	9,000	1,500	420
8	AA-216	과학혁명	과학기술	15,000	3,000	981
9	AA-239	구덩이	아동	12,000	30,000	1201
10	BB-281	인간의 조건	과학기술	11,000	10,000	150
11	CC-290	돼지가 있는 교실	아동	12,000	32,000	68
12	BB-238	데미안	문학	12,000	28,000	221
13	CC-201	빨강 연필	아동	11,500	4,500	235
14	AA-211	미디어의 이해	과학기술	14,000	6,500	664
15	BB-257	자전거 여행	문학	15,000	5,500	880
16	AA-261	작별 인사	아동	14,000	15,000	1244
17	CC-264	노인과 바다	문학	13,000	25,000	550
18	BB-212	왜 로봇의 도덕인가	과학기술	12,000	45,000	52
19	CC-259	인공지능	과학기술	11,000	2,300	541
20	BB-230	이방인	문학	15,000	1,500	852
21	AA-205	뭘 해도 괜찮아	아동	16,000	4,500	742
22	CC-200	어린왕자	문학	20,000	12,000	120
23	BB-299	한문소설	아동	13,000	11,000	82

※ 자료(DATA) 부분에서 음영 처리 표시된 부분은 행/열의 기준을 나타내며 이는 작성(입력)하지 않음을 반드시 유의하시오.

2) 작업표 형식

도서 대여 관리 현황

열\행	B	C	G	H	I	J	K
3	대여코드	도서명	대여수량	대여금액	합계금액	대여순위	비고
4 · 23	–	–	–	①	②	③	④
24	분류별 합계		과학기술	⑤	⑤		
25			문학	⑥	⑥		
26			아동	⑦	⑦		
27	AA로 시작하고 과학기술이거나 아동인 금액의 합계			⑧	⑧		
28	⑨						
29	대여수량이 500 이상 800 미만인 합			⑩	⑩		
30	분류에서 "문학"인 개수				⑪개		
31	⑫						

3) 작성 조건

가) 작성 시 유의 사항

Ⓐ 작업표의 작성은 "나)~라)" 항에 제시된 내용을 따르고 반드시 제시된 조건(함수 적용, 기재된 단서 조항 등)에 따라 처리하시오.

Ⓑ **제시된 작성 조건을 따르지 아니하고 여타의 방법 일체**(제시된 함수 이외 다른 함수 적용, 함수 미적용, 별도 전자계산기 사용 등)를 사용하여 도출된 결과는 그 답이 맞더라도 **정답으로 인정되지 않음**을 반드시 유의하시오.

Ⓒ 작업표상 텍스트 레이블과 작성 조건이 서로 다를 경우에는 **작성 조건을 기준**으로 수정하여 작업하시오.

나) 작업표의 구성 및 서식

Ⓐ **"작업표 형식"에서 행과 열에 관계된 음영 처리 표시된 부분은 작성하지 않음을 유의하고 반드시 제시된 행/열에 맞추도록 하시오.**

Ⓑ 제목서식 : 폰트는 20 포인트 크기로 하고 가운데 정렬합니다.

Ⓒ 글꼴 및 크기 : 이외 기타 글꼴 및 크기는 임의 선정하시오.

다) 원문자가 표시된 셀은 아래의 방법을 이용하여 처리하시오.

① 대여금액 : 판매가격*단가

(단, 단가는 과학기술 20%, 문학 15%, 아동 10%)

② 합계금액 : 연체료+대여수량×대여금액

③ 대여순위 : 대여수량을 기준으로 순위를 산정하시오.

　(단, RANK 함수 사용, 순위 산정 기준은 내림차순으로)

④ 비고 : 비고는 대여코드 앞 2개의 문자와 분류를 텍스트 함수 "CONCATENATE", 문자열 함수 LEFT 함수를 조합하여 작성하시오.

　(예 대여코드 "AA-211", 분류가 "과학기술"인 경우 "AA/과학기술"로 표시)

⑤ 과학기술의 분류별 합계 : 분류가 과학기술인 각 항목별 합계를 산출하시오.

　(단, SUMIF 또는 SUMIFS 함수 사용)

⑥ 문학의 분류별 합계 : 분류가 문학인 각 항목별 합계를 산출하시오.

　(단, SUMIF 또는 SUMIFS 함수 사용)

⑦ 아동의 분류별 합계 : 분류가 아동인 각 항목별 합계를 산출하시오.

　(단, SUMIF 또는 SUMIFS 함수 사용)

⑧ 대여코드가 AA로 시작하고 분류가 과학기술이거나 아동인 대여금액과 합계금액의 합을 각각 산출하시오(단, SUMPRODUCT 함수 사용).

⑨ 작성 조건 ⑧에 사용된 수식을 기재하시오(단, 합계금액 기준으로).

⑩ 대여수량이 500 이상 800 미만인 대여금액과 합계금액의 합을 각각 산출하시오.

　(단, SUMIF 또는 SUMIFS 함수를 사용하시오)

⑪ 분류에서 "문학"인 셀의 개수를 산출하시오.

　(단, COUNTIF 또는 COUNTIFS 함수 사용, 결과값 뒤에 "개"가 출력되도록 하시오)

⑫ "④"에 사용된 수식을 기재하시오(단, 도서명이 "빨강연필"인 행을 기준으로).

※ 함수식을 기재하는 셀과 연관된 지정함수조건(함수지정)이 있을 경우 **제시된 함수만을 사용해 함수식을 구성 및 작업**하여야 하며, 작성 조건을 위배하여 임의로 작성할 시 해당 답이 맞더라도 틀린 항목으로 채점됨을 유의하십시오. 만약, 구체적인 함수가 제시되지 않을 경우 수험자가 **스스로 적합한 함수**를 선정하여 작업하시오.

※ 또한 함수식을 작성할 때는 라) 정렬순서(SORT)에 따라 조건에 맞게 **정렬 후 도출된 결과**에 의한 함수식을 기재하시오.

라) 작업표의 정렬순서(SORT)는 대여코드별로 오름차순으로 정렬하고, 같은 대여코드별 안에서는 합계금액을 내림차순으로 정렬하시오.

마) 기타

　(1) 금액에 대한 수치는 원화(₩) 표시를 하고 천 단위마다 ','(Comma)를 표시하시오.

　　(단, 금액 이외의 수치는 ','(Comma)를 표시하지 않도록 하시오)

　(2) 모든 수치(숫자, 통화, 회계, 백분율 등)는 셀 서식의 속성을 설정하는 과정에서 소수 자릿수를 "0"으로 지정하여 정수로 표시토록 하시오.

　(3) 음수는 "-"가 표시되도록 하시오.

　(4) 숫자 셀은 우측을 수직으로 맞추고, 문자 셀은 수평중앙으로 맞추며 이외 사항은 작업표 형식에 따른다. 특히, 인쇄출력 시 판독 불가능이 발생되지 않도록 인쇄 미리 보기 등을 통하여 셀의 크기를 적당히 조정하시오.

나. 그래프(GRAPH) 작성

작성한 작업표에서 대여코드가 BB로 시작하는 도서명별 대여수량과 대여금액을 나타내는 그래프를 작성하시오.

작성 조건

1) 그래프 형태 : 혼합형 단일축 그래프

　　대여금액(묶은 세로 막대형), 대여수량(데이터 표식이 있는 꺾은선형)

　　(단, 대여수량만 데이터 레이블의 값이 표시된 혼합형 단일축 그래프로 하시오)

2) 그래프 제목 : 도서 대여 현황 ---- (확대 출력)

3) X축 제목 : 도서명

4) Y축 제목 : 금액

5) X축 항목 단위 : 해당 문자열

6) Y축 눈금 단위 : 임의

7) 범례 : 대여금액, 대여수량

8) 출력물 크기 : A4 용지 1/2장 범위 내

9) 기타 : 작성 조건에 없는 형식이나 모양은 기본 설정값에 따르며, 그래프 너비는 작업표에 맞추도록 하시오.

※ 그래프는 반드시 작성된 작업표와 연동하여 작업하여야 하며, 그래프의 영역(범위) 설정 오류로 인한 불이익은 전적으로 수험자 본인에게 있습니다.

자료처리(DBMS) 작업

시대인 홈쇼핑에서는 홈쇼핑 판매현황을 전산화하려고 한다. 다음의 입력자료를 이용하여 DB를 설계하고 작성 조건에 따라 처리 파일을 작성하고, 그 인쇄 출력물을 제출하시오.

가. 자료처리(DBMS) 작업 작성 조건

1) 자료처리(DBMS)작업은 조회화면(SCREEN) 설계와 자료처리보고서의 2가지 작업을 수행하여 그 결과물을 인쇄용지(A4) 기준 각 1장씩 총 2장을 제출하여야 채점 대상이 됨을 유의하시오.

2) 반드시 인쇄작업 수행 전 미리 보기 등을 통해 여백을 조정하고, 수치, 문자 등 구성요소가 누락되지 않도록 주의하시오. **구성요소가 누락되어 인쇄되지 않은 결과로 인한 모든 책임은 전적으로 수험자 본인에게 있음**을 반드시 유의하시오.

3) 문제지에 기재된 작성 조건에 따라 처리하고, 조회화면 및 자료처리보고서의 **서식이 작성 조건과 상이할 경우에는 시험위원의 지시에 따라 작업하시오.**

나. 입력자료

<table>
<tr><td colspan="5" align="center">시대인 홈쇼핑 판매현황</td><td colspan="2" align="center">홈쇼핑 구분</td></tr>
<tr><td>상품코드</td><td>상품명</td><td>매출총액</td><td>판매관리비</td><td>판매일</td><td>상품코드</td><td>구분</td></tr>
<tr><td>AA-1</td><td>맷돌 두유</td><td>5,000,000</td><td>1,100,000</td><td>2020-01-06</td><td>AA-1</td><td>식품</td></tr>
<tr><td>CC-3</td><td>프라이팬</td><td>4,200,000</td><td>890,000</td><td>2020-03-15</td><td>BB-2</td><td>미용</td></tr>
<tr><td>BB-2</td><td>단백질 케어</td><td>6,700,000</td><td>750,000</td><td>2020-02-01</td><td>CC-3</td><td>생활</td></tr>
<tr><td>DD-4</td><td>반바지</td><td>3,500,000</td><td>900,000</td><td>2020-03-17</td><td>DD-4</td><td>패션</td></tr>
<tr><td>AA-1</td><td>오대쌀 10kg</td><td>8,500,000</td><td>660,000</td><td>2020-02-12</td><td></td><td></td></tr>
<tr><td>DD-4</td><td>스니커즈</td><td>6,700,000</td><td>1,500,000</td><td>2020-01-26</td><td></td><td></td></tr>
<tr><td>BB-2</td><td>모이스처 크림</td><td>5,500,000</td><td>960,000</td><td>2020-03-06</td><td></td><td></td></tr>
<tr><td>DD-4</td><td>반팔 티셔츠</td><td>4,300,000</td><td>750,000</td><td>2020-02-14</td><td></td><td></td></tr>
<tr><td>BB-2</td><td>석고팩</td><td>3,500,000</td><td>740,000</td><td>2020-01-25</td><td></td><td></td></tr>
<tr><td>CC-3</td><td>침구 세트</td><td>8,800,000</td><td>550,000</td><td>2020-03-04</td><td></td><td></td></tr>
<tr><td>AA-1</td><td>다시마 국수</td><td>4,400,000</td><td>840,000</td><td>2020-02-12</td><td></td><td></td></tr>
<tr><td>DD-4</td><td>청바지</td><td>6,600,000</td><td>730,000</td><td>2020-01-07</td><td></td><td></td></tr>
<tr><td>CC-3</td><td>두루마리 휴지</td><td>3,200,000</td><td>890,000</td><td>2020-03-20</td><td></td><td></td></tr>
<tr><td>CC-3</td><td>컬러 마스크</td><td>4,500,000</td><td>760,000</td><td>2020-03-11</td><td></td><td></td></tr>
<tr><td>AA-1</td><td>부대찌개</td><td>7,400,000</td><td>2,100,000</td><td>2020-02-26</td><td></td><td></td></tr>
<tr><td>DD-4</td><td>나시</td><td>2,300,000</td><td>500,000</td><td>2020-01-30</td><td></td><td></td></tr>
<tr><td>BB-2</td><td>프랑스 향수</td><td>9,600,000</td><td>1,300,000</td><td>2020-03-08</td><td></td><td></td></tr>
<tr><td>CC-3</td><td>양말 세트</td><td>1,500,000</td><td>230,000</td><td>2020-02-20</td><td></td><td></td></tr>
<tr><td>AA-1</td><td>제주 수산물</td><td>4,200,000</td><td>630,000</td><td>2020-01-18</td><td></td><td></td></tr>
<tr><td>BB-2</td><td>화이트 세럼</td><td>3,300,000</td><td>450,000</td><td>2020-01-27</td><td></td><td></td></tr>
</table>

다. 조회화면(SCREEN) 설계

※ 다음 조건에 따라 상품코드가 "CC" 또는 "DD"로 시작하면서 매출총액이 6,000,000 이상인 현황을 조회할 수 있는 화면을 설계하고 해당 데이터를 출력하시오.

1) 해당 현황은 목록 상자(리스트박스)에서 매출총액의 오름차순으로 출력하고, 화면 아래에 조회 시 작성한 SQL문을 복사하시오.
   - WHERE 조건절에 상품코드, 매출총액 반드시 포함
   - INNER JOIN, LIKE, ORDER BY 구문 반드시 포함
   ※ SQL문에 상기 내용 미포함 시 SQL 작성 부분 0점 처리

2) 리스트박스 조회 시 작성된 SQL문이 작성되지 않을 경우에는 "다. 조회화면(SCREEN) 설계" 과제가 0점 처리됨을 반드시 유의하시오.

3) 목록 상자에 표시되어야 할 필수적인 필드명은 다음과 같습니다.
   - 상품코드, 구분, 상품명, 매출총액, 판매관리비

4) 폼 서식에 제반되는 폰트, 점선 등은 아래 [조회화면 서식]에 보이는 대로 기재하시오.

5) 기타 사항은 "라. 자료처리 파일(FILE) 작성"의 [기타 조건]을 따르시오.

[조회화면 서식]

상품코드가 CC 또는 DD로 시작하면서 매출총액이 6,000,000 이상인 현황

상품코드	구분	상품명	매출총액	판매관리비

리스트박스 조회 시 작성된 SQL문

라. 자료처리 파일(FILE) 작성

※ 다음 조건에 따라 아래 양식과 같이 작성하시오.

처리 조건

1) 판매일(1월, 2월, 3월)별로 정리한 후 같은 월 안에서는 영업이익의 오름차순으로 정렬(SORT)하시오.

2) **매출원가** : 매출총액이 6,000,000 이상이면 매출총액의 65%, 그 외에는 매출총액의 55%

3) **영업이익** : 매출총액 - 매출원가-판매관리비

4) 판매일은 MM-DD 형식으로 한다.

5) **합계** : 각 매출총액, 판매관리비, 매출원가, 영업이익의 합 산출

6) **총평균** : 매출총액, 판매관리비, 매출원가, 영업이익의 전체 평균 산출

기타 조건

1) 조회화면 및 보고서의 제목은 16 정도의 임의 서체로 하시오.

2) 금액에 대한 수치는 원화(₩) 표시를 하고 천 단위마다 ','(Comma)를 표시하시오.
   (단, 금액 이외의 수치는 ','(Comma)를 표시하지 않도록 하시오)

3) 모든 수치(숫자, 통화, 백분율 등)는 컨트롤의 속성을 설정하는 과정에서 소수 자릿수를 "0"으로 지정하여 정수로 표시하시오.

4) 데이터의 열과 간격은 일정하게 맞추도록 하시오.

쇼핑몰 제품 판매현황

작성일자 : YYYY-MM-DD

판매일	상품명	구분	매출총액	판매관리비	매출원가	영업이익
XXXX	XXXX	XXXX	₩XXXX	₩XXXX	₩XXXX	₩XXXX
–	–	–	–	–	–	–
	1월 소계		₩XXXX	₩XXXX	₩XXXX	₩XXXX
–	–	–	–	–	–	–
	2월 소계		₩XXXX	₩XXXX	₩XXXX	₩XXXX
–	–	–	–	–	–	–
	3월 소계		₩XXXX	₩XXXX	₩XXXX	₩XXXX
	총평균		₩XXXX	₩XXXX	₩XXXX	₩XXXX

시상(PT) 작업

주어진 2개의 슬라이드를 슬라이드 작성 조건에 따라 작업하여 인쇄합니다.

※ 슬라이드 작성 조건

1) 각 슬라이드를 문제의 **슬라이드 원안**과 같이 인쇄하여 제출합니다.
   (특히 글자, 음영, 그림자, 도형 등 인쇄된 내용 그대로 작업함을 유의하시오)

2) "주1)" 등 특수한 속성 지정이 되어 있는 경우 지시에 따라 작성하시오.

3) 글꼴은 문제 원안과 같거나 유사한 형태로 작업합니다.

4) 글자, 그림 및 도형 등의 크기와 모양은 문제 원안과 같거나 유사한 형태로 작업합니다.

5) 모든 글씨, 선 등은 흑백(그레이스케일)으로 작업하되, 글상자, 그림 및 도형 등에서 색 채우기가 있는 경우 색 채우기는 회색 40% 정도, 투명도 0%를 기준으로 작업합니다.

6) 각 슬라이드는 원안과 같이 **외곽선 테두리가 인쇄**되도록 인쇄합니다.

7) 각 슬라이드 크기는 A4 용지의 1/2 범위 내에 인쇄가 가능한 크기가 되도록 조정하여, 슬라이드 2개를 A4 용지 1매 안에 모두 인쇄합니다.

8) 비번호, 수험번호, 성명, 페이지 번호 등은 반드시 자필로 기재합니다.

비번호: 수험번호: 성명:

6cm

제 1 슬라이드

제 2 슬라이드

4-4

〈제1 슬라이드〉

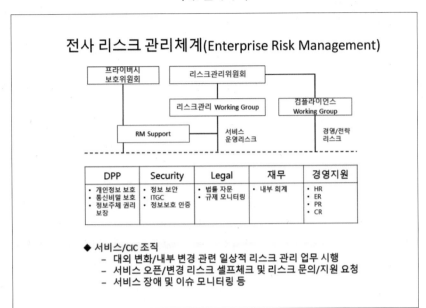

〈제2 슬라이드〉

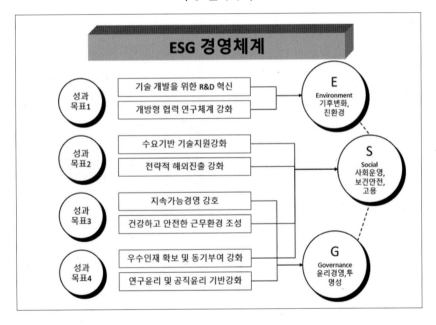

▶ 유선배 강의

엑셀 실전 모의고사 2회 풀이

1 저장하기

1) [파일]-[저장]-[찾아보기]를 클릭하여, 바탕화면의 본인의 [비번호 폴더] 안에 시험위원이 지정해 준 파일명으로 저장합니다.

2 작업표 작성 및 병합하기

1) 자료(DATA)와 작업표 형식을 보고 아래와 같이 데이터를 입력합니다.

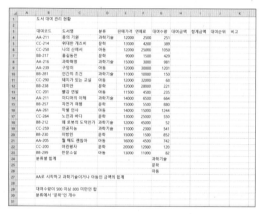

2) B1:K1셀까지 드래그하여 블록 지정한 후 Ctrl 을 계속 누른 채 B24:C26, B27:G27, B28:K28, B29:G29, B30:H30, B31:K31, J29:K30, J24:K27셀을 드래그하여 선택해 줍니다. 모든 선택이 끝날 때까지 Ctrl 을 계속 눌러주고 선택이 끝나면 Ctrl 을 손에서 떼어줍니다.

3) [홈] 탭에 맞춤 그룹의 [병합하고 가운데 맞춤]을 클릭하여 병합시켜 줍니다.

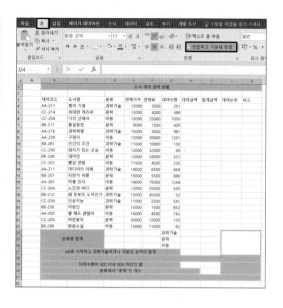

3 조건 문제 풀이

❶ 대여금액 : 판매가격*단가(단, 단가는 과학기술 20%, 문학 15%, 아동 10%)

공식	=IF(조건1,참1,IF(조건2,참2,거짓))
함수식(H4)	=E4*IF(D4="과학기술",20%,IF(D4="문학",15%,10%))
설명	• 조건1 : 분류(D4)가 "과학기술"이면, • 참1 : 판매가격(E4)에 20%를 곱하고 • 조건2 : 분류(D4)가 "문학"이면, • 참2 : 판매가격(E4)에 15%를 곱하고 • 거짓 : 조건1도 조건2도 만족하지 않으면 판매가격(E4)에 10%를 곱하여 표시합니다.

❷ 합계금액 : 연체료＋대여수량×대여금액

함수식(I4)	=F4+G4*H4
설명	대여수량(G4)에서 대여금액(H4)을 곱한 값에 연체료(F4)를 더하여 나타냅니다.

D	E	F	G	H	I	J	K	L	M	N
		도서 대여 관리 현황								
류	판매가격	연체료	대여수량	대여금액	합계금액	대여순위	비고			
학기술	12000	2500	251	2400	=F4+G4*H4					
학	13000	4200	389							
동	12000	25000	1050							
학	9000	1500	420							
학기술	15000	3000	981							
동	12000	30000	1201							
학기술	11000	10000	150							

❸ 대여순위 : 대여수량을 기준으로 순위를 산정하시오(단, RANK 함수 사용, 순위 산정 기준은 내림차순으로).

공식	=RANK(내 대여수량,전체 대여수량 범위)
함수식(J4)	=RANK(G4,$G$4:$G$23)
설명	각각의 대여수량이 전체 대여수량 범위 (G4:G23) 중 몇 위인지를 구합니다.

F	G	H	I	J	K	L	M
서 대여 관리 현황							
연체료	대여수량	대여금액	합계금액	대여순위	비고		
2500	251	2400	604900	=RANK(G4,$G$4:$G$23)			
4200	389						
25000	1050						
1500	420						
3000	981						
30000	1201						

❹ 비고 : 비고는 대여코드 앞 2개의 문자와 분류를 텍스트 함수 "CONCATENATE", 문자열 함수 LEFT 함수를 조합하여 작성하시오(예 대여코드 "AA-211", 분류가 "과학기술"인 경우 "AA/과학기술"로 표시).

공식	=CONCATENATE(연결대상1,연결대상2...) =LEFT(문자열,문자의 개수)
함수식(K4)	=CONCATENATE(LEFT(B4,2),"/",D4)

설명	B4셀의 앞 두 글자와 "/", D4셀에 있는 값을 연결해 줍니다.

➡ H4:K4셀까지 드래그하여 블록 지정한 후 K4셀의 채우기 핸들을 끌어서 K23셀까지 채워줍니다.

❺ 과학기술의 분류별 합계 : 분류가 과학기술인 각 항목별 합계를 산출하시오(단, SUMIF 또는 SUMIFS 함수 사용).

공식	=SUMIF(조건범위,조건,합계범위)
함수식(H24)	=SUMIF($D$4:$D$23,$G$24,H4:H23)
설명	• **조건범위&조건** : 분류(D4:D23) 중 조건인 과학기술(G24)을 만족하는 대여금액의 합계를 구합니다. • **합계범위** : 조건을 만족하는 대여금액의 합계를 구해야 하므로 합계범위는 H4:H23입니다.

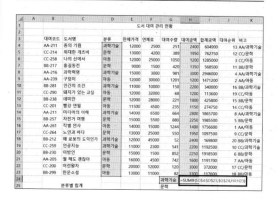

➡ H24셀의 채우기 핸들을 드래그하여 I24셀까지 채워줍니다.

❻ 문학의 분류별 합계 : 분류가 문학인 각 항목별 합계를 산출하시오(단, SUMIF 또는 SUMIFS 함수 사용).

공식	=SUMIF(조건범위,조건,합계범위)
함수식(H25)	=SUMIF($D$4:$D$23,$G$25,H4:H23)
설명	• **조건범위&조건** : 분류(D4:D23) 중 조건인 문학(G25)을 만족하는 대여금액의 합계를 구합니다. • **합계범위** : 조건을 만족하는 대여금액의 합계를 구해야 하므로 합계범위는 H4:H23입니다.

	A	B	C	D	E	F	G	H	I	J	K
16		AA-261	작별 인사	아동	14000	15000	1244	1400	1756600	1	AA/아동
17		CC-264	노인과 바다	문학	13000	25000	550	1950	1097500	9	CC/문학
18		BB-212	왜 로봇의 도덕인가	과학기술	12000	45000	52	2400	169800	20	BB/과학기술
19		CC-259	인공지능	과학기술	11000	2300	541	2200	1192500	10	CC/과학기술
20		BB-230	이방인	문학	15000	1500	852	2250	1918500	6	BB/문학
21		AA-205	뭐 해도 괜찮아	아동	16000	4500	742	1600	1191700	7	AA/아동
22		CC-200	어린왕자	문학	20000	12000	120	3000	372000	17	CC/문학
23		BB-299	한문소설	아동	13000	11000	82	1300	117600	18	BB/아동
24			분류별 합계				과학기술	15000	7118900		
25							문학	=SUMIF($D$4:$D$23,$G$25,H4:H23)			
26							아동				
27			AA로 시작하고 과학기술이거나 아동인 금액의 합계								
28											

○ H25셀의 채우기 핸들을 드래그하여 I25셀까지 채워줍니다.

❼ **아동의 분류별 합계** : 분류가 아동인 각 항목별 합계를 산출하시오(단, SUMIF 또는 SUMIFS 함수 사용).

공식	=SUMIF(조건범위,조건,합계범위)
함수식(H26)	=SUMIF($D$4:$D$23,$G$26,H4:H23)
설명	• **조건범위&조건** : 분류(D4:D23) 중 조건인 아동(G26)을 만족하는 대여금액의 합계를 구합니다. • **합계범위** : 조건을 만족하는 대여금액의 합계를 구해야 하므로 합계범위는 H4:H23입니다.

○ H26셀의 채우기 핸들을 드래그하여 I26셀까지 채워줍니다.

> ※ **❺~❼까지 한꺼번에 구하기**
> 절대참조와 혼합참조를 이용하여 H24셀에 다음과 같은 수식을 입력합니다.
> =SUMIF($D$4:$D$23,$G24,H$4:H$23)
> H24셀의 채우기 핸들을 드래그하여 I24셀까지 채워준 후 다시 I24셀의 채우기 핸들을 드래그하여 I26셀까지 채워줍니다.

❽ 대여코드가 AA로 시작하고 분류가 과학기술이거나 아동인 대여금액과 합계금액의 합을 각각 산출하시오(단, SUMPRODUCT 함수 사용).

공식	=SUMPRODUCT(배열1,배열2....)
함수식(H27)	=SUMPRODUCT((LEFT($B$4:$B$23,2)="AA")*(($D$4:$D$23="과학기술")+($D$4:$D$23="아동")),H4:H23)
설명	• B4:B23셀의 앞에서 두 글자가 "AA"이고 **그리고(AND*)** 분류가 "과학기술"이거나(**OR+**) "아동"이면 TRUE(1), 그렇지 않으면 FALSE(0)를 반환합니다. • 조건으로 추출된 TRUE(1), FALSE(0)와 대응하는 대여금액(H4:H23)과 곱한 값의 합계를 구합니다.

○ H27셀의 채우기 핸들을 드래그하여 I27셀까지 채워줍니다.

❾ "❽"에 사용된 수식을 기재하시오(단, 합계금액 기준으로).

1) I27셀을 선택한 후 수식 입력줄에 있는 수식 전체를 드래그하여 블록을 지정합니다.
2) 마우스 우클릭을 한 후 [복사] 또는 Ctrl + C (복사)한 다음 Enter 를 누릅니다.
3) 병합된 B28셀을 클릭해서 작은따옴표(')를 입력한 다음 Ctrl + V (붙여넣기) 또는 마우스 우클릭을 한 후 [붙여넣기]를 클릭하고 Enter 를 누릅니다(※ 수식 입력줄을 클릭한 후 붙여넣기를 해도 됩니다).

❿ 대여수량이 500 이상 800 미만인 대여금액과 합계금액의 합을 각각 산출하시오(단, SUMIF 또는 SUMIFS 함수를 사용하시오).

공식	=SUMIFS(합계범위,조건범위1,"조건1",조건범위2,"조건2")
함수식(H29)	=SUMIFS(H4:H23,$G$4:$G$23,">=500",$G$4:$G$23,"<800")
설명	• **합계범위** : 2개의 조건을 모두 만족하는 대여금액의 합계를 구해야 하므로 합계범위는 H4:H23입니다. • **조건범위1&조건1** : 대여수량 범위(G4:G23) 중 첫 번째 조건인 ">=500"을 만족하고 (그리고) • **조건범위2&조건2** : 대여수량 범위(G4:G23) 중 두 번째 조건인 "<800"을 만족하는 대여금액의 합계를 구합니다.

❖ H29셀의 채우기 핸들을 드래그하여 I29셀까지 채워줍니다.

⓫ 분류에서 "문학"인 셀의 개수를 산출하시오(단, COUNTIF 또는 COUNTIFS 함수 사용, 결과값 뒤에 "개"가 출력되도록 하시오).

공식	=COUNTIF(조건범위,"조건")
함수식(I30)	=COUNTIF(D4:D23,"문학")
설명	• **조건범위** : 분류(D4:D23) 중 원하는 조건의 개수를 구해야 하므로 조건범위는 D4:D23입니다. • **조건** : "문학"이 몇 개인지 구해야 하므로 조건인 "문학"을 입력합니다.
"개" 출력	1) G29셀을 선택하고 마우스 우클릭을 한 후 [셀 서식] 또는 Ctrl + 1 을 누릅니다. 2) [표시 형식] 탭의 [사용자 지정]에서 형식을 #개로 입력한 후 [확인]을 클릭합니다.

④ 정렬하기

라) 작업표의 정렬순서(SORT)는 대여코드별로 오름차순으로 정렬하고, 같은 대여코드 안에서는 합계금액을 내림차순으로 정렬하시오.

1) 정렬을 하기 위해서 B3:K23셀까지 블록 지정한 후 [데이터] 탭의 [정렬]을 클릭합니다.
2) 첫 번째 정렬 기준은 "대여코드"로 선택하고 정렬을 "오름차순 정렬"로 지정한 후 [기준 추가]를 클릭합니다.
3) 새로운 기준이 만들어졌으면 새로운 정렬 기준을 "합계금액"으로 선택하고 정렬을 "내림차순 정렬"로 지정한 후 [확인]을 클릭합니다.

⓬ "④"에 사용된 수식을 기재하시오(단, 도서명이 '빨강연필'인 행을 기준으로).

❖ 이 수식 복사는 반드시 정렬작업 후에 작업하도록 합니다.
1) '빨강연필'의 비고인 K18셀을 선택한 후 수식 입력줄에 있는 수식 전체를 드래그하여 블록을 지정합니다.
2) 마우스 우클릭을 한 후 [복사] 또는 Ctrl + C (복사)한 다음 Enter 를 누릅니다.
3) 병합된 B31셀을 클릭해서 작은따옴표(')를 입력한 다음 Ctrl + V (붙여넣기) 또는 마우스 우클릭을 한 후 [붙여넣기]을 클릭하고 Enter 를 누릅니다(※ 수식 입력줄을 클릭한 후 붙여넣기를 해도 됩니다).

⑤ 기타 조건

> (1) 금액에 대한 수치는 원화(₩) 표시를 하고 천 단위마다 ','(Comma)를 표시하시오.
> (2) 모든 수치(숫자, 통화, 회계, 백분율 등)는 셀 서식의 속성을 설정하는 과정에서 소수 자릿수를 "0"으로 지정하여 정수로 표시토록 하시오.
> (3) 음수는 "−"가 표시되도록 하시오.
> (4) 숫자 셀은 우측을 수직으로 맞추고, 문자 셀은 수평중앙으로 맞추며 이외 사항은 작업표 형식에 따르도록 하시오. 특히, 인쇄출력 시 판독 불가능이 발생되지 않도록 인쇄 미리 보기 등을 통하여 셀의 크기를 적당히 조정하시오.

1) 금액이 있는 E4:F23, H4:I27, H29:I29셀을 Ctrl 을 이용하여 선택합니다.
2) [홈] 탭의 표시 형식 그룹에서 [회계 표시 형식]을 클릭합니다.

3) 문자 셀을 수평 중앙으로 맞추기 위해서 B3:K3, B4:D23, G24:G26, K4:K23셀을 Ctrl 을 이용하여 선택한 후 [가운데 맞춤▤]을 클릭합니다.
4) 금액이 ####으로 표시되면 열 너비를 적당하게 늘려줍니다.

⑥ 열 숨기기

1) A열을 클릭한 후 Ctrl 을 누른 채 D~F열을 드래그하여 선택합니다.

2) 마우스 우클릭을 한 후 [숨기기]를 클릭합니다. 복사한 수식이 잘 보이지 않으면 열 너비를 적당히 늘려줍니다.

⑦ 제목 서식 변경하기

1) 병합된 B1:K1셀을 선택한 후 [홈] 탭에서 글자 크기를 20pt로 입력합니다.

⑧ 테두리 지정하기

1) B3:K31셀까지 드래그하여 블록 지정한 후 [홈] 탭의 글꼴 그룹에서 테두리를 [모든 테두리▦▾]로 선택합니다.
2) 다시, B4:K23셀까지 드래그하여 블록 지정합니다. Ctrl + 1 (셀 서식)의 [테두리] 탭에서 스타일을 [없음]으로 지정하고 [중간 가로선▥]을 선택한 후 [확인]을 클릭합니다.

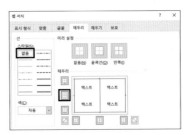

3) 병합된 J24:K27셀을 선택한 후 Ctrl 을 누른 채 J29:K30셀을 선택합니다. Ctrl + 1 (셀 서식)의 [테두리] 탭에서 [양쪽 대각선]을 선택하고 [확인]을 클릭합니다.

⑨ 그래프(GRAPH) 작성

> ### 나. 그래프(GRAPH) 작성
> 작성한 작업표에서 대여코드가 BB로 시작하는 도서명별 대여수량과 대여금액을 나타내는 그래프를 작성하시오.
>
> ### [작성 조건]
> 1) 그래프 형태 : 혼합형 단일축 그래프
>   대여금액(묶은 세로 막대형), 대여수량(데이터 표식이 있는 꺾은선형)
>   (단, 대여수량만 데이터 레이블의 값이 표시된 혼합형 단일축 그래프로 하시오)
> 2) 그래프 제목 : 도서 대여 현황 ---- (확대 출력)
> 3) X축 제목 : 도서명
> 4) Y축 제목 : 금액
> 5) X축 항목 단위 : 해당 문자열
> 6) Y축 눈금 단위 : 임의
> 7) 범례 : 대여금액, 대여수량
> 8) 출력물 크기 : A4 용지 1/2장 범위 내
> 9) 기타 : 작성 조건에 없는 형식이나 모양은 기본 설정값에 따르며, 그래프 너비는 작업표에 맞추도록 하시오.

✔ 차트 만들기

1) C3:H3셀을 드래그하여 선택한 후, Ctrl 을 누른 채 C10:H16셀을 드래그합니다.

대여코드	도서명	대여수량	대여금액	합계금액	대여순위	비고
		도서 대여 관리 현황				
대여코드	도서명	대여수량	대여금액	합계금액	대여순위	비고
AA-205	힐 헤도 괜찮아	742	₩ 1,600	₩ 1,191,700	7	AA/아동
AA-211	미디어의 이해	664	₩ 2,800	₩ 1,865,700	8	AA/과학기술
AA-211	종의 기원	251	₩ 2,400	₩ 604,900	13	AA/과학기술
AA-216	과학혁명	981	₩ 3,000	₩ 2,346,000	4	AA/과학기술
AA-239	구당이	1201	₩ 1,200	₩ 1,471,200	2	AA/아동
AA-261	작별 인사	1244	₩ 1,400	₩ 1,756,600	1	AA/아동
BB-212	왜 로봇의 도막인가	52	₩ 2,400	₩ 169,800	20	BB/과학기술
BB-217	통밀동전	420	₩ 1,350	₩ 568,500	11	BB/문학
BB-230	이방인	852	₩ 2,250	₩ 1,918,500	6	BB/문학
BB-238	데미안	221	₩ 1,800	₩ 425,800	15	BB/문학
BB-257	자전거 여행	880	₩ 2,250	₩ 1,985,500	5	BB/문학
BB-281	인간의 조건	150	₩ 2,200	₩ 340,000	16	BB/과학기술
BB-299	한문소설	82	₩ 1,300	₩ 117,600	18	BB/아동
CC-200	어린왕자	120	₩ 3,000	₩ 372,000	17	CC/문학
CC-201	빨강 연필	235	₩ 1,150	₩ 274,750	14	CC/아동
CC-214	위대한 개츠비	389	₩ 1,950	₩ 762,750	12	CC/아동
CC-258	나의 산책서	1050	₩ 1,200	₩ 1,285,000	3	CC/문학
CC-261	인공지능	541	₩ 2,200	₩ 1,192,500	10	CC/과학기술
CC-264	노인과 바다	550	₩ 1,950	₩ 1,097,500	9	CC/문학

2) 그래프를 만들기 위해 [삽입]-[세로 또는 가로 막대형 차트 삽입 ■▼]-[묶은 세로 막대형 ■]을 클릭합니다.

엑셀 2010 버전
[삽입]-[세로 막대형]-[묶은 세로 막대형]

3) 만들어진 그래프를 작업표 하단으로 드래그하여 이동하여 줍니다. 이때 차트의 왼쪽 모서리가 B33셀에 위치하도록 이동합니다.

4) 차트의 조절점을 이용하여 상단의 작업표의 열 너비인 K열까지 크기를 늘려줍니다. 차트의 높이는 적당하게 조절하여 줍니다.

✔ 차트 종류 변경하기

1) 대여수량 계열만 선택하고 마우스 우클릭을 한 후 [계열 차트 종류 변경]을 클릭합니다.

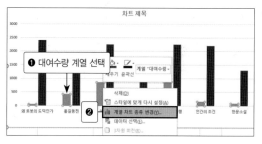

2) 좌측 [콤보]가 선택된 상태에서 교육점수 계열의 차트 종류를 [표식이 있는 꺾은선형]으로 선택한 후 [확인]을 클릭합니다.

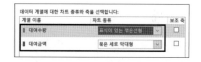

엑셀 2010 버전
마우스 우클릭을 한 후 [계열 차트 종류 변경]을 클릭합니다. 좌측의 [꺾은선형]을 선택한 후 [표식이 있는 꺾은선형]을 클릭합니다.

✔ 레이블값 표시하기

1) 대여수량 계열의 표식을 클릭합니다.

2) 선택한 대여수량 계열의 표식 위에서 마우스 우클릭을 한 후 [데이터 레이블 추가]-[데이터 레이블 추가]를 클릭합니다.

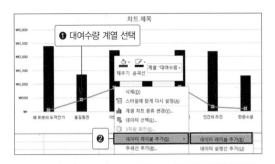

엑셀 2010 버전
마우스 우클릭 후 [데이터 레이블 추가]

✓ 그래프 제목

1) 차트 제목을 선택한 후 수식 입력줄에 **도서 대여 현황**을 입력한 후 Enter 를 누릅니다.

엑셀 2010 버전
[차트 도구]의 [레이아웃] 탭의 레이블 그룹에 있는 [차트 제목]–[차트 위]를 선택한 후 제목을 삽입합니다.

✓ X축 제목 삽입하기

1) 차트 도구의 [디자인] 탭–[차트 요소 추가]–[축 제목]–[기본 가로]를 클릭합니다.
2) 축 제목을 선택 후 수식 입력줄에서 **도서명**을 입력한 후 Enter 를 누릅니다.

엑셀 2010 버전
[레이아웃]–[축 제목]–[기본 가로축 제목]–[축 아래 제목]

엑셀 2021 버전
[차트 디자인] 탭–[차트 요소 추가]–[축 제목]–[기본 가로]

✓ Y축 제목 삽입하기

1) 차트 도구의 [디자인] 탭–[차트 요소 추가]–[축 제목]–[기본 세로]를 클릭합니다.
2) 축 제목을 선택 후 수식 입력줄에서 **금액**을 입력한 후 Enter 를 누릅니다.

엑셀 2010 버전
[레이아웃]–[축 제목]–[기본 세로축 제목]–[제목 회전]

엑셀 2021 버전
[차트 디자인] 탭–[차트 요소 추가]–[축 제목]–[기본 세로]

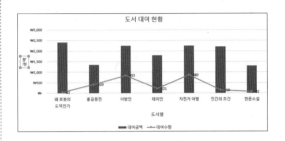

차트 글자 색과 테두리
엑셀 2016&2021은 차트의 글자 색이 회색으로 보이기 때문에 차트 영역을 선택한 후 글자 색을 검정으로 지정하고, [서식] 탭에서 [도형 윤곽선]을 검정으로 지정해두면 좋습니다. 지정하지 않아도 감점되지는 않습니다.

🔟 페이지 설정 및 인쇄

✓ 페이지 설정

1) 데이터가 입력된 셀을 선택한 후 [파일]–[인쇄]를 클릭합니다(모든 데이터들이 한 페이지에 나타나지 않습니다).
2) [현재 설정된 용지]를 클릭한 후 **[한 페이지에 시트 맞추기]**를 클릭합니다(모든 행과 열의 데이터가 한 페이지 안에 축소되어 나타난 것을 알 수 있습니다).
3) [페이지 설정]으로 들어간 후 [여백] 탭에서 위쪽 여백을 **6**으로 입력하고, 페이지 가운데 맞춤을 가로, 세로 체크 후 [확인]을 클릭합니다.
4) 인쇄를 클릭하여 출력 작업을 진행합니다(실제 출력은 세 가지 작업을 모두 마친 후 진행합니다).
5) [파일]–[저장]을 클릭합니다.
6) 이전 버튼을 클릭하여 편집화면으로 되돌아갑니다.

| 작업표 작성 |

대여코드	도서명	대여수량	대여금액	합계금액	대여순위	비고
		도서 대여 관리 현황				
AA-205	뭘 해도 괜찮아	742	₩ 1,600	₩ 1,191,700	7	AA/아동
AA-211	미디어의 이해	664	₩ 2,800	₩ 1,865,700	8	AA/과학기술
AA-211	종의 기원	251	₩ 2,400	₩ 604,900	13	AA/과학기술
AA-216	과학혁명	981	₩ 3,000	₩ 2,946,000	4	AA/과학기술
AA-239	구덩이	1201	₩ 1,200	₩ 1,471,200	2	AA/아동
AA-261	작별 인사	1244	₩ 1,400	₩ 1,756,600	1	AA/아동
BB-212	왜 로봇의 도덕인가	52	₩ 2,400	₩ 169,800	20	BB/과학기술
BB-217	홍길동전	420	₩ 1,350	₩ 568,500	11	BB/문학
BB-230	이방인	852	₩ 2,250	₩ 1,918,500	6	BB/문학
BB-238	데미안	221	₩ 1,800	₩ 425,800	15	BB/문학
BB-257	자전거 여행	880	₩ 2,250	₩ 1,985,500	5	BB/문학
BB-281	인간의 조건	150	₩ 2,200	₩ 340,000	16	BB/과학기술
BB-299	한문소설	82	₩ 1,300	₩ 117,600	18	BB/아동
CC-200	어린왕자	120	₩ 3,000	₩ 372,000	17	CC/문학
CC-201	빨강 연필	235	₩ 1,150	₩ 274,750	14	CC/아동
CC-214	위대한 개츠비	389	₩ 1,950	₩ 762,750	12	CC/문학
CC-258	나의 산에서	1050	₩ 1,200	₩ 1,285,000	3	CC/아동
CC-259	인공지능	541	₩ 2,200	₩ 1,192,500	10	CC/과학기술
CC-264	노인과 바다	550	₩ 1,950	₩ 1,097,500	9	CC/문학
CC-290	돼지가 있는 교실	68	₩ 1,200	₩ 113,600	19	CC/아동
		과학기술	₩ 15,000	₩ 7,118,900		
분류별 합계		문학	₩ 14,550	₩ 7,130,550		
		아동	₩ 9,050	₩ 6,210,450		
AA로 시작하고 과학기술이거나 아동인 금액의 합계			₩ 12,400	₩ 9,836,100		
=SUMPRODUCT((LEFT($B$4:$B$23,2)="AA")*(($D$4:$D$23="과학기술")+($D$4:$D$23="아동")),I4:I23)						
대여수량이 500 이상 800 미만인 합			₩ 8,550	₩ 5,347,400		
분류에서 "문학"인 개수				7개		
		=CONCATENATE(LEFT(B18,2),"/",D18)				
		도서 대여 현황				

| 그래프 작성 |

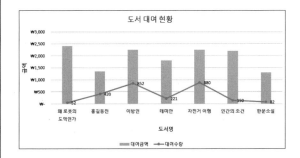

| 인쇄 미리 보기 |

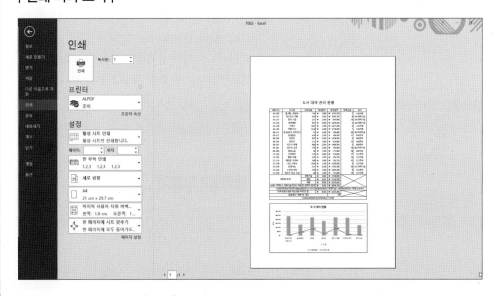

액세스 실전 모의고사 2회 풀이

1 저장하기

1) 액세스를 실행한 후 [새 데스크톱 데이터베이스]를 클릭합니다.
2) 파일 이름 입력하는 우측의 🖻를 클릭합니다.
3) 저장 위치는 [바탕화면]-[비번호 폴더] 안에 시험위원이 지정해 준 파일명을 입력한 후 [확인]을 클릭합니다.

> **액세스 2007 & 2010 버전**
> 액세스 실행 후 [새 데이터베이스]가 선택되어있는 상태에서 우측 파일 이름 입력하는 곳 옆의 🖻를 클릭합니다.

2 테이블 작성하기

☑ 테이블1 만들기

1) 테이블 도구의 [필드] 탭-[보기]에서 [디자인 보기]를 클릭합니다.
2) 테이블을 저장하라는 창이 나오면 테이블 이름을 그대로 '테이블1'로 지정한 후 [확인]을 클릭합니다.

> **액세스 2007 버전**
> [데이터시트] 탭-[보기]-[디자인 보기]

> **액세스 2021 버전**
> [데이터 필드] 탭-[보기]-[디자인 보기]

3) 아래와 같이 필드 이름과 데이터 형식을 변경합니다.

필드 이름	데이터 형식
상품코드	짧은 텍스트
상품명	짧은 텍스트
매출총액	통화
판매관리비	통화
판매일	날짜/시간

> ※ 상품코드는 영문자가 포함되기 때문에 하단에 필드 속성에서 [IME 모드]를 [영숫자 반자]로 지정합니다.

> **액세스 2007&2010 버전**
> 데이터 형식의 짧은 텍스트 대신 [텍스트]로 지정합니다.

4) 조건에 기본 키를 지정하라는 조건이 없으므로 기본 키를 해제하기 위해, "**상품코드**" 필드 이름을 클릭한 후, 테이블 도구의 [디자인] 탭에서 [기본 키]를 클릭하여 기본 키를 해제합니다.
5) 테이블 도구의 [보기]-[데이터시트 보기]를 클릭한 후 테이블 저장 대화상자가 나타나면 [예]를 클릭합니다.
6) 아래와 같이 테이블1에 데이터를 입력합니다. 필드를 이동할 때는 방향키(↑, ↓, ←, →)를 이용합니다.

상품코드	상품명	매출총액	판매관리비	판매일
AA-1	맷돌 두유	₩5,000,000	₩1,100,000	2020-01-06
CC-3	프라이팬	₩4,200,000	₩890,000	2020-03-15
BB-2	단백질 케어	₩6,700,000	₩750,000	2020-02-01
DD-4	반바지	₩3,500,000	₩900,000	2020-03-17
AA-1	오대쌀 10kg	₩8,500,000	₩660,000	2020-02-13
DD-4	스니커즈	₩6,700,000	₩1,500,000	2020-01-26
BB-2	모이스처 크림	₩5,500,000	₩960,000	2020-03-06
DD-4	반팔 티셔츠	₩4,300,000	₩750,000	2020-02-14
BB-2	석고팩	₩3,500,000	₩740,000	2020-01-25
CC-3	침구 세트	₩8,800,000	₩550,000	2020-03-04
AA-1	다시마 국수	₩4,400,000	₩840,000	2020-02-12
DD-4	청바지	₩6,600,000	₩730,000	2020-01-07
CC-3	두루마리 휴지	₩3,200,000	₩890,000	2020-03-20
CC-3	컬러 마스크	₩4,500,000	₩760,000	2020-03-11
AA-1	부대찌개	₩7,400,000	₩2,100,000	2020-02-26
DD-4	나시	₩2,300,000	₩500,000	2020-01-30
BB-2	프랑스 향수	₩9,600,000	₩1,300,000	2020-03-08
CC-3	양말 세트	₩1,500,000	₩230,000	2020-02-02
AA-1	제주 수산물	₩4,200,000	₩630,000	2020-01-19
BB-2	화이트 세럼	₩3,300,000	₩450,000	2020-01-27
		₩0	₩0	

7) '테이블1' 탭 위에서 마우스 우클릭을 한 후 [닫기]를 클릭하여 테이블1을 닫아 줍니다. 좌측에 '테이블1'을 더블 클릭하여 데이터가 올바르게 입력되었는지 다시 한번 확인합니다.

> **액세스 2021 버전**
> [디자인] 탭 대신 [양식 디자인] 탭으로 들어갑니다.

☑ 테이블2 만들기

1) [만들기] 탭의 [테이블 디자인]을 클릭하여 두 번째 테이블을 만듭니다.

2) 아래와 같이 필드 이름과 데이터 형식을 지정합
니다.

3) 테이블 도구의 [보기]-[데이터시트 보기]를 클릭
한 후 테이블 저장 대화상자가 나타나면 [예]-
[확인]을 클릭합니다.
4) "기본 키를 정의하지 않았습니다. 기본 키를 만드
시겠습니까?"라는 대화상자가 나오면 [아니요]를
클릭합니다.
5) 아래와 같이 테이블2에 데이터를 입력합니다. 필
드를 이동할 때는 방향키(↑, ↓, ←, →)를
이용합니다.

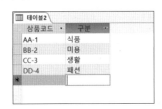

6) '테이블2' 탭 위에서 마우스 우클릭을 한 후 [닫
기]를 클릭하여 테이블2를 닫아 줍니다. 좌측에
'테이블2'를 더블 클릭하여 데이터가 올바르게 입
력되었는지 다시 한번 확인합니다.

❸ 폼 작성 및 편집

☑ 폼 디자인 만들기

1) [만들기] 탭에서 [폼 디자인]을 클릭합니다.

☑ 레이블로 제목 만들기

1) 폼의 우측 하단 모서리에서 마우스 커서가 ✛
모양일 때 드래그하여 가로는 19cm, 세로는
20cm 안쪽으로 드래그합니다.
2) 폼의 제목을 입력하기 위해서, 폼 디자인 도구의
[디자인] 탭에서 [레이블 가가]을 클릭한 후 폼의
상단에 적당한 크기로 드래그합니다.

3) 레이블 안에 제목을 입력한 후 글자를 블록 지정
하거나, 레이블 테두리를 클릭한 후 폼 디자인 도
구의 [서식] 탭에서 크기를 **16pt**로 입력합니다.

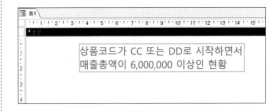

※ 제목에서 한 줄을 입력하고 줄 바꿈은 Shift + Enter 를
누릅니다.
※ 조절점을 더블 클릭하면 레이블 상자가 글자 크기에 맞
춰서 조절됩니다.

☑ 목록 상자 만들기

1) 폼 디자인 도구의 [디자인] 탭에서 [목록 상자
▦]를 클릭한 후 제목 아래에 적당한 크기로 드
래그하여 그려줍니다.
2) "목록 상자 마법사" 창이 나타나면 [취소]를 클릭
하여 창을 닫아 줍니다.
3) 목록 상자 왼쪽에 있는 "List1:" 레이블을 선택한
후 Delete 를 눌러 삭제합니다.
4) [속성 시트]의 [데이터] 탭에서 [행 원본]을 선택
한 후 ⋯를 클릭합니다.

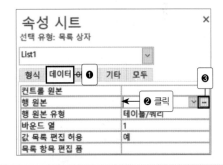

※ 속성 시트가 없으면 폼 디자인 도구의 [디자인] 탭에서
[속성 시트]를 클릭합니다.

5) 테이블 표시 창이 나타나면 '테이블1'과 '테이블2'
를 더블 클릭한 후 [닫기]를 클릭합니다.

6) 테이블1에 있는 **상품코드** 필드를 테이블2의 **상품코드**로 드래그하여 연결해줍니다.

7) 조회화면 서식에 나와 있는 순서대로 상품코드, 구분, 상품명, 매출총액, 판매관리비 필드명을 더블 클릭하여 필드에 추가합니다.

필드:	상품코드	구분	상품명	매출총액	판매관리비
테이블:	테이블1	테이블2	테이블1	테이블1	테이블1
정렬:					
표시:					
조건:					
또는:					

상품코드가 CC 또는 DD로 시작하면서 매출총액이 6000000 이상인 현황 나타내기

8) 상품코드의 조건에 **CC* OR DD***를 입력한 후 Enter 를 누르면 Like "CC*" Or Like "DD*"로 변경됩니다.

필드:	상품코드	구분	상품명
테이블:	테이블1	테이블2	테이블1
정렬:			
표시:	☑	☑	☑
조건:	CC* OR DD*		
또는:			

9) 매출총액이 6,000,000 이상인 현황을 나타내려면, 매출총액의 조건에 **>=6000000**이라고 입력합니다. AND 조건이므로 같은 행에 조건을 입력합니다.

필드명 "매출총액"의 오름차순으로 출력

10) 매출총액을 오름차순으로 정렬하기 위해 매출총액의 정렬에서 ⌄를 클릭하여 오름차순을 선택합니다.

필드:	상품코드	구분	상품명	매출총액	판매관리비
테이블:	테이블1	테이블2	테이블1	테이블1	테이블1
정렬:				오름차순	
표시:	☑	☑	☑		☑
조건:	Like "CC*" Or Like "DD*"			>=6000000	
또는:					

11) [폼1 : 쿼리 작성기] 탭에서 마우스 우클릭을 한 후 [데이터시트 보기]를 클릭하여, 상품코드가 CC 또는 DD로 시작하면서 매출총액이 6,000,000 이상인 현황이 나타나는지, 수강생이 내림차순으로 나오는지를 확인합니다.

상품코드	구분	상품명	매출총액	판매관리비
DD-4	패션	청바지	₩6,600,000	₩730,000
DD-4	패션	스니커즈	₩6,700,000	₩1,500,000
CC-3	생활	침구 세트	₩8,800,000	₩550,000

12) 다시, [폼1 : 쿼리 작성기] 탭에서 마우스 우클릭을 한 후 [SQL 보기]를 클릭하여 조건에 나와 있는 아래의 WHERE 조건절, INNER JOIN, LIKE, ORDER BY 문이 포함되어 있는지 확인합니다.

```
SELECT 테이블1.상품코드, 테이블2.구분, 테이블1.상품명, 테이블1.매출총액, 테이블1.판매관리비
FROM 테이블1 INNER JOIN 테이블2 ON 테이블1.상품코드 = 테이블2.상품코드
WHERE (((테이블1.상품코드) Like "CC*" Or (테이블1.상품코드) Like "DD*") AND ((테이블1.매출총액)>=6000000))
ORDER BY 테이블1.매출총액;
```

13) [폼1 : 쿼리 작성기] 탭에서 마우스 우클릭을 한 후 [닫기]-[예]를 클릭합니다.

14) [속성 시트]의 [형식] 탭에서 **열 개수**를 5로 입력하고, **열 이름**을 **예**로 지정합니다.

형식	데이터	이벤트	기타	모두
표시		예		
열 개수		5		
열 너비				
열 이름		예		
너비		14.998cm		
높이		3.7cm		
위쪽		2.799cm		

15) [폼1] 탭에서 마우스 우클릭을 한 후 [폼 보기]를 클릭하여 확인합니다.

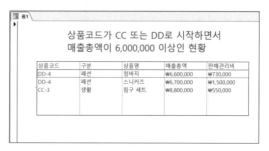

상품코드가 CC 또는 DD로 시작하면서
매출총액이 6,000,000 이상인 현황

상품코드	구분	상품명	매출총액	판매관리비
DD-4	패션	청바지	₩6,600,000	₩730,000
DD-4	패션	스니커즈	₩6,700,000	₩1,500,000
CC-3	생활	침구 세트	₩8,800,000	₩550,000

✅ 선 그리기

1) 목록 상자의 하단의 선을 만들기 위해 다시 [홈] 탭-[보기]-[디자인 보기]를 클릭한 후 폼 디자인 도구의 [디자인] 탭에서 [선 ◻️]을 선택합니다.

2) Shift 를 누른 채 목록 상자 하단에 드래그하여 직선을 그려줍니다.

3) [속성 시트]의 [형식] 탭에서 [테두리 두께]를 [6pt]로 지정합니다.

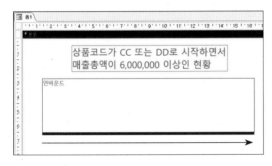

✅ 텍스트 상자 만들기

1) 폼 디자인 도구의 [디자인] 탭에서 [텍스트 상자 ⓐ비]를 선택한 후 목록 상자 아래쪽에 적당하게 드래그하여 그려줍니다.

2) "텍스트 상자 마법사" 창이 나오면 [취소]를 클릭합니다.

3) 텍스트 상자 왼쪽에 있는 레이블을 선택하여 **리스트박스 조회 시 작성된 SQL문**을 입력합니다.

4) 레이블 테두리를 선택한 후, 폼 디자인 도구의 [서식] 탭에서 글자 크기를 16pt로 입력합니다. 레이블과 텍스트 상자의 **이동 핸들을 드래그**하여 위치를 이동할 수 있습니다.

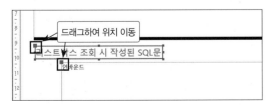

5) 우측 하단에서 드래그하여 텍스트 상자, 선, 목록 상자가 조금이라도 포함되도록 선택합니다.

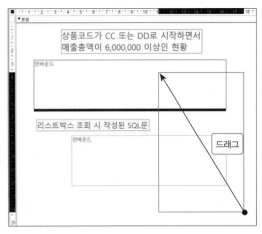

6) 폼 디자인 도구의 [정렬] 탭-[맞춤]-[왼쪽]을 클릭하고, 다시 [크기/공간]-[가장 넓은 너비에]를 클릭하여 좌/우 크기를 동일하게 맞춰줍니다.

7) [속성 시트]의 [형식] 탭에서 [테두리 색]을 [검정 텍스트]로 지정합니다.

8) 빈 곳을 클릭, 다시 텍스트 상자만 선택한 후 [속성 시트]의 [테두리 스타일]을 [파선]으로 지정합니다.

✅ SQL문 복사하기

1) 목록 상자를 선택한 후 [속성 시트]의 [데이터] 탭에서 [행 원본]을 클릭합니다. Ctrl + C (복사)를 누른 후 텍스트 상자를 클릭합니다.

2) =를 입력하고, 작은따옴표(')를 입력합니다. Ctrl + V (붙여넣기)를 한 후 다시 작은따옴표(')로 닫아 줍니다.

> **리스트박스 조회 시 작성된 SQL문**
>
> ='SELECT 테이블1.상품코드, 테이블2.구분, 테이블1.상품명, 테이블1.매출총액, 테이블1.판매관리비 FROM 테이블1 INNER JOIN 테이블2 ON 테이블1.상품코드 = 테이블2.상품코드 WHERE (((테이블1.상품코드) Like "CC*" Or (테이블1.상품코드) Like "DD*") AND ((테이블1.매출총액)>=6000000)) ORDER BY 테이블1.매출총액; '

3) 전체를 드래그하여 모든 컨트롤을 선택한 후 폼 디자인 도구의 [서식] 탭에서 [글꼴 색 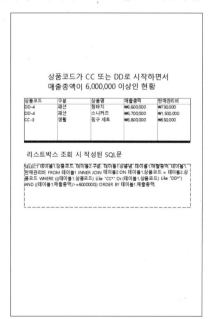]을 [검정, 텍스트 1]로 지정합니다. [본문]을 클릭해서 [교차 행 색]을 [흰색, 배경 1]로 지정합니다.

※ 액세스 2007 버전은 기본 글꼴 색이 "검정"이기 때문에 따로 글꼴 색 지정은 하지 않습니다.

✓ 인쇄 미리 보기 및 여백 지정하기

1) [파일]-[인쇄]-[인쇄 미리 보기]에서 완성된 폼 화면을 확인할 수 있습니다.

2) 상단 [페이지 설정]에서 **위쪽 여백**을 **60**으로 입력 하고 [확인]을 클릭합니다. 인쇄될 결과물을 확인 한 후 [인쇄 미리 보기 닫기]를 클릭합니다.

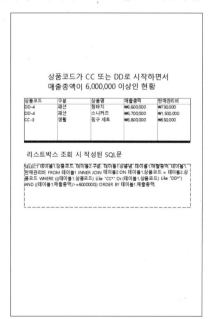

3) [폼1] 탭에서 마우스 우클릭을 한 후 [닫기]-[예] 를 클릭합니다.

4 쿼리 작성 및 편집

✓ 쿼리 디자인 만들기

1) [만들기]-[쿼리] 그룹에서 [쿼리 디자인]을 클릭 합니다.

액세스 2007 버전
[만들기]-[기타] 그룹의 [쿼리 디자인]

2) 테이블 표시 대화상자가 나타나면 '테이블1'과 '테이블2'를 순서대로 더블 클릭하여 테이블을 생 성시킨 후 [닫기]를 클릭합니다.

3) 테이블1의 상품코드를 테이블2의 상품코드로 드 래그하여 조인(JOIN)을 시켜줍니다.

✓ 테이블 조인 및 필드 추가

※ 보고서 서식을 보고 각각의 필드를 더블 클릭하여 실행하 고, 계산이 필요한 필드는 처리 조건을 보고 계산합니다.

1) 보고서 서식을 보고 판매일, 상품명, 구분, 매출 총액, 판매관리비를 순서대로 더블 클릭하여 필 드를 추가해 줍니다.

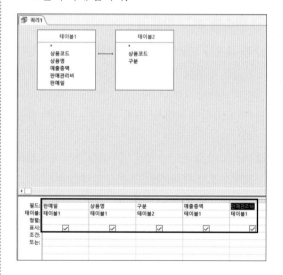

2) 판매관리비 오른쪽 필드에 **매출원가: IIF(매출총액 >=6000000,매출총액*0.65,매출총액*0.55)**를 입력합니다(※ 필드 위에서 마우스 우클릭을 한 후 [확대/축소]를 클릭하여 입력합니다).

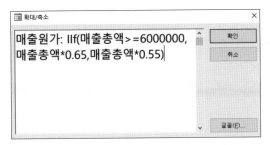

3) 매출원가 오른쪽 필드에 **영업이익:매출총액-매출원가-판매관리비**를 입력합니다.

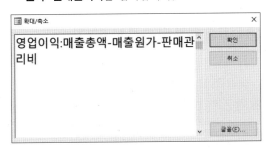

✅ 쿼리 확인하기

1) [쿼리1] 탭에서 마우스 우클릭을 한 후 [데이터시트 보기]를 클릭하여 쿼리 결과를 확인합니다.

2) [쿼리1] 탭의 [닫기]를 클릭한 후, 대화상자가 나오면 [예]를 클릭합니다. 폼 이름은 [쿼리1]로 지정한 후 [확인]을 클릭합니다.

5 보고서 작성 및 편집

✅ 보고서 마법사로 보고서 만들기

1) [만들기] 탭의 보고서 그룹에서 [보고서 마법사]를 클릭합니다.

2) 보고서 마법사 대화상자가 나타나면 '테이블/쿼리'를 **[쿼리: 쿼리1]**로 변경하고, 사용 가능한 필드를 >> 를 클릭하여 선택한 필드로 모두 이동시킨 후 [다음]을 클릭합니다.

[처리 조건]

판매일(1월, 2월, 3월)별로 정리한 후, 같은 월 안에서는 영업이익의 오름차순으로 정렬(SORT)하시오.

3) 처리 조건에 판매일별로 정리하라는 지시가 있으므로 판매일을 선택한 후 ⟩ 를 클릭하여 그룹 수준을 지정하고 [다음]을 클릭합니다.

4) 같은 월 안에서는 영업이익의 오름차순으로 정렬(SORT)해야 한다는 조건이 있기 때문에 첫 번째 필드에 **영업이익**을 입력하고 오름차순으로 지정한 후 [요약 옵션]을 클릭합니다.

[처리 조건]

• 합계 : 각 매출총액, 매출원가, 영업이익의 합 산출
• 총평균 : 매출총액, 매출원가, 영업이익의 전체 평균 산출

5) 매출총액, 매출원가, 영업이익의 합계와 평균에 □를 클릭하여 ✓체크한 후 [확인]을 클릭합니다.

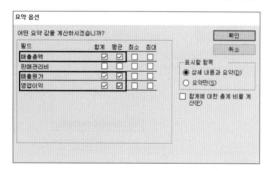

6) [다음]을 클릭하면 보고서 모양을 지정할 수 있는 보고서 마법사가 나타나는데 기본 설정 그대로 [다음]을 클릭합니다.

7) 보고서 제목은 [쿼리1]로 그대로 지정하고, [보고서 디자인 수정]을 선택한 후 [마침]을 클릭합니다.

✓ 필요 없는 컨트롤 삭제하기

1) [판매일 바닥글]의 =**"에 대한 요약"**의 좌측 눈금선에서 마우스 커서가 ➡ 로 바뀌면 클릭합니다. Shift 를 누른 채 [페이지 바닥글]의 =NOW, =Page와 [보고서 바닥글]의 총 합계 컨트롤을 선택한 후 Delete 를 눌러 삭제합니다.

2) 판매일 기준 월, =Format$([...도 선택한 후 Delete 를 눌러 삭제합니다.

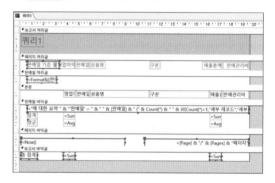

✓ 컨트롤 배치 및 속성 변경하기

1) [판매일 바닥글]의 평균을 선택한 후 [보고서 바닥글]로 드래그하여 내려줍니다.

2) [본문]의 판매일을 Ctrl + C (복사)한 후 [판매일 바닥글]을 선택하고 Ctrl + V (붙여넣기)를 눌러 합계 좌측에 배치합니다.

3) [판매일 머리글]과 [페이지 바닥글] 아래에서 마우스 커서가 ✚로 변할 때 위로 드래그하여 높이를 끝까지 줄여줍니다. [판매일 바닥글]에 합계 컨트롤도 위치를 위쪽으로 이동한 후 높이를 줄여줍니다.

4) 각 컨트롤의 위치와 크기를 아래와 같이 변경합니다. [판매일 바닥글]의 합계를 **소계**로 변경하고, [보고서 바닥글]의 평균을 **총평균**으로 변경합니다.

5) 매출원가와 판매관리비의 소계와 총평균이 나타나지 않습니다.

6) 영업이익 컨트롤을 모두 드래그하여 선택하고 Ctrl + C 를 누른 후 [페이지 머리글]을 클릭하여 붙여넣기합니다.

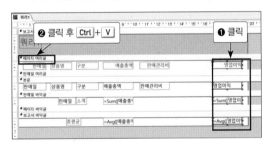

7) 복사된 [페이지 머리글]의 영업이익을 선택한 후 **매출원가**로 글자를 변경합니다.

8) 복사된 [본문]의 영업이익을 선택한 후, [속성 시트]의 [데이터] 탭에서 컨트롤 원본을 매출원가로 변경합니다.

9) [판매일 바닥글]과 [보고서 바닥글]의 영업이익을 매출원가로 변경합니다.

10) 매출원가의 =Sum..과 =Avg..를 드래그하여 선택한 후 Ctrl + C (복사)를 누릅니다. [판매일 바닥글]을 선택하여 Ctrl + V (붙여넣기)를 누른 다음 위치를 조절한 후 매출원가를 판매관리비로 변경합니다.

※ [쿼리1] 탭에서 마우스 우클릭을 한 후 [레이아웃 보기]를 클릭해서 ####으로 나타나 있으면, 컨트롤의 너비를 조금 더 늘려주어야 합니다.

✓ 판매일 날짜 형식 지정하기

[처리 조건]
판매일은 MM−DD 형식으로 한다.

1) [본문]의 판매일을 클릭한 후 [속성 시트]의 [형식] 탭의 형식을 **MM−DD**로 입력합니다.

2) [판매일 바닥글]의 소계 좌측의 판매일은 1월, 2월, 3월로 표시해야 하므로 [본문]의 판매일을 클릭한 후 [속성 시트]의 [형식] 탭에서 형식을 **M 월**로 입력합니다.

✅ 보고서 제목 및 서식 지정하기

1) [쿼리1] 글자를 드래그하여 블록 지정한 후 보고서 제목 **쇼핑몰 제품 판매현황**을 입력합니다.

2) 제목의 바깥쪽 테두리를 선택한 후, 오른쪽 조절점에서 끝까지 드래그합니다.

3) 보고서 디자인 도구의 [서식] 탭에서 글자 크기를 **16pt**로 입력하고, [가운데 맞춤 ≡]을 클릭합니다.

> **액세스 2007 버전**
> 폼 디자인 도구의 [디자인] 탭
>
> **액세스 2010 버전**
> 폼 디자인 도구의 [형식] 탭

4) [페이지 머리글] 필드를 모두 선택한 후 `Shift`를 누른 채 [본문]의 판매일, 상품명, 구분을 각각 선택합니다.

5) 보고서 디자인 도구의 [서식] 탭에서 [가운데 맞춤 ≡]을 클릭합니다.

6) [판매일 바닥글]의 판매일은 [오른쪽 맞춤 ≡]을 클릭합니다.

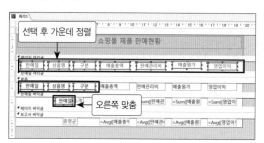

> ※ 조금 더 세부적으로 각 컨트롤의 위치를 변경하려면 [쿼리1]에서 마우스 우클릭을 한 후 [레이아웃 보기]에서 각 컨트롤의 위치나 크기를 조절할 수 있습니다.

✅ 작성일자 입력하기

1) [보고서 머리글]의 높이 경계선에서 마우스 커서가 ✚ 모양일 때 적당한 크기로 아래로 드래그합니다.

2) 보고서 디자인 도구의 [텍스트 상자 가내]를 선택한 후 제목 우측 하단에 적당한 크기로 드래그합니다.

3) 레이블과 텍스트 상자가 삽입이 되면 레이블에는 **작성일자 :**를 입력하고 텍스트 상자에는 =Date( )를 입력합니다.

4) 레이블과 텍스트 상자의 이동 핸들을 이용하여 위치를 조절합니다. 텍스트 상자를 선택한 후 "왼쪽 맞춤"을 합니다.

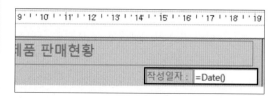

✅ 금액에 대한 수치 원화(₩)로 표시하기

> ※ 레이아웃 보기로 들어가면 원화(₩) 표시가 없는 컨트롤을 확인할 수 있습니다.

1) [본문]의 매출원가, [판매일 바닥글]과 [보고서 바닥글]의 매출총액, 판매관리비, 매출원가, 영업이익이 합계와 평균을 `Shift`를 이용하여 선택합니다.

2) [속성 시트]의 [형식] 탭에서 형식을 [통화]로 지정합니다.

✅ 컨트롤 글꼴 색 및 윤곽선 설정하기

1) 모든 컨트롤을 드래그하거나 단축키 Ctrl + A (모두 선택)를 눌러 선택해줍니다.
2) 보고서 디자인 도구의 [서식] 탭에서 [글꼴 색]을 [검정, 텍스트 1]로 지정하고, [도형 윤곽선]을 [투명]으로 지정합니다.

✅ 배경색 및 교차 행 색 설정하기

1) [보고서 머리글]을 선택한 후 보고서 디자인 도구의 [서식] 탭의 [도형 채우기]를 [흰색, 배경 1]로 지정합니다.
2) [본문]을 클릭한 후 보고서 디자인 도구의 [서식] 탭의 [교차 행 색]을 [색 없음]으로 지정합니다.
3) 마찬가지 방법으로 [판매일 바닥글]을 클릭하여 [교차 행 색]을 [색 없음]으로 지정합니다.

✅ 선 삽입하기

1) 보고서 디자인 도구의 [디자인] 탭을 클릭한 후 [선 ◻]을 선택합니다. [페이지 머리글]의 좌측부터 Shift 를 누른 채 드래그하여 그려줍니다.
2) [페이지 머리글]의 위쪽에 그려준 선이 선택된 상태에서 Ctrl + C (복사)를 한 후 다시 Ctrl + V (붙여넣기)를 합니다.
3) 키보드의 아래 화살표(↓)를 눌러 복사된 선을 [페이지 머리글]의 아래쪽에 위치되도록 합니다.
4) [판매일 바닥글]을 클릭한 후 Ctrl + V (붙여넣기)를 하면 [판매일 바닥글] 위쪽에 선이 복사됩니다. 다시 한번 Ctrl + V (붙여넣기)를 한 후 아래 화살표(↓)를 눌러 [판매일 바닥글]의 아래쪽에 위치시켜 줍니다.
5) [보고서 바닥글]을 클릭한 후 Ctrl + V (붙여넣기)를 한 후 아래 화살표(↓)를 눌러 [보고서 바닥글]의 아래쪽에 위치시켜 줍니다.

✅ 레이아웃 보기에서 세부 설정하기

1) [쿼리1] 탭에서 마우스 우클릭을 한 후 [레이아웃 보기]를 클릭하여 보고서의 배치가 잘 되었는지 확인합니다.
2) 출력 형태를 보면서 위치와 크기를 조절해 줍니다.

6 인쇄 및 페이지 설정

✅ 인쇄 미리 보기 및 페이지 설정

1) [쿼리1] 탭에서 마우스 우클릭을 한 후 [인쇄 미리 보기]를 클릭합니다.
2) [인쇄 미리 보기] 탭에서 [페이지 설정]을 클릭합니다.
3) 위쪽 여백을 60으로 입력한 후 [확인]을 클릭합니다.
4) [인쇄 미리 보기 닫기]를 클릭하여 미리 보기를 닫아 준 후에 [파일]-[저장]을 클릭합니다. 우측 상단의 [닫기 ✖]를 클릭하여 액세스를 종료합니다.

| DB 조회화면 |

상품코드가 CC 또는 DD로 시작하면서
매출총액이 6,000,000 이상인 현황

상품코드	구분	상품명	매출총액	판매관리비
DD-4	패션	청바지	₩6,600,000	₩730,000
DD-4	패션	스니커즈	₩6,700,000	₩1,500,000
CC-3	생활	침구 세트	₩8,800,000	₩550,000

리스트박스 조회 시 작성된 SQL문

SELECT 테이블1.상품코드, 테이블2.구분, 테이블1.상품명, 테이블1.매출총액, 테이블1.판매관리비 FROM 테이블1 INNER JOIN 테이블2 ON 테이블1.상품코드 = 테이블2.상품코드 WHERE (((테이블1.상품코드) Like "CC*" Or (테이블1.상품코드) Like "DD*") AND ((테이블1.매출총액)>=6000000)) ORDER BY 테이블1.매출총액;

| DB 보고서 |

쇼핑몰 제품 판매현황

작성일자 : 2022-11-18

판매일	상품명	구분	매출총액	판매관리비	매출원가	영업이익
01-30	나시	패션	₩2,300,000	₩500,000	₩1,265,000	₩535,000
01-25	석고팩	미용	₩3,500,000	₩740,000	₩1,925,000	₩835,000
01-26	스니커즈	패션	₩6,700,000	₩1,500,000	₩4,355,000	₩845,000
01-27	화이트 세럼	미용	₩3,300,000	₩450,000	₩1,815,000	₩1,035,000
01-06	맷돌 두유	식품	₩5,000,000	₩1,100,000	₩2,750,000	₩1,150,000
01-19	제주 수산물	식품	₩4,200,000	₩630,000	₩2,310,000	₩1,260,000
01-07	청바지	패션	₩6,600,000	₩730,000	₩4,290,000	₩1,580,000
	1월 소계		₩31,600,000	₩5,650,000	₩18,710,000	₩7,240,000
02-20	양말 세트	생활	₩1,500,000	₩230,000	₩825,000	₩445,000
02-26	부대찌개	식품	₩7,400,000	₩2,100,000	₩4,810,000	₩490,000
02-12	다시마 국수	식품	₩4,400,000	₩840,000	₩2,420,000	₩1,140,000
02-14	반팔 티셔츠	패션	₩4,300,000	₩750,000	₩2,365,000	₩1,185,000
02-01	단백질 케어	미용	₩6,700,000	₩750,000	₩4,355,000	₩1,595,000
02-13	오대쌀 10kg	식품	₩8,500,000	₩660,000	₩5,525,000	₩2,315,000
	2월 소계		₩32,800,000	₩5,330,000	₩20,300,000	₩7,170,000
03-20	두루마리 휴지	생활	₩3,200,000	₩890,000	₩1,760,000	₩550,000
03-17	반바지	패션	₩3,500,000	₩900,000	₩1,925,000	₩675,000
03-15	프라이팬	생활	₩4,200,000	₩890,000	₩2,310,000	₩1,000,000
03-11	컬러 마스크	생활	₩4,500,000	₩760,000	₩2,475,000	₩1,265,000
03-06	모이스처 크림	미용	₩5,500,000	₩960,000	₩3,025,000	₩1,515,000
03-08	프랑스 향수	미용	₩9,600,000	₩1,300,000	₩6,240,000	₩2,060,000
03-04	침구 세트	생활	₩8,800,000	₩550,000	₩5,720,000	₩2,530,000
	3월 소계		₩39,300,000	₩6,250,000	₩23,455,000	₩9,595,000
	총평균		₩5,185,000	₩861,500	₩3,123,250	₩1,200,250

◆ 파워포인트 실전 모의고사 2회 풀이

1 저장하기

1) [시작] ➡ [Microsoft Office] ➡ [Microsoft PowerPoint 2016]을 클릭하여 파워포인트를 실행합니다.
2) [파일]-[저장]-[찾아보기]를 클릭하면 저장 창이 나타납니다.
3) 저장 위치는 [바탕화면]-[비번호 폴더] 안에 시험위원이 지정해 준 파일명을 입력한 후 [확인]을 클릭합니다.

2 슬라이드 크기 변경하기

1) [디자인]-[슬라이드 크기]를 클릭한 후 [표준 4:3]으로 변경합니다.

3 레이아웃 변경하기

1) [홈] 탭-[레이아웃]에서 [빈 화면]을 클릭합니다.

4 새 슬라이드 만들기

1) 슬라이드 미리 보기 창의 슬라이드를 클릭한 후 [Enter]를 눌러 빈 화면 새 슬라이드를 추가합니다.

─(제1 슬라이드)─

5 제목 만들기

1) [삽입]-[텍스트 상자]를 클릭한 후 슬라이드 상단에 클릭합니다.
2) **전사 리스크 관리체계(Enterprise Risk Management)**를 입력한 후 [Esc]를 누르면 텍스트 상자가 선택됩니다.
3) [홈] 탭에서 크기를 28pt로 입력합니다.

전사 리스크 관리체계(Enterprise Risk Management)

6 직사각형 삽입하기

1) [삽입]-[도형]-[직사각형□]을 클릭한 후 아래와 같이 그려줍니다.
2) [서식] 탭에서 [도형 스타일]을 [색 윤곽선 - 검정, 어둡게 1]로 지정합니다.
3) [홈] 탭에서 크기를 14pt로 입력한 후 [Ctrl]+드래그하여 복사하고 글자를 입력합니다.

※ 파워포인트 2021 버전에서는 [서식] 탭 대신 [도형 서식] 탭을 사용합니다.

7 선 삽입하기

1) [삽입]-[도형]-[선╲]을 클릭한 후 아래와 같이 연결해 줍니다.

2) [Shift]를 이용하여 선을 모두 선택한 후 [서식]-[뒤로 보내기]-[맨 뒤로 보내기]를 클릭하고, [서식]-[도형 윤곽선]의 색을 [검정, 텍스트 1]로 [두께]를 [1½pt]로 지정합니다.
3) 맨 아래의 선만 다시 선택한 후 [서식]-[도형 윤곽선]-[대시]-[파선]으로 지정합니다.

8 꺾인 연결선 삽입하기

1) [삽입]-[도형]-[꺾인 연결선└]을 클릭하여 연결해 줍니다(색 : 검정, 텍스트 1, 두께 : 1½pt).
2) [서식]-[뒤로 보내기]-[맨 뒤로 보내기]를 클릭합니다.

⑨ 텍스트 상자 삽입하기1

1) [삽입]–[텍스트 상자 📃]를 클릭한 후 아래와 같이 텍스트를 삽입합니다(12pt).

⑩ 표 삽입하기

1) [삽입]–[표]–[표 삽입]을 클릭한 후 열5, 행2의 표를 만들어 줍니다.

2) 표 바깥쪽 테두리를 선택한 후 음영은 '흰색, 배경 1'로 지정하고, 테두리는 '모든 테두리'를 선택합니다.

3) 표의 크기를 조절한 후 아래와 같이 내용을 입력합니다(18pt, 12pt).

4) 표의 2행을 블록 설정한 후 [홈]–[글머리 기호]를 선택합니다.

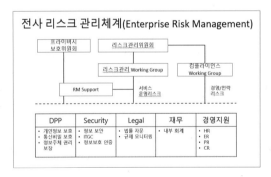

⑪ 텍스트 상자 삽입하기2

1) [삽입]–[텍스트 상자 📃]를 클릭한 후 슬라이드에 클릭합니다.

2) 아래와 같이 내용을 입력합니다.

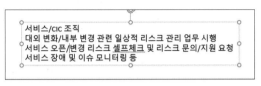

3) "서비스/CIC 조직" 앞에 커서를 둔 후 마우스 우클릭을 한 후 [글머리 기호]–[글머리 기호 및 번호 매기기]의 [사용자 지정]을 클릭합니다.

4) 글꼴을 [Wingdings]로 지정한 후 '◆'을 선택한 후 [확인]을 클릭합니다.

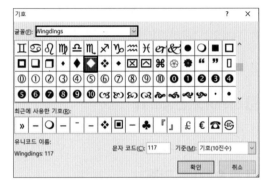

5) 아래의 나머지를 블록 지정한 후 마우스 우클릭을 한 후 [글머리 기호]–[글머리 기호 및 번호 매기기]의 [사용자 지정]을 클릭합니다.

6) 하위 집합을 [일반 문장 부호]로 지정하고 '—'을 선택한 후 [확인]을 클릭합니다.

7) Tab 또는 [홈] 탭의 [단락] 그룹에서 [목록 수준 늘림 📃]을 클릭합니다.

제2 슬라이드

12 제목 만들기

1) [삽입]-[도형]-[직사각형□]을 클릭한 후 드래그하여 그려줍니다.

2) [서식] 탭에서 아래와 같이 서식을 지정합니다.

도형 채우기 색	흰색, 배경 1, 35% 더 어둡게
도형 윤곽선 색	윤곽선 없음

3) 도형 위에서 마우스 우클릭을 한 후 [도형 서식]-[효과⬠]에서 아래와 같이 지정합니다.

3차원 서식	❶ [깊이] 색 : 흰색, 배경 1, 50% 더 어둡게 ❷ [깊이] : 80pt ❸ [조명] : 균형있게 ❹ [각도] : 20°
3차원 회전	[미리설정] : 오른쪽 위 오블리크

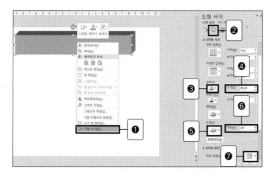

4) 도형 안에 제목을 입력합니다(**맑은 고딕, 굵게, 32pt**).

13 타원 삽입하기

1) [삽입]-[도형]-[타원○]을 클릭한 후 드래그하여 그려줍니다. Shift 를 누른채 드래그하면 정원이 만들어집니다.

2) [서식] 탭에서 [도형 스타일]을 [색 윤곽선 - 검정, 어둡게 1]로 지정합니다.

3) 도형을 선택한 후 [서식]-[도형 효과]-[그림자]에서 [오프셋 대각선 오른쪽 아래]를 선택합니다.

4) 그림자의 세부 설정을 하기 위해서 [서식]-[도형 효과]-[그림자]-[그림자 옵션]을 클릭합니다.

5) 투명도 : 0pt, 흐리게 : 0pt로 입력하고 간격을 문제에서 나오는 그림자와 비슷하게 지정합니다 (여기서는 8pt 정도로 지정하겠습니다).

6) Ctrl + Shift +드래그 또는 Ctrl +드래그를 이용하여 아래와 같이 사각형을 복사한 후 크기를 조절합니다.

7) 도형 안에 글자를 입력한 후, 글꼴 크기를 적당하게 지정합니다. Shift 를 누른 채 드래그하면 정원이 만들어집니다.

성과목표 1~4	16pt
E, S, G	28pt
ESG의 하위내용	14pt

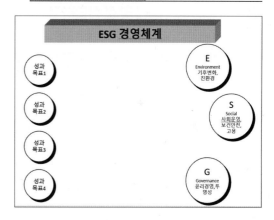

14 직사각형 삽입하기

1) [삽입]-[도형]-[직사각형□]을 클릭한 후 아래와 같이 그려줍니다.

2) [서식] 탭에서 [도형 스타일]을 [색 윤곽선 - 검정, 어둡게 1^[간대]]로 지정합니다.

3) [홈] 탭에서 글자 크기를 16pt로 입력한 후 Ctrl + Shift +드래그하여 복사하고 글자를 입력합니다.

15 꺾인 화살표 연결선 및 선 삽입하기

1) [삽입]-[도형]-[꺾인 화살표 연결선^[ㄴ]]을 클릭하여 각각 연결합니다(선 색 : 검정, 텍스트 1, 두께 : 1pt).

2) [삽입]-[도형]-[선^[＼]]을 클릭하여 우측 타원을 연결합니다(선 색 : 검정, 텍스트 1, 두께 : 1½pt, 대시 : 파선).

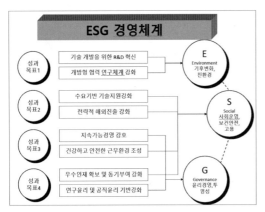

16 날짜와 페이지 번호 제거하기

1) [보기]-[유인물 마스터]를 클릭합니다.

2) [유인물 마스터]에서 **날짜**와 **페이지 번호** 체크를 해제한 후 [**마스터 보기 닫기**]를 클릭합니다.

17 페이지 설정 및 인쇄

1) [파일]-[인쇄]에서 슬라이드 설정을 [2슬라이드]와 고품질로 지정한 후 [인쇄]를 클릭합니다.

| 인쇄 미리 보기 |

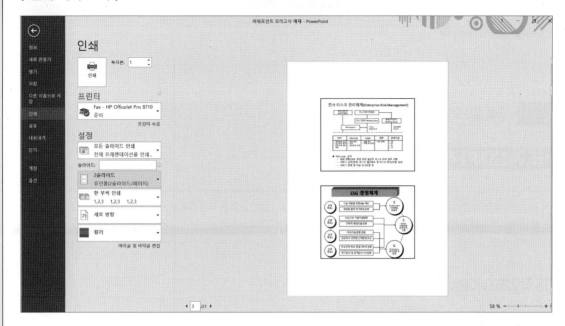

실전 모의고사 3회

엑셀 실전 모의고사 3회 문제

표 계산(SP) 작업

시대인 교육원에서는 교육원 수강생 현황을 분석하고자 한다. 다음 자료(DATA)를 이용하여 작성 조건에 따라 작업표와 그래프를 작성하고, 그 인쇄 출력물을 제출하시오.

가. 작업표(WORK SHEET) 작성

1) 자료(DATA)

시대인 교육원 수강생 현황

행\열	B	C	D	E	G
3	수강코드	수강생	강좌	구분	수강료
4	M-1988	김나라	성악가곡	음악	75,000
5	A-1960	최현숙	창의미술	미술	80,000
6	C-1970	고미경	파워포인트	컴퓨터	66,000
7	C-1961	지현아	엑셀	컴퓨터	66,000
8	M-1948	유재민	통기타	음악	75,000
9	A-1963	주혜선	서양화	미술	80,000
10	C-1982	감진주	엑셀	컴퓨터	66,000
11	M-1995	이성훈	창의미술	음악	80,000
12	M-1958	고현수	성악가곡	음악	75,000
13	C-1962	김민철	문서작성	컴퓨터	66,000
14	A-1953	이은화	캘리그라피	미술	80,000
15	C-1966	이은영	파워포인트	컴퓨터	30,000
16	A-1990	홍미영	우쿨렐레	미술	75,000
17	M-1998	김희수	캘리그라피	음악	75,000
18	M-1963	윤춘진	우쿨렐레	음악	75,000
19	A-1964	강지영	창의미술	미술	80,000
20	C-1974	김향숙	엑셀	컴퓨터	66,000
21	A-1985	윤준수	서양화	미술	80,000
22	M-1986	이지연	통기타	음악	75,000
23	M-1955	이연희	성악가곡	음악	75,000
24	M-1945	김윤희	문서작성	컴퓨터	66,000

2) 작업표 형식

시대인 교육원 수강생 현황

열 \ 행	B	C	F	G	H	I	J
3	수강코드	수강생	교육장소	수강료	할인금액	납부수강료	종합
4 · 24	–	–	①	–	②	③	④
25	평균			⑤	⑤	⑤	
26	구분별 합계		음악	⑥	⑥	⑥	
27			미술	⑦	⑦	⑦	
28			컴퓨터	⑧	⑧	⑧	
29	"이"씨 성이면서 음악을 수강하는 금액의 합				⑨	⑨	
30	"김"씨 성이면서 엑셀 또는 문서작성을 수강하는 금액의 합				⑩	⑩	
31	할인금액이 15000 이상 20000 미만인 합				⑪	⑪	
32	⑫						
33	⑬						

3) 작성 조건

가) 작성 시 유의 사항

Ⓐ 작업표의 작성은 "나)~라)" 항에 제시된 내용을 따르고 반드시 제시된 조건(함수 적용, 기재된 단서 조항 등)에 따라 처리하시오.

Ⓑ **제시된 작성 조건을 따르지 아니하고 여타의 방법 일체**(제시된 함수 이외 다른 함수 적용, 함수 미적용, 별도 전자계산기 사용 등)를 사용하여 도출된 결과는 그 답이 맞더라도 **정답으로 인정되지 않음**을 반드시 유의하시오.

Ⓒ 작업표상 텍스트 레이블과 작성 조건이 서로 다를 경우에는 **작성 조건을 기준**으로 수정하여 작업하시오.

나) 작업표의 구성 및 서식

Ⓐ "작업표 형식"에서 행과 열에 관계된 음영 처리 표시된 부분은 작성하지 않음을 유의하고 반드시 제시된 행/열에 맞추도록 하시오.

Ⓑ 제목서식 : 폰트는 16 포인트 크기로 하고 가운데 정렬합니다.

Ⓒ 글꼴 및 크기 : 이외 기타 글꼴 및 크기는 임의 선정하시오.

다) 원문자가 표시된 셀은 아래의 방법을 이용하여 처리하시오.

① 교육장소 : 구분이 "컴퓨터"이면 "제1강의실", "음악"이면 "제2강의실", "미술"이면 "제3강의실"로 표시하시오.

② 할인금액 : 수강코드의 뒤 4개의 문자가 "1996" 이상이면 수강료*5%, "1956" 이상이면 수강료*20%, "1956" 미만이면 수강료*30%로 나타내시오.

③ 납부수강료 : 수강료 – 할인금액

④ 종합 : 종합은 수강코드의 첫 글자와 이름과 구분을 텍스트 함수 "CONCATENATE", 문자열함수 LEFT 함수를 조합하여 작성하시오.

(예) 수강코드 "M-1988", 이름이 "김나라", 구분이 "음악"인 경우 "M#김나라#음악"로 표시)

⑤ 평균 : 각 항목별 평균 산출

⑥ 음악의 부서별 합계 : 구분이 음악인 각 항목별 합계를 산출하시오.

(단, SUMIF 또는 SUMIFS 함수 사용)

⑦ 미술의 부서별 합계 : 구분이 미술인 각 항목별 합계를 산출하시오.

(단, SUMIF 또는 SUMIFS 함수 사용)

⑧ 컴퓨터의 부서별 합계 : 구분이 컴퓨터인 각 항목별 합계를 산출하시오.

(단, SUMIF 또는 SUMIFS 함수 사용)

⑨ 성이 "이"씨면서 음악을 수강하는 할인금액, 납부수강료의 합을 각각 산출하시오.

(반드시 SUMPRODUCT 함수 사용)

⑩ 성이 "김"씨면서 엑셀 또는 문서작성을 수강하는 할인금액, 납부수강료의 합을 각각 산출하시오.

(반드시 SUMPRODUCT 함수 사용)

⑪ 할인금액이 15000 이상 20000 미만인 할인금액, 납부수강료의 합을 산출하시오.

⑫ "④"에 사용된 수식을 기재하시오(단, '고미경'을 기준으로).

⑬ "⑩"에 사용된 수식을 기재하시오(단, 납부수강료를 기준으로).

※ 함수식을 기재하는 ⑫~⑬란은 반드시 해당항목에 제시된 함수의 작성 조건에 따라 도출된 함수식 기재하여야 하며, 작성 조건을 위배하여 임의로 작성할 시 해당 답이 맞더라도 틀린 항목으로 채점됨을 유의하십시오. 또한 함수식을 작성할 때는 라) 정렬순서(SORT)에 따라 조건에 맞게 **정렬 후 도출된 결과**에 의한 함수식을 기재하시오.

라) 작업표의 정렬순서(SORT)는 교육장소별로 오름차순으로 정렬하고, 같은 교육장소 안에서는 납부수강료의 내림차순으로 정렬

마) 기타

(1) 금액에 대한 수치는 원화(₩) 표시를 하고 천 단위마다 ','(Comma)를 표시하시오.

(단, 금액 이외의 수치는 ','(Comma)를 표시하지 않도록 하시오)

(2) 모든 수치(숫자, 통화, 회계, 백분율 등)는 셀 서식의 속성을 설정하는 과정에서 소수 자릿수를 "0"으로 지정하여 정수로 표시토록 하시오.

(3) 음수는 "–"가 표시되도록 하시오.

(4) 숫자 셀은 우측을 수직으로 맞추고, 문자 셀은 수평중앙으로 맞추며 이외 사항은 작업표 형식에 따른다. 특히, 인쇄출력 시 판독 불가능이 발생되지 않도록 인쇄 미리 보기 등을 통하여 셀의 크기를 적당히 조정하시오.

나. 그래프(GRAPH) 작성

작성한 작업표에서 교육장소가 제2강의실인 수강생별 할인금액과 납부수강료를 나타내는 그래프를 작성하시오.

작성 조건

1) 그래프 형태 : 혼합형 단일축 그래프

 납부수강료(묶은 세로 막대형), 할인금액(데이터 표식이 있는 꺾은선형)

 (단, 납부수강료만 데이터 레이블의 값이 표시된 혼합형 단일축 그래프로 하시오)

2) 그래프 제목 : 교육원 수강생 현황 ---- (글자 크기 : 18, 글꼴 서체 임의)

3) X축 제목 : 수강생

4) Y축 제목 : 수강료

5) X축 항목 단위 : 해당 문자열

6) Y축 눈금 단위 : 임의

7) 범례 : 납부수강료, 할인금액

8) 출력물 크기 : A4 용지 1/2장 범위 내

9) 기타 : 작성 조건에 없는 형식이나 모양은 기본 설정값에 따르며, 그래프 너비는 작업표에 맞추도록 하시오.

※ 그래프는 반드시 작성된 작업표와 연동하여 작업하여야 하며, 그래프의 영역(범위) 설정 오류로 인한 불이익은 전적으로 수험자 본인에게 있습니다.

자료처리(DBMS) 작업

BEPCO에서는 전력 사용 현황을 전산화하려고 한다. 다음의 입력자료를 이용하여 DB를 설계하고 작성 조건에 따라 처리파일을 작성하고, 그 인쇄 출력물을 제출하시오.

가. 자료처리(DBMS) 작업 작성 조건

1) 자료처리(DBMS)작업은 조회화면(SCREEN) 설계와 자료처리보고서의 2가지 작업을 수행하여 그 결과물을 인쇄용지(A4) 기준 각 1장씩 총 2장을 제출하여야 채점 대상이 됨을 유의하시오.

2) 반드시 인쇄작업 수행 전 미리 보기 등을 통해 여백을 조정하고, 수치, 문자 등 구성요소가 누락되지 않도록 주의하시오. **구성요소가 누락되어 인쇄되지 않은 결과**로 인한 **모든 책임**은 **전적으로 수험자 본인**에게 있음을 반드시 유의하시오.

3) 문제지에 기재된 작성 조건에 따라 처리하고, 조회화면 및 자료처리보고서의 **서식이 작성 조건과 상이할 경우에는 시험위원의 지시에 따라 작업하시오.**

나. 입력자료

아파트별 전력 사용 현황

고객번호	구분코드	기본요금	전력량요금
1011-487	AAA	1,260	30,000
2013-541	BBB	6,060	86,000
2365-412	CCC	730	25,000
2411-874	BBB	6,060	145,000
1023-562	BBB	6,060	112,000
5544-123	CCC	730	23,000
8411-220	AAA	6,060	99,000
1023-418	BBB	730	30,000
1001-901	CCC	1,260	80,000
1580-011	BBB	730	25,000
2300-412	CCC	1,260	45,000
4210-112	AAA	730	18,000
1234-567	CCC	1,260	55,000
8571-520	AAA	1,260	26,000

전력 구분

구분코드	아파트
AAA	하나 아파트
BBB	은혜 아파트
CCC	별빛 아파트

다. 조회화면(SCREEN) 설계

> ※ 다음 조건에 따라 구분코드가 "AAA" 또는 "CCC"이면서 전력량요금이 80000 이상인 현황을 조회할 수 있는 화면을 설계하고 해당 데이터를 출력하시오.

1) 해당 현황은 목록 상자(리스트박스)에서 구분코드의 오름차순으로 출력하고, 화면 아래에 조회 시 작성한 SQL문을 복사하시오.
    - WHERE 조건절에 구분코드, 전력량요금 반드시 포함
    - INNER JOIN, ORDER BY 구문 반드시 포함
    ※ SQL문에 상기 내용 미포함 시 SQL 작성 부분 0점 처리

2) 리스트박스 조회 시 작성된 SQL문이 작성되지 않을 경우에는 "**다. 조회화면(SCREEN) 설계**" 과제가 0점 처리됨을 반드시 유의하시오.

3) 목록 상자에 표시되어야 할 필수적인 필드명은 다음과 같습니다.
    - 고객번호, 구분코드, 기본요금, 전력량요금, 아파트

4) 폼 서식에 제반되는 폰트, 점선 등은 아래 [조회화면 서식]에 보이는 대로 기재하시오.

5) 기타 사항은 "**라. 자료처리 파일(FILE) 작성**"의 [기타 조건]을 따르시오.

[조회화면 서식]

구분코드가 AAA 또는 CCC이면서 전력량요금이 80000 이상인 고객 현황

고객번호	구분코드	기본요금	전력량요금	아파트

리스트박스 조회 시 작성된 SQL문

라. 자료처리 파일(FILE) 작성

※ 다음 조건에 따라 아래 양식과 같이 작성하시오.

처리 조건

1) 아파트(하나 아파트, 은혜 아파트, 별빛 아파트)별로 정리한 후 같은 아파트 안에서는 청구금액의 오름차순으로 정렬(SORT)하시오.

2) **전력기금** : (기본요금+전력량요금)×3.7%

3) **부가가치세** : (기본요금+전력량요금)×10%

4) **누진세** : 기본요금이 6000 이상인 경우 25000원, 1000 이상인 경우 12000원, 나머지는 5000원

5) **청구금액** : 기본요금+전력량요금+전력기금+부가가치세+누진세

6) 판매일은 MM-DD 형식으로 한다.

7) **합계** : 각 전력기금, 부가가치세, 청구금액의 합 산출
   (zzz 합계 : zzz에는 아파트에 해당하는 종류가 출력되도록 한다)

8) **총평균** : 전력기금, 부가가치세, 청구금액의 전체 평균 산출

기타 조건

1) 조회화면 및 보고서의 제목은 16 정도의 임의 서체로 하시오.

2) 금액에 대한 수치는 원화(₩) 표시를 하고 천 단위마다 ','(Comma)를 표시하시오.
   (단, 금액 이외의 수치는 ','(Comma)를 표시하지 않도록 하시오)

3) 모든 수치(숫자, 통화, 백분율 등)는 컨트롤의 속성을 설정하는 과정에서 소수 자릿수를 "0"으로 지정하여 정수로 표시하시오.

4) 데이터의 열과 간격은 일정하게 맞추도록 하시오.

아파트 전력 사용 현황

작성일자 : YYYY-MM-DD

구분코드	기본요금	전력량요금	전력기금	부가가치세	누진세	청구금액
XXXX	XXXX	XXXX	₩XXXX	₩XXXX	₩XXXX	₩XXXX
-		-	-	-	-	-
		zzz 합계	₩XXXX	₩XXXX		₩XXXX
-	-	-	-	-	-	-
		zzz 합계	₩XXXX	₩XXXX		₩XXXX
-	-	-	-	-	-	-
		zzz 합계	₩XXXX	₩XXXX		₩XXXX
		총평균	₩XXXX	₩XXXX		₩XXXX

시상(PT) 작업

주어진 2개의 슬라이드를 슬라이드 작성 조건에 따라 작업하여 인쇄합니다.

※ 슬라이드 작성 조건

1) 각 슬라이드를 문제의 **슬라이드 원안**과 같이 인쇄하여 제출합니다.
   (특히 글자, 음영, 그림자, 도형 등 인쇄된 내용 그대로 작업함을 유의하시오)

2) "주1)" 등 특수한 속성 지정이 되어 있는 경우 지시에 따라 작성하시오.

3) 글꼴은 문제 원안과 같거나 유사한 형태로 작업합니다.

4) 글자, 그림 및 도형 등의 크기와 모양은 문제 원안과 같거나 유사한 형태로 작업합니다.

5) 모든 글씨, 선 등은 흑백(그레이스케일)으로 작업하되, 글상자, 그림 및 도형 등에서 색 채우기가 있는 경우 색 채우기는 회색 40% 정도, 투명도 0%를 기준으로 작업합니다.

6) 각 슬라이드는 원안과 같이 **외곽선 테두리가 인쇄**되도록 인쇄합니다.

7) 각 슬라이드 크기는 A4 용지의 1/2 범위 내에 인쇄가 가능한 크기가 되도록 조정하여, 슬라이드 2개를 A4 용지 1매 안에 모두 인쇄합니다.

8) 비번호, 수험번호, 성명, 페이지 번호 등은 반드시 자필로 기재합니다.

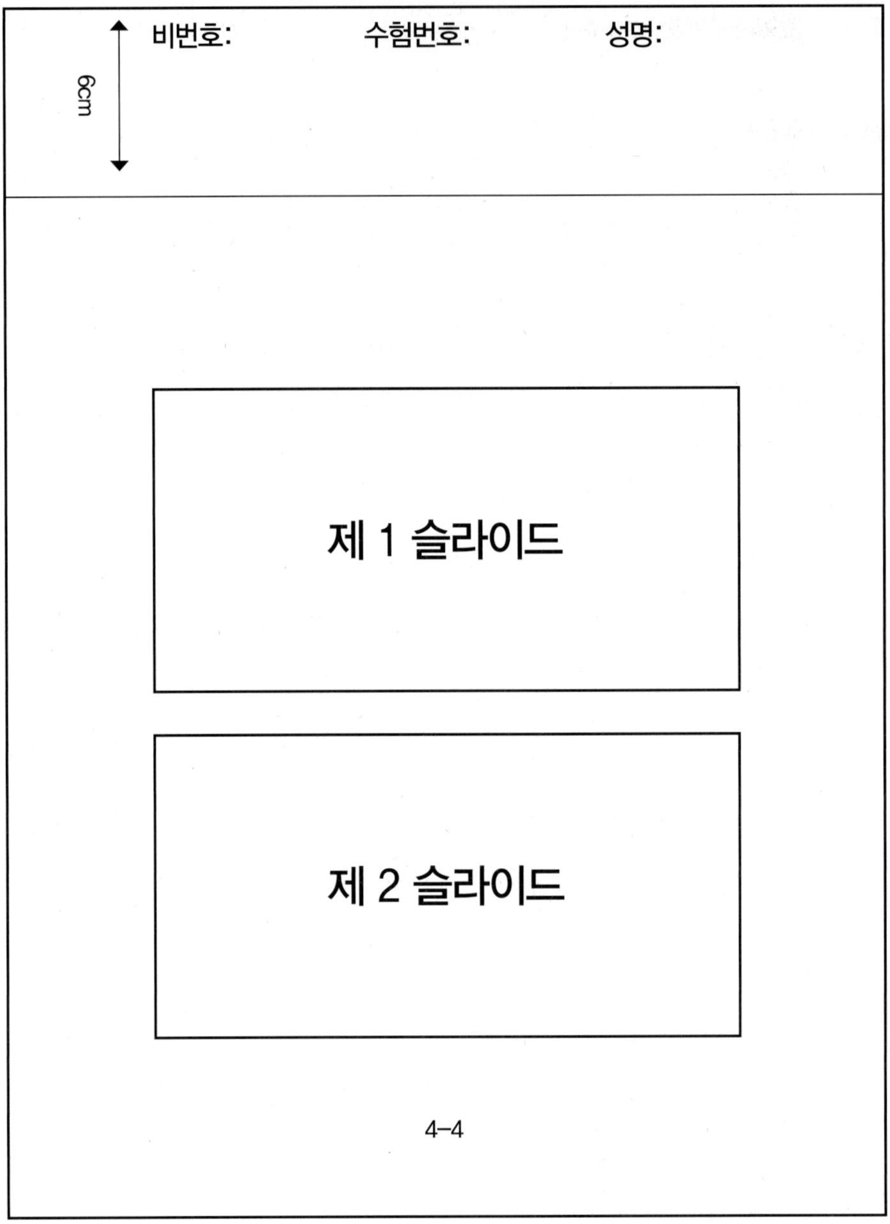

비번호:　　　　수험번호:　　　　성명:

6cm

제 1 슬라이드

제 2 슬라이드

4-4

<제1 슬라이드>

프로이트 성격구조

초자아 (Super-Ego)	쾌락이나 현실보다 더 큰 이상(도덕, 완벽) 추구
자아 (EGO)	쾌락보다 현실원칙 고수, 환경에 순응/지배, 경험과 훈련을 통해 강화
이드 (ID)	성급, 비합리적, 이기적이고 자신의 본능, 쾌락만 추구

의식	전의식	무의식

○ 성격 구조의 기본 개념
- 프로이트는 정신분석학의 이론을 정립시키는 과정에서 지형학적인 모형을 가지고 성격의 구조를 설명
- 이 모형에 의하면 정신생활은 세 가지 의식 수준으로 구성됨(의식, 무의식, 전의식)
- 프로이트는 마음을 정신적인 지도로 표기하여 우리가 사고나 공상과 같은 정신적 사건을 의식하는 수준이 서로 다르다는 것을 설정

<제2 슬라이드>

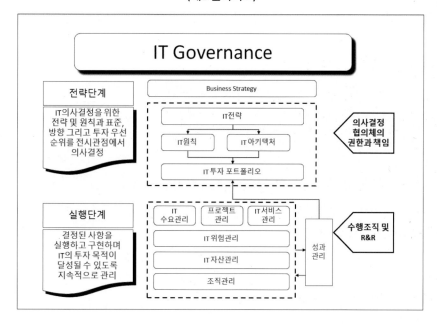

▶ 유선배 강의

엑셀 실전 모의고사 3회 풀이

1 저장하기

1) [파일]-[저장]-[찾아보기]를 클릭하여, 바탕화면
의 본인의 [비번호 폴더] 안에 시험위원이 지정해
준 파일명으로 저장합니다.

2 작업표 작성 및 병합하기

1) 자료(DATA)와 작업표 형식을 보고 아래와 같이
데이터를 입력합니다.

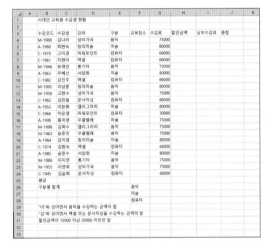

2) B1:J1셀까지 드래그하여 블록 지정한 후 Ctrl 을
계속 누른 채 B25:F25, B26:C28, B29:G29,
B30:G30, B31:G31, B32:J32, B33:J33,
J25:J31셀을 드래그하여 선택해 줍니다.

3) [홈] 탭에 맞춤 그룹의 [병합하고 가운데 맞춤]을
클릭하여 병합시켜 줍니다.

3 조건 문제 풀이

❶ 교육장소 : 구분이 "컴퓨터"이면 "제1강의실",
"음악"이면 "제2강의실", "미술"이면 "제3강의
실"로 표시하시오.

공식	=IF(조건1,참1,IF(조건2,참2,거짓))
함수식(F4)	=IF(E4="컴퓨터","제1강의실",IF(E4="음악", "제2강의실","제3강의실"))
설명	• 조건1 : 구분(E4)이 "컴퓨터"이면 • 참1 : "제1강의실"을 나타내고 • 조건2 : 구분(E4)이 "음악"이면 • 참2 : "제2강의실"을 나타내고 • 거짓 : 조건1도 조건2도 만족하지 않으면 "제3강의실"을 나타냅니다.

◑ F4셀의 채우기 핸들을 드래그하여 F24셀까지 채워줍니다.

❷ 할인금액 : 수강코드의 뒤 4개의 문자가 "1996"
이상이면 수강료*5%, "1956" 이상이면 수강
료*20%, "1956" 미만이면 수강료*30%로 나타
내시오.

공식	=IF(조건1,참1,IF(조건2,참2,거짓))
	=RIGHT(문자열,문자의 개수)
함수식(H4)	=IF(RIGHT(B4,4)>="1966",G4*5%,IF(RIGHT(B4,4)>="1956",G4*20%,G4*30%))
설명	• **조건1** : 수강코드(B4)의 뒤에서 4글자가 1966 이상이면, • **참1** : 수강료(G4)*5%의 값을 나타내고 • **조건2** : 수강코드(B4)의 뒤에서 4글자가 1956 이상이면, • **참2** : 수강료(G4)*20%의 값을 나타내고, • **거짓** : 조건1도 조건2도 만족하지 않으면 수강료(G4)*30%의 값을 나타냅니다.

❸ 납부수강료 : 수강료－할인금액

함수식(I4)	=G4-H4
설명	수강료(G4)에서 할인금액(H4)을 뺀 값을 표시합니다.

❹ 종합 : 종합은 수강코드의 첫 글자와 이름과 구분을 텍스트 함수 "CONCATENATE", 문자열 함수 LEFT 함수를 조합하여 작성하시오(예 수강코드 "M-1988", 이름이 "김나라", 구분이 "음악"인 경우 "M#김나라#음악"으로 표시).

공식	=CONCATENATE(연결대상1,연결대상2...)
	=LEFT(문자열,문자의 개수)
함수식(J4)	=CONCATENATE(LEFT(B4,1),"#",C4,"#",E4)
설명	수강코드(B4)의 앞 한 글자와 "#", C4셀에 있는 값과 "#"과 E4셀에 있는 값들을 연결해줍니다.

◗ H4:J4셀까지 드래그하여 블록 지정한 후 J4셀의 채우기 핸들을 끌어서 J24셀까지 채워줍니다.

❺ 평균 : 각 항목별 평균 산출

공식	=AVERAGE(범위)
함수식(G25)	=AVERAGE(G4:G24)
설명	수강료(G4:G24)의 평균 금액을 구합니다.

◗ G25셀의 채우기 핸들을 드래그하여 I25셀까지 채워줍니다.

❻ 음악의 부서별 합계 : 구분이 음악인 각 항목별 합계를 산출하시오(단, SUMIF 또는 SUMIFS 함수 사용).

공식	=SUMIF(조건범위,조건,합계범위)
함수식(G26)	=SUMIF($E$4:$E$24,$F$26,G4:G24)
설명	• **조건범위&조건** : 구분(E4:E24) 중 조건인 음악(F26)을 만족하는 수강료의 합계를 구합니다. • **합계범위** : 조건을 만족하는 수강료의 합계를 구해야 하므로 합계범위는 G4:G24입니다.

◗ G26셀의 채우기 핸들을 드래그하여 I26셀까지 채워줍니다.

❼ 미술의 부서별 합계 : 구분이 미술인 각 항목별 합계를 산출하시오(단, SUMIF 또는 SUMIFS 함수 사용).

공식	=SUMIF(조건범위,조건,합계범위)
함수식(G27)	=SUMIF($E$4:$E$24,$F$27,G4:G24)
설명	• **조건범위&조건** : 구분(E4:E24) 중 조건인 미술(F27)을 만족하는 수강료의 합계를 구합니다. • **합계범위** : 조건을 만족하는 수강료의 합계를 구해야 하므로 합계범위는 G4:G24입니다.

◗ G27셀의 채우기 핸들을 드래그하여 I27셀까지 채워줍니다.

❽ 컴퓨터의 부서별 합계 : 구분이 컴퓨터인 각 항목별 합계를 산출하시오(단, SUMIF 또는 SUMIFS 함수 사용).

공식	=SUMIF(조건범위,조건,합계범위)
함수식(G28)	=SUMIF($E$4:$E$24,$F$28,G4:G24)
설명	• **조건범위&조건** : 구분(E4:E24) 중 조건인 컴퓨터(F28)를 만족하는 수강료의 합계를 구합니다. • **합계범위** : 조건을 만족하는 수강료의 합계를 구해야 하므로 합계범위는 G4:G24 입니다.

❍ G28셀의 채우기 핸들을 드래그하여 I28셀까지 채워줍니다.

> ※ **❻~❽까지 한꺼번에 구하기**
> 절대참조와 혼합참조를 이용하여 H24셀에 다음과 같은 수식을 입력합니다.
> =SUMIF($E$4:$E$24,$F26,G4:G24)
> H26셀의 채우기 핸들을 드래그하여 I26셀까지 채워준 후 다시 I26셀의 채우기 핸들을 드래그하여 I28셀까지 채워줍니다.

❾ 성이 "이"씨면서 음악을 수강하는 할인금액, 납부수강료의 합을 각각 산출하시오(반드시 SUMPRODUCT 함수 사용).

공식	=SUMPRODUCT(배열1,배열2....) =LEFT(문자열,문자의 개수)
함수식(H29)	=SUMPRODUCT((LEFT($C$4:$C$24,1)="이")*($E$4:$E$24="음악"),H4:H24)
설명	• 수강생(C4:C24)의 왼쪽에서 한 글자가 "이"이고 **그리고(AND*)** 구분(E4:E24)이 "음악"이면 TRUE(1), 그렇지 않으면 FALSE(0)를 반환합니다. • 조건으로 추출된 TRUE(1), FALSE(0)와 대응하는 할인금액(H4:H24)과 곱한 값의 합계를 구합니다.

❍ H29셀의 채우기 핸들을 드래그하여 I29셀까지 채워줍니다.

❿ 성이 "김"씨면서 엑셀 또는 문서작성을 수강하는 할인금액, 납부수강료의 합을 각각 산출하시오(반드시 SUMPRODUCT 함수 사용).

공식	=SUMPRODUCT(배열1,배열2....) =LEFT(문자열,문자의 개수)
함수식(H30)	=SUMPRODUCT((LEFT($C$4:$C$24,1)="김")*(($D$4:$D$24="엑셀")+($D$4:$D$24="문서작성")),H4:H24)
설명	• 수강생(C4:C24)의 왼쪽에서 한 글자가 "김"이고 **그리고(AND*)** 강좌(D4:D24)가 "엑셀"이거나 **또는(OR +)** "문서작성"이면 TRUE(1), 그렇지 않으면 FALSE(0)를 반환합니다. • 조건으로 추출된 TRUE(1), FALSE(0)와 대응하는 할인금액(H4:H24)과 곱한 값의 합계를 구합니다.

❍ H30셀의 채우기 핸들을 드래그하여 I30셀까지 채워줍니다.

⓫ 할인금액이 15000 이상 20000 미만인 할인금액, 납부수강료의 합을 산출하시오.

공식	=SUMIFS(합계범위,조건범위1,"조건1",조건범위2,"조건2")
함수식(H31)	=SUMIFS(H4:H24,$H$4:$H$24,">=15000",$H$4:$H$24,"<20000")
설명	• **합계범위** : 2개의 조건을 모두 만족하는 할인금액의 합계를 구해야 하므로 합계범위는 H4:H24입니다. • **조건범위1&조건1** : 할인금액의 범위(H4:H24) 중에 첫 번째 조건인 ">=15000"을 만족하고 (그리고) • **조건범위2&조건2** : 할인금액의 범위(H4:H24) 중 두 번째 조건인 "<20000"을 만족하는 할인금액의 합계를 구합니다.

⓭ "⓾"에 사용된 수식을 기재하시오(단, 납부수강료를 기준으로).

※ ⓬번 조건은 정렬 후 셀 주소가 바뀌기 때문에 정렬 작업을 마친 후 작업합니다.

1) I30셀을 선택한 후 수식 입력줄에 있는 수식 전체를 드래그하여 블록을 지정합니다.
2) 마우스 우클릭을 한 후 [복사] 또는 Ctrl + C (복사)한 다음 Enter 를 누릅니다.
3) 병합된 B33셀을 클릭해서 작은따옴표(')를 입력한 다음 Ctrl + V (붙여넣기) 또는 마우스 우클릭을 한 후 [붙여넣기]를 클릭하고 Enter 를 누릅니다(※ 수식 입력줄을 클릭한 후 붙여넣기를 해도 됩니다).

❹ 정렬하기

라) 작업표의 정렬순서(SORT)는 교육장소별로 오름차순으로 정렬하고, 같은 교육장소 안에서는 납부수강료의 내림차순으로 정렬하시오.

1) 정렬을 하기 위해서 B3:J24셀까지 블록 지정한 후 [데이터] 탭의 [정렬]을 클릭합니다.
2) 첫 번째 정렬 기준은 "교육장소"로 선택하고 정렬을 "오름차순 정렬"로 지정한 후 [기준 추가]를 클릭합니다.
3) 새로운 기준이 만들어졌으면 새로운 정렬 기준을 "납부수강료"로 선택하고 정렬을 "내림차순 정렬"로 지정한 후 [확인]을 클릭합니다.

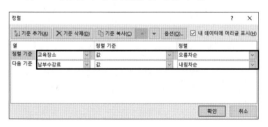

⓬ "❹"에 사용된 수식을 기재하시오(단, '고미경'을 기준으로).

○ 이 수식 복사는 반드시 정렬작업 후에 작업하도록 합니다.
1) 수강생 '고미경'의 종합인 J4셀을 선택한 후 수식 입력줄에 있는 수식 전체를 드래그하여 블록 지정합니다.
2) 마우스 우클릭을 한 다음 [복사] 또는 Ctrl + C (복사)한 후 Enter 를 누릅니다.
3) 병합된 B32셀을 클릭해서 작은따옴표(')를 입력한 다음 Ctrl + V (붙여넣기) 또는 마우스 우클릭을 한 후 [붙여넣기]를 클릭하고 Enter 를 누릅니다(※ 수식 입력줄을 클릭한 후 붙여넣기 해도 됩니다).

❺ 기타 조건

(1) 금액에 대한 수치는 원화(₩) 표시를 하고 천 단위마다 ','(Comma)를 표시하시오.
(2) 모든 수치(숫자, 통화, 회계, 백분율 등)는 셀 서식의 속성을 설정하는 과정에서 소수 자릿수를 "0"으로 지정하여 정수로 표시토록 하시오.
(3) 음수는 "-"가 표시되도록 하시오.
(4) 숫자 셀은 우측을 수직으로 맞추고, 문자 셀은 수평중앙으로 맞추며 이외 사항은 작업표 형식에 따르도록 하시오. 특히, 인쇄출력 시 판독 불가능이 발생되지 않도록 인쇄 미리 보기 등을 통하여 셀의 크기를 적당히 조정하시오.

1) 금액이 있는 G4:I28, H29:I31셀을 Ctrl 을 이용하여 선택합니다.
2) [홈] 탭의 표시 형식 그룹에서 [회계 표시 형식]을 클릭합니다.

3) 문자 셀을 수평 중앙으로 맞추기 위해서 모든 시
트를 선택한 후 [가운데 맞춤 ≡]을 클릭합니다.

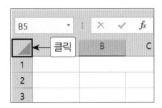

4) 금액이 ####으로 표시되면 열 너비를 적당하게
늘려줍니다.

⑥ 열 숨기기

1) A열을 클릭한 후 Ctrl 을 누른 채 D~E열을 드래
그하여 선택합니다.
2) 마우스 우클릭을 한 후 [숨기기]를 클릭합니다.
복사한 수식이 잘 보이지 않으면 열 너비를 적당
히 늘려줍니다.

⑦ 제목 서식 변경하기

1) 병합된 A1:J1셀을 선택한 후 [홈] 탭에서 글자
크기를 16pt로 입력합니다.

⑧ 테두리 지정하기

1) B3:J33셀까지 드래그하여 블록 지정한 후 [홈]
탭의 글꼴 그룹에서 테두리를 [모든 테두리 ⊞ ▾]
로 선택합니다.
2) 다시, B4:J24셀까지 드래그하여 블록 지정합니
다. Ctrl + 1 (셀 서식)의 [테두리] 탭에서 스타
일을 [없음]으로 지정하고 [중간 가로선 ⊞]을 선
택한 후 [확인]을 클릭합니다.

3) 병합되어있는 J25:J31셀을 Ctrl 을 이용하여 선
택한 후 셀 서식의 [테두리] 탭에서 스타일을 [실
선]으로 지정하고 [양쪽 대각선]을 선택한 후 [확
인]을 클릭합니다.

⑨ 그래프(GRAPH) 작성

나. 그래프(GRAPH) 작성
작성한 작업표에서 교육장소가 제2강의실인 수강
생별 할인금액과 납부수강료를 나타내는 그래프를
작성하시오.

[작성 조건]
1) 그래프 형태 : 혼합형 단일축 그래프
   납부수강료(묶은 세로 막대형), 할인금액(데이터
   표식이 있는 꺾은선형)
   (단, 납부수강료만 데이터 레이블의 값이 표시된
   혼합형 단일축 그래프로 하시오)
2) 그래프 제목 : 교육원 수강생 현황 ‒‒‒‒ (글
   자 크기 : 18, 글꼴 서체 임의)
3) X축 제목 : 수강생
4) Y축 제목 : 수강료
5) X축 항목 단위 : 해당 문자열
6) Y축 눈금 단위 : 임의
7) 범례 : 납부수강료, 할인금액
8) 출력물 크기 : A4 용지 1/2장 범위 내
9) 기타 : 작성 조건에 없는 형식이나 모양은 기본 설
   정값에 따르며, 그래프 너비는 작업표에 맞추도록
   하시오.

✓ 차트 만들기

1) C3, H3:I3셀을 드래그하여 선택한 후, Ctrl 을 누른 채 C11:C18, H11:I18셀을 드래그하여 선택합니다.

2) 그래프를 만들기 위해 [삽입]-[세로 또는 가로 막대형 차트 삽입 ■▼]-[묶은 세로 막대형 ⬛]을 클릭합니다.

3) 만들어진 그래프를 작업표 하단으로 드래그하여 이동하여 줍니다. 이때 차트의 왼쪽 모서리가 B35셀에 위치하도록 이동합니다.

4) 차트의 조절점을 이용하여 상단의 작업표의 열 너비인 J열까지 크기를 늘려줍니다. 차트의 높이는 적당하게 조절하여 줍니다.

✓ 차트 종류 변경하기

1) 할인금액 계열만 선택하고 마우스 우클릭을 한 후 [계열 차트 종류 변경]을 클릭합니다.

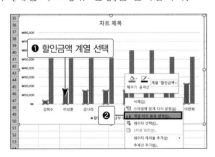

2) 좌측 [콤보]가 선택된 상태에서 할인금액 계열의 차트 종류를 [표식이 있는 꺾은선형]으로 선택한 후 [확인]을 클릭합니다.

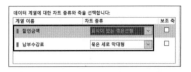

✓ 레이블값 표시하기

1) 납부수강료 계열의 표식을 클릭합니다.
2) 선택한 납부수강료 계열의 표식 위에서 마우스 우클릭을 한 후 [데이터 레이블 추가]-[데이터 레이블 추가]를 클릭합니다.

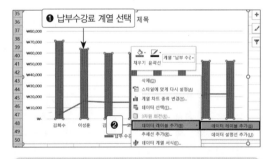

✓ 그래프 제목

1) 차트 제목을 선택한 후 수식 입력줄에 **교육원 수강생 현황**을 입력한 후 Enter 를 누릅니다.
2) [홈] 탭에서 글자 크기를 18pt로 입력합니다.

☑ X축 제목 삽입하기

1) 차트 도구의 [디자인] 탭–[차트 요소 추가]–[축 제목]–[기본 가로]를 클릭합니다.
2) 축 제목을 선택 후 수식 입력줄에서 **수강생**을 입력한 후 Enter 를 누릅니다.

엑셀 2010 버전
[레이아웃]–[축 제목]–[기본 가로축 제목]–[축 아래 제목]

엑셀 2021 버전
[차트 디자인] 탭–[차트 요소 추가]–[축 제목]–[기본 가로]

☑ Y축 제목 삽입하기

1) 차트 도구의 [디자인] 탭–[차트 요소 추가]–[축 제목]–[기본 세로]를 클릭합니다.
2) 축 제목을 선택 후 수식 입력줄에서 **수강료**를 입력한 후 Enter 를 누릅니다.

엑셀 2010 버전
[레이아웃]–[축 제목]–[기본 세로축 제목]–[제목 회전]

엑셀 2021 버전
[차트 디자인] 탭–[차트 요소 추가]–[축 제목]–[기본 세로]

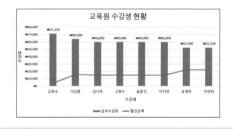

차트 글자 색과 테두리
엑셀 2016&2021은 차트의 글자 색이 회색으로 보이기 때문에 차트 영역을 선택한 후 글자 색을 검정으로 지정하고, [서식] 탭에서 [도형 윤곽선]을 검정으로 지정해두면 좋습니다. 지정하지 않아도 감점되지는 않습니다.

⑩ 페이지 설정 및 인쇄

☑ 페이지 설정

1) 데이터가 입력된 셀을 선택한 후 [파일]–[인쇄]를 클릭합니다(모든 데이터들이 한 페이지에 나타나지 않습니다).
2) [현재 설정된 용지]를 클릭한 후 **[한 페이지에 시트 맞추기]**를 클릭합니다(모든 행과 열의 데이터가 한 페이지 안에 축소되어 나타난 것을 알 수 있습니다).
3) [페이지 설정]으로 들어간 후 [여백] 탭에서 위쪽 여백을 6으로 입력하고, 페이지 가운데 맞춤을 가로, 세로 체크 후 [확인]을 클릭합니다.
4) 인쇄를 클릭하여 출력 작업을 진행합니다(실제 출력은 세 가지 작업을 모두 마친 후 진행합니다).
5) [파일]–[저장]을 클릭합니다.
6) 이전 버튼을 클릭하여 편집화면으로 되돌아갑니다.

| 작업표 작성 |

시대인 교육원 수강생 현황

수강코드	수강생	교육장소	수강료		할인금액		납부수강료		종합
C-1970	고미경	제1강의실	₩	66,000	₩	13,200	₩	52,800	C#고미경#컴퓨터
C-1961	지현아	제1강의실	₩	66,000	₩	13,200	₩	52,800	C#지현아#컴퓨터
C-1982	강진주	제1강의실	₩	66,000	₩	13,200	₩	52,800	C#강진주#컴퓨터
C-1962	김민철	제1강의실	₩	66,000	₩	13,200	₩	52,800	C#김민철#컴퓨터
C-1974	김향숙	제1강의실	₩	66,000	₩	13,200	₩	52,800	C#김향숙#컴퓨터
C-1945	김윤희	제1강의실	₩	66,000	₩	19,800	₩	46,200	C#김윤희#컴퓨터
C-1966	이은영	제1강의실	₩	30,000	₩	6,000	₩	24,000	C#이은영#컴퓨터
M-1998	김희수	제2강의실	₩	75,000	₩	3,750	₩	71,250	M#김희수#음악
M-1995	이성훈	제2강의실	₩	80,000	₩	16,000	₩	64,000	M#이성훈#음악
M-1988	김나라	제2강의실	₩	75,000	₩	15,000	₩	60,000	M#김나라#음악
M-1958	고현수	제2강의실	₩	75,000	₩	15,000	₩	60,000	M#고현수#음악
M-1963	윤준진	제2강의실	₩	75,000	₩	15,000	₩	60,000	M#윤준진#음악
M-1986	이지연	제2강의실	₩	75,000	₩	15,000	₩	60,000	M#이지연#음악
M-1948	유재민	제2강의실	₩	75,000	₩	22,500	₩	52,500	M#유재민#음악
M-1955	이연희	제2강의실	₩	75,000	₩	22,500	₩	52,500	M#이연희#음악
A-1960	최현숙	제3강의실	₩	80,000	₩	16,000	₩	64,000	A#최현숙#미술
A-1963	주혜선	제3강의실	₩	80,000	₩	16,000	₩	64,000	A#주혜선#미술
A-1964	강지영	제3강의실	₩	80,000	₩	16,000	₩	64,000	A#강지영#미술
A-1985	윤준수	제3강의실	₩	80,000	₩	16,000	₩	64,000	A#윤준수#미술
A-1990	홍미영	제3강의실	₩	75,000	₩	15,000	₩	60,000	A#홍미영#미술
A-1953	이은화	제3강의실	₩	80,000	₩	24,000	₩	56,000	A#이은화#미술
평균			₩	71,714	₩	15,217	₩	56,498	
구분별 합계		음악	₩	605,000	₩	124,750	₩	480,250	
		미술	₩	475,000	₩	103,000	₩	372,000	
		컴퓨터	₩	426,000	₩	91,800	₩	334,200	
"이"씨 성이면서 음악을 수강하는 금액의 합					₩	53,500	₩	176,500	
"김"씨 성이면서 엑셀 또는 문서작성을 수강하는 금액의 합					₩	46,200	₩	151,800	
할인금액이 15000 이상 20000 미만인 합					₩	174,800	₩	666,200	
=CONCATENATE(LEFT(B4,1),"#",C4,"#",E4)									
=SUMPRODUCT((LEFT($C$4:$C$24,1)="김")*(($D$4:$D$24="엑셀")+($D$4:$D$24="문서작성")),I4:I24)									

| 그래프 작성 |

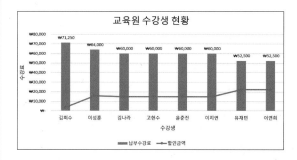

| 인쇄 미리 보기 |

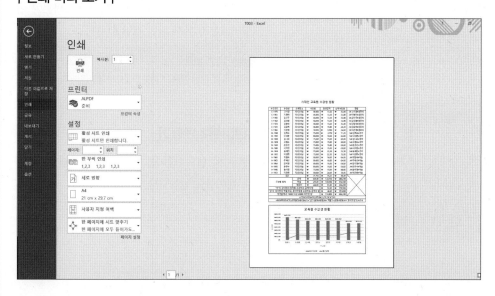

액세스 실전 모의고사 3회 풀이

1 저장하기

1) 액세스를 실행한 후 [새 데스크톱 데이터베이스]를 클릭합니다.

2) 파일 이름 입력하는 우측의 ▣를 클릭합니다.

3) 저장 위치는 [바탕화면]–[비번호 폴더] 안에 시험위원이 지정해 준 파일명을 입력한 후 [확인]을 클릭합니다.

> **액세스 2007&2010 버전**
> 액세스 실행 후 [새 데이터베이스]가 선택되어있는 상태에서 우측 파일 이름 입력하는 곳 옆의 ▣를 클릭합니다.

2 테이블 작성하기

✅ 테이블1 만들기

1) 테이블 도구의 [필드] 탭–[보기]에서 [디자인 보기]를 클릭합니다.

2) 테이블을 저장하라는 창이 나오면 테이블 이름을 그대로 '테이블1'로 지정한 후 [확인]을 클릭합니다.

> **액세스 2007 버전**
> [데이터시트] 탭–[보기]–[디자인 보기]
>
> **액세스 2021 버전**
> [데이터 필드] 탭–[보기]–[디자인 보기]

3) 아래와 같이 필드 이름과 데이터 형식을 변경합니다.

필드 이름	데이터 형식
고객번호	짧은 텍스트
구분코드	짧은 텍스트
기본요금	통화
전력량요금	통화

> ※ 고객번호와 구분코드는 필드 속성에서 [IME 모드]를 [영숫자 반자]로 지정합니다.

> **액세스 2007&2010 버전**
> 데이터 형식의 짧은 텍스트 대신 [텍스트]로 지정합니다.

4) 조건에 기본 키를 지정하라는 조건이 없으므로 기본 키를 해제하기 위해, **"고객번호"** 필드 이름을 클릭한 후, 테이블 도구의 [디자인] 탭에서 [기본 키]를 클릭하여 기본 키를 해제합니다.

5) 테이블 도구의 [보기]–[데이터시트 보기]를 클릭한 후 테이블 저장 대화상자가 나타나면 [예]를 클릭합니다.

6) 아래와 같이 테이블1에 데이터를 입력합니다. 필드를 이동할 때는 방향키(↑, ↓, ←, →)를 이용합니다.

고객번호	구분코드	기본요금	전력량요금
1011-487	AAA	₩1,260	₩30,000
2013-541	BBB	₩6,060	₩86,000
2365-412	CCC	₩730	₩25,000
8521-963	AAA	₩1,260	₩33,000
2411-874	BBB	₩6,060	₩145,000
1023-562	BBB	₩6,060	₩112,000
5544-123	CCC	₩730	₩23,000
8411-220	AAA	₩6,060	₩99,000
1023-418	BBB	₩730	₩30,000
1011-901	CCC	₩1,260	₩80,000
1580-011	BBB	₩730	₩25,000
2300-412	CCC	₩1,260	₩45,000
4210-112	AAA	₩730	₩18,000
1234-567	CCC	₩1,260	₩55,000
8571-520	AAA	₩1,260	₩26,000
*		₩0	₩0

7) '테이블1' 탭 위에서 마우스 우클릭을 한 후 [닫기]를 클릭하여 테이블1을 닫아 줍니다. 좌측에 '테이블1'을 더블 클릭하여 데이터가 올바르게 입력되었는지 다시 한번 확인합니다.

> **액세스 2021 버전**
> [디자인] 탭 대신 [양식 디자인] 탭으로 들어갑니다.

✅ 테이블2 만들기

1) [만들기] 탭의 [테이블 디자인]을 클릭하여 두 번째 테이블을 만듭니다.

2) 아래와 같이 필드 이름과 데이터 형식을 지정합니다.

3) 테이블 도구의 [보기]-[데이터시트 보기]를 클릭한 후 테이블 저장 대화상자가 나타나면 [예]-[확인]을 클릭합니다.

4) "기본 키를 정의하지 않았습니다. 기본 키를 만드시겠습니까?"라는 대화상자가 나오면 [아니요]를 클릭합니다.

5) 아래와 같이 테이블2에 데이터를 입력합니다. 필드를 이동할 때는 방향키(↑ , ↓ , ← , →)를 이용합니다.

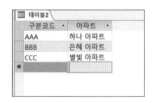

6) '테이블2' 탭 위에서 마우스 우클릭을 한 후 [닫기]를 클릭하여 테이블2를 닫아 줍니다. 좌측에 '테이블2'를 더블 클릭하여 데이터가 올바르게 입력되었는지 다시 한번 확인합니다.

❸ 폼 작성 및 편집

ⓒ 폼 디자인 만들기

1) [만들기] 탭에서 [폼 디자인]을 클릭합니다.

ⓒ 레이블로 제목 만들기

1) 폼의 우측 하단 모서리에서 마우스 커서가 ✛ 모양일 때 드래그하여 가로는 19cm, 세로는 20cm 안쪽으로 드래그합니다.

2) 폼의 제목을 입력하기 위해서, 폼 디자인 도구의 [디자인] 탭에서 [레이블 가가]을 클릭한 후 폼의 상단에 적당한 크기로 드래그합니다.

3) 레이블 안에 제목을 입력한 후 글자를 블록 지정하거나, 레이블 테두리를 클릭한 후 폼 디자인 도구의 [서식] 탭에서 크기를 16pt로 입력하고 [가운데 정렬 ≡]을 클릭합니다.

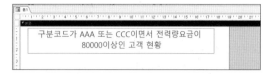

※ 제목에서 한 줄을 입력하고 줄 바꿈은 Shift + Enter 를 누릅니다.
※ 조절점을 더블 클릭하면 레이블 상자가 글자 크기에 맞춰서 조절됩니다.

ⓒ 목록 상자 만들기

1) 폼 디자인 도구의 [디자인] 탭에서 [목록 상자 ▤]를 클릭한 후 제목 아래에 적당한 크기로 드래그하여 그려줍니다.

2) "목록 상자 마법사" 창이 나타나면 [취소]를 클릭하여 창을 닫아 줍니다.

3) 목록 상자 왼쪽에 있는 "List1:" 레이블을 선택한 후 Delete 를 눌러 삭제합니다.

4) [속성 시트]의 [데이터] 탭에서 [행 원본]을 선택한 후 ⋯ 를 클릭합니다.

※ 속성 시트가 없으면 폼 디자인 도구의 [디자인] 탭에서 [속성 시트]를 클릭합니다.

5) 테이블 표시 창이 나타나면 "테이블1"과 "테이블2"를 더블 클릭한 후 [닫기]를 클릭합니다.

6) 테이블1에 있는 **구분코드** 필드를 테이블2의 **구분코드**로 드래그하여 연결해줍니다.

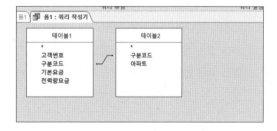

7) 조회화면 서식에 나와 있는 순서대로 고객번호, 구분코드, 기본요금, 전력량요금, 아파트 필드명을 더블 클릭하여 필드에 추가합니다.

> 구분코드가 AAA 또는 CCC이면서 전력량요금이 80000 이상인 고객 현황 나타내기

8) 구분코드의 조건에 AAA OR CCC를 입력한 후 Enter 를 누르면 "AAA" Or "CCC"로 변경됩니다.

9) 전력량요금이 80000 이상인 현황을 나타내려면, 전력량요금의 조건에 >=80000을 입력합니다. AND 조건이므로 같은 행에 조건을 입력합니다.

> 필드명 "구분코드"의 오름차순으로 출력

10) 구분코드를 오름차순으로 정렬하기 위해서 구분코드의 정렬에서 ✓를 클릭한 후 오름차순을 선택합니다.

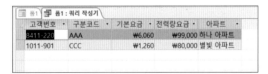

11) [폼1 : 쿼리 작성기] 탭에서 마우스 우클릭을 한 후 [데이터시트 보기]를 클릭하여, **구분코드가 AAA 또는 CCC이면서 전력량요금이 80000 이상인 고객 현황**이 나타나는지, 구분코드가 오름차순으로 나오는지를 확인합니다.

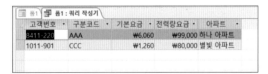

12) 다시, [폼1 : 쿼리 작성기] 탭에서 마우스 우클릭을 한 후 [SQL 보기]를 클릭하여 조건에 나와 있는 아래의 WHERE 조건절, INNER JOIN, ORDER BY 문이 포함되어 있는지 확인합니다.

13) [폼1 : 쿼리 작성기] 탭에서 마우스 우클릭을 한 후 [닫기]-[예]를 클릭합니다.

14) [속성 시트]의 [형식]에서 **열 개수**를 **5**로 입력하고, **열 이름**을 **예**로 선택합니다.

15) [폼1] 탭에서 마우스 우클릭을 한 후 [폼 보기]를 클릭하여 확인합니다.

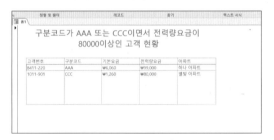

> ※ 목록 상자에 스크롤바가 생기면 감점되기 때문에 목록 상자의 높이를 키워주어 스크롤바가 생기지 않도록 합니다.

☑ 선 그리기

1) 목록 상자 하단의 선을 만들기 위해 다시 [홈] 탭-[보기]-[디자인 보기]를 클릭한 후 폼 디자인 도구의 [디자인] 탭에서 [선▧]을 선택합니다.

2) Shift 를 누른 채 목록 상자 하단에 드래그하여 직선을 그려줍니다.

3) [속성 시트]의 [형식] 탭에서 [테두리 두께]를 [6pt]로 지정합니다.

☑ 텍스트 상자 만들기

1) 폼 디자인 도구의 [디자인] 탭에서 [텍스트 상자 가나]를 선택한 후 목록 상자 아래쪽에 적당하게 드래그하여 그려줍니다.

2) "텍스트 상자 마법사" 창이 나오면 [취소]를 클릭합니다.

3) 텍스트 상자 왼쪽에 있는 레이블을 선택하여 **리스트박스 조회 시 작성된 SQL문**을 입력합니다.

4) 레이블 테두리를 선택한 후, 폼 디자인 도구의 [서식] 탭에서 글자 크기를 16pt로 입력합니다. 레이블과 텍스트 상자의 **이동 핸들을 드래그**하여 위치를 이동할 수 있습니다.

5) 우측 하단에서 드래그하여 텍스트 상자, 선, 목록 상자가 조금이라도 포함되도록 선택합니다.

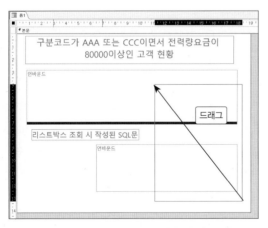

6) 폼 디자인 도구의 [정렬] 탭-[맞춤]-[왼쪽]을 클릭하고, 다시 [크기/공간]-[가장 넓은 너비에]를 클릭하여 좌/우 크기를 동일하게 맞춰줍니다.

7) [속성 시트]의 [형식] 탭에서 [테두리 색]을 [검정 텍스트]로 지정합니다.

8) 빈 곳을 클릭, 다시 텍스트 상자만 선택한 후 [속성 시트]의 [테두리 스타일]을 [파선]으로 지정합니다.

☑ SQL문 복사하기

1) 목록 상자를 클릭한 후 [속성 시트]의 [데이터] 탭에서 [행 원본]을 클릭합니다. Ctrl + C (복사)를 누른 후 텍스트 상자를 클릭합니다.

2) =를 입력하고, 작은따옴표(')를 입력합니다. Ctrl + V (붙여넣기)를 한 후 다시 작은따옴표(')로 닫아 줍니다.

3) 전체를 드래그하여 모든 컨트롤을 선택한 후 폼 디자인 도구의 [서식] 탭에서 [글꼴 색 가]을 [검정, 텍스트 1]로 지정합니다. [본문]을 클릭해서 [교차 행 색]을 [흰색, 배경 1]로 지정합니다.

> ※ 액세스 2007 버전은 기본 글꼴 색이 "검정"이기 때문에 따로 글꼴 색 지정은 하지 않습니다.

☑ 인쇄 미리 보기 및 여백 지정하기

1) [파일]-[인쇄]-[인쇄 미리 보기]에서 완성된 폼 화면을 확인할 수 있습니다.

2) 상단 [페이지 설정]에서 **위쪽 여백**을 60으로 입력하고 [확인]을 클릭합니다. 인쇄될 결과물을 확인한 후 [인쇄 미리 보기 닫기]를 클릭합니다.

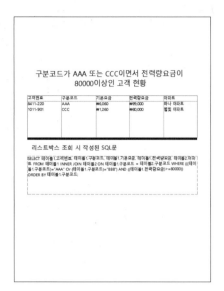

구분코드가 AAA 또는 CCC이면서 전력량요금이
80000이상인 고객 현황

고객번호	구분코드	기본요금	전력량요금	아파트
8411-220	AAA	₩6,060	₩99,000	하나 아파트
1011-901	CCC	₩1,260	₩80,000	별빛 아파트

리스트박스 조회 시 작성된 SQL문

SELECT 테이블1.고객번호, 테이블1.구분코드, 테이블1.기본요금, 테이블1.전력량요금, 테이블2.아파
트 FROM 테이블1 INNER JOIN 테이블2 ON 테이블1.구분코드 = 테이블2.구분코드 WHERE (((테이
블1.구분코드)="AAA" Or (테이블1.구분코드)="BBB") AND ((테이블1.전력량요금)>=80000))
ORDER BY 테이블1.구분코드;

3) [폼1] 탭에서 마우스 우클릭을 한 후 [닫기]-[예]
를 클릭합니다.

4 쿼리 작성 및 편집

☑ 쿼리 디자인 만들기

1) [만들기]-[쿼리] 그룹에서 [쿼리 디자인]을 클릭
합니다.

액세스 2007 버전
[만들기]-[기타] 그룹의 [쿼리 디자인]

2) 테이블 표시 대화상자가 나타나면 '테이블1'과
'테이블2'를 순서대로 더블 클릭하여 테이블을 생
성시킨 후 [닫기]를 클릭합니다.

3) 테이블1의 **구분코드**를 테이블2의 **구분코드**로 드
래그하여 조인(JOIN)을 시켜줍니다.

☑ 테이블 조인 및 필드 추가

※ 보고서 서식을 보고 각각의 필드를 더블 클릭하여 실행하
고, 계산이 필요한 필드는 처리 조건을 보고 계산합니다.

1) 보고서 서식을 보고 구분코드, 기본요금, 전력량
요금, 아파트를 순서대로 더블 클릭하여 필드를
추가하여 줍니다(★ "ZZZ에는 아파트에 해당하
는 종류가 출력되도록 한다"라는 조건이 있기 때
문에 아파트 필드도 추가해 주어야 합니다).

필드:	구분코드	기본요금	전력량요금	아파트
테이블:	테이블1	테이블1	테이블1	테이블2
정렬:				
표시:	☑	☑	☑	☑
조건:				
또는:				

[처리 조건]
· 전력기금 : (기본요금+전력량요금)×3.7%
· 부가가치세 : (기본요금+전력량요금)×10%
· 누진세 : 기본요금이 6000 이상인 경우 25000원,
1000 이상인 경우 12000원, 나머지는 5000

2) 전력량요금 오른쪽 필드에 **전력기금:(기본요금+
전력량요금)*0.037**을 입력합니다(※ 필드 위에서
마우스 우클릭을 한 후 [확대/축소]를 클릭하여
입력합니다).

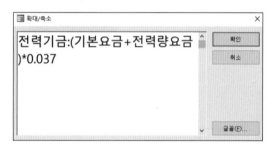

3) 전력기금 오른쪽 필드에 **부가가치세: (기본요금+
전력량요금)*0.1**을 입력합니다.

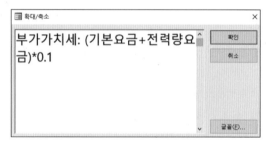

4) 부가가치세 오른쪽 필드에 누진세: IIF(기본요금>
=6000,25000,IIF(기본요금>=1000,12000,5000))
를 입력합니다.

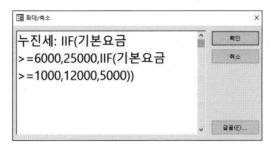

5) 누진세 오른쪽 필드에 **청구금액: 기본요금+전
력량요금+전력기금+부가가치세+누진세**를 입력
합니다.

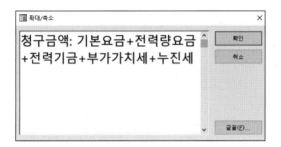

☑ 쿼리 확인하기

1) [쿼리1] 탭에서 마우스 우클릭을 한 후 [데이터시
트 보기]를 클릭하여 쿼리 결과를 확인합니다.

2) [쿼리1] 탭의 [닫기]를 클릭한 후, 대화상자가 나
오면 [예]를 클릭합니다. 폼 이름은 [쿼리1]로 지
정한 후 [확인]을 클릭합니다.

⑤ 보고서 작성 및 편집

☑ 보고서 마법사로 보고서 만들기

1) [만들기] 탭의 보고서 그룹에서 [보고서 마법사]
를 클릭합니다.

2) 보고서 마법사 대화상자가 나타나면 '테이블/쿼
리'를 [쿼리: 쿼리1]로 변경하고, 사용 가능한 필
드에서 >> 를 클릭하여 선택한 필드로 모두 이
동시킨 후 [다음]을 클릭합니다.

> **[처리 조건]**
> 아파트(하나 아파트, 은혜 아파트, 별빛 아파트)별로 정리
> 한 후, 같은 아파트 안에서는 청구금액의 오름차순으로 정
> 렬(SORT)하시오.

3) 처리 조건에 아파트별로 정리하라는 지시가 있으
므로 아파트를 클릭한 후 > 를 클릭하여 그룹
수준을 지정하고 [다음]을 클릭합니다.

4) 같은 아파트 안에서는 청구금액의 오름차순으로
정렬(SORT)해야 한다는 조건이 있으므로 첫 번
째 필드를 **청구금액**으로 입력하고 오름차순으로
지정한 후 [요약 옵션]을 클릭합니다.

5) 전력기금, 부가가치세, 청구금액의 합계와 평균에 □를 클릭하여 ✓체크한 후 [확인]을 클릭합니다.

6) [다음]을 클릭하면 보고서 모양을 지정할 수 있는 보고서 마법사가 나타나는데 기본 설정 그대로 [다음]을 클릭합니다.

7) 보고서 제목은 [쿼리1]로 그대로 지정하고, [보고서 디자인 수정]을 선택한 후 [마침]을 클릭합니다.

✅ 필요 없는 컨트롤 삭제하기

1) [아파트 바닥글]의 ="에 대한 요약"의 좌측 눈금선에서 마우스 커서가 ➡로 바뀌면 클릭합니다. Shift를 누른 채 [페이지 바닥글]의 =NOW, =Page와 [보고서 바닥글]의 총 합계의 컨트롤을 선택한 후 Delete를 눌러 삭제합니다.

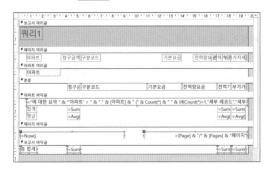

✅ 컨트롤 배치 및 속성 변경하기

1) [아파트 바닥글]의 평균을 선택한 후 [보고서 바닥글]로 드래그하여 내려줍니다.

2) [아파트 머리글]의 아파트를 [아파트 바닥글]의 합계 좌측으로 드래그하여 내려줍니다.

3) [페이지 머리글]의 아파트를 선택한 후 Delete를 눌러 삭제합니다.

4) [아파트 머리글]과 [페이지 바닥글] 아래에서 마우스 커서가 ✚로 변할 때 위로 드래그하여 높이를 끝까지 줄여줍니다. [아파트 바닥글]에 합계 컨트롤도 위치를 위쪽으로 이동한 후 높이를 줄여줍니다.

5) 각 컨트롤의 위치와 크기를 아래와 같이 변경합니다. [보고서 바닥글]의 평균을 **총평균**으로 변경합니다.

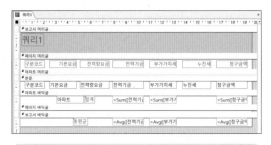

※ [쿼리1] 탭에서 마우스 우클릭을 한 후 [레이아웃 보기]를 클릭해서 ####으로 나타나 있으면, 컨트롤의 너비를 조금 더 늘려주어야 합니다.

✅ 보고서 제목 및 서식 지정하기

1) [쿼리1] 글자를 드래그하여 블록 지정한 후 보고서 제목인 **아파트 전력 사용 현황**을 입력합니다.

2) 제목의 바깥쪽 테두리를 선택한 후, 오른쪽 조절점에서 끝까지 드래그합니다.

3) 보고서 디자인 도구의 [서식] 탭에서 글자 크기를 **16pt**로 입력하고 [가운데 맞춤 ≡]을 클릭합니다.

액세스 2007 버전
폼 디자인 도구의 [디자인] 탭

액세스 2010 버전
폼 디자인 도구의 [형식] 탭

4) [페이지 머리글] 필드를 모두 선택하고 Shift 를 누른 채 [본문]의 구분코드를 선택합니다.

5) 보고서 디자인 도구의 [서식] 탭에서 [가운데 맞춤]을 클릭합니다.

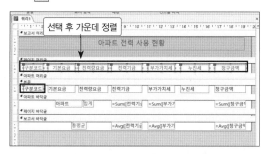

※ 지금 더 세부적으로 각 컨트롤의 위치를 변경하려면 [쿼리1]에서 마우스 우클릭을 한 후 [레이아웃 보기]에서 각 컨트롤의 위치나 크기를 조절합니다.

✔ 작성일자 입력하기

1) [보고서 머리글]의 높이 경계선에서 마우스 커서가 ✛ 모양일 때 적당한 크기로 아래로 드래그합니다.

2) 보고서 디자인 도구의 [텍스트 상자 가나]를 선택한 후 제목 우측 하단에 적당한 크기로 드래그합니다.

3) 레이블과 텍스트 상자가 삽입이 되면 레이블에는 **작성일자 :** 를 입력하고 텍스트 상자에는 **=Date( )** 를 입력합니다.

4) 레이블과 텍스트 상자의 이동 핸들을 이용하여 위치를 조절합니다. 텍스트 상자를 선택한 후 "왼쪽 맞춤"을 합니다.

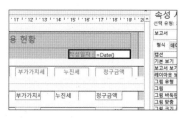

✔ 중복 내용 숨기기

1) [본문]의 구분코드를 선택한 후 [속성 시트]의 [형식] 탭에서 [중복 내용 숨기기]를 [예]로 변경합니다.

✔ 금액에 대한 수치 원화(₩)로 표시하기

※ 레이아웃 보기로 들어가면 원화(₩) 표시가 없는 컨트롤을 확인할 수 있습니다.

1) [본문]의 전력기금, 부가가치세, 누진세, 청구금액, [아파트 바닥글]과 [보고서 바닥글]의 전력기금, 부가가치세, 청구금액의 합계와 평균을 Shift 를 이용하여 선택합니다.

2) [속성 시트]의 [형식] 탭에서 형식을 [통화]로 지정합니다.

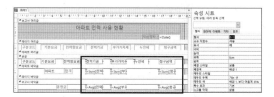

✔ 컨트롤 글꼴 색 및 윤곽선 설정하기

1) 모든 컨트롤을 드래그하거나 단축키 Ctrl + A (모두 선택)를 눌러 선택해줍니다.

2) 보고서 디자인 도구의 [서식] 탭에서 [글꼴 색]을 [검정, 텍스트 1]로 지정하고, [도형 윤곽선]을 [투명]으로 지정합니다.

✔ 배경색 및 교차 행 색 설정하기

1) [보고서 머리글]을 선택한 후 보고서 디자인 도구의 [서식] 탭에서 [도형 채우기]를 [흰색, 배경 1]로 지정합니다.

2) [본문]을 클릭한 후 보고서 디자인 도구의 [서식] 탭에서 [교차 행 색]을 [색 없음]으로 지정합니다.

3) 마찬가지 방법으로 [아파트 바닥글]을 클릭하여 [교차 행 색]을 [색 없음]으로 지정합니다.

⊘ 선 삽입하기

1) 보고서 디자인 도구의 [디자인] 탭을 클릭한 후 [선◻]을 선택합니다. [페이지 머리글]의 좌측부터 Shift 를 누른 채 드래그하여 그려줍니다.

2) [페이지 머리글]의 위쪽에 그려준 선이 선택된 상태에서 Ctrl + C (복사)를 한 후 다시 Ctrl + V (붙여넣기)를 합니다.

3) 키보드의 아래 화살표(↓)를 눌러 복사된 선을 [페이지 머리글]의 아래쪽에 위치되도록 합니다.

4) [아파트 바닥글]을 클릭한 후 Ctrl + V (붙여넣기)를 하면 [아파트 바닥글] 위쪽에 선이 복사됩니다. 다시 한번 Ctrl + V (붙여넣기)를 한 후 아래 화살표(↓)를 눌러 [아파트 바닥글]의 아래쪽에 위치시켜 줍니다.

5) [보고서 바닥글]을 클릭한 후 Ctrl + V (붙여넣기)를 한 후 아래 화살표(↓)를 눌러 [보고서 바닥글]의 아래쪽에 위치시켜 줍니다.

⊘ 레이아웃 보기에서 세부 설정하기

1) [쿼리1] 탭에서 마우스 우클릭을 한 후 [레이아웃 보기]를 클릭하여 보고서의 배치가 잘 되었는지 확인합니다.

2) 출력 형태를 보면서 위치와 크기를 조절해 줍니다.

6 인쇄 및 페이지 설정

⊘ 인쇄 미리 보기 및 페이지 설정

1) [쿼리1] 탭에서 마우스 우클릭을 한 후 [인쇄 미리 보기]를 클릭합니다.

2) [인쇄 미리 보기] 탭에서 [페이지 설정]을 클릭합니다.

3) 위쪽 여백을 60으로 입력한 후 [확인]을 클릭합니다.

4) [인쇄 미리 보기 닫기]를 클릭하여 미리 보기를 닫아 준 후에 [파일]-[저장]을 클릭합니다. 우측 상단의 [닫기❌]를 클릭하여 액세스를 종료합니다.

| DB 조회화면 |

구분코드가 AAA 또는 CCC이면서 전력량요금이 80000이상인 고객 현황

고객번호	구분코드	기본요금	전력량요금	아파트
8411-220	AAA	₩6,060	₩99,000	하나 아파트
1011-901	CCC	₩1,260	₩80,000	별빛 아파트

리스트박스 조회 시 작성된 SQL문

SELECT 테이블1.고객번호, 테이블1.구분코드, 테이블1.기본요금, 테이블1.전력량요금, 테이블2.아파트 FROM 테이블1 INNER JOIN 테이블2 ON 테이블1.구분코드 = 테이블2.구분코드 WHERE ((테이블1.구분코드)="AAA" Or (테이블1.구분코드)="BBB") AND ((테이블1.전력량요금)>=80000)) ORDER BY 테이블1.구분코드;

| DB 보고서 |

아파트 전력 사용 현황

작성일자 2022-11-30

구분코드	기본요금	전력량요금	전력기금	부가가치세	누진세	청구금액
CCC	₩730	₩23,000	₩878	₩2,373	₩5,000	₩31,981
	₩730	₩25,000	₩952	₩2,573	₩5,000	₩34,255
	₩1,260	₩45,000	₩1,712	₩4,626	₩12,000	₩64,598
	₩1,260	₩55,000	₩2,082	₩5,626	₩12,000	₩75,968
	₩1,260	₩80,000	₩3,007	₩8,126	₩12,000	₩104,393
별빛 아파트 합계			₩8,630	₩23,324		₩311,194
BBB	₩730	₩25,000	₩952	₩2,573	₩5,000	₩34,255
	₩730	₩30,000	₩1,137	₩3,073	₩5,000	₩39,940
	₩6,060	₩86,000	₩3,406	₩9,206	₩25,000	₩129,672
	₩6,060	₩112,000	₩4,368	₩11,806	₩25,000	₩159,234
	₩6,060	₩145,000	₩5,589	₩15,106	₩25,000	₩196,755
은혜 아파트 합계			₩15,453	₩41,764		₩559,857
AAA	₩730	₩18,000	₩693	₩1,873	₩5,000	₩26,296
	₩1,260	₩26,000	₩1,009	₩2,726	₩12,000	₩42,995
	₩1,260	₩30,000	₩1,157	₩3,126	₩12,000	₩47,543
	₩1,260	₩33,000	₩1,268	₩3,426	₩12,000	₩50,954
	₩6,060	₩99,000	₩3,887	₩10,506	₩25,000	₩144,453
하나 아파트 합계			₩8,013	₩21,657		₩312,240
총평균			₩2,140	₩5,783		₩78,886

파워포인트 실전 모의고사 3회 풀이

1 저장하기

1) [시작] ➡ [Microsoft Office] ➡ [Microsoft PowerPoint 2016]을 클릭하여 파워포인트를 실행합니다.

2) [파일]-[저장]-[찾아보기]를 클릭하면 저장 창이 나타납니다.

3) 저장 위치는 [바탕화면]-[비번호 폴더] 안에 시험위원이 지정해 준 파일명을 입력한 후 [확인]을 클릭합니다.

2 슬라이드 크기 변경하기

1) [디자인]-[슬라이드 크기]를 클릭한 후 [표준 4:3]으로 변경합니다.

3 레이아웃 변경하기

1) [홈] 탭-[레이아웃]에서 [빈 화면]을 클릭합니다.

4 새 슬라이드 만들기

1) 슬라이드 미리 보기 창의 슬라이드를 클릭한 후 Enter 를 눌러 빈 화면 새 슬라이드를 추가합니다.

제1 슬라이드

5 제목 만들기

1) [삽입]-[도형]-[가로로 말린 두루마리 모양🔲]을 클릭한 후 슬라이드 상단에 드래그하여 그려 줍니다.

2) **프로이트 성격구조**를 입력한 후 Esc 를 누르면 도형이 선택됩니다.

3) [홈] 탭에서 글꼴을 **굴림**, **굵게**, 크기를 **36pt**로 지정합니다.

프로이트 성격구조

6 표 삽입하기

1) [삽입]-[표]-[표 삽입]을 클릭한 후 열2, 행3의 표를 만들어 줍니다.

2) 표 바깥쪽 테두리를 선택한 후 표 도구의 [디자인] 탭에서 음영은 '흰색, 배경 1'로 지정하고, 테두리는 '모든 테두리'를 선택합니다.

3) 표의 크기를 조절한 후 아래와 같이 내용을 입력합니다.

1열	굴림, 18pt, 굵게
2열	굴림, 18pt

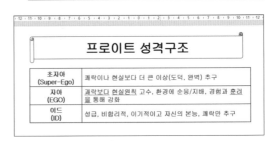

7 순서도: 자기디스크 삽입하기

1) [삽입]-[도형]-[순서도: 자기디스크⊟]를 클릭한 후 드래그하여 그려줍니다.

2) [서식] 탭에서 [도형 스타일]을 [색 윤곽선 - 검정, 어둡게 1가나다]로 지정합니다.

3) [홈] 탭에서 크기를 **20pt**, **굵게**로 지정한 후 Ctrl + Shift +드래그하여 복사하고 글자를 입력합니다.

> ※ 파워포인트 2021 버전에서는 [서식] 탭 대신 [도형 서식] 탭을 사용합니다.

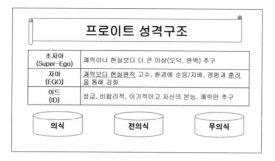

8 텍스트 상자 삽입하기

1) [삽입]-[텍스트 상자🔤]를 클릭한 후 슬라이드 에 클릭합니다.

2) 아래와 같이 내용을 입력합니다(**맑은 고딕, 18pt**).

> 성격 구조의 기본 개념
> 프로이트는 정신분석학의 이론을 정립시키는 과정에서 지형학적인 모형을 가지고 성격의 구조를 설명
> 이 모형에 의하면 정신생활은 세 가지 의식 수준으로 구성됨(의식, 무의식, 전의식)
> 프로이트는 마음을 정신적인 지도로 표기하여 우리가 사고나 공상과 같은 정신적 사건을 의식하는 수준이 서로 다르다는 것을 설명

3) "성격 구조의 기본 개념" 앞에 커서를 둔 후 마우 스 우클릭을 한 후 [글머리 기호]-[글머리 기호 및 번호 매기기]의 [사용자 지정]을 클릭합니다.

4) 글꼴을 [Wingdings]로 지정한 후 'O'을 선택한 후 [확인]을 클릭합니다.

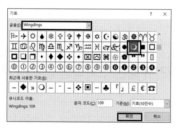

5) 아래의 나머지를 블록 지정하고 마우스 우클릭을 한 후 [글머리 기호]-[글머리 기호 및 번호 매기 기]의 [속이 찬 둥근 글머리 기호]를 클릭합니다.

6) Tab 또는 [홈] 탭의 [단락] 그룹에서 [목록 수준 늘림▣]을 클릭합니다.

제2 슬라이드

9 제목 만들기

1) [삽입]-[도형]-[모서리가 둥근 직사각형▢]을 선택한 후 드래그하여 그려줍니다.

2) [서식]-[도형 스타일]을 [색 윤곽선 - 검정, 어둡 게 1🔳]로 지정합니다.

3) IT Governance를 입력하고 Esc 를 눌러 도형을 선택한 후 [홈] 탭에서 글꼴 크기를 40pt로 지정 합니다.

4) 도형을 선택한 후 [서식]-[도형 효과]-[그림자] 에서 [오프셋 대각선 오른쪽 아래]를 선택합니다.

5) 그림자의 세부 설정을 하기 위해서 [서식]-[도형 효과]-[그림자]-[그림자 옵션]을 클릭합니다.

6) 투명도 : 0pt, 흐리게 : 4pt, 간격을 10pt로 입력 합니다.

10 직사각형 삽입하기1

1) [삽입]-[도형]-[직사각형▢]을 클릭한 후 아래 와 같이 그려줍니다.

2) [서식] 탭에서 [도형 스타일]을 [색 윤곽선 - 검 정, 어둡게 1🔳]로 지정합니다.

3) [홈] 탭에서 크기를 18pt로 지정한 후 Ctrl + Shift +드래그하여 복사하고 글자를 입력합니다.

11 순서도 문서 삽입 후 그림자 지정하기

1) [삽입]-[도형]-[순서도 문서 ⬡]를 클릭한 후 드래그하여 그려줍니다.

2) [서식] 탭에서 [도형 스타일]을 [색 윤곽선 - 검정, 어둡게 1 ▦]로 지정합니다.

3) 도형을 선택한 후 [서식]-[도형 효과]-[그림자]에서 [오프셋 대각선 오른쪽 아래]를 선택합니다.

4) 그림자의 세부 설정을 하기 위해서 [서식]-[도형 효과]-[그림자]-[그림자 옵션]을 클릭합니다.

5) 투명도 : 0pt, 흐리게 : 0pt, 간격을 8pt 정도로 입력합니다.

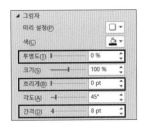

6) Ctrl + Shift +드래그 또는 Ctrl +드래그를 이용하여 아래와 같이 복사한 후 크기를 조절합니다 (16pt).

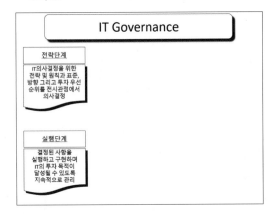

12 직사각형 삽입하기2

1) [삽입]-[도형]-[직사각형 ▢]을 클릭한 후 아래와 같이 그려줍니다.

2) [서식] 탭에서 [도형 스타일]을 [색 윤곽선 - 검정, 어둡게 1 ▦]로 지정합니다.

3) [서식] 탭에서 [도형 윤곽선]-[두께]-[2¼pt]로 지정하고, [대시]-[파선]으로 지정합니다.

4) Ctrl + Shift +드래그하여 직사각형을 복사한 후 가로 사이즈를 조금 줄여줍니다.

5) 다시 [삽입]-[도형]-[직사각형 ▢]을 클릭하고 아래와 같이 드래그한 후 [서식] 탭에서 [도형 스타일]을 [색 윤곽선 - 검정, 어둡게 1 ▦]로 지정하고 글자를 입력합니다(14pt).

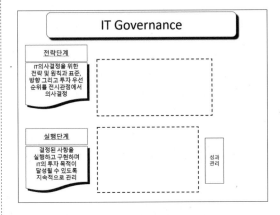

13 모서리가 둥근 직사각형 삽입하기

1) [삽입]-[도형]-[모서리가 둥근 직사각형 ▢]을 클릭한 후 드래그하여 위쪽에 그려줍니다.

2) [서식] 탭에서 [도형 스타일]을 [색 윤곽선 - 검정, 어둡게 1 ▦]로 지정합니다.

3) Ctrl + Shift +드래그하여 도형을 복사한 후 사이즈를 알맞게 조절합니다.

4) 도형 안에 글자를 입력합니다(14pt).

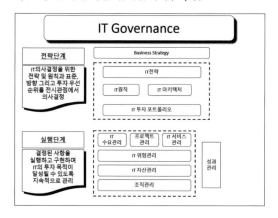

14 꺾인 화살표 연결선 및 선 삽입하기

1) [삽입]-[도형]-[꺾인 화살표 연결선 ⌐]을 클릭
   하여 각각 연결합니다(선 색 : 검정, 텍스트 1,
   두께 : 1pt).
2) [삽입]-[도형]-[화살표 ↘]를 클릭하여 연결합
   니다(선 색 : 검정, 텍스트 1, 두께 : 1pt).

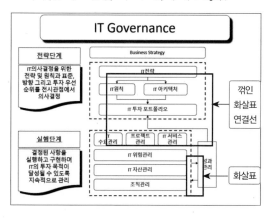

15 오각형 삽입하기

1) [삽입]-[도형]-[오각형 ▷]을 클릭한 후 드래그
   하여 그려줍니다.
2) [서식] 탭에서 [도형 스타일]을 [색 윤곽선 - 검
   정, 어둡게 1 ▨]로 지정합니다.
3) [서식]-[도형 윤곽선]-[두께]를 [2¼pt]로 지정
   합니다.
4) [서식]-[회전]-[좌우대칭]을 선택합니다.
5) Ctrl + Shift +드래그하여 도형을 복사한 후 사이
   즈를 알맞게 조절합니다.
6) 도형 안에 글자를 입력합니다(16pt, 굵게).

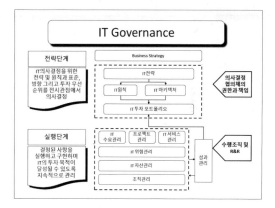

16 날짜와 페이지 번호 제거하기

1) [보기]-[유인물 마스터]를 클릭합니다.
2) [유인물 마스터]에 날짜와 페이지 번호 체크를 해
   제한 후 [마스터 보기 닫기]를 클릭합니다.

17 페이지 설정 및 인쇄

1) [파일]-[인쇄]에서 슬라이드 설정을 [2슬라이드]와
   고품질로 지정한 후 [인쇄]를 클릭합니다.

| 인쇄 미리 보기 |

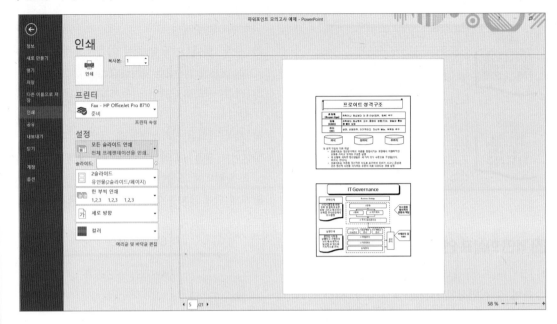

표 계산(DBMS) 작업

곰피디 마켓에서는 새벽 배송 현황을 분석하고자 한다. 다음 자료(DATA)를 이용하여 작성 조건에 따라 작업표와 그래프를 작성하고, 그 인쇄 출력물을 제출하시오.

가. 작업표(WORK SHEET) 작성

1) 자료(DATA)

곰피디 마켓 온라인 새벽 배송 현황

행\열	B	C	D	F	G	H
3	상품명	분류	판매 시작일	판매단가	입고수량	판매수량
4	대추 방울토마토	과일	2021-01-01	15,000	3,000	2,600
5	볶음 멸치	수산	2021-02-25	63,000	1,000	1,000
6	성주 참외	과일	2021-03-08	23,000	2,100	2,100
7	횡성 명품 한우	정육	2021-03-02	60,000	1,500	1,320
8	무연골 대패 삼겹살	정육	2021-06-09	25,000	1,250	850
9	생 연어	수산	2021-05-05	65,000	750	740
10	만나 바나나	과일	2021-04-12	27,000	1,100	900
11	고흥 새우	수산	2021-08-09	13,000	6,000	5,510
12	한돈 앞다리살	정육	2021-07-14	33,000	3,000	2,540
13	국산 전복	수산	2021-02-22	20,000	3,600	3,120
14	세지 메론	과일	2021-09-19	15,000	1,700	1,700
15	간고등어	수산	2021-07-17	32,000	3,000	1,900
16	한우 안심	정육	2021-03-09	14,000	2,000	1,240
17	곱창 전골	정육	2021-11-19	25,000	1,200	1,360
18	양념목살 칼집구이	과일	2021-07-30	52,000	2,200	1,900
19	참다랑어	수산	2021-08-30	27,000	2,400	1,990
20	충남 파인애플	과일	2021-07-16	18,000	1,000	850
21	한우 살치살	정육	2021-08-05	15,000	1,900	1,750
22	천도 복숭아	과일	2021-04-04	25,000	3,300	3,300

※ 자료(DATA) 부분에서 음영 처리 표시된 부분은 행/열의 기준을 나타내며 이는 작성(입력)하지 않음을 반드시 유의하시오.

2) 작업표 형식

곰피디 마켓 온라인 새벽 배송 현황

열 \ 행	B	E	F	H	I	J	K	L
3	상품명	판매종료일	판매단가	판매수량	재고수량	판매금액	평가	순위
4 · 22	–	①	–	–	②	③	④	⑤
23	평균		⑥	⑥	⑥	⑥		
24	정육 또는 과일의 합계금액의 합					⑦		
25	⑧							
26	정육이면서 A급 또는 B급인 금액의 합				⑨	⑨	⑨	
27	판매종료일이 2021-7-30 이전이면서 A급인 금액의 합				⑩	⑩	⑩	
28	판매금액이 70000000 이상 90000000 미만인 합				⑪	⑪	⑪	
29	⑫							

3) 작성 조건

가) 작성 시 유의 사항

Ⓐ 작업표의 작성은 "나)~라)" 항에 제시된 내용을 따르고 반드시 제시된 조건(함수 적용, 기재된 단서 조항 등)에 따라 처리하시오.

Ⓑ **제시된 작성 조건을 따르지 아니하고 여타의 방법 일체**(제시된 함수 이외 다른 함수 적용, 함수 미적용, 별도 전자계산기 사용 등)를 사용하여 도출된 결과는 그 답이 맞더라도 **정답으로 인정되지 않음**을 반드시 유의하시오.

Ⓒ 작업표상 텍스트 레이블과 작성 조건이 서로 다를 경우에는 **작성 조건을 기준**으로 수정하여 작업하시오.

나) 작업표의 구성 및 서식

Ⓐ **"작업표 형식"에서 행과 열에 관계된 음영 처리 표시된 부분은 작성하지 않음을 유의하고 반드시 제시된 행/열에 맞추도록 하시오.**

Ⓑ 제목서식 : 폰트는 20 포인트 크기로 하고 가운데 정렬합니다.

Ⓒ 글꼴 및 크기 : 이외 기타 글꼴 및 크기는 임의 선정하시오.

다) 원문자가 표시된 셀은 아래의 방법을 이용하여 처리하시오.

    ① 판매종료일 : 판매종료일은 판매 시작일의 7일 이후에 종료되도록 하시오.

      (판매종료일 : 판매시작일+7)

    ② 재고수량 : 입고수량−판매수량

    ③ 판매금액 : 판매단가*판매수량

    ④ 평가 : 판매금액이 70,000,000 이상이면 "A급", 60,000,000 이상 70,000,000 미만이면 "B급", 40,000,000 이상 60,000,000 미만이면 "C급", 그렇지 않으면 "D급"으로 나타내시오.

    ⑤ 판매순위 : 판매수량을 기준으로 순위를 산정하시오.

      (단, RANK 함수 사용, 순위 산정 기준은 내림차순으로)

    ⑥ 평균 : 각 해당 항목별 평균을 산출하시오(단, AVERAGE 함수 사용).

    ⑦ 분류가 정육 또는 과일인 판매금액의 합을 산출하시오.

      (단, SUMPRODUCT, ISNUMBER, FIND 함수를 모두 조합한(사용한) 함수식을 기재하시오)

    ⑧ 작성 조건 ⑦에 사용된 함수식을 기재하시오.

    ⑨ 정육이면서 A급 또는 B급인 판매수량, 재고수량, 판매금액의 합을 각각 산출하시오.

    ⑩ 판매종료일이 '2021−7−30' 이전이면서 A급인 판매수량, 재고수량, 판매금액의 합을 각각 산출하시오.

    ⑪ 판매금액이 70000000 이상 90000000 미만인 판매수량, 재고수량, 판매금액의 합을 각각 산출하시오(단, SUMIF 또는 SUMIFS 함수를 사용하시오).

    ⑫ "⑪"에 사용된 수식을 기재하시오(단, 재고수량을 기준으로).

> ※ 함수식을 기재하는 셀과 연관된 지정함수조건(함수지정)이 있을 경우 **제시된 함수만을 사용해 함수식을 구성 및 작업**하여야 하며, 작성 조건을 위배하여 임의로 작성할 시 해당 답이 맞더라도 틀린 항목으로 채점됨을 유의하십시오. 만약, 구체적인 함수가 제시되지 않을 경우 수험자가 **스스로 적합한 함수**를 선정하여 작업하시오.
>
> ※ 또한 함수식을 작성할 때는 라) 정렬순서(SORT)에 따라 조건에 맞게 **정렬 후 도출된 결과**에 의한 함수식을 기재하시오.

라) 작업표의 정렬순서(SORT)는 판매종료일로 오름차순으로 정렬하고, 같은 판매종료일 안에서는 판매금액의 내림차순으로 정렬하시오.

마) 기타

    (1) 금액에 대한 수치는 원화(₩) 표시를 하고 천 단위마다 ','(Comma)를 표시하시오.

      (단, 금액 이외의 수치는 ','(Comma)를 표시하지 않도록 하시오)

    (2) 모든 수치(숫자, 통화, 회계, 백분율 등)는 셀 서식의 속성을 설정하는 과정에서 소수 자릿수를 "0"으로 지정하여 정수로 표시토록 하시오.

    (3) 음수는 "−"가 표시되도록 하시오.

    (4) 숫자 셀은 우측을 수직으로 맞추고, 문자 셀은 수평중앙으로 맞추며 이외 사항은 작업표 형식에 따른다. 특히, 인쇄출력 시 판독 불가능이 발생되지 않도록 인쇄 미리 보기 등을 통하여 셀의 크기를 적당히 조정하시오.

나. 그래프(GRAPH) 작성

작성한 작업표에서 판매종료일이 '2021-05-01' 이전인 상품명별 판매수량과 재고수량을 나타내는 그래프를 작성하시오.

작성 조건

1) 그래프 형태 : 혼합형 단일축 그래프
   판매수량(묶은 세로 막대형), 재고수량(데이터 표식이 있는 꺾은선형)
   (단, 재고수량만 데이터 레이블의 값이 표시된 혼합형 단일축 그래프로 하시오)

2) 그래프 제목 : 새벽배송 판매량 현황 ---- (확대 출력)

3) X축 제목 : 상품명

4) Y축 제목 : 수량

5) X축 항목 단위 : 해당 문자열

6) Y축 눈금 단위 : 임의

7) 범례 : 판매수량, 재고수량

8) 출력물 크기 : A4 용지 1/2장 범위 내

9) 기타 : 작성 조건에 없는 형식이나 모양은 기본 설정값에 따르며, 그래프 너비는 작업표에 맞추도록 하시오.

※ 그래프는 반드시 작성된 작업표와 연동하여 작업하여야 하며, 그래프의 영역(범위) 설정 오류로 인한 불이익은 전적으로 수험자 본인에게 있습니다.

자료처리(DBMS) 작업

시대인 이삿짐 센터에서는 이사 현황을 전산화하려고 한다. 다음의 입력자료를 이용하여 DB를 설계하고 작성 조건에 따라 처리파일을 작성하고, 그 인쇄 출력물을 제출하시오.

가. 자료처리(DBMS) 작업 작성 조건

1) 자료처리(DBMS)작업은 조회화면(SCREEN) 설계와 자료처리보고서의 2가지 작업을 수행하여 그 결과물을 인쇄용지(A4) 기준 각 1장씩 총 2장을 제출하여야 채점 대상이 됨을 유의하시오.

2) 반드시 인쇄작업 수행 전 미리 보기 등을 통해 여백을 조정하고, 수치, 문자 등 구성요소가 누락되지 않도록 주의하시오. **구성요소가 누락되어 인쇄되지 않은 결과**로 인한 **모든 책임은 전적으로 수험자 본인에게 있음**을 반드시 유의하시오.

3) 문제지에 기재된 작성 조건에 따라 처리하고, 조회화면 및 자료처리보고서의 **서식이 작성 조건과 상이할 경우에는 시험위원의 지시에 따라 작업하시오.**

나. 입력자료

재고관리 현황

신청자	이사코드	이동거리	무게
하정희	J01	25	1
이정일	H03	40	5
김오순	J01	230	6
김재규	K05	120	5
이정아	J01	30	1
한지은	H03	60	10
김두혁	H03	45	6
이연희	K05	88	10
김정혁	K05	200	5
김호일	K05	76	1
정미경	J01	26	10
손은정	K05	210	6
김현진	H03	55	5
설명희	J01	10	1
김대근	H03	140	2

제품 코드표

이사코드	분류	기본요금
J01	소형이사	300,000
H03	가정이사	400,000
K05	사무실이사	700,000

다. 조회화면(SCREEN) 설계

> ※ 다음 조건에 따라 이사코드가 J나 K로 시작하면서 이동거리가 100 이하인 현황을 조회할 수 있는 화면을 설계하고 해당 데이터를 출력하시오.

1) 해당 현황은 목록 상자(리스트박스)에서 신청자의 오름차순으로 출력하고, 화면 아래에 조회 시 작성한 SQL문을 복사하시오.
   - WHERE 조건절에 이사코드, 이동거리 반드시 포함
   - INNER JOIN, LIKE, ORDER BY 구문 반드시 포함
   ※ SQL문에 상기 내용 미포함 시 SQL 작성 부분 0점 처리

2) 리스트박스 조회 시 작성된 SQL문이 작성되지 않을 경우에는 "**다. 조회화면(SCREEN) 설계**" 과제가 0점 처리됨을 반드시 유의하시오.

3) 목록 상자에 표시되어야 할 필수적인 필드명은 다음과 같습니다.
   - 이사코드, 신청자, 이동거리, 무게, 기본요금, 분류

4) 폼 서식에 제반되는 폰트, 점선 등은 아래 [조회화면 서식]에 보이는 대로 기재하시오.

5) 기타 사항은 "**라. 자료처리 파일(FILE) 작성**"의 [기타 조건]을 따르시오.

[조회화면 서식]

이사코드가 J 또는 K로 시작하고
이동거리가 100 이하인 현황

이사코드	신청자	이동거리	무게	기본요금	분류

리스트박스 조회 시 작성된 SQL문

라. 자료처리 파일(FILE) 작성

※ 다음 조건에 따라 아래 양식과 같이 작성하시오.

처리 조건

1) 분류(가정이사, 사무실이사, 소형이사)별로 정리한 후 같은 분류 안에서는 총납부금액의 오름차순으로 정렬(SORT)하시오.

2) **무게추가요금** : 무게가 10 이상이면 500,000원, 무게가 5 이상이면 300,000원, 나머지는 100,000원으로 한다.

3) **거리추가요금** : 이동거리가 100 이상이면 400,000원, 이동거리가 50 이상이면 200,000원, 나머지는 100,000원으로 한다.

4) **총납부금액** : 기본요금+무게추가요금+거리추가요금

5) **합계** : 각 무게추가요금, 거리추가요금, 총납부금액의 합 산출

6) **총평균** : 무게추가요금, 거리추가요금, 총납부금액의 전체 평균 산출

기타 조건

1) 조회화면 및 보고서의 제목은 16 정도의 임의 서체로 하시오.

2) 금액에 대한 수치는 원화(₩) 표시를 하고 천 단위마다 ','(Comma)를 표시하시오.
   (단, 금액 이외의 수치는 ','(Comma)를 표시하지 않도록 하시오)

3) 모든 수치(숫자, 통화, 백분율 등)는 컨트롤의 속성을 설정하는 과정에서 소수 자릿수를 "0"으로 지정하여 정수로 표시하시오.

4) 데이터의 열과 간격은 일정하게 맞추도록 하시오.

분류별 이사 현황

신청자	이동거리	무게	기본요금	무게추가요금	거리추가요금	총납부금액
XXXX	XXXX	XXXX	₩XXXX	₩XXXX	₩XXXX	₩XXXX
–	–	–	–	–	–	–
	가정이사 합계			₩XXXX	₩XXXX	₩XXXX
–	–	–	–	–	–	–
	사무실이사 합계			₩XXXX	₩XXXX	₩XXXX
–	–	–	–	–	–	–
	소형이사 합계			₩XXXX	₩XXXX	₩XXXX
	총평균			₩XXXX	₩XXXX	₩XXXX

시상(PT) 작업

주어진 2개의 슬라이드를 슬라이드 작성 조건에 따라 작업하여 인쇄합니다.

※ 슬라이드 작성 조건

1) 각 슬라이드를 문제의 **슬라이드 원안**과 같이 인쇄하여 제출합니다.
   (특히 글자, 음영, 그림자, 도형 등 인쇄된 내용 그대로 작업함을 유의하시오)

2) "주1)" 등 특수한 속성 지정이 되어 있는 경우 지시에 따라 작성하시오.

3) 글꼴은 문제 원안과 같거나 유사한 형태로 작업합니다.

4) 글자, 그림 및 도형 등의 크기와 모양은 문제 원안과 같거나 유사한 형태로 작업합니다.

5) 모든 글씨, 선 등은 흑백(그레이스케일)으로 작업하되, 글상자, 그림 및 도형 등에서 색 채우기가 있는 경우 색 채우기는 회색 40% 정도, 투명도 0%를 기준으로 작업합니다.

6) 각 슬라이드는 원안과 같이 **외곽선 테두리가 인쇄**되도록 인쇄합니다.

7) 각 슬라이드 크기는 A4 용지의 1/2 범위 내에 인쇄가 가능한 크기가 되도록 조정하여, 슬라이드 2개를 A4 용지 1매 안에 모두 인쇄합니다.

8) 비번호, 수험번호, 성명, 페이지 번호 등은 반드시 자필로 기재합니다.

비번호:　　　　수험번호:　　　　성명:

6cm

┌─────────────────┐
│   │
│   제 1 슬라이드   │
│   │
└─────────────────┘

┌─────────────────┐
│   │
│   제 2 슬라이드   │
│   │
└─────────────────┘

4-4

〈제1 슬라이드〉

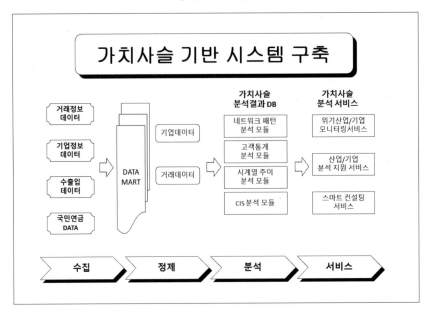

〈제2 슬라이드〉

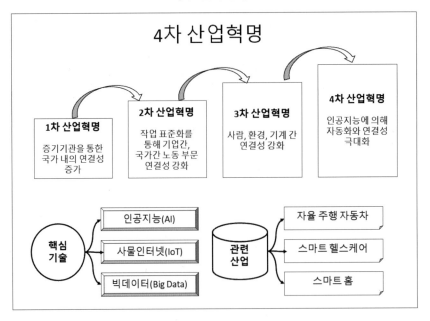

엑셀 실전 모의고사 4회 풀이

1 저장하기

1) [파일]-[저장]-[찾아보기]를 클릭하여, 바탕화면의 본인의 [비번호 폴더] 안에 시험위원이 지정해 준 파일명으로 저장합니다.

2 작업표 작성 및 병합하기

1) 자료(DATA)와 작업표 형식을 보고 아래와 같이 데이터를 입력합니다.

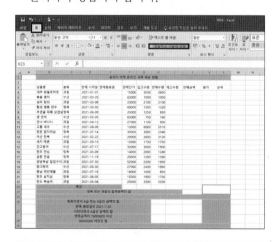

2) B1:L1셀까지 드래그하여 블록 지정한 후 Ctrl 을 계속 누른 채 B23:E23, B24:I24, B25:L25, B26:G26, B27:G27, B28:G28, B29:L29, K23:L24, K26:L28셀을 드래그하여 선택합니다.
3) [홈] 탭에 맞춤 그룹의 [병합하고 가운데 맞춤]을 클릭하여 병합시켜 줍니다.

※ 셀 안에 줄바꿈은 Alt + Enter 를 누릅니다.

3 조건 문제 풀이

❶ 판매종료일 : 판매종료일은 판매시작일의 7일 이후에 종료되도록 하시오(판매종료일 : 판매시작일+7).

함수식(E4)	=D4+7
설명	판매시작일(D4)에서 7을 더해서 나타냅니다.

➡ E4셀의 채우기 핸들을 드래그하여 E22셀까지 채워줍니다.

❷ 재고수량 : 입고수량-판매수량

함수식(I4)	=G4-H4
설명	입고수량(G4)에서 판매수량(H4)의 값을 빼서 나타냅니다.

❸ 판매금액 : 판매단가*판매수량

함수식(J4)	=F4*H4
설명	판매단가(F4)에서 판매수량(H4)을 곱한 값을 나타냅니다.

❹ 평가 : 판매금액이 70,000,000 이상이면 "A급", 60,000,000 이상 70,000,000 미만이면 "B급", 40,000,000 이상 60,000,000 미만이면 "C급", 그렇지 않으면 "D급"으로 나타내시오.

공식	=IF(조건1,참1,IF(조건2,참2,IF(조건3,참3, 거짓)))
함수식(K4)	=IF(J4>=70000000,"A급",IF(J4>= 60000000,"B급",IF(J4>=40000000,"C 급","D급")))
설명	• **조건1** : 판매금액(J4)이 70000000 이상 이면 • **참1** : "A급"을 나타내고, • **조건2** : 판매금액(J4)이 60000000 이상 이면 • **참2** : "B급"을 나타내고, • **조건3** : 판매금액(J4)이 40000000 이상 이면 • **참3** : "C급"을 나타내고, • **거짓** : 조건1도 조건2도 조건3도 만족 하지 않으면 "D급"을 나타냅니다.

❺ 순위 : 판매수량을 기준으로 순위를 산정하시오 (단, RANK 함수 사용, 순위 산정 기준은 내림차 순으로).

공식	=RANK(내 판매수량,전체 판매수량 범위)
함수식(L4)	=RANK(H4,$H$4:$H$22)
설명	각각의 판매수량이 전체 판매수량 범위 (H4:H22) 중 몇 위인지를 구합니다.

◑ I4:L4셀까지 드래그하여 블록 지정한 후 L4셀의 채우기 핸들을 끌어서 L22셀까지 채워줍니다.

❻ 평균 : 각 해당 항목별 평균을 산출하시오(단, AVERAGE 함수 사용).

공식	=AVERAGE(범위)
함수식(F23)	=AVERAGE(F4:F22)
설명	판매단가(F4:F22)의 평균 금액을 구합니다.

◐ F23셀의 채우기 핸들을 드래그하여 J23셀까지 채워줍니다.

❼ 분류가 정육 또는 과일인 판매금액의 합을 산출 하시오(단, SUMPRODUCT, ISNUMBER, FIND 함 수를 모두 조합한(사용한) 함수식을 기재하시오).

공식	=SUMPRODUCT(배열1,배열2....) =ISNUMBER(값) =FIND(찾을 문자,텍스트)
함수식(J24)	=SUMPRODUCT(ISNUMBER(FIND("정 육",C4:C22))+ISNUMBER(FIND("과 일",C4:C22)),J4:J22)
설명	• **FIND 함수** : C4:C22 영역에 "정육" **또 는 OR(+)** "과일"이라는 글자가 있으면 1이라는 숫자(위치값)를 반환하고 없으 면 #VALUE!라는 오류값을 반환합니다. • **ISNUMBER 함수** : FIND 함수로 구한 값이 숫자이면 TRUE(1), 그렇지 않으면 FALSE(0)를 반환합니다. • **SUMPRODUCT 함수** : ISNUMBER 함 수로 추출된 TRUE(1), FALSE(0)와 대응 하는 판매금액(J4:J22)끼리 곱한 값의 합계를 구합니다.

❽ 작성 조건 **❼**에 사용된 함수식을 기재하시오.

1) J24셀을 선택한 후 수식 입력줄에 있는 수식 전 체를 드래그하여 블록을 지정합니다.
2) 마우스 우클릭을 한 후 [복사] 또는 Ctrl + C (복 사)한 다음 Enter 를 누릅니다.
3) 병합된 B25셀을 클릭해서 작은따옴표(')를 입력 한 다음 Ctrl + V (붙여넣기) 또는 마우스 우클 릭을 한 후 [붙여넣기]를 클릭하고 Enter 를 누릅 니다(※ 수식 입력줄을 클릭한 후 붙여넣기를 해 도 됩니다).

❾ 정육이면서 A급 또는 B급인 판매량, 재고수량, 판매금액의 합을 각각 산출하시오.

공식	=SUMPRODUCT(배열1,배열2....)
함수식(H26)	=SUMPRODUCT((\$C\$4:\$C\$22="정육")*((\$K\$4:\$K\$22="A급")+(\$K\$4:\$K\$22="B급")),H4:H22)
설명	• 분류(C4:C22)가 "정육"이고 **그리고 (AND*)** 평가(K4:K22)가 "A급"이거나 **또는(OR+)** "B급"이면 TRUE(1), 그렇지 않으면 FALSE(0)를 반환합니다. • 조건으로 추출된 TRUE(1), FALSE(0)와 대응하는 판매수량(H4:H22)과 곱한 값의 합계를 구합니다.

❖ H26셀의 채우기 핸들을 드래그하여 J26셀까지 채워줍니다.

❿ 판매종료일이 '2021-7-30' 이전이면서 A급인 판매수량, 재고수량, 판매금액의 합을 각각 산출하시오.

공식	=SUMIFS(합계범위,조건범위1,"조건1",조건범위2,"조건2")
함수식(H27)	=SUMIFS(H4:H22,\$E\$4:\$E\$22,"<2021-7-30",\$K\$4:\$K\$22,"A급")
설명	• **합계범위** : 2개의 조건을 모두 만족하는 판매수량의 합계를 구해야 하므로 합계 범위는 H4:H22입니다. • **조건범위1&조건1** : 판매종료일 범위(E4:E22) 중에서 첫 번째 조건인 "<2021-7-30"을 만족하고 (그리고) • **조건범위2&조건2** : 평가범위(K4:K22) 중에서 두 번째 조건인 "A급"을 만족하는 할인금액의 합계를 구합니다.

❖ H27셀의 채우기 핸들을 드래그하여 J27셀까지 채워줍니다.

⓫ 판매금액이 70000000 이상 90000000 미만인 판매량, 재고수량, 판매금액의 합을 각각 산출하시오(단, SUMIF 또는 SUMIFS 함수를 사용하시오).

공식	=SUMIFS(합계범위,조건범위1,"조건1",조건범위2,"조건2")
함수식(H28)	=SUMIFS(H4:H22,\$J\$4:\$J\$22,">=70000000",\$J\$4:\$J\$22,"<90000000")
설명	• **합계범위** : 2개의 조건을 모두 만족하는 판매수량의 합계를 구해야 하므로 합계 범위는 H4:H24입니다. • **조건범위1&조건1** : 판매금액의 범위(J4:J22) 중에서 첫 번째 조건인 ">=70000000"을 만족하고 (그리고) • **조건범위2&조건2** : 판매금액의 범위(J4:J22) 중에서 두 번째 조건인 "<90000000"을 만족하는 판매수량의 합계를 구합니다.

❖ H28셀의 채우기 핸들을 드래그하여 J28셀까지 채워줍니다.

⓬ "⓫"에 사용된 수식을 기재하시오(단, 재고수량을 기준으로).

1) I28셀을 선택한 후 수식 입력줄에 있는 수식 전체를 드래그하여 블록을 지정합니다.
2) 마우스 우클릭을 한 후 [복사] 또는 Ctrl + C (복사)한 다음 Enter 를 누릅니다.
3) 병합된 B29셀을 클릭해서 작은따옴표(')를 입력한 다음 Ctrl + V (붙여넣기) 또는 마우스 우클릭을 한 후 [붙여넣기]를 클릭하고 Enter 를 누릅니다(※ 수식 입력줄을 클릭한 후 붙여넣기를 해도 됩니다).

④ 정렬하기

> 라) 작업표의 정렬순서(SORT)는 판매종료일로 오름차순으로 정렬하고, 같은 판매종료일 안에서는 판매금액의 내림차순으로 정렬하시오.

1) 정렬을 하기 위해 B3:L22셀까지 블록 지정한 후 [데이터] 탭의 [정렬]을 클릭합니다.
2) 첫 번째 정렬 기준은 "판매종료일"로 선택하고 정렬을 "오름차순 정렬"로 지정한 후 [기준 추가]를 클릭합니다.
3) 새로운 기준이 만들어졌으면 새로운 정렬 기준을 "판매금액"으로 선택하고 정렬을 "내림차순 정렬"로 지정한 후 [확인]을 클릭합니다.

⑤ 기타 조건

> (1) 금액에 대한 수치는 원화(₩) 표시를 하고 천 단위마다 ','(Comma)를 표시하시오.
> (2) 모든 수치(숫자, 통화, 회계, 백분율 등)는 셀 서식의 속성을 설정하는 과정에서 소수 자릿수를 "0"으로 지정하여 정수로 표시토록 하시오.
> (3) 음수는 "−"가 표시되도록 하시오.
> (4) 숫자 셀은 우측을 수직으로 맞추고, 문자 셀은 수평중앙으로 맞추며 이외 사항은 작업표 형식에 따르도록 하시오. 특히, 인쇄출력 시 판독 불가능이 발생되지 않도록 인쇄 미리 보기 등을 통하여 셀의 크기를 적당히 조정하시오.

1) 금액이 있는 F4:F23, J4:J24, J26:J28셀을 Ctrl 을 이용하여 선택합니다.
2) [홈] 탭의 표시 형식 그룹에서 [회계 표시 형식]을 클릭합니다.

3) 소수 자릿수가 있는 G23셀을 선택한 후 Ctrl 을 누른 채 I23셀을 선택합니다.
4) [홈] 탭의 [자릿수 줄임 .00→.0]을 클릭하여 정수로 표시합니다.
5) 문자가 있는 셀들을 Ctrl 을 누른 채 선택한 후 [가운데 맞춤 ≡]을 누릅니다.
6) 금액이 ####으로 표시되면 열 너비를 적당하게 늘려줍니다.

⑥ 열 숨기기

1) A열을 클릭한 후 Ctrl 을 누른 채 C~D열을 드래그하고, G열을 선택합니다.
2) 마우스 우클릭을 한 후 [숨기기]를 클릭합니다. 복사한 수식이 잘 보이지 않으면 열 너비를 적당히 늘려줍니다.

7 제목 서식 변경하기

1) 병합된 B1:L1셀을 선택한 후 [홈] 탭에서 글자 크기를 20pt로 입력합니다.

8 테두리 지정하기

1) B3:L29셀까지 드래그하여 블록 지정한 후 [홈] 탭의 글꼴 그룹에서 테두리를 [모든 테두리⊞▼]로 선택합니다.

2) 다시, B4:L22셀까지 드래그하여 블록 지정합니다. Ctrl + 1 (셀 서식)의 [테두리] 탭에서 스타일을 [없음]으로 지정하고 [중간 가로선⊞]을 선택한 후 [확인]을 클릭합니다.

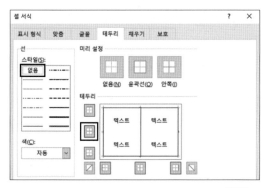

3) 병합되어있는 K23:L24, K26:L28셀을 Ctrl 을 이용하여 선택한 후 셀 서식의 [테두리] 탭에서 스타일을 [실선]으로 지정하고 [양쪽 대각선]을 선택한 후 [확인]을 클릭합니다.

9 그래프(GRAPH) 작성

나. 그래프(GRAPH) 작성

작성한 작업표에서 판매종료일이 '2021-05-01' 이전인 상품명별 판매수량과 재고수량을 나타내는 그래프를 작성하시오.

[작성 조건]

1) 그래프 형태 : 혼합형 단일축 그래프
   판매수량(묶은 세로 막대형), 재고수량(데이터 표식이 있는 꺾은선형)
   (단, 재고수량만 데이터 레이블의 값이 표시된 혼합형 단일축 그래프로 하시오)

2) 그래프 제목 : 새벽배송 판매량 현황 ----
   (확대 출력)

3) X축 제목 : 상품명

4) Y축 제목 : 수량

5) X축 항목 단위 : 해당 문자열

6) Y축 눈금 단위 : 임의

7) 범례 : 판매수량, 재고수량

8) 출력물 크기 : A4 용지 1/2장 범위 내

9) 기타 : 작성 조건에 없는 형식이나 모양은 기본 설정값에 따르며, 그래프 너비는 작업표에 맞추도록 하시오.

✓ 차트 만들기

1) B3:B11셀을 드래그하여 선택한 후, Ctrl 을 누른 채 H3:I11셀을 드래그합니다.

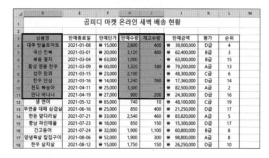

2) 그래프를 만들기 위해 [삽입]-[세로 또는 가로 막대형 차트 삽입▮▮▼]-[묶은 세로 막대형▮▮]을 클릭합니다.

3) 만들어진 그래프를 작업표 하단으로 드래그하여 이동하여 줍니다. 이때 차트의 왼쪽 모서리가 B31셀에 위치하도록 이동합니다.

4) 차트의 조절점을 이용하여 상단의 작업표의 열 너비인 L열까지 크기를 늘려줍니다. 차트의 높이는 적당하게 조절하여 줍니다.

☑ 차트 종류 변경하기

1) 재고수량 계열만 선택하고 마우스 우클릭을 한 후 [계열 차트 종류 변경]을 클릭합니다.

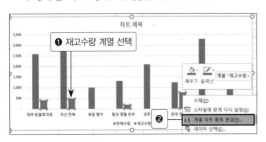

2) 좌측 [콤보]가 선택된 상태에서 재고수량 계열의 차트 종류를 [표식이 있는 꺾은선형]으로 선택한 후 [확인]을 클릭합니다.

☑ 레이블값 표시하기

1) 재고수량 계열의 표식을 클릭합니다.

2) 선택한 재고수량 계열의 표식 위에서 마우스 우클릭을 한 후 [데이터 레이블 추가]-[데이터 레이블 추가]를 클릭합니다.

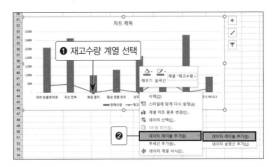

☑ 그래프 제목

1) 차트 제목을 선택한 후 수식 입력줄에 **새벽배송 판매량 현황**을 입력한 후 Enter 를 누릅니다.

✅ X축 제목 삽입하기

1) 차트 도구의 [디자인] 탭-[차트 요소 추가]-[축 제목]-[기본 가로]를 클릭합니다.
2) 축 제목을 선택 후 수식 입력줄에서 **상품명**을 입력한 후 Enter 를 누릅니다.

> **엑셀 2010 버전**
> [레이아웃]-[축 제목]-[기본 가로축 제목]-[축 아래 제목]
>
> **엑셀 2021 버전**
> [차트 디자인] 탭-[차트 요소 추가]-[축 제목]-[기본 가로]

✅ Y축 제목 삽입하기

1) 차트 도구의 [디자인] 탭-[차트 요소 추가]-[축 제목]-[기본 세로]를 클릭합니다.
2) 축 제목을 선택 후 수식 입력줄에서 **수량**을 입력한 후 Enter 를 누릅니다.

> **엑셀 2010 버전**
> [레이아웃]-[축 제목]-[기본 세로축 제목]-[제목 회전]
>
> **엑셀 2021 버전**
> [차트 디자인] 탭-[차트 요소 추가]-[축 제목]-[기본 세로]

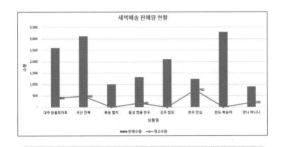

차트 글자 색과 테두리
엑셀 2016&2021은 차트의 글자 색이 회색으로 보이기 때문에 차트 영역을 선택한 후 글자 색을 검정으로 지정하고, [서식] 탭에서 [도형 윤곽선]을 검정으로 지정해두면 좋습니다. 지정하지 않아도 감점되지는 않습니다.

🔟 페이지 설정 및 인쇄

✅ 페이지 설정

1) 데이터가 입력된 셀을 선택한 후 [파일]-[인쇄]를 클릭합니다(모든 데이터들이 한 페이지에 나타나지 않습니다).
2) [현재 설정된 용지]를 클릭한 후 **[한 페이지에 시트 맞추기]**를 클릭합니다(모든 행과 열의 데이터가 한 페이지 안에 축소되어 나타난 것을 알 수 있습니다).
3) [페이지 설정]으로 들어간 후 [여백] 탭에서 위쪽 여백을 6으로 입력하고, 페이지 가운데 맞춤을 가로, 세로 체크 후 [확인]을 클릭합니다.
4) 인쇄를 클릭하여 출력 작업을 진행합니다(실제 출력은 세 가지 작업을 모두 마친 후 진행합니다).
5) [파일]-[저장]을 클릭합니다.
6) 이전 버튼을 클릭하여 편집화면으로 되돌아갑니다.

| 작업표 작성 |

곰피디 마켓 온라인 새벽 배송 현황

상품명	판매종료일	판매단가	판매수량	재고수량	판매금액	평가	순위
대추 방울토마토	2021-01-08	₩15,000	2,600	400	₩ 39,000,000	D급	4
국산 전복	2021-03-01	₩20,000	3,120	480	₩ 62,400,000	B급	3
봄울 멸치	2021-03-04	₩63,000	1,000	-	₩ 63,000,000	B급	15
횡성 명품 한우	2021-03-09	₩60,000	1,320	180	₩ 79,200,000	A급	13
성주 참외	2021-03-15	₩23,000	2,100	-	₩ 48,300,000	C급	6
한우 안심	2021-03-16	₩14,000	1,240	760	₩ 17,360,000	D급	14
천도 복숭아	2021-04-11	₩25,000	3,300	-	₩ 82,500,000	A급	2
안나 바나나	2021-04-19	₩27,000	900	200	₩ 24,300,000	D급	16
생 연어	2021-05-12	₩65,000	740	10	₩ 48,100,000	C급	19
무연골 대패 삼겹살	2021-06-16	₩25,000	850	400	₩ 21,250,000	D급	17
한돈 앞다리살	2021-07-21	₩33,000	2,540	460	₩ 83,820,000	A급	5
충남 파인애플	2021-07-23	₩18,000	850	150	₩ 15,300,000	D급	17
간고등어	2021-07-24	₩32,000	1,900	1,100	₩ 60,800,000	B급	8
양념목살 짤집구이	2021-08-06	₩52,000	1,900	300	₩ 98,800,000	A급	8
한우 살치살	2021-08-12	₩15,000	1,750	150	₩ 26,250,000	D급	10
고흥 새우	2021-08-16	₩13,000	5,510	490	₩ 71,630,000	A급	1
참다랑어	2021-09-06	₩27,000	1,990	410	₩ 53,730,000	C급	7
세지 메론	2021-09-26	₩15,000	1,700	-	₩ 25,500,000	D급	11
곱창 전골	2021-11-26	₩25,000	1,360	160	₩ 34,000,000	D급	12
평균		₩29,842	1,930	281	₩ 50,275,789		
정육 또는 과일의 합계금액의 합					₩595,580,000		
=SUMPRODUCT((ISNUMBER(FIND("정육",C4:C22))+ISNUMBER(FIND("과일",C4:C22))),J4:J22)							
정육이면서 A급 또는 B급인 금액의 합			3,860	640	₩163,020,000		
판매 종료일이 2021-7-30 이전이면서 A급인 금액의 합			7,160	640	₩245,520,000		
판매금액이 70000000 이상 90000000 미만인 합			12,670	1,130	₩317,150,000		
=SUMIFS(I4:I22,$J$4:$J$22,">=70000000",$J$4:$J$22,"<90000000")							

| 그래프 작성 |

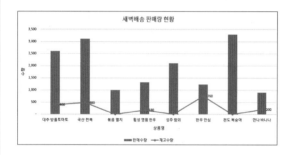

새벽배송 판매량 현황

| 인쇄 미리 보기 |

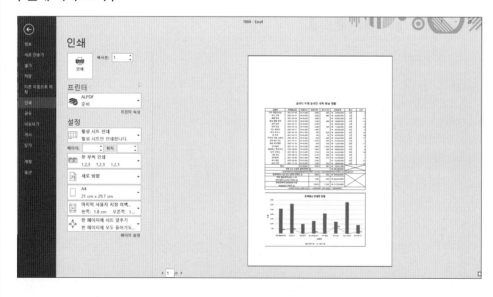

▶ 액세스 실전 모의고사 4회 풀이

1 저장하기

1) 액세스를 실행한 후 [새 데스크톱 데이터베이스] 를 클릭합니다.
2) 파일 이름 입력하는 우측의 📁를 클릭합니다.
3) 저장 위치는 [바탕화면]-[비번호 폴더] 안에 시험위원이 지정해 준 파일명을 입력한 후 [확인]을 클릭합니다.

> **액세스 2007&2010 버전**
> 액세스 실행 후 [새 데이터베이스]가 선택되어있는 상태에서 우측 파일 이름 입력하는 곳 옆의 📁를 클릭합니다.

2 테이블 작성하기

⊘ 테이블1 만들기

1) 테이블 도구의 [필드] 탭-[보기]에서 [디자인 보기]를 클릭합니다.
2) 테이블을 저장하라는 창이 나오면 테이블 이름을 그대로 '테이블1'로 지정한 후 [확인]을 클릭합니다.

> **액세스 2007 버전**
> [데이터시트] 탭-[보기]-[디자인 보기]

> **액세스 2021 버전**
> [데이터 필드] 탭-[보기]-[디자인 보기]

3) 아래와 같이 필드 이름과 데이터 형식을 변경합니다.

필드 이름	데이터 형식
신청자	짧은 텍스트
이사코드	짧은 텍스트
이동거리	숫자
무게	숫자

> ※ 이사코드는 필드 속성에서 [IME 모드]를 [영숫자 반자]로 지정합니다.

> **액세스 2007&2010 버전**
> 데이터 형식의 짧은 텍스트 대신 [텍스트]로 지정합니다.

4) 조건에 기본 키를 지정하라는 조건이 없으므로 기본 키를 해제하기 위해, **"신청자"** 필드 이름을 클릭한 후, 테이블 도구의 [디자인] 탭에서 [기본 키]를 클릭하여 기본 키를 해제합니다.
5) 테이블 도구의 [보기]-[데이터시트 보기]를 클릭한 후 테이블 저장 대화상자가 나타나면 [예]를 클릭합니다.
6) 아래와 같이 테이블1에 데이터를 입력합니다. 필드를 이동할 때는 방향키(↑, ↓, ←, →)를 이용합니다.

신청자	이사코드	이동거리	무게
하정희	J01	25	1
이정일	H03	40	5
김오순	J01	230	6
김재규	K05	120	5
이정아	J01	30	1
한지은	H03	60	10
김두혁	H03	45	6
이연희	K05	88	10
김정혁	K05	200	5
김호일	K05	76	1
정미경	J01	26	10
손은정	K05	210	6
김현진	H03	55	5
설명희	J01	10	1
김대근	H03	140	2
*		0	0

7) '테이블1' 탭 위에서 마우스 우클릭을 한 후 [닫기]를 클릭하여 테이블1을 닫아 줍니다. 좌측에 '테이블1'을 더블 클릭하여 데이터가 올바르게 입력되었는지 다시 한번 확인합니다.

> **액세스 2021 버전**
> [디자인] 탭 대신 [양식 디자인] 탭으로 들어갑니다.

⊘ 테이블2 만들기

1) [만들기] 탭의 [테이블 디자인]을 클릭하여 두 번째 테이블을 만듭니다.
2) 아래와 같이 필드 이름과 데이터 형식을 지정합니다.

필드 이름	데이터 형식
이사코드	짧은 텍스트
분류	짧은 텍스트
기본요금	숫자

3) 테이블 도구의 [보기]-[데이터시트 보기]를 클릭한 후 테이블 저장 대화상자가 나타나면 [예]-[확인]을 클릭합니다.

4) "기본 키를 정의하지 않았습니다. 기본 키를 만드시겠습니까?"라는 대화상자가 나오면 [아니요]를 클릭합니다.

5) 아래와 같이 테이블2에 데이터를 입력합니다. 필드를 이동할 때는 방향키($\uparrow$, $\downarrow$, $\leftarrow$, $\rightarrow$)를 이용합니다.

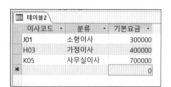

6) '테이블2' 탭 위에서 마우스 우클릭을 한 후 [닫기]를 클릭하여 테이블2를 닫아 줍니다. 좌측에 '테이블2'를 더블 클릭하여 데이터가 올바르게 입력되었는지 다시 한번 확인합니다.

❸ 폼 작성 및 편집

✅ 폼 디자인 만들기

1) [만들기] 탭에서 [폼 디자인]을 클릭합니다.

✅ 레이블로 제목 만들기

1) 폼의 우측 하단 모서리에서 마우스 커서가 ✛ 모양일 때 드래그하여 가로는 19cm, 세로는 20cm 안쪽으로 드래그합니다.

2) 폼의 제목을 입력하기 위해 폼 디자인 도구의 [디자인] 탭에서 [레이블 가]을 클릭한 후 폼의 상단에 적당한 크기로 드래그합니다.

3) 레이블 안에 제목을 입력한 후 글자를 블록 지정하거나, 레이블 테두리를 클릭한 후 폼 디자인 도구의 [서식] 탭에서 크기를 16pt로 입력하고 [가운데 정렬 ≡]을 클릭합니다.

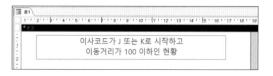

※ 제목에서 한 줄을 입력하고 줄 바꿈은 Shift + Enter 를 누릅니다.

※ 조절점을 더블 클릭하면 레이블 상자가 글자 크기에 맞춰서 조절됩니다.

✅ 목록 상자 만들기

1) 폼 디자인 도구의 [디자인] 탭에서 [목록 상자 ▦]를 클릭한 후 제목 아래에 적당한 크기로 드래그하여 그려줍니다.

2) "목록 상자 마법사" 창이 나타나면 [취소]를 클릭하여 창을 닫아 줍니다.

3) 목록 상자 왼쪽에 있는 "List1:" 레이블을 선택한 후 Delete 를 눌러 삭제합니다.

4) [속성 시트]의 [데이터] 탭에서 [행 원본]을 선택한 후 ⋯를 클릭합니다.

※ 속성 시트가 없으면 폼 디자인 도구의 [디자인] 탭에서 [속성 시트]를 클릭합니다.

5) 테이블 표시 창이 나타나면 '테이블1'과 '테이블2'를 더블 클릭한 후 [닫기]를 클릭합니다.

6) 테이블1에 있는 **이사코드** 필드를 테이블2의 **이사코드**로 드래그하여 연결해줍니다.

7) 조회화면 서식에 나와 있는 순서대로 **이사코드, 신청자, 이동거리, 무게, 기본요금, 분류** 필드명을 더블 클릭하여 필드에 추가합니다.

필드:	이사코드	신청자	이동거리	무게	기본요금	분류
테이블:	테이블1	테이블1	테이블1	테이블1	테이블2	테이블2
정렬:						
표시:	☑	☑	☑	☑	☑	☑
조건:						
또는:						

이사코드가 J 또는 K로 시작하고 이동거리가 100
이하인 현황 나타내기

8) 구분코드의 조건에 **J* OR K***를 입력한 후 Enter
를 누르면 Like "J*" Or Like "K*"로 변경됩니다.

9) 이동거리가 100 이하인 현황을 나타내려면, 이동
거리 조건에 **<=100**을 입력합니다. AND 조건이
므로 같은 행에 조건을 입력합니다.

필드명 "신청자"의 오름차순으로 출력

10) 신청자를 오름차순으로 정렬하기 위해 신청자
의 정렬에서 ∨를 클릭한 후 오름차순을 선택
합니다.

11) [폼1 : 쿼리 작성기] 탭에서 마우스 우클릭을 한
후 [데이터시트 보기]를 클릭하여, **이사코드가 J
또는 K로 시작하고 이동거리가 100 이하인 현황**
이 나타나는지, 신청자가 오름차순으로 나오는
지를 확인합니다.

이사코드	신청자	이동거리	무게	기본요금	분류
K05	김호일	76	1	700000	사무실이사
J01	설명희	10	1	300000	소형이사
K05	이연희	88	10	700000	사무실이사
J01	이정아	30	1	300000	소형이사
J01	정미경	26	10	-300000	소형이사
J01	하정희	25	1	300000	소형이사

12) 다시, [폼1 : 쿼리 작성기] 탭에서 마우스 우클
릭을 한 후 [SQL 보기]를 클릭하여 조건에 나와
있는 아래의 WHERE 조건절, INNER JOIN,
LIKE, ORDER BY문이 포함되어 있는지 확인
합니다.

13) [폼1 : 쿼리 작성기] 탭에서 마우스 우클릭을 한
후 [닫기]-[예]를 클릭합니다.

14) [속성 시트]의 [형식] 탭에서 **열 개수**를 6으로
입력하고, **열 이름**을 **예**로 선택합니다.

15) [폼1] 탭에서 마우스 우클릭을 한 후 [폼 보기]
를 클릭하여 확인합니다.

이사코드가 J 또는 K로 시작하고
이동거리가 100 이하인 현황

이사코드	신청자	이동거리	무게	기본요금	분류
K05	김호일	76	1	700000	사무실이사
J01	설명희	10	1	300000	소형이사
K05	이연희	88	10	700000	사무실이사
J01	이정아	30	1	300000	소형이사
J01	정미경	26	10	300000	소형이사
J01	하정희	25	1	300000	소형이사

※ 목록 상자에 스크롤바가 생기면 감점되기 때문에 목록
상자의 높이를 키워주어 스크롤바가 생기지 않도록 합
니다.

✅ 선 그리기

1) 목록 상자의 하단의 선을 만들기 위해 다시 [홈]
탭-[보기]-[디자인 보기]를 클릭한 후 폼 디자인
도구의 [디자인] 탭에서 [선▨]을 선택합니다.

2) Shift 를 누른 채 목록 상자 하단에 드래그하여
직선을 그려줍니다.

3) [속성 시트]의 [형식] 탭에서 [테두리 두께]를
[6pt]로 지정합니다.

✅ 텍스트 상자 만들기

1) 폼 디자인 도구의 [디자인] 탭에서 [텍스트 상
자 ▥]를 선택한 후 목록 상자 아래쪽에 적당하
게 드래그하여 그려줍니다.

2) "텍스트 상자 마법사" 창이 나오면 [취소]를 클릭
합니다.

3) 텍스트 상자 왼쪽에 있는 레이블을 선택하여 **리스
트박스 조회 시 작성된 SQL문**을 입력합니다.

4) 레이블 테두리를 선택한 후, 폼 디자인 도구의 [서식] 탭에서 글자 크기를 16pt로 입력합니다. 레이블과 텍스트 상자의 **이동 핸들을 드래그**하여 위치를 이동할 수 있습니다.

5) 우측 하단에서 드래그하여 텍스트 상자, 선, 목록 상자가 조금이라도 포함되도록 선택합니다.

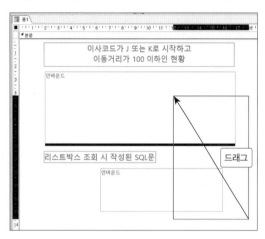

6) 폼 디자인 도구의 [정렬] 탭-[맞춤]-[왼쪽]을 클릭하고, 다시 [크기/공간]-[가장 넓은 너비에]를 클릭하여 좌/우 크기를 동일하게 맞춰줍니다.

7) [속성 시트]의 [형식] 탭에서 [테두리 색]을 [검정 텍스트]로 지정합니다.

8) 빈 곳을 클릭, 다시 텍스트 상자만 선택한 후 [속성 시트]의 [테두리 스타일]을 [파선]으로 지정합니다.

⊘ SQL문 복사하기

1) 목록 상자를 클릭한 후 [속성 시트]의 [데이터] 탭에서 [행 원본]을 클릭합니다. Ctrl + C (복사)를 누른 후 텍스트 상자를 클릭합니다.

2) =를 입력하고, 작은따옴표(')를 입력합니다. Ctrl + V (붙여넣기)를 한 후 다시 작은따옴표(')로 닫아 줍니다.

3) 전체를 드래그하여 모든 컨트롤을 선택한 후 폼 디자인 도구의 [서식] 탭에서 [글꼴 색 가]을 [검정, 텍스트 1]로 지정합니다. [본문]을 클릭해서 [교차 행 색]을 [흰색, 배경 1]로 지정합니다.

⊘ 인쇄 미리 보기 및 여백 지정하기

1) [파일]-[인쇄]-[인쇄 미리 보기]에서 완성된 폼 화면을 확인할 수 있습니다.

2) 상단 [페이지 설정]에서 **위쪽 여백**을 60으로 입력하고 [확인]을 클릭합니다. 인쇄될 결과물을 확인한 후 [인쇄 미리 보기 닫기]를 클릭합니다.

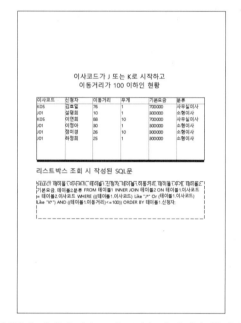

3) [폼1] 탭에서 마우스 우클릭을 한 후 [닫기]-[예]를 클릭합니다.

4 쿼리 작성 및 편집

⊘ 쿼리 디자인 만들기

1) [만들기]-[쿼리] 그룹에서 [쿼리 디자인]을 클릭합니다.

2) 테이블 표시 대화상자가 나타나면 '테이블1'과 '테이블2'를 순서대로 더블 클릭하여 테이블을 생성시킨 후 [닫기]를 클릭합니다.

3) 테이블1의 **이사코드**를 테이블2의 **이사코드**로 드래그하여 조인(JOIN)을 시켜줍니다.

☑ 테이블 조인 및 필드 추가

> ※ 보고서 서식을 보고 각각의 필드를 더블 클릭하여 실행하고, 계산이 필요한 필드는 처리 조건을 보고 계산합니다.

1) 보고서 서식을 보고 **신청자, 이동거리, 무게, 기본요금, 분류**를 순서대로 더블 클릭하여 필드를 추가해 줍니다(★ 분류별로 정리하라는 조건이 있기 때문에 분류도 반드시 포함해야 합니다).

필드:	신청자	이동거리	무게	기본요금	분류	∨
테이블:	테이블1	테이블1	테이블1	테이블2	테이블2	
정렬:						
표시:	☑	☑	☑	☑	☑	
조건:						
또는:						

> **[처리 조건]**
> • 무게추가요금 : 무게가 10 이상이면 500,000원, 무게가 5 이상이면 300,000원, 나머지는 100,000원으로 한다.
> • 거리추가요금 : 이동거리가 100 이상이면 400,0000원, 이동거리가 50 이상이면 200,000원, 나머지는 100,000원으로 한다.
> • 총납부금액 : 기본요금+무게추가요금+거리추가요금

2) 분류 오른쪽 필드에 **무게추가요금: IIF(무게>=10,500000,IIF(무게>=5,300000,100000))**를 입력합니다(※ 필드 위에서 마우스 우클릭을 한 후 [확대/축소]를 클릭하여 입력합니다).

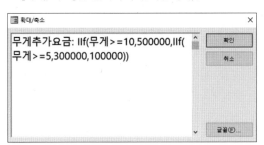

3) 무게추가요금 오른쪽 필드에 **거리추가요금: IIF(이동거리>=100,400000,IIF(이동거리>=50,200000,100000))**를 입력합니다.

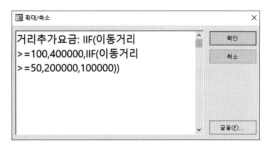

4) 거리추가요금 오른쪽 필드에 **총납부금액: 기본요금+무게추가요금+거리추가요금**을 입력합니다.

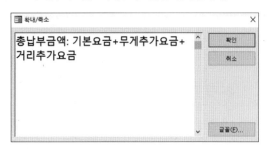

☑ 쿼리 확인하기

1) [쿼리1] 탭에서 마우스 우클릭을 한 후 [데이터시트 보기]를 클릭하여 쿼리 결과를 확인합니다.

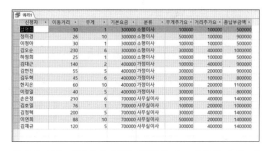

2) [쿼리1] 탭의 [닫기]를 클릭한 후, 대화상자가 나오면 [예]를 클릭합니다. 폼 이름은 [쿼리1]로 지정한 후 [확인]을 클릭합니다.

5 보고서 작성 및 편집

✓ 보고서 마법사로 보고서 만들기

1) [만들기] 탭의 보고서 그룹에서 [보고서 마법사]를 클릭합니다.
2) 보고서 마법사 대화상자가 나타나면 '테이블/쿼리'를 [쿼리: 쿼리1]로 변경하고, 사용 가능한 필드에서 >> 를 클릭하여 선택한 필드로 모두 이동시킨 후 [다음]을 클릭합니다.

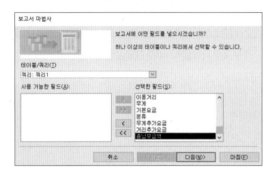

[처리 조건]

분류(가정이사, 사무실이사, 소형이사)별로 정리한 후, 같은 분류 안에서는 총납부금액의 오름차순으로 정렬(SORT)하시오.

3) 처리 조건에 **분류별**로 정리하라는 지시가 있으므로 **분류**를 선택한 후 > 를 클릭하여 그룹 수준을 지정하고 [다음]을 클릭합니다.

4) **같은 분류 안에서는 총납부금액의 오름차순**으로 정렬(SORT)해야 한다는 조건이 있으므로 첫 번째 필드를 **총납부금액**으로 입력하고 오름차순으로 지정한 후 [요약 옵션]을 클릭합니다.

[처리 조건]
• 합계 : 각 무게추가요금, 거리추가요금, 총납부금액의 합 산출
• 총평균 : 무게추가요금, 거리추가요금, 총납부금액의 전체 평균 산출

5) **무게추가요금, 거리추가요금, 총납부금액**의 합계와 평균에 □를 클릭하여 ✓체크한 후 [확인]을 클릭합니다.
6) [다음]을 클릭하면 보고서 모양을 지정할 수 있는 보고서 마법사가 나타나는데 기본 설정 그대로 [다음]을 클릭합니다.
7) 보고서 제목은 [쿼리1]로 그대로 지정하고, [보고서 디자인 수정]을 선택한 후 [마침]을 클릭합니다.

✓ 필요 없는 컨트롤 삭제하기

1) [분류 바닥글]의 ="에 대한 요약"의 좌측 눈금선에서 마우스 커서가 ➡로 바뀌면 클릭합니다. Shift 를 누른 채 [페이지 바닥글]에 =NOW, =Page와 [보고서 바닥글]에 총합계 컨트롤을 선택하고 Delete 를 눌러 삭제합니다.

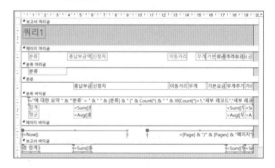

✓ 컨트롤 배치 및 속성 변경하기

1) [분류 바닥글]의 평균을 선택한 후 [보고서 바닥글]로 드래그하여 내려줍니다.
2) [분류 머리글]의 분류를 [분류 바닥글]의 합계 좌측으로 드래그하여 내려줍니다.
3) [페이지 머리글]의 분류를 선택한 후 Delete 를 눌러 삭제합니다.

4) [분류 머리글]과 [페이지 바닥글] 아래에서 마우스 커서가 ✛로 변할 때 위로 드래그하여 높이를 끝까지 줄여줍니다. [분류 바닥글]에 합계 컨트롤도 위치를 위쪽 이동 후 높이를 줄여줍니다.

5) 각 컨트롤의 위치와 크기를 아래와 같이 변경합니다. [보고서 바닥글]의 평균을 총평균으로 변경합니다.

> ※ [쿼리1] 탭에서 마우스 우클릭을 한 후 [레이아웃 보기]를 클릭해서 #####으로 나타나 있으면, 컨트롤의 너비를 조금 더 늘려주어야 합니다.

✅ 보고서 제목 및 서식 지정하기

1) [쿼리1] 글자를 드래그하여 블록 지정한 후 보고서 제목인 **분류별 이사 현황**을 입력합니다.
2) 제목의 바깥쪽 테두리를 선택한 후, 오른쪽 조절점에서 끝까지 드래그합니다.
3) 보고서 디자인 도구의 [서식] 탭에서 글자 크기를 16pt로 입력하고, [가운데 맞춤≣]을 클릭합니다.

> **액세스 2007 버전**
> 폼 디자인 도구의 [디자인] 탭
>
> **액세스 2010 버전**
> 폼 디자인 도구의 [형식] 탭

4) [페이지 머리글] 필드를 모두 선택한 후 Shift 를 누른 채 [본문]의 신청자를 선택합니다.
5) 보고서 디자인 도구의 [서식] 탭에서 [가운데 맞춤≣]을 클릭합니다.

> ※ 조금 더 세부적으로 각 컨트롤의 위치를 변경하려면 [쿼리1]에서 마우스 우클릭을 한 후 [레이아웃 보기]에서 각 컨트롤의 위치나 크기를 조절합니다.

✅ 금액에 대한 수치 원화(₩)로 표시하기

> ※ 레이아웃 보기로 들어가면 원화(₩) 표시가 없는 컨트롤을 확인할 수 있습니다.

1) [본문]의 기본요금, 무게추가요금, 거리추가요금, 총납부금액, [분류 바닥글]과 [보고서 바닥글]의 무게추가요금, 거리추가요금, 총납부금액의 합계와 평균을 Shift 를 이용하여 선택합니다.
2) [속성 시트]의 [형식] 탭에서 형식을 [통화]로 지정합니다.

✅ 컨트롤 글꼴 색 및 윤곽선 설정하기

1) 모든 컨트롤을 드래그하거나 단축키 Ctrl + A (모두 선택)를 눌러 선택해줍니다.
2) 보고서 디자인 도구의 [서식] 탭에서 [글꼴 색]을 [검정, 텍스트 1]로 지정하고, [도형 윤곽선]을 [투명]으로 지정합니다.

✅ 배경색 및 교차 행 색 설정하기

1) [보고서 머리글]을 선택한 후 보고서 디자인 도구의 [서식] 탭에서 [도형 채우기]를 [흰색, 배경1]로 지정합니다.

2) [본문]을 클릭한 후 보고서 디자인 도구의 [서식] 탭의 [교차 행 색]을 [색 없음]으로 지정합니다.

3) 마찬가지 방법으로 [분류 바닥글]을 클릭하여 [교차 행 색]을 [색 없음]으로 지정합니다.

✅ 선 삽입하기

1) 보고서 디자인 도구의 [디자인] 탭을 클릭한 후 [선☐]을 선택합니다. [페이지 머리글]의 좌측부터 Shift 를 누른 채 드래그하여 그려줍니다.

2) [페이지 머리글]의 위쪽에 그려준 선이 선택된 상태에서 Ctrl + C (복사)를 한 후 다시 Ctrl + V (붙여넣기)를 합니다.

3) 키보드의 아래 화살표(↓)를 눌러 복사된 선을 [페이지 머리글]의 아래쪽에 위치되도록 합니다.

4) [분류 바닥글]을 클릭한 후 Ctrl + V (붙여넣기)를 하면 [분류 바닥글] 위쪽에 선이 복사됩니다. 다시 한번 Ctrl + V (붙여넣기)를 한 후 아래 화살표(↓)를 눌러 [분류 바닥글]의 아래쪽에 위치시켜 줍니다.

5) [보고서 바닥글]을 클릭한 후 Ctrl + V (붙여넣기)를 한 후 아래 화살표(↓)를 눌러 [보고서 바닥글]의 아래쪽에 위치시켜 줍니다.

✅ 레이아웃 보기에서 세부 설정하기

1) [쿼리1] 탭에서 마우스 우클릭을 한 후 [레이아웃 보기]를 클릭하여 보고서의 배치가 잘 되었는지 확인합니다.

2) 출력 형태를 보면서 위치와 크기를 조절해 줍니다.

6 인쇄 및 페이지 설정

✅ 인쇄 미리 보기 및 페이지 설정

1) [쿼리1] 탭에서 마우스 우클릭을 한 후 [인쇄 미리 보기]를 클릭합니다.

2) [인쇄 미리 보기] 탭에서 [페이지 설정]을 클릭합니다.

3) 위쪽 여백을 60으로 입력한 후 [확인]을 클릭합니다.

4) [인쇄 미리 보기 닫기]를 클릭하여 미리 보기를 닫아 준 후에 [파일]-[저장]을 클릭합니다. 우측 상단의 [닫기❌]를 클릭하여 액세스를 종료합니다.

| DB 조회화면 |

이사코드가 J 또는 K로 시작하고
이동거리가 100 이하인 현황

이사코드	신청자	이동거리	무게	기본요금	분류
K05	김호일	76	1	700000	사무실이사
J01	설명희	10	1	300000	소형이사
K05	이연희	88	10	700000	사무실이사
J01	이정아	30	1	300000	소형이사
J01	정미경	26	10	300000	소형이사
J01	하정희	25	1	300000	소형이사

리스트박스 조회 시 작성된 SQL문

SELECT 테이블1.이사코드, 테이블1.신청자, 테이블1.이동거리, 테이블1.무게, 테이블2.기본요금, 테이블2.분류 FROM 테이블1 INNER JOIN 테이블2 ON 테이블1.이사코드 = 테이블2.이사코드 WHERE (((테이블1.이사코드) Like "J*" Or (테이블1.이사코드) Like "K*") AND ((테이블1.이동거리)<=100)) ORDER BY 테이블1.신청자;

| DB 보고서 |

분류별 이사 현황

신청자	이동거리	무게	기본요금	무게추가요금	거리추가요금	총납부금액
이정일	40	5	₩400,000	₩300,000	₩100,000	₩800,000
김두혁	45	6	₩400,000	₩300,000	₩100,000	₩800,000
김현진	55	5	₩400,000	₩300,000	₩200,000	₩900,000
김대근	140	2	₩400,000	₩100,000	₩400,000	₩900,000
한지은	60	10	₩400,000	₩500,000	₩200,000	₩1,100,000
가정이사 합계				₩1,500,000	₩1,000,000	₩4,500,000
김호일	76	1	₩700,000	₩100,000	₩200,000	₩1,000,000
김재규	120	5	₩700,000	₩300,000	₩400,000	₩1,400,000
이연희	88	10	₩700,000	₩500,000	₩200,000	₩1,400,000
김정혁	200	5	₩700,000	₩300,000	₩400,000	₩1,400,000
손은정	210	6	₩700,000	₩300,000	₩400,000	₩1,400,000
사무실이사 합계				₩1,500,000	₩1,600,000	₩6,600,000
하정희	25	1	₩300,000	₩100,000	₩100,000	₩500,000
이정아	30	1	₩300,000	₩100,000	₩100,000	₩500,000
설명희	10	1	₩300,000	₩100,000	₩100,000	₩500,000
정미경	26	10	₩300,000	₩500,000	₩100,000	₩900,000
김오순	230	6	₩300,000	₩300,000	₩400,000	₩1,000,000
소형이사 합계				₩1,100,000	₩800,000	₩3,400,000
총평균				₩273,333	₩226,667	₩966,667

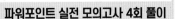
1 저장하기

1) [시작] ➡ [Microsoft Office] ➡ [Microsoft PowerPoint 2016]을 클릭하여 파워포인트를 실행합니다.
2) [파일]-[저장]-[찾아보기]를 클릭하면 저장 창이 나타납니다.
3) 저장 위치는 [바탕화면]-[비번호 폴더] 안에 시험위원이 지정해 준 파일명을 입력한 후 [확인]을 클릭합니다.

2 슬라이드 크기 변경하기

1) [디자인]-[슬라이드 크기]를 클릭한 후 [표준 4:3]으로 변경합니다.

3 레이아웃 변경하기

1) [홈] 탭-[레이아웃]에서 [빈 화면]을 클릭합니다.

4 새 슬라이드 만들기

1) 슬라이드 미리 보기 창의 슬라이드를 클릭한 후 Enter를 눌러 빈 화면 새 슬라이드를 추가합니다.

제1 슬라이드

5 제목 만들기

1) [삽입]-[도형]-[모서리가 둥근 직사각형]을 선택한 후 드래그하여 그려줍니다.
2) [서식]-[도형 스타일]에서 [색 윤곽선 - 검정, 어둡게 1가나대]로 지정합니다.
3) 가치사슬 기반 시스템 구축을 입력한 후, Esc를 눌러 도형이 선택되면 [홈] 탭에서 글꼴 크기를 40pt, 굵게 지정합니다.

4) 도형을 선택한 후 [서식]-[도형 효과]-[그림자]에서 [오프셋 대각선 오른쪽 아래]를 선택합니다.
5) 그림자의 세부 설정을 하기 위해서 [서식]-[도형 효과]-[그림자]-[그림자 옵션]을 클릭합니다.
6) 투명도 : 0pt, 흐리게 : 0pt, 간격을 10pt로 입력합니다.

가치사슬 기반 시스템 구축

※ 파워포인트 2021 버전에서는 [서식] 탭 대신 [도형 서식] 탭을 사용합니다.

6 배지 삽입하기

1) [삽입]-[도형]-[배지]를 클릭한 후 아래와 같이 그려줍니다.
2) [서식] 탭에서 [도형 스타일]을 [색 윤곽선 - 검정, 어둡게 1가나대]로 지정합니다.
3) [홈] 탭에서 크기를 14pt, 굵게 지정한 후 Ctrl + Shift +드래그하여 복사하고 글자를 입력합니다.

가치사슬 기반 시스템 구축

거래정보 데이터

기업정보 데이터

수출입 데이터

국민연금 DATA

7 순서도: 다중문서 삽입하기

1) [삽입]-[도형]-[순서도: 다중문서]를 클릭한 후 드래그하여 그려줍니다.
2) [서식] 탭에서 [도형 스타일]을 [색 윤곽선 - 검정, 어둡게 1가나대]로 지정한 후 DATA MART를 입력합니다(16pt).

8 모서리가 둥근 직사각형 삽입하기

1) [삽입]-[도형]-[모서리가 둥근 직사각형⬜]을 클릭한 후 드래그하여 그려줍니다.
2) [서식]-[도형 스타일]에서 [색 윤곽선-검정, 어둡게 1[가나다]]로 지정합니다.
3) Ctrl + Shift +드래그하여 복사한 후 도형을 선택하여 글자를 입력합니다(14pt).

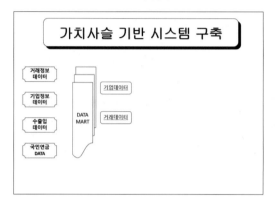

9 직사각형 삽입하기

1) [삽입]-[도형]-[직사각형⬜]을 클릭한 후 드래그하여 그려줍니다.
2) [서식]-[도형 스타일]에서 [색 윤곽선-검정, 어둡게 1[가나다]]로 지정합니다.
3) Ctrl + Shift +드래그 또는 Ctrl +드래그하여 복사한 후 도형을 선택하여 글자를 입력합니다(14pt).

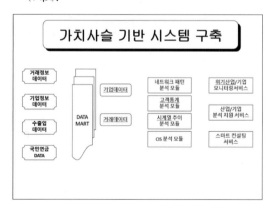

10 오른쪽 화살표 삽입하기

1) [삽입]-[도형]-[오른쪽 화살표➡]를 선택한 후 드래그하여 그려줍니다.
2) [서식]-[도형 스타일]에서 [색 윤곽선-검정, 어둡게 1[가나다]]로 지정합니다.
3) Ctrl + Shift +드래그하여 복사합니다.

11 텍스트 상자 삽입하기

1) [삽입]-[텍스트 상자[가]]를 클릭한 후 슬라이드에 클릭하고 글자를 입력합니다(16pt, 굵게).

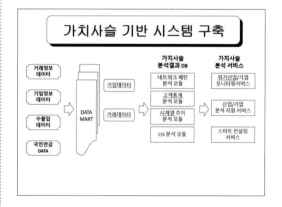

12 갈매기형 수장 삽입하기

1) [삽입]-[도형]-[갈매기형 수장▷]을 선택한 후 드래그하여 그려줍니다.
2) [서식]-[도형 스타일]에서 [색 윤곽선-검정, 어둡게 1[가나다]]로 지정합니다.
3) 도형을 선택한 후 [서식]-[도형 효과]-[그림자]에서 [오프셋 대각선 오른쪽 아래]를 클릭합니다.
4) 그림자의 세부 설정을 하기 위해서 [서식]-[도형 효과]-[그림자]-[그림자 옵션]을 클릭합니다.
5) 투명도 : 0pt, 흐리게 : 0pt, 간격을 8pt로 입력합니다.
6) Ctrl + Shift +드래그하여 복사한 후 도형을 선택하여 글자를 입력합니다(18pt, 굵게).

제2 슬라이드

⑬ 제목 만들기

1) [삽입]–[텍스트 상자▦]를 클릭한 후 슬라이드에 클릭하고 제목을 입력합니다(36pt).

> 4차 산업혁명

⑭ 직사각형 삽입하기

1) [삽입]–[도형]–[직사각형□]을 클릭한 후 아래와 같이 그려줍니다.
2) [서식] 탭에서 [도형 스타일]을 [색 윤곽선 – 검정, 어둡게 1▦]로 지정합니다.
3) Ctrl + Shift +드래그하여 복사한 후 사각형의 크기를 조금씩 크게 조절하여 글자를 입력합니다.

1차~4차 산업혁명	18pt, 굵게
아래 내용	16pt

⑮ 아래로 구부러진 화살표 삽입하기

1) [삽입]–[도형]–[아래로 구부러진 화살표⌒]를 클릭한 후 드래그하여 그려줍니다.
2) [서식] 탭에서 [도형 스타일]을 [색 윤곽선 – 검정, 어둡게 1▦]로 지정한 후 회전 조절점을 드래그하여 적당하게 회전시켜 줍니다.

※ 파워포인트 2007&2010 버전에서는 ⌒ 회전 조절점을 이용하여 회전합니다.

3) Ctrl +드래그를 이용하여 복사합니다.

⑯ 타원 삽입하기

1) [삽입]–[도형]–[타원◯]을 클릭한 후 Shift 를 누른 채 정원을 그려줍니다.
2) [서식] 탭에서 [도형 스타일]을 [색 윤곽선 – 검정, 어둡게 1▦]로 지정합니다.
3) [서식] 탭에서 [도형 윤곽선]–[두께]–[2¼pt]로 지정합니다.
4) 글자를 입력하고 글자 크기를 18pt, **굵게** 지정합니다.

⑰ 빗면 삽입하기

1) [삽입]–[도형]–[빗면▢]을 클릭한 후 드래그하여 그려줍니다.
2) [서식] 탭에서 [도형 스타일]을 [색 윤곽선 – 검정, 어둡게 1▦]로 지정합니다.
3) Ctrl + Shift +드래그하여 도형을 복사한 후 도형안에 글자를 입력합니다(18pt).

📘 구부러진 화살표 연결선 삽입하기

1) [삽입]-[도형]-[구부러진 화살표 연결선 ﹃]을 클릭하여 각각 연결합니다(선 색 : 검정, 텍스트 1, 두께 : 2¼ pt).

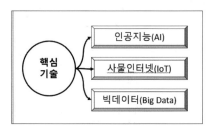

📗 개체 복사 및 도형 모양 변경하기

> ※ 남은 개체들도 직접 삽입해서 작업할 수 있지만 개체를 복사한 후 도형 모양 변경하기를 이용하면 조금 더 쉽게 작업할 수 있습니다.

1) 복사할 개체가 포함되도록 드래그하여 선택합니다.

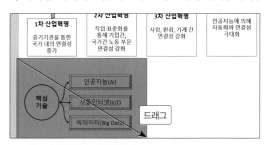

2) Ctrl + Shift +드래그하여 도형을 복사합니다.

3) 도형 안에 글자를 입력합니다.

4) 복사한 타원을 선택한 후 [서식]-[도형 편집]-[도형 모양 변경]에서 [원통 ▢]을 클릭합니다.

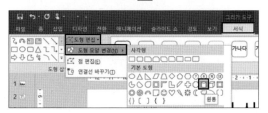

5) 복사한 배지를 드래그하여 선택한 후 [서식]-[도형 편집]-[도형 모양 변경]에서 [모서리가 접힌 도형▢]을 클릭한 후 글자를 수정합니다.

📙 날짜와 페이지 번호 제거하기

1) [보기]-[유인물 마스터]를 클릭합니다.

2) [유인물 마스터]에 날짜와 페이지 번호 체크를 해제한 후 [마스터 보기 닫기]를 클릭합니다.

📕 페이지 설정 및 인쇄

1) [파일]-[인쇄]에서 슬라이드 설정을 [2슬라이드]와 고품질로 지정한 후 [인쇄]를 클릭합니다.

| 인쇄 미리 보기 |

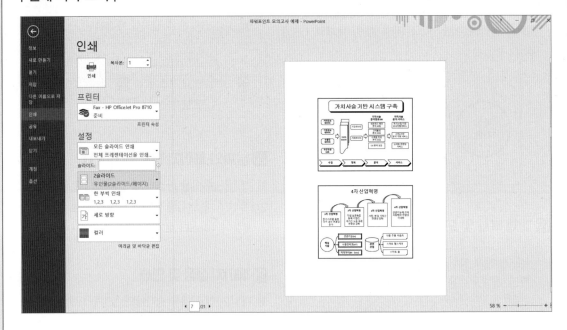

표 계산(DBMS) 작업

매체별 광고비 현황을 분석하고자 한다. 다음 자료(DATA)를 이용하여 작성 조건에 따라 작업표와 그래프를 작성하고, 그 인쇄 출력물을 제출하시오.

가. 작업표(WORK SHEET) 작성

1) 자료(DATA)

매체별 광고비 현황(2020~2021)

단위:억원(KRW)

행\열	B	C	D	E	F
4	광고 코드	분류	매체	20년 광고비	21년 광고비
5	BR-123	방송	지상파 TV	11,600	13,700
6	PR-551	인쇄	신문	13,890	14,170
7	BI-422	OOH	지하철	1,580	1,500
8	DI-231	디지털	노출형	27,970	38,953
9	BR-121	방송	IPTV	1,160	1,056
10	BR-251	방송	라디오	2,180	2,250
11	PR-321	인쇄	팜플릿	1,435	1,430
12	BI-981	OOH	극장	600	355
13	BR-374	방송	위성	1,520	1,540
14	PR-421	인쇄	잡지	2,370	2,440
15	DI-133	디지털	검색형	37,000	36,160
16	BR-453	방송	케이블/종편	18,910	21,504
17	PR-422	인쇄	포스터	490	760
18	BI-543	OOH	옥외	3,910	3,880
19	BR-562	방송	DMB	1,520	1,200
20	BI-111	OOH	버스	2,000	1,426
21	BI-541	OOH	지하광장	2,500	2,670

※ 자료(DATA) 부분에서 음영 처리 표시된 부분은 행/열의 기준을 나타내며 이는 작성(입력)하지 않음을 반드시 유의하시오.

2) 작업표 형식

매체별 광고비 현황(2020~2021)

행 열	B	C	D	E	F	G	H	I	J	K
4	광고 코드	분류	매체	20년 광고비	21년 광고비	광고비 합계	성장률	계약기간	광고 순위	비고
5 · 21	–	–	–	–	–	①	②	③	④	⑤
22	분류별 합계		방송	⑥	⑥	⑥				
23			인쇄	⑦	⑦	⑦				
24			디지털	⑧	⑧	⑧				
25			OOH	⑨	⑨	⑨				
26	광고비 합계가 40000 이상 70000 미만인 합			⑩	⑩	⑩				
27	비고에서 "광고비 상승"인 개수					⑪				
28	⑫									
29	⑬									

3) 작성 조건

가) 작성 시 유의 사항

Ⓐ 작업표의 작성은 "나)~라)" 항에 제시된 내용을 따르고 반드시 제시된 조건(함수 적용, 기재된 단서 조항 등)에 따라 처리하시오.

Ⓑ **제시된 작성 조건을 따르지 아니하고 여타의 방법 일체**(제시된 함수 이외 다른 함수 적용, 함수 미적용, 별도 전자계산기 사용 등)를 사용하여 도출된 결과는 그 답이 맞더라도 **정답으로 인정되지 않음**을 반드시 유의하시오.

Ⓒ 작업표상 텍스트 레이블과 작성 조건이 서로 다를 경우에는 **작성 조건을 기준**으로 수정하여 작업하시오.

나) 작업표의 구성 및 서식

Ⓐ **"작업표 형식"에서 행과 열에 관계된 음영 처리 표시된 부분은 작성하지 않음을 유의하고 반드시 제시된 행/열에 맞추도록 하시오.**

Ⓑ 제목서식 : 폰트는 20 포인트 크기로 하고 가운데 정렬합니다.

Ⓒ 글꼴 및 크기 : 이외 기타 글꼴 및 크기는 임의 선정하시오.

다) 원문자가 표시된 셀은 아래의 방법을 이용하여 처리하시오.

① 광고비 합계 : 20년 광고비+21년 광고비

② 성장률 : (21년 광고비−20년 광고비)/20년 광고비

（단, 백분율 스타일로 지정하시오)

③ 계약기간 : 광고 코드의 마지막 문자를 계약기간으로 지정하되 &연산자를 이용하여 "년"을 붙이시오(예 3년).

④ 순위 : 광고비 합계를 기준으로 순위를 산정하시오.

（단, RANK 함수 사용, 순위 산정 기준은 내림차순으로)

⑤ 비고 : 21년 광고비가 20년 광고비보다 이상이면 "광고비 상승", 나머지는 공란으로 하시오.

⑥ 방송의 분류별 합계 : 분류가 방송인 각 항목별 합계를 산출하시오.

（단, SUMIF 또는 SUMIFS 함수 사용)

⑦ 인쇄의 분류별 합계 : 분류가 인쇄인 각 항목별 합계를 산출하시오.

（단, SUMIF 또는 SUMIFS 함수 사용)

⑧ 디지털의 분류별 합계 : 분류가 디지털인 각 항목별 합계를 산출하시오.

（단, SUMIF 또는 SUMIFS 함수 사용)

⑨ OOH의 분류별 합계 : 분류가 OOH인 각 항목별 합계를 산출하시오.

（단, SUMIF 또는 SUMIFS 함수 사용)

⑩ 광고비 합계가 40000 이상 70000 미만인 20년 광고비, 21년 광고비, 광고비 합계의 합을 산출하시오.

⑪ 비고에서 "광고비 상승"인 개수를 계산하시오.

（단, COUNTIF 또는 COUNTIFS 함수 사용, 결과값 뒤에 "개"가 출력되도록 하시오)

⑫ "⑤"에 사용된 수식을 기재하시오(단, '지상파 TV'를 기준으로).

⑬ "⑩"에 사용된 수식을 기재하시오(단, 광고비 합계를 기준으로).

> ※ 함수식을 기재하는 ⑫~⑬은 반드시 해당 항목에 제시된 함수의 작성 조건에 따라 도출된 함수식 기재하여야 하며, 작성 조건을 위배하여 임의로 작성할 시 해당 답이 맞더라도 틀린 항목으로 채점됨을 유의하십시오. 또한 함수식을 작성할 때는 라) 정렬순서(SORT)에 따라 조건에 맞게 **정렬 후 도출된 결과**에 의한 함수식을 기재하시오.

라) 작업표의 정렬순서(SORT)는 비고로 내림차순으로 정렬하고, 같은 비고 안에서는 광고비 합계의 내림차순으로 정렬하시오.

마) 기타

(1) 금액에 대한 수치는 원화(₩) 표시를 하고 천 단위마다 ','(Comma)를 표시하시오.

（단, 금액 이외의 수치는 ','(Comma)를 표시하지 않도록 하시오)

(2) 모든 수치(숫자, 통화, 회계, 백분율 등)는 셀 서식의 속성을 설정하는 과정에서 소수 자릿수를 "0"으로 지정하여 정수로 표시토록 하시오.

(3) 음수는 "−"가 표시되도록 하시오.

(4) 숫자 셀은 우측을 수직으로 맞추고, 문자 셀은 수평중앙으로 맞추며 이외 사항은 작업표 형식에 따른다. 특히, 인쇄출력 시 판독 불가능이 발생되지 않도록 인쇄 미리 보기 등을 통하여 셀의 크기를 적당히 조정하시오.

나. 그래프(GRAPH) 작성

작성한 작업표에서 비고가 광고비 상승인 매체별 20년 광고비와 21년 광고비를 나타내는 그래프를 작성하시오.

작성 조건

1) 그래프 형태 : 혼합형 단일축 그래프

　　20년 광고비(묶은 세로 막대형), 21년 광고비(데이터 표식이 있는 꺾은선형)

　　(단, 21년 광고비만 데이터 레이블의 값이 표시된 혼합형 단일축 그래프로 하시오)

2) 그래프 제목 : 매체별 광고비 현황 ---- (글자 크기 : 18, 글꼴 서체 임의)

3) X축 제목 : 매체

4) Y축 제목 : 광고비

5) X축 항목 단위 : 해당 문자열

6) Y축 눈금 단위 : 임의

7) 범례 : 20년 광고비, 21년 광고비

8) 출력물 크기 : A4 용지 1/2장 범위 내

9) 기타 : 작성 조건에 없는 형식이나 모양은 기본 설정값에 따르며, 그래프 너비는 작업표에 맞추도록 하시오.

※ 그래프는 반드시 작성된 작업표와 연동하여 작업하여야 하며, 그래프의 영역(범위) 설정 오류로 인한 불이익은 전적으로 수험자
　　본인에게 있습니다.

자료처리(DBMS) 작업

시대인 주식회사에서는 직원들의 2분기 출장 현황을 전산화하려고 한다. 다음의 입력자료를 이용하여 DB를 설계하고 작성 조건에 따라 처리파일을 작성하고, 그 인쇄 출력물을 제출하시오.

가. 자료처리(DBMS) 작업 작성 조건

1) 자료처리(DBMS)작업은 조회화면(SCREEN) 설계와 자료처리보고서의 2가지 작업을 수행하여 그 결과물을 인쇄용지(A4) 기준 각 1장씩 총 2장을 제출하여야 채점 대상이 됨을 유의하시오.

2) 반드시 인쇄작업 수행 전 미리 보기 등을 통해 여백을 조정하고, 수치, 문자 등 구성요소가 누락되지 않도록 주의하시오. **구성요소가 누락되어 인쇄되지 않은 결과로 인한 모든 책임은 전적으로 수험자 본인에게 있음**을 반드시 유의하시오.

3) 문제지에 기재된 작성 조건에 따라 처리하고, 조회화면 및 자료처리보고서의 **서식이 작성 조건과 상이할 경우에는 시험위원의 지시에 따라 작업하시오.**

나. 입력자료

직원 출장비 산출 현황

출장일	출장코드	출장일수	기타비용
2022-04-05	BB02	1	5,000
2022-06-11	BB02	2	10,000
2022-05-06	CC03	5	20,000
2022-04-07	BB02	2	15,000
2022-04-25	CC03	5	25,000
2022-05-30	DD04	2	0
2022-06-28	CC03	3	7,000
2022-05-15	CC02	4	9,000
2022-04-01	BB02	2	5,000
2022-04-07	CC03	4	10,000
2022-05-10	DD04	1	0
2022-04-20	CC03	5	25,000
2022-06-07	DD04	2	13,000
2022-05-09	CC03	4	20,000
2022-04-13	BB02	3	21,000
2022-06-22	BB02	2	13,000
2022-04-27	DD04	1	0
2022-06-13	DD04	2	5,000
2022-05-21	BB02	2	0
2022-04-03	DD04	1	3,000

이사 코드표

출장코드	구분	일비
BB02	국내출장	35,000
CC03	해외출장	40,000
DD04	교육참석	45,000

다. 조회화면(SCREEN) 설계

1) 해당 현황은 목록 상자(리스트박스)에서 출장일의 오름차순으로 출력하고, 화면 아래에 조회 시 작성한 SQL문을 복사하시오.
   - WHERE 조건절에 출장코드, 출장일수 반드시 포함
   - INNER JOIN, LIKE, ORDER BY 구문 반드시 포함
   ※ SQL문에 상기 내용 미포함 시 SQL 작성 부분 0점 처리

2) 리스트박스 조회 시 작성된 SQL문이 작성되지 않을 경우에는 "다. 조회화면(SCREEN) 설계" 과제가 0점 처리됨을 반드시 유의하시오.

3) 목록 상자에 표시되어야 할 필수적인 필드명은 다음과 같습니다.
   - 출장코드, 출장일, 구분, 출장일수, 일비, 기타비용

4) 폼 서식에 제반되는 폰트, 점선 등은 아래 [조회화면 서식]에 보이는 대로 기재하시오.

5) 기타 사항은 "라. 자료처리 파일(FILE) 작성"의 [기타 조건]을 따르시오.

[조회화면 서식]

출장코드가 BB나 CC로 시작하면서
출장일수가 3일 이상인 출장 현황

출장코드	출장일	구분	출장일수	일비	기타비용

리스트박스 조회 시 작성된 SQL문

라. 자료처리 파일(FILE) 작성

※ 다음 조건에 따라 아래 양식과 같이 작성하시오.

처리 조건

1) 출장일 중에서 월(4월, 5월, 6월)별로 정리한 후 같은 월 안에서는 총출장비의 오름차순으로 정렬(SORT)하시오.

2) 식대 : 출장일수가 2일 이상이면 출장일수×3×7000으로 나타내고, 나머지는 7000으로 표시하시오.

3) 숙박비 : 출장일수가 2일 이상이면 출장일수×50000으로 나타내고, 나머지는 0으로 표시하시오.

4) **총출장비** : 일비+기타비용+식대+숙박비

5) 출장일은 MM-DD 형식으로 한다.

6) **합계** : 각 식대, 숙박비, 총출장비의 합 산출

7) **총합계** : 식대, 숙박비, 총출장비의 전체 합 산출

기타 조건

1) 조회화면 및 보고서의 제목은 16 정도의 임의 서체로 하시오.

2) 금액에 대한 수치는 원화(₩) 표시를 하고 천 단위마다 ','(Comma)를 표시하시오.
   (단, 금액 이외의 수치는 ','(Comma)를 표시하지 않도록 하시오)

3) 모든 수치(숫자, 통화, 백분율 등)는 컨트롤의 속성을 설정하는 과정에서 소수 자릿수를 "0"으로 지정하여 정수로 표시하시오.

4) 데이터의 열과 간격은 일정하게 맞추도록 하시오.

월별 출장비 지출 현황

출장일	출장일수	일비	기타비용	식대	숙박비	총출장비
XXXX	XXXX	XXXX	₩XXXX	₩XXXX	₩XXXX	₩XXXX
–	–	–	–	–	–	–
	4월 합계			₩XXXX	₩XXXX	₩XXXX
–	–	–	–	–	–	–
	5월 합계			₩XXXX	₩XXXX	₩XXXX
–	–	–	–	–	–	–
	6월 합계			₩XXXX	₩XXXX	₩XXXX
	총합계			₩XXXX	₩XXXX	₩XXXX

시상(PT) 작업

주어진 2개의 슬라이드를 슬라이드 작성 조건에 따라 작업하여 인쇄합니다.

※ 슬라이드 작성 조건

1) 각 슬라이드를 문제의 **슬라이드 원안**과 같이 인쇄하여 제출합니다.
   (특히 글자, 음영, 그림자, 도형 등 인쇄된 내용 그대로 작업함을 유의하시오)

2) "주1)" 등 특수한 속성 지정이 되어 있는 경우 지시에 따라 작성하시오.

3) 글꼴은 문제 원안과 같거나 유사한 형태로 작업합니다.

4) 글자, 그림 및 도형 등의 크기와 모양은 문제 원안과 같거나 유사한 형태로 작업합니다.

5) 모든 글씨, 선 등은 흑백(그레이스케일)으로 작업하되, 글상자, 그림 및 도형 등에서 색 채우기가 있는 경우 색 채우기는 회색 40% 정도, 투명도 0%를 기준으로 작업합니다.

6) 각 슬라이드는 원안과 같이 **외곽선 테두리가 인쇄**되도록 인쇄합니다.

7) 각 슬라이드 크기는 A4 용지의 1/2 범위 내에 인쇄가 가능한 크기가 되도록 조정하여, 슬라이드 2개를 A4 용지 1매 안에 모두 인쇄합니다.

8) 비번호, 수험번호, 성명, 페이지 번호 등은 반드시 자필로 기재합니다.

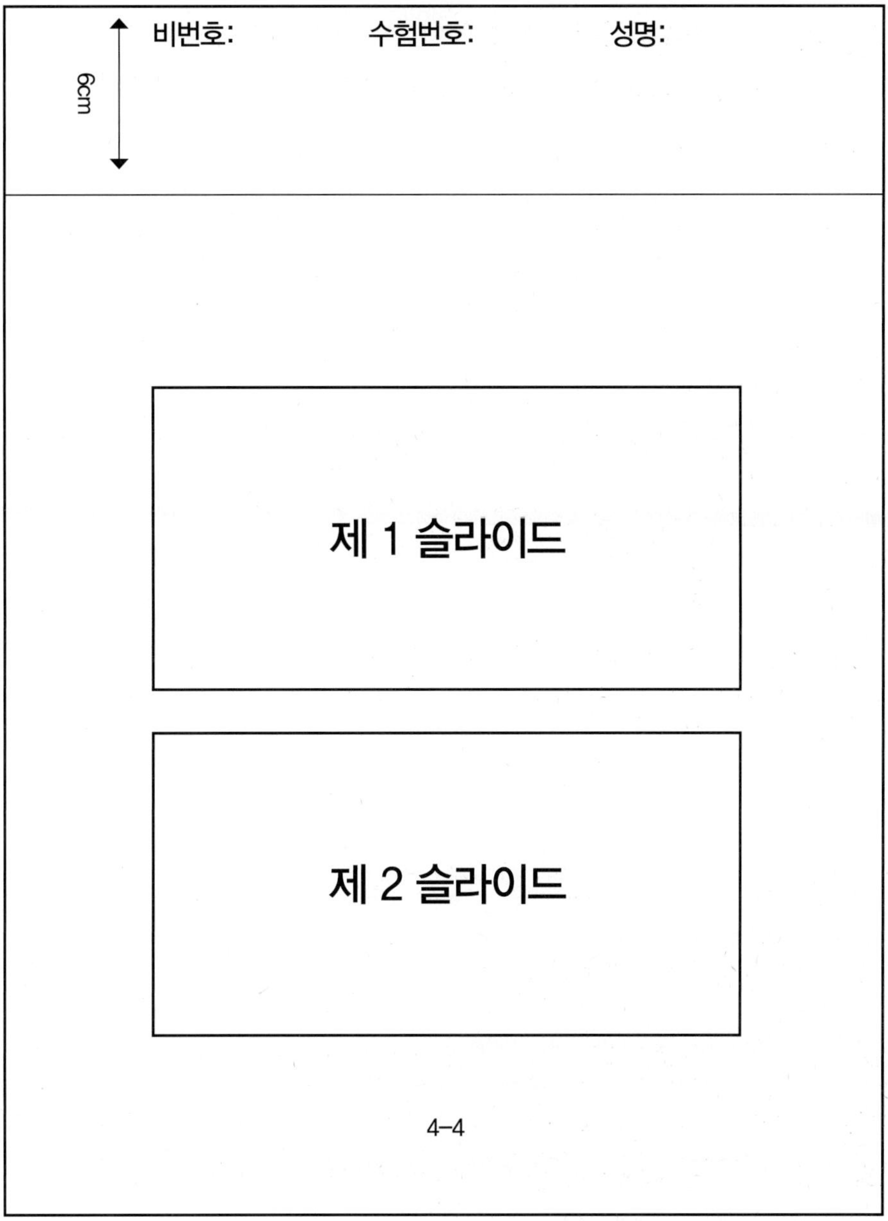

비번호:　　　　수험번호:　　　　성명:

6cm

제 1 슬라이드

제 2 슬라이드

4-4

<제1 슬라이드>

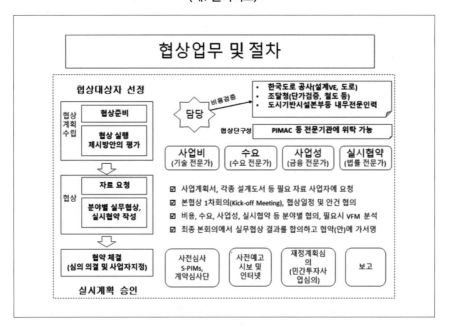

<제2 슬라이드>

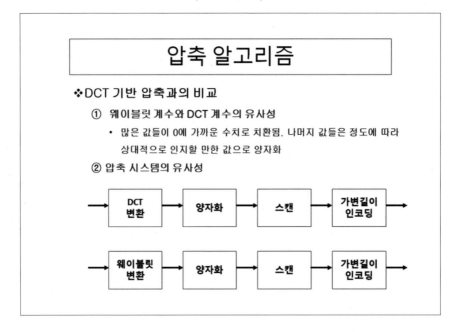

엑셀 실전 모의고사 5회 풀이

1 저장하기

1) [파일]-[저장]-[찾아보기]를 클릭하여, 바탕화면의 본인의 [비번호 폴더] 안에 시험위원이 지정해준 파일명으로 저장합니다.

2 작업표 작성 및 병합하기

1) 자료(DATA)와 작업표 형식을 보고 아래와 같이 데이터를 입력합니다.

	A	B	C	D	E	F	G	H	I	J	K
1		매체별 통계비 현황(2020~2021)									
2											
3											
4		광고 코드	분류	매체	20년 광고비	21년 광고비	광고비 합계	성장률	계약기간	광고 순위	비고
5		BR-123	방송	지상파 TV	11600	13700					
6		PR-551	인쇄	신문	13890	14170					
7		BI-422	OOH	지하철	1580	1500					
8		DI-231	디지털	노출형	27970	38953					
9		BR-121	방송	IPTV	1160	1056					
10		BR-251	방송	라디오	2180	2250					
11		PR-321	인쇄	팜플렛	1435	1430					
12		BI-981	OOH	극장	600	355					
13		BR-374	방송	위성	1520	1540					
14		PR-421	인쇄	잡지	2370	2440					
15		DI-133	디지털	검색형	37000	36160					
16		BR-453	방송	케이블/종편	18910	21504					
17		PR-422	인쇄	포스터	490	760					
18		BI-543	OOH	옥외	3910	3880					
19		BR-562	방송	DMB	1520	1200					
20		BI-111	OOH	버스	2000	1426					
21		BI-541	OOH	지하광장	2500	2670					
22		분류별 합계		방송							
23				인쇄							
24				디지털							
25				OOH							
26		광고비 합계가 40000 이상 70000 미만인 합									
27		비고에서 "광고비 상승"인 개수									
28											

2) B1:K1셀까지 드래그하여 블록 지정한 후 **Ctrl**을 계속 누른 채 B22:C25, B26:D26, B27:F27, B28:K28, B29:K29, H22:K27셀을 드래그하여 선택합니다.

3) [홈] 탭에 맞춤 그룹의 [병합하고 가운데 맞춤]을 클릭하여 병합시켜 줍니다.

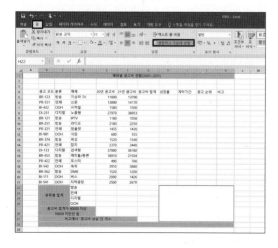

※ 셀 안에 줄바꿈은 **Alt** + **Enter** 를 누릅니다.

3 조건 문제 풀이

❶ 광고비 합계 : 20년 광고비+21년 광고비

함수식(G5)	=E5+F5
설명	20년 광고비(E5)에서 21년 광고비(F5)를 더한 값을 나타냅니다.

❷ 성장률 : (21년 광고비−20년 광고비)/20년 광고비(단, 백분율 스타일로 지정하시오)

함수식(H4)	=(F5−E5)/E5
설명	21년 광고비(F5)에서 20년 광고비(E5)를 뺀 값에서 20년 광고비(E5)를 나눈 값을 나타냅니다.

◐ 백분율 스타일 지정하기

H5:H21셀까지 드래그하여 블록 지정한 후 [홈] 탭의 표시 형식 그룹에서 백분율 스타일(%)을 클릭합니다.

백분율 스타일 클릭

❸ 계약기간 : 광고 코드의 마지막 문자를 계약기간으로 지정하되 &연산자를 이용하여 "년"을 붙이시오(예 3년).

공식	=RIGHT(문자열,문자의 개수)
함수식(I5)	=RIGHT(B5,1)&"년"
설명	광고 코드의 마지막 한 글자를 추출한 후 연결 연산자 &를 이용하여 "년"이라는 문자열을 연결합니다.

❹ 광고 순위 : 광고비 합계를 기준으로 순위를 산정하시오(단, RANK 함수 사용, 순위 산정 기준은 내림차순으로).

공식	=RANK(내 광고비 합계,전체 광고비 합계 범위)
함수식(J5)	=RANK(G5,$G$5:$G$21)
설명	각각의 광고비 합계가 전체 광고비 합계 범위(G5:G21) 중 몇 위인지를 구합니다.

❺ 비고 : 21년 광고비가 20년 광고비보다 이상이면 "광고비 상승", 나머지는 공란으로 하시오.

공식	=IF(조건,참,거짓)
함수식(K5)	=IF(F5>=E5,"광고비 상승","")
설명	• **조건** : 21년 광고비(F5)가 20년 광고비(E5)보다 크거나 같으면 • **참** : "광고비 상승"이라고 나타내고 • **거짓** : 조건을 만족하지 않으면 빈 셀을 나타냅니다.

⊙ G5:K5셀까지 드래그하여 블록 지정한 후 K5셀의 채우기 핸들을 끌어서 K21셀까지 채워줍니다.

❻ 방송의 분류별 합계 : 분류가 방송인 각 항목별 합계를 산출하시오(단, SUMIF 또는 SUMIFS 함수 사용).

공식	=SUMIF(조건범위,조건,합계범위)
함수식(E22)	=SUMIF($C$5:$C$21,$D$22,E5:E21)
설명	• **조건범위&조건** : 분류(C5:C21) 중 조건인 방송(D22)을 만족하는 20년 광고비의 합계를 구합니다. • **합계범위** : 조건을 만족하는 20년 광고비의 합계를 구해야 하므로 합계범위는 E5:E21입니다.

⊙ E22셀의 채우기 핸들을 드래그하여 G22셀까지 채워줍니다.

❼ 인쇄의 분류별 합계 : 분류가 인쇄인 각 항목별 합계를 산출하시오(단, SUMIF 또는 SUMIFS 함수 사용).

공식	=SUMIF(조건범위,조건,합계범위)
함수식(E23)	=SUMIF($C$5:$C$21,$D$23,E5:E21)
설명	• **조건범위&조건** : 분류(C5:C21) 중 조건인 인쇄(D23)를 만족하는 20년 광고비의 합계를 구합니다. • **합계범위** : 조건을 만족하는 20년 광고비의 합계를 구해야 하므로 합계범위는 E5:E21입니다.

⊙ E23셀의 채우기 핸들을 드래그하여 G23셀까지 채워줍니다.

❽ 디지털의 분류별 합계 : 분류가 디지털인 각 항목별 합계를 산출하시오(단, SUMIF 또는 SUMIFS 함수 사용).

공식	=SUMIF(조건범위,조건,합계범위)
함수식(E24)	=SUMIF($C$5:$C$21,$D$24,E5:E21)
설명	• **조건범위&조건** : 분류(C5:C21) 중 조건인 디지털(D24)을 만족하는 20년 광고비의 합계를 구합니다. • **합계범위** : 조건을 만족하는 20년 광고비의 합계를 구해야 하므로 합계범위는 E5:E21입니다.

⊙ E24셀의 채우기 핸들을 드래그하여 G24셀까지 채워줍니다.

❾ OOH의 분류별 합계 : 분류가 OOH인 각 항목별 합계를 산출하시오(단, SUMIF 또는 SUMIFS 함수 사용).

공식	=SUMIF(조건범위,조건,합계범위)
함수식(E25)	=SUMIF($C$5:$C$21,$D$25,E5:E21)

설명	• **조건범위&조건** : 분류(C5:C21) 중 조건인 OOH(D25)을 만족하는 20년 광고비의 합계를 구합니다. • **합계범위** : 조건을 만족하는 20년 광고비의 합계를 구해야 하므로 합계범위는 E5:E21입니다.

❷ E25셀의 채우기 핸들을 드래그하여 G25셀까지 채워줍니다.

> ※ **❻∼❾까지 한꺼번에 구하기**
> 절대참조와 혼합참조를 이용하여 E22셀에 다음과 같은 수식을 입력합니다.
> =SUMIF($C$5:$C$21,$D22,E$5:E$21)
> H22셀의 채우기 핸들을 드래그하여 G22셀까지 채워준 후 다시 G22셀의 채우기 핸들을 드래그하여 G25셀까지 채워줍니다.

❿ 광고비 합계가 40000 이상 70000 미만인 20년 광고비, 21년 광고비, 광고비 합계의 합을 산출하시오.

공식	=SUMIFS(합계범위,조건범위1,"조건1",조건범위2,"조건2")
함수식(E26)	=SUMIFS(E5:E21,$G$5:$G$21,">=40000",$G$5:$G$21,"<70000")
설명	• **합계범위** : 2개의 조건을 모두 만족하는 20년 광고비의 합계를 구해야 하므로 합계범위는 E5:E21입니다. • **조건범위1&조건1** : 광고비 합계 범위(E5:E21) 중 첫 번째 조건인 ">=40000"을 만족하고(그리고) • **조건범위2&조건2** : 광고비 합계 범위(E5:E21) 중 두 번째 조건인 "<70000"을 만족하는 20년 광고비의 합계를 구합니다.

❷ E26셀의 채우기 핸들을 드래그하여 G26셀까지 채워줍니다.

⓫ 비고에서 "광고비 상승"인 개수를 계산하시오(단, COUNTIF 또는 COUNTIFS 함수 사용, 결과 값 뒤에 "개"가 출력되도록 하시오).

공식	=COUNTIF(조건범위,"조건")
함수식(G27)	=COUNTIF(K5:K21,"광고비 상승")
설명	• **조건범위** : 비고(K5:K21) 중에서 원하는 조건의 개수를 구해야 하므로 조건범위는 K5:K21입니다. • **조건** : "광고비 상승"이 몇 개인지 구해야 하므로 조건을 "광고비 상승"이라고 입력합니다.
"개" 출력	1) G27셀을 선택하고 마우스 우클릭을 한 후 [셀 서식] 또는 Ctrl + 1 을 누릅니다. 2) [표시 형식] 탭의 [사용자 지정]에서 형식을 #개로 입력한 후 [확인]을 클릭합니다.

⓭ 작성 조건 ❿에 사용된 수식을 기재하시오(단, 광고비 합계를 기준으로).

> ※ ⓬번 문제는 정렬을 한 후 기재합니다.

1) G26셀을 선택한 후 수식 입력줄에 있는 수식 전체를 드래그하여 블록을 지정합니다.
2) 마우스 우클릭을 한 후 [복사] 또는 Ctrl + C (복사)한 다음 Enter 를 누릅니다.
3) 병합된 B29셀을 클릭해서 작은따옴표(')를 입력한 후 Ctrl + V (붙여넣기) 또는 마우스 우클릭을 한 다음 [붙여넣기]를 클릭하고 Enter 를 누릅니다(※ 수식 입력줄을 클릭한 후 붙여넣기를 해도 됩니다).

4 정렬하기

> 라) 작업표의 정렬순서(SORT)는 비고로 내림차순으로 정렬하고, 같은 비고 안에서는 광고비 합계의 내림차순으로 정렬하시오.

1) 정렬을 하기 위해서 B4:K21셀까지 블록을 지정한 후에 [데이터] 탭의 [정렬]을 클릭합니다.
2) 첫 번째 정렬 기준은 "비고"로 선택하고 정렬을 "내림차순 정렬"로 지정한 후 [기준 추가]를 클릭합니다.

3) 새로운 기준이 만들어졌으면 새로운 정렬 기준을 "광고비 합계"로 선택하고 정렬을 "내림차순 정렬"로 지정한 후 [확인]을 클릭합니다.

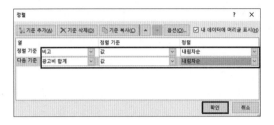

❷ 작성 조건 ❺에 사용된 수식을 기재하시오.
(단, '지상파 TV'를 기준으로)

1) K8셀을 선택한 후 수식 입력줄에 있는 수식 전체를 드래그하여 블록을 지정합니다.
2) 마우스 우클릭을 한 후 [복사] 또는 Ctrl + C (복사)한 다음 Enter 를 누릅니다.
3) 병합된 B28셀을 클릭해서 작은따옴표(')를 입력한 다음 Ctrl + V (붙여넣기) 또는 마우스 우클릭을 한 후 [붙여넣기]를 클릭하고 Enter 를 누릅니다(※ 수식 입력줄을 클릭한 후 붙여넣기를 해도 됩니다).

5 기타 조건

(1) 금액에 대한 수치는 원화(₩) 표시를 하고 천 단위마다 ','(Comma)를 표시하시오.
(2) 모든 수치(숫자, 통화, 회계, 백분율 등)는 셀 서식의 속성을 설정하는 과정에서 소수 자릿수를 "0"으로 지정하여 정수로 표시토록 하시오.
(3) 음수는 "−"가 표시되도록 하시오.
(4) 숫자 셀은 우측을 수직으로 맞추고, 문자 셀은 수평중앙으로 맞추며 이외 사항은 작업표 형식에 따르도록 하시오. 특히, 인쇄출력 시 판독 불가능이 발생되지 않도록 인쇄 미리 보기 등을 통하여 셀의 크기를 적당히 조정하시오.

1) 금액이 있는 E5:G26셀을 드래그하여 선택합니다.
2) [홈] 탭의 표시 형식 그룹에서 [회계 표시 형식]을 클릭합니다.

3) 문자 셀을 수평 중앙으로 맞추기 위해서 모든 시트 선택을 클릭한 후 [가운데 맞춤]을 클릭합니다.

4) 성장률, 계약기간, 광고순위(H5:J21)와 G27셀만 선택한 후 [오른쪽 맞춤]을 클릭합니다.
5) ####으로 표시되면 열 너비를 적당하게 늘려줍니다.

6 열 숨기기

1) A열을 선택하고 마우스 우클릭을 한 후 [숨기기]를 클릭합니다. 복사한 수식이 잘 보이지 않으면 열 너비를 적당히 늘려줍니다.

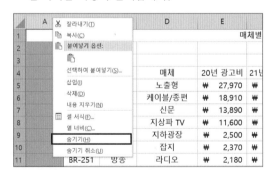

🔟 제목 서식 변경하기

1) 병합된 B1:K1셀을 선택한 후 [홈] 탭에서 글자 크기를 20pt로 입력합니다.

🔡 테두리 지정하기

1) B4:K29셀까지 드래그하여 블록을 지정한 후 [홈] 탭의 글꼴 그룹에서 테두리를 [모든 테두리 ⊞]로 선택합니다.

2) 다시, B5:K21셀까지 드래그하여 블록을 지정합니다. Ctrl + 1 (셀 서식)의 [테두리] 탭에서 스타일을 [없음]으로 지정하고 [중간 가로선 ⊟]을 선택한 후 [확인]을 클릭합니다.

3) 병합되어있는 H22:K27셀을 선택한 후 셀 서식의 [테두리] 탭에서 스타일을 [실선]으로 지정한 후 [양쪽 대각선]을 선택하고 [확인]을 클릭합니다.

🔟 그래프(GRAPH) 작성

> **나. 그래프(GRAPH) 작성**
> 작성한 작업표에서 비고가 광고비 상승인 매체별 20년 광고비와 21년 광고비를 나타내는 그래프를 작성하시오.
>
> **[작성 조건]**
> 1) 그래프 형태 : 혼합형 단일축 그래프
>   20년 광고비(묶은 세로 막대형), 21년 광고비(데이터 표식이 있는 꺾은선형)
>   (단, 21년 광고비만 데이터 레이블의 값이 표시된 혼합형 단일축 그래프로 하시오)
> 2) 그래프 제목 : 매체별 광고비 현황 ---- (글자 크기 : 18, 글꼴 서체 임의)
> 3) X축 제목 : 매체
> 4) Y축 제목 : 광고비
> 5) X축 항목 단위 : 해당 문자열
> 6) Y축 눈금 단위 : 임의
> 7) 범례 : 20년 광고비, 21년 광고비
> 8) 출력물 크기 : A4 용지 1/2장 범위 내
> 9) 기타 : 작성 조건에 없는 형식이나 모양은 기본 설정값에 따르며, 그래프 너비는 작업표에 맞추도록 하시오.

✅ 차트 만들기

1) D4:F13셀을 드래그하여 선택합니다.

2) 그래프를 만들기 위해 [삽입]-[세로 또는 가로 막대형 차트 삽입 ▮▮▾]-[묶은 세로 막대형 ▮▮] 을 클릭합니다.

> **엑셀 2010 버전**
> [삽입]-[세로 막대형]-[묶은 세로 막대형]

3) 만들어진 그래프를 작업표 하단으로 드래그하여 이동합니다. 이때 차트의 왼쪽 모서리가 B31셀에 위치하도록 이동합니다.

4) 차트의 조절점을 이용하여 상단의 작업표의 열 너비인 K열까지 크기를 늘려줍니다. 차트의 높이는 적당하게 조절해 줍니다.

✅ 차트 종류 변경하기

1) 21년 광고비 계열만 선택하고 마우스 우클릭을 한 후 [계열 차트 종류 변경]을 클릭합니다.

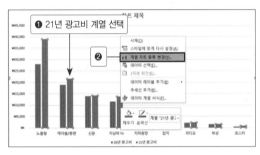

2) 좌측 [콤보]가 선택된 상태에서 21년 광고비 계열의 차트 종류를 [표식이 있는 꺾은선형]으로 선택한 후 [확인]을 클릭합니다.

> **엑셀 2010 버전**
> 마우스 우클릭을 한 후 [계열 차트 종류 변경]을 클릭합니다. 좌측의 [꺾은선형]을 선택한 후 [표식이 있는 꺾은선형]을 클릭합니다.

✅ 레이블값 표시하기

1) 21년 광고비 계열의 표식을 클릭합니다.

2) 선택한 21년 광고비 계열의 표식 위에서 마우스 우클릭을 한 후 [데이터 레이블 추가]-[데이터 레이블 추가]를 클릭합니다.

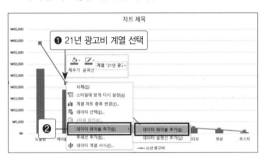

> **엑셀 2010 버전**
> 마우스 우클릭 후 [데이터 레이블 추가]

✅ 그래프 제목

1) 차트 제목을 선택한 후 수식 입력줄에 **매체별 광고비 현황**을 입력한 후 Enter 를 누릅니다.

2) 글자 크기를 18pt로 입력합니다.

> **엑셀 2010 버전**
> [차트 도구]의 [레이아웃] 탭의 레이블 그룹에 있는 [차트 제목]-[차트 위]를 선택한 후 제목을 삽입합니다.

✅ X축 제목 삽입하기

1) 차트 도구의 [디자인] 탭-[차트 요소 추가]-[축 제목]-[기본 가로]를 클릭합니다.

2) 축 제목을 선택 후 수식 입력줄에서 **매체**를 입력한 후 Enter 를 누릅니다.

> **엑셀 2010 버전**
> [레이아웃]-[축 제목]-[기본 가로축 제목]-[축 아래 제목]

> **엑셀 2021 버전**
> [차트 디자인] 탭-[차트 요소 추가]-[축 제목]-[기본 가로]

✅ Y축 제목 삽입하기

1) 차트 도구의 [디자인] 탭-[차트 요소 추가]-[축 제목]-[기본 세로]를 클릭합니다.
2) 축 제목을 선택 후 수식 입력줄에서 **광고비**를 입력한 후 Enter 를 누릅니다.

> **엑셀 2010 버전**
> [레이아웃]-[축 제목]-[기본 세로축 제목]-[제목 회전]
>
> **엑셀 2021 버전**
> [차트 디자인] 탭-[차트 요소 추가]-[축 제목]-[기본 세로]

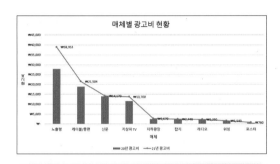

> **차트 글자 색과 테두리**
> 엑셀 2016&2021은 차트의 글자 색이 회색으로 보이기 때문에 차트 영역을 선택한 후 글자 색을 검정으로 지정하고, [서식] 탭에서 [도형 윤곽선]을 검정으로 지정해두면 좋습니다. 지정하지 않아도 감점은 되지 않습니다.

⑩ 페이지 설정 및 인쇄

✅ 페이지 설정

1) 데이터가 입력된 셀을 선택한 후 [파일]-[인쇄]를 클릭합니다(모든 데이터들이 한 페이지에 나타나지 않습니다).
2) [현재 설정된 용지]를 클릭한 후 **[한 페이지에 시트 맞추기]**를 클릭합니다(모든 행과 열의 데이터가 한 페이지 안에 축소되어 나타난 것을 알 수 있습니다).
3) [페이지 설정]으로 들어간 후 [여백] 탭에서 위쪽 여백을 6으로 입력하고, 페이지 가운데 맞춤을 가로, 세로 체크 후 확인을 클릭합니다.
4) 인쇄를 클릭하여 출력 작업을 진행합니다(실제 출력은 세 가지 작업을 모두 마친 후 진행합니다).
5) [파일]-[저장]을 클릭합니다.
6) 이전 버튼을 클릭하여 편집화면으로 되돌아갑니다.

| 작업표 작성 |

매체별 광고비 현황(2020~2021)

광고 코드	분류	매체	20년 광고비	21년 광고비	광고비 합계	성장률	계약기간	광고 순위	비고
DI-231	디지털	노출형	₩ 27,970	₩ 38,953	₩ 66,923	39%	1년	2	광고비 상승
BR-453	방송	케이블/종편	₩ 18,910	₩ 21,504	₩ 40,414	14%	3년	3	광고비 상승
PR-551	인쇄	신문	₩ 13,890	₩ 14,170	₩ 28,060	2%	1년	4	광고비 상승
BR-123	방송	지상파 TV	₩ 11,600	₩ 13,700	₩ 25,300	18%	3년	5	광고비 상승
BI-541	OOH	지하광장	₩ 2,500	₩ 2,670	₩ 5,170	7%	1년	7	광고비 상승
PR-421	인쇄	잡지	₩ 2,370	₩ 2,440	₩ 4,810	3%	1년	8	광고비 상승
BR-251	방송	라디오	₩ 2,180	₩ 2,250	₩ 4,430	3%	1년	9	광고비 상승
BR-374	방송	위성	₩ 1,520	₩ 1,540	₩ 3,060	1%	4년	12	광고비 상승
PR-422	인쇄	포스터	₩ 490	₩ 760	₩ 1,250	55%	2년	16	광고비 상승
DI-133	디지털	검색형	₩ 37,000	₩ 36,160	₩ 73,160	-2%	3년	1	
BI-543	OOH	옥외	₩ 3,910	₩ 3,880	₩ 7,790	-1%	3년	6	
BI-111	OOH	버스	₩ 2,000	₩ 1,426	₩ 3,426	-29%	1년	10	
BI-422	OOH	지하철	₩ 1,580	₩ 1,500	₩ 3,080	-5%	2년	11	
PR-321	인쇄	팜플렛	₩ 1,435	₩ 1,430	₩ 2,865	0%	1년	13	
BR-562	방송	DMB	₩ 1,520	₩ 1,200	₩ 2,720	-21%	2년	14	
BR-121	방송	IPTV	₩ 1,160	₩ 1,056	₩ 2,216	-9%	1년	15	
BI-981	OOH	극장	₩ 600	₩ 355	₩ 955	-41%	1년	17	
분류별 합계		방송	₩ 36,890	₩ 41,250	₩ 78,140				
		인쇄	₩ 18,185	₩ 18,800	₩ 36,985				
		디지털	₩ 64,970	₩ 75,113	₩ 140,083				
		OOH	₩ 10,590	₩ 9,831	₩ 20,421				
광고비 합계가 4000 이상 70000 미만인 합			₩ 46,880	₩ 60,457	₩ 107,337				
비고에서 "광고비 상승"인 개수									9개
=IF(F8> =E8,"광고비 상승","")									
=SUMIFS(G5:G21,$G$5:$G$21,"> =40000",$G$5:$G$21,"<70000")									

Sheet1 / 광고비 현황 / 광고비 현황 (정렬) / 데이터 / 데이터 (2) / ⊕

| 그래프 작성 |

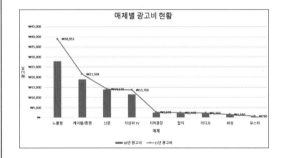

| 인쇄 미리 보기 |

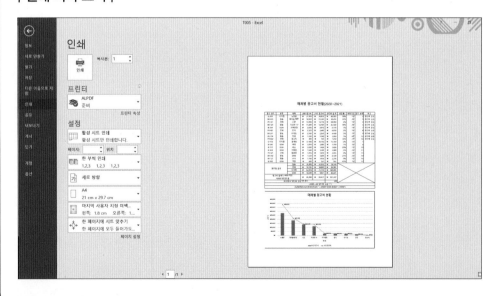

액세스 실전 모의고사 5회 풀이

1 저장하기

1) 액세스를 실행한 후 [새 데스크톱 데이터베이스] 를 클릭합니다.

2) 파일 이름 입력하는 우측의 📁를 클릭합니다.

3) 저장 위치는 [바탕화면]–[비번호 폴더] 안에 시험위원이 지정해 준 파일명을 입력한 후 [확인]을 클릭합니다.

> **액세스 2007&2010 버전**
> 액세스 실행 후 [새 데이터베이스]가 선택되어있는 상태에서 우측 파일 이름 입력하는 곳 옆의 📁를 클릭합니다.

2 테이블 작성하기

✓ 테이블1 만들기

1) 테이블 도구의 [필드] 탭–[보기]에서 [디자인 보기]를 클릭합니다.

2) 테이블을 저장하라는 창이 나오면 테이블 이름을 그대로 '테이블1'로 지정한 후 [확인]을 클릭합니다.

> **액세스 2007 버전**
> [데이터시트] 탭–[보기]–[디자인 보기]

> **액세스 2021 버전**
> [데이터 필드] 탭–[보기]–[디자인 보기]

3) 아래와 같이 필드 이름과 데이터 형식을 변경합니다.

필드 이름	데이터 형식
출장일	날짜/시간
출장코드	짧은 텍스트
출장일수	숫자
기타비용	통화

> ※ 출장코드는 필드 속성에서 [IME 모드]를 [영숫자 반자]로 지정합니다.

> **액세스 2007&2010 버전**
> 데이터 형식의 짧은 텍스트 대신 [텍스트]로 지정합니다.

4) 조건에 기본 키를 지정하라는 조건이 없으므로 기본 키를 해제하기 위해, **"출장일"** 필드 이름을 클릭한 후, 테이블 도구의 [디자인] 탭에서 [기본 키]를 클릭하여 기본 키를 해제합니다.

5) 테이블 도구의 [보기]–[데이터시트 보기]를 클릭한 후 테이블 저장 대화상자가 나타나면 [예]를 클릭합니다.

6) 아래와 같이 테이블1에 데이터를 입력합니다. 필드를 이동할 때는 방향키(↑, ↓, ←, →)를 이용합니다.

출장일	출장코드	출장일수	기타비용
2022-04-05	BB02	1	₩5,000
2022-06-11	BB02	2	₩10,000
2022-05-06	CC03	5	₩20,000
2022-04-07	BB02	2	₩15,000
2022-04-25	CC03	5	₩25,000
2022-05-30	DD04	2	₩0
2022-06-28	CC03	3	₩7,000
2022-05-15	CC02	4	₩9,000
2022-04-01	BB02	2	₩5,000
2022-04-07	CC03	4	₩10,000
2022-05-10	DD04	1	₩0
2022-04-20	CC03	5	₩25,000
2022-06-07	DD04	2	₩13,000
2022-05-09	CC03	4	₩20,000
2022-04-13	BB02	3	₩21,000
2022-06-22	BB02	2	₩13,000
2022-04-27	DD04	1	₩0
2022-06-13	DD04	2	₩5,000
2022-05-21	BB02	2	₩0
2022-04-03	DD04	1	₩3,000
		0	₩0

7) '테이블1' 탭 위에서 마우스 우클릭을 한 후 [닫기]를 클릭하여 테이블1을 닫아 줍니다. 좌측에 '테이블1'을 더블 클릭하여 데이터가 올바르게 입력되었는지 다시 한번 확인합니다.

> **액세스 2021 버전**
> [디자인] 탭 대신 [양식 디자인] 탭으로 들어갑니다.

✅ 테이블2 만들기

1) [만들기] 탭의 [테이블 디자인]을 클릭하여 두 번째 테이블을 만듭니다.
2) 아래와 같이 필드 이름과 데이터 형식을 지정합니다.

테이블2	
필드 이름	데이터 형식
출장코드	짧은 텍스트
구분	짧은 텍스트
일비	통화

3) 테이블 도구의 [보기]-[데이터시트 보기]를 클릭한 후 테이블 저장 대화상자가 나타나면 [예]-[확인]을 클릭합니다.
4) "기본 키를 정의하지 않았습니다. 기본 키를 만드시겠습니까?"라는 대화상자가 나오면 [아니요]를 클릭합니다.
5) 아래와 같이 테이블2에 데이터를 입력합니다. 필드를 이동할 때는 방향키(↑, ↓, ←, →)를 이용합니다.

테이블2		
출장코드	구분	일비
BB02	국내출장	₩35,000
CC03	해외출장	₩40,000
DD04	교육참석	₩45,000
*		₩0

6) '테이블2' 탭 위에서 마우스 우클릭을 한 후 [닫기]를 클릭하고 테이블2를 닫아 줍니다. 좌측에 '테이블2'를 더블 클릭하여 데이터가 올바르게 입력되었는지 다시 한번 확인합니다.

❸ 폼 작성 및 편집

✅ 폼 디자인 만들기

1) [만들기] 탭에서 [폼 디자인]을 클릭합니다.

✅ 레이블로 제목 만들기

1) 폼의 우측 하단 모서리에서 마우스 커서가 ✛ 모양일 때 드래그하여 가로는 19cm, 세로는 20cm 안쪽으로 드래그합니다.
2) 폼의 제목을 입력하기 위해서, 폼 디자인 도구의 [디자인] 탭에서 [레이블가가]을 클릭한 후 폼의 상단에 적당한 크기로 드래그합니다.
3) 레이블 안에 제목을 입력한 후 글자를 블록 지정하거나, 레이블 테두리를 클릭한 후 폼 디자인 도구의 [서식] 탭에서 크기를 16pt로 입력하고 [가운데 정렬≡]을 클릭합니다.

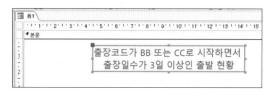

출장코드가 BB 또는 CC로 시작하면서
출장일수가 3일 이상인 출발 현황

※ 제목에서 한 줄을 입력하고 줄바꿈은 Shift + Enter를 누릅니다.
※ 조절점을 더블 클릭하면 레이블 상자가 글자 크기에 맞춰서 조절됩니다.

✅ 목록 상자 만들기

1) 폼 디자인 도구의 [디자인] 탭에서 [목록 상자▥]를 클릭한 후 제목 아래에 적당한 크기로 드래그하여 그려줍니다.
2) "목록 상자 마법사" 창이 나타나면 [취소]를 클릭하여 창을 닫아 줍니다.
3) 목록 상자 왼쪽에 있는 "List1:" 레이블을 선택한 후 Delete를 눌러 삭제합니다.
4) [속성 시트]의 [데이터] 탭에서 [행 원본]을 선택한 후 ⋯를 클릭합니다.

※ 속성 시트가 없으면 폼 디자인 도구의 [디자인] 탭에서 [속성 시트]를 클릭합니다.

5) 테이블 표시 창이 나타나면 '테이블1'을 더블 클릭, '테이블2'를 더블 클릭한 후 [닫기]를 클릭합니다.

6) 테이블1에 있는 **출장코드** 필드를 테이블2의 **출장 코드**로 드래그하여 연결해줍니다.

7) 조회화면 서식에 나와 있는 필드명 순서대로 **출장 코드, 출장일, 구분, 출장일수, 일비, 기타비용** 필드 명을 순서대로 더블 클릭하여 필드에 추가합니다.

필드:	출장코드	출장일	구분	출장일수	일비	기타비용
테이블:	테이블1	테이블1	테이블2	테이블1	테이블2	테이블1
정렬:						
표시:	☑	☑	☑	☑	☑	☑
조건:						
또는:						

> 출장코드가 BB나 CC로 시작하면서 출장일수가 3 이상인 출장 현황 나타내기

8) 출장코드의 조건에 BB* OR CC*를 입력한 후 [Enter]를 누르면 Like "BB*" Or Like "CC*"로 변경됩니다.

필드:	출장코드	출장일	구분	출장일수	일
테이블:	테이블1	테이블1	테이블2	테이블1	테
정렬:					
표시:	☑	☑	☑	☑	
조건:	BB* OR CC*				
또는:					

9) 출장일수가 3 이상인 현황을 나타내려면, 출장일 수 조건에 >=3을 입력합니다. AND 조건이므로 같은 행에 조건을 입력합니다.

> 필드명 "출장일"의 오름차순으로 출력

10) 출장일을 오름차순으로 정렬하기 위해 출장일 의 정렬에서 ⌄를 클릭한 후 오름차순을 선택 합니다.

필드:	출장코드	출장일	구분	출장일수
테이블:	테이블1	테이블1	테이블2	테이블1
정렬:		오름차순		
표시:	☑	☑	☑	☑
조건:	Like "BB*" Or Like "CC*"			>=3
또는:				

11) [폼1 : 쿼리 작성기] 탭에서 마우스 우클릭을 한 후 [데이터시트 보기]를 클릭하여, **출장코드가 BB나 CC로 시작하면서 출장일수가 3 이상인 출 장 현황**이 나타나는지, 출장일이 오름차순으로 나오는지를 확인합니다.

12) 다시, [폼1 : 쿼리 작성기] 탭에서 마우스 우클 릭을 한 후 [SQL 보기]를 클릭하여 조건에 나와 있는 아래의 WHERE 조건절, INNER JOIN, LIKE, ORDER BY 문이 포함되어 있는지 확인 합니다.

13) [폼1 : 쿼리 작성기] 탭에서 마우스 우클릭을 한 후 [닫기]-[예]를 클릭합니다.

14) [속성 시트]의 [형식] 탭에서 **열 개수**를 6으로 입력하고, **열 이름**을 **예**로 지정합니다.

15) [폼1] 탭에서 마우스 우클릭을 한 후 [폼 보기] 를 클릭하여 확인합니다.

> ※ 목록 상자에 스크롤바가 생기면 감점되기 때문에 목록 상자의 높이를 키워주어 스크롤바가 생기지 않도록 합 니다.

✅ 선 그리기

1) 목록 상자 하단의 선을 만들기 위해 다시 [홈] 탭-[보기]-[디자인 보기]를 클릭한 후 폼 디자인 도구의 [디자인] 탭에서 [선◻]을 선택합니다.
2) Shift 를 누른 채 목록 상자 하단에 드래그하여 직선을 그려줍니다.
3) [속성 시트]의 [형식] 탭에서 [테두리 두께]를 [6pt]로 지정합니다.

✅ 텍스트 상자 만들기

1) 폼 디자인 도구의 [디자인] 탭에서 [텍스트 상자⏎]를 선택한 후 목록 상자 아래쪽에 적당하게 드래그하여 그려줍니다.
2) "텍스트 상자 마법사" 창이 나오면 [취소]를 클릭합니다.
3) 텍스트 상자 왼쪽에 있는 레이블을 선택하여 **리스트박스 조회 시 작성된 SQL문**을 입력합니다.
4) 레이블 테두리를 선택한 후, 폼 디자인 도구의 [서식] 탭에서 글자 크기를 **16pt**로 입력합니다. 레이블과 텍스트 상자의 **이동 핸들을 드래그**하여 위치를 이동할 수 있습니다.
5) 우측 하단에서 드래그하여 텍스트 상자, 선, 목록 상자가 조금이라도 포함되도록 선택합니다.

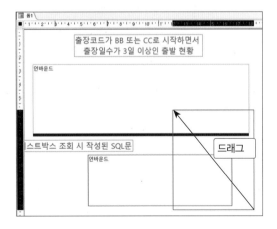

6) 폼 디자인 도구의 [정렬] 탭-[맞춤]-[왼쪽]을 클릭하고, 다시 [크기/공간]-[가장 넓은 너비에]를 클릭하여 좌/우 크기를 동일하게 맞춰줍니다.
7) [속성 시트]의 [형식] 탭에서 [테두리 색]을 [검정 텍스트]로 지정합니다.
8) 빈 곳을 클릭, 다시 텍스트 상자만 선택한 후 [속성 시트]의 [테두리 스타일]을 [파선]으로 지정합니다.

✅ SQL문 복사하기

1) 목록 상자를 클릭한 후 [속성 시트]의 [데이터] 탭에서 [행 원본]을 클릭합니다. Ctrl + C (복사)를 누른 후 텍스트 상자를 클릭합니다.
2) =를 입력하고, 작은따옴표(')를 입력합니다. Ctrl + V (붙여넣기)를 한 후 다시 작은따옴표(')로 닫아 줍니다.

3) 전체를 드래그하여 모든 컨트롤을 선택한 후 폼 디자인 도구의 [서식] 탭에서 [글꼴 색 가]을 [검정, 텍스트 1]로 지정합니다. [본문]을 클릭해서 [교차 행 색]을 [흰색, 배경 1]로 지정합니다.

> ※ 액세스 2007 버전은 기본 글꼴 색이 "검정"이기 때문에 따로 글꼴 색 지정은 하지 않습니다.

☑ 인쇄 미리 보기 및 여백 지정하기

1) [파일]-[인쇄]-[인쇄 미리 보기]에서 완성된 폼 화면을 확인할 수 있습니다.

2) 상단 [페이지 설정]에서 **위쪽 여백**을 **60**으로 입력하고 [확인]을 클릭합니다. 인쇄될 결과물을 확인한 후 [인쇄 미리 보기 닫기]를 클릭합니다.

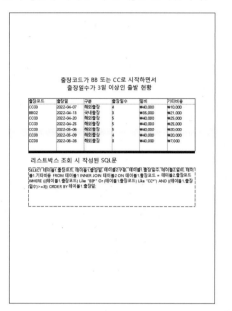

3) [폼1] 탭에서 마우스 우클릭을 한 후 [닫기]-[예]를 클릭합니다.

4 쿼리 작성 및 편집

☑ 쿼리 디자인 만들기

1) [만들기]-[쿼리] 그룹에서 [쿼리 디자인]을 클릭합니다.

> **액세스 2007 버전**
> [만들기]-[기타] 그룹의 [쿼리 디자인]

2) 테이블 표시 대화상자가 나타나면 '테이블1'과 '테이블2'를 순서대로 더블 클릭하여 테이블을 생성시킨 후 [닫기]를 클릭합니다.

3) 테이블1의 **출장코드**를 테이블2의 **출장코드**로 드래그하여 조인(JOIN)을 시켜줍니다.

☑ 테이블 조인 및 필드 추가

> ※ 보고서 서식을 보고 각각의 필드를 더블 클릭하여 실행하고, 계산이 필요한 필드는 처리 조건을 보고 계산합니다.

1) 보고서 서식을 보고 **출장일, 출장일수, 일비, 기타비용**을 순서대로 더블 클릭하여 필드를 추가해 줍니다.

필드:	출장일	출장일수	일비	기타비용
테이블:	테이블1	테이블1	테이블2	테이블1
정렬:				
표시:	☑	☑	☑	☑
조건:				
또는:				

> **[처리 조건]**
> • 식대 : 출장일수가 2일 이상이면 출장일수×3×7000으로 나타내고, 나머지는 7000으로 표시하시오.
> • 숙박비 : 출장일수가 2일 이상이면 출장일수×50000으로 나타내고, 나머지는 0으로 표시하시오.
> • 총출장비 : 일비+기타비용+식대+숙박비

2) 기타비용 오른쪽 필드에 **식대: IIF(출장일수>=2, 출장일수*3*7000,7000)**를 입력합니다(※ 필드 위에서 마우스 우클릭을 한 후 [확대/축소]를 클릭하여 입력합니다).

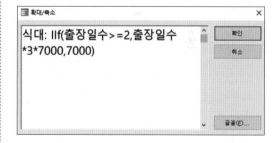

3) 식대 오른쪽 필드에 **숙박비: IIF(출장일수>=2,출장일수*50000,0)**를 입력합니다.

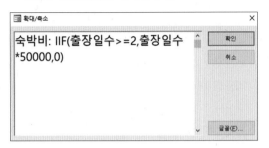

4) 숙박비 오른쪽 필드에 **총출장비: 일비+기타비용+식대+숙박비**를 입력합니다.

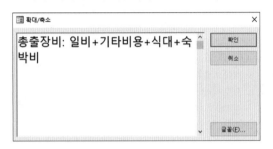

✅ 쿼리 확인하기

1) [쿼리1] 탭에서 마우스 우클릭을 한 후 [데이터시트 보기]를 클릭하여 쿼리 결과를 확인합니다.

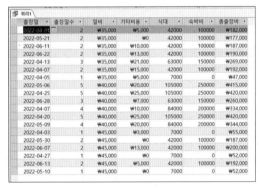

2) [쿼리1] 탭의 [닫기]를 클릭한 후, 대화상자가 나오면 [예]를 클릭합니다. 폼 이름은 [쿼리1]로 지정한 후 [확인]을 클릭합니다.

5 보고서 작성 및 편집

✅ 보고서 마법사로 보고서 만들기

1) [만들기] 탭의 보고서 그룹에서 [보고서 마법사]를 클릭합니다.

2) 보고서 마법사 대화상자가 나타나면 '테이블/쿼리'를 [쿼리: 쿼리1]로 변경하고, 사용 가능한 필드에서 >> 를 클릭하여 선택한 필드로 모두 이동시킨 후 [다음]을 클릭합니다.

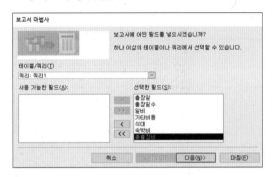

[처리 조건]

출장일 중에서 월(4월, 5월, 6월)별로 정리한 후, 같은 분류 안에서는 총출장비의의 오름차순으로 정렬(SORT)하시오.

---

3) 처리 조건에 **출장일별**로 정리하라는 지시가 있으므로 **출장일**을 선택한 후 > 를 클릭하여 그룹 수준을 지정하고 [다음]을 클릭합니다.

4) 같은 **출장일** 안에서는 **총출장비의 오름차순**으로 정렬(SORT)해야 한다는 조건이 있기 때문에 첫 번째 필드를 **총출장비**로 입력하고 오름차순으로 지정한 후 [요약 옵션]을 클릭합니다.

[처리 조건]
• 합계 : 각 식대, 숙박비, 총출장비의 합 산출
• 총합계 : 식대, 숙박비, 총출장비의 전체 합 산출

5) **식대, 숙박비, 총출장비**의 합계의 □를 클릭하여 ✓체크한 후 [확인]을 클릭합니다.

6) [다음]을 클릭하면 보고서 모양을 지정할 수 있는 보고서 마법사가 나타나는데 기본 설정 그대로 [다음]을 클릭합니다.

7) 보고서 제목은 [쿼리1]로 그대로 지정하고, [보고서 디자인 수정]을 선택한 후 [마침]을 클릭합니다.

✅ 필요 없는 컨트롤 삭제하기

1) [출장일 바닥글]의 **="에 대한 요약"**의 좌측 눈금선에서 마우스 커서가 ➡로 바뀌면 클릭합니다. **Shift**를 누른 채 [페이지 바닥글]의 **=NOW, =Page**를 선택하여 **Delete**를 눌러 삭제합니다.

2) [페이지 머리글]의 "출장일 기준 월"과 [출장일 머리글]의 **=Format$([출장일]..**도 선택한 후 **Delete**를 눌러 삭제합니다.

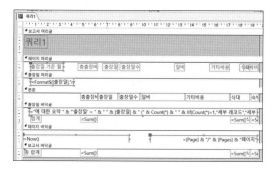

✅ 컨트롤 배치 및 속성 변경하기

1) [출장일 머리글]과 [페이지 바닥글] 아래에서 마우스 커서가 ✛로 변할 때 위로 드래그하여 높이를 끝까지 줄여줍니다. [출장일 바닥글]에 합계 컨트롤도 위치를 위쪽으로 이동한 후 높이를 줄여줍니다.

2) [본문]의 출장일을 선택한 후 **Ctrl**+**C** (복사)를 누릅니다. [출장일 바닥글]을 선택한 후 **Ctrl**+**V** (붙여넣기)합니다.

3) 각 컨트롤의 위치와 크기를 아래와 같이 변경합니다.

※ [쿼리1] 탭에서 마우스 우클릭을 한 후 [레이아웃 보기]를 클릭해서 ####으로 나타나 있으면, 컨트롤의 너비를 조금 더 늘려주어야 합니다.

☑ 출장일 날짜 형식 지정하기

> **[처리 조건]**
> 출장일은 MM–DD 형식으로 한다.

1) [본문]의 출장일을 클릭한 후 [속성 시트]의 [형식] 탭에서 형식을 MM–DD로 입력합니다.
2) [출장일 바닥글]의 출장일은 4월, 5월, 6월로 표시해야 하므로 [출장일 바닥글]의 출장일을 클릭한 후 [속성 시트]의 [형식] 탭에서 형식을 M월로 입력합니다.

☑ 보고서 제목 및 서식 지정하기

1) [쿼리1] 글자를 드래그하여 블록 지정한 후 보고서 제목 **월별 출장비 지출 현황**을 입력합니다.
2) 제목의 바깥쪽 테두리를 선택한 후, 오른쪽 조절점에서 끝까지 드래그합니다.
3) 보고서 디자인 도구의 [서식] 탭에서 글꼴 크기를 **16pt**로 입력하고, [가운데 맞춤 ≡]을 클릭합니다.

> **액세스 2007 버전**
> 폼 디자인 도구의 [디자인] 탭
>
> **액세스 2010 버전**
> 폼 디자인 도구의 [형식] 탭

4) [페이지 머리글] 필드를 모두 선택한 후 Shift 를 누른 채 [본문]의 출장일, 출장일수를 선택합니다.
5) 보고서 디자인 도구의 [서식] 탭에서 [가운데 맞춤 ≡]을 클릭합니다.

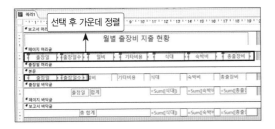

> ※ 조금 더 세부적으로 각 컨트롤의 위치를 변경하려면 [쿼리1]에서 마우스 우클릭을 한 후 [레이아웃 보기]에서 각 컨트롤의 위치나 크기를 조절합니다.

☑ 금액에 대한 수치 원화(₩)로 표시하기

> ※ 레이아웃 보기로 들어가면 원화(₩) 표시가 없는 컨트롤을 확인할 수 있습니다.

1) [본문]의 식대, 숙박비, 총출장비, [출장일 바닥글]과 [보고서 바닥글]의 식대, 숙박비, 총출장비의 합계를 Shift 를 이용하여 선택합니다.
2) [속성 시트]의 [형식] 탭에서 형식을 [통화]로 지정합니다.

☑ 컨트롤 글꼴 색 및 윤곽선 설정하기

1) 모든 컨트롤을 드래그하거나 단축키 Ctrl + A (모두 선택)를 눌러 선택해줍니다.
2) 보고서 디자인 도구의 **[서식]** 탭에서 **[글꼴 색]**을 **[검정, 텍스트 1]**로 지정하고, **[도형 윤곽선]**을 **[투명]**으로 지정합니다.

☑ 배경색 및 교차 행 색 설정하기

1) [보고서 머리글]을 선택한 후 보고서 디자인 도구의 [서식] 탭에 [도형 채우기]를 [흰색, 배경1]로 지정합니다.
2) [본문]을 클릭한 후 보고서 디자인 도구의 [서식] 탭의 [교차 행 색]을 [색 없음]으로 지정합니다.
3) 마찬가지 방법으로 [출장일 바닥글]을 클릭하여 [교차 행 색]을 [색 없음]으로 지정합니다.

✅ 선 삽입하기

1) 보고서 디자인 도구의 [디자인] 탭을 클릭한 후 [선⬜]을 선택합니다. [페이지 머리글]의 좌측부터 Shift를 누른 채 드래그하여 그려줍니다.

2) [페이지 머리글]의 위쪽에 그려준 선이 선택된 상태에서 Ctrl + C (복사)를 한 후 다시 Ctrl + V (붙여넣기)를 합니다.

3) 키보드의 아래 화살표(↓)를 눌러 복사된 선을 [페이지 머리글]의 아래쪽에 위치되도록 합니다.

4) [출장일 바닥글]을 클릭한 후 Ctrl + V (붙여넣기)를 하면 [출장일 바닥글] 위쪽에 선이 복사됩니다. 다시 한번 Ctrl + V (붙여넣기)를 한 후 아래 화살표(↓)를 눌러 [출장일 바닥글]의 아래쪽에 위치시켜 줍니다.

5) [보고서 바닥글]을 클릭한 후 Ctrl + V (붙여넣기)를 한 후 아래 화살표(↓)를 눌러 [보고서 바닥글]의 아래쪽에 위치시켜 줍니다.

✅ 레이아웃 보기에서 세부 설정하기

1) [쿼리1] 탭에서 마우스 우클릭을 한 후 [레이아웃 보기]를 클릭하여 보고서의 배치가 잘 되었는지 확인합니다.

2) 출력 형태를 보면서 위치와 크기를 조절해줍니다.

6 인쇄 및 페이지 설정

✅ 인쇄 미리 보기 및 페이지 설정

1) [쿼리1] 탭에서 마우스 우클릭을 한 후 [인쇄 미리 보기]를 클릭합니다.

2) [인쇄 미리 보기] 탭에서 [페이지 설정]을 클릭합니다.

3) 위쪽 여백을 60으로 입력한 후 [확인]을 클릭합니다.

4) [인쇄 미리 보기 닫기]를 클릭하여 미리 보기를 닫아 준 후에 [파일]−[저장]을 클릭합니다. 우측 상단의 [닫기 X]를 클릭하여 액세스를 종료합니다.

| DB 조회화면 |

**출장코드가 BB 또는 CC로 시작하면서
출장일수가 3일 이상인 출발 현황**

출장코드	출장일	구분	출장일수	일비	기타비용
CC08	2022-04-07	해외출장	4	₩40,000	₩10,000
BB02	2022-04-13	국내출장	3	₩35,000	₩21,000
CC08	2022-04-20	해외출장	5	₩40,000	₩25,000
CC08	2022-04-25	해외출장	5	₩40,000	₩25,000
CC08	2022-05-06	해외출장	5	₩40,000	₩20,000
CC08	2022-05-09	해외출장	4	₩40,000	₩20,000
CC08	2022-06-28	해외출장	3	₩40,000	₩7,000

리스트박스 조회 시 작성된 SQL문

```
SELECT 테이블1.출장코드, 테이블1.출장일, 테이블1.구분, 테이블1.출장일수, 테이블2.일비, 테이블1.기타비용 FROM 테이블1 INNER JOIN 테이블2 ON 테이블1.출장코드 = 테이블2.출장코드 WHERE (((테이블1.출장코드) Like "BB*" Or (테이블1.출장코드) Like "CC*") AND ((테이블1.출장일수)>=3)) ORDER BY 테이블1.출장일;
```

| DB 보고서 |

월별 출장비 지출 현황

출장일	출장일수	일비	기타비용	식대	숙박비	총출장비
04-05	1	₩35,000	₩5,000	₩7,000	₩0	₩47,000
04-27	1	₩45,000	₩0	₩7,000	₩0	₩52,000
04-03	1	₩45,000	₩3,000	₩7,000	₩0	₩55,000
04-01	2	₩35,000	₩5,000	₩42,000	₩100,000	₩182,000
04-07	2	₩35,000	₩15,000	₩42,000	₩100,000	₩192,000
04-13	3	₩35,000	₩21,000	₩63,000	₩150,000	₩269,000
04-07	4	₩40,000	₩10,000	₩84,000	₩200,000	₩334,000
04-20	5	₩40,000	₩25,000	₩105,000	₩250,000	₩420,000
04-25	5	₩40,000	₩25,000	₩105,000	₩250,000	₩420,000
4월 합계				₩462,000	₩1,050,000	₩1,971,000
05-10	1	₩45,000	₩0	₩7,000	₩0	₩52,000
05-21	2	₩35,000	₩0	₩42,000	₩100,000	₩177,000
05-30	2	₩45,000	₩0	₩42,000	₩100,000	₩187,000
05-09	4	₩40,000	₩20,000	₩84,000	₩200,000	₩344,000
05-06	5	₩40,000	₩20,000	₩105,000	₩250,000	₩415,000
5월 합계				₩280,000	₩650,000	₩1,175,000
06-11	2	₩35,000	₩10,000	₩42,000	₩100,000	₩187,000
06-22	2	₩35,000	₩13,000	₩42,000	₩100,000	₩190,000
06-13	2	₩45,000	₩5,000	₩42,000	₩100,000	₩192,000
06-07	2	₩45,000	₩13,000	₩42,000	₩100,000	₩200,000
06-28	3	₩40,000	₩7,000	₩63,000	₩150,000	₩260,000
6월 합계				₩231,000	₩550,000	₩1,029,000
총 합계				₩973,000	₩2,250,000	₩4,175,000

파워포인트 실전 모의고사 5회 풀이

※ 파워포인트 2021 버전에서는 [서식] 탭 대신 [도형 서식] 탭을 사용합니다.

1 저장하기

1) [시작] ➡ [Microsoft Office] ➡ [Microsoft PowerPoint 2016]을 클릭하여 파워포인트를 실행합니다.
2) [파일]-[저장]-[찾아보기]를 클릭하면 저장 창이 나타납니다.
3) 저장 위치는 [바탕화면]-[비번호 폴더] 안에 시험위원이 지정해 준 파일명을 입력한 후 [확인]을 클릭합니다.

2 슬라이드 크기 변경하기

1) [디자인]-[슬라이드 크기]를 클릭한 후 [표준 4:3]으로 변경합니다.

3 레이아웃 변경하기

1) [홈] 탭-[레이아웃]에서 [빈 화면]을 클릭합니다.

4 새 슬라이드 만들기

1) 슬라이드 미리 보기 창의 슬라이드를 클릭한 후 Enter를 눌러 빈 화면 새 슬라이드를 추가합니다.

제1 슬라이드

5 제목 만들기

1) [삽입]-[도형]-[직사각형□]을 클릭한 후 드래그하여 그려줍니다.
2) [서식]-[도형 스타일]에서 [색 윤곽선 - 검정, 어둡게 1캔버]로 지정합니다.
3) **협상업무 및 절차**를 입력한 후, Esc를 눌러 도형을 선택한 후 [홈] 탭에서 글꼴 크기를 32pt로 지정합니다.

협상업무 및 절차

6 직사각형 삽입하기1

1) [삽입]-[도형]-[직사각형□]을 클릭한 후 드래그하여 그려줍니다.
2) [서식]-[도형 스타일]에서 [색 윤곽선 - 검정, 어둡게 1캔버]로 지정합니다.
3) [서식]-[도형 윤곽선]-[대시]-[파선], [두께]-[1pt] 정도로 지정합니다.

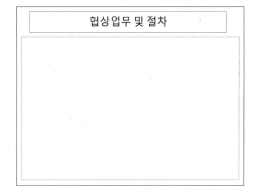

7 직사각형 삽입하기2

1) [삽입]-[도형]-[직사각형□]을 클릭한 후 드래그하여 그려줍니다.
2) [서식]-[도형 스타일]에서 [색 윤곽선 - 검정, 어둡게 1캔버]로 지정합니다.
3) Ctrl + Shift +드래그 또는 Ctrl +드래그하여 복사한 후 글자가 입력된 도형을 선택하여 글자를 입력합니다(**14pt, 굵게**).

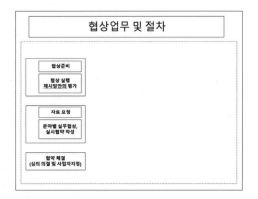

8 아래쪽 화살표 삽입하기

1) [삽입]-[도형]-[아래쪽 화살표 ⬇]를 클릭한 후 드래그하여 그려줍니다.

2) [서식]-[도형 스타일]에서 [색 윤곽선 - 검정, 어둡게 1 [까대]]로 지정합니다.

3) Ctrl + Shift +드래그로 복사합니다.

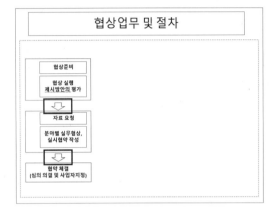

9 모서리가 접힌 도형 삽입하기

1) [삽입]-[도형]-[모서리가 접힌 도형 □]을 클릭한 후 드래그하여 그려줍니다.

2) [서식] 탭에서 [도형 스타일]을 [색 윤곽선 - 검정, 어둡게 1 [까대]]로 지정한 후 아래와 같이 글자를 입력합니다(14pt, 굵게).

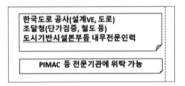

3) 위쪽 모서리가 접힌 도형의 글자를 블록 지정하고 마우스 우클릭을 한 후 [글머리 기호]-[속이 찬 둥근 글머리 기호 ▤]를 선택합니다.

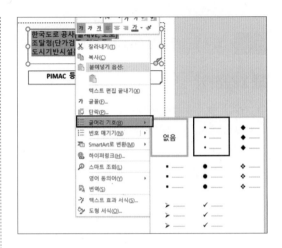

10 포인트가 8개인 별 삽입하기

1) [삽입]-[도형]-[포인트가 8개인 별 ✦]을 클릭한 후 드래그하여 그려줍니다.

2) [서식]-[도형 스타일]에서 [색 윤곽선 - 검정, 어둡게 1 [까대]]로 지정하고 글자를 입력합니다 (18pt).

11 화살표 삽입하기

1) [삽입]-[도형]-[화살표 ╲]를 클릭한 후 드래그하여 그려줍니다(선 색 : 검정, 텍스트 1, 두께 : 1½pt).

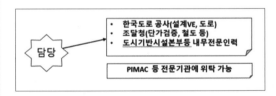

12 모서리가 둥근 직사각형 삽입하기

1) [삽입]-[도형]-[모서리가 둥근 직사각형 ▢]을 클릭한 후 드래그하여 그려줍니다.

2) [서식]-[도형 스타일]에서 [색 윤곽선 - 검정, 어둡게 1 [까대]]로 지정합니다.

3) Ctrl + Shift +드래그 또는 Ctrl +드래그하여 복사한 후 도형을 선택하여 글자를 입력합니다 (18pt, 14pt).

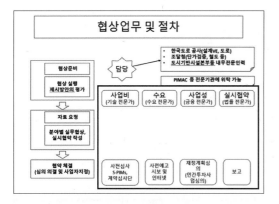

⑬ 텍스트 상자 삽입하기1

1) [삽입]-[텍스트 상자]를 클릭한 후 슬라이드에 클릭하고 각각 글자를 입력합니다.

협상대상자 선정, 실시계획 승인	굴림, 18pt, 굵게
협상계획수립, 협상	14pt
협상단구성, 비용검증	굴림, 12pt, 굵게

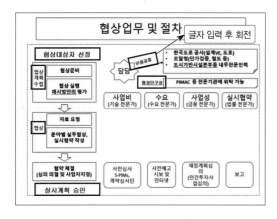

⑭ 텍스트 상자 삽입하기2

1) [삽입]-[텍스트 상자]를 클릭한 후 슬라이드에 클릭하고 아래와 같이 글자를 입력합니다(14pt).

사업계획서, 각종 설계도서 등 필요 자료 사업자에 요청
본협상 1차회의(Kick-off Meeting), 협상일정 및 안건 협의
비용, 수요, 사업성, 실시협약 등 분야별 협의, 필요시 VFM 분석
최종 본회의에서 실무협상 결과를 합의하고 협약(안)에 가서명

2) 글자를 블록 지정하고 마우스 우클릭을 한 후 [글머리 기호]-[글머리 기호 및 번호 매기기]를 클릭합니다.
3) [사용자 지정]을 클릭한 후 글꼴을 [Wingdings]로 변경하고 ☑을 선택한 후 [확인]을 클릭합니다.

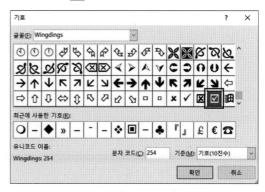

제2 슬라이드

⑮ 제목 만들기

1) [삽입]-[도형]-[직사각형□]을 클릭한 후 드래그하여 그려줍니다.
2) [서식]-[도형 스타일]에서 [색 윤곽선 - 검정, 어둡게 1]로 지정합니다.
3) **압축 알고리즘**을 입력한 후, Esc 를 눌러 도형을 선택하고 [홈] 탭에서 글꼴 크기를 40pt로 입력합니다.

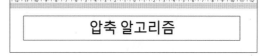

⑯ 텍스트 상자 삽입하기

1) [삽입]-[텍스트 상자]를 클릭한 후 슬라이드에 클릭하고 아래와 같이 글자를 입력합니다.

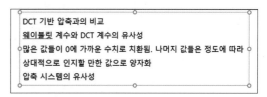

2) 'DCT 기반 압축과의 비교' 앞에 커서를 두고 마우스 우클릭을 한 후 [글머리 기호]−[별표 글머리 기호]로 지정합니다.

3) '웨이블릿 계수' 앞에 커서를 두고 마우스 우클릭을 한 후 [번호 매기기🔢]−[원 숫자🔢]를 선택합니다.

4) Tab 또는 [홈] 탭의 [단락] 그룹에서 [목록 수준 늘림🔢]을 클릭합니다.

5) '압축 시스템의 유사성' 앞에 커서를 두고 마우스 우클릭을 한 후 [번호 매기기]−[글머리 기호 및 번호 매기기]를 클릭합니다. [원 숫자🔢]를 선택하고 시작 번호를 2로 입력한 후 [확인]을 클릭합니다.

6) Tab 또는 [홈] 탭의 [단락] 그룹에서 [목록 수준 늘림🔢]을 클릭합니다.

7) '많은 값들이' 앞에 커서를 두고 마우스 우클릭을 한 후 [글머리 기호]에서 [속이 찬 둥근 글머리 기호🔢]를 선택하고 Tab 을 두 번 누릅니다.

🔢 직사각형 삽입하기

1) [삽입]−[도형]−[직사각형⬜]을 클릭한 후 아래와 같이 그려줍니다.

2) [서식] 탭에서 [도형 스타일]을 [색 윤곽선 − 검정, 어둡게 1🔢]로 지정합니다.

3) Ctrl + Shift +드래그하여 아래와 같이 복사합니다(18pt, 굵게).

🔢 화살표 삽입하기

1) [삽입]−[도형]−[화살표🔢]를 클릭한 후 드래그하여 그려줍니다(선 색 : 검정, 텍스트 1, 두께 : 3pt).

2) Ctrl + Shift +드래그하여 아래와 같이 복사합니다.

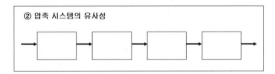

🔢 직사각형과 화살표 복사하기

1) 마우스로 화살표와 직사각형이 포함되도록 드래그하여 선택합니다.

2) Ctrl + Shift +드래그하여 아래에 복사한 후 글자를 입력합니다.

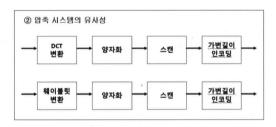

🔢 날짜와 페이지 번호 제거하기

1) [보기]−[유인물 마스터]를 클릭합니다.

2) [유인물 마스터]에서 **날짜**와 **페이지 번호** 체크를 해제한 후 [**마스터 보기 닫기**]를 클릭합니다.

🔢 페이지 설정 및 인쇄

1) [파일]−[인쇄]에서 슬라이드 설정을 [2슬라이드]와 고품질로 지정한 후 [인쇄]를 클릭합니다.

| 인쇄 미리 보기 |

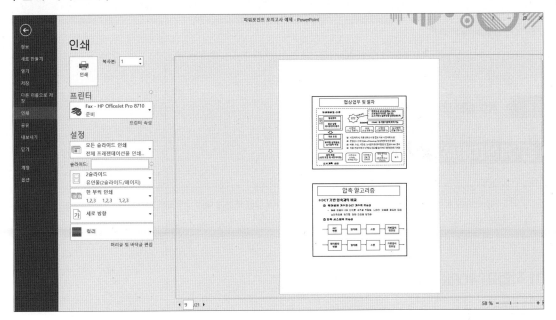

엑셀 실전 모의고사 6회 문제

표 계산(DBMS) 작업

자동차 수출 현황을 분석하고자 한다. 다음 자료(DATA)를 이용하여 작성 조건에 따라 작업표와 그래프를 작성하고, 그 인쇄 출력물을 제출하시오.

가. 작업표(WORK SHEET) 작성

1) 자료(DATA)

자동차 수출 자료

(단위: 천원)

행\열	A	B	C	D
3	수출국	분류	수출대수	수출단가
4	인도네시아	아시아	1,900	19,900
5	멕시코	북아메리카	25,000	23,200
6	파라과이	남아메리카	28,480	18,000
7	덴마크	유럽	9,600	31,000
8	프랑스	유럽	6,360	25,000
9	캐나다	북아메리카	16,300	24,120
10	콜롬비아	남아메리카	11,400	23,100
11	홍콩	아시아	1,180	21,000
12	싱가포르	아시아	7,500	18,000
13	미국	북아메리카	8,840	25,000
14	캄보디아	아시아	5,680	18,000
15	오스트리아	유럽	8,500	21,000
16	이탈리아	유럽	6,330	23,600
17	태국	아시아	1,560	22,100
18	버뮤다	북아메리카	1,200	24,000
19	칠레	남아메리카	2,890	21,000
20	페루	남아메리카	1,320	22,000
21	말레이시아	아시아	2,450	19,500
22	대만	아시아	3,100	24,000
23	우루과이	남아메리카	1,900	33,000

※ 자료(DATA) 부분에서 음영 처리 표시된 부분은 행/열의 기준을 나타내며 이는 작성(입력)하지 않음을 반드시 유의하시오.

2) 작업표 형식

자동차 수출 현황

열 \ 행	A	B	E	F	G	H	I
3	수출국	분류	수출금액	세금	수출총액	수출 우선순위	순위
4 . 23	–	–	①	②	③	④	⑤
24	평균		⑥	⑥	⑥		
25	분류가 아시아이고 수출 우선순위가 A인 합				⑦		
26	⑧						
27	수출 우선순위가 A 또는 B인 합				⑨		
28	수출총액이 20,000,000 이상 30,000,000 미만인 금액의 합				⑩		
29	분류가 북아메리카이거나 남아메리카인 금액의 합				⑪		
30	⑫						

3) 작성 조건

가) 작성 시 유의 사항

Ⓐ 작업표의 작성은 "나)~라)" 항에 제시된 내용을 따르고 반드시 제시된 조건(함수 적용, 기재된 단서 조항 등)에 따라 처리하시오.

Ⓑ **제시된 작성 조건을 따르지 아니하고 여타의 방법 일체**(제시된 함수 이외 다른 함수 적용, 함수 미적용, 별도 전자계산기 사용 등)를 사용하여 도출된 결과는 그 답이 맞더라도 **정답으로 인정되지 않음**을 반드시 유의하시오.

Ⓒ 작업표상 텍스트 레이블과 작성 조건이 서로 다를 경우에는 **작성 조건을 기준**으로 수정하여 작업하시오.

나) 작업표의 구성 및 서식

Ⓐ **"작업표 형식"에서 행과 열에 관계된 음영 처리 표시된 부분은 작성하지 않음을 유의하고 반드시 제시된 행/열에 맞추도록 하시오.**

Ⓑ 제목서식 : 폰트는 20 포인트 크기로 하고 가운데 정렬합니다.

Ⓒ 글꼴 및 크기 : 이외 기타 글꼴 및 크기는 임의 선정하시오.

다) 원문자가 표시된 셀은 아래의 방법을 이용하여 처리하시오.

① 수출금액 : 수출대수×수출단가

② 세금 : 수출금액이 3,000,000,000 이상이면 수출금액*5%, 2,000,000,000 이상이면 수출금액*3%, 1,000,000,000 이상이면 수출금액*2%, 그렇지 않으면 수출금액*1%로 표시하시오(단, IF 함수 사용).

③ 수출총액 : 수출금액+세금

④ 수출 우선순위 : 분류가 아시아이면 "A", 북아메리카이면 "B", 남아메리카이면 "C", 그렇지 않으면 "D"를 나타내시오.

⑤ 순위 : 수출총액으로 내림차순 순위를 구하시오.
   (단, RANK 함수 사용, 순위 산정 기준은 내림차순으로)

⑥ 평균 : 각 항목별 평균 산출

⑦ 분류가 아시아이고 수출 우선순위가 A인 합을 구하시오(단, SUMIFS 함수 사용).

⑧ "⑦"에 사용된 수식을 기재하시오.

⑨ 수출 우선순위가 A 또는 B인 수출총액의 합을 산출하시오.
   (단, SUMPRODUCT, ISNUMBER, FIND 함수를 모두 사용한 수식을 작성하시오)

⑩ 수출총액이 20,000,000 이상 30,000,000 미만인 금액의 합을 산출하시오.

⑪ 분류가 북아메리카이거나 남아메리카인 수출총액의 합을 산출하시오(반드시 SUMPRODUCT 함수 사용).

⑫ "⑪"에 사용된 수식을 기재하시오.

> ※ 함수식을 기재하는 셀과 연관된 지정함수조건(함수 지정)이 있을 경우 **제시된 함수만을 사용해 함수식을 구성 및 작업**하여야 하며, 작성 조건을 위배하여 임의로 작성할 시 해당 답이 맞더라도 틀린 항목으로 채점됨을 유의하십시오. 만약, 구체적인 함수가 제시되지 않을 경우 수험자가 **스스로 적합한 함수**를 선정하여 작업하시오.
> ※ 또한 함수식을 작성할 때는 라) 정렬순서(SORT)에 따라 조건에 맞게 **정렬 후 도출된 결과**에 의한 함수식을 기재하시오.

라) 작업표의 정렬순서(SORT)는 수출총액을 내림차순으로 정렬하고, 같은 수출총액 안에서는 분류의 오름차순으로 정렬한다.

마) 기타

   (1) 금액에 대한 수치는 원화(₩) 표시를 하고 천 단위마다 ','(Comma)를 표시하시오.
      (단, 금액 이외의 수치는 ','(Comma)를 표시하지 않도록 하시오)

   (2) 모든 수치(숫자, 통화, 회계, 백분율 등)는 셀 서식의 속성을 설정하는 과정에서 소수 자릿수를 "0"으로 지정하여 정수로 표시토록 하시오.

   (3) 음수는 "-"가 표시되도록 하시오.

   (4) 숫자 셀은 우측을 수직으로 맞추고, 문자 셀은 수평중앙으로 맞추며 이외 사항은 작업표 형식에 따른다. 특히, 인쇄출력 시 판독 불가능이 발생되지 않도록 인쇄 미리 보기 등을 통하여 셀의 크기를 적당히 조정하시오.

나. 그래프(GRAPH) 작성

작성한 작업표에서 수출총액이 160,000,000 이상인 수출국별 수출금액과 수출총액을 나타내는 그래프를 작성하시오.

작성 조건

1) 그래프 형태 : 혼합형 단일축 그래프
   수출금액(묶은 세로 막대형), 수출총액(데이터 표식이 있는 꺾은선형)
   (단, 수출총액만 데이터 레이블의 값이 표시된 혼합형 단일축 그래프로 하시오)

2) 그래프 제목 : 자동차 수출 현황 –––– (글자 크기 : 18, 글꼴 서체 임의)

3) X축 제목 : 수출국

4) Y축 제목 : 수출금액

5) X축 항목 단위 : 해당 문자열

6) Y축 눈금 단위 : 임의

7) 범례 : 수출금액, 수출총액

8) 출력물 크기 : A4 용지 1/2장 범위 내

9) 기타 : 작성 조건에 없는 형식이나 모양은 기본 설정값에 따르며, 그래프 너비는 작업표에 맞추도록 하시오.

※ 그래프는 반드시 작성된 작업표와 연동하여 작업하여야 하며, 그래프의 영역(범위) 설정 오류로 인한 불이익은 전적으로 수험자 본인에게 있습니다.

자료처리(DBMS) 작업

시대인 손세차장에서는 세차관리 현황을 전산화하려고 한다. 다음의 입력자료를 이용하여 DB를 설계하고 작성 조건에 따라 처리 파일을 작성하고, 그 인쇄 출력물을 제출하시오.

가. 자료처리(DBMS) 작업 작성 조건

1) 자료처리(DBMS)작업은 조회화면(SCREEN) 설계와 자료처리보고서의 2가지 작업을 수행하여 그 결과물을 인쇄용지(A4) 기준 각 1장씩 총 2장을 제출하여야 채점 대상이 됨을 유의하시오.

2) 반드시 인쇄작업 수행 전 미리 보기 등을 통해 여백을 조정하고, 수치, 문자 등 구성요소가 누락되지 않도록 주의하시오. **구성요소가 누락되어 인쇄되지 않은 결과**로 인한 **모든 책임은 전적으로 수험자 본인에게 있음**을 반드시 유의하시오.

3) 문제지에 기재된 작성 조건에 따라 처리하고, 조회화면 및 자료처리보고서의 **서식이 작성 조건과 상이할 경우에는 시험위원의 지시에 따라 작업하시오.**

나. 입력자료

세차관리 현황

세차코드	사업장명	세차대수	기타청소
A-111	코끼리세차장	124	코팅왁스
B-222	행복세차장	210	
B-222	코끼리세차장	183	실내살균
A-111	행복세차장	90	
D-444	기린세차장	131	코팅왁스
C-333	기린세차장	240	
D-444	행복세차장	330	실내살균
D-444	코끼리세차장	142	
B-222	기린세차장	155	
A-111	기린세차장	156	코팅왁스
C-333	행복세차장	284	
C-333	코끼리세차장	362	실내살균

세차코드표

세차코드	종류	단가
A-111	경차	25,000
B-222	소/중형	35,000
C-333	대형	40,000
D-444	승합	45,000

다. 조회화면(SCREEN) 설계

※ 다음 조건에 따라 세차코드가 "B" 또는 "C"로 시작하면서 "코끼리세차장"인 현황을 조회할 수 있는 화면을 설계하고 해당 데이터를 출력하시오.

1) 해당 현황은 목록 상자(리스트박스)에서 세차대수의 내림차순으로 출력하고, 화면 아래에 조회 시 작성한 SQL문을 복사하시오.
   - WHERE 조건절에 세차코드, 사업장명 반드시 포함
   - INNER JOIN, LIKE, ORDER BY 구문 반드시 포함
   ※ SQL문에 상기 내용 미포함 시 SQL 작성 부분 0점 처리

2) 리스트박스 조회 시 작성된 SQL문이 작성되지 않을 경우에는 **"다. 조회화면(SCREEN) 설계"** 과제가 0점 처리됨을 반드시 유의하시오.

3) 목록 상자에 표시되어야 할 필수적인 필드명은 다음과 같습니다.
   - 세차코드, 사업자명, 세차대수, 종류, 단가

4) 폼 서식에 제반되는 폰트, 점선 등은 아래 [조회화면 서식]에 보이는 대로 기재하시오.

5) 기타 사항은 **"라. 자료처리 파일(FILE) 작성"**의 [기타 조건]을 따르시오.

[조회화면 서식]

세차코드가 "B" 또는 "C"로 시작하면서 사업장이 "코끼리세차장"인 현황

세차코드	사업자명	세차대수	종류	단가

리스트박스 조회 시 작성된 SQL문

라. 자료처리 파일(FILE) 작성

※ 다음 조건에 따라 아래 양식과 같이 작성하시오.

처리 조건

1) 종류(경차, 대형, 소/중형, 승합)별로 정리한 후 같은 종류 안에서는 총액의 오름차순으로 정렬(SORT)하시오.

2) 세차금액 : 세차대수×단가

3) 추가금액 : 기타청소가 "코팅왁스"이면 30,000원, 기타청소가 "실내살균"이면 20,000원, 그렇지 않으면 0원으로 표시한다.

4) 총액 : 세차금액+추가금액

5) 합계 : 각 세차금액, 추가금액, 총액의 합 산출

6) 총평균 : 세차금액, 추가금액, 총액의 전체 평균 산출

기타 조건

1) 조회화면 및 보고서의 제목은 16 정도의 임의 서체로 하시오.

2) 금액에 대한 수치는 원화(₩) 표시를 하고 천 단위마다 ','(Comma)를 표시하시오.
   (단, 금액 이외의 수치는 ','(Comma)를 표시하지 않도록 하시오)

3) 모든 수치(숫자, 통화, 백분율 등)는 컨트롤의 속성을 설정하는 과정에서 소수 자릿수를 "0"으로 지정하여 정수로 표시하시오.

4) 데이터의 열과 간격은 일정하게 맞추도록 하시오.

종류별 세차비 산출 현황

사업장명	세차코드	세차대수	단가	세차금액	추가금액	총액
XXXX	XXXX	XXXX	₩XXXX	₩XXXX	₩XXXX	₩XXXX
–		–		–	–	–
	경차 합계			₩XXXX	₩XXXX	₩XXXX
–	–	–	–	–	–	–
	대형 합계			₩XXXX	₩XXXX	₩XXXX
–	–	–	–	–	–	–
	소/중형 합계			₩XXXX	₩XXXX	₩XXXX
–	–	–	–	–	–	–
	승합 합계			₩XXXX	₩XXXX	₩XXXX
	총평균			₩XXXX	₩XXXX	₩XXXX

시상(PT) 작업

주어진 2개의 슬라이드를 슬라이드 작성 조건에 따라 작업하여 인쇄합니다.

※ 슬라이드 작성 조건

1) 각 슬라이드를 문제의 **슬라이드 원안**과 같이 인쇄하여 제출합니다.

 (특히 글자, 음영, 그림자, 도형 등 인쇄된 내용 그대로 작업함을 유의하시오)

2) "주1)" 등 특수한 속성 지정이 되어 있는 경우 지시에 따라 작성하시오.

3) 글꼴은 문제 원안과 같거나 유사한 형태로 작업합니다.

4) 글자, 그림 및 도형 등의 크기와 모양은 문제 원안과 같거나 유사한 형태로 작업합니다.

5) 모든 글씨, 선 등은 흑백(그레이스케일)으로 작업하되, 글상자, 그림 및 도형 등에서 색 채우기가 있는 경우 색 채우기는 회색 40% 정도, 투명도 0%를 기준으로 작업합니다.

6) 각 슬라이드는 원안과 같이 **외곽선 테두리가 인쇄**되도록 인쇄합니다.

7) 각 슬라이드 크기는 A4 용지의 1/2 범위 내에 인쇄가 가능한 크기가 되도록 조정하여, 슬라이드 2개를 A4 용지 1매 안에 모두 인쇄합니다.

8) 비번호, 수험번호, 성명, 페이지 번호 등은 반드시 자필로 기재합니다.

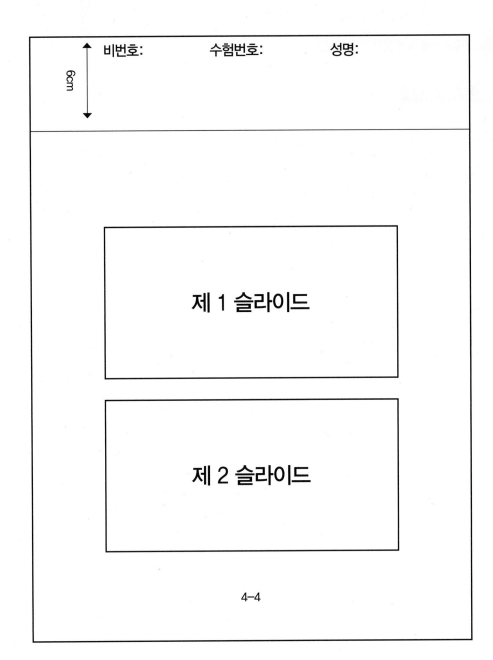

〈제1 슬라이드〉

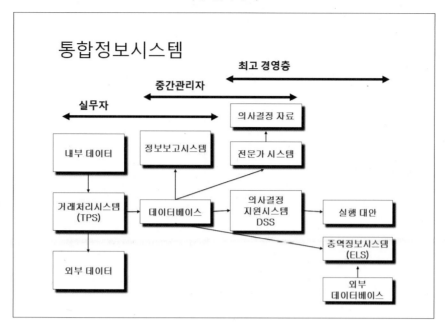

〈제2 슬라이드〉

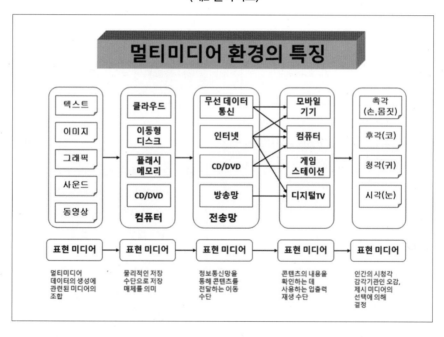

엑셀 실전 모의고사 6회 풀이

1 저장하기

1) [파일]-[저장]-[찾아보기]를 클릭하여, 바탕화면
의 본인의 [비번호 폴더] 안에 시험위원이 지정해
준 파일명으로 저장합니다.

2 작업표 작성 및 병합하기

1) 자료(DATA)와 작업표 형식을 보고 아래와 같이
데이터를 입력합니다.

2) A1:I1셀까지 드래그하여 블록 지정한 후 Ctrl 을
계속 누른 채 A24:B24, A25:F25, A26:G26,
A27:F27, A28:F28, A29:F29, A30:G30,
H24:I30셀을 드래그하여 선택합니다.

3) [홈] 탭에 맞춤 그룹의 [병합하고 가운데 맞춤]을
클릭하여 병합시켜 줍니다.

※ 셀 안에 줄 바꿈은 Alt + Enter 를 누릅니다.

3 조건 문제 풀이

❶ 수출금액 : 수출대수×수출단가

함수식(E4)	=C4*D4
설명	수출대수(C4)에서 수출단가(D4)를 곱한 값을 나타냅니다.

❷ 세금 : 수출금액이 3,000,000,000 이상이면 수
출금액*5%, 2,000,000,000 이상이면 수출금
액*3%, 1,000,000,000 이상이면 수출금액*2%,
그렇지 않으면 수출금액*1%로 표시하시오(단,
IF 함수 사용).

공식	=IF(조건1,참1,IF(조건2,참2,IF(조건3,참3, 거짓))
함수식(F4)	=IF(E4>=3000000000,E4*5%, IF(E4>=2000000000,E4*3%, IF(E4>=1000000000,E4*2%,E4*1%)))

설명	• **조건1** : 수출금액(E4)이 3,000,000,000 이상이면 • **참1** : 수출금액(E4)에서 5%를 곱한 값을 나타내고 • **조건2** : 수출금액(E4)이 2,000,000,000 이상이면 • **참2** : 수출금액(E4)에서 3%를 곱한 값을 나타내고 • **조건3** : 수출금액(E4)이 1,000,000,000 이상이면 • **참3** : 수출금액(E4)에서 2%를 곱한 값을 나타내고 • **거짓** : 조건1도 조건2도 조건3도 만족하지 않으면 수출금액(E4)에서 1%를 곱한 값을 나타냅니다.

---

❸ 수출총액 : 수출금액+세금

함수식(G4)	=E4+F4
설명	수출금액(E4)에서 세금(F4)을 더한 값을 나타냅니다.

---

❹ 수출 우선순위 : 분류가 아시아이면 "A", 북아메리카이면 "B", 남아메리카이면 "C", 그렇지 않으면 "D"를 나타내시오.

공식	=IF(조건1,참1,IF(조건2,참2,IF(조건3,참3,거짓)))
함수식(H4)	=IF(B4="아시아","A",IF(B4="북아메리카","B",IF(B4="남아메리카","C","D")))
설명	• **조건1** : 분류(B4)가 "아시아"이면 • **참1** : "A"를 나타내고 • **조건2** : 분류(B4)가 "북아메리카"이면 • **참2** : "B"를 나타내고 • **조건3** : 분류(B4)가 "남아메리카"이면 • **참3** : "C"를 나타내고 • **거짓** : 조건1도 조건2도 조건3도 만족하지 않으면 "D"를 나타냅니다.

---

❺ 순위 : 수출총액으로 내림차순 순위를 구하시오 (단, RANK 함수 사용, 순위 산정 기준은 내림차순으로).

공식	=RANK(내 수출총액,전체 수출총액 범위)
함수식(I4)	=RANK(G4,$G$4:$G$23)
설명	각각의 수출총액이 전체 수출총액 범위 (G4:G23) 중 몇 위인지를 구합니다.

➡ E4:I4셀까지 드래그하여 블록 지정한 후 I4셀의 채우기 핸들을 끌어서 I23셀까지 채워줍니다.

---

❻ 평균 : 각 항목별 평균 산출

공식	=AVERAGE(범위)
함수식(E24)	=AVERAGE(E4:E23)
설명	수출금액(E4:E23)의 평균 금액을 구합니다.

➡ E24셀의 채우기 핸들을 드래그하여 G24셀까지 채워줍니다.

---

❼ 분류가 아시아이고 수출 우선순위가 A인 합을 구하시오(단, SUMIFS 함수 사용).

공식	=SUMIFS(합계범위,조건범위1,"조건1",조건범위2,"조건2")
함수식(G25)	=SUMIFS(G4:G23,B4:B23,"아시아",H4:H23,"A")
설명	• **합계범위** : 2개의 조건을 모두 만족하는 수출총액의 합계를 구해야 하므로 합계 범위는 G4:G23입니다. • **조건범위1&조건1** : 분류 범위(B4:B23) 중에 첫 번째 조건인 "아시아"를 만족하고(그리고) • **조건범위2&조건2** : 수출 우선순위 범위(H4:H23) 중 두 번째 조건인 "A"를 만족하는 '수출총액'의 합계를 구합니다.

1) G25셀을 선택한 후 수식 입력줄에 있는 수식 전체를 드래그하여 블록 지정합니다.
2) 마우스 우클릭을 한 후 [복사] 또는 Ctrl + C (복사)한 다음 Enter 를 누릅니다.
3) 병합된 A26셀을 클릭해서 작은따옴표(')를 입력한 다음 Ctrl + V (붙여넣기) 또는 마우스 우클릭을 한 후 [붙여넣기]를 클릭하고 Enter 를 누릅니다(※ 수식 입력줄을 클릭한 후 붙여넣기해도 됩니다).

9 수출 우선순위가 A 또는 B인 수출총액의 합을 산출하시오(단, SUMPRODUCT, ISNUMBER, FIND 함수를 모두 사용한 수식을 작성하시오).

공식	=SUMPRODUCT(배열1,배열2....) =ISNUMBER(값) =FIND(찾을 문자,텍스트)
함수식(G27)	=SUMPRODUCT(ISNUMBER(FIND("A",H4:H23))+ISNUMBER(FIND("B",H4:H23)),G4:G23)
설명	• **FIND 함수** : H4:H23 영역에 "A" **또는 OR(+)** "B"라는 글자가 있으면 1이라는 숫자(위치값)를 반환하고, 없으면 #VALUE!라는 오류값을 반환합니다. • **ISNUMBER 함수** : FIND 함수로 구한 값이 숫자이면 TRUE(1), 그렇지 않으면 FALSE(0)를 반환합니다. • **SUMPRODUCT 함수** : ISNUMBER 함수로 추출된 TRUE(1), FALSE(0)와 대응하는 수출총액(G4:G23)끼리 곱하고 곱한 값의 합계를 구합니다.

10 수출총액이 20,000,000 이상 30,000,000 미만인 금액의 합을 산출하시오.

공식	=SUMIFS(합계범위,조건범위1,"조건1",조건범위2,"조건2")

함수식(G28)	=SUMIFS(G4:G23,G4:G23,">=20000000",G4:G23,"<30000000")
설명	• **합계범위** : 2개의 조건을 모두 만족하는 수출총액의 합계를 구해야 하므로 합계범위는 G4:G23입니다. • **조건범위1&조건1** : 수출총액 범위(G4:G23) 중에서 첫 번째 조건인 ">=20000000"을 만족하고(그리고) • **조건범위2&조건2** : 수출총액 범위(G4:G23) 중에서 두 번째 조건인 "<30000000"을 만족하는 '수출총액'의 합계를 구합니다.

11 분류가 북아메리카이거나 남아메리카인 수출총액의 합을 산출하시오(반드시 SUMPRODUCT 함수 사용).

공식	=SUMPRODUCT(배열1,배열2....)
함수식(G29)	=SUMPRODUCT((B4:B23="북아메리카")+(B4:B23="남아메리카"),G4:G23)
설명	• 분류(B4:B23)가 "북아메리카"이거나 **또는(OR+)** "남아메리카"이면 TRUE(1), 그렇지 않으면 FALSE(0)를 반환합니다. • 조건으로 추출된 TRUE(1), FALSE(0)와 대응하는 수출총액(G4:G23)을 곱한 값의 합계를 구합니다.

12 작성 조건 **11**에 사용된 수식을 기재하시오.

1) G29셀을 선택한 후 수식 입력줄에 있는 수식 전체를 드래그하여 블록을 지정합니다.
2) 마우스 우클릭을 한 후 [복사] 또는 Ctrl + C (복사)한 다음 Enter 를 누릅니다.
3) 병합된 A30셀을 클릭해서 작은따옴표(')를 입력한 다음 Ctrl + V (붙여넣기) 또는 마우스 우클릭을 한 후 [붙여넣기]를 클릭하고 Enter 를 누릅니다(※ 수식 입력줄을 클릭한 후 붙여넣기를 해도 됩니다).

4 정렬하기

> 라) 작업표의 정렬순서(SORT)는 수출총액을 내림차순으로 정렬하고, 같은 수출총액 안에서는 분류의 오름차순으로 정렬하시오.

1) 정렬을 하기 위해서 A3:I23셀까지 블록 지정한 후 [데이터] 탭의 [정렬]을 클릭합니다.
2) 첫 번째 정렬 기준은 "수출총액"으로 선택하고 정렬을 "내림차순 정렬"로 지정한 후 [기준 추가]를 클릭합니다.
3) 새로운 기준이 만들어졌으면 새로운 정렬 기준을 "분류"로 선택하고 정렬을 "오름차순 정렬"로 지정한 후 [확인]을 클릭합니다.

5 기타 조건

> (1) 금액에 대한 수치는 원화(₩) 표시를 하고 천 단위마다 ','(Comma)를 표시하시오.
> (2) 모든 수치(숫자, 통화, 회계, 백분율 등)는 셀 서식의 속성을 설정하는 과정에서 소수 자릿수를 "0"으로 지정하여 정수로 표시토록 하시오.
> (3) 음수는 "-"가 표시되도록 하시오.
> (4) 숫자 셀은 우측을 수직으로 맞추고, 문자 셀은 수평중앙으로 맞추며 이외 사항은 작업표 형식에 따르도록 하시오. 특히, 인쇄출력 시 판독 불가능이 발생되지 않도록 인쇄 미리 보기 등을 통하여 셀의 크기를 적당히 조정하시오.

1) 금액이 있는 D4:G23셀을 드래그한 후 E24:G24, G25, G27:G29셀을 Ctrl 을 이용하여 선택합니다.

2) [홈] 탭의 표시 형식 그룹에서 [회계 표시 형식]을 클릭합니다.

3) 문자 셀을 수평 중앙으로 맞추기 위해서 모든 시트 선택을 클릭한 후 [가운데 맞춤 ≡]을 클릭합니다.

4) 수출대수(C4:C23)를 블록 지정한 후 [홈] 탭의 표시 형식 그룹에서 [쉼표 스타일]을 클릭합니다. 순위(I4:I23)을 블록 지정한 후 [오른쪽 맞춤 ≡]을 클릭합니다.
5) 금액이 ####으로 표시되면 열 너비를 적당하게 늘려줍니다.

6 열 숨기기

1) C~D열을 선택하고 마우스 우클릭을 한 후 [숨기기]를 클릭합니다. 복사한 수식이 잘 보이지 않으면 열 너비를 적당히 늘려줍니다.

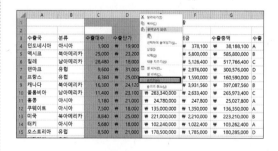

7 제목 서식 변경하기

1) 병합된 A1:I1셀을 선택한 후 [홈] 탭에서 글자 크기를 20pt로 입력합니다.

8 테두리 지정하기

1) A3:I30셀까지 드래그하여 블록 지정한 후 [홈] 탭의 글꼴 그룹에서 테두리를 [모든 테두리⊞▾] 로 선택합니다.

2) 다시, A4:I23셀까지 드래그하여 블록을 지정합니다. Ctrl + 1 (셀 서식)의 [테두리] 탭에서 스타일을 [없음]으로 지정하고 [중간 가로선⊞]을 선택한 후 [확인]을 클릭합니다.

3) 병합되어있는 H24:I30셀을 선택한 후 셀 서식의 [테두리] 탭에서 스타일을 [실선]으로 지정하고 [양쪽 대각선]을 선택한 후 [확인]을 클릭합니다.

9 그래프(GRAPH) 작성

> **나. 그래프(GRAPH) 작성**
> 작성한 작업표에서 수출총액이 160,000,000 이상인 수출국별 수출금액과 수출총액을 나타내는 그래프를 작성하시오.
>
> **[작성 조건]**
> 1) 그래프 형태 : 혼합형 단일축 그래프
> 수출금액(묶은 세로 막대형), 수출총액(데이터 표식이 있는 꺾은선형)
> (단, 수출총액만 데이터 레이블의 값이 표시된 혼합형 단일축 그래프로 하시오.)
> 2) 그래프 제목 : 자동차 수출 현황 ---- (글자 크기 : 18, 글꼴 서체 임의)
> 3) X축 제목 : 수출국
> 4) Y축 제목 : 수출금액
> 5) X축 항목 단위 : 해당 문자열
> 6) Y축 눈금 단위 : 임의
> 7) 범례 : 수출금액, 수출총액
> 8) 출력물 크기 : A4 용지 1/2장 범위 내
> 9) 기타 : 작성 조건에 없는 형식이나 모양은 기본 설정값에 따르며, 그래프 너비는 작업표에 맞추도록 하시오.

✔ 차트 만들기

1) A3:A11셀을 드래그한 후 Ctrl 을 누른 채 E3:E11, G3:G11셀을 드래그하여 선택합니다.

	A	B		F	G	H	I
1			자동차 수출 현황				
2							
3	수출국	분류	수출금액	세금	수출총액	수출 우선순위	순위
4	멕시코	북아메리카	₩ 580,000,000	₩ 5,800,000	₩ 585,800,000	B	1
5	파라과이	남아메리카	₩ 512,640,000	₩ 5,126,400	₩ 517,766,400	C	2
6	캐나다	북아메리카	₩ 393,156,000	₩ 3,931,560	₩ 397,087,560	B	3
7	덴마크	유럽	₩ 297,600,000	₩ 2,976,000	₩ 300,576,000	D	4
8	콜롬비아	남아메리카	₩ 263,340,000	₩ 2,633,400	₩ 265,973,400	C	5
9	미국	북아메리카	₩ 221,000,000	₩ 2,210,000	₩ 223,210,000	B	6
10	오스트리아	유럽	₩ 178,500,000	₩ 1,785,000	₩ 180,285,000	D	7
11	프랑스	유럽	₩ 159,000,000	₩ 1,590,000	₩ 160,590,000	D	8
12	이탈리아	유럽	₩ 149,388,000	₩ 1,493,880	₩ 150,881,880	D	9
13	싱가포르	아시아	₩ 135,000,000	₩ 1,350,000	₩ 136,350,000	A	10
14	캄보디아	아시아	₩ 102,240,000	₩ 1,022,400	₩ 103,262,400	A	11
15	대만	아시아	₩ 74,400,000	₩ 744,000	₩ 75,144,000	A	12
16	우루과이	남아메리카	₩ 62,700,000	₩ 627,000	₩ 63,327,000	C	13
17	칠레	남아메리카	₩ 60,690,000	₩ 606,900	₩ 61,296,900	C	14
18	말레이시아	아시아	₩ 47,775,000	₩ 477,750	₩ 48,252,750	A	15
19	인도네시아	아시아	₩ 37,810,000	₩ 378,100	₩ 38,188,100	A	16

2) 그래프를 만들기 위해 [삽입]-[세로 또는 가로 막대형 차트 삽입▮▮▾]-[묶은 세로 막대형▮▮] 을 클릭합니다.

> **엑셀 2010 버전**
> [삽입]-[세로 막대형]-[묶은 세로 막대형]

3) 만들어진 그래프를 작업표 하단으로 드래그하여 이동하여 줍니다. 이때 차트의 왼쪽 모서리가 A32셀에 위치하도록 이동합니다.

4) 차트의 조절점을 이용하여 상단의 작업표의 열 너비인 I열까지 크기를 늘려줍니다. 차트의 높이는 적당하게 조절하여 줍니다.

✔ 차트 종류 변경하기

1) 수출총액 계열만 선택하고 마우스 우클릭을 한 후 [계열 차트 종류 변경]을 클릭합니다.

2) 좌측 [콤보]가 선택된 상태에서 수출총액 계열의 차트 종류를 [표식이 있는 꺾은선형]으로 선택한 후 [확인]을 클릭합니다.

계열 이름	차트 종류	보조 축
수출금액	묶은 세로 막대형	☐
수출총액	표식이 있는 꺾은선형	☐

✅ 레이블값 표시하기

1) 수출총액 계열의 표식을 클릭합니다.
2) 선택한 수출총액 계열의 표식 위에서 마우스 우클릭을 한 후 [데이터 레이블 추가]-[데이터 레이블 추가]를 클릭합니다.

✅ 그래프 제목

1) 차트 제목을 선택한 후 수식 입력줄에 **자동차 수출 현황**을 입력한 후 Enter 를 누릅니다.
2) 글자 크기를 18pt로 입력합니다.

✅ X축 제목 삽입하기

1) 차트 도구의 [디자인] 탭-[차트 요소 추가]-[축 제목]-[기본 가로]를 클릭합니다.
2) 축 제목을 선택 후 수식 입력줄에서 **수출국**을 입력한 후 Enter 를 누릅니다.

✅ Y축 제목 삽입하기

1) 차트 도구의 [디자인] 탭-[차트 요소 추가]-[축 제목]-[기본 세로]를 클릭합니다.
2) 축 제목을 선택 후 수식 입력줄에서 **수출금액**을 입력합니다.

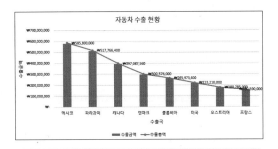

🔟 페이지 설정 및 인쇄

✅ 페이지 설정

1) 데이터가 입력된 셀을 선택한 후 [파일]-[인쇄]를 클릭합니다(모든 데이터들이 한 페이지에 나타나지 않습니다).
2) [현재 설정된 용지]를 클릭한 후 **[한 페이지에 시트 맞추기]**를 클릭합니다(모든 행과 열의 데이터가 한 페이지 안에 축소되어 나타난 것을 알 수 있습니다).
3) [페이지 설정]으로 들어간 후 [여백] 탭에서 위쪽 여백을 **6**으로 입력하고, 페이지 가운데 맞춤을 가로, 세로 체크 후 [확인]을 클릭합니다.
4) 인쇄를 클릭하여 출력 작업을 진행합니다(실제 출력은 세 가지 작업을 모두 마친 후 진행합니다).
5) [파일]-[저장]을 클릭합니다.
6) 이전 버튼을 클릭하여 편집화면으로 되돌아갑니다.

| 작업표 작성 |

자동차 수출 현황

수출국	분류	수출금액	세금	수출총액	수출 우선순위	순위
멕시코	북아메리카	₩ 580,000,000	₩ 5,800,000	₩ 585,800,000	B	1
파라과이	남아메리카	₩ 512,640,000	₩ 5,126,400	₩ 517,766,400	C	2
캐나다	북아메리카	₩ 393,156,000	₩ 3,931,560	₩ 397,087,560	B	3
덴마크	유럽	₩ 297,600,000	₩ 2,976,000	₩ 300,576,000	D	4
콜롬비아	남아메리카	₩ 263,340,000	₩ 2,633,400	₩ 265,973,400	C	5
미국	북아메리카	₩ 221,000,000	₩ 2,210,000	₩ 223,210,000	B	6
오스트리아	유럽	₩ 178,500,000	₩ 1,785,000	₩ 180,285,000	D	7
프랑스	유럽	₩ 159,000,000	₩ 1,590,000	₩ 160,590,000	D	8
이탈리아	유럽	₩ 149,388,000	₩ 1,493,880	₩ 150,881,880	D	9
싱가포르	아시아	₩ 135,000,000	₩ 1,350,000	₩ 136,350,000	A	10
캄보디아	아시아	₩ 102,240,000	₩ 1,022,400	₩ 103,262,400	A	11
대만	아시아	₩ 74,400,000	₩ 744,000	₩ 75,144,000	A	12
우루과이	남아메리카	₩ 62,700,000	₩ 627,000	₩ 63,327,000	C	13
칠레	남아메리카	₩ 60,690,000	₩ 606,900	₩ 61,296,900	C	14
말레이시아	아시아	₩ 47,775,000	₩ 477,750	₩ 48,252,750	A	15
인도네시아	아시아	₩ 37,810,000	₩ 378,100	₩ 38,188,100	A	16
태국	아시아	₩ 34,476,000	₩ 344,760	₩ 34,820,760	A	17
페루	남아메리카	₩ 29,040,000	₩ 290,400	₩ 29,330,400	C	18
버뮤다	북아메리카	₩ 28,800,000	₩ 288,000	₩ 29,088,000	B	19
홍콩	아시아	₩ 24,780,000	₩ 247,800	₩ 25,027,800	A	20
평균		₩ 169,616,750	₩ 1,696,168	₩ 171,312,918		
분류가 아시아고 수출 우선순위가 A인 합				₩ 461,045,810		
=SUMIFS(G4:G23,B4:B23,"아시아",H4:H23,"A")						
수출 우선순위가 A 또는 B인 합				₩ 1,696,231,370		
총 수출금액이 20,000,000 이상 30,000,000 미만인 금액의 합				₩ 83,446,200		
분류가 북아메리카이거나 남아메리카인 금액의 합				₩ 2,172,879,660		
=SUMPRODUCT((B4:B23="북아메리카")+(B4:B23="남아메리카"),G4:G23)						

| 그래프 작성 |

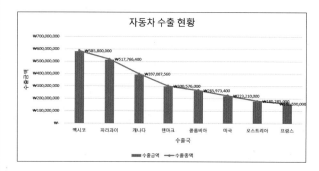

| 인쇄 미리 보기 |

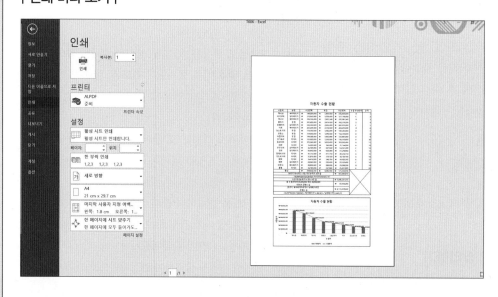

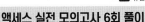
1 저장하기

1) 액세스를 실행한 후 [새 데스크톱 데이터베이스] 를 클릭합니다.
2) 파일 이름 입력하는 우측의 📁를 클릭합니다.
3) 저장 위치는 [바탕화면]-[비번호 폴더] 안에 시험위원이 지정해 준 파일명을 입력한 후 [확인]을 클릭합니다.

> **액세스 2007&2010 버전**
> 액세스 실행 후 [새 데이터베이스]가 선택되어있는 상태에서 우측 파일 이름 입력하는 곳 옆의 📁를 클릭합니다.

2 테이블 작성하기

☑ 테이블1 만들기

1) 테이블 도구의 [필드] 탭의 [보기]의 [디자인 보기]를 클릭합니다.
2) 테이블을 저장하라는 창이 나오면 테이블 이름을 그대로 '테이블1'로 지정한 후 [확인]을 클릭합니다.

> **액세스 2007 버전**
> [데이터시트] 탭-[보기]-[디자인 보기]
>
> **액세스 2021 버전**
> [데이터 필드] 탭-[보기]-[디자인 보기]

3) 아래와 같이 필드 이름과 데이터 형식을 변경합니다.

※ 세차코드는 필드 속성에서 [IME 모드]를 [영숫자 반자]로 지정합니다.

> **액세스 2007&2010 버전**
> 데이터 형식의 짧은 텍스트 대신 [텍스트]로 지정합니다.

4) 조건에 기본 키를 지정하라는 조건이 없으므로 기본 키를 해제하기 위해, "세차코드" 필드 이름을 클릭한 후, 테이블 도구의 [디자인] 탭에서 [기본 키]를 클릭하여 기본 키를 해제합니다.
5) 테이블 도구의 [보기]-[데이터시트 보기]를 클릭한 후 테이블 저장 대화상자가 나타나면 [예]를 클릭합니다.
6) 아래와 같이 테이블1에 데이터를 입력합니다. 필드를 이동할 때는 방향키(↑, ↓, ←, →)를 이용합니다.

7) '테이블1' 탭 위에서 마우스 우클릭을 한 후 [닫기]를 클릭하고 테이블1을 닫아 줍니다. 좌측에 '테이블1'을 더블 클릭하여 데이터가 올바르게 입력되었는지 다시 한번 확인합니다.

> **액세스 2021 버전**
> [디자인] 탭 대신 [양식 디자인] 탭으로 들어갑니다.

☑ 테이블2 만들기

1) [만들기] 탭의 [테이블 디자인]을 클릭하여 두 번째 테이블을 만듭니다.
2) 아래와 같이 필드 이름과 데이터 형식을 지정합니다.

테이블2	
필드 이름	**데이터 형식**
세차코드	짧은 텍스트
종류	짧은 텍스트
단가	통화

3) 테이블 도구의 [보기]-[데이터시트 보기]를 클릭한 후 테이블 저장 대화상자가 나타나면 [예]-[확인]을 클릭합니다.

4) "기본 키를 정의하지 않았습니다. 기본 키를 만드시겠습니까?"라는 대화상자가 나오면 [아니요]를 클릭합니다.

5) 아래와 같이 테이블2에 데이터를 입력합니다. 필드를 이동할 때는 방향키(↑, ↓, ←, →)를 이용합니다.

6) '테이블2' 탭 위에서 마우스 우클릭을 한 후 [닫기]를 클릭하고 테이블2를 닫아 줍니다. 좌측에 '테이블2'를 더블 클릭하여 데이터가 올바르게 입력되었는지 다시 한번 확인합니다.

❸ 폼 작성 및 편집

☑ 폼 디자인 만들기

1) [만들기] 탭에서 [폼 디자인]을 클릭합니다.

☑ 레이블로 제목 만들기

1) 폼의 우측 하단 모서리에서 마우스 커서가 ✛ 모양일 때 드래그하여 가로는 19cm, 세로는 20cm 안쪽으로 드래그합니다.

2) 폼의 제목을 입력하기 위해서, 폼 디자인 도구의 [디자인] 탭에서 [레이블 [가]]을 클릭한 후 폼의 상단에 적당한 크기로 드래그합니다.

3) 레이블 안에 제목을 입력한 후 글자를 블록 지정하거나, 레이블 테두리를 클릭한 후 폼 디자인 도구의 [서식] 탭에서 크기를 **16pt**로 입력하고 [가운데 정렬 ≡]을 클릭합니다.

> ※ 제목에서 한 줄을 입력하고 줄 바꿈은 Shift + Enter 를 를 누릅니다.
> ※ 조절점을 더블 클릭하면 레이블 상자가 글자 크기에 맞춰서 조절됩니다.

☑ 목록 상자 만들기

1) 폼 디자인 도구의 [디자인] 탭에서 [목록 상자 [🔲]]를 클릭한 후 제목 아래에 적당한 크기로 드래그하여 그려줍니다.

2) "목록 상자 마법사" 창이 나타나면 [취소]를 클릭하여 창을 닫아 줍니다.

3) 목록 상자 왼쪽에 있는 "List1:" 레이블을 선택한 후 Delete 를 눌러 삭제합니다.

4) [속성 시트]의 [데이터] 탭에서 [행 원본]을 선택한 후 ▦를 클릭합니다.

> ※ 속성 시트가 없으면 폼 디자인 도구의 [디자인] 탭에서 [속성 시트]를 클릭합니다.

5) 테이블 표시 창이 나타나면 '테이블1'과 '테이블2'를 더블 클릭한 후 [닫기]를 클릭합니다.

6) 테이블1에 있는 **세차코드** 필드를 테이블2의 **세차코드**로 드래그하여 연결해 줍니다.

7) 조회화면 서식에 나와 있는 필드명 **세차코드, 사업장명, 세차대수, 종류, 단가**를 순서대로 더블 클릭하여 필드에 추가합니다.

필드:	세차코드	사업장명	세차대수	종류	단가
테이블:	테이블1	테이블1	테이블1	테이블2	테이블2
정렬:					
표시:	☑	☑	☑	☑	☑
조건:					
또는:					

> 세차코드가 B 또는 C로 시작하면서 사업장이 코끼리세차장인 현황 나타내기

8) 세차코드의 조건에 **B* OR C***를 입력한 후 Enter 를 누르면 Like "B*" Or Like "C*"로 변경됩니다.

9) 사업장이 코끼리세차장인 현황을 나타내려면, 세차장명 **코끼리세차장**을 입력합니다. AND 조건이므로 같은 행에 조건을 입력합니다.

> 필드명 "세차대수"를 내림차순으로 출력

10) 세차대수를 내림차순으로 정렬하기 위해 세차대수의 정렬에서 ☑를 클릭한 후 내림차순을 선택합니다.

필드:	세차코드	사업장명	세차대수	종류	단가
테이블:	테이블1	테이블1	테이블1	테이블2	테이블2
정렬:			내림차순		
표시:	☑	☑	☑	☑	☑
조건:	Like "B" Or Like "C"	"코끼리세차장"			
또는:					

11) 데이터시트 보기와 SQL 보기로 들어가서 조건에 맞게 데이터가 추출되는지 확인합니다.

12) [폼1 : 쿼리 작성기] 탭에서 마우스 우클릭을 한 후 [닫기]-[예]를 클릭합니다.

13) [속성 시트]의 [형식] 탭에서 **열 개수**를 5로 입력하고, **열 이름**을 **예**로 지정합니다.

14) [폼1] 탭에서 마우스 우클릭을 한 후 [폼 보기]를 클릭하여 확인합니다.

※ 목록 상자에 스크롤바가 생기면 감점되기 때문에 목록 상자의 높이를 키워주어 스크롤바가 생기지 않도록 합니다.

✅ 선 그리기

1) 목록 상자의 하단의 선을 만들기 위해 다시 [홈] 탭-[보기]-[디자인 보기]를 클릭한 후 폼 디자인 도구의 [디자인] 탭에서 [선]을 선택합니다.

2) Shift를 누른 채 목록 상자 하단에 드래그하여 직선을 그려줍니다.

3) [속성 시트]의 [형식] 탭에서 [테두리 두께]를 [6pt]로 지정합니다.

✅ 텍스트 상자 만들기

1) 폼 디자인 도구의 [디자인] 탭에서 [텍스트 상자]를 선택한 후 목록 상자 아래쪽에 적당하게 드래그하여 그려줍니다.

2) "텍스트 상자 마법사" 창이 나오면 [취소]를 클릭합니다.

3) 텍스트 상자 왼쪽에 있는 레이블을 선택하여 **리스트박스 조회 시 작성된 SQL문**을 입력합니다.

4) 레이블 테두리를 선택한 후, 폼 디자인 도구의 [서식] 탭에서 글자 크기를 16pt로 입력합니다. 레이블과 텍스트 상자의 **이동 핸들을 드래그**하여 위치를 이동할 수 있습니다.

5) 우측 하단에서 드래그하여 텍스트 상자, 선, 목록 상자가 조금이라도 포함되도록 선택합니다.

6) 폼 디자인 도구의 [정렬] 탭-[맞춤]-[왼쪽]을 클릭하고, 다시 [크기/공간]-[가장 넓은 너비에]를 클릭하여 좌/우 크기를 동일하게 맞춰줍니다.

7) [속성 시트]의 [형식] 탭에서 [테두리 색]을 [검정 텍스트]로 지정합니다.

8) 빈 곳을 클릭, 다시 텍스트 상자만 선택한 후 [속성 시트]의 [테두리 스타일]을 [파선]으로 지정합니다.

✅ SQL문 복사하기

1) 목록 상자를 클릭한 후 [속성 시트]의 [데이터] 탭에서 [행 원본]을 클릭합니다. Ctrl+C(복사)를 누른 후 텍스트 상자를 클릭합니다.

2) =를 입력하고, 작은따옴표(')를 입력합니다. Ctrl+V(붙여넣기)를 한 후 다시 작은따옴표(')로 닫아 줍니다.

3) 전체를 드래그하여 모든 컨트롤을 선택한 후 폼 디자인 도구의 [서식] 탭에서 [글꼴 색 가]을 [검정, 텍스트 1]로 지정합니다. [본문]을 클릭해서 [교차 행 색]을 [흰색, 배경 1]로 지정합니다.

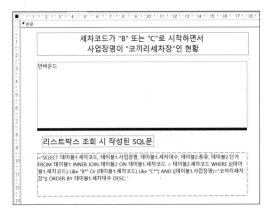

✔ 인쇄 미리 보기 및 여백 지정하기

1) [파일]-[인쇄]-[인쇄 미리 보기]에서 완성된 폼 화면을 확인할 수 있습니다.
2) 상단 [페이지 설정]에서 **위쪽 여백**을 60으로 입력하고 [확인]을 클릭합니다. 인쇄될 결과물을 확인한 후 [인쇄 미리 보기 닫기]를 클릭합니다.

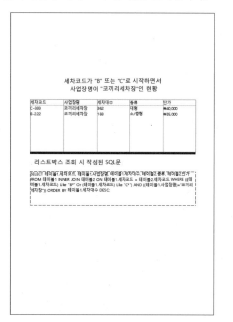

3) [폼1] 탭에서 마우스 우클릭을 한 후 [닫기]-[예]를 클릭합니다.

④ 쿼리 작성 및 편집

✔ 쿼리 디자인 만들기

1) [만들기]-[쿼리] 그룹에서 [쿼리 디자인]을 클릭합니다.

2) 테이블 표시 대화상자가 나타나면 '테이블1'과 '테이블2'를 순서대로 더블 클릭하여 테이블을 생성시킨 후 [닫기]를 클릭합니다.

3) 테이블1의 **세차코드**를 테이블2의 **세차코드**로 드래그하여 조인(JOIN)을 시켜줍니다.

✔ 테이블 조인 및 필드 추가

※ 보고서 서식을 보고 각각의 필드를 더블 클릭하여 실행하고, 계산이 필요한 필드는 처리 조건을 보고 계산합니다.

1) 보고서 서식을 보고 **사업자명, 세차코드, 세차대수, 단가, 종류**를 순서대로 더블 클릭하여 필드를 추가해 줍니다(★ 종류별로 세차비 산출 현황을 나타내야 하므로 반드시 종류도 추가해 줍니다).

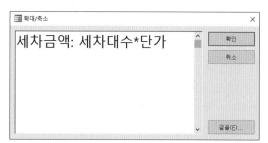

[처리 조건]
• 세차금액 : 세차대수×단가
• 추가금액 : 기타청소가 "코팅왁스"이면 30,000원, 기타 청소가 "실내살균"이면 20,000원, 그렇지 않으면 0원으로 표시한다.
• 총액 : 세차금액+추가금액

2) 종류 오른쪽 필드에 **세차금액: 세차대수*단가**를 입력합니다.

3) 세차금액 오른쪽 필드에 **추가금액: IIF(기타청소="코팅왁스",30000,IIF(기타청소="실내살균",20000,0))**를 입력합니다.

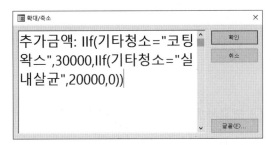

확대/축소

추가금액: IIf(기타청소="코팅
왁스",30000,IIf(기타청소="실
내살균",20000,0))

확인
취소
글꼴(F)...

4) **추가금액** 오른쪽 필드에 **총액: 세차금액+추가금액**을 입력합니다.

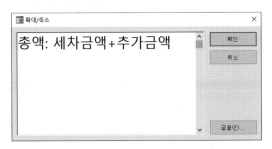

확대/축소

총액: 세차금액+추가금액

확인
취소
글꼴(F)...

☑ 쿼리 확인하기

1) [쿼리1] 탭에서 마우스 우클릭을 한 후 [데이터시트 보기]를 클릭하여 쿼리 결과를 확인합니다.

쿼리1							
사업장명	세차코드	세차대수	단가	종류	세차금액	추가금액	총액
기린세차장	A-111	156	₩25,000	경차	₩3,900,000	0	₩3,900,000
행복세차장	A-111	90	₩25,000	경차	₩2,250,000	0	₩2,250,000
코끼리세차장	A-111	124	₩25,000	경차	₩3,100,000	30000	₩3,130,000
기린세차장	B-222	155	₩35,000	소/중형	₩5,425,000	0	₩5,425,000
코끼리세차장	B-222	183	₩35,000	소/중형	₩6,405,000	20000	₩6,425,000
행복세차장	B-222	210	₩35,000	소/중형	₩7,350,000	0	₩7,350,000
코끼리세차장	C-333	362	₩40,000	대형	₩14,480,000	20000	₩14,500,000
행복세차장	C-333	284	₩40,000	대형	₩11,360,000	0	₩11,360,000
기린세차장	C-333	240	₩40,000	대형	₩9,600,000	0	₩9,600,000
코끼리세차장	D-444	142	₩45,000	승합	₩6,390,000	0	₩6,390,000
행복세차장	D-444	330	₩45,000	승합	₩14,850,000	20000	₩14,870,000
기린세차장	D-444	131	₩45,000	승합	₩5,895,000	30000	₩5,925,000

2) [쿼리1] 탭의 [닫기]를 클릭한 후, 대화상자가 나오면 [예]를 클릭합니다. 폼 이름은 [쿼리1]로 지정한 후 [확인]을 클릭합니다.

🔟 보고서 작성 및 편집

☑ 보고서 마법사로 보고서 만들기

1) [만들기] 탭의 보고서 그룹에서 [보고서 마법사]를 클릭합니다.

2) 보고서 마법사 대화상자가 나타나면 '테이블/쿼리'를 **[쿼리: 쿼리1]**로 변경하고, 사용 가능한 필드에서 **>>** 를 클릭하여 선택한 필드로 모두 이동시킨 후 [다음]을 클릭합니다.

[처리 조건]

종류(경차, 대형, 소/중형, 승합)별로 정리한 후, 같은 종류 안에서는 총액의 오름차순으로 정렬(SORT)하시오.

3) 처리 조건에 **종류별**로 정리하라는 지시가 있으므로 **종류**를 선택한 후 **>** 를 클릭하여 그룹 수준을 지정하고 [다음]을 클릭합니다.

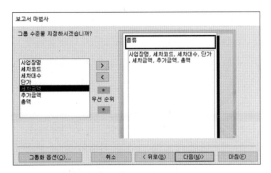

보고서 마법사

그룹 수준을 지정하시겠습니까?

사업장명
세차코드
세차대수
단가
~~추가금액~~
추가금액
총액

>
<
무선 순위

종류

사업장명, 세차코드, 세차대수, 단가
, 세차금액, 추가금액, 총액

그룹화 옵션(O)... 취소 < 뒤로(B) 다음(N) > 마침(F)

4) **같은 종류 안에서는 총액의 오름차순**으로 정렬(SORT)해야 한다는 조건이 있으므로 첫 번째 필드를 **총액**으로 입력하고 오름차순으로 지정한 후 [요약 옵션]을 클릭합니다.

[처리 조건]
- 합계 : 각 세차금액, 추가금액, 총액의 합 산출
- 총평균 : 세차금액, 추가금액, 총액의 전체 평균 산출

5) **세차금액, 추가금액, 총액**의 합계와 평균의 □를 클릭하여 ✓체크한 후 [확인]을 클릭합니다.

6) [다음]을 클릭하면 보고서 모양을 지정할 수 있는 보고서 마법사가 나타나는데 기본 설정 그대로 [다음]을 클릭합니다.

7) 보고서 제목은 [쿼리1]로 그대로 지정하고, [보고서 디자인 수정]을 선택한 후 [마침]을 클릭합니다.

☑ 필요 없는 컨트롤 삭제하기

1) [종류 바닥글]의 **="에 대한 요약"**의 좌측 눈금선에서 마우스 커서가 ➡로 바뀌면 클릭합니다. `Shift`를 누른 채 [페이지 바닥글]의 =NOW, =Page와 [보고서 바닥글]의 총합계 컨트롤을 선택하고 `Delete`를 눌러 삭제합니다.

2) [페이지 머리글]의 종류도 선택한 후 Delete 를 눌러 삭제합니다.

✅ 컨트롤 배치 및 속성 변경하기

1) [종류 바닥글]의 평균을 선택한 후 [보고서 바닥글]로 드래그하여 내려줍니다.
2) [페이지 머리글]의 종류를 선택한 후 Delete 를 눌러 삭제하고 [종류 머리글]의 종류를 [종류 바닥글]의 합계 좌측으로 드래그하여 내려줍니다.
3) [종류 머리글]과 [페이지 바닥글] 아래에서 마우스 커서가 ✛로 변할 때 위로 드래그하여 높이를 끝까지 줄여줍니다. [종류 바닥글]의 합계 컨트롤도 위치를 위쪽으로 이동한 후 높이를 줄여줍니다.
4) 각 컨트롤의 위치와 크기를 아래와 같이 변경합니다. [보고서 바닥글]의 평균을 **총평균**으로 변경합니다.

5) 추가금액의 컨트롤이 보이지 않습니다. 총액을 모두 선택한 후 Ctrl + C (복사)하고 [페이지 머리글]을 클릭한 후 Ctrl + V (붙여넣기)한 다음 적당하게 배치합니다.
6) [페이지 머리글]의 복사한 총액을 **추가금액**이라고 변경하고, [본문]의 총액을 선택한 후 속성 시트의 [데이터] 탭에서 컨트롤 원본을 **추가금액**으로 변경합니다.
7) [종류 바닥글]과 [보고서 바닥글]에 있는 총액도 **추가금액**의 합계와 평균으로 변경합니다.

※ [쿼리1] 탭에서 마우스 우클릭을 한 후 [레이아웃 보기]를 클릭해서 #####으로 나타나 있으면, 컨트롤의 너비를 조금 더 늘려주어야 합니다.

✅ 보고서 제목 및 서식 지정하기

1) [쿼리1] 글자를 드래그하여 블록 지정한 후 보고서 제목 **종류별 세차비 산출 현황**을 입력합니다.
2) 제목의 바깥쪽 테두리를 선택한 후, 오른쪽 조절점에서 끝까지 드래그합니다.
3) 보고서 디자인 도구의 [서식] 탭에서 글자 크기를 **16pt**로 입력하고, [가운데 맞춤 ≡]을 클릭합니다.

액세스 2007 버전
폼 디자인 도구의 [디자인] 탭

액세스 2010 버전
폼 디자인 도구의 [형식] 탭

4) 마우스 우클릭을 한 후 [레이아웃 보기]에서 각 컨트롤의 위치와 정렬 등을 보고서의 출력 형태에 맞춰서 적당하게 조절합니다.

✅ 중복 내용 숨기기

1) [본문]의 세차코드를 선택한 후 [속성 시트]의 [형식] 탭에서 [중복 내용 숨기기]를 [예]로 변경합니다.

✅ 금액에 대한 수치 원화(₩)로 표시하기

※ 레이아웃 보기로 들어가면 원화(₩) 표시가 없는 컨트롤을 확인할 수 있습니다.

1) [본문]의 추가금액, [종류 바닥글]과 [보고서 바닥글]의 세차금액, 추가금액, 총액의 합계와 평균을 Shift 를 이용하여 선택합니다.
2) [속성 시트]의 [형식] 탭에서 형식을 [통화]로 지정합니다.

✅ 컨트롤 글꼴 색 및 윤곽선 설정하기

1) 모든 컨트롤을 드래그하거나 단축키 Ctrl + A (모두 선택)를 눌러 선택해줍니다.
2) 보고서 디자인 도구의 **[서식]** 탭에서 **[글꼴 색]**을 **[검정, 텍스트 1]**로 지정하고, **[도형 윤곽선]**을 **[투명]**으로 지정합니다.

✅ 배경색 및 교차 행 색 설정하기

1) [보고서 머리글]을 선택한 후 보고서 디자인 도구의 [서식] 탭에서 [도형 채우기]를 [흰색, 배경 1]로 지정합니다.
2) [본문]을 클릭한 후 보고서 디자인 도구의 [서식] 탭의 [교차 행 색]을 [색 없음]으로 지정합니다.
3) 마찬가지 방법으로 [종류 바닥글]을 클릭하여 [교차 행 색]을 [색 없음]으로 지정합니다.

✅ 선 삽입하기

1) 보고서 디자인 도구의 [디자인] 탭을 클릭한 후 [선◱]을 선택합니다. [페이지 머리글]의 좌측부터 Shift 를 누른 채 드래그하여 그려줍니다.
2) [페이지 머리글]의 위쪽에 그려준 선이 선택된 상태에서 Ctrl + C (복사)를 한 후 다시 Ctrl + V (붙여넣기)를 합니다.
3) 키보드의 아래 화살표(↓)를 눌러 복사된 선을 [페이지 머리글]의 아래쪽에 위치되도록 합니다.
4) [종류 바닥글]을 클릭한 후 Ctrl + V (붙여넣기)를 하면 [종류 바닥글] 위쪽에 선이 복사됩니다. 다시 한번 Ctrl + V (붙여넣기)를 한 후 아래 화살표(↓)를 눌러 [종류 바닥글]의 아래쪽에 위치시켜 줍니다.
5) [보고서 바닥글]을 클릭한 후 Ctrl + V (붙여넣기)를 한 후 아래 화살표(↓)를 눌러 [보고서 바닥글]의 아래쪽에 위치시켜 줍니다.

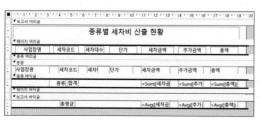

✅ 레이아웃 보기에서 세부 설정하기

1) [쿼리1] 탭에서 마우스 우클릭을 한 후 [레이아웃 보기]를 클릭하여 보고서의 배치가 잘 되었는지 확인합니다.
2) 출력 형태를 보면서 위치와 크기를 조절해 줍니다.

❻ 인쇄 및 페이지 설정

✅ 인쇄 미리 보기 및 페이지 설정

1) [쿼리1] 탭에서 마우스 우클릭을 한 후 [인쇄 미리 보기]를 클릭합니다.
2) [인쇄 미리 보기] 탭에서 [페이지 설정]을 클릭합니다.
3) 위쪽 여백을 60으로 입력한 후 [확인]을 클릭합니다.
4) [인쇄 미리 보기 닫기]를 클릭하여 미리 보기를 닫아 준 후에 [파일]-[저장]을 클릭합니다. 우측 상단의 [닫기 ❎]를 클릭하여 액세스를 종료합니다.

| DB 조회화면 |

세차코드가 "B" 또는 "C"로 시작하면서
사업장명이 "코끼리세차장"인 현황

세차코드	사업장명	세차대수	종류	단가
C-333	코끼리세차장	362	대형	₩40,000
B-222	코끼리세차장	183	소/중형	₩35,000

리스트박스 조회 시 작성된 SQL문

```
SELECT 테이블1.세차코드, 테이블1.사업장명, 테이블1.세차대수, 테이블2.종류, 테이블2.단가
FROM 테이블1 INNER JOIN 테이블2 ON 테이블1.세차코드 = 테이블2.세차코드 WHERE (((테
이블1.세차코드) Like "B*" Or (테이블1.세차코드) Like "C*") AND ((테이블1.사업장명)="코끼리
세차장")) ORDER BY 테이블1.세차대수 DESC;
```

| DB 보고서 |

종류별 세차비 산출 현황

사업장명	세차코드	세차대수	단가	세차금액	추가금액	총액
행복세차장	A-111	90	₩25,000	₩2,250,000	₩0	₩2,250,000
코끼리세차장		124	₩25,000	₩3,100,000	₩80,000	₩3,180,000
기린세차장		156	₩25,000	₩3,900,000	₩80,000	₩3,980,000
경차 합계				₩9,250,000	₩60,000	₩9,310,000
기린세차장	C-333	240	₩40,000	₩9,600,000	₩0	₩9,600,000
행복세차장		284	₩40,000	₩11,360,000	₩0	₩11,360,000
코끼리세차장		362	₩40,000	₩14,480,000	₩20,000	₩14,500,000
대형 합계				₩35,440,000	₩20,000	₩35,460,000
기린세차장	B-222	155	₩35,000	₩5,425,000	₩0	₩5,425,000
코끼리세차장		183	₩35,000	₩6,405,000	₩20,000	₩6,425,000
행복세차장		210	₩35,000	₩7,350,000	₩0	₩7,350,000
소/중형 합계				₩19,180,000	₩20,000	₩19,200,000
기린세차장	D-444	131	₩45,000	₩5,895,000	₩30,000	₩5,925,000
코끼리세차장		142	₩45,000	₩6,390,000	₩0	₩6,390,000
행복세차장		330	₩45,000	₩14,850,000	₩20,000	₩14,870,000
승합 합계				₩27,135,000	₩50,000	₩27,185,000
총평균				₩7,583,750	₩12,500	₩7,596,250

파워포인트 실전 모의고사 6회 풀이

① 저장하기

1) [시작] ➡ [Microsoft Office] ➡ [Microsoft PowerPoint 2016]을 클릭하여 파워포인트를 실행합니다.
2) [파일]-[저장]-[찾아보기]를 클릭하면 저장 창이 나타납니다.
3) 저장 위치는 [바탕화면]-[비번호 폴더] 안에 시험위원이 지정해 준 파일명을 입력한 후 [확인]을 클릭합니다.

② 슬라이드 크기 변경하기

1) [디자인]-[슬라이드 크기]를 클릭한 후 [표준 4:3]으로 변경합니다.

③ 레이아웃 변경하기

1) [홈] 탭-[레이아웃]에서 [빈 화면]을 클릭합니다.

④ 새 슬라이드 만들기

1) 슬라이드 미리 보기 창의 슬라이드를 클릭한 후 [Enter]를 눌러 빈 화면 새 슬라이드를 추가합니다.

제1 슬라이드

⑤ 제목 만들기

1) [삽입]-[텍스트 상자 ▥]를 선택하고 슬라이드에 클릭한 후 글자를 입력합니다.
2) 통합정보시스템을 입력한 후, [Esc]를 눌러 도형을 선택한 후 [홈] 탭에서 글자 크기를 36pt로 지정합니다.

⑥ 직사각형 삽입하기

1) [삽입]-[도형]-[직사각형 ▢]을 클릭한 후 드래그하여 그려줍니다.
2) [서식]-[도형 스타일]에서 [색 윤곽선-검정, 어둡게 1 ▦]로 지정합니다.
3) 도형을 선택한 후 [서식]-[도형 효과]-[그림자]에서 [오프셋 대각선 오른쪽 아래]를 클릭합니다.
4) 그림자의 세부 설정을 하기 위해서 [서식]-[도형 효과]-[그림자]-[그림자 옵션]을 클릭합니다.
5) 투명도 : 0pt, 흐리게 : 4pt, 간격을 8pt로 입력합니다.
6) [Ctrl]+[Shift]+드래그 또는 [Ctrl]+드래그하여 복사한 후 도형을 선택하여 글자를 입력합니다(굴림, 18pt, 굵게).

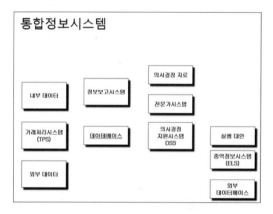

※ 파워포인트 2021 버전에서는 [서식] 탭 대신 [도형 서식] 탭을 사용합니다.

⑦ 화살표 삽입하기

1) [삽입]-[도형]-[화살표 ╲]를 클릭한 후 드래그하여 각각 그려줍니다.
2) 화살표를 [Shift]를 이용하여 모두 선택한 후 [서식]-[도형 윤곽선]-[검정, 텍스트 1]로 지정합니다.
3) 다시, [서식]-[도형 윤곽선]-[두께]를 [1½pt]로 지정합니다.

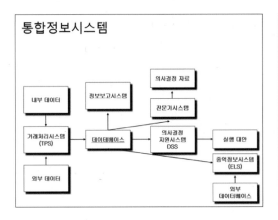

통합정보시스템

⑧ 양방향 화살표 삽입하기

1) [삽입]-[도형]-[양방향 화살표 ↘]를 클릭한 후 드래그하여 각각 그려줍니다.
2) Shift 를 이용하여 화살표를 모두 선택한 후 [서식]-[도형 윤곽선]-[검정, 텍스트 1]로 지정합니다.
3) 다시, [서식]-[도형 윤곽선]-[두께]를 [4½pt]로 지정합니다.
4) Ctrl +드래그하여 복사합니다.

⑨ 텍스트 상자 삽입하기

1) [삽입]-[텍스트 상자]를 클릭한 후 슬라이드에 클릭하고 글자를 입력합니다(20pt, 굵게).
2) Ctrl +드래그하여 복사한 후 글자 내용을 변경합니다.

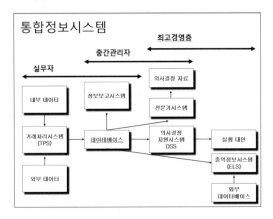

통합정보시스템

⑩ 제목 만들기

1) [삽입]-[도형]-[직사각형 □]을 클릭한 후 드래그하여 그려줍니다.
2) [서식] 탭에서 아래와 같이 서식을 지정합니다.

도형 채우기 색	흰색, 배경 1, 35% 더 어둡게
도형 윤곽선 색	윤곽선 없음

3) 도형 위에서 마우스 우클릭을 한 후 [도형 서식]-[효과 ⬠]에서 아래와 같이 효과를 지정합니다.

3차원 서식	❶ [깊이] 색 : 흰색, 배경1, 50% 더 어둡게 ❷ [깊이] : 80pt ❸ [조명] : 균형있게 ❹ [각도] : 20°
3차원 회전	[미리설정] : 오른쪽 위 오블리크

4) 도형 안에 제목을 입력합니다(맑은 고딕, 굵게, 36pt).

⑪ 모서리가 둥근 직사각형 및 모서리가 접힌 도형 삽입하기

1) [삽입]-[도형]-[모서리가 둥근 직사각형 ▢]을 클릭한 후 아래와 같이 그려줍니다.
2) [삽입]-[도형]-[모서리가 접힌 도형 ▱]을 클릭한 후 모서리가 둥근 직사각형 안에 드래그하여 그려줍니다.
3) Ctrl + Shift 를 누른 상태로 아래로 드래그하여 모서리가 접힌 도형을 4개를 더 복사합니다.
4) 모서리가 둥근 직사각형과 모서리가 접힌 도형이 모두 포함되도록 드래그하여 선택한 후 [서식] 탭에서 [도형 스타일]을 [색 윤곽선 - 검정, 어둡게 1 가나다]로 지정합니다.

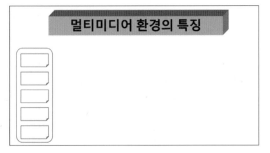

멀티미디어 환경의 특징

🔢 도형 복사&도형 모양 변경&텍스트 상자 삽입하기

1) 삽입한 모서리가 둥근 사각형과 모서리가 접힌 도형이 모두 선택된 상태에서 Ctrl + Shift 를 누른 상태로 우측으로 드래그하여 복사합니다.

2) 도형의 크기를 출력 형태와 같이 적당하게 조절합니다.

3) 모서리가 둥근 직사각형으로 변경할 도형을 아래와 같이 선택한 후 [서식]-[도형 편집]-[도형 모양 변경]-[직사각형□]을 클릭합니다.

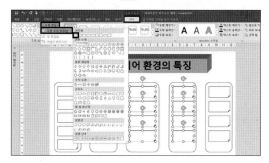

4) 도형 안에 글자를 입력합니다(16pt).

5) [삽입]-[텍스트 상자🗒]를 클릭한 후 슬라이드에 클릭하고 글자를 입력합니다(18pt, 굵게).

🔢 모서리가 둥근 직사각형 삽입하기

1) [삽입]-[도형]-[모서리가 둥근 직사각형□]을 클릭하고 드래그하여 그려준 후 Ctrl + Shift +드래그하여 복사하고 글자를 입력합니다(16pt, 굵게).

🔢 텍스트 상자 삽입하기

1) [삽입]-[텍스트 상자🗒]를 클릭한 후 슬라이드에 클릭하고 글자를 입력합니다(12pt).

2) Ctrl + Shift +드래그하여 복사한 후 글자 내용을 변경합니다.

🔢 화살표 삽입하기

1) [삽입]-[도형]-[화살표＼]를 클릭한 후 드래그하여 각각 그려줍니다.

2) Shift 를 이용하여 화살표를 모두 선택한 후 [서식]-[도형 윤곽선]-[검정, 텍스트 1]로 지정합니다.

3) 다시, [서식]-[도형 윤곽선]-[두께]를 [1½pt]로 지정합니다.

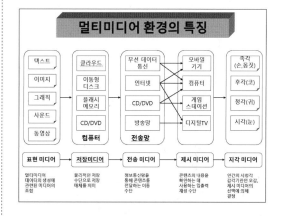

🔢 날짜와 페이지 번호 제거하기

1) [보기]-[유인물 마스터]를 클릭합니다.

2) [유인물 마스터]에서 **날짜**와 **페이지 번호** 체크를 해제한 후 [**마스터 보기 닫기**]를 클릭합니다.

🔢 페이지 설정 및 인쇄

1) [파일]-[인쇄]에서 슬라이드 설정을 [2슬라이드]와 고품질로 지정한 후 [인쇄]를 클릭합니다.

| 인쇄 미리 보기 |

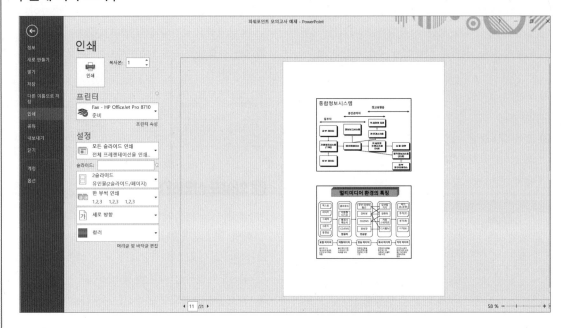

CHAPTER 7

실전 모의고사 7회

> **엑셀 실전 모의고사 7회 문제**

표 계산(DBMS) 작업

시대인 운동센터에서 회원 현황을 분석하고자 한다. 다음 자료(DATA)를 이용하여 작성 조건에 따라 작업표와 그래프를 작성하고, 그 인쇄 출력물을 제출하시오.

가. 작업표(WORK SHEET) 작성

1) 자료(DATA)

회원 자료

행 \ 열	A	B	C	E
3	회원코드	회원명	등록일	수강과정
4	A-12	이범례	2020-01-03	헬스
5	C-31	이성규	2020-01-05	요가
6	B-54	김상근	2020-05-03	헬스
7	A-23	구현서	2020-08-09	요가
8	C-69	김경희	2020-05-06	필라테스
9	C-81	김병서	2020-08-11	요가
10	B-46	박영훈	2020-04-01	헬스
11	A-38	이현서	2020-09-09	필라테스
12	B-25	김경미	2020-04-17	요가
13	B-16	김경아	2020-04-30	필라테스
14	C-65	이규진	2020-01-28	헬스
15	A-11	이남균	2020-03-13	요가
16	C-25	서대근	2020-05-25	필라테스
17	B-41	문예은	2020-11-11	헬스
18	A-23	이은영	2020-09-27	요가
19	C-09	박정효	2020-06-30	필라테스
20	C-41	서동준	2020-04-04	헬스
21	A-31	김승기	2020-06-30	필라테스
22	B-22	이세경	2020-04-04	요가
23	C-33	신정화	2020-02-22	필라테스

2) 작업표 형식

시대인 운동센터 회원 현황

열 \ 행	A	B	D	F	G	H	I
3	회원코드	회원명	등록경로	할인전 수강료	할인후 수강료	운동 종료일	비고
4 · 23	–	–	①	②	③	④	⑤
24	평균			⑥	⑥		
25	수강과정별 합계		헬스	⑦	⑦		
26			요가	⑧	⑧		
27			필라테스	⑨	⑨		
28	⑩						
29	"김"씨 성이면서 회원코드에 "1"을 포함한 합			⑪	⑪		
30	"이"씨 성이면서 회원코드에 "3"을 포함한 합			⑫	⑫		
31	⑬						

3) 작성 조건

가) 작성 시 유의 사항

Ⓐ 작업표의 작성은 "나)~라)" 항에 제시된 내용을 따르고 반드시 제시된 조건(함수 적용, 기재된 단서 조항 등)에 따라 처리하시오.

Ⓑ **제시된 작성 조건을 따르지 아니하고 여타의 방법 일체**(제시된 함수 이외 다른 함수 적용, 함수 미적용, 별도 전자계산기 사용 등)를 사용하여 도출된 결과는 그 답이 맞더라도 **정답으로 인정되지 않음**을 반드시 유의하시오.

Ⓒ 작업표상 텍스트 레이블과 작성 조건이 서로 다를 경우에는 **작성 조건을 기준**으로 수정하여 작업하시오.

나) 작업표의 구성 및 서식

Ⓐ **"작업표 형식"에서 행과 열에 관계된 음영 처리 표시된 부분은 작성하지 않음을 유의하고 반드시 제시된 행/열에 맞추도록 하시오.**

Ⓑ 제목서식 : 폰트는 20 포인트 크기로 하고 가운데 정렬합니다.

Ⓒ 글꼴 및 크기 : 이외 기타 글꼴 및 크기는 임의 선정하시오.

다) 원문자가 표시된 셀은 아래의 방법을 이용하여 처리하시오.

① 등록경로 : 회원코드의 첫 글자가 A이면 "지인소개", 회원코드의 첫 글자가 B이면 "전단지", 회원코드의 첫 글자가 C이면 "검색"으로 표시하시오.

② 할인전 수강료 : 수강과정이 헬스이면 200000, 수강과정이 요가이면 240000, 필라테스이면 270000으로 표시하시오.

③ 할인후 수강료 : 할인전 수강료-(할인전 수강료*10%)

④ 운동 종료일 : 등록일에서 90일이 지난 날짜를 표시하시오.

⑤ 비고 : 비고는 회원코드 앞 1개의 문자와 회원명과 수강과정을 텍스트 함수 "CONCATENATE", 문자열 함수 LEFT 함수를 조합하여 작성하시오(예 C#김경희#필라테스 형태로 하시오).

⑥ 평균 : 각 항목별 평균 산출

⑦ 헬스의 수강과정별 합계 : 지원부서가 헬스인 각 항목별 합계를 산출하시오.
   (단, SUMIF 또는 SUMIFS 함수 사용)

⑧ 요가의 수강과정별 합계 : 지원부서가 요가인 각 항목별 합계를 산출하시오.
   (단, SUMIF 또는 SUMIFS 함수 사용)

⑨ 필라테스의 수강과정별 합계 : 지원부서가 필라테스인 각 항목별 합계를 산출하시오.
   (단, SUMIF 또는 SUMIFS 함수 사용)

⑩ "①"에 사용된 수식을 기재하시오(단, 김경미를 기준으로).

⑪ "김"씨 성이면서 회원코드에 "1"을 포함한 할인전 수강료와 할인후 수강료의 합계를 각각 산출하시오(단, SUMPRODUCT 함수 사용).

⑫ "이"씨 성이면서 회원코드에 "3"을 포함한 할인전 수강료와 할인후 수강료의 합계를 각각 산출하시오(단, SUMPRODUCT 함수 사용).

⑬ "⑫"에 사용된 수식을 기재하시오(단, 할인후 수강료를 기준으로).

> ※ 함수식을 기재하는 셀과 연관된 지정함수조건(함수 지정)이 있을 경우 **제시된 함수만을 사용해 함수식을 구성 및 작업**하여야 하며, 작성 조건을 위배하여 임의로 작성할 시 해당 답이 맞더라도 틀린 항목으로 채점됨을 유의하십시오. 만약, 구체적인 함수가 제시되지 않을 경우 수험자가 **스스로 적합한 함수**를 선정하여 작업하시오.
> ※ 또한 함수식을 작성할 때는 라) 정렬순서(SORT)에 따라 조건에 맞게 **정렬 후 도출된 결과**에 의한 함수식을 기재하시오.

라) 작업표의 정렬순서(SORT)는 등록경로를 오름차순으로 정렬하고, 같은 수강 과정 안에서는 할인후 수강료를 내림차순으로 정렬하시오.

마) 기타

(1) 금액에 대한 수치는 원화(₩) 표시를 하고 천 단위마다 ','(Comma)를 표시하시오.
   (단, 금액 이외의 수치는 ','(Comma)를 표시하지 않도록 하시오)

(2) 모든 수치(숫자, 통화, 회계, 백분율 등)는 셀 서식의 속성을 설정하는 과정에서 소수 자릿수를 "0"으로 지정하여 정수로 표시토록 하시오.

(3) 음수는 "-"가 표시되도록 하시오.

(4) 숫자 셀은 우측을 수직으로 맞추고, 문자 셀은 수평중앙으로 맞추며 이외 사항은 작업표 형식에 따른다. 특히, 인쇄출력 시 판독 불가능이 발생되지 않도록 인쇄 미리 보기 등을 통하여 셀의 크기를 적당히 조정하시오.

나. 그래프(GRAPH) 작성

작성한 작업표에서 등록경로가 지인소개인 회원명별 할인전 수강료와 할인후 수강료를 나타내는 그래프를 작성하시오.

작성 조건

1) 그래프 형태 : 혼합형 단일축 그래프

　할인전 수강료(데이터 표식이 있는 꺾은선형), 할인후 수강료(묶은 세로 막대형)

　(단, 할인후 수강료만 데이터 레이블의 값이 표시된 혼합형 단일축 그래프로 하시오)

2) 그래프 제목 : 운동센터 회원 현황 ---- (확대 출력, 글꼴 서체 임의)

3) X축 제목 : 회원명

4) Y축 제목 : 수강료

5) X축 항목 단위 : 해당 문자열

6) Y축 눈금 단위 : 임의

7) 범례 : 할인전 수강료, 할인후 수강료

8) 출력물 크기 : A4 용지 1/2장 범위 내

9) 기타 : 작성 조건에 없는 형식이나 모양은 기본 설정값에 따르며, 그래프 너비는 작업표에 맞추도록 하시오.

> ※ 그래프는 반드시 작성된 작업표와 연동하여 작업하여야 하며, 그래프의 영역(범위) 설정 오류로 인한 불이익은 전적으로 수험자 본인에게 있습니다.

자료처리(DBMS) 작업

> 자동차세 납부 현황을 전산화하려고 한다. 다음의 입력자료를 이용하여 DB를 설계하고 작성 조건에 따라 처리파일을 작성하고, 그 인쇄 출력물을 제출하시오.

가. 자료처리(DBMS) 작업 작성 조건

1) 자료처리(DBMS)작업은 조회화면(SCREEN) 설계와 자료처리보고서의 2가지 작업을 수행하여 그 결과물을 인쇄용지(A4) 기준 각 1장씩 총 2장을 제출하여야 채점 대상이 됨을 유의하시오.

2) 반드시 인쇄작업 수행 전 미리 보기 등을 통해 여백을 조정하고, 수치, 문자 등 구성요소가 누락되지 않도록 주의하시오. **구성요소가 누락되어 인쇄되지 않은 결과**로 인한 **모든 책임은 전적으로 수험자 본인에게 있음**을 반드시 유의하시오.

3) 문제지에 기재된 작성 조건에 따라 처리하고, 조회화면 및 자료처리보고서의 **서식이 작성 조건과 상이할 경우에는 시험위원의 지시에 따라 작업하시오.**

나. 입력자료

자동차세 납세자 현황

납세코드	납세자	납부월	배기량
JK001	김승호	6	1598
ME003	이연수	7	1020
JK001	김준하	8	1198
BT002	임현옥	6	1200
BT002	김한나	7	3342
JK001	류광환	6	998
ME003	문금란	9	1998
ME003	민현경	7	1598
JK001	진용훈	8	1968
ME003	박은미	6	1358
BT002	최은정	6	998
JK001	주정현	7	1950
ME003	박희정	6	2497
BT002	백승철	9	980
BT002	명연정	6	1598

납부 세액

납세코드	세액
JK001	80
BT002	140
ME003	200

다. 조회화면(SCREEN) 설계

> ※ 다음 조건에 따라 납세코드가 BT이나 ME로 시작하면서 배기량이 1600을 초과하는 현황을 조회할 수 있는 화면을 설계하고 해당 데이터를 출력하시오.

1) 해당 현황은 목록 상자(리스트박스)에서 배기량의 오름차순으로 출력하고, 화면 아래에 조회 시 작성한 SQL문을 복사하시오.
   - WHERE 조건절에 납세코드, 배기량 반드시 포함
   - INNER JOIN, LIKE, ORDER BY 구문 반드시 포함
   ※ **SQL문에 상기 내용 미포함 시 SQL 작성 부분 0점 처리**

2) 리스트박스 조회 시 작성된 SQL문이 작성되지 않을 경우에는 "**다. 조회화면(SCREEN) 설계**" 과제가 0점 처리됨을 반드시 유의하시오.

3) 목록 상자에 표시되어야 할 필수적인 필드명은 다음과 같습니다.
   - 납세코드, 납세자, 납부월, 배기량, 세액

4) 폼 서식에 제반되는 폰트, 점선 등은 아래 [조회화면 서식]에 보이는 대로 기재하시오.

5) 기타 사항은 "**라. 자료처리 파일(FILE) 작성**"의 [기타 조건]을 따르시오.

[조회화면 서식]

납세코드가 BT 또는 ME로 시작하고 배기량이 1600을 초과하는 자동차세 납세자 현황

납세코드	납세자	납부월	배기량	세액

리스트박스 조회 시 작성된 SQL문

라. 자료처리 파일(FILE) 작성

※ 다음 조건에 따라 아래 양식과 같이 작성하시오.

처리 조건

1) 납세코드별로 정리한 후 같은 납세코드 안에서는 총자동차세의 오름차순으로 정렬(SORT)하시오.

2) **자동차세** : 배기량×세액

3) **지방교육세** : 자동차세×30%

4) **할인액** : 납부월이 6월이면 자동차세×10%, 나머지는 0으로 표시하시오.

5) **총자동차세** : 자동차세+지방교육세-할인액

6) **합계** : 각 자동차세, 지방교육세, 할인액, 총자동차세의 합 산출

7) **총평균** : 자동차세, 지방교육세, 할인액, 총자동차세의 전체 평균 산출

기타 조건

1) 조회화면 및 보고서의 제목은 16 정도의 임의 서체로 하시오.

2) 금액에 대한 수치는 원화(₩) 표시를 하고 천 단위마다 ','(Comma)를 표시하시오.
   (단, 금액 이외의 수치는 ','(Comma)를 표시하지 않도록 하시오)

3) 모든 수치(숫자, 통화, 백분율 등)는 컨트롤의 속성을 설정하는 과정에서 소수 자릿수를 "0"으로 지정하여 정수로 표시하시오.

4) 데이터의 열과 간격은 일정하게 맞추도록 하시오.

자동차세 납부 현황

납세자	배기량	세액	자동차세	지방교육세	할인액	총자동차세
XXXX	XXXX	₩XXXX	₩XXXX	₩XXXX	₩XXXX	₩XXXX
-	-	-	-	-	-	-
		BT002 합계	₩XXXX	₩XXXX	₩XXXX	₩XXXX
-	-	-	-	-	-	-
		JK001 합계	₩XXXX	₩XXXX	₩XXXX	₩XXXX
-	-	-	-	-	-	-
		ME003 합계	₩XXXX	₩XXXX	₩XXXX	₩XXXX
		총평균		₩XXXX	₩XXXX	₩XXXX

시상(PT) 작업

주어진 2개의 슬라이드를 슬라이드 작성 조건에 따라 작업하여 인쇄합니다.

※ 슬라이드 작성 조건

1) 각 슬라이드를 문제의 **슬라이드 원안**과 같이 인쇄하여 제출합니다.
   (특히 글자, 음영, 그림자, 도형 등 인쇄된 내용 그대로 작업함을 유의하시오)

2) "주1)" 등 특수한 속성 지정이 되어 있는 경우 지시에 따라 작성하시오.

3) 글꼴은 문제 원안과 같거나 유사한 형태로 작업합니다.

4) 글자, 그림 및 도형 등의 크기와 모양은 문제 원안과 같거나 유사한 형태로 작업합니다.

5) 모든 글씨, 선 등은 흑백(그레이스케일)으로 작업하되, 글상자, 그림 및 도형 등에서 색 채우기가 있는 경우 색 채우기는 회색 40% 정도, 투명도 0%를 기준으로 작업합니다.

6) 각 슬라이드는 원안과 같이 **외곽선 테두리가 인쇄**되도록 인쇄합니다.

7) 각 슬라이드 크기는 A4 용지의 1/2 범위 내에 인쇄가 가능한 크기가 되도록 조정하여, 슬라이드 2개를 A4 용지 1매 안에 모두 인쇄합니다.

8) 비번호, 수험번호, 성명, 페이지 번호 등은 반드시 자필로 기재합니다.

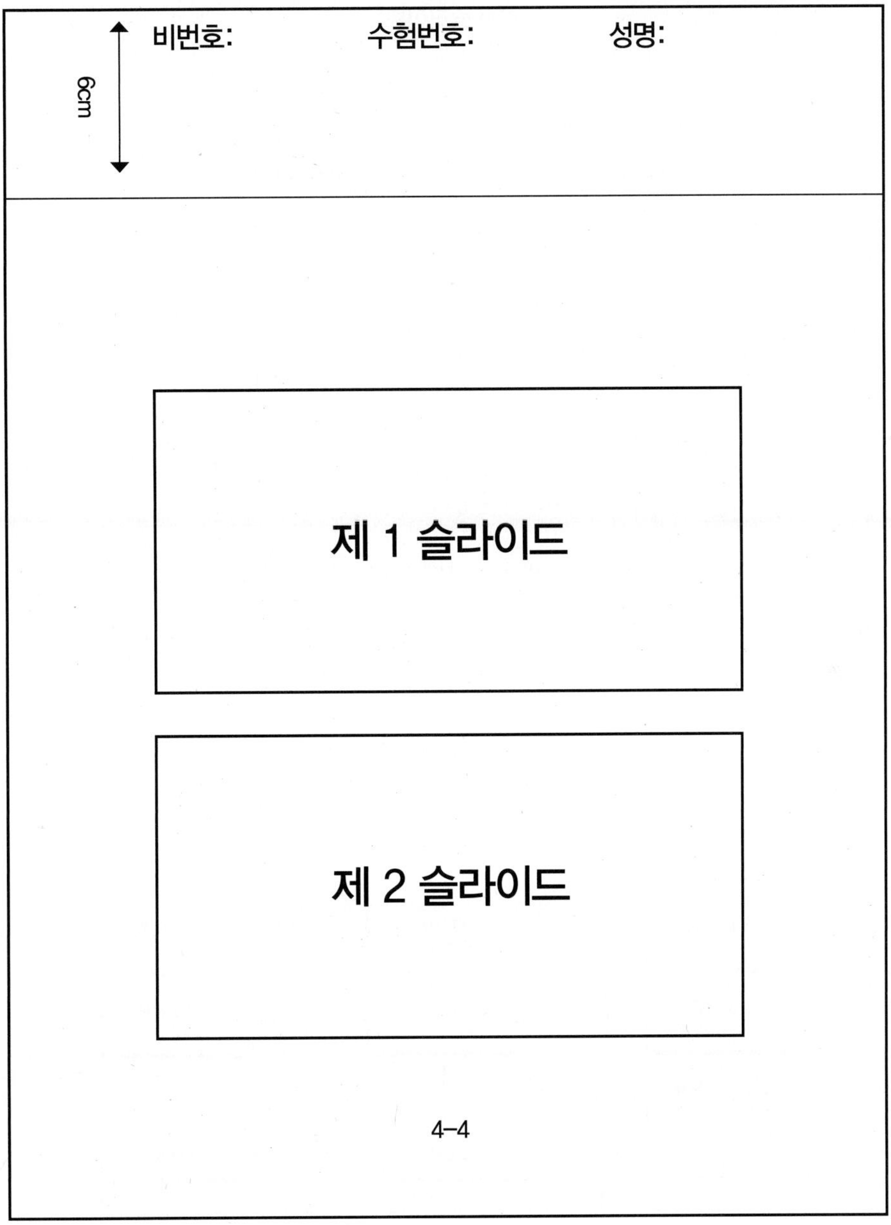

비번호:　　　　수험번호:　　　　성명:

6cm

제 1 슬라이드

제 2 슬라이드

4-4

〈제1 슬라이드〉

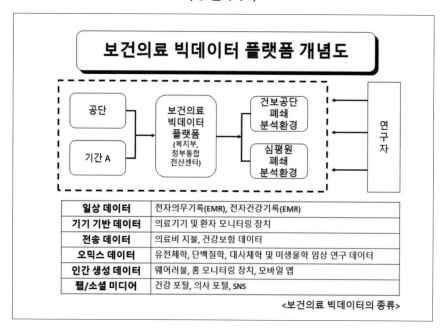

〈제2 슬라이드〉

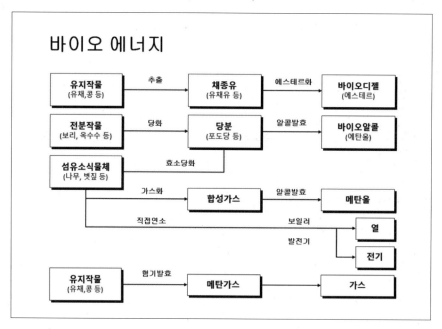

▶ 유선배 강의

엑셀 실전 모의고사 7회 풀이

1 저장하기

1) [파일]-[저장]-[찾아보기]를 클릭하여, 바탕화면의 본인의 [비번호 폴더] 안에 시험위원이 지정해 준 파일명으로 저장합니다.

2 작업표 작성 및 병합하기

1) 자료(DATA)와 작업표 형식을 보고 아래와 같이 데이터를 입력합니다.

2) A1:I1셀까지 드래그하여 블록 지정한 후 [Ctrl]을 계속 누른 채 A24:D24, A25:C27, A28:I28, A29:D29, A30:D30, A31:I31, H29:I30, H24:I27셀을 드래그하여 선택합니다.

3) [홈] 탭에 맞춤 그룹의 [병합하고 가운데 맞춤]을 클릭하여 병합시켜 줍니다.

※ 셀 안에 줄 바꿈은 [Alt] + [Enter]를 누릅니다.

3 조건 문제 풀이

❶ 등록경로 : 회원코드의 첫 글자가 A이면 "지인소개", 회원코드의 첫 글자가 B이면 "전단지", 회원코드의 첫 글자가 C이면 "검색"으로 표시하시오.

공식	=IF(조건1,참1,IF(조건2,참2,거짓)) =LEFT(문자열,문자의 개수)
함수식(D4)	=IF(LEFT(A4,1)="A","지인소개", IF(LEFT(A4,1)="B","전단지","검색"))
설명	• **조건1** : 회원코드(A4)의 왼쪽에서 첫 글자가 "A"이면 • **참1** : "지인소개"라는 값을 나타내고 • **조건2** : 회원코드(A4)의 왼쪽에서 첫 글자가 "B"이면 • **참2** : "전단지"라는 값을 나타내고 • **거짓** : 조건1도 조건2도 만족하지 않으면 "검색"이라는 값을 나타냅니다.

❍ D4셀의 채우기 핸들을 드래그하여 D23셀까지 채워줍니다.

함수식(I4)	=CONCATENATE(LEFT(A4,1),"#",B4,"#",E4)
설명	회원코드(A4셀)의 앞 한 글자와 "#", B4셀에 있는 값과 "#", E4셀에 있는 값들을 연결해 나타냅니다.

◆ F4:I4셀까지 드래그하여 블록 지정한 후 I4셀의 채우기 핸들을 끌어서 I23셀까지 채워줍니다.

❷ 할인전 수강료 : 수강과정이 헬스이면 200000, 수강과정이 요가이면 240000, 필라테스이면 270000으로 표시하시오.

공식	=IF(조건1,참1,IF(조건2,참2,거짓))
함수식(F4)	=IF(E4="헬스",200000,IF(E4="요가",240000,270000))
설명	• 조건1 : 수강과정(E4)이 "헬스"이면 • 참1 : 200000을 나타내고 • 조건2 : 수강과정(E4)이 "요가"이면 • 참2 : 240000을 나타내고 • 거짓 : 조건1도 조건2도 만족하지 않으면 270000을 나타냅니다.

❸ 할인후 수강료 : 할인전 수강료−(할인전 수강료*10%)

함수식(G4)	=F4−(F4*10%)
설명	할인전 수강료(F4)에서 할인전 수강료(F4)의 10%를 곱한 값을 빼서 나타냅니다.

❹ 운동 종료일 : 등록일에서 90일이 지난 날짜를 표시하시오.

함수식(H4)	=C4+90
설명	등록일(C4)에서 90을 더한 값을 나타냅니다.

❺ 비고 : 비고는 회원코드 앞 1개의 문자와 회원명과 수강과정을 텍스트 함수 "CONCATENATE", 문자열 함수 LEFT 함수를 조합하여 작성하시오 (예) C#김경희#필라테스 형태로 하시오).

공식	=CONCATENATE(연결대상1,연결대상2...) =LEFT(문자열,문자의 개수)

❻ 평균 : 각 항목별 평균 산출

공식	=AVERAGE(범위)
함수식(F24)	=AVERAGE(F4:F23)
설명	할인전 수강료(F4:F23)의 평균 금액을 구합니다.

◆ F24셀의 채우기 핸들을 드래그하여 G24셀까지 채워줍니다.

❼ 헬스의 수강과정별 합계 : 지원부서가 헬스인 각 항목별 합계를 산출하시오(단, SUMIF 또는 SUMIFS 함수 사용).

공식	=SUMIF(조건범위,조건,합계범위)
함수식(F25)	=SUMIF($E$4:$E$23,$D$25,F4:F23)
설명	• 조건범위&조건 : 수강과정(E4:E23) 중 헬스(D25) 조건을 만족하는 할인전 수강료의 합계를 구합니다. • 합계범위 : 조건을 만족하는 할인전 수강료의 합계를 구해야 하므로 합계범위는 F4:F23입니다.

◆ F25셀의 채우기 핸들을 드래그하여 G25셀까지 채워줍니다.

❽ 요가의 수강과정별 합계 : 지원부서가 요가인 각 항목별 합계를 산출하시오(단, SUMIF 또는 SUMIFS 함수 사용).

공식	=SUMIF(조건범위,조건,합계범위)
함수식(F26)	=SUMIF($E$4:$E$23,$D$26,F4:F23)

설명	• **조건범위&조건** : 수강과정(E4:E23) 중 요가(D26) 조건을 만족하는 할인전 수강료의 합계를 구합니다. • **합계범위** : 조건을 만족하는 할인전 수강료의 합계를 구해야 하므로 합계범위는 F4:F23입니다.

⭕ F26셀의 채우기 핸들을 드래그하여 G26셀까지 채워줍니다.

> ❾ 필라테스의 수강과정별 합계 : 지원부서가 필라테스인 각 항목별 합계를 산출하시오(단, SUMIF 또는 SUMIFS 함수 사용).

공식	=SUMIF(조건범위,조건,합계범위)
함수식(F27)	=SUMIF($E$4:$E$23,$D$27,F4:F23)
설명	• **조건범위&조건** : 수강과정(E4:E23) 중 필라테스(D27) 조건을 만족하는 할인전 수강료의 합계를 구합니다. • **합계범위** : 조건을 만족하는 할인전 수강료의 합계를 구해야 하므로 합계범위는 F4:F23입니다.

⭕ F27셀의 채우기 핸들을 드래그하여 G27셀까지 채워줍니다.

> ※ ❼~❾까지 한꺼번에 구하기
> 절대참조와 혼합참조를 이용하여 F25셀에 다음과 같은 수식을 입력합니다.
> =SUMIF($E$4:$E$23,$E25,F4:F$23)
> F25셀의 채우기 핸들을 드래그하여 G25셀까지 채워준 후 다시 G25셀의 채우기 핸들을 드래그하여 G27셀까지 채워줍니다.

> ⓫ "김"씨 성이면서 회원코드에 "1"을 포함한 할인전 수강료와 할인후 수강료의 합계를 각각 산출하시오(단, SUMPRODUCT 함수 사용).

공식	=SUMPRODUCT(배열1,배열2....) =ISNUMBER(값) =FIND(찾을 문자,텍스트)
함수식(F29)	=SUMPRODUCT((LEFT($B$4:$B$23,1)="김") * (ISNUMBER(FIND("1",$A$4:$A$23))),F4:F23)

설명	회원명(B4:B23)의 첫 글자가 "김"이고 (AND*) 회원코드(A4:A23)에 1이 포함된 값을 찾아서 둘 다 만족하면, 대응하는 할인전 수강료(F4:F23)끼리 곱하고, 곱한 값의 합계를 구합니다.

⭕ F29셀의 채우기 핸들을 드래그하여 G29셀까지 채워줍니다.

> ⓬ "이"씨 성이면서 회원코드에 "3"을 포함한 할인전 수강료와 할인후 수강료의 합계를 각각 산출하시오(단, SUMPRODUCT 함수 사용).

공식	=SUMPRODUCT(배열1,배열2....) =ISNUMBER(값) =FIND(찾을 문자,텍스트)
함수식(F30)	=SUMPRODUCT((LEFT($B$4:$B$23,1)="이") * (ISNUMBER(FIND("3",$A$4:$A$23))),F4:F23)
설명	회원명(B4:B23)의 첫 글자가 "이"이고 (AND*) 회원코드(A4:A23)에 3이 포함된 값을 찾아서 둘 다 만족하면, 대응하는 할인전 수강료(F4:F23)끼리 곱하고, 곱한 값의 합계를 구합니다.

⭕ F30셀의 채우기 핸들을 드래그하여 G30셀까지 채워줍니다.

> ⓭ 작성 조건 ⓬에 사용된 수식을 기재하시오(단, 할인후 수강료를 기준으로).

1) G30셀을 선택한 후 수식 입력줄에 있는 수식 전체를 드래그하여 블록을 지정합니다.
2) 마우스 우클릭을 한 후 [복사] 또는 Ctrl + C (복사)한 다음 Enter를 누릅니다.
3) 병합된 A31셀을 클릭해서 작은따옴표(')를 입력한 다음 Ctrl + V (붙여넣기) 또는 마우스 우클릭을 한 후 [붙여넣기]를 클릭하고 Enter를 누릅니다(※ 수식 입력줄을 클릭한 후 붙여넣기해도 됩니다).

4 정렬하기

> 라) 작업표의 정렬순서(SORT)는 등록경로를 오름
> 차순으로 정렬하고, 같은 수강과정 안에서는 할
> 인후 수강료의 내림차순으로 정렬하시오.

1) 정렬을 하기 위해서 A3:I23셀까지 블록 지정한
   후에 [데이터] 탭의 [정렬]을 클릭합니다.
2) 첫 번째 정렬 기준은 "등록경로"로 선택하고 정
   렬을 "오름차순 정렬"로 지정한 후 [기준 추가]를
   클릭합니다.
3) 새로운 기준이 만들어졌으면 새로운 정렬 기준을
   "할인후 수강료"로 선택하고 정렬을 "내림차순
   정렬"으로 지정한 후 [확인]을 클릭합니다.

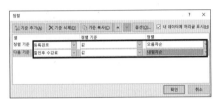

> ❿ "❶"에 사용된 수식을 기재하시오(단, 김경미를
> 기준으로).

> ※ ❿번 조건은 반드시 정렬 작업 후에 지정합니다.

1) D13셀을 선택한 후 수식 입력줄에 있는 수식 전
   체를 드래그하여 블록을 지정합니다.
2) 마우스 우클릭을 한 후 [복사] 또는 Ctrl + C (복
   사)한 다음 Enter 를 누릅니다.
3) 병합된 A28셀을 클릭해서 작은따옴표(')를 입력
   한 다음 Ctrl + V (붙여넣기) 또는 마우스 우클
   릭을 한 후 [붙여넣기]를 클릭하고 Enter 를 누릅
   니다(※ 수식 입력줄을 클릭한 후 붙여넣기해도
   됩니다).

5 기타 조건

> (1) 금액에 대한 수치는 원화(₩) 표시를 하고 천 단
> 위마다 ','(Comma)를 표시하시오.

> (2) 모든 수치(숫자, 통화, 회계, 백분율 등)는 셀 서
> 식의 속성을 설정하는 과정에서 소수 자릿수를
> "0"으로 지정하여 정수로 표시토록 하시오.
> (3) 음수는 "-"가 표시되도록 하시오.
> (4) 숫자 셀은 우측을 수직으로 맞추고, 문자 셀은
> 수평중앙으로 맞추며 이외 사항은 작업표 형식
> 에 따르도록 하시오. 특히, 인쇄출력 시 판독 불
> 가능이 발생되지 않도록 인쇄 미리 보기 등을
> 통하여 셀의 크기를 적당히 조정하시오.

1) 금액이 있는 F4:G27셀을 드래그한 후 F29:G30
   셀을 Ctrl 을 이용하여 선택합니다.
2) [홈] 탭의 표시 형식 그룹에서 [회계 표시 형식]을
   클릭합니다.

3) 문자 셀을 수평 중앙으로 맞추기 위해서 모든 시
   트 선택을 클릭한 후 [가운데 맞춤 ≡]을 클릭합
   니다.

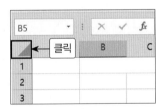

4) 금액이 ####으로 표시되면 열 너비를 적당하게
   늘려줍니다.

6 열 숨기기

1) C열을 선택한 후 Ctrl 을 누른 채 E열을 선택하
   고 마우스 우클릭을 한 후 [숨기기]를 클릭합니
   다. 복사한 수식이 잘 보이지 않으면 열 너비를
   적당히 늘려줍니다.

7 제목 서식 변경하기

1) 병합된 A1:I1을 선택한 후 [홈] 탭에서 글자 크
   기를 **20pt**로 입력합니다.

8 테두리 지정하기

1) A3:I31셀까지 드래그하여 블록 지정한 후 [홈] 탭의 글꼴 그룹에서 테두리를 [모든 테두리⊞▾]로 선택합니다.

2) 다시, A4:I23셀까지 드래그하여 블록 지정합니다. **Ctrl** + **1** (셀 서식)의 [테두리] 탭에서 스타일을 [없음]으로 지정하고 [중간 가로선⊟]을 선택한 후 [확인]을 클릭합니다.

3) 병합되어있는 H24:I27과 H29:I30셀을 선택한 후 셀 서식의 [테두리] 탭에서 스타일을 [실선]으로 지정하고 [양쪽 대각선]을 선택한 후 [확인]을 클릭합니다.

9 그래프(GRAPH) 작성

나. 그래프(GRAPH) 작성

작성한 작업표에서 등록경로가 지인소개인 회원명별 할인전 수강료와 할인후 수강료를 나타내는 그래프를 작성하시오.

[작성 조건]

1) 그래프 형태 : 혼합형 단일축 그래프
   할인전 수강료(데이터 표식이 있는 꺾은선형), 할인후 수강료(묶은 세로 막대형)
   (단, 할인후 수강료만 데이터 레이블의 값이 표시된 혼합형 단일축 그래프로 하시오)

2) 그래프 제목 : 운동센터 회원 현황 ㅡㅡㅡㅡ (확대 출력, 글꼴 서체 임의)

3) X축 제목 : 회원명

4) Y축 제목 : 수강료

5) X축 항목 단위 : 해당 문자열

6) Y축 눈금 단위 : 임의

7) 범례 : 할인전 수강료, 할인후 수강료

8) 출력물 크기 : A4 용지 1/2장 범위 내

9) 기타 : 작성 조건에 없는 형식이나 모양은 기본 설정값에 따르며, 그래프 너비는 작업표에 맞추도록 하시오.

☑ 차트 만들기

1) B3, F3:G3, B18:B23, F18:G23셀을 **Ctrl**을 이용하여 선택합니다.

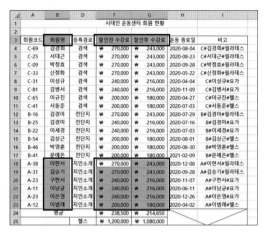

2) 그래프를 만들기 위해 [삽입]-[세로 또는 가로 막대형 차트 삽입▮▮▾]-[묶은 세로 막대형▮▮▮]을 클릭합니다.

엑셀 2010 버전
[삽입]-[세로 막대형]-[묶은 세로 막대형]

---

3) 만들어진 그래프를 작업표 하단으로 드래그하여 이동하여 줍니다. 이때 차트의 왼쪽 모서리가 A33셀에 위치하도록 이동합니다.

4) 차트의 조절점을 이용하여 상단의 작업표의 열 너비인 I열까지 크기를 늘려줍니다. 차트의 높이는 적당하게 조절하여 줍니다.

☑ 차트 종류 변경하기

1) 할인전 수강료 계열만 선택하고 마우스 우클릭을 한 후 [계열 차트 종류 변경]을 클릭합니다.

2) 좌측 [콤보]가 선택된 상태에서 할인전 수강료 계열의 차트 종류를 [표식이 있는 꺾은선형]으로 선택한 후 [확인]을 클릭합니다.

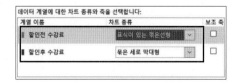

☑ 레이블값 표시하기

1) 할인전 수강료 계열의 막대를 클릭한 후 마우스 우클릭을 한 후 [데이터 레이블 추가]-[데이터 레이블 추가]를 클릭합니다.

☑ 그래프 제목

1) 차트 제목을 선택한 후 수식 입력줄에 **운동센터 회원 현황**을 입력한 후 Enter 를 누릅니다.

☑ X축 제목 삽입하기

1) 차트 도구의 [디자인] 탭-[차트 요소 추가]-[축 제목]-[기본 가로]를 클릭합니다.

2) 축 제목을 선택 후 수식 입력줄에서 **회원명**을 입력한 후 Enter 를 누릅니다.

☑ Y축 제목 삽입하기

1) 차트 도구의 [디자인] 탭-[차트 요소 추가]-[축 제목]-[기본 세로]를 클릭합니다.

2) 축 제목을 선택 후 수식 입력줄에서 **수강료**를 입력합니다.

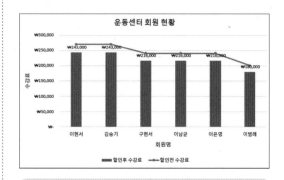

⑩ 페이지 설정 및 인쇄

☑ 페이지 설정

1) 데이터가 입력된 셀을 선택한 후 [파일]-[인쇄]를 클릭합니다(모든 데이터들이 한 페이지에 나타나지 않습니다).

2) [현재 설정된 용지]를 클릭한 후 **[한 페이지에 시트 맞추기]**를 클릭합니(모든 행과 열의 데이터가 한 페이지 안에 축소되어 나타난 것을 알 수 있습니다).

3) [페이지 설정]으로 들어간 후 [여백] 탭에서 위쪽 여백을 6으로 입력하고, 페이지 가운데 맞춤을 가로, 세로 체크 후 [확인]을 클릭합니다.

4) 인쇄를 클릭하여 출력 작업을 진행합니다(실제 출력은 세 가지 작업을 모두 마친 후 진행합니다).

5) [파일]-[저장]을 클릭합니다.

6) 이전 버튼을 클릭하여 편집화면으로 되돌아갑니다.

| 작업표 작성 |

시대인 운동센터 회원 현황

회원코드	회원명	등록경로	할인전 수강료	할인후 수강료	운동 종료일	비고
C-69	김경희	검색	₩ 270,000	₩ 243,000	2020-08-04	C#김경희#필라테스
C-25	서대근	검색	₩ 270,000	₩ 243,000	2020-08-23	C#서대근#필라테스
C-09	박정효	검색	₩ 270,000	₩ 243,000	2020-09-28	C#박정효#필라테스
C-33	신정화	검색	₩ 270,000	₩ 243,000	2020-05-22	C#신정화#필라테스
C-31	이성규	검색	₩ 240,000	₩ 216,000	2020-04-04	C#이성규#요가
C-81	김병서	검색	₩ 240,000	₩ 216,000	2020-11-09	C#김병서#요가
C-65	이규진	검색	₩ 200,000	₩ 180,000	2020-04-27	C#이규진#헬스
C-41	서동준	검색	₩ 200,000	₩ 180,000	2020-07-03	C#서동준#헬스
B-16	김경아	전단지	₩ 270,000	₩ 243,000	2020-07-29	B#김경아#필라테스
B-25	김경미	전단지	₩ 240,000	₩ 216,000	2020-07-16	B#김경미#요가
B-22	이세경	전단지	₩ 240,000	₩ 216,000	2020-07-03	B#이세경#요가
B-54	김상근	전단지	₩ 200,000	₩ 180,000	2020-08-01	B#김상근#헬스
B-46	박영훈	전단지	₩ 200,000	₩ 180,000	2020-06-30	B#박영훈#헬스
B-41	문예은	전단지	₩ 200,000	₩ 180,000	2021-02-09	B#문예은#헬스
A-38	이현서	지인소개	₩ 270,000	₩ 243,000	2020-12-08	A#이현서#필라테스
A-31	김승기	지인소개	₩ 270,000	₩ 243,000	2020-09-28	A#김승기#필라테스
A-23	구현서	지인소개	₩ 240,000	₩ 216,000	2020-11-07	A#구현서#요가
A-11	이남균	지인소개	₩ 240,000	₩ 216,000	2020-06-11	A#이남균#요가
A-23	이은영	지인소개	₩ 240,000	₩ 216,000	2020-12-26	A#이은영#요가
A-12	이범례	지인소개	₩ 200,000	₩ 180,000	2020-04-02	A#이범례#헬스
평균			₩ 238,500	214,650		
수강과정별 합계		헬스	₩ 1,200,000	₩ 1,080,000		
		요가	₩ 1,680,000	₩ 1,512,000		
		필라테스	₩ 1,890,000	₩ 1,701,000		
=IF(LEFT(A13,1)="A","지인소개",IF(LEFT(A13,1)="B","전단지","검색"))						
"김"씨 성이면서 회원코드에 "1"을 포함한 합			₩ 780,000	₩ 702,000		
"이"씨 성이면서 회원코드에 "3"을 포함한 합			₩ 750,000	₩ 675,000		
=SUMPRODUCT((LEFT($B$4:$B$23,1)="이")*(ISNUMBER(FIND("3",$A$4:$A$23))),G4:G23)						

| 그래프 작성 |

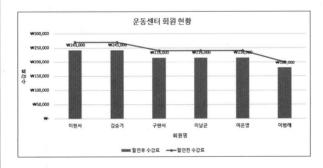

| 인쇄 미리 보기 |

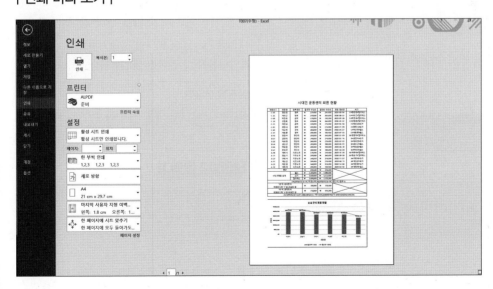

① 저장하기

1) 액세스를 실행한 후 [새 데스크톱 데이터베이스] 를 클릭합니다.

2) 파일 이름 입력하는 우측의 [📁]를 클릭합니다.

3) 저장 위치는 [바탕화면]–[비번호 폴더] 안에 시험위원이 지정해 준 파일명을 입력한 후 [확인]을 클릭합니다.

> **액세스 2007&2010 버전**
> 액세스 실행 후 [새 데이터베이스]가 선택되어있는 상태에서 우측 파일 이름 입력하는 곳 옆의 [📁]를 클릭합니다.

② 테이블 작성하기

✓ 테이블1 만들기

1) 테이블 도구의 [필드] 탭–[보기]–[디자인 보기] 를 클릭합니다.

2) 테이블을 저장하라는 창이 나오면 테이블 이름을 그대로 '테이블1'로 지정한 후 [확인]을 클릭합니다.

> **액세스 2007 버전**
> [데이터시트] 탭–[보기]–[디자인 보기]

> **액세스 2021 버전**
> [데이터 필드] 탭–[보기]–[디자인 보기]

3) 아래와 같이 필드 이름과 데이터 형식을 변경합니다.

필드 이름	데이터 형식
🔑 납세코드	짧은 텍스트
납세자	짧은 텍스트
납부월	숫자
배기량	숫자

> ※ 납세코드는 필드 속성에서 [IME 모드]를 [영숫자 반자] 로 지정합니다.

> **액세스 2007&2010 버전**
> 데이터 형식의 짧은 텍스트 대신 [텍스트]로 지정합니다.

4) 조건에 기본 키를 지정하라는 조건이 없으므로 기본 키를 해제하기 위해, **"납세코드"** 필드 이름을 클릭한 후, 테이블 도구의 [디자인] 탭에서 [기본 키]를 클릭하여 기본 키를 해제합니다.

5) 테이블 도구의 [보기]–[데이터시트 보기]를 클릭한 후 테이블 저장 대화상자가 나타나면 [예]를 클릭합니다.

6) 아래와 같이 테이블1에 데이터를 입력합니다. 필드를 이동할 때는 방향키(↑, ↓, ←, →)를 이용합니다.

납세코드	납세자	납부월	배기량
JK001	김승호	6	1598
ME003	이연수	7	1020
JK001	김준하	8	1198
BT002	임현옥	6	1200
BT002	김한나	7	3342
JK001	류광환	6	998
ME003	문금란	9	1998
ME003	민현경	7	1598
JK001	진용훈	8	1968
ME003	박은미	6	1358
BT002	최은정	6	998
JK001	주정현	7	1950
ME003	박희정	6	2497
BT002	백승철	9	980
BT002	명연정	6	1598
*		0	0

7) '테이블1' 탭 위에서 마우스 우클릭을 한 후 [닫기]를 클릭하고 테이블1을 닫아 줍니다. 좌측에 '테이블1'을 더블 클릭하여 데이터가 올바르게 입력되었는지 다시 한번 확인합니다.

> **액세스 2021 버전**
> [디자인] 탭 대신 [양식 디자인] 탭으로 들어갑니다.

✓ 테이블2 만들기

1) [만들기] 탭의 [테이블 디자인]을 클릭하여 두 번째 테이블을 만듭니다.

2) 아래와 같이 필드 이름과 데이터 형식을 지정합니다.

필드 이름	데이터 형식
납세코드	짧은 텍스트
세액	통화

3) 테이블 도구의 [보기]–[데이터시트 보기]를 클릭한 후 테이블 저장 대화상자가 나타나면 [예]–[확인]을 클릭합니다.

4) "기본 키를 정의하지 않았습니다. 기본 키를 만드시겠습니까?"라는 대화상자가 나오면 [아니요]를 클릭합니다.

5) 아래와 같이 테이블2에 데이터를 입력합니다. 필드를 이동할 때는 방향키(↑, ↓, ←, →)를 이용합니다.

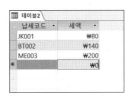

납세코드	세액
JK001	₩80
BT002	₩140
ME003	₩200
*	₩0

6) '테이블2' 탭 위에서 마우스 우클릭을 한 후 [닫기]를 클릭하여 테이블2를 닫아 줍니다. 좌측에 '테이블2'를 더블 클릭하여 데이터가 올바르게 입력되었는지 다시 한번 확인합니다.

❸ 폼 작성 및 편집

✅ 폼 디자인 만들기

1) [만들기] 탭에서 [폼 디자인]을 클릭합니다.

✅ 레이블로 제목 만들기

1) 폼의 우측 하단 모서리에서 마우스 커서가 ✛ 모양일 때 드래그하여 가로는 19cm, 세로는 20cm 안쪽으로 드래그합니다.

2) 폼의 제목을 입력하기 위해서, 폼 디자인 도구의 [디자인] 탭에서 [레이블 가가]을 클릭한 후 폼의 상단에 적당한 크기로 드래그합니다.

3) 레이블 안에 제목을 입력한 후 글자를 블록 지정하거나, 레이블 테두리를 클릭한 후 폼 디자인 도구의 [서식] 탭에서 크기를 16pt로 입력하고 [가운데 정렬 ≡]을 클릭합니다.

> ※ 제목에서 한 줄을 입력하고 줄 바꿈은 Shift + Enter 를 누릅니다.
> ※ 조절점을 더블 클릭하면 레이블 상자가 글자 크기에 맞춰서 조절됩니다.

✅ 목록 상자 만들기

1) 폼 디자인 도구의 [디자인] 탭에서 [목록 상자 ▣]를 클릭한 후 제목 아래에 적당한 크기로 드래그하여 그려줍니다.

2) "목록 상자 마법사" 창이 나타나면 [취소]를 클릭하여 창을 닫아 줍니다.

3) 목록 상자 왼쪽에 있는 "List1:" 레이블을 선택한 후 Delete 를 눌러 삭제합니다.

4) [속성 시트]의 [데이터] 탭에서 [행 원본]을 선택한 후 ⋯를 클릭합니다.

> ※ 속성 시트가 없으면 폼 디자인 도구의 [디자인] 탭에서 [속성 시트]를 클릭합니다.

5) 테이블 표시 창이 나타나면 '테이블1'과 '테이블2'를 더블 클릭한 후 [닫기]를 클릭합니다.

6) 테이블1에 있는 **납세코드** 필드를 테이블2의 **납세코드**로 드래그하여 연결해줍니다.

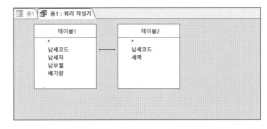

7) 조회화면 서식에 나와 있는 필드명 **납세코드, 납세자, 납부월, 배기량, 세액**을 순서대로 더블 클릭하여 필드에 추가합니다.

필드:	납세코드	납세자	납부월	배기량	세액	
테이블:	테이블1	테이블1	테이블1	테이블1	테이블2	
정렬:						
표시:	☑	☑	☑	☑	☑	☐
조건:						
또는:						

<table>
<tr><td colspan="2">납세코드가 BT 또는 ME로 시작하고 배기량이
1600을 초과하는 자동차세 납세자 현황 나타내기</td></tr>
</table>

8) 납세코드의 조건에 **BT* OR ME***를 입력한 후 Enter 를 누르면 Like "BT*" Or Like "ME*"로 변경됩니다.

9) 배기량이 1600을 초과하는 현황을 나타내려면, 배기량에 **>1600**을 입력합니다. AND 조건이므로 같은 행에 조건을 입력합니다.

필드명 "배기량"의 오름차순으로 출력

---

10) 배기량을 오름차순으로 정렬하기 위해 배기량의 정렬에서 ∨를 클릭한 후 오름차순을 선택합니다.

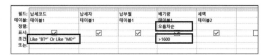

필드:	납세코드	납세자	납부월	배기량	세액
테이블:	테이블1	테이블1	테이블1	테이블1	테이블2
정렬:				오름차순	
표시:	☑	☑	☑	☑	☑
조건:	Like "BT*" Or Like "ME*"			>1600	
또는:					

11) 데이터시트 보기와 SQL 보기로 들어가서 조건에 맞게 데이터가 추출되는지 확인합니다.

12) [폼1 : 쿼리 작성기] 탭에서 마우스 우클릭을 한 후 [닫기]-[예]를 클릭합니다.

13) [속성 시트]의 [형식] 탭에서 **열 개수**를 5로 지정하고, **열 이름**을 **예**로 지정합니다.

14) [폼1] 탭에서 마우스 우클릭을 한 후 [폼 보기]를 클릭하여 확인합니다.

※ 목록 상자에 스크롤바가 생기면 감점되기 때문에 목록 상자의 높이를 키워주어 스크롤바가 생기지 않도록 합니다.

✅ 선 그리기

1) 목록 상자의 하단의 선을 만들기 위해 다시 [홈] 탭-[보기]-[디자인 보기]를 클릭한 후 폼 디자인 도구의 [디자인] 탭에서 [선◻]을 선택합니다.

2) Shift 를 누른 채 목록상자 하단에 드래그하여 직선을 그려줍니다.

3) [속성 시트]의 [형식] 탭에서 [테두리 두께]를 [6pt]로 지정합니다.

✅ 텍스트 상자 만들기

1) 폼 디자인 도구의 [디자인] 탭에서 [텍스트 상자 ⬚]를 선택한 후 목록 상자 아래쪽에 적당하게 드래그하여 그려줍니다.

2) "텍스트 상자 마법사" 창이 나오면 [취소]를 클릭합니다.

3) 텍스트 상자 왼쪽에 있는 레이블을 선택하여 **리스트박스 조회 시 작성된 SQL문**을 입력합니다.

4) 레이블 테두리를 선택한 후, 폼 디자인 도구의 [서식] 탭에서 글자 크기를 16pt로 입력합니다. 레이블과 텍스트 상자의 **이동 핸들을 드래그**하여 위치를 이동할 수 있습니다.

5) 우측 하단에서 드래그하여 텍스트 상자, 선, 목록 상자가 조금이라도 포함되도록 선택합니다.

6) 폼 디자인 도구의 [정렬] 탭-[맞춤]-[왼쪽]을 클릭하고, 다시 [크기/공간]-[가장 넓은 너비에]를 클릭하여 좌/우 크기를 동일하게 맞춰줍니다.

7) [속성 시트]의 [형식] 탭에서 [테두리 색]을 [검정 텍스트]로 지정합니다.

8) 빈 곳을 클릭, 다시 텍스트 상자만 선택한 후 [속성 시트]의 [테두리 스타일]을 [파선]으로 지정합니다.

✅ SQL문 복사하기

1) 목록 상자를 클릭한 후 [속성 시트]의 [데이터] 탭에서 [행 원본]을 클릭합니다. Ctrl + C (복사)를 누른 후 텍스트 상자를 클릭합니다.

2) **=**를 입력하고, 작은따옴표(')를 입력합니다. Ctrl + V (붙여넣기)를 한 후 다시 작은따옴표(')로 닫아 줍니다.

3) 전체를 드래그하여 모든 컨트롤을 선택한 후 폼 디자인 도구의 [서식] 탭에서 [글꼴 색 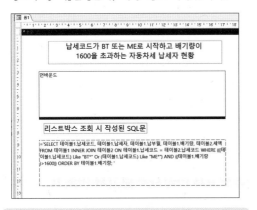]을 [검정, 텍스트 1]로 지정합니다. [본문]을 클릭해서 [교차 행 색]을 [흰색, 배경 1]로 지정합니다.

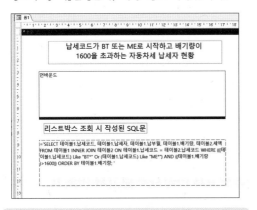

```
납세코드가 BT 또는 ME로 시작하고 배기량이
1600을 초과하는 자동차세 납세자 현황

언바운드

리스트박스 조회 시 작성된 SQL문

="SELECT 테이블1.납세코드, 테이블1.납세자, 테이블1.납부월, 테이블1.배기량, 테이블2.세액
FROM 테이블1 INNER JOIN 테이블2 ON 테이블1.납세코드 = 테이블2.납세코드 WHERE (((테
이블1.납세코드) Like "BT*" Or (테이블1.납세코드) Like "ME*") AND ((테이블1.배기량
)>1600)) ORDER BY 테이블1.배기량; "
```

※ 액세스 2007 버전은 기본 글꼴 색이 "검정"이기 때문에 따로 글꼴 색 지정은 하지 않습니다.

✅ 인쇄 미리 보기 및 여백 지정하기

1) [파일]-[인쇄]-[인쇄 미리 보기]에서 완성된 폼 화면을 확인할 수 있습니다.

2) 상단 [페이지 설정]에서 **위쪽 여백**을 60으로 입력하고 [확인]을 클릭합니다. 인쇄될 결과물을 확인한 후 [인쇄 미리 보기 닫기]를 클릭합니다.

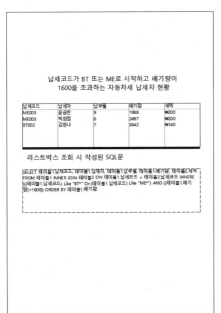

3) [폼1] 탭에서 마우스 우클릭을 한 후 [닫기]-[예]를 클릭합니다.

4 쿼리 작성 및 편집

✅ 쿼리 디자인 만들기

1) [만들기]-[쿼리] 그룹에서 [쿼리 디자인]을 클릭합니다.

> **액세스 2007 버전**
> [만들기]-[기타] 그룹의 [쿼리 디자인]

2) 테이블 표시 대화상자가 나타나면 '테이블1'과 '테이블2'를 순서대로 더블 클릭하여 테이블을 생성시킨 후 [닫기]를 클릭합니다.

3) 테이블1의 **납세코드**를 테이블2의 **납세코드**로 드래그하여 조인(JOIN)을 시켜줍니다.

✅ 테이블 조인 및 필드 추가

※ 보고서 서식을 보고 각각의 필드를 더블 클릭하여 실행하고, 계산이 필요한 필드는 처리 조건을 보고 계산합니다.

1) 보고서 서식을 보고 **납세자, 배기량, 세액, 납세코드**를 순서대로 더블 클릭하여 필드를 추가하여 줍니다(★ 납세코드로 자동차세 납부 현황을 나타내야 하므로 반드시 납세코드도 추가해줍니다).

필드:	납세자	배기량	세액	납세코드 ∨	
테이블:	테이블1	테이블1	테이블2	테이블1	
정렬:					
표시:	☑	☑	☑	☑	☐
조건:					

[처리 조건]
- 자동차세 : 배기량×세액
- 지방교육세 : 자동차세×30%
- 할인액 : 납부월이 6월이면 자동차세×10%, 나머지는 0으로 표시하시오.
- 총자동차세 : 자동차세+지방교육세−할인액

2) 납세코드 오른쪽 필드에 **자동차세: 배기량*세액**을 입력합니다.

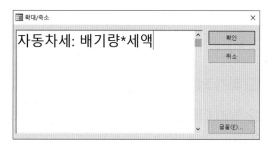

3) 자동차세 오른쪽 필드에 **지방교육세: 자동차세*0.3**을 입력합니다.

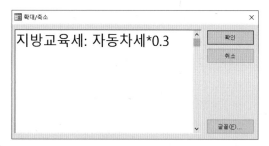

4) 지방교육세 오른쪽 필드에 **할인액: IIF(납부월=6, 자동차세*0.1,0)**를 입력합니다.

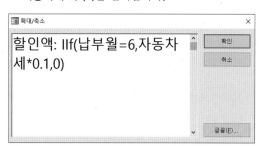

5) 할인액 오른쪽 필드에 **총자동차세: 자동차세+지방교육세-할인액**을 입력합니다.

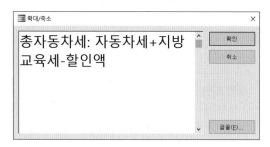

☑ 쿼리 확인하기

1) [쿼리1] 탭에서 마우스 우클릭을 한 후 [데이터시트 보기]를 클릭하여 쿼리 결과를 확인합니다.

2) [쿼리1] 탭의 [닫기]를 클릭한 후, 대화상자가 나오면 [예]를 클릭합니다. 폼 이름은 [쿼리1]로 지정한 후 [확인]을 클릭합니다.

5 보고서 작성 및 편집

☑ 보고서 마법사로 보고서 만들기

1) [만들기] 탭의 보고서 그룹에서 [보고서 마법사]를 클릭합니다.

2) 보고서 마법사 대화상자가 나타나면 '테이블/쿼리'를 [쿼리: 쿼리1]로 변경하고, 사용 가능한 필드에서 >> 를 클릭하여 선택한 필드로 모두 이동시킨 후 [다음]을 클릭합니다.

> **[처리 조건]**
> 납세코드별로 정리한 후, 같은 납세코드 안에서는 총자동차세의 오름차순으로 정렬(SORT)하시오.

3) 처리 조건에 **납세코드별**로 정리하라는 지시가 있으므로 **납세코드**를 선택한 후 > 를 클릭하여 그룹 수준을 지정하고 [다음]을 클릭합니다.

4) **같은 납세코드 안에서는 총자동차세의 오름차순**으로 정렬(SORT)해야 한다는 조건이 있으므로 첫 번째 필드를 **총자동차세**로 입력하고 오름차순으로 지정한 후 [요약 옵션]을 클릭합니다.

5) **자동차세, 지방교육세, 할인액, 총자동차세**의 합계
   와 평균에 □를 클릭하여 ✓체크한 후 [확인]을
   클릭합니다.

6) [다음]을 클릭하면 보고서 모양을 지정할 수 있는
   보고서 마법사가 나타나는데 기본 설정 그대로
   [다음]을 클릭합니다.

7) 보고서 제목은 [쿼리1]로 그대로 지정하고, [보고
   서 디자인 수정]을 선택한 후 [마침]을 클릭합니다.

☑ 필요 없는 컨트롤 삭제하기

1) [납세코드 바닥글]의 ="에 대한 요약"의 좌측 눈
   금선에서 마우스 커서가 ➡로 바뀌면 클릭합니
   다. Shift 를 누른 채 [페이지 바닥글]의 =NOW,
   =Page와 [보고서 바닥글]의 총합계 컨트롤을 선
   택하고 Delete 를 눌러 삭제합니다.

2) [페이지 머리글]의 납세코드도 선택한 후 Delete
   를 눌러 삭제합니다.

☑ 컨트롤 배치 및 속성 변경하기

1) [납세코드 바닥글]의 평균을 선택한 후 [보고서
   바닥글]로 드래그하여 내려줍니다.

2) [납세코드 머리글]의 납세코드를 [납세코드 바닥
   글]의 합계 좌측으로 드래그하여 내려줍니다.

3) [납세코드 머리글]과 [페이지 바닥글] 아래에서
   마우스 커서가 ✚로 변할 때 위로 드래그하여 높
   이를 끝까지 줄여줍니다. [납세코드 바닥글]의 합
   계 컨트롤도 위치를 위쪽으로 이동한 후 높이를
   줄여줍니다.

4) 각 컨트롤의 위치와 크기를 아래와 같이 변경합
   니다. [보고서 바닥글]의 평균을 **총평균**'으로 변
   경합니다.

※ [쿼리1] 탭에서 마우스 우클릭을 한 후 [레이아웃 보기]
   를 클릭해서 ####으로 나타나 있으면, 컨트롤의 너비
   를 조금 더 늘려주어야 합니다.

☑ 보고서 제목 및 서식 지정하기

1) [쿼리1] 글자를 드래그하여 블록 지정한 후 보고
   서 제목 **자동차세 납부 현황**을 입력합니다.

2) 제목의 바깥쪽 테두리를 선택한 후, 오른쪽 조절
   점에서 끝까지 드래그합니다.

3) 보고서 디자인 도구의 [서식] 탭에서 글자 크기를
   16pt로 입력하고, [가운데 맞춤☰]을 클릭합니다.

> **액세스 2007 버전**
> 폼 디자인 도구의 [디자인] 탭
>
> **액세스 2010 버전**
> 폼 디자인 도구의 [형식] 탭

4) 마우스 우클릭을 한 후 [레이아웃 보기]에서 각
   컨트롤의 위치와 정렬 등을 보고서의 출력 형태
   에 맞춰서 적당하게 조절합니다.

☑ 금액에 대한 수치 원화(₩)로 표시하기

※ 레이아웃 보기로 들어가면 원화(₩) 표시가 없는 컨트롤
   을 확인할 수 있습니다.

1) [본문]의 지방교육세, 할인액, [납세코드 바닥글]
   과 [보고서 바닥글]의 자동차세, 지방교육세, 할인
   액, 총자동차세의 합계와 평균을 Shift 를 이용하
   여 선택합니다.

2) [속성 시트]의 [형식] 탭에서 형식을 [통화]로 지
   정합니다.

✅ 컨트롤 글꼴 색 및 윤곽선 설정하기

1) 모든 컨트롤을 드래그하거나 단축키 Ctrl + A (모두 선택)를 눌러 선택해줍니다.
2) 보고서 디자인 도구의 [서식] 탭에서 [글꼴 색]을 [검정, 텍스트 1]로 지정하고, [도형 윤곽선]을 [투명]으로 지정합니다.

✅ 배경색 및 교차 행 색 설정하기

1) [보고서 머리글]을 선택한 후 보고서 디자인 도구의 [서식] 탭에서 [도형 채우기]를 [흰색, 배경 1]로 지정합니다.
2) [본문]을 클릭한 후 보고서 디자인 도구의 [서식] 탭에서 [교차 행 색]을 [색 없음]으로 지정합니다.
3) 마찬가지 방법으로 [납세코드 바닥글]을 클릭하여 [교차 행 색]을 [색 없음]으로 지정합니다.

✅ 선 삽입하기

1) 보고서 디자인 도구의 [디자인] 탭을 클릭한 후 [선╲]을 선택합니다. [페이지 머리글]의 좌측부터 Shift 를 누른 채 드래그하여 그려줍니다.
2) [페이지 머리글]의 위쪽에 그려준 선이 선택된 상태에서 Ctrl + C (복사)를 한 후 다시 Ctrl + V (붙여넣기)를 합니다.
3) 키보드의 아래 화살표(↓)를 눌러 복사된 선을 [페이지 머리글]의 아래쪽에 위치되도록 합니다.
4) [납세코드 바닥글]을 클릭한 후 Ctrl + V (붙여넣기)를 하면 [납세코드 바닥글] 위쪽에 선이 복사됩니다. 다시 한번 Ctrl + V (붙여넣기)를 한 후 아래 화살표(↓)를 눌러 [납세코드 바닥글]의 아래쪽에 위치시켜 줍니다.
5) [보고서 바닥글]을 클릭한 후 Ctrl + V (붙여넣기)를 하고 아래 화살표(↓)를 눌러 [보고서 바닥글]의 아래쪽에 위치시켜 줍니다.

✅ 레이아웃 보기에서 세부 설정하기

1) [쿼리1] 탭에서 마우스 우클릭을 한 후 [레이아웃 보기]를 클릭하여 보고서의 배치가 잘 되었는지 확인합니다.
2) 출력 형태를 보면서 위치와 크기를 조절해 줍니다.

6 인쇄 및 페이지 설정
✅ 인쇄 미리 보기 및 페이지 설정

1) [쿼리1] 탭에서 마우스 우클릭을 한 후 [인쇄 미리 보기]를 클릭합니다.
2) [인쇄 미리 보기] 탭에서 [페이지 설정]을 클릭합니다.
3) 위쪽 여백을 60으로 입력한 후 [확인]을 클릭합니다.
4) [인쇄 미리 보기 닫기]를 클릭하여 미리 보기를 닫아 준 후에 [파일]-[저장]을 클릭합니다. 우측 상단의 [닫기 X]를 클릭하여 액세스를 종료합니다.

| DB 조회화면 |

**납세코드가 BT 또는 ME로 시작하고 배기량이
1600을 초과하는 자동차세 납세자 현황**

납세코드	납세자	납부월	배기량	세액
ME003	문금란	9	1998	₩200
ME003	박희정	6	2497	₩200
BT002	김한나	7	3342	₩140

리스트박스 조회 시 작성된 SQL문

SELECT 테이블1.납세코드, 테이블1.납세자, 테이블1.납부월, 테이블1.배기량, 테이블2.세액
FROM 테이블1 INNER JOIN 테이블2 ON 테이블1.납세코드 = 테이블2.납세코드 WHERE
(((테이블1.납세코드) Like "BT*" Or (테이블1.납세코드) Like "ME*") AND ((테이블1.배기
량)>1600)) ORDER BY 테이블1.배기량;

| DB 보고서 |

자동차세 납부 현황

납세자	배기량	세액	자동차세	지방교육세	할인액	총자동차세
최은정	998	₩140	₩139,720	₩41,916	₩13,972	₩167,664
백승철	980	₩140	₩137,200	₩41,160	₩0	₩178,360
임현욱	1200	₩140	₩168,000	₩50,400	₩16,800	₩201,600
명연정	1598	₩140	₩223,720	₩67,116	₩22,372	₩268,464
김한나	3342	₩140	₩467,880	₩140,364	₩0	₩608,244
BT002 합계			₩1,136,520	₩340,956	₩53,144	₩1,424,332
류광환	998	₩80	₩79,840	₩23,952	₩7,984	₩95,808
김준하	1198	₩80	₩95,840	₩28,752	₩0	₩124,592
김승효	1598	₩80	₩127,840	₩38,352	₩12,784	₩153,408
주정현	1950	₩80	₩156,000	₩46,800	₩0	₩202,800
진용훈	1968	₩80	₩157,440	₩47,232	₩0	₩204,672
JKD01 합계			₩616,960	₩185,088	₩20,768	₩781,280
이연수	1020	₩200	₩204,000	₩61,200	₩0	₩265,200
박은미	1358	₩200	₩271,600	₩81,480	₩27,160	₩325,920
민현경	1598	₩200	₩319,600	₩95,880	₩0	₩415,480
문금란	1998	₩200	₩399,600	₩119,880	₩0	₩519,480
박희정	2497	₩200	₩499,400	₩149,820	₩49,940	₩599,280
ME003 합계			₩1,694,200	₩508,260	₩77,100	₩2,125,360
총평균			₩229,845	₩68,954	₩10,067	₩288,731

1 저장하기

1) [시작] ➡ [Microsoft Office] ➡ [Microsoft PowerPoint 2016]을 클릭하여 파워포인트를 실행합니다.
2) [파일]-[저장]-[찾아보기]를 클릭하면 저장 창이 나타납니다.
3) 저장 위치는 [바탕화면]-[비번호 폴더] 안에 시험위원이 지정해 준 파일명을 입력한 후 [확인]을 클릭합니다.

2 슬라이드 크기 변경하기

1) [디자인]-[슬라이드 크기]를 클릭한 후 [표준 4:3]으로 변경합니다.

3 레이아웃 변경하기

1) [홈] 탭-[레이아웃]에서 [빈 화면]을 클릭합니다.

4 새 슬라이드 만들기

1) 슬라이드 미리 보기 창의 슬라이드를 클릭한 후 Enter 를 눌러 빈 화면 새 슬라이드를 추가합니다.

> 제1 슬라이드

5 제목 만들기

1) [삽입]-[도형]-[모서리가 둥근 직사각형□]을 클릭한 후 드래그하여 그려줍니다.
2) [서식]-[도형 스타일]을 [색 윤곽선-검정, 어둡게 1개네]로 지정합니다.
3) 도형을 선택한 후 [서식]-[도형 효과]-[그림자]에서 [오프셋 대각선 오른쪽 아래]를 클릭합니다.
4) 그림자의 세부 설정을 하기 위해서 [서식]-[도형 효과]-[그림자]-[그림자 옵션]을 클릭합니다.
5) 투명도 : 0pt, 흐리게 : 0pt, 간격을 8pt로 입력합니다.

6) 도형을 선택하여 글자를 입력합니다(32pt, 굵게).

> ※ 파워포인트 2021 버전에서는 [서식] 탭 대신 [도형 서식] 탭을 사용합니다.

6 직사각형 삽입하기

1) [삽입]-[도형]-[직사각형□]을 클릭한 후 드래그하여 그려줍니다.
2) [서식]-[도형 스타일]을 [색 윤곽선-검정, 어둡게 1개네]로 지정합니다.
3) [서식]-[도형 윤곽선]-[두께]를 [3pt], [대시]를 [파선]으로 지정합니다.
4) 다시, [삽입]-[도형]-[직사각형□]을 클릭하고 드래그하여 그려준 후 [서식]-[도형 스타일]을 [색 윤곽선-검정, 어둡게 1개네]로 지정하고 글자를 입력합니다(18pt).

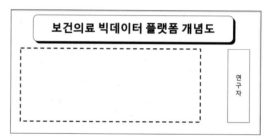

7 모서리가 둥근 직사각형 삽입하기

1) [삽입]-[도형]-[모서리가 둥근 직사각형□]을 클릭한 후 아래와 같이 그려줍니다.
2) [서식]-[도형 스타일]을 [색 윤곽선-검정, 어둡게 1개네]로 지정합니다.
3) Ctrl +드래그를 하여 도형을 복사한 후 도형의 크기를 조절합니다. 각 도형을 선택하여 글자를 입력합니다(18pt, 14pt).

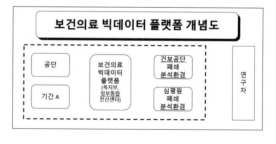

8 화살표 및 꺾인 화살표 연결선 삽입하기

1) [삽입]−[도형]−[화살표 \]와 [꺾인 화살표 연결선 ┐]을 클릭한 후 드래그하여 각각 그려줍니다.
2) 화살표를 Shift 를 이용하여 모두 선택한 후 [서식]−[도형 윤곽선]−[검정, 텍스트 1]로 지정합니다.
3) 다시, [서식]−[도형 윤곽선]−[두께]를 [2¼pt]로 지정합니다.

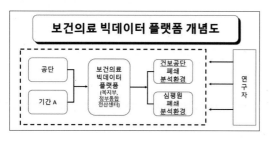

9 표 삽입&텍스트 상자 삽입하기

1) [삽입]−[표]−[표 삽입]을 클릭한 후 열2, 행6의 표를 만들어 줍니다.
2) 표 바깥쪽 테두리를 선택한 후 음영은 '흰색, 배경 1'로 지정하고, 테두리는 '모든 테두리'를 선택합니다.

3) 표의 크기를 조절한 후 아래와 같이 내용을 입력합니다.

1열	18pt, 굵게
2열	18pt

4) [삽입]−[텍스트 상자 ▤]를 클릭한 후 표 하단에 클릭하고 글자를 입력합니다.

일상 데이터	전자의무기록(EMR), 전자건강기록(EMR)
기기 기반 데이터	의료기기 및 환자 모니터링 장치
전송 데이터	의료비 지불, 건강보험 데이터
오믹스 데이터	유전체학, 단백질학, 대사체학 및 미생물학 임상 연구 데이터
인간 생성 데이터	웨어러블, 홈 모니터링 장치, 모바일 앱
웹/소셜 미디어	건강 포털, 의사 포털, SNS

<보건의료 빅데이터의 종류>

제2 슬라이드

10 제목 만들기

1) [삽입]−[텍스트 상자 ▤]를 클릭한 후 슬라이드 상단에 클릭하고 글자를 입력합니다(굴림, 36pt, 굵게).

11 그림자가 있는 직사각형 삽입하기

1) [삽입]−[도형]−[직사각형 □]을 클릭한 후 아래와 같이 그려줍니다.
2) [서식]−[도형 스타일]을 [색 윤곽선 − 검정, 어둡게 1 가나다]로 지정합니다.
3) 도형을 선택한 후 [서식]−[도형 효과]−[그림자]에서 [오프셋 대각선 오른쪽 아래]를 클릭합니다.
4) 그림자의 세부 설정을 하기 위해서 [서식]−[도형 효과]−[그림자]−[그림자 옵션]을 클릭합니다.
5) 투명도 : 0pt, 흐리게 : 0pt, 간격을 5pt로 입력합니다.
6) Ctrl + Shift +드래그 또는 Ctrl +드래그하여 복사한 후 도형을 선택하여 글자를 입력합니다.

첫 줄	16pt, 굵게
둘째 줄	14pt

⑫ 화살표 및 꺾인 화살표 연결선 삽입하기

1) [삽입]-[도형]-[화살표 ⬊]와 [꺾인 화살표 연결선 ⬎]을 클릭한 후 드래그하여 각각 그려줍니다.
2) 화살표를 Shift 를 이용하여 모두 선택한 후 [서식]-[도형 윤곽선]-[검정, 텍스트 1]로 지정합니다.
3) 다시, [서식]-[도형 윤곽선]-[두께]를 [1½pt]로 지정합니다.

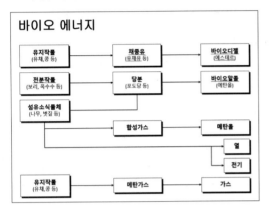

⑬ 텍스트 상자 삽입하기

1) [삽입]-[텍스트 상자 🔡]를 클릭한 후 슬라이드에 클릭하고 글자를 입력합니다(굴림, 굵게, 14pt).
2) Ctrl +드래그하여 복사한 후 글자 내용을 변경합니다.

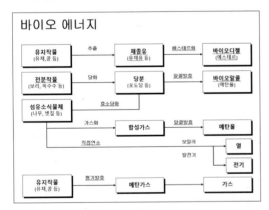

⑭ 날짜와 페이지 번호 제거하기

1) [보기]-[유인물 마스터]를 클릭합니다.
2) [유인물 마스터]에서 **날짜**와 **페이지 번호** 체크를 해제한 후 [마스터 보기 닫기]를 클릭합니다.

⑮ 페이지 설정 및 인쇄

1) [파일]-[인쇄]에서 슬라이드 설정을 [2슬라이드]와 고품질로 지정한 후 [인쇄]를 클릭합니다.

| 인쇄 미리 보기 |

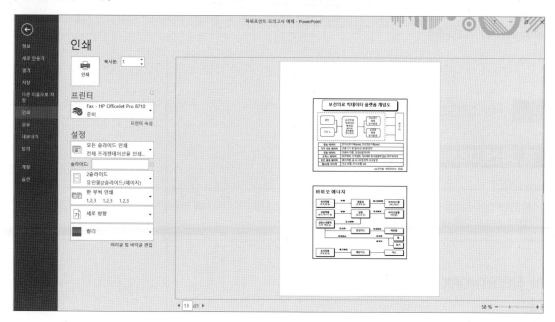

표 계산(DBMS) 작업

시대인 극장에서 2022년 6월 뮤지컬 예매현황을 분석하고자 한다. 다음 자료(DATA)를 이용하여 작성 조건에 따라 작업표와 그래프를 작성하고, 그 인쇄 출력물을 제출하시오.

가. 작업표(WORK SHEET) 작성

1) 자료(DATA)

뮤지컬 공연 자료

(단위: 천원)

열 행	B	C	E	F	H
4	공연코드	공연명	공연일	좌석	예매수량
5	S-AF1	웃는 남자	2022-06-01	R석	356
6	B-AJ5	데스노트	2022-06-05	S석	241
7	D-UJ6	아이다	2022-06-05	R석	250
8	B-RF6	블루헬멧	2022-06-12	A석	150
9	S-TG2	마타하리	2022-06-09	VIP석	310
10	B-OK9	프에르자 부르타	2022-06-08	A석	250
11	D-IJ5	유진과 유진	2022-06-09	VIP석	330
12	S-TB4	베어 더 뮤지컬	2022-06-19	S석	420
13	S-VF3	킹키부츠	2022-06-14	VIP석	320
14	D-GB3	빨래	2022-06-20	R석	360
15	B-XS4	팬레터	2022-06-25	R석	320
16	D-TB7	모래시계	2022-06-08	S석	260
17	S-WS8	차미	2022-06-13	VIP석	190
18	B-QF2	미아 파밀리아	2022-06-25	A석	155
19	S-KM1	번지점프	2022-06-28	R석	170
20	D-UY9	넥스트 투 노멀	2022-06-21	S석	320
21	B-RF5	시의 찬미	2022-06-09	A석	138
22	D-SX4	지킬앤하이드	2022-06-28	R석	500
23	S-EF3	니진스키	2022-06-03	VIP석	370

2) 작업표 형식

뮤지컬 예매현황

열 \ 행	B	C	D	F	G	I	J	K
4	공연코드	공연명	공연지역	좌석	관람료	총금액	관람평가	예매시작일
5 . 23	–	–	①	–	②	③	④	⑤
24	평균				⑥	⑥		
25	서울 또는 대구의 총금액의 합					⑦		
26	⑧							
27	공연코드가 D로 시작하면서 R석 또는 VIP의 합				⑨	⑨		
28	공연지역이 부산이고 A석인 합				⑩	⑩		
29	관람총액이 45,000,000 이상 60,000,000 미만인 합				⑪	⑪		
30	⑫							

3) 작성 조건

가) 작성 시 유의 사항

 Ⓐ 작업표의 작성은 "나)~라)" 항에 제시된 내용을 따르고 반드시 제시된 조건(함수 적용, 기재된 단서 조항 등)에 따라 처리하시오.

 Ⓑ **제시된 작성 조건을 따르지 아니하고 여타의 방법 일체**(제시된 함수 이외 다른 함수 적용, 함수 미적용, 별도 전자계산기 사용 등)를 사용하여 도출된 결과는 그 답이 맞더라도 **정답으로 인정되지 않음**을 반드시 유의하시오.

 Ⓒ 작업표상 텍스트 레이블과 작성 조건이 서로 다를 경우에는 **작성 조건을 기준**으로 수정하여 작업하시오.

나) 작업표의 구성 및 서식

 Ⓐ **"작업표 형식"에서 행과 열에 관계된 음영 처리 표시된 부분은 작성하지 않음을 유의하고 반드시 제시된 행/열에 맞추도록 하시오.**

 Ⓑ 제목서식 : 폰트는 16 포인트 크기로 하고 가운데 정렬합니다.

 Ⓒ 글꼴 및 크기 : 이외 기타 글꼴 및 크기는 임의 선정하시오.

다) 원문자가 표시된 셀은 아래의 방법을 이용하여 처리하시오.

    ① 공연지역 : 공연코드 첫 글자가 S이면 서울, 공연코드 첫 글자가 B이면 부산, 공연코드 첫 글자가 D이면 대구를 표시하시오.

    ② 관람료 : 좌석이 VIP석이면 150000, R석이면 130000, S석이면 100000, A석이면 80000을 표시하시오.

    ③ 총금액 : 관람료×예매수량

    ④ 관람평가 : 예매수량이 300 이상이면 "우수공연" 그렇지 않으면 빈 셀을 표시하시오.

    ⑤ 예매시작일 : 공연일의 7일 전

    ⑥ 평균 : 각 항목별 평균 산출

    ⑦ 서울 또는 대구의 총금액의 합계를 산출하시오.

      (단, 반드시 SUMPRODUCT, ISNUMBER, FIND 함수 사용)

    ⑧ "⑦"에 사용된 수식을 기재하시오.

    ⑨ 공연코드가 D로 시작하면서 "R석" 또는 "VIP석"인 관람료와 총금액의 합계를 각각 산출하시오.

      (단, SUMPRODUCT 함수 사용)

    ⑩ 공연지역이 부산이고 A석인 관람료와 총금액의 합계를 각각 산출하시오.

      (단, SUMPRODUCT 함수 사용)

    ⑪ 총금액이 45,000,000 이상 60,000,000 미만인 관람료, 총금액의 합을 각각 산출하시오.

      (단, SUMIFS 함수 사용)

    ⑫ "⑪"에 사용된 수식을 기재하시오(단, 총금액을 기준으로).

> ※ 함수식을 기재하는 셀과 연관된 지정함수조건(함수 지정)이 있을 경우 **제시된 함수만을 사용해 함수식을 구성 및 작업**하여야 하며, 작성 조건을 위배하여 임의로 작성할 시 해당 답이 맞더라도 틀린 항목으로 채점됨을 유의하십시오. 만약, 구체적인 함수가 제시되지 않을 경우 수험자가 **스스로 적합한 함수**를 선정하여 작업하시오.
> ※ 또한 함수식을 작성할 때는 라) 정렬순서(SORT)에 따라 조건에 맞게 **정렬 후 도출된 결과**에 의한 함수식을 기재하시오.

라) 작업표의 정렬순서(SORT)는 관람평가를 내림차순으로 정렬하고, 같은 관람평가 안에서는 공연지역의 오름차순으로 정렬한다.

마) 기타

    (1) 금액에 대한 수치는 원화(₩) 표시를 하고 천 단위마다 ','(Comma)를 표시하시오.

      (단, 금액 이외의 수치는 ','(Comma)를 표시하지 않도록 하시오)

    (2) 모든 수치(숫자, 통화, 회계, 백분율 등)는 셀 서식의 속성을 설정하는 과정에서 소수 자릿수를 "0"으로 지정하여 정수로 표시토록 하시오.

    (3) 음수는 "-"가 표시되도록 하시오.

    (4) 숫자 셀은 우측을 수직으로 맞추고, 문자 셀은 수평중앙으로 맞추며 이외 사항은 작업표 형식에 따른다. 특히, 인쇄출력 시 판독 불가능이 발생되지 않도록 인쇄 미리 보기 등을 통하여 셀의 크기를 적당히 조정하시오.

나. 그래프(GRAPH) 작성

작성한 작업표에서 관람평가가 우수공연인 공연명별 관람료와 총금액을 나타내는 그래프를 작성하시오.

작성 조건

1) 그래프 형태 : 이중축 혼합형 그래프

　관람료(묶은 세로 막대형), 총금액(데이터 표식이 있는 꺾은선형)

　(단, 총금액만 데이터 레이블의 값이 표시된 혼합형 단일축 그래프로 하시오)

　(단, 총금액을 보조축으로 지정하시오)

2) 그래프 제목 : 뮤지컬 예매현황 ―――― (확대 출력, 글꼴 서체 임의)

3) X축 제목 : 공연명

4) Y축 제목 : 공연료

5) X축 항목 단위 : 해당 문자열

6) Y축 눈금 단위 : 임의

7) 범례 : 관람료, 총금액

8) 출력물 크기 : A4 용지 1/2장 범위 내

9) 기타 : 작성 조건에 없는 형식이나 모양은 기본 설정값에 따르며, 그래프 너비는 작업표에 맞추도록 하시오.

※ 그래프는 반드시 작성된 작업표와 연동하여 작업하여야 하며, 그래프의 영역(범위) 설정 오류로 인한 불이익은 전적으로 수험자 본인에게 있습니다.

자료처리(DBMS) 작업

병원 진료 현황을 전산화하려고 한다. 다음의 입력자료를 이용하여 DB를 설계하고 작성 조건에 따라 처리파일을 작성하고, 그 인쇄 출력물을 제출하시오.

가. 자료처리(DBMS) 작업 작성 조건

1) 자료처리(DBMS)작업은 조회화면(SCREEN) 설계와 자료처리보고서의 2가지 작업을 수행하여 그 결과물을 인쇄용지(A4) 기준 각 1장씩 총 2장을 제출하여야 채점 대상이 됨을 유의하시오.

2) 반드시 인쇄작업 수행 전 미리 보기 등을 통해 여백을 조정하고, 수치, 문자 등 구성요소가 누락되지 않도록 주의하시오. **구성요소가 누락되어 인쇄되지 않은 결과로 인한 모든 책임은 전적으로 수험자 본인에게 있음**을 반드시 유의하시오.

3) 문제지에 기재된 작성 조건에 따라 처리하고, 조회화면 및 자료처리보고서의 **서식이 작성 조건과 상이할 경우에는 시험위원의 지시에 따라 작업하시오.**

나. 입력자료

병원 진료 현황

구분	환자코드	환자이름	기본진찰료
병원	N003	고미경	11,700
종합병원	N003	진윤수	13,520
병원	F001	주은혜	16,140
의원	R002	김선미	16,480
종합병원	R002	현혜란	17,960
종합병원	F001	이미영	16,140
병원	N003	박경민	11,700
의원	F001	고현우	16,480
의원	N003	유현아	11,780
병원	R002	정수정	11,780
종합병원	F001	김선분	17,960
의원	R002	박부선	11,780

진료과 코드표

환자코드	진료
F001	초진
R002	재진
N003	심야

다. 조회화면(SCREEN) 설계

※ 다음 조건에 따라 환자코드가 F나 R로 시작하면서 "종합병원"인 현황을 조회할 수 있는 화면을 설계하고 해당 데이터를 출력하시오.

1) 해당 현황은 목록 상자(리스트박스)에서 기본진찰료의 오름차순으로 출력하고, 화면 아래에 조회 시 작성한 SQL문을 복사하시오.
   - WHERE 조건절에 환자코드, 구분 반드시 포함
   - INNER JOIN, LIKE, ORDER BY 구문 반드시 포함
   ※ SQL문에 상기 내용 미포함 시 SQL 작성 부분 0점 처리

2) 리스트박스 조회 시 작성된 SQL문이 작성되지 않을 경우에는 "**다. 조회화면(SCREEN) 설계**" 과제가 0점 처리됨을 반드시 유의하시오.

3) 목록 상자에 표시되어야 할 필수적인 필드명은 다음과 같습니다.
   - 환자코드, 구분, 환자이름, 진료, 기본진찰료

4) 폼 서식에 제반되는 폰트, 점선 등은 아래 [조회화면 서식]에 보이는 대로 기재하시오.

5) 기타 사항은 "**라. 자료처리 파일(FILE) 작성**"의 [기타 조건]을 따르시오.

[조회화면 서식]

환자코드가 F나 R로 시작하면서
종합병원인 현황

환자코드	구분	환자이름	진료	기본진찰료

리스트박스 조회 시 작성된 SQL문

라. 자료처리 파일(FILE) 작성

※ 다음 조건에 따라 아래 양식과 같이 작성하시오.

처리 조건

1) 구분(병원, 의원, 종합병원)으로 정리한 후 같은 종류 안에서는 총진찰료의 오름차순으로 정렬(SORT)하시오.

2) 외래관리료는 진료에 따라 다르게 적용한다.
   (초진은 16,900원, 재진은 12,000원, 심야는 15,000원)

3) **추가진찰료** : 구분이 종합병원이면 5,000원, 병원이면 3,000원, 의원이면 2,000원

4) **총진찰료** = 기본진찰료+외래관리료+추가진찰료

5) **합계** : 각 기본진찰료, 외래관리료, 추가진찰료, 총진찰료의 합 산출

6) **총평균** : 기본진찰료, 외래관리료, 추가진찰료, 총진찰료의 전체 평균 산출

기타 조건

1) 조회화면 및 보고서의 제목은 16 정도의 임의 서체로 하시오.

2) 금액에 대한 수치는 원화(₩) 표시를 하고 천 단위마다 ','(Comma)를 표시하시오.
   (단, 금액 이외의 수치는 ','(Comma)를 표시하지 않도록 하시오)

3) 모든 수치(숫자, 통화, 백분율 등)는 컨트롤의 속성을 설정하는 과정에서 소수 자릿수를 "0"으로 지정하여 정수로 표시하시오.

4) 데이터의 열과 간격은 일정하게 맞추도록 하시오.

병원 진료 현황

환자코드	환자이름	진료	기본진찰료	외래관리료	추가진찰료	총진찰료
XXXX	XXXX	XXXX	₩XXXX	₩XXXX	₩XXXX	XXXX
–	–	–	–	–	–	–
	병원 합계		₩XXXX	₩XXXX	₩XXXX	₩XXXX
–	–	–	–	–	–	–
	의원 합계		₩XXXX	₩XXXX	₩XXXX	₩XXXX
–	–	–	–	–	–	–
	종합병원 합계		₩XXXX	₩XXXX	₩XXXX	₩XXXX
	총평균		₩XXXX	₩XXXX	₩XXXX	₩XXXX

시상(PT) 작업

주어진 2개의 슬라이드를 슬라이드 작성 조건에 따라 작업하여 인쇄합니다.

※ 슬라이드 작성 조건

1) 각 슬라이드를 문제의 **슬라이드 원안**과 같이 인쇄하여 제출합니다.

   (특히 글자, 음영, 그림자, 도형 등 인쇄된 내용 그대로 작업함을 유의하시오)

2) "주1)" 등 특수한 속성 지정이 되어 있는 경우 지시에 따라 작성하시오.

3) 글꼴은 문제 원안과 같거나 유사한 형태로 작업합니다.

4) 글자, 그림 및 도형 등의 크기와 모양은 문제 원안과 같거나 유사한 형태로 작업합니다.

5) 모든 글씨, 선 등은 흑백(그레이스케일)으로 작업하되, 글상자, 그림 및 도형 등에서 색 채우기가 있는 경우 색 채우기는 회색 40% 정도, 투명도 0%를 기준으로 작업합니다.

6) 각 슬라이드는 원안과 같이 **외곽선 테두리가 인쇄**되도록 인쇄합니다.

7) 각 슬라이드 크기는 A4 용지의 1/2 범위 내에 인쇄가 가능한 크기가 되도록 조정하여, 슬라이드 2개를 A4 용지 1매 안에 모두 인쇄합니다.

8) 비번호, 수험번호, 성명, 페이지 번호 등은 반드시 자필로 기재합니다.

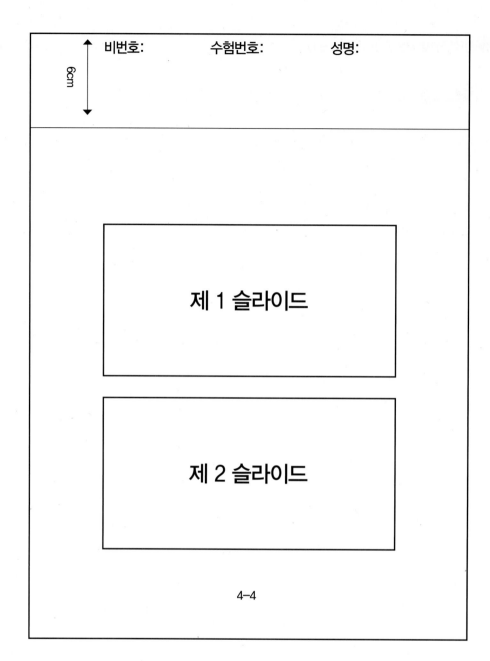

<제1 슬라이드>

웨어러블 디바이스(Wearable Device)

1세대 웨어러블 컴퓨터	2세대 웨어러블 액세서리	3세대 웨어러블 디바이스	4세대 Wearing IT-self
단독형 컴퓨팅장치	착용형 소형기기	부착형/직물일체형	생체 이식형
휴대폰, PDA/휴대용 게임기	스마트 안경/시계, 목걸이, 팔찌 착용형기기	직물/의류일체형, 신청 부착형 센서 및 장치	이식형 생체 센서, 특수 임수 착용형 장치
휴대폰	스마트 시계	신체부착 디스플레이	이식형 생체센서

❖ **웨어러블 디바이스(Wearable Device) 발전과정**
  – 1980년대부터 프로토타입의 등장으로 입출력장치와
    컴퓨팅 기능이 도입되어 주로 군사용이나 학술연구용으로 기술 개발이 진행됨
  – 1990년대 이후부터는 유비쿼터스 컴퓨팅의 등장과 기기의 경량화 소형화로
    산업에 적용이 가능해짐

<제2 슬라이드>

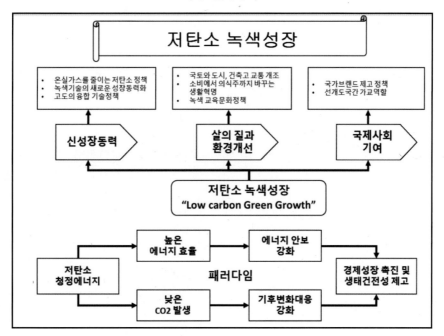

1 저장하기

1) [파일]-[저장]-[찾아보기]를 클릭하여, 바탕화면의 본인의 [비번호 폴더] 안에 시험위원이 지정해 준 파일명으로 저장합니다.

2 작업표 작성 및 병합하기

1) 자료(DATA)와 작업표 형식을 보고 아래와 같이 데이터를 입력합니다.

2) B1:K1셀까지 드래그하여 블록 지정한 후 Ctrl 을 계속 누른 채 B24:F24, B25:H25, B26:K26, B27:F27, B28:F28, B29:F29, B30:K30, J27:K29, J24:K25셀을 드래그하여 선택합니다.

3) [홈] 탭에 맞춤 그룹의 [병합하고 가운데 맞춤]을 클릭하여 병합시켜 줍니다.

※ 셀 안에 줄 바꿈은 Alt + Enter 를 누릅니다.

3 조건 문제 풀이

❶ 공연지역 : 공연코드 첫 글자가 S이면 서울, 공연코드 첫 글자가 B이면 부산, 공연코드 첫 글자가 D이면 대구를 표시하시오.

공식	=IF(조건1,참1,IF(조건2,참2,거짓)) =LEFT(문자열,문자의 개수)
함수식(D5)	=IF(LEFT(B5,1)="S","서울", IF(LEFT(B5,1)="B","부산","대구"))
설명	• **조건1** : 공연코드(B5)의 왼쪽에서 첫 글자가 "S"이면 • **참1** : "서울"이라는 값을 나타내고 • **조건2** : 공연코드(B5)의 왼쪽에서 첫 글자가 "B"이면 • **참2** : "부산"이라는 값을 나타내고 • **거짓** : 조건1도 조건2도 만족하지 않으면 "대구"라는 값을 나타냅니다.

◑ D5셀에서 채우기 핸들을 드래그하여 D23셀까지 채워줍니다.

❷ 관람표 : 좌석이 VIP석이면 150000, R석이면 130000, S석이면 100000, A석이면 80000을 표시하시오.

공식	=IF(조건1,참1,IF(조건2,참2,IF(조건3,참3,거짓)))
함수식(G5)	=IF(F5="VIP석",150000,IF(F5="R석",130000,IF(F5="S석",100000,80000)))
설명	• **조건1** : 좌석(F5)의 값이 "VIP석"이면 • **참1** : 150000을 나타내고 • **조건2** : 좌석(F5)의 값이 "R석"이면 • **참2** : 130000을 나타내고 • **조건3** : 좌석(F5)의 값이 "S석"이면 • **참3** : 100000을 나타내고 • **거짓** : 조건1도 조건2도 조건3도 만족하지 않으면 80000을 나타냅니다.

◑ G5셀에서 채우기 핸들을 드래그하여 G23셀까지 채워줍니다.

❸ 총금액 : 관람료×예매수량

함수식(I5)	=G5*H5
설명	관람료(G5)와 예매수량(H5)을 곱한 값을 나타냅니다.

❹ 관람평가 : 예매수량이 300 이상이면 "우수공연" 그렇지 않으면 빈 셀을 표시하시오.

공식	=IF(조건,참,거짓)
함수식(J5)	=IF(H5>=300,"우수공연","")
설명	• **조건** : 예매수량(H5)이 300보다 크거나 같으면 • **참** : "우수공연"이라는 값을 나타내고 • **거짓** : 조건을 만족하지 않으면 빈 셀을 나타냅니다.

❺ 예매시작일 : 공연일의 7일 전

함수식(K5)	=E5-7
설명	공연일(E5)의 날짜값에서 7을 뺀 날짜를 나타냅니다.

◑ I5:K5셀까지 드래그하여 블록 지정한 후 K5셀의 채우기 핸들을 끌어서 K23셀까지 채워줍니다.

❻ 평균 : 각 항목별 평균 산출

공식	=AVERAGE(범위)
함수식(G24)	=AVERAGE(G5:G23)
설명	관람료(G5:G23)의 평균 금액을 구합니다.

◑ G24셀의 채우기 핸들을 드래그하여 I24셀까지 채워줍니다.

❼ 서울 또는 대구의 총금액의 합계를 산출하시오 (단, 반드시 SUMPRODUCT, ISNUMBER, FIND 함수 사용).

공식	=SUMPRODUCT(배열1,배열2....)
함수식(I25)	=SUMPRODUCT(ISNUMBER(FIND("서울",D5:D23))+ISNUMBER(FIND("대구",D5:D23)),I5:I23)
설명	공연지역(D5:D23)이 "서울"이거나 또는 (OR+) 공연지역(D5:D23)이 "대구"가 포함된 값을 찾아서 둘 중 하나라도 만족하면 대응하는 총금액(I5:I23)끼리 곱하고 곱한 값의 합계를 구합니다.

❽ "❼"에 사용된 수식을 기재하시오.

1) I25셀을 선택한 후 수식 입력줄에 있는 수식 전체를 드래그하여 블록을 지정합니다.
2) 마우스 우클릭을 한 후 [복사] 또는 Ctrl + C (복사)한 다음 Enter 를 누릅니다.
3) 병합된 B26셀을 클릭해서 작은따옴표(')를 입력한 다음 Ctrl + V (붙여넣기) 또는 마우스 우클릭을 한 후 [붙여넣기]를 클릭하고 Enter 를 누릅니다(※ 수식 입력줄을 클릭한 후 붙여넣기를 해도 됩니다).

---

❾ 공연코드가 D로 시작하면서 "R석" 또는 "VIP석"인 관람료와 총금액의 합계를 각각 산출하시오(단, SUMPRODUCT 함수 사용).

공식	=SUMPRODUCT(배열1,배열2....)
함수식(G27)	=SUMPRODUCT((LEFT($B$5:$B$23,1)="D")*(($F$5:$F$23="R석")+($F$5:$F$23="VIP석")),G5:G23)
설명	공연코드(B5:B23)의 첫 글자가 "D"이고 (AND*) 좌석(F5:F23)이 "R석" 또는 (OR+) "VIP석"이 포함된 값을 찾아서 대응하는 관람료(G5:G23)끼리 곱하고 곱한 값의 합계를 구합니다.

◑ G27셀의 채우기 핸들을 드래그하여 I27셀까지 채워줍니다.

---

❿ 공연지역이 부산이고 A석인 관람료와 총금액의 합계를 각각 산출하시오(단, SUMPRODUCT 함수 사용).

공식	=SUMPRODUCT(배열1,배열2....)
함수식(G28)	=SUMPRODUCT(($D$5:$D$23="부산")*($F$5:$F$23="A석"),G5:G23)
설명	공연지역(B5:B23)이 "부산"이고 (AND*) 좌석(F5:F23)이 "A석"이 포함된 값을 찾아서 둘 다 모두 만족하면 대응하는 관람료(G5:G23)끼리 곱하고 곱한 값의 합계를 구합니다.

◑ G28셀의 채우기 핸들을 드래그하여 I28셀까지 채워줍니다.

⓫ 총금액이 45,000,000 이상 60,000,000 미만인 관람료, 총금액의 합을 각각 산출하시오(단, SUMIFS 함수 사용).

공식	=SUMIFS(합계범위,조건범위1,"조건1",조건범위2,"조건2")
함수식(G29)	=SUMIFS(G5:G23,$I$5:$I$23,">=45000000",$I$5:$I$23,"<60000000")
설명	• **합계범위** : 2개의 조건을 모두 만족하는 관람료의 합계를 구해야 하므로 합계범위는 G5:G23입니다. • **조건범위1&조건1** : 총금액(I5:I23) 중에서 첫 번째 조건인 ">=45000000"을 만족하고 (그리고) • **조건범위2&조건2** : 총금액(I5:I23) 중에서 두 번째 조건인 "<60000000"을 만족하는 '관람료'의 합계를 구해라.

◑ G29셀의 채우기 핸들을 드래그하여 I29셀까지 채워줍니다.

⓬ 작성 조건 ⓫에 사용된 수식을 기재하시오(단, 총금액을 기준으로).

1) I29셀을 선택한 후 수식 입력줄에 있는 수식 전체를 드래그하여 블록을 지정합니다.
2) 마우스 우클릭을 한 후 [복사] 또는 Ctrl + C (복사)한 다음 Enter 를 누릅니다.
3) 병합된 B30셀을 클릭해서 작은따옴표(')를 입력한 다음 Ctrl + V (붙여넣기) 또는 마우스 우클릭을 한 후 [붙여넣기]를 클릭하고 Enter 를 누릅니다(※ 수식 입력줄을 클릭한 후 붙여넣기를 해도 됩니다).

4 정렬하기

> 라) 작업표의 정렬순서(SORT)는 관람평가를 내림
> 차순으로 정렬하고, 같은 관람평가 안에서는 공
> 연지역의 오름차순으로 정렬하시오.

1) 정렬을 하기 위해서 B4:K23셀까지 블록을 지정
한 후에 [데이터] 탭의 [정렬]을 클릭합니다.
2) 첫 번째 정렬 기준은 "관람평가"로 선택하고 정
렬을 "내림차순 정렬"로 지정한 후 [기준 추가]를
클릭합니다.
3) 새로운 기준이 만들어졌으면 새로운 정렬 기준을
"공연지역"으로 선택하고 정렬을 "오름차순 정
렬"로 지정한 후 [확인]을 클릭합니다.

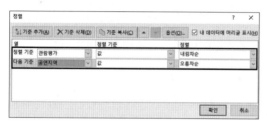

5 기타 조건

> (1) 금액에 대한 수치는 원화(₩) 표시를 하고 천 단
> 위마다 ','(Comma)를 표시하시오.
> (2) 모든 수치(숫자, 통화, 회계, 백분율 등)는 셀 서
> 식의 속성을 설정하는 과정에서 소수 자릿수를
> "0"으로 지정하여 정수로 표시토록 하시오.
> (3) 음수는 "−"가 표시되도록 하시오.
> (4) 숫자 셀은 우측을 수직으로 맞추고, 문자 셀은
> 수평중앙으로 맞추며 이외 사항은 작업표 형식
> 에 따르도록 하시오. 특히, 인쇄출력 시 판독 불
> 가능이 발생되지 않도록 인쇄 미리 보기 등을
> 통하여 셀의 크기를 적당히 조정하시오.

1) 금액이 있는 G5:G24셀을 드래그한 후 [Ctrl]을
누른 상태에서 I5:I25, G27:G29, I27:I29셀을
선택합니다.

2) [홈] 탭의 표시 형식 그룹에서 [회계 표시 형식]을
클릭합니다.

3) 문자 셀을 수평 중앙으로 맞추기 위해서
B4:F23, G4:K4, J5:K23셀을 [Ctrl]을 이용하여
선택한 후 [가운데 맞춤 ≡]을 클릭합니다.
4) 금액이 ####으로 표시되면 열 너비를 적당하게
늘려줍니다.

6 열 숨기기

1) A열을 선택한 후 [Ctrl]을 누른 채 E열과 H열을
선택하고 마우스 우클릭을 한 후 [숨기기]를 클릭
합니다. 복사한 수식이 잘 보이지 않으면 열 너비
를 적당히 늘려줍니다.

7 제목 서식 변경하기

1) 병합된 B1:K1셀을 선택한 후 [홈] 탭에서 글자
크기를 16pt로 입력합니다.

8 테두리 지정하기

1) B4:K30셀까지 드래그하여 블록 지정한 후 [홈]
탭의 글꼴 그룹에서 테두리를 [모든 테두리 ⊞]
로 선택합니다.
2) 다시, B5:K23셀까지 드래그하여 블록 지정합니
다. [Ctrl]+[1](셀 서식)의 [테두리] 탭에서 스타
일을 [없음]으로 지정하고 [중간 가로선 ⊞]을 선
택한 후 [확인]을 클릭합니다.
3) 병합된 J24:K25, J27:K29셀을 선택한 후 셀 서
식의 [테두리] 탭에서 스타일을 [실선]으로 지정
하고 [양쪽 대각선]을 선택한 후 [확인]을 클릭합
니다.

9 그래프(GRAPH) 작성

나. 그래프(GRAPH) 작성
작성한 작업표에서 관람평가가 우수공연인 공연명별 관람료와 총금액을 나타내는 그래프를 작성하시오.

[작성 조건]
1) 그래프 형태 : 이중축 혼합형 그래프
    관람료(묶은 세로 막대형), 총금액(데이터 표식이 있는 꺾은선형)
    (단, 총금액만 데이터 레이블의 값이 표시된 혼합형 단일축 그래프로 하시오)
    (단, 총금액을 보조축으로 지정하시오)
2) 그래프 제목 : 뮤지컬 예매현황 ---- (확대 출력, 글꼴 서체 임의)
3) X축 제목 : 공연명
4) Y축 제목 : 공연료
5) X축 항목 단위 : 해당 문자열
6) Y축 눈금 단위 : 임의
7) 범례 : 관람료, 총금액
8) 출력물 크기 : A4 용지 1/2장 범위 내
9) 기타 : 작성 조건에 없는 형식이나 모양은 기본 설정값에 따르며, 그래프 너비는 작업표에 맞추도록 하시오.

☑ 차트 만들기

1) C4:C14, G4:I14셀을 [Ctrl]을 누른 채 선택합니다.

	B	C	D	E	F	G	H	I	J	K
1				뮤지컬 예매현황						
2										
3										
4	공연코드	공연명	공연지역	좌석	관람료		총금액		관람평가	예매시작일
5	D-IJ5	유진과 유진	대구	VIP석	₩ 150,000	₩	49,500,000		우수공연	2022-06-02
6	D-GB3	빨래	대구	R석	₩ 130,000	₩	46,800,000		우수공연	2022-06-13
7	D-UY9	넥스트 투 노멀	대구	S석	₩ 100,000	₩	32,000,000		우수공연	2022-06-14
8	D-SX4	지킬앤하이드	대구	R석	₩ 130,000	₩	65,000,000		우수공연	2022-06-22
9	B-XS4	캔퍼러	부산	R석	₩ 130,000	₩	41,600,000		우수공연	2022-06-18
10	S-AF1	웃는 남자	서울	R석	₩ 130,000	₩	46,280,000		우수공연	2022-05-25
11	S-TG2	마타하리	서울	VIP석	₩ 150,000	₩	46,500,000		우수공연	2022-06-02
12	S-TB4	베어 더 뮤지컬	서울	S석	₩ 100,000	₩	42,000,000		우수공연	2022-06-05
13	S-VF3	킹키부츠	서울	VIP석	₩ 150,000	₩	48,000,000		우수공연	2022-06-07
14	S-EF3	니진스키	서울	VIP석	₩ 150,000	₩	55,500,000		우수공연	2022-05-27
15	D-UJ6	아이다	대구	R석	₩ 130,000	₩	32,500,000			2022-05-25
16	D-TB7	모래시계	대구	S석	₩ 100,000	₩	26,000,000			2022-06-01
17	B-AJ5	데스노트	부산	S석	₩ 100,000	₩	24,100,000			2022-05-29
18	B-RF6	블루헬멧	부산	A석	₩ 80,000	₩	12,000,000			2022-06-01
19	B-OK9	프에르자 부르타	부산	A석	₩ 80,000	₩	20,000,000			2022-06-01

2) 그래프를 만들기 위해 [삽입]−[세로 또는 가로 막대형 차트 삽입 ▮▮▾]−[묶은 세로 막대형 ▮▮]을 클릭합니다.

엑셀 2010 버전
[삽입]−[세로 막대형]−[묶은 세로 막대형]

3) 만들어진 그래프를 작업표 하단으로 드래그하여 이동해 줍니다. 이때 차트의 왼쪽 모서리가 B32셀에 위치하도록 이동합니다.
4) 차트의 조절점을 이용하여 상단의 작업표의 열 너비인 K열까지 크기를 늘려줍니다. 차트의 높이는 적당하게 조절하여 줍니다.

☑ 차트 종류 변경하기

1) 총금액 계열만 선택하고 마우스 우클릭을 한 후 [계열 차트 종류 변경]을 클릭합니다.
2) 좌측 [콤보]가 선택된 상태에서 총금액 계열의 차트 종류를 [표식이 있는 꺾은선형]으로 선택하고 **보조축을 선택**한 후 [확인]을 클릭합니다.

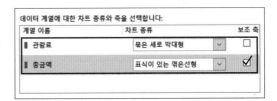

데이터 계열에 대한 차트 종류와 축을 선택합니다:

계열 이름	차트 종류	보조 축
관람료	묶은 세로 막대형	☐
총금액	표식이 있는 꺾은선형	☑

엑셀 2010 버전
마우스 우클릭을 한 후 [계열 차트 종류 변경]을 클릭합니다. 좌측의 [꺾은선형]을 선택한 후 [표식이 있는 꺾은선형]을 클릭합니다.

엑셀 2010 버전(보조축)
마우스 우클릭을 한 후 [데이터 계열 서식]에서 [보조축]을 선택합니다.

☑ 레이블값 표시하기

1) 총금액 계열의 막대를 클릭하고 마우스 우클릭을 한 후 [데이터 레이블 추가]-[데이터 레이블 추가]를 클릭합니다

> **엑셀 2010 버전**
> 마우스 우클릭 후 [데이터 레이블 추가]

☑ 그래프 제목

1) 차트 제목을 선택한 후 수식 입력줄에 **뮤지컬 예매현황**을 입력한 후 Enter 를 누릅니다.

> **엑셀 2010 버전**
> [차트 도구]의 [레이아웃] 탭의 레이블 그룹에 있는 [차트 제목]-[차트 위]를 선택한 후 제목을 삽입합니다.

☑ X축 제목 삽입하기

1) 차트 도구의 [디자인] 탭-[차트 요소 추가]-[축 제목]-[기본 가로]를 클릭합니다.
2) 축 제목을 선택 후 수식 입력줄에서 **공연명**을 입력한 후 Enter 를 누릅니다.

> **엑셀 2010 버전**
> [레이아웃]-[축 제목]-[기본 가로축 제목]-[축 아래 제목]

> **엑셀 2021 버전**
> [차트 디자인] 탭-[차트 요소 추가]-[축 제목]-[기본 가로]

☑ Y축 제목 삽입하기

1) 차트 도구의 [디자인] 탭-[차트 요소 추가]-[축 제목]-[기본 세로]를 클릭합니다.
2) 축 제목을 선택 후 수식 입력줄에서 **공연료**를 입력합니다.

> **엑셀 2010 버전**
> [레이아웃]-[축 제목]-[기본 세로축 제목]-[제목 회전]

> **엑셀 2021 버전**
> [차트 디자인] 탭-[차트 요소 추가]-[축 제목]-[기본 세로]

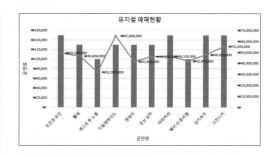

> **차트 글자 색과 테두리**
> 엑셀 2016&2021은 차트의 글자 색이 회색으로 보이기 때문에 차트 영역을 선택한 후 글자 색을 검정으로 지정하고, [서식] 탭에서 [도형 윤곽선]을 검정으로 지정해두면 좋습니다. 지정하지 않아도 감점되지는 않습니다.

⑩ 페이지 설정 및 인쇄

☑ 페이지 설정

1) 데이터가 입력된 셀을 선택한 후 [파일]-[인쇄]로 들어갑니다(모든 데이터들이 한 페이지에 나타나지 않습니다).
2) [현재 설정된 용지]를 클릭한 후 **[한 페이지에 시트 맞추기]**를 클릭합니다(모든 행과 열의 데이터가 한 페이지 안에 축소되어 나타난 것을 알 수 있습니다).
3) [페이지 설정]으로 들어간 후 [여백] 탭에서 위쪽 여백을 6으로 입력하고, 페이지 가운데 맞춤을 가로, 세로 체크 후 [확인]을 클릭합니다.
4) 인쇄를 클릭하여 출력 작업을 진행합니다(실제 출력은 세 가지 작업을 모두 마친 후 진행합니다).
5) [파일]-[저장]을 클릭합니다.
6) 이전 버튼을 클릭하여 편집화면으로 되돌아갑니다.

| 작업표 작성 |

뮤지컬 예매현황

공연코드	공연명	공연지역	좌석	관람료	총금액	관람평가	예매시작일
D-IJ5	유진과 유진	대구	VIP석	₩ 150,000	₩ 49,500,000	우수공연	2022-06-02
D-GB3	빨래	대구	R석	₩ 130,000	₩ 46,800,000	우수공연	2022-06-13
D-UY9	넥스트 투 노멀	대구	S석	₩ 100,000	₩ 32,000,000	우수공연	2022-06-14
D-SX4	지킬앤하이드	대구	R석	₩ 130,000	₩ 65,000,000	우수공연	2022-06-21
B-XS4	팬레터	부산	R석	₩ 130,000	₩ 41,600,000	우수공연	2022-06-18
S-AF1	웃는 남자	서울	R석	₩ 130,000	₩ 46,280,000	우수공연	2022-05-25
S-TG2	마타하리	서울	VIP석	₩ 150,000	₩ 46,500,000	우수공연	2022-06-02
S-TB4	베어 더 뮤지컬	서울	S석	₩ 100,000	₩ 42,000,000	우수공연	2022-06-12
S-VF3	킹키부츠	서울	VIP석	₩ 150,000	₩ 48,000,000	우수공연	2022-06-07
S-EF3	니진스키	서울	VIP석	₩ 150,000	₩ 55,500,000	우수공연	2022-05-27
D-UJ6	아이다	대구	R석	₩ 130,000	₩ 32,500,000		2022-05-29
D-TB7	모래시계	대구	S석	₩ 100,000	₩ 26,000,000		2022-05-29
B-AJ5	데스노트	부산	S석	₩ 100,000	₩ 24,100,000		2022-06-01
B-RF6	블루헬멧	부산	A석	₩ 80,000	₩ 12,000,000		2022-06-01
B-OK9	프에르자 부르타	부산	A석	₩ 80,000	₩ 20,000,000		2022-06-01
B-QF2	미아 파밀리아	부산	A석	₩ 80,000	₩ 12,400,000		2022-06-18
B-RF5	시의 찬미	부산	A석	₩ 80,000	₩ 11,040,000		2022-06-02
S-WS8	차미	서울	VIP석	₩ 150,000	₩ 28,500,000		2022-06-18
S-KM1	번지점프	서울	R석	₩ 130,000	₩ 22,100,000		2022-06-21
평균				₩ 118,421	₩ 34,832,632		
서울 또는 대구의 총금액의 합					₩ 540,680,000		
=SUMPRODUCT(ISNUMBER(FIND("서울",D5:D23))+ISNUMBER(FIND("대구",D5:D23)),I5:I23)							
공연코드가 D로 시작하면서 R석 또는 VIP의 합				₩ 540,000	₩ 193,800,000		
공연지역이 부산이고 A석안 합				₩ 320,000	₩ 55,440,000		
관람총금액이 45,000,000 이상 60,000,000 미만인 합				₩ 860,000	₩ 292,580,000		
=SUMIFS(I5:I23,$I$5:$I$23," >=45000000",$I$5:$I$23,"<60000000")							

| 그래프 작성 |

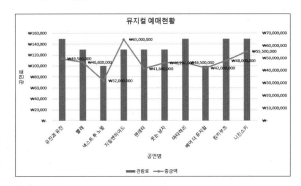

| 인쇄 미리 보기 |

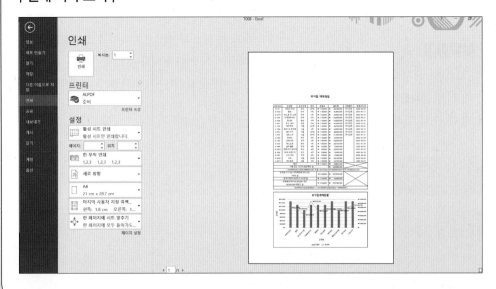

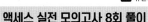
1 저장하기

1) 액세스를 실행한 후 [새 데스크톱 데이터베이스]를 클릭합니다.

2) 파일 이름 입력하는 우측의 📁를 클릭합니다.

3) 저장 위치는 [바탕화면]-[비번호 폴더] 안에 시험위원이 지정해 준 파일명을 입력한 후 [확인]을 클릭합니다.

> **액세스 2007&2010 버전**
> 액세스 실행 후 [새 데이터베이스]가 선택되어있는 상태에서 우측 파일 이름 입력하는 곳 옆의 📁를 클릭합니다.

2 테이블 작성하기

✅ 테이블1 만들기

1) 테이블 도구의 [필드] 탭의 [보기]의 [디자인 보기]를 클릭합니다.

2) 테이블을 저장하라는 창이 나오면 테이블 이름을 그대로 '테이블1'로 지정한 후 [확인]을 클릭합니다.

> **액세스 2007 버전**
> [데이터시트] 탭-[보기]-[디자인 보기]

> **액세스 2021 버전**
> [데이터 필드] 탭-[보기]-[디자인 보기]

3) 아래와 같이 필드 이름과 데이터 형식을 변경합니다.

필드 이름	데이터 형식	
⚷ 구분	짧은 텍스트	
환자코드	짧은 텍스트	
환자이름	짧은 텍스트	
기본진찰료	통화	

> ※ 환자코드는 필드 속성에서 [IME 모드]를 [영숫자 반자]로 지정합니다.

> **액세스 2007&2010 버전**
> 데이터 형식의 짧은 텍스트 대신 [텍스트]로 지정합니다.

4) 조건에 기본 키를 지정하라는 조건이 없으므로 기본 키를 해제하기 위해, "**구분**" 필드 이름을 클릭한 후, 테이블 도구의 [디자인] 탭에서 [기본 키]를 클릭하여 기본 키를 해제합니다.

5) 테이블 도구의 [보기]-[데이터시트 보기]를 클릭한 후 테이블 저장 대화상자가 나타나면 [예]를 클릭합니다.

6) 아래와 같이 테이블1에 데이터를 입력합니다. 필드를 이동할 때는 방향키(↑, ↓, ←, →)를 이용합니다.

구분	환자코드	환자이름	기본진찰료
병원	N003	고미경	₩11,700
종합병원	N003	진윤수	₩13,520
병원	F001	주은혜	₩16,140
의원	R002	김선미	₩16,480
종합병원	R002	현혜란	₩17,960
종합병원	F001	이미영	₩16,140
병원	N003	박경민	₩11,700
의원	F001	고현우	₩16,480
의원	N003	유현아	₩11,780
병원	R002	정수정	₩11,780
종합병원	F001	김선분	₩17,960
의원	R002	박부선	₩11,780
*			₩0

7) '테이블1' 탭 위에서 마우스 우클릭을 한 후 [닫기]를 클릭하고 테이블1을 닫아 줍니다. 좌측에 '테이블1'을 더블 클릭하여 데이터가 올바르게 입력되었는지 다시 한번 확인합니다.

> **액세스 2021 버전**
> [디자인] 탭 대신 [양식 디자인] 탭으로 들어갑니다.

✅ 테이블2 만들기

1) [만들기] 탭의 [테이블 디자인]을 클릭하여 두 번째 테이블을 만듭니다.

2) 아래와 같이 필드 이름과 데이터 형식을 지정합니다.

3) 테이블 도구의 [보기]-[데이터시트 보기]를 클릭한 후 테이블 저장 대화상자가 나타나면 [예]-[확인]을 클릭합니다.

4) "기본 키를 정의하지 않았습니다. 기본 키를 만드시겠습니까?"라는 대화상자가 나오면 [아니요]를 클릭합니다.

5) 아래와 같이 테이블2에 데이터를 입력합니다. 필드를 이동할 때는 방향키(↑, ↓, ←, →)를 이용합니다.

환자코드	진료
F001	초진
R002	재진
N003	심야

6) '테이블2' 탭 위에서 마우스 우클릭을 한 후 [닫기]를 클릭하고 테이블2를 닫아 줍니다. 좌측에 '테이블2'를 더블 클릭하여 데이터가 올바르게 입력되었는지 다시 한번 확인합니다.

❸ 폼 작성 및 편집

✅ 폼 디자인 만들기

1) [만들기] 탭에서 [폼 디자인]을 클릭합니다.

✅ 레이블로 제목 만들기

1) 폼의 우측 하단 모서리에서 마우스 커서가 ✥ 모양일 때 드래그하여 가로는 19cm, 세로는 20cm 안쪽으로 드래그합니다.

2) 폼의 제목을 입력하기 위해서, 폼 디자인 도구의 [디자인] 탭에서 [레이블 가ㄱ]을 클릭한 후 폼의 상단에 적당한 크기로 드래그합니다.

3) 레이블 안에 제목을 입력한 후 글자를 블록 지정하거나, 레이블 테두리를 클릭한 후 폼 디자인 도구의 [서식] 탭에서 크기를 16pt로 입력하고 [가운데 정렬 ≡]을 클릭합니다.

※ 제목에서 한 줄을 입력하고 줄 바꿈은 Shift + Enter 를 누릅니다.
※ 조절점을 더블 클릭하면 레이블 상자가 글자 크기에 맞춰서 조절됩니다.

✅ 목록 상자 만들기

1) 폼 디자인 도구의 [디자인] 탭에서 [목록 상자 ▤]를 클릭한 후 제목 아래에 적당한 크기로 드래그하여 그려줍니다.

2) "목록 상자 마법사" 창이 나타나면 [취소]를 클릭하여 창을 닫아 줍니다.

3) 목록 상자 왼쪽에 있는 "List1:" 레이블을 선택한 후 Delete 를 눌러 삭제합니다.

4) [속성 시트]의 [데이터] 탭에서 [행 원본]을 선택한 후 ⋯를 클릭합니다.

※ 속성 시트가 없으면 폼 디자인 도구의 [디자인] 탭에서 [속성 시트]를 클릭합니다.

5) 테이블 표시 창이 나타나면 '테이블1'과 '테이블2'를 더블 클릭한 후 [닫기]를 클릭합니다.

6) 테이블1에 있는 **환자코드** 필드를 테이블2의 **환자코드**로 드래그하여 연결해줍니다.

7) 조회화면 서식에 나와 있는 필드명 **환자코드, 구분, 환자이름, 진료, 기본진찰료**를 순서대로 더블 클릭하여 필드에 추가합니다.

필드:	환자코드	구분	환자이름	진료	기본진찰료
테이블:	테이블1	테이블1	테이블1	테이블2	테이블1
정렬:					
표시:	☑	☑	☑	☑	☑
조건:					
또는:					

> 환자코드가 F나 R로 시작하면서 종합병원인 현황 나타내기

8) 환자코드의 조건에 **F* OR R***을 입력한 후 `Enter`를 누르면 **Like "F*" Or Like "R*"**로 변경됩니다.

9) 구분이 종합병원인 현황을 나타내려면, 구분에 **종합병원**을 입력합니다. AND 조건이므로 같은 행에 조건을 입력합니다.

> 필드명 "기본진찰료"의 오름차순으로 출력

10) 기본진찰료를 오름차순으로 정렬하기 위해 기본진찰료의 정렬에서 `∨`를 클릭한 후 오름차순을 선택합니다.

필드:	환자코드	구분	환자이름	진료	기본진찰료
테이블:	테이블1	테이블1	테이블1	테이블2	테이블1
정렬:					오름차순
표시:	✓	✓	✓	✓	✓
조건:	Like "F*" Or Like "R*"	"종합병원"			
또는:					

11) 데이터시트 보기와 SQL 보기로 들어가서 조건에 맞게 데이터가 추출되는지 확인합니다.

12) [폼1 : 쿼리 작성기] 탭에서 마우스 우클릭을 한 후 [닫기]-[예]를 클릭합니다.

13) [속성 시트]의 [형식] 탭에서 **열 개수**를 **5**로 입력하고, **열 이름**을 **예**로 지정합니다.

14) [폼1] 탭에서 마우스 우클릭을 한 후 [폼 보기]를 클릭하여 확인합니다.

환자코드	구분	환자이름	진료	기본진찰료
F001	종합병원	이미영	초진	₩16,140
F001	종합병원	김선분	초진	₩17,960
R002	종합병원	현혜란	재진	₩17,960

환자코드가 F나 R로 시작하면서 종합병원 현황

※ 목록 상자에 스크롤바가 생기면 감점되기 때문에 목록 상자의 높이를 키워주어 스크롤바가 생기지 않도록 합니다.

☑ 선 그리기

1) 목록 상자의 하단의 선을 만들기 위해 다시 [홈] 탭-[보기]-[디자인 보기]를 클릭한 후 폼 디자인 도구의 [디자인] 탭에서 [선 \]을 선택합니다.

2) `Shift`를 누른 채 목록 상자 하단에 드래그하여 직선을 그려줍니다.

3) [속성 시트]의 [형식] 탭에서 [테두리 두께]를 [6pt]로 지정합니다.

☑ 텍스트 상자 만들기

1) 폼 디자인 도구의 [디자인] 탭에서 [텍스트 상자 ꥧ]를 클릭한 후 목록 상자 아래쪽에 적당하게 드래그하여 그려줍니다.

2) "텍스트 상자 마법사" 창이 나오면 [취소]를 클릭합니다.

3) 텍스트 상자 왼쪽에 있는 레이블을 선택하여 **리스트박스 조회 시 작성된 SQL문**을 입력합니다.

4) 레이블 테두리를 선택한 후, 폼 디자인 도구의 [서식] 탭에서 글자 크기를 **16pt**로 입력합니다. 레이블과 텍스트 상자의 **이동 핸들을 드래그**하여 위치를 이동할 수 있습니다.

5) 우측 하단에서 드래그하여 텍스트 상자, 선, 목록 상자가 조금이라도 포함되도록 선택합니다.

6) 폼 디자인 도구의 [정렬] 탭-[맞춤]-[왼쪽]을 클릭하고, 다시 [크기/공간]-[가장 넓은 너비에]를 클릭하여 좌/우 크기를 동일하게 맞춰줍니다.

7) [속성 시트]의 [형식] 탭에서 [테두리 색]을 [검정 텍스트]로 지정합니다.

8) 빈 곳을 클릭, 다시 텍스트 상자만 선택한 후 [속성 시트]의 [테두리 스타일]을 [파선]으로 지정합니다.

☑ SQL문 복사하기

1) 목록 상자를 클릭한 후 [속성 시트]의 [데이터] 탭에서 [행 원본]을 클릭합니다. `Ctrl`+`C`(복사)를 누른 후 텍스트 상자를 클릭합니다.

2) **=**를 입력하고, 작은따옴표(')를 입력합니다. `Ctrl`+`V`(붙여넣기)를 한 후 다시 작은따옴표(')로 닫아 줍니다.

3) 전체를 드래그하여 모든 컨트롤을 선택한 후 폼 디자인 도구의 [서식] 탭에서 [글꼴 색 **가**]을 [검정, 텍스트 1]로 지정합니다. [본문]을 클릭해서 [교차 행 색]을 [흰색, 배경 1]로 지정합니다.

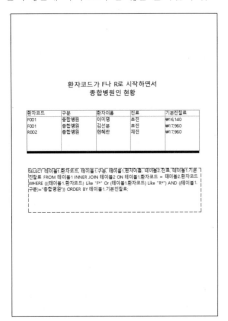

※ 액세스 2007 버전은 기본 글꼴 색이 "검정"이기 때문에 따로 글꼴 색 지정은 하지 않습니다.

ⓒ 인쇄 미리 보기 및 여백 지정하기

1) [파일]−[인쇄]−[인쇄 미리 보기]에서 완성된 폼 화면을 확인할 수 있습니다.
2) 상단 [페이지 설정]에서 **위쪽 여백**을 60으로 입력하고 [확인]을 클릭합니다. 인쇄될 결과물을 확인한 후 [인쇄 미리 보기 닫기]를 클릭합니다.

3) [폼1] 탭에서 마우스 우클릭을 한 후 [닫기]−[예]를 클릭합니다.

4 쿼리 작성 및 편집

ⓒ 쿼리 디자인 만들기

1) [만들기]−[쿼리] 그룹에 [쿼리 디자인]을 클릭합니다.

액세스 2007 버전
[만들기]−[기타] 그룹의 [쿼리 디자인]

2) 테이블 표시 대화상자가 나타나면 '테이블1'과 '테이블2'를 순서대로 더블 클릭하여 테이블을 생성시킨 후 [닫기]를 클릭합니다.
3) 테이블1의 **환자코드**를 테이블2의 **환자코드**로 드래그하여 조인(JOIN)을 시켜줍니다.

ⓒ 테이블 조인 및 필드 추가

※보고서 서식을 보고 각각의 필드를 더블 클릭하여 실행하고, 계산이 필요한 필드는 처리 조건을 보고 계산합니다.

1) 보고서 서식을 보고 **환자코드, 환자이름, 진료, 기본진찰료, 구분**을 순서대로 더블 클릭하여 필드를 추가해줍니다(★ 구분별로 병원 진료 현황을 나타내야 하므로 반드시 구분도 추가해줍니다).

필드:	환자코드	환자이름	진료	기본진찰료	구분	∨
테이블:	테이블1	테이블1	테이블2	테이블1	테이블1	
정렬:						
표시:	☑	☑	☑	☑	☑	
조건:						
또는:						

[처리 조건]
• 외래관리료는 진료에 따라 다르게 적용한다(초진은 16,900원, 재진은 12,000원, 심야는 15,000원).
• 추가진찰료 : 구분이 종합병원이면 5,000원, 병원이면 3,000원, 의원이면 2,000원
• 총진찰료 = 기본진찰료+외래관리료+추가진찰료 (외래관리료는 2번 항목을 참고하여 산정한다)

2) 구분 오른쪽 필드에 **외래관리료: IIF(진료="초진",16900,IIF(진료="재진",12000,15000))**를 입력합니다.

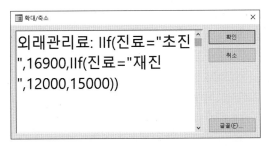

외래관리료: IIf(진료="초진",16900,IIf(진료="재진",12000,15000))

3) 구분 오른쪽 필드에 **추가진찰료: IIF(구분="종합병원",5000,IIF(구분="병원",3000,2000))**를 입력합니다.

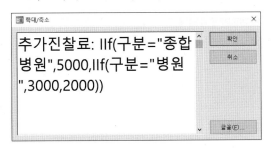

추가진찰료: IIf(구분="종합병원",5000,IIf(구분="병원",3000,2000))

4) 추가진찰료 오른쪽 필드에 **총진찰료: 기본진찰료+외래관리료+추가진찰료**를 입력합니다.

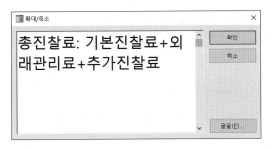

총진찰료: 기본진찰료+외래관리료+추가진찰료

⊘ 쿼리 확인하기

1) [쿼리1] 탭에서 마우스 우클릭을 한 후 [데이터시트 보기]를 클릭하여 쿼리 결과를 확인합니다.

2) [쿼리1] 탭의 [닫기]를 클릭한 후, 대화상자가 나오면 [예]를 클릭합니다. 폼 이름은 [쿼리1]로 지정한 후 [확인]을 클릭합니다.

5 보고서 작성 및 편집

⊘ 보고서 마법사로 보고서 만들기

1) [만들기] 탭의 보고서 그룹에서 [보고서 마법사]를 클릭합니다.

2) 보고서 마법사 대화상자가 나타나면 '테이블/쿼리'를 [쿼리: 쿼리1]로 변경하고, 사용 가능한 필드에서 >> 를 눌러 선택한 필드로 모두 이동시킨 후 [다음]을 클릭합니다.

> **[처리 조건]**
> 구분(병원, 의원, 종합병원)별로 정리한 후, 같은 구분 안에서는 총진찰료의 오름차순으로 정렬(SORT)하시오.

3) 처리 조건에 **구분별**로 정리하라는 지시가 있으므로 **구분**을 선택한 후 > 를 클릭하여 그룹 수준을 지정하고 [다음]을 클릭합니다.

4) 같은 구분 안에서는 **총진찰료의 오름차순**으로 정렬(SORT)해야 한다는 조건이 있으므로 첫 번째 필드를 **총진찰료**로 입력하고 오름차순으로 지정한 후 [요약 옵션]을 클릭합니다.

> **[처리 조건]**
> • 합계 : 각 기본진찰료, 외래관리료, 추가진찰료, 총진찰료의 합 산출
> • 총평균 : 기본진찰료, 외래관리료, 추가진찰료, 총진찰료의 전체 평균 산출

5) **기본진찰료, 외래관리료, 추가진찰료, 총진찰료**의 합계와 평균에 □를 클릭하여 ✓체크한 후 [확인]을 클릭합니다.

6) [다음]을 클릭하면 보고서 모양을 지정할 수 있는 보고서 마법사가 나타나는데 기본 설정 그대로 [다음]을 클릭합니다.

7) 보고서 제목은 [쿼리1]로 그대로 지정하고, [보고서 디자인 수정]을 선택한 후 [마침]을 클릭합니다.

☑ 필요 없는 컨트롤 삭제하기

1) [구분 바닥글]의 =**"에 대한 요약"**의 좌측 눈금선에서 마우스 커서가 ➡로 바뀌면 클릭합니다. Shift 를 누른 채 [페이지 바닥글]의 =NOW, =Page와 [보고서 바닥글]의 총합계 컨트롤을 선택하고 Delete 를 눌러 삭제합니다.

2) [페이지 머리글]의 구분도 선택한 후 Delete 를 눌러 삭제합니다.

☑ 컨트롤 배치 및 속성 변경하기

1) [구분 바닥글]의 평균을 선택한 후 [보고서 바닥글]로 드래그하여 내려줍니다.

2) [구분 머리글]의 구분을 [구분 바닥글]의 합계 좌측으로 드래그하여 내려줍니다.

3) [구분 머리글]과 [페이지 바닥글] 아래에서 마우스 커서가 ✛로 변할 때 위로 드래그하여 높이를 끝까지 줄여줍니다. [구분 바닥글]의 합계 컨트롤도 위치를 위쪽으로 이동한 후 높이를 줄여줍니다.

4) 각 컨트롤의 위치와 크기를 아래와 같이 변경합니다. [보고서 바닥글]의 평균을 **총평균**으로 변경합니다.

5) 추가진찰료 컨트롤이 보이지 않습니다.

6) 총진찰료를 모두 선택한 후 Ctrl + C (복사)하고 [페이지 머리글]을 클릭한 후 Ctrl + V (붙여넣기)한 다음 적당하게 배치합니다.

7) [페이지 머리글]의 복사한 총진찰료를 **추가진찰료**라고 변경하고, [본문]의 총진찰료를 선택한 후 [속성 시트]의 [데이터] 탭에서 컨트롤 원본을 **추가진찰료**로 변경합니다.

8) [구분 바닥글]과 [보고서 바닥글]에 있는 총진찰료의 합계와 평균을 **추가진찰료**로 변경합니다.

9) 총진찰료의 합계와 평균을 선택한 후 Ctrl + C (복사)하고 [페이지 머리글]을 클릭한 후 Ctrl + V (붙여넣기)한 다음 총진찰료를 **기본진찰료**로 변경합니다.

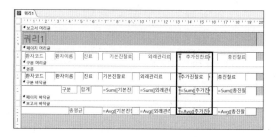

※ [쿼리1] 탭에서 마우스 우클릭을 한 후 [레이아웃 보기]를 클릭해서 ####으로 나타나 있으면, 컨트롤의 너비를 조금 더 늘려주어야 합니다.

☑ 보고서 제목 및 서식 지정하기

1) [쿼리1] 글자를 드래그하여 블록 지정한 후 보고서 제목 **병원 진료 현황**을 입력합니다.

2) 제목의 바깥쪽 테두리를 선택한 후, 오른쪽 조절점에서 끝까지 드래그합니다.

3) 보고서 디자인 도구의 [서식] 탭에서 글꼴 크기를 16pt로 입력하고, [가운데 맞춤 ≡]을 클릭합니다.

> **액세스 2007 버전**
> 폼 디자인 도구의 [디자인] 탭
>
> **액세스 2010 버전**
> 폼 디자인 도구의 [형식] 탭

4) 마우스 우클릭을 한 후 [레이아웃 보기]에서 각 컨트롤의 위치와 정렬 등을 보고서의 출력 형태에 맞춰서 적당하게 조절합니다.

✅ 금액에 대한 수치 원화(₩)로 표시하기

※ 레이아웃 보기로 들어가면 원화(₩) 표시가 없는 컨트롤을 확인할 수 있습니다.

1) [본문]의 외래관리료, 추가진찰료, [구분 바닥글]과 [보고서 바닥글]의 기본진찰료, 외래관리료, 추가진찰료, 총진찰료의 합계와 평균을 Shift 를 이용하여 선택합니다.
2) [속성 시트]의 [형식] 탭에서 형식을 [통화]로 지정합니다.

✅ 컨트롤 글꼴 색 및 윤곽선 설정하기

1) 모든 컨트롤을 드래그하거나 단축키 Ctrl + A (모두 선택)를 눌러 선택해줍니다.
2) 보고서 디자인 도구의 [서식] 탭에서 [글꼴 색]을 [검정, 텍스트 1]로 지정하고, [도형 윤곽선]을 [투명]으로 지정합니다.

✅ 배경색 및 교차 행 색 설정하기

1) [보고서 머리글]을 선택한 후 보고서 디자인 도구의 [서식] 탭에서 [도형 채우기]를 [흰색, 배경 1]로 지정합니다.
2) [본문]을 클릭한 후 보고서 디자인 도구의 [서식] 탭에서 [교차 행 색]을 [색 없음]으로 지정합니다.
3) 마찬가지 방법으로 [구분 바닥글]을 클릭하여 [교차 행 색]을 [색 없음]으로 지정합니다.

✅ 선 삽입하기

1) 보고서 디자인 도구의 [디자인] 탭을 클릭한 후 [선▢]을 선택합니다. [페이지 머리글]의 좌측부터 Shift 를 누른 채 드래그하여 그려줍니다.
2) [페이지 머리글]의 위쪽에 그려준 선이 선택된 상태에서 Ctrl + C (복사)를 한 후 다시 Ctrl + V (붙여넣기)를 합니다.
3) 키보드의 아래 화살표(▼)를 눌러 복사된 선을 [페이지 머리글]의 아래쪽에 위치되도록 합니다.

4) [구분 바닥글]을 클릭한 후 Ctrl + V (붙여넣기)를 하면 [구분 바닥글] 위쪽에 선이 복사됩니다. 다시 한번 Ctrl + V (붙여넣기)를 한 후 아래 화살표(▼)를 눌러 [구분 바닥글]의 아래쪽에 위치시켜 줍니다.
5) [보고서 바닥글]을 클릭한 후 Ctrl + V (붙여넣기)를 한 후 아래 화살표(▼)를 눌러 [보고서 바닥글]의 아래쪽에 위치시켜 줍니다.

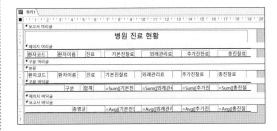

✅ 레이아웃 보기에서 세부 설정하기

1) [쿼리1] 탭에서 마우스 우클릭을 한 후 [레이아웃 보기]를 클릭하여 보고서의 배치가 잘 되었는지 확인합니다.
2) 출력 형태를 보면서 위치와 크기를 조절해 줍니다.

6 인쇄 및 페이지 설정

✅ 인쇄 미리 보기 및 페이지 설정

1) [쿼리1] 탭에서 마우스 우클릭을 한 후 [인쇄 미리 보기]를 클릭합니다.
2) [인쇄 미리 보기] 탭에서 [페이지 설정]을 클릭합니다.
3) 위쪽 여백을 60으로 입력한 후 [확인]을 클릭합니다.
4) [인쇄 미리 보기 닫기]를 클릭하여 미리 보기를 닫아 준 후에 [파일]-[저장]을 클릭합니다. 우측 상단의 [닫기 X]를 클릭하여 액세스를 종료합니다.

| DB 조회화면 |

환자코드가 F나 R로 시작하면서
종합병원인 현황

환자코드	구분	환자이름	진료	기본진찰료
F001	종합병원	이미영	초진	₩16,140
F001	종합병원	김선분	초진	₩17,960
R002	종합병원	현혜란	재진	₩17,960

```
SELECT 테이블1.환자코드, 테이블1.구분, 테이블1.환자이름, 테이블2.진료, 테이블1.기본
진찰료 FROM 테이블1 INNER JOIN 테이블2 ON 테이블1.환자코드 = 테이블2.환자코드
WHERE (((테이블1.환자코드) Like "F*" Or (테이블1.환자코드) Like "R*") AND ((테이블1.
구분)="종합병원")) ORDER BY 테이블1.기본진찰료;
```

| DB 보고서 |

병원 진료 현황

환자코드	환자이름	진료	기본진찰료	외래관리료	추가진찰료	총진찰료
R002	정수정	재진	₩11,780	₩12,000	₩3,000	₩26,780
N003	고미경	심야	₩11,700	₩15,000	₩3,000	₩29,700
N003	박경민	심야	₩11,700	₩15,000	₩3,000	₩29,700
F001	주은혜	초진	₩16,140	₩16,900	₩3,000	₩36,040
	병원 합계		₩51,320	₩58,900	₩122,220	₩122,220
R002	박부선	재진	₩11,780	₩12,000	₩2,000	₩25,780
N003	유현아	심야	₩11,780	₩15,000	₩2,000	₩28,780
R002	김선미	재진	₩16,480	₩12,000	₩2,000	₩80,480
F001	고현우	초진	₩16,480	₩16,900	₩2,000	₩85,380
	의원 합계		₩56,520	₩55,900	₩120,420	₩120,420
N003	진윤수	심야	₩13,520	₩15,000	₩5,000	₩83,520
R002	현혜란	재진	₩17,960	₩12,000	₩5,000	₩84,960
F001	이미영	초진	₩16,140	₩16,900	₩5,000	₩88,040
F001	김선분	초진	₩17,960	₩16,900	₩5,000	₩89,860
	종합병원 합계		₩65,580	₩60,800	₩146,380	₩146,380
	총평균		₩14,452	₩14,633	₩82,418	₩82,418

파워포인트 실전 모의고사 8회 풀이

❶ 저장하기

1) [시작] ➡ [Microsoft Office] ➡ [Microsoft PowerPoint 2016]을 클릭하여 파워포인트를 실행합니다.
2) [파일]-[저장]-[찾아보기]를 클릭하면 저장 창이 나타납니다.
3) 저장 위치는 [바탕화면]-[비번호 폴더] 안에 시험위원이 지정해 준 파일명을 입력한 후 [확인]을 클릭합니다.

❷ 슬라이드 크기 변경하기

1) [디자인]-[슬라이드 크기]를 클릭한 후 [표준 4:3]으로 변경합니다.

❸ 레이아웃 변경하기

1) [홈] 탭-[레이아웃]에서 [빈 화면]을 클릭합니다.

❹ 새 슬라이드 만들기

1) 슬라이드 미리 보기 창의 슬라이드를 클릭한 후 Enter 를 눌러 빈 화면 새 슬라이드를 추가합니다.

제1 슬라이드

---

❺ 제목 만들기

1) [삽입]-[도형]-[모서리가 둥근 직사각형▢]을 클릭한 후 드래그하여 그려줍니다.
2) [서식]-[도형 스타일]을 [색 윤곽선-검정, 어둡게 1⎡가나다⎤]로 지정합니다.
3) 도형을 선택하여 글자를 입력합니다(28pt).

> ※ 파워포인트 2021 버전에서는 [서식] 탭 대신 [도형 서식] 탭을 사용합니다.

❻ 표 삽입하기

1) [삽입]-[표]-[표 삽입]을 클릭한 후 열4, 행3의 표를 만들어 줍니다.
2) 표 바깥쪽 테두리를 선택한 후 표 도구의 [디자인] 탭에서 음영은 '흰색, 배경 1'로 지정하고, 테두리는 '모든 테두리'를 선택합니다.
3) 표의 크기를 조절한 후 아래와 같이 내용을 입력합니다.

1행	16pt, 굵게
2~3행	16pt

웨어러블 디바이스(Wearable Device)			
1세대 웨어러블 컴퓨터	2세대 웨어러블 액세서리	3세대 웨어러블 디바이스	4세대 Wearing IT-self
단독형 컴퓨팅장치	착용형 소형기기	부착형/직물일체형	생체 이식형
휴대폰, PDA/휴대용 게임기	스마트 안경/시계, 목걸이, 팔찌 착용형기기	직물/의류일체형, 신장 부착형 센서 및 장치	이식형 생체 센서, 특수 임수 착용형 장치

❼ 순서도: 문서 삽입하기

1) [삽입]-[도형]-[순서도: 문서▢]를 클릭한 후 드래그하여 그려줍니다.
2) [서식]-[도형 스타일]을 [색 윤곽선-검정, 어둡게 1⎡가나다⎤]로 지정합니다.
3) Ctrl + Shift +드래그를 이용하여 복사한 후 도형 안에 글자를 입력합니다(18pt).

❽ 텍스트 상자 삽입하기

1) [삽입]-[텍스트 상자▢]를 클릭한 후 슬라이드에 클릭합니다.
2) 아래와 같이 내용을 입력합니다.

제목	18pt, 굵게
내용	18pt

> **웨어러블 디바이스(Wearable Device) 발전과정**
> 1980년대부터 프로토타입의 등장으로 입출력장치와
> 컴퓨팅 기능이 도입되어 주로 군사용이나 학술연구용으로 기술 개발이 진행됨
> 1990년대 이후부터는 유비쿼터스 컴퓨팅의 등장과 기기의 경량화 소형화로
> 산업에 적용이 가능해짐

3) "웨어러블 디바이스" 앞에 커서를 두고 마우스 우클릭을 한 후 [글머리 기호]-[별표 글머리 기호 ❖]를 클릭합니다.

4) 아래의 나머지를 블록 지정하고 마우스 우클릭을 한 후 [글머리 기호]-[글머리 기호 및 번호 매기기]의 [사용자 지정]을 클릭합니다.

5) 하위 집합을 [일반 문장 부호]로 지정하고 '—'을 선택한 후 [확인]을 클릭합니다.

6) Tab 또는 [홈] 탭의 [단락] 그룹의 [목록 수준 늘림]을 클릭합니다.

제2 슬라이드

🄈 제목 만들기

1) [삽입]-[도형]-[가로로 말린 두루마리 모양]을 클릭한 후 드래그하여 그려줍니다.

2) [서식]-[도형 스타일]을 [색 윤곽선-검정, 어둡게 1]로 지정합니다.

3) 도형을 선택하여 글자를 입력합니다(굴림, 32pt, 굵게).

🄉 직사각형 삽입하기1

1) [삽입]-[도형]-[직사각형]을 클릭한 후 아래와 같이 그려줍니다.

2) [서식]-[도형 스타일]을 [색 윤곽선-검정, 어둡게 1]로 지정합니다.

3) 도형을 선택한 후 [홈]-[왼쪽 맞춤]으로 지정하고 글자 크기를 12pt로 입력합니다.

4) [홈]-[글머리 기호]-[속이 찬 둥근 글머리 기호]를 클릭합니다.

5) Ctrl + Shift +드래그하여 복사한 후 도형을 선택하고 글자를 입력합니다.

🄇 오각형 삽입하기

1) [삽입]-[도형]-[오각형]을 클릭한 후 아래와 같이 그려줍니다.

2) [서식]-[도형 스타일]을 [색 윤곽선-검정, 어둡게 1]로 지정합니다.

3) Ctrl + Shift +드래그하여 복사한 후 도형을 선택하여 글자를 입력합니다(18pt, 굵게).

🄌 모서리가 둥근 직사각형 삽입하기

1) [삽입]-[도형]-[모서리가 둥근 직사각형]을 클릭한 후 드래그하여 그려줍니다.

2) [서식]-[도형 스타일]을 [색 윤곽선-검정, 어둡게 1]로 지정합니다.

3) 도형을 선택하여 글자를 입력합니다(20pt, 굵게).

🄍 직사각형2 및 텍스트 상자 삽입하기

1) [삽입]-[도형]-[직사각형]을 클릭한 후 아래와 같이 그려줍니다.

2) [서식]-[도형 스타일]을 [색 윤곽선-검정, 어둡게 1]로 지정합니다(16pt, 굵게).

3) Ctrl +드래그하여 복사한 후 도형을 선택하여 글자를 입력합니다.

4) [삽입]-[텍스트 상자]를 클릭하여 슬라이드에 클릭한 후 패러다임을 입력합니다(20pt, 굵게).

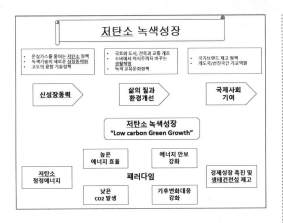

🔟 날짜와 페이지 번호 제거하기

1) [보기]–[유인물 마스터]를 클릭합니다.
2) [유인물 마스터]에서 **날짜**와 **페이지 번호** 체크를 해제한 후 [**마스터 보기 닫기**]를 클릭합니다.

🔟 페이지 설정 및 인쇄

1) [파일]–[인쇄]에서 슬라이드 설정을 [2슬라이드]와 고품질로 지정한 후 [인쇄]를 클릭합니다.

🔟 화살표 및 꺾인 화살표 연결선 삽입하기

1) [삽입]–[도형]–[화살표 ＼]와 [꺾인 화살표 연결선 ⌐]을 클릭한 후 드래그하여 각각 그려줍니다.
2) 화살표를 Shift 를 이용하여 모두 선택한 후 [서식]–[도형 윤곽선]–[검정, 텍스트 1]로 지정합니다.
3) 다시, [서식]–[도형 윤곽선]–[두께]를 [3pt]로 지정합니다.

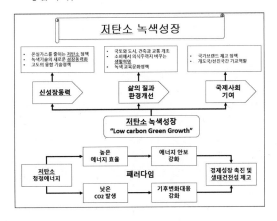

| 인쇄 미리 보기 |

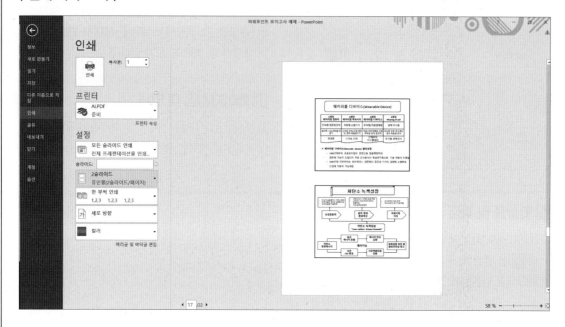

엑셀 실전 모의고사 9회 문제

표 계산(DBMS) 작업

해외 축구 프리미어리그 현황을 분석하고자 한다. 다음 자료(DATA)를 이용하여 작성 조건에 따라 작업표와 그래프를 작성하고, 그 인쇄 출력물을 제출하시오.

가. 작업표(WORK SHEET) 작성

1) 자료(DATA)

해외 축구 자료

행\열	B	C	D	E	F
4	팀명	승리	무승부	득점	실점
5	맨시티	29	6	99	26
6	브라이튼	12	15	42	44
7	토트넘	22	5	69	40
8	노리치	5	7	23	84
9	애스턴 빌라	13	6	52	54
10	웨스트햄	16	8	60	51
11	뉴캐슬	13	10	44	62
12	리즈	9	11	42	79
13	번리	7	14	34	53
14	리버풀	28	8	94	26
15	아스널	22	3	61	48
16	레스터	14	10	62	59
17	첼시	21	11	76	33
18	브렌트포드	13	7	48	56
19	사우샘프턴	9	13	43	67
20	왓포드	6	5	34	77
21	에버턴	11	6	43	66
22	크리스탈 팰리스	11	15	50	46
23	맨유	6	10	57	57

2) 작업표 형식

해외 축구 프리미어리그 현황

열\행	B	E	F	G	H	I	J	K
4	팀명	득점	실점	승점	골득실	순위	평가	비고
5 · 23	–	–	–	①	②	③	④	⑤
24	승리별 합계		20승 이상	⑥	⑥			
25			15승 이상	⑦	⑦			
26			10승 이상	⑧	⑧			
27	⑨							
28	승점이 90 이상인 팀의 수				⑩			
29	승점이 50 이상 70 미만인 합			⑪	⑪			
30	최우수팀이거나 우수팀인 합			⑫	⑫			
31	⑬							

3) 작성 조건

가) 작성 시 유의 사항

Ⓐ 작업표의 작성은 "나)~라)" 항에 제시된 내용을 따르고 반드시 제시된 조건(함수 적용, 기재된 단서 조항 등)에 따라 처리하시오.

Ⓑ **제시된 작성 조건을 따르지 아니하고 여타의 방법 일체**(제시된 함수 이외 다른 함수 적용, 함수 미적용, 별도 전자계산기 사용 등)를 사용하여 도출된 결과는 그 답이 맞더라도 **정답으로 인정되지 않음**을 반드시 유의하시오.

Ⓒ 작업표상 텍스트 레이블과 작성 조건이 서로 다를 경우에는 **작성 조건을 기준**으로 수정하여 작업하시오.

나) 작업표의 구성 및 서식

Ⓐ **"작업표 형식"에서 행과 열에 관계된 음영 처리 표시된 부분은 작성하지 않음을 유의하고 반드시 제시된 행/열에 맞추도록 하시오.**

Ⓑ 제목서식 : 폰트는 16 포인트 크기로 하고 가운데 정렬합니다.

Ⓒ 글꼴 및 크기 : 이외 기타 글꼴 및 크기는 임의 선정하시오.

다) 원문자가 표시된 셀은 아래의 방법을 이용하여 처리하시오.

① 승점 : (승리×3)+(무승부×1)

② 골득실 : 득점 – 실점

③ 순위 : 승점으로 내림차순 순위를 구하시오.

(단, RANK 함수 사용, 순위 산정 기준은 내림차순으로)

④ 평가 : 순위가 3 이하이면 "최우수팀", 순위가 6 이하이면 "우수팀", 나머지는 빈 셀로 표시하시오.

⑤ 비고 : 비고는 팀명과 "/", 승리를 텍스트 함수 "CONCATENATE"을 이용하여 작성하시오.

(예 팀명 "맨시티", 승리가 29인 경우 "맨시티/29승"으로 표시)

⑥ 20승 이상 합계 : 승리가 20승 이상인 각 항목별 합계를 산출하시오.

(단, SUMIF 또는 SUMIFS 함수 사용)

⑦ 15승 이상 합계 : 승리가 15승 이상인 각 항목별 합계를 산출하시오.

(단, SUMIF 또는 SUMIFS 함수 사용)

⑧ 10승 이상 합계 : 승리가 10승 이상인 각 항복별 합계를 산출하시오.

(단, SUMIF 또는 SUMIFS 함수 사용)

⑨ "⑤"에 사용된 수식을 기재하시오(단, 리버풀을 기준으로).

⑩ 승점에서 "90 이상"인 팀의 수를 계산하시오.

(단, COUNTIF 또는 COUNTIFS 함수 사용, 결과값 뒤에 "팀"이 출력되도록 하시오)

⑪ 승점이 50 이상 70 미만인 승점과 골득실의 합을 각각 산출하시오.

(단, SUMIF 또는 SUMIFS 함수를 사용하시오)

⑫ 평가가 최우수팀이거나 우수팀인 승점과 골득실의 합을 각각 산출하시오.

(단, SUMPRODUCT 함수 사용)

⑬ "⑪"에 사용된 수식을 기재하시오(단, 승점을 기준으로).

> ※ 함수식을 기재하는 셀과 연관된 지정함수조건(함수 지정)이 있을 경우 **제시된 함수만을 사용해 함수식을 구성 및 작업**하여야 하며, 작성 조건을 위배하여 임의로 작성할 시 해당 답이 맞더라도 틀린 항목으로 채점됨을 유의하십시오. 만약, 구체적인 함수가 제시되지 않을 경우 수험자가 **스스로 적합한 함수**를 선정하여 작업하시오.
> ※ 또한 함수식을 작성할 때는 라) 정렬순서(SORT)에 따라 조건에 맞게 **정렬 후 도출된 결과**에 의한 함수식을 기재하시오.

라) 작업표의 정렬순서(SORT)는 승점을 내림차순으로 정렬하고, 같은 승점 안에서는 팀명의 오름차순으로 정렬하시오.

마) 기타

(1) 금액에 대한 수치는 원화(₩) 표시를 하고 천 단위마다 ','(Comma)를 표시하시오.

(단, 금액 이외의 수치는 ','(Comma)를 표시하지 않도록 하시오)

(2) 모든 수치(숫자, 통화, 회계, 백분율 등)는 셀 서식의 속성을 설정하는 과정에서 소수 자릿수를 "0"으로 지정하여 정수로 표시토록 하시오.

(3) 음수는 "–"가 표시되도록 하시오.

(4) 숫자 셀은 우측을 수직으로 맞추고, 문자 셀은 수평중앙으로 맞추며 이외 사항은 작업표 형식에 따른다. 특히, 인쇄출력 시 판독 불가능이 발생되지 않도록 인쇄 미리 보기 등을 통하여 셀의 크기를 적당히 조정하시오.

나. 그래프(GRAPH) 작성

작성한 작업표에서 승점이 50 이상인 팀명별 득점과 실점을 나타내는 그래프를 작성하시오.

작성 조건

1) **그래프 형태** : 혼합형 단일축 그래프

  득점(묶은 세로 막대형), 실점(데이터 표식이 있는 꺾은선형)

  (단, 득점만 데이터 레이블의 값이 표시된 혼합형 단일축 그래프로 하시오)

2) **그래프 제목** : 프리미어리그 득실 현황 ---- (글자 크기 : 확대 출력, 글꼴 서체 임의)

3) **X축 제목** : 팀명

4) **Y축 제목** : 점수

5) **X축 항목 단위** : 해당 문자열

6) **Y축 눈금 단위** : 임의

7) **범례** : 득점, 실점

8) **출력물 크기** : A4 용지 1/2장 범위 내

9) **기타** : 작성 조건에 없는 형식이나 모양은 기본 설정값에 따르며, 그래프 너비는 작업표에 맞추도록 하시오.

> ※ 그래프는 반드시 작성된 작업표와 연동하여 작업하여야 하며, 그래프의 영역(범위) 설정 오류로 인한 불이익은 전적으로 수험자 본인에게 있습니다.

자료처리(DBMS) 작업

전세대출 관리 현황을 전산화하려고 한다. 다음의 입력자료를 이용하여 DB를 설계하고 작성 조건에 따라 처리파일을 작성하고, 그 인쇄 출력물을 제출하시오.

가. 자료처리(DBMS) 작업 작성 조건

1) 자료처리(DBMS)작업은 조회화면(SCREEN) 설계와 자료처리보고서의 2가지 작업을 수행하여 그 결과물을 인쇄용지(A4) 기준 각 1장씩 총 2장을 제출하여야 채점 대상이 됨을 유의하시오.

2) 반드시 인쇄작업 수행 전 미리 보기 등을 통해 여백을 조정하고, 수치, 문자 등 구성요소가 누락되지 않도록 주의하시오. **구성요소가 누락되어 인쇄되지 않은 결과로 인한 모든 책임은 전적으로 수험자 본인에게 있음을** 반드시 유의하시오.

3) 문제지에 기재된 작성 조건에 따라 처리하고, 조회화면 및 자료처리보고서의 **서식이 작성 조건과 상이할 경우에는 시험위원의 지시에 따라 작업하시오.**

나. 입력자료

전세대출금 현황

대출번호	고객명	대출금액	대출개월수
1011	유경민	150,000,000	24
3011	이경아	200,000,000	6
2011	최경주	50,000,000	10
2011	경영호	80,000,000	36
3011	이영은	300,000,000	28
1011	박기진	150,000,000	15
1011	김미혜	50,000,000	30
2011	김미화	200,000,000	7
3011	주민석	10,000,000	5
1011	김오숙	300,000,000	18
3011	최요한	150,000,000	23
2011	박지훈	50,000,000	3
1011	최주원	100,000,000	35
2011	박종근	200,000,000	25
3011	서지혜	150,000,000	10

대출 코드표

대출번호	구분
1011	신혼부부
2011	청년
3011	무주택자

다. 조회화면(SCREEN) 설계

※ 다음 조건에 따라 대출번호가 1011 또는 2011이면서 대출개월수가 24 이상인 현황을 조회할 수 있는 화면을 설계하고 해당 데이터를 출력하시오.

1) 해당 현황은 목록 상자(리스트박스)에서 대출금액의 내림차순으로 출력하고, 화면 아래에 조회 시 작성한 SQL문을 복사하시오.
   – WHERE 조건절에 대출번호, 대출개월수 반드시 포함
   – INNER JOIN, ORDER BY 구문 반드시 포함
   ※ SQL문에 상기 내용 미포함 시 SQL 작성 부분 0점 처리

2) 리스트박스 조회 시 작성된 SQL문이 작성되지 않을 경우에는 "**다. 조회화면(SCREEN) 설계**" 과제가 0점 처리됨을 반드시 유의하시오.

3) 목록 상자에 표시되어야 할 필수적인 필드명은 다음과 같습니다.
   – 대출번호, 고객명, 구분, 대출개월수, 대출금액

4) 폼 서식에 제반되는 폰트, 점선 등은 아래 [조회화면 서식]에 보이는 대로 기재하시오.

5) 기타 사항은 "**라. 자료처리 파일(FILE) 작성**"의 [기타 조건]을 따르시오.

[조회화면 서식]

대출번호가 1011 또는 2011이면서 대출개월수가 24 이상인 현황

대출번호	고객명	구분	대출개월수	대출금액

리스트박스 조회 시 작성된 SQL문

라. 자료처리 파일(FILE) 작성

※ 다음 조건에 따라 아래 양식과 같이 작성하시오.

처리 조건

1) 구분(무주택자, 신혼부부, 청년)으로 정리한 후 같은 구분 안에서는 고객명의 오름차순으로 정렬(SORT)하시오.

2) 월이자 : 구분이 신혼부부이면 대출금액×2.1%÷12
   구분이 청년이면 대출금액×1.5%÷12
   구분이 무주택자이면 대출금액×3%÷12

3) 금리할인 : 대출개월수가 24 초과이면 월이자×10%, 그렇지 않으면 0을 나타내시오.

4) 총월이자 = 월이자-금리할인

5) 합계 : 각 월이자, 금리할인, 총월이자의 합 산출

6) 총평균 : 월이자, 금리할인, 총월이자의 전체 평균 산출

기타 조건

1) 조회화면 및 보고서의 제목은 16 정도의 임의 서체로 하시오.

2) 금액에 대한 수치는 원화(₩) 표시를 하고 천 단위마다 ','(Comma)를 표시하시오.
   (단, 금액 이외의 수치는 ','(Comma)를 표시하지 않도록 하시오)

3) 모든 수치(숫자, 통화, 백분율 등)는 컨트롤의 속성을 설정하는 과정에서 소수 자릿수를 "0"으로 지정하여 정수로 표시하시오.

4) 데이터의 열과 간격은 일정하게 맞추도록 하시오.

전세대출 관리 현황

고객명	대출번호	대출개월수	대출금액	월이자	금리할인	총월이자
XXXX	XXXX	XXXX	₩XXXX	₩XXXX	₩XXXX	XXXX
–	–	–	–	–	–	–
	무주택자 합계			₩XXXX	₩XXXX	₩XXXX
–	–	–	–	–	–	–
	신혼부부 합계			₩XXXX	₩XXXX	₩XXXX
–	–	–	–	–	–	–
	청년 합계			₩XXXX	₩XXXX	₩XXXX
	총평균			₩XXXX	₩XXXX	₩XXXX

시상(PT) 작업

주어진 2개의 슬라이드를 슬라이드 작성 조건에 따라 작업하여 인쇄합니다.

※ 슬라이드 작성 조건

1) 각 슬라이드를 문제의 **슬라이드 원안**과 같이 인쇄하여 제출합니다.
   (특히 글자, 음영, 그림자, 도형 등 인쇄된 내용 그대로 작업함을 유의하시오)

2) "주1)" 등 특수한 속성 지정이 되어 있는 경우 지시에 따라 작성하시오.

3) 글꼴은 문제 원안과 같거나 유사한 형태로 작업합니다.

4) 글자, 그림 및 도형 등의 크기와 모양은 문제 원안과 같거나 유사한 형태로 작업합니다.

5) 모든 글씨, 선 등은 흑백(그레이스케일)으로 작업하되, 글상자, 그림 및 도형 등에서 색 채우기가 있는 경우 색 채우기는 회색 40% 정도, 투명도 0%를 기준으로 작업합니다.

6) 각 슬라이드는 원안과 같이 **외곽선 테두리가 인쇄**되도록 인쇄합니다.

7) 각 슬라이드 크기는 A4 용지의 1/2 범위 내에 인쇄가 가능한 크기가 되도록 조정하여, 슬라이드 2개를 A4 용지 1매 안에 모두 인쇄합니다.

8) 비번호, 수험번호, 성명, 페이지 번호 등은 반드시 자필로 기재합니다.

〈제1 슬라이드〉

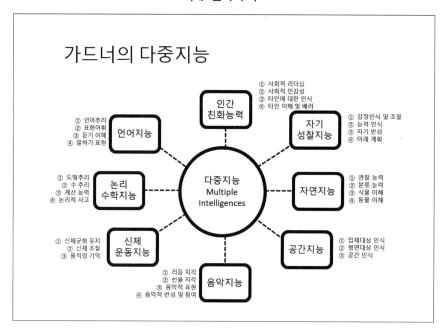

〈제2 슬라이드〉

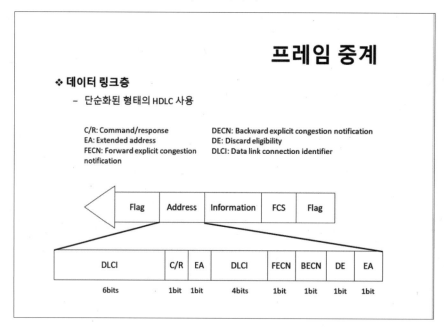

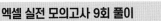 유선배 강의

엑셀 실전 모의고사 9회 풀이

1 저장하기

1) [파일]-[저장]-[찾아보기]를 클릭하여, 바탕화면의 본인의 [비번호 폴더] 안에 시험위원이 지정해 준 파일명으로 저장합니다.

2 작업표 작성 및 병합하기

1) 자료(DATA)와 작업표 형식을 보고 아래와 같이 데이터를 입력합니다.

2) B1:K1셀까지 드래그하여 블록 지정한 후 Ctrl 을 계속 누른 채 B24:E26, B27:K27, B28:G28, B29:F29, B30:F30, B31:K31, I28:K30, I24:K26셀을 드래그하여 선택합니다.

3) [홈] 탭에 맞춤 그룹의 [병합하고 가운데 맞춤]을 클릭하여 병합시켜 줍니다.

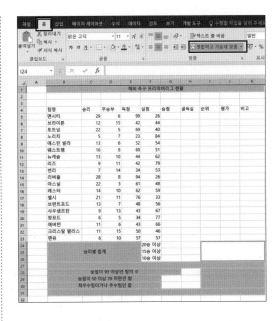

3 조건 문제 풀이

❶ 승점 : (승리×3)+(무승부×1)

함수식(G5)	=(C5*3)+(D5*1)
설명	승리(C5)에서 3을 곱한 값과 무승부(D5)에서 1을 곱한 값을 더해서 나타냅니다.

❷ 골득실 : 득점-실점

함수식(H5)	=E5-F5
설명	득점(E5)에서 실점(F5)을 뺀 값을 나타냅니다.

❸ 순위 : 승점으로 내림차순 순위를 구하시오(단, RANK 함수 사용, 순위 산정 기준은 내림차순으로).

공식	=RANK(내 승점,전체 승점 범위)
함수식(I5)	=RANK(G5,$G$5:$G$23)
설명	각각의 승점이 전체 승점 범위(G5:G23) 중에 몇 위인지를 구합니다.

❹ 평가 : 순위가 3 이하이면 "최우수팀", 순위가 6 이하이면 "우수팀", 나머지는 빈 셀로 표시하시오.

공식	=IF(조건1,참1,IF(조건2,참2,거짓))
함수식(H5)	=IF(I5<=3,"최우수팀",IF(I5<=6,"우수팀",""))
설명	• **조건1** : 순위(I5)가 3보다 작거나 같으면 • **참1** : "최우수팀"을 나타내고 • **조건2** : 순위(I5)가 6보다 작거나 같으면 • **참2** : "우수팀"을 나타내고 • **거짓** : 조건1도 조건2도 만족하지 않으면 빈 셀을 나타냅니다.

❺ 비고 : 비고는 팀명과 "/", 승리를 텍스트 함수 "CONCATENATE"을 이용하여 작성하시오(예 팀명 "맨시티", 승리가 29인 경우 "맨시티/29승" 으로 표시).

공식	=CONCATENATE(연결대상1,연결대상 2...)
함수식(K5)	=CONCATENATE(B5,"/",C5,"승")
설명	팀명(B5)과, "/", 승리(C5)와 "승"을 연결 해 나타냅니다.

◑ G5:K5셀까지 드래그하여 블록 지정한 후 K5셀의 채우기 핸들을 끌어서 K23셀까지 채워줍니다.

❻ 20승 이상 합계 : 승리가 20승 이상인 각 항목 별 합계를 산출하시오(단, SUMIF 또는 SUMIFS 함수 사용).

공식	=SUMIF(조건범위,조건,합계범위)
함수식(G24)	=SUMIF($C$5:$C$23,">=20",G5:G23)
설명	• **조건범위&조건** : 승리(C5:C23) 중에서 조건인 ">=20"을 만족하는 승점의 합계를 구합니다. • **합계범위** : 조건을 만족하는 승점의 합계를 구해야 하므로 합계범위는 G5:G23입니다.

◑ G24셀의 채우기 핸들을 드래그하여 H24셀까지 채워줍니다.

❼ 15승 이상 합계 : 승리가 15승 이상인 각 항목 별 합계를 산출하시오(SUMIF 또는 SUMIFS 함수 사용).

공식	=SUMIF(조건범위,조건,합계범위)
함수식(G25)	=SUMIF($C$5:$C$23,">=15",G5:G23)
설명	• **조건범위&조건** : 승리(C5:C23) 중에서 조건인 ">=15"을 만족하는 승점의 합계를 구합니다. • **합계범위** : 조건을 만족하는 승점의 합계를 구해야 하므로 합계범위는 G5:G23입니다.

◑ G25셀의 채우기 핸들을 드래그하여 H25셀까지 채워줍니다.

❽ 10승 이상 합계 : 승리가 10승 이상인 각 항목 별 합계를 산출하시오(단, SUMIF 또는 SUMIFS 함수 사용).

공식	=SUMIF(조건범위,조건,합계범위)
함수식(G26)	=SUMIF($C$5:$C$23,">=10",G5:G23)
설명	• **조건범위&조건** : 승리(C5:C23) 중에서 조건인 ">=10"을 만족하는 승점의 합계를 구합니다. • **합계범위** : 조건을 만족하는 승점의 합계를 구해야 하므로 합계범위는 G5:G23입니다.

◑ G26셀의 채우기 핸들을 드래그하여 H26셀까지 채워줍니다.

❿ 승점이 "90 이상"인 팀의 수를 계산하시오(단, COUNTIF 또는 COUNTIFS 함수 사용, 결과값 뒤에 "팀"이 출력되도록 하시오).

공식	=COUNTIF(조건범위,"조건")
함수식(H28)	=COUNTIF(G5:G23,">=90")
설명	• **조건범위** : 승점(G5:G23) 중에서 원하는 조건의 개수를 구해야 하므로 조건범위는 G5:G23입니다. • **조건** : 90 이상인 팀의 수를 구해야 하므로 조건을 ">=90"이라고 입력합니다.
"팀" 출력	1) H28셀을 선택하고 마우스 우클릭을 한 후 [셀 서식] 또는 Ctrl + 1 을 누릅니다. 2) [표시 형식] 탭의 [사용자 지정]에서 형식을 #팀으로 입력한 후 [확인]을 클릭합니다.

⓫ 승점이 50 이상 70 미만인 승점과 골득실의 합을 각각 산출하시오(단, SUMIF 또는 SUMIFS 함수를 사용하시오).

공식	=SUMIFS(합계범위,조건범위1,"조건1",조건범위2,"조건2")
함수식(H29)	=SUMIFS(G5:G23,$G$5:$G$23,">=50",$G$5:$G$23,"<70")
설명	• **합계범위** : 2개의 조건을 모두 만족하는 승점의 합계를 구해야 하므로 합계범위는 G5:G23입니다. • **조건범위1&조건1** : 승점(G5:G23) 중에서 첫 번째 조건인 ">=50"을 만족하고 (그리고) • **조건범위2&조건2** : 승점(G5:G23) 중에서 두 번째 조건인 "<70"을 만족하는 '승점'의 합을 구합니다.

❖ G29셀의 채우기 핸들을 드래그하여 H29셀까지 채워줍니다.

⓬ 평가가 최우수팀이거나 우수팀인 승점과 골득실의 합을 각각 산출하시오(단, SUMPRODUCT 함수 사용).

공식	=SUMPRODUCT(배열1,배열2,....)
함수식(G30)	=SUMPRODUCT(($J$5:$J$23="최우수팀")+($J$5:$J$23="우수팀"),G5:G23)
설명	평가(J5:J23)가 "최우수팀"이거나 (OR+) 평가(J5:J23)가 "우수팀"이 포함된 값을 찾아서 둘 중 하나라도 만족하면 대응하는 승점(G5:G23)끼리 곱하고, 곱한 값의 합계를 구합니다.

❖ G30셀의 채우기 핸들을 드래그하여 H30셀까지 채워줍니다.

⓭ 작성 조건 ⓫에 사용된 수식을 기재하시오(단, 승점을 기준으로).

1) G29셀을 선택한 후 수식 입력줄에 있는 수식 전체를 드래그하여 블록을 지정합니다.
2) 마우스 우클릭을 한 후 [복사] 또는 Ctrl + C (복사)한 다음 Enter 를 누릅니다.
3) 병합된 B31셀을 클릭해서 작은따옴표(')를 입력한 다음 Ctrl + V (붙여넣기) 또는 마우스 우클릭을 한 후 [붙여넣기]를 클릭하고 Enter 를 누릅니다(※ 수식 입력줄을 클릭한 후 붙여넣기를 해도 됩니다).

4 정렬하기

라) 작업표의 정렬순서(SORT)는 승점을 내림차순으로 정렬하고, 같은 승점 안에서는 팀명의 오름차순으로 정렬하시오.

1) 정렬을 하기 위해서 B4:K23셀까지 블록을 지정한 후에 [데이터] 탭의 [정렬]을 클릭합니다.
2) 첫 번째 정렬 기준은 "승점"으로 선택하고 정렬을 "내림차순 정렬"로 지정한 후 [기준 추가]를 클릭합니다.

3) 새로운 기준이 만들어졌으면 새로운 정렬 기준을
"팀명"으로 선택하고 정렬을 "오름차순 정렬"로
지정한 후 [확인]을 클릭합니다.

> ❾ "❺"에 사용된 수식을 기재하시오(단, 리버풀을
> 기준으로).

> ※ ❾번 조건은 반드시 정렬 작업 후에 지정합니다.

1) K6셀을 선택한 후 수식 입력줄에 있는 수식 전체
를 드래그하여 블록을 지정합니다.
2) 마우스 우클릭을 한 후 [복사] 또는 Ctrl + C (복
사)한 다음 Enter 를 누릅니다.
3) 병합된 B27셀을 클릭해서 작은따옴표(')를 입력
한 다음 Ctrl + V (붙여넣기) 또는 마우스 우클
릭을 한 후 [붙여넣기]를 클릭하고 Enter 를 누릅
니다(※ 수식 입력줄을 클릭한 후 붙여넣기를 해
도 됩니다).

❺ 기타 조건

> (1) 금액에 대한 수치는 원화(₩) 표시를 하고 천 단
> 위마다 ','(Comma)를 표시하시오.
> (2) 모든 수치(숫자, 통화, 회계, 백분율 등)는 셀 서
> 식의 속성을 설정하는 과정에서 소수 자릿수를
> "0"으로 지정하여 정수로 표시토록 하시오.
> (3) 음수는 "–"가 표시되도록 하시오.
> (4) 숫자 셀은 우측을 수직으로 맞추고, 문자 셀은
> 수평중앙으로 맞추며 이외 사항은 작업표 형식
> 에 따르도록 하시오. 특히, 인쇄출력 시 판독 불
> 가능이 발생되지 않도록 인쇄 미리 보기 등을
> 통하여 셀의 크기를 적당히 조정하시오.

1) 금액이 없기 때문에 회계 표시 형식은 지정하지
않습니다.
2) 숫자 셀을 제외한 셀을 선택한 후 [가운데 맞
춤 ▤]을 클릭합니다.

❻ 열 숨기기

1) A열을 선택한 후 Ctrl 을 누른 채 C~D열을 선택
하고 마우스 우클릭을 한 후 [숨기기]를 클릭합니
다. 복사한 수식이 잘 보이지 않으면 열 너비를
적당히 늘려줍니다.

❼ 제목 서식 변경하기

1) 병합된 B1:K1셀을 선택한 후 [홈] 탭에서 글자
크기를 16pt로 입력합니다.

❽ 테두리 지정하기

1) B4:K31셀까지 드래그하여 블록 지정한 후 [홈]
탭의 글꼴 그룹에서 테두리를 [모든 테두리 ⊞▾]
로 선택합니다.
2) 다시, B5:K23셀까지 드래그하여 블록 지정합니
다. Ctrl + 1 (셀 서식)의 [테두리] 탭에서 스타
일을 [없음]으로 지정하고 [중간 가로선 ▤]을 선
택한 후 [확인]을 클릭합니다.
3) 병합된 I24:K26, I28:K30셀을 선택한 후 셀 서
식의 [테두리] 탭에서 스타일을 [실선]으로 지정
하고 [양쪽 대각선]을 선택한 후 [확인]을 클릭합
니다.

9 그래프(GRAPH) 작성

> **나. 그래프(GRAPH) 작성**
> 작성한 작업표에서 승점이 50 이상인 팀명별 득점과 실점을 나타내는 그래프를 작성하시오.
>
> **[작성 조건]**
> 1) 그래프 형태 : 혼합형 단일축 그래프
>   득점(묶은 세로 막대형), 실점(데이터 표식이 있는 꺾은선형)
>   (단, 득점만 데이터 레이블의 값이 표시된 혼합형 단일축 그래프로 하시오)
> 2) 그래프 제목 : 프리미어리그 득실 현황 ----
>   (글자 크기 : 확대 출력, 글꼴 서체 임의)
> 3) X축 제목 : 팀명
> 4) Y축 제목 : 점수
> 5) X축 항목 단위 : 해당 문자열
> 6) Y축 눈금 단위 : 임의
> 7) 범례 : 득점, 실점
> 8) 출력물 크기 : A4 용지 1/2장 범위 내
> 9) 기타 : 작성 조건에 없는 형식이나 모양은 기본 설정값에 따르며, 그래프 너비는 작업표에 맞추도록 하시오.

☑ 차트 만들기

1) B4:F12셀을 선택합니다.

팀명	득점	실점	승점	골득실	순위	평가	비고
맨시티	99	26	93	73	1	최우수팀	맨시티/29승
리버풀	94	26	92	68	2	최우수팀	리버풀/28승
첼시	76	33	74	43	3	최우수팀	첼시/21승
토트넘	69	40	71	29	4	우수팀	토트넘/22승
아스날	61	48	69	13	5	우수팀	아스날/22승
웨스트햄	60	51	56	9	6	우수팀	웨스트햄/16승
레스터	62	59	52	3	7		레스터/14승
브라이튼	42	44	51	-2	8		브라이튼/12승
뉴캐슬	44	62	49	-18	9		뉴캐슬/13승
크리스탈 팰리스	50	46	48	4	10		크리스탈 팰리스/11승
브렌트포드	48	56	46	-8	11		브렌트포드/13승
애스턴 빌라	52	54	45	-2	12		애스턴 빌라/13승
사우샘프턴	43	67	40	-24	13		사우샘프턴/9승
에버턴	43	66	39	-23	14		에버턴/11승
리즈	42	79	38	-37	15		리즈/9승
번리	34	53	35	-19	16		번리/7승
맨유	57	57	28	0	17		맨유/6승
왓포드	34	77	23	-43	18		왓포드/6승
노리치	23	84	22	-61	19		노리치/5승

2) 그래프를 만들기 위해 [삽입]-[세로 또는 가로 막대형 차트 삽입 ▮▮▾]-[묶은 세로 막대형 ▮▮] 을 클릭합니다.

> **엑셀 2010 버전**
> [삽입]-[세로 막대형]-[묶은 세로 막대형]

3) 만들어진 그래프를 작업표 하단으로 드래그하여 이동하여 줍니다. 이때 차트의 왼쪽 모서리가 B33셀에 위치하도록 이동합니다.
4) 차트의 조절점을 이용하여 상단의 작업표의 열 너비인 K열까지 크기를 늘려줍니다. 차트의 높이는 적당하게 조절하여 줍니다.

☑ 차트 종류 변경하기

1) 실점 계열만 선택하고 마우스 우클릭을 한 후 [계열 차트 종류 변경]을 클릭합니다.
2) 좌측 [콤보]가 선택된 상태에서 실점 계열의 차트 종류를 [표식이 있는 꺾은선형]으로 선택한 후 [확인]을 클릭합니다.

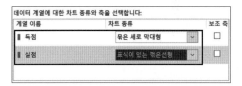

> **엑셀 2010 버전**
> 마우스 우클릭을 한 후 [계열 차트 종류 변경]을 클릭합니다. 좌측의 [꺾은선형]을 선택한 후 [표식이 있는 꺾은선형]을 클릭합니다.

☑ 레이블값 표시하기

1) 득점 계열의 막대를 선택하고 마우스 우클릭을 한 후 [데이터 레이블 추가]-[데이터 레이블 추가]를 클릭합니다

> **엑셀 2010 버전**
> 마우스 우클릭 후 [데이터 레이블 추가]

⊘ 그래프 제목

1) 차트 제목을 선택한 후 수식 입력줄에 **프리미어리 그 득실 현황**을 입력한 후 Enter 를 누릅니다.

엑셀 2010 버전
[차트 도구]의 [레이아웃] 탭의 레이블 그룹에 있는 [차트 제목]-[차트 위]를 선택한 후 제목을 삽입합니다.

⊘ X축 제목 삽입하기

1) 차트 도구의 [디자인] 탭-[차트 요소 추가]-[축 제목]-[기본 가로]를 클릭합니다.
2) 축 제목을 선택 후 수식 입력줄에서 **팀명**을 입력한 후 Enter 를 누릅니다.

엑셀 2010 버전
[레이아웃]-[축 제목]-[기본 가로축 제목]-[축 아래 제목]

엑셀 2021 버전
[차트 디자인] 탭-[차트 요소 추가]-[축 제목]-[기본 가로]

⊘ Y축 제목 삽입하기

1) 차트 도구의 [디자인] 탭-[차트 요소 추가]-[축 제목]-[기본 세로]를 클릭합니다.
2) 축 제목을 선택 후 수식 입력줄에서 **점수**를 입력합니다.

엑셀 2010 버전
[레이아웃]-[축 제목]-[기본 세로축 제목]-[제목 회전]

엑셀 2021 버전
[차트 디자인] 탭-[차트 요소 추가]-[축 제목]-[기본 세로]

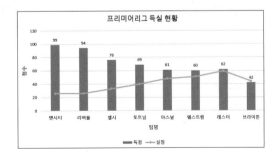

차트 글자 색과 테두리
엑셀 2016&2021은 차트의 글자 색이 회색으로 보이기 때문에 차트 영역을 선택한 후 글자 색을 검정으로 지정하고, [서식] 탭에서 [도형 윤곽선]을 검정으로 지정해두면 좋습니다. 지정하지 않아도 감점되지는 않습니다.

🔟 페이지 설정 및 인쇄

⊘ 페이지 설정

1) 데이터가 입력된 셀을 선택한 후 [파일]-[인쇄]를 클릭합니다(모든 데이터들이 한 페이지에 나타나지 않습니다).
2) [현재 설정된 용지]를 클릭한 후 **[한 페이지에 시트 맞추기]**를 클릭합니다(모든 행과 열의 데이터가 한 페이지 안에 축소되어 나타난 것을 알 수 있습니다).
3) [페이지 설정]으로 들어간 후 [여백] 탭에서 위쪽 여백을 6으로 입력하고, 페이지 가운데 맞춤을 가로, 세로 체크 후 [확인]을 클릭합니다.
4) 인쇄를 클릭하여 출력 작업을 진행합니다(실제 출력은 세 가지 작업을 모두 마친 후 진행합니다).
5) [파일]-[저장]을 클릭합니다.
6) 이전 버튼을 클릭하여 편집화면으로 되돌아갑니다.

| 작업표 작성 |

해외 축구 프리미어리그 현황

팀명	득점	실점	승점	골득실	순위	평가	비고
맨시티	99	26	93	73	1	최우수팀	맨시티/29승
리버풀	94	26	92	68	2	최우수팀	리버풀/28승
첼시	76	33	74	43	3	최우수팀	첼시/21승
토트넘	69	40	71	29	4	우수팀	토트넘/22승
아스널	61	48	69	13	5	우수팀	아스널/22승
웨스트햄	60	51	56	9	6	우수팀	웨스트햄/16승
레스터	62	59	52	3	7		레스터/14승
브라이튼	42	44	51	-2	8		브라이튼/12승
뉴캐슬	44	62	49	-18	9		뉴캐슬/13승
크리스탈 팰리스	50	46	48	4	10		크리스탈 팰리스/11승
브렌트포드	48	56	46	-8	11		브렌트포드/13승
애스턴 빌라	52	54	45	-2	12		애스턴 빌라/13승
사우샘프턴	43	67	40	-24	13		사우샘프턴/9승
에버턴	43	66	39	-23	14		에버턴/11승
리즈	42	79	38	-37	15		리즈/9승
번리	34	53	35	-19	16		번리/7승
맨유	57	57	28	0	17		맨유/6승
왓포드	34	77	23	-43	18		왓포드/6승
노리치	23	84	22	-61	19		노리치/5승
승리별 합계		20승 이상	399	226			
		15승 이상	455	235			
		10승 이상	785	189			
		=CONCATENATE(B6,"/",C6,"승")					
승점이 90 이상인 팀의 수				2팀			
승점이 50 이상 70 미만인 합			228	23			
최우수팀이거나 우수팀인 합			455	235			
=SUMIFS(G5:G23,$G$5:$G$23,">=50",$G$5:$G$23,"<70")							

| 그래프 작성 |

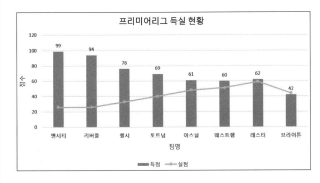

| 인쇄 미리 보기 |

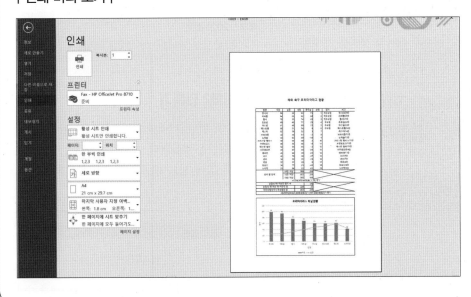

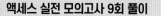

액세스 실전 모의고사 9회 풀이

1 저장하기

1) 액세스를 실행한 후 [새 데스크톱 데이터베이스]를 클릭합니다.
2) 파일 이름 입력하는 우측의 🖼를 클릭합니다.
3) 저장 위치는 [바탕화면]–[비번호 폴더] 안에 시험위원이 지정해 준 파일명을 입력한 후 [확인]을 클릭합니다.

> **액세스 2007&2010 버전**
> 액세스 실행 후 [새 데이터베이스]가 선택되어있는 상태에서 우측 파일 이름 입력하는 곳 옆의 🖼를 클릭합니다.

2 테이블 작성하기

✅ 테이블1 만들기

1) 테이블 도구의 [필드] 탭의 [보기]의 [디자인 보기]를 클릭합니다.
2) 테이블을 저장하라는 창이 나오면 테이블 이름을 그대로 '테이블1'로 지정한 후 [확인]을 클릭합니다.

> **액세스 2007 버전**
> [데이터시트] 탭–[보기]–[디자인 보기]
>
> **액세스 2021 버전**
> [데이터 필드] 탭–[보기]–[디자인 보기]

3) 아래와 같이 필드 이름과 데이터 형식을 변경합니다.

🏷 테이블1	
필드 이름	데이터 형식
🔑 대출번호	숫자
고객명	짧은 텍스트
대출금액	통화
대출개월수	숫자

> **액세스 2007&2010 버전**
> 데이터 형식의 짧은 텍스트 대신 [텍스트]로 지정합니다.

4) 조건에 기본 키를 지정하라는 조건이 없으므로 기본 키를 해제하기 위해, **"대출번호"** 필드 이름을 클릭한 후, 테이블 도구의 [디자인] 탭에서 [기본 키]를 클릭하여 기본 키를 해제합니다.
5) 테이블 도구의 [보기]–[데이터시트 보기]를 클릭한 후 테이블 저장 대화상자가 나타나면 [예]를 클릭합니다.
6) 아래와 같이 테이블1에 데이터를 입력합니다. 필드를 이동할 때는 방향키(↑, ↓, ←, →)를 이용합니다.

🏷 테이블1			
대출번호 ▾	고객명 ▾	대출금액 ▾	대출개월수 ▾
1011	유경민	₩150,000,000	24
3011	이경아	₩200,000,000	6
2011	최경주	₩50,000,000	10
2011	경영호	₩80,000,000	36
3011	이영은	₩300,000,000	28
1011	박기진	₩150,000,000	15
1011	김미혜	₩50,000,000	30
2011	김미화	₩200,000,000	7
3011	주민석	₩10,000,000	5
1011	김오숙	₩300,000,000	18
3011	최요한	₩150,000,000	23
2011	박지훈	₩50,000,000	3
1011	최주원	₩100,000,000	35
2011	박종근	₩200,000,000	25
3011	서지혜	₩150,000,000	10
* 0		₩0	0

7) '테이블1' 탭 위에서 마우스 우클릭을 한 후 [닫기]를 클릭하고 테이블1을 닫아 줍니다. 좌측에 '테이블1'을 더블 클릭하여 데이터가 올바르게 입력되었는지 다시 한번 확인합니다.

> **액세스 2021 버전**
> [디자인] 탭 대신 [양식 디자인] 탭으로 들어갑니다.

✅ 테이블2 만들기

1) [만들기] 탭의 [테이블 디자인]을 클릭하여 두 번째 테이블을 만듭니다.
2) 아래와 같이 필드 이름과 데이터 형식을 지정합니다.

🏷 테이블2	
필드 이름	데이터 형식
대출번호	숫자
구분	짧은 텍스트

3) 테이블 도구의 [보기]-[데이터시트 보기]를 클릭한 후 테이블 저장 대화상자가 나타나면 [예]-[확인]을 클릭합니다.

4) "기본 키를 정의하지 않았습니다. 기본 키를 만드시겠습니까?"라는 대화상자가 나오면 [아니요]를 클릭합니다.

5) 아래와 같이 테이블2에 데이터를 입력합니다. 필드를 이동할 때는 방향키(↑, ↓, ←, →)를 이용합니다.

6) '테이블2' 탭 위에서 마우스 우클릭을 한 후 [닫기]를 클릭하고 테이블2를 닫아 줍니다. 좌측에 '테이블2'를 더블 클릭하여 데이터가 올바르게 입력되었는지 다시 한번 확인합니다.

❸ 폼 작성 및 편집

✅ 폼 디자인 만들기

1) [만들기] 탭에서 [폼 디자인]을 클릭합니다.

✅ 레이블로 제목 만들기

1) 폼의 우측 하단 모서리에서 마우스 커서가 ✛ 모양일 때 드래그하여 가로는 19cm, 세로는 20cm 안쪽으로 드래그합니다.

2) 폼의 제목을 입력하기 위해서, 폼 디자인 도구의 [디자인] 탭에서 [레이블 가가]을 클릭한 후 폼의 상단에 적당한 크기로 드래그합니다.

3) 레이블 안에 제목을 입력한 후 글자를 블록 지정하거나, 레이블 테두리를 클릭한 후 폼 디자인 도구의 [서식] 탭에서 크기를 16pt로 입력하고 [가운데 정렬 ≡]을 클릭합니다.

※ 제목에서 한 줄을 입력하고 줄 바꿈은 Shift + Enter 를 누릅니다.

※ 조절점을 더블 클릭하면 레이블 상자가 글자 크기에 맞춰서 조절됩니다.

✅ 목록 상자 만들기

1) 폼 디자인 도구의 [디자인] 탭에서 [목록 상자 ▦]를 클릭한 후 제목 아래에 적당한 크기로 드래그하여 그려줍니다.

2) "목록 상자 마법사" 창이 나타나면 [취소]를 클릭하여 창을 닫아 줍니다.

3) 목록 상자 왼쪽에 있는 "List1:" 레이블을 선택한 후 Delete 를 눌러 삭제합니다.

4) [속성 시트]의 [데이터] 탭에서 [행 원본]을 선택한 후 ···를 클릭합니다.

※ 속성 시트가 없으면 폼 디자인 도구의 [디자인] 탭에서 [속성 시트]를 클릭합니다.

5) 테이블 표시 창이 나타나면 '테이블1'과 '테이블2'를 더블 클릭한 후 [닫기]를 클릭합니다.

6) 테이블1에 있는 **대출번호** 필드를 테이블2의 **대출번호**로 드래그하여 연결해줍니다.

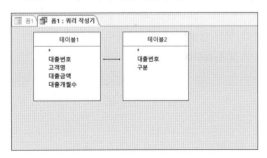

7) 조회화면 서식에 나와 있는 필드명 **대출번호, 고객명, 구분, 대출개월수, 대출금액**을 순서대로 더블 클릭하여 필드에 추가합니다.

필드:	대출번호	고객명	구분	대출개월수	대출금액	
테이블:	테이블1	테이블1	테이블2	테이블1	테이블1	
정렬:						
표시:	☑	☑	☑	☑	☑	☐
조건:						
또는:						

8) 대출번호의 조건에 **1011 OR 2011**을 입력한 후 Enter 를 누르면 **1011 Or 2011**로 변경됩니다.

9) 대출개월수가 24 이상인 현황을 나타내려면, 대출개월수에 **>=24**를 입력합니다. AND 조건이므로 같은 행에 조건을 입력합니다.

10) 대출금액을 내림차순으로 정렬하기 위해 대출금액의 정렬에서 ∨를 클릭한 후 내림차순을 선택합니다.

필드:	대출번호	고객명	구분	대출개월수	대출금액
테이블:	테이블1	테이블1	테이블2	테이블1	테이블1
정렬:					내림차순
표시:	✓	✓	✓	✓	✓
조건:	1011 Or 2011			>=24	
또는:					

11) 데이터시트 보기와 SQL 보기로 들어가서 조건에 맞게 데이터가 추출되는지 확인합니다.

12) [폼1 : 쿼리 작성기] 탭에서 마우스 우클릭을 한 후 [닫기]-[예]를 클릭합니다.

13) [속성 시트]의 [형식] 탭에서 **열 개수**를 5로 입력하고, **열 이름**을 **예**로 지정합니다.

14) [폼1] 탭에서 마우스 우클릭을 한 후 [폼 보기]를 클릭하여 확인합니다.

대출번호	고객명	구분	대출개월수	대출금액
2011	박흥근	청년	25	₩200,000,000
1011	유경민	신혼부부	24	₩150,000,000
1011	최주원	신혼부부	35	₩100,000,000
2011	경영호	청년	36	₩80,000,000
1011	김미혜	신혼부부	30	₩50,000,000

※ 목록 상자에 스크롤바가 생기면 감점되기 때문에 목록 상자의 높이를 키워주어 스크롤바가 생기지 않도록 합니다.

✅ 선 그리기

1) 목록 상자의 하단의 선을 만들기 위해 다시 [홈] 탭-[보기]-[디자인 보기]를 클릭한 후 폼 디자인 도구의 [디자인] 탭에서 [선◻]을 선택합니다.

2) Shift 를 누른 채 목록 상자 하단에 드래그하여 직선을 그려줍니다.

3) [속성 시트]의 [형식] 탭에서 [테두리 두께]를 [6pt]로 지정합니다.

✅ 텍스트 상자 만들기

1) 폼 디자인 도구의 [디자인] 탭에서 [텍스트 상자 가나]를 선택한 후 목록 상자 아래쪽에 적당하게 드래그하여 그려줍니다.

2) "텍스트 상자 마법사" 창이 나오면 [취소]를 클릭합니다.

3) 텍스트 상자 왼쪽에 있는 레이블을 선택하여 **리스트박스 조회 시 작성된 SQL문**을 입력합니다.

4) 레이블 테두리를 선택한 후, 폼 디자인 도구의 [서식] 탭에서 글자 크기를 **16pt**로 입력합니다. 레이블과 텍스트 상자의 **이동 핸들을 드래그**하여 위치를 이동할 수 있습니다.

5) 우측 하단에서 드래그하여 텍스트 상자, 선, 목록 상자가 조금이라도 포함되도록 선택합니다.

6) 폼 디자인 도구의 [정렬] 탭-[맞춤]-[왼쪽]을 클릭하고, 다시 [크기/공간]-[가장 넓은 너비에]를 클릭하여 좌/우 크기를 동일하게 맞춰줍니다.

7) [속성 시트]의 [형식] 탭에서 [테두리 색]을 [검정 텍스트]로 지정합니다.

8) 빈 곳을 클릭, 다시 텍스트 상자만 선택한 후 [속성 시트]의 [테두리 스타일]을 [파선]으로 지정합니다.

✅ SQL문 복사하기

1) 목록 상자를 클릭한 후 [속성 시트]의 [데이터] 탭에서 [행 원본]을 클릭합니다. Ctrl + C (복사)를 누른 후 텍스트 상자를 클릭합니다.

2) =를 입력하고, 작은따옴표(')를 입력합니다. Ctrl + V (붙여넣기)를 한 후 다시 작은따옴표(')로 닫아 줍니다.

3) 전체를 드래그하여 모든 컨트롤을 선택한 후 폼 디자인 도구의 [서식] 탭에서 [글꼴 색 **가**]을 [검정, 텍스트 1]로 지정합니다. [본문]을 클릭해서 [교차 행 색]을 [흰색, 배경 1]로 지정합니다.

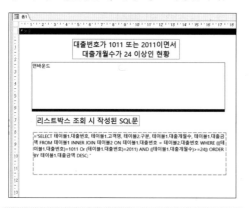

※ 액세스 2007 버전은 기본 글꼴 색이 "검정"이기 때문에 따로 글꼴 색 지정은 하지 않습니다.

☑ 인쇄 미리 보기 및 여백 지정하기

1) [파일]–[인쇄]–[인쇄 미리 보기]에서 완성된 폼 화면을 확인할 수 있습니다.

2) 상단 [페이지 설정]에서 **위쪽 여백**을 60으로 입력하고 [확인]을 클릭합니다. 인쇄될 결과물을 확인한 후 [인쇄 미리 보기 닫기]를 클릭합니다.

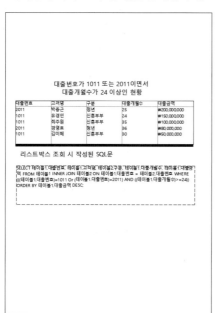

3) [폼1] 탭에서 마우스 우클릭을 한 후 [닫기]–[예]를 클릭합니다.

4 쿼리 작성 및 편집

☑ 쿼리 디자인 만들기

1) [만들기]–[쿼리] 그룹에서 [쿼리 디자인]을 클릭합니다.

> **액세스 2007 버전**
> [만들기]–[기타] 그룹의 [쿼리 디자인]

2) 테이블 표시 대화상자가 나타나면 '테이블1'과 '테이블2'를 순서대로 더블 클릭하여 테이블을 생성시킨 후 [닫기]를 클릭합니다.

3) 테이블1의 **대출번호**를 테이블2의 **대출번호**로 드래그하여 조인(JOIN)을 시켜줍니다.

☑ 테이블 조인 및 필드 추가

> ※ 보고서 서식을 보고 각각의 필드를 더블 클릭하여 실행하고, 계산이 필요한 필드는 처리 조건을 보고 계산합니다.

1) 보고서 서식을 보고 **고객명, 대출번호, 대출개월수, 대출금액, 구분**을 순서대로 더블 클릭하여 필드를 추가하여 줍니다(★ 구분별로 전세 대출 관리 현황을 나타내야 하므로 반드시 구분도 추가해줍니다).

필드:	고객명	대출번호	대출개월수	대출금액	구분
테이블:	테이블1	테이블1	테이블1	테이블1	테이블2
정렬:					
표시:	☑	☑	☑	☑	☑
조건:					
또는:					

> **[처리 조건]**
> • 월이자 : 구분이 신혼부부이면 대출금액×2.1%÷12
>   구분이 청년이면 대출금액×1.5%÷12
>   구분이 무주택자이면 대출금액×3%÷12
> • 금리할인 : 대출개월수가 24 초과이면 월이자×10%,
>   그렇지 않으면 0을 나타내시오.
> • 총월이자 = 월이자−금리할인

2) 구분 오른쪽 필드에 **월이자: IIF(구분="신혼부부",
대출금액*0.021/12,IIF(구분="청년",대출금
액*0.015/12,대출금액*0.03/12))**를 입력합니다.

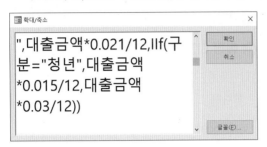

3) 월이자 오른쪽 필드에 **금리할인: IIf(대출개월수>
24,월이자*0.1,0)**를 입력합니다.

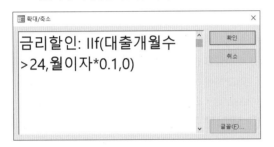

4) 금리할인 오른쪽 필드에 **총월이자: 월이자-금리
할인**을 입력합니다.

☑ 쿼리 확인하기

1) [쿼리1] 탭에서 마우스 우클릭을 한 후 [데이터시
트 보기]를 클릭하여 쿼리 결과를 확인합니다.

2) [쿼리1] 탭의 [닫기]를 클릭한 후, 대화상자가 나
오면 [예]를 클릭합니다. 폼 이름은 [쿼리1]로 지
정한 후 [확인]을 클릭합니다.

5 보고서 작성 및 편집

☑ 보고서 마법사로 보고서 만들기

1) [만들기] 탭의 보고서 그룹에서 [보고서 마법사]
를 클릭합니다.

2) 보고서 마법사 대화상자가 나타나면 '테이블/쿼
리'를 **[쿼리: 쿼리1]**로 변경하고, 사용 가능한 필
드에서 >> 를 클릭하여 선택한 필드로 모두 이
동시킨 후 [다음]을 클릭합니다.

> **[처리 조건]**
> 구분(무주택자, 신혼부부, 청년)별로 정리한 후, 같은 구분
> 안에서는 고객명의 오름차순으로 정렬(SORT)하시오.

3) 처리 조건에 **구분별**로 정리하라는 지시가 있으므
로 **구분**을 선택한 후 > 를 클릭하여 그룹 수준
을 지정하고 [다음]을 클릭합니다.

4) 같은 **구분** 안에서는 **고객명**의 **오름차순**으로 정렬
(SORT)해야 한다는 조건이 있기 때문에 첫 번째
필드를 **고객명**으로 입력하고 오름차순으로 지정
한 후 [요약 옵션]을 클릭합니다.

> **[처리 조건]**
> • 합계 : 각 월이자, 금리할인, 총월이자의 합 산출
> • 총평균 : 월이자, 금리할인, 총월이자의 전체 평균 산출

5) **월이자, 금리할인, 총월이자**의 합계와 평균에 □를
클릭하여 ✓ 체크한 후 [확인]을 클릭합니다.

6) [다음]을 클릭하면 보고서 모양을 지정할 수 있는 보고서 마법사가 나타나는데 기본 설정 그대로 지정된 상태로 [다음]을 클릭합니다.

7) 보고서 제목은 [쿼리1]로 그대로 지정하고, [보고서 디자인 수정]을 선택한 후 [마침]을 클릭합니다.

✅ 필요 없는 컨트롤 삭제하기

1) [구분 바닥글]의 ="에 대한 요약"의 좌측 눈금선에서 마우스 커서가 ➡로 바뀌면 클릭합니다. [Shift]를 누른 채 [페이지 바닥글]의 =NOW, =Page와 [보고서 바닥글]의 총합계 컨트롤을 선택하고 [Delete]를 눌러 삭제합니다.

2) [페이지 머리글]의 구분도 선택한 후 [Delete]를 눌러 삭제합니다.

✅ 컨트롤 배치 및 속성 변경하기

1) [구분 바닥글]의 평균을 선택한 후 [보고서 바닥글]로 드래그하여 내려줍니다.

2) [구분 머리글]의 구분을 [구분 바닥글]의 합계 좌측으로 드래그하여 내려줍니다.

3) [구분 머리글]과 [페이지 바닥글] 아래에서 마우스 커서가 ✚로 변할 때 위로 드래그하여 높이를 끝까지 줄여줍니다. [구분 바닥글]에 합계 컨트롤도 위치를 위쪽으로 이동한 후 높이를 줄여줍니다.

4) 각 컨트롤의 위치와 크기를 아래와 같이 변경합니다. [보고서 바닥글]의 평균을 **총평균**으로 변경합니다.

> ※ [쿼리1] 탭에서 마우스 우클릭을 한 후 [레이아웃 보기]를 클릭해서 #####으로 나타나 있으면, 컨트롤의 너비를 조금 더 늘려주어야 합니다.
> ※ 레이아웃 보기에서 컨트롤의 위치를 세부적으로 조절합니다.

✅ 보고서 제목 및 서식 지정하기

1) [쿼리1] 글자를 드래그하여 블록 지정한 후 보고서 제목 **전세대출 관리 현황**을 입력합니다.

2) 제목의 바깥쪽 테두리를 선택한 후, 오른쪽 조절점에서 끝까지 드래그합니다.

3) 보고서 디자인 도구의 [서식] 탭에서 글자 크기를 16pt로 입력하고, [가운데 맞춤 ≡]을 클릭합니다.

> **액세스 2007 버전**
> 폼 디자인 도구의 [디자인] 탭
>
> **액세스 2010 버전**
> 폼 디자인 도구의 [형식] 탭

4) 마우스 우클릭을 한 후 [레이아웃 보기]에서 각 컨트롤의 위치와 정렬 등을 보고서의 출력 형태에 맞춰서 적당하게 조절합니다.

✅ 금액에 대한 수치 원화(₩)로 표시하기

> ※ 레이아웃 보기로 들어가면 원화(₩) 표시가 없는 컨트롤을 확인할 수 있습니다.

1) [본문]의 월이자, 금리할인, 총월이자와 [구분 바닥글]과 [보고서 바닥글]의 월이자, 금리할인, 총월이자의 합계와 평균을 [Shift]를 이용하여 선택합니다.

2) [속성 시트]의 [형식] 탭에서 형식을 [통화]로 지정합니다.

✅ 컨트롤 글꼴 색 및 윤곽선 설정하기

1) 모든 컨트롤을 드래그하거나 단축키 [Ctrl]+[A] (모두 선택)를 눌러 선택해줍니다.

2) 보고서 디자인 도구의 [서식] 탭에서 [글꼴 색]을 [검정, 텍스트 1]로 지정하고, [도형 윤곽선]을 [투명]으로 지정합니다.

✅ 배경색 및 교차 행 색 설정하기

1) [보고서 머리글]을 선택한 후 보고서 디자인 도구의 [서식] 탭에 [도형 채우기]를 [흰색, 배경 1]로 지정합니다.

2) [본문]을 클릭한 후 보고서 디자인 도구의 [서식] 탭의 [교차 행 색]을 [색 없음]으로 지정합니다.

3) 마찬가지 방법으로 [구분 바닥글]을 클릭하여 [교차 행 색]을 [색 없음]으로 지정합니다.

✅ 선 삽입하기

1) 보고서 디자인 도구의 [디자인] 탭을 클릭한 후 [선 ⬚]을 선택합니다. [페이지 머리글]의 좌측부터 Shift 를 누른 채 드래그하여 그려줍니다.

2) [페이지 머리글]의 위쪽에 그려준 선이 선택된 상태에서 Ctrl + C (복사)를 한 후 다시 Ctrl + V (붙여넣기)를 합니다.

3) 키보드의 아래 화살표(↓)를 눌러 복사된 선을 [페이지 머리글]의 아래쪽에 위치되도록 합니다.

4) [구분 바닥글]을 클릭한 후 Ctrl + V (붙여넣기)를 하면 [구분 바닥글] 위쪽에 선이 복사됩니다. 다시 한번 Ctrl + V (붙여넣기)를 한 후 아래 화살표(↓)를 눌러 [구분 바닥글]의 아래쪽에 위치시켜 줍니다.

5) [보고서 바닥글]을 클릭한 후 Ctrl + V (붙여넣기)를 한 후 아래 화살표(↓)를 눌러 [보고서 바닥글]의 아래쪽에 위치시켜 줍니다.

✅ 레이아웃 보기에서 세부 설정하기

1) [쿼리1] 탭에서 마우스 우클릭을 한 후 [레이아웃 보기]를 클릭하여 보고서의 배치가 잘 되었는지 확인합니다.

2) 출력 형태를 보면서 위치와 크기를 조절해 줍니다.

6 인쇄 및 페이지 설정

✅ 인쇄 미리 보기 및 페이지 설정

1) [쿼리1] 탭에서 마우스 우클릭을 한 후 [인쇄 미리 보기]를 클릭합니다.

2) [인쇄 미리 보기] 탭에서 [페이지 설정]을 클릭합니다.

3) 위쪽 여백을 60으로 입력한 후 [확인]을 클릭합니다.

4) [인쇄 미리 보기 닫기]를 클릭하여 미리 보기를 닫아 준 후에 [파일]-[저장]을 클릭합니다. 우측 상단의 [닫기 ❌]를 클릭하여 액세스를 종료합니다.

| DB 조회화면 |

대출번호가 1011 또는 2011이면서
대출개월수가 24 이상인 현황

대출번호	고객명	구분	대출개월수	대출금액
2011	박종근	청년	25	₩200,000,000
1011	유경민	신혼부부	24	₩150,000,000
1011	최주원	신혼부부	35	₩100,000,000
2011	경영호	청년	36	₩80,000,000
1011	김미혜	신혼부부	30	₩50,000,000

리스트박스 조회 시 작성된 SQL문

```
SELECT 테이블1.대출번호, 테이블1.고객명, 테이블2.구분, 테이블1.대출개월수, 테이블1.대출금
액 FROM 테이블1 INNER JOIN 테이블2 ON 테이블1.대출번호 = 테이블2.대출번호 WHERE
(((테이블1.대출번호)=1011 Or (테이블1.대출번호)=2011) AND ((테이블1.대출개월수)>=24))
ORDER BY 테이블1.대출금액 DESC;
```

| DB 보고서 |

전세대출 관리 현황

고객명	대출번호	대출개월수	대출금액	월이자	금리할인	총월이자
서지혜	3011	10	₩150,000,000	₩375,000	₩0	₩375,000
이경아	3011	6	₩200,000,000	₩500,000	₩0	₩500,000
이영은	3011	28	₩300,000,000	₩750,000	₩75,000	₩675,000
주민석	3011	5	₩10,000,000	₩25,000	₩0	₩25,000
최요한	3011	23	₩150,000,000	₩375,000	₩0	₩375,000
무주택자 합계				₩2,025,000	₩75,000	₩1,950,000
김미혜	1011	30	₩50,000,000	₩87,500	₩8,750	₩78,750
김오숙	1011	18	₩300,000,000	₩525,000	₩0	₩525,000
박기진	1011	15	₩150,000,000	₩262,500	₩0	₩262,500
유경민	1011	24	₩150,000,000	₩262,500	₩0	₩262,500
최주원	1011	35	₩100,000,000	₩175,000	₩17,500	₩157,500
신혼부부 합계				₩1,312,500	₩26,250	₩1,286,250
경영호	2011	36	₩80,000,000	₩100,000	₩10,000	₩90,000
김미화	2011	7	₩200,000,000	₩250,000	₩0	₩250,000
박종근	2011	25	₩200,000,000	₩250,000	₩25,000	₩225,000
박지훈	2011	3	₩50,000,000	₩62,500	₩0	₩62,500
최경주	2011	10	₩50,000,000	₩62,500	₩0	₩62,500
청년 합계				₩725,000	₩35,000	₩690,000
총평균				₩270,833	₩9,083	₩261,750

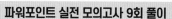
① 저장하기

1) [시작] ➡ [Microsoft Office] ➡ [Microsoft PowerPoint 2016]을 클릭하여 파워포인트를 실행합니다.
2) [파일]-[저장]-[찾아보기]를 클릭하면 저장 창이 나타납니다.
3) 저장 위치는 [바탕화면]-[비번호 폴더] 안에 시험위원이 지정해 준 파일명을 입력한 후 [확인]을 클릭합니다.

② 슬라이드 크기 변경하기

1) [디자인]-[슬라이드 크기]를 클릭한 후 [표준 4:3]으로 변경합니다.

③ 레이아웃 변경하기

1) [홈] 탭-[레이아웃]에서 [빈 화면]을 클릭합니다.

④ 새 슬라이드 만들기

1) 슬라이드 미리 보기 창의 슬라이드를 클릭한 후 Enter를 눌러 빈 화면 새 슬라이드를 추가합니다.

제1 슬라이드

⑤ 제목 만들기

1) [삽입]-[텍스트 상자]를 클릭한 후 슬라이드에 클릭하고 제목을 입력합니다(36pt).

⑥ 타원 및 모서리가 둥근 사각형 삽입하기

1) [삽입]-[도형]-[타원◯]을 클릭한 후 아래와 같이 그려줍니다.
2) [삽입]-[도형]-[모서리가 둥근 직사각형▢]을 클릭한 후 도형 하나를 그려줍니다.
3) 타원과 모서리가 둥근 직사각형이 포함되게 드래그한 후 [서식]-[도형 스타일]을 [색 윤곽선-검정, 어둡게 1]로 지정합니다
4) 모서리가 둥근 직사각형을 선택한 후 Ctrl+드래그하여 복사하고 글자를 입력합니다(18pt).

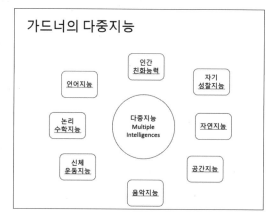

5) 삽입한 도형이 포함되도록 드래그하여 모두 선택한 후 [서식]-[도형 윤곽선]-[두께]를 [6pt]로 지정합니다.
6) 도형을 선택한 후 [서식]-[도형 효과]-[그림자]에서 [오프셋 오른쪽]을 선택합니다.
7) 그림자의 세부 설정을 하기 위해서 [서식]-[도형 효과]-[그림자]-[그림자 옵션]을 클릭합니다.
8) 투명도 : 0pt, 흐리게 : 0pt, 간격을 8pt로 입력합니다.

> ※ 파워포인트 2021 버전에서는 [서식] 탭 대신 [도형 서식] 탭을 사용합니다.

⑦ 선 삽입하기

1) [삽입]-[도형]-[선 ]을 클릭한 후 아래와 같이 연결하여 줍니다.

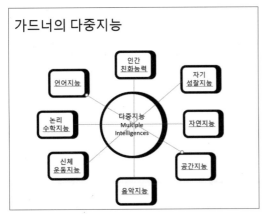

2) Shift 를 이용하여 선을 모두 선택한 후에 [서식]-[뒤로 보내기]-[맨 뒤로 보내기]로 지정하고, [서식]-[도형 윤곽선]의 색을 [검정, 텍스트 1], [두께]를 [3pt], [대시]를 [파선]으로 지정합니다.

⑧ 텍스트 상자 삽입하기

1) [삽입]-[텍스트 상자]를 클릭한 후 슬라이드에 클릭하고 글자를 입력합니다(12pt).

2) 텍스트 상자 테두리를 선택하고 [홈]-[번호 매기기]를 클릭한 후 [원 숫자]를 선택합니다.

3) 출력 형태를 보고 [홈] 탭에 [왼쪽 맞춤] 또는 [오른쪽 맞춤]을 클릭합니다.

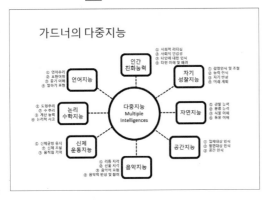

제2 슬라이드

⑨ 제목 만들기

1) [삽입]-[텍스트 상자]를 클릭한 후 슬라이드 우측 상단에 클릭하고 글자를 입력합니다(40pt, 굵게).

⑩ 텍스트 상자 삽입하기1

1) [삽입]-[텍스트 상자]를 클릭한 후 슬라이드에 클릭합니다.

2) 아래와 같이 내용을 입력합니다.

데이터 링크층	20pt, 굵게
단순화된 형태의 HDLC 사용	18pt

```
                              프레임 중계
  데이터 링크층
  단순화된 형태의 HDLC 사용
```

3) "데이터 링크층" 앞에 커서를 놓고 마우스 우클릭을 한 후 [글머리 기호]-[별표 글머리 기호❖]를 선택합니다.

4) "단순화된" 앞에 커서를 놓고 마우스 우클릭을 한 후 [글머리 기호]-[글머리 기호 및 번호 매기기]의 [사용자 지정]을 클릭합니다.

5) 하위 집합을 [일반 문장 부호]로 지정한 후 '—'을 선택하고 [확인]을 클릭합니다.

6) Tab 또는 [홈] 탭의 [단락] 그룹에서 [목록 수준 늘림]을 클릭합니다.

⑪ 텍스트 상자 삽입하기2

1) [삽입]-[텍스트 상자]를 클릭한 후 슬라이드에 클릭하고 글자를 입력합니다(16pt).

2) 텍스트 상자 테두리를 선택하고 Ctrl + Shift +드래그하여 복사한 후 테스트 상자의 글자를 변경합니다.

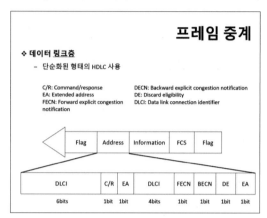

⓬ 이등변 삼각형 & 직사각형 삽입하기

1) [삽입]–[도형]–[이등변 삼각형 △]을 클릭한 후 드래그하여 그려줍니다.

2) 삼각형이 선택된 상태에서 [서식]–[회전]–[왼쪽으로 90도 회전]을 클릭합니다.

3) [삽입]–[도형]–[직사각형 □]을 클릭한 후 드래그하여 그려줍니다.

4) 이등변 삼각형과 직사각형이 포함되게 드래그하여 선택한 후 [서식]–[도형 스타일]을 [색 윤곽선 - 검정, 어둡게 1 가바다]로 지정합니다.

5) 사각형만 선택한 후 Ctrl + Shift +드래그하여 복사한 후 도형의 너비를 각각 출력 형태에 맞춰 조절합니다. 도형을 선택하여 글자를 입력합니다 (18pt).

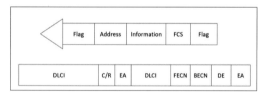

⓭ 텍스트 상자 삽입하기 3

1) [삽입]–[텍스트 상자 가로]를 클릭하여 슬라이드에 클릭한 후 글자를 입력합니다(16pt).

2) 텍스트 상자 테두리를 선택한 후 Ctrl + Shift + 드래그하여 복사한 후 테스트 상자의 글자를 변경합니다.

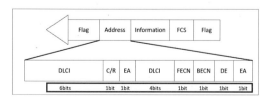

⓮ 선 삽입하기

1) [삽입]–[도형]–[선 \]을 클릭하고 드래그하여 각각 그려준 후 [서식]–[도형 윤곽선]–[두께]를 [2¼pt]로 지정합니다.

⓯ 날짜와 페이지 번호 제거하기

1) [보기]–[유인물 마스터]를 클릭합니다.

2) [유인물 마스터]에서 **날짜**와 **페이지 번호** 체크를 해제한 후 [**마스터 보기 닫기**]를 클릭합니다.

⓰ 페이지 설정 및 인쇄

1) [파일]–[인쇄]에서 슬라이드 설정을 [2슬라이드]와 고품질로 지정한 후 [인쇄]를 클릭합니다.

| 인쇄 미리 보기 |

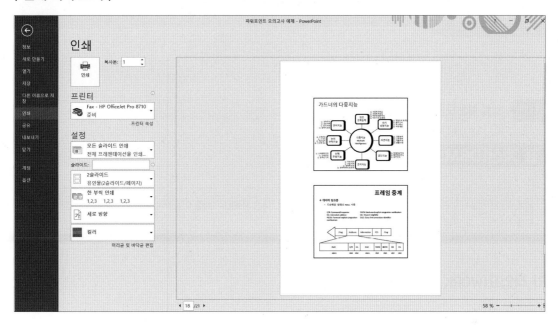

표 계산(DBMS) 작업

서울시에서 서울시 어린이집 특활비 납부 현황을 분석하고자 한다. 다음 자료(DATA)를 이용하여 작성 조건에 따라 작업표와 그래프를 작성하고, 그 인쇄 출력물을 제출하시오.

가. 작업표(WORK SHEET) 작성

1) 자료(DATA)

특활비 납부 자료

행\열	A	B	C
4	어린이집 코드	어린이집명	인원
5	G-01A	하나 어린이집	60
6	D-12A	새봄 어린이집	70
7	D-53C	노을 어린이집	30
8	J-78B	새솔 어린이집	50
9	G-23B	숲 어린이집	45
10	J-31C	아이뜰 어린이집	20
11	G-19A	은천 어린이집	65
12	J-50B	참사랑 어린이집	44
13	D-66C	키움 어린이집	32
14	G-31B	해피 어린이집	35
15	G-33A	공룡 어린이집	60
16	J-94C	꿈의숲 어린이집	25
17	D-40B	초롱 어린이집	35
18	J-33C	아이누리 어린이집	20
19	D-16A	꿈꾸는 어린이집	45
20	G-96B	동화 어린이집	35
21	D-85C	사랑가득 어린이집	15
22	J-24A	자연 어린이집	50
23	D-82C	큰나무 어린이집	18
24	D-88B	해와달 어린이집	30

2) 작업표 형식

서울시 어린이집 특활비 납부 현황

열＼행	A	B	C	D	E	F	G	H
4	어린이집 코드	어린이집명	인원	유형	자치구	특활비	합계	순위
5 · 24	−	−	−	①	②	③	④	⑤
25	평균					⑥	⑥	
26	유형별 합계				국공립	⑦	⑦	
27					직장	⑧	⑧	
28					가정	⑨	⑨	
29	⑩							
30	국공립이거나 직장어린이집인 합					⑪	⑪	
31	강남구이거나 동작구인 합					⑫	⑫	
32	⑬							

3) 작성 조건

가) 작성 시 유의 사항

Ⓐ 작업표의 작성은 "나)~라)" 항에 제시된 내용을 따르고 반드시 제시된 조건(함수 적용, 기재된 단서 조항 등)에 따라 처리하시오.

Ⓑ **제시된 작성 조건을 따르지 아니하고 여타의 방법 일체**(제시된 함수 이외 다른 함수 적용, 함수 미적용, 별도 전자계산기 사용 등)를 사용하여 도출된 결과는 그 답이 맞더라도 **정답으로 인정되지 않음**을 반드시 유의하시오.

Ⓒ 작업표상 텍스트 레이블과 작성 조건이 서로 다를 경우에는 **작성 조건을 기준**으로 수정하여 작업하시오.

나) 작업표의 구성 및 서식

Ⓐ **"작업표 형식"에서 행과 열에 관계된 음영 처리 표시된 부분은 작성하지 않음을 유의하고 반드시 제시된 행/열에 맞추도록 하시오.**

Ⓑ 제목서식 : 폰트는 16 포인트 크기로 하고 가운데 정렬합니다.

Ⓒ 글꼴 및 크기 : 이외 기타 글꼴 및 크기는 임의 선정하시오.

다) 원문자가 표시된 셀은 아래의 방법을 이용하여 처리하시오.

① 유형 : 코드의 마지막 글자가 A이면 국공립, 코드의 마지막 글자가 B이면 직장, 코드의 마지막 글자가 C이면 가정이라고 나타내시오.

② 자치구 : 어린이집 첫 글자가 G이면 "강남구", 어린이집 첫 글자가 D이면 "동작구", 어린이집 첫 글자가 J이면 "종로구"로 나타내시오.

③ 특활비 : 유형이 국공립이면 130,000, 유형이 직장이면 120,000, 유형이 가정이면 100,000을 나타내시오.

④ 합계 : 인원×특활비

⑤ 순위 : 합계로 내림차순 순위를 구하시오.

　　(단, RANK 함수 사용, 순위 산정 기준은 내림차순으로)

⑥ 평균 : 각 항목별 평균 산출

⑦ 국공립 유형별 합계 : 유형이 국공립인 특활비, 합계의 합을 산출하시오.

　　(단, SUMIF 또는 SUMIFS 함수 사용)

⑧ 직장 유형별 합계 : 유형이 직장인 특활비, 합계의 합을 산출하시오.

　　(단, SUMIF 또는 SUMIFS 함수 사용)

⑨ 가정 유형별 합계 : 유형이 가정인 특활비, 합계의 합을 산출하시오.

　　(단, SUMIF 또는 SUMIFS 함수 사용)

⑩ "⑨"에 사용된 수식을 기재하시오(단, 합계를 기준으로).

⑪ 국공립이거나 직장 어린이집인 특활비, 합계의 합을 산출하시오.

　　(단, SUMPRODUCT, ISNUMBER, FIND 함수 사용)

⑫ 강남구이거나 동작구인 특활비, 합계의 합을 산출하시오.

　　(단, SUMPRODUCT, ISNUMBER, FIND 함수 사용)

⑬ "①"에 사용된 수식을 기재하시오(단, 자연어린이집 기준으로).

> ※ 함수식을 기재하는 셀과 연관된 지정함수조건(함수 지정)이 있을 경우 **제시된 함수만을 사용해 함수식을 구성 및 작업하여야** 하며, 작성 조건을 위배하여 임의로 작성할 시 해당 답이 맞더라도 틀린 항목으로 채점됨을 유의하십시오. 만약, 구체적인 함수가 제시되지 않을 경우 수험자가 **스스로 적합한 함수**를 선정하여 작업하시오.
>
> ※ 또한 함수식을 작성할 때는 라) 정렬순서(SORT)에 따라 조건에 맞게 **정렬 후 도출된 결과**에 의한 함수식을 기재하시오.

라) 작업표의 정렬순서(SORT)는 유형을 오름차순으로 정렬하고, 같은 유형 안에서는 합계의 내림차순으로 정렬하시오.

마) 기타

　(1) 금액에 대한 수치는 원화(₩) 표시를 하고 천 단위마다 ','(Comma)를 표시하시오.

　　　(단, 금액 이외의 수치는 ','(Comma)를 표시하지 않도록 하시오)

　(2) 모든 수치(숫자, 통화, 회계, 백분율 등)는 셀 서식의 속성을 설정하는 과정에서 소수 자릿수를 "0"으로 지정하여 정수로 표시토록 하시오.

　(3) 음수는 "-"가 표시되도록 하시오.

　(4) 숫자 셀은 우측을 수직으로 맞추고, 문자 셀은 수평중앙으로 맞추며 이외 사항은 작업표 형식에 따른다. 특히, 인쇄출력 시 판독 불가능이 발생되지 않도록 인쇄 미리 보기 등을 통하여 셀의 크기를 적당히 조정하시오.

나. 그래프(GRAPH) 작성

작성한 작업표에서 유형이 직장인 어린이집명별 특활비 및 합계를 나타내는 그래프를 작성하시오.

작성 조건

1) 그래프 형태 : 혼합형 단일축 그래프

   특활비(묶은 세로 막대형), 합계(데이터 표식이 있는 꺾은선형)

   (단, 합계만 데이터 레이블의 값이 표시된 혼합형 단일축 그래프로 하시오)

   (단, 특활비를 보조축으로 지정하시오)

2) 그래프 제목 : 직장 어린이집 특활비 납부 현황 ──── (글자 크기 : 확대 출력, 글꼴 서체 임의)

3) X축 제목 : 어린이집

4) Y축 제목 : 특활비

5) X축 항목 단위 : 해당 문자열

6) Y축 눈금 단위 : 임의

7) 범례 : 특활비, 합계

8) 출력물 크기 : A4 용지 1/2장 범위 내

9) 기타 : 작성 조건에 없는 형식이나 모양은 기본 설정값에 따르며, 그래프 너비는 작업표에 맞추도록 하시오.

※ 그래프는 반드시 작성된 작업표와 연동하여 작업하여야 하며, 그래프의 영역(범위) 설정 오류로 인한 불이익은 전적으로 수험자 본인에게 있습니다.

자료처리(DBMS) 작업

시대인 중소기업에서는 재고관리 현황을 전산화하려고 한다. 다음의 입력자료를 이용하여 DB를 설계하고 작성 조건에 따라 처리 파일을 작성하고, 그 인쇄 출력물을 제출하시오.

가. 자료처리(DBMS) 작업 작성 조건

1) 자료처리(DBMS)작업은 조회화면(SCREEN) 설계와 자료처리보고서의 2가지 작업을 수행하여 그 결과물을 인쇄용지(A4) 기준 각 1장씩 총 2장을 제출하여야 채점 대상이 됨을 유의하시오.

2) 반드시 인쇄작업 수행 전 미리 보기 등을 통해 여백을 조정하고, 수치, 문자 등 구성요소가 누락되지 않도록 주의하시오. **구성요소가 누락되어 인쇄되지 않은 결과**로 인한 **모든 책임은 전적으로 수험자 본인에게 있음**을 반드시 유의하시오.

3) 문제지에 기재된 작성 조건에 따라 처리하고, 조회화면 및 자료처리보고서의 **서식이 작성 조건과 상이할 경우에는 시험위원의 지시에 따라 작업하시오.**

나. 입력자료

재고관리 현황

제품코드	상품명	입고	출고	단가
CC	홍삼플러스	70	55	33,000
BB	샐러드 키트	50	43	10,000
AA	스테이플러	25	20	9,000
DD	로드자전거	15	9	360,000
CC	녹용스틱	30	28	40,000
CC	프로폴리스	60	33	20,000
AA	형광펜세트	42	25	13,000
DD	골프 7종세트	20	15	350,000
BB	국내산 가지	40	30	9,500
CC	유산균	44	41	49,000
DD	스포츠 의류	25	15	50,000
BB	국내산 감자	30	28	6,200
DD	헬스사이클	10	5	140,000
DD	스포츠잡화	60	48	30,000
AA	지우개	50	45	5,000
BB	백김치 5kg	42	31	25,900
CC	간 영양제	30	12	43,000
AA	A4용지	20	20	26,000
AA	3색 볼펜	70	66	8,100
BB	흙당근	50	43	3,900

제품코드표

제품코드	거래처
AA	레드문구
BB	블루식품
CC	블랙건강
DD	그린스포츠

다. 조회화면(SCREEN) 설계

> ※ 다음 조건에 따라 제품코드가 BB 또는 CC이면서 입고량이 50 이상인 현황을 조회할 수 있는 화면을 설계하고 해당 데이터를 출력하시오.

1) 해당 현황은 목록 상자(리스트박스)에서 상품명의 오름차순으로 출력하고, 화면 아래에 조회 시 작성한 SQL문을 복사하시오.
   - WHERE 조건절에 제품코드, 입고 반드시 포함
   - INNER JOIN, ORDER BY 구문 반드시 포함
   ※ SQL문에 상기 내용 미포함 시 SQL 작성 부분 0점 처리

2) 리스트박스 조회 시 작성된 SQL문이 작성되지 않을 경우에는 "다. 조회화면(SCREEN) 설계" 과제가 0점 처리됨을 반드시 유의하시오.

3) 목록 상자에 표시되어야 할 필수적인 필드명은 다음과 같습니다.
   - 제품코드, 상품명, 거래처, 입고, 출고, 단가

4) 폼 서식에 제반되는 폰트, 점선 등은 아래 [조회화면 서식]에 보이는 대로 기재하시오.

5) 기타 사항은 "라. 자료처리 파일(FILE) 작성"의 [기타 조건]을 따르시오.

[조회화면 서식]

제품코드가 BB 또는 CC이면서 입고량이 50 이상인 현황

제품코드	상품명	거래처	입고	출고	단가

리스트박스 조회 시 작성된 SQL문

라. 자료처리 파일(FILE) 작성

※ 다음 조건에 따라 아래 양식과 같이 작성하시오.

처리 조건

1) 거래처(그린스포츠, 레드문구, 블랙건강, 블루식품)별로 정리한 후 같은 거래처 안에서는 상품명의 오름차순으로 정렬(SORT)하시오.

2) 재고 : 입고−출고

3) 재고금액 : 재고×단가

4) 비고 : 재고가 3 이하이면 "재주문"으로 표시하고, 그 외에는 공란으로 처리

5) 합계 : 각 재고, 재고금액의 합 산출

6) 총합계 : 재고, 재고금액의 전체 평균 산출

기타 조건

1) 조회화면 및 보고서의 제목은 16 정도의 임의 서체로 하시오.

2) 금액에 대한 수치는 원화(₩) 표시를 하고 천 단위마다 ','(Comma)를 표시하시오.
   (단, 금액 이외의 수치는 ','(Comma)를 표시하지 않도록 하시오)

3) 모든 수치(숫자, 통화, 백분율 등)는 컨트롤의 속성을 설정하는 과정에서 소수 자릿수를 "0"으로 지정하여 정수로 표시하시오.

4) 데이터의 열과 간격은 일정하게 맞추도록 하시오.

거래처별 재고 현황

상품명	입고	출고	단가	재고	재고금액	비고
XXXX	XXXX	XXXX	₩XXXX	XXXX	₩XXXX	XXXX
−	−	−	−	−	−	−
그린스포츠 합계				XXXX	₩XXXX	
−	−	−	−	−	−	−
레드문구 합계				XXXX	₩XXXX	
−	−	−	−	−	−	−
블랙건강 합계				XXXX	₩XXXX	
−	−	−	−	−	−	−
블루식품 합계				XXXX	₩XXXX	
총합계				XXXX	₩XXXX	

시상(PT) 작업

주어진 2개의 슬라이드를 슬라이드 작성 조건에 따라 작업하여 인쇄합니다.

※ 슬라이드 작성 조건

1) 각 슬라이드를 문제의 **슬라이드 원안**과 같이 인쇄하여 제출합니다.

   (특히 글자, 음영, 그림자, 도형 등 인쇄된 내용 그대로 작업함을 유의하시오)

2) "주1)" 등 특수한 속성 지정이 되어 있는 경우 지시에 따라 작성하시오.

3) 글꼴은 문제 원안과 같거나 유사한 형태로 작업합니다.

4) 글자, 그림 및 도형 등의 크기와 모양은 문제 원안과 같거나 유사한 형태로 작업합니다.

5) 모든 글씨, 선 등은 흑백(그레이스케일)으로 작업하되, 글상자, 그림 및 도형 등에서 색 채우기가 있는 경우 색 채우기는 회색 40% 정도, 투명도 0%를 기준으로 작업합니다.

6) 각 슬라이드는 원안과 같이 **외곽선 테두리가 인쇄**되도록 인쇄합니다.

7) 각 슬라이드 크기는 A4 용지의 1/2 범위 내에 인쇄가 가능한 크기가 되도록 조정하여, 슬라이드 2개를 A4 용지 1매 안에 모두 인쇄합니다.

8) 비번호, 수험번호, 성명, 페이지 번호 등은 반드시 자필로 기재합니다.

비번호: 수험번호: 성명:

6cm

제 1 슬라이드

제 2 슬라이드

4–4

〈제1 슬라이드〉

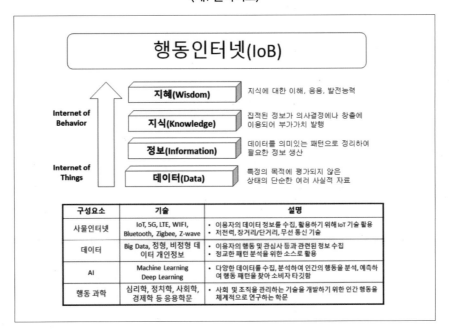

〈제2 슬라이드〉

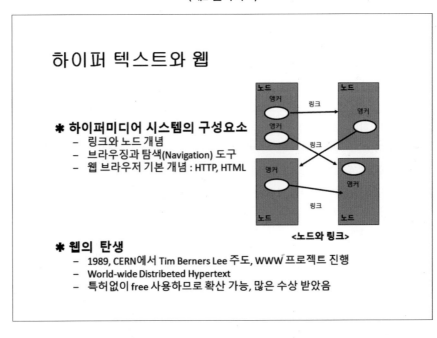

엑셀 실전 모의고사 10회 풀이

1 저장하기

1) [파일]-[저장]-[찾아보기]를 클릭하여, 바탕화면의 본인의 [비번호 폴더] 안에 시험위원이 지정해 준 파일명으로 저장합니다.

2 작업표 작성 및 병합하기

1) 자료(DATA)와 작업표 형식을 보고 아래와 같이 데이터를 입력합니다.

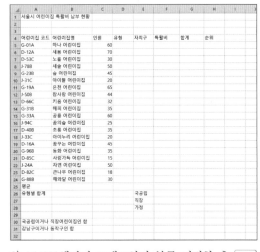

2) A1:H1셀까지 드래그하여 블록 지정한 후 **Ctrl**을 계속 누른 채 A25:E25, A26:D28, A29:H29, A30:E30, A31:E31, A32:H32, H30:H31, H25:H28셀을 드래그하여 선택합니다.

3) [홈] 탭에 맞춤 그룹의 [병합하고 가운데 맞춤]을 클릭하여 병합시켜 줍니다.

3 조건 문제 풀이

❶ 유형 : 코드의 마지막 글자가 A이면 국공립, 코드의 마지막 글자가 B이면 직장, 코드의 마지막 글자가 C이면 가정이라고 나타내시오.

공식	=IF(조건1,참1,IF(조건2,참2,거짓)) =RIGHT(문자열,문자의 개수)
함수식(D5)	=IF(RIGHT(A5,1)="A","국공립", IF(RIGHT(A5,1)="B","직장","가정"))
설명	• **조건1** : 어린이집 코드(A5)의 뒤에서 첫 글자가 "A"이면 • **참1** : "국공립"을 나타내고, • **조건2** : 어린이집 코드(A5)의 뒤에서 첫 글자가 "B"이면 • **참2** : "직장"을 나타내고, • **거짓** : 조건1도 조건2도 만족하지 않으면 "가정"을 나타냅니다.

❷ 자치구 : 어린이집 첫 글자가 G이면 "강남구", 어린이집 첫 글자가 D이면 "동작구", 어린이집 첫 글자가 J이면 "종로구"로 나타내시오.

공식	=IF(조건1,참1,IF(조건2,참2,거짓)) =LEFT(문자열,문자의 개수)
함수식(E5)	=IF(LEFT(A5,1)="G","강남구", IF(LEFT(A5,1)="D","동작구","종로구"))
설명	• **조건1** : 어린이집 코드(A5)의 앞에서 첫 글자가 "G"이면 • **참1** : "강남구"를 나타내고, • **조건2** : 어린이집 코드(A5)의 앞에서 첫 글자가 "D"이면 • **참2** : "동작구"를 나타내고, • **거짓** : 조건1도 조건2도 만족하지 않으면 "종로구"를 나타냅니다.

❸ 특활비 : 유형이 국공립이면 130,000, 유형이 직장이면 120,000, 유형이 가정이면 100,000을 나타내시오.

공식	=IF(조건1,참1,IF(조건2,참2,거짓))
함수식(F5)	=IF(D5="국공립",130000,IF(D5="직장",120000,100000))
설명	• **조건1** : 유형(D5)이 "국공립"이면 • **참1** : 130000을 나타내고, • **조건2** : 유형(D5)이 "직장"이면 • **참2** : 120000을 나타내고, • **거짓** : 조건1도 조건2도 만족하지 않으면 100000을 나타냅니다.

❹ 합계 : 인원×특활비

함수식(G5)	=C5*F5
설명	인원(C5)에서 특활비(F5)를 곱한 값을 나타냅니다.

❺ 순위 : 합계로 내림차순 순위를 구하시오(단, RANK 함수 사용, 순위 산정 기준은 내림차순으로).

공식	=RANK(내 합계,전체 합계 범위)
함수식(H5)	=RANK(G5,$G$5:$G$24)
설명	각각의 합계가 전체 합계 범위(G5:G24) 중 몇 위인지를 구합니다.

◗ D5:H5셀까지 블록 지정한 후 H5셀의 채우기 핸들을 드래그하여 H24셀까지 채워줍니다.

❻ 평균 : 각 항목별 평균 산출

공식	=AVERAGE(범위)
함수식(F25)	=AVERAGE(F5:F24)
설명	특활비(F5:F24)의 평균 금액을 구합니다.

◗ F25셀의 채우기 핸들을 드래그하여 G25셀까지 채워줍니다.

❼ 국공립 유형별 합계 : 유형이 국공립인 특활비, 합계의 합을 산출하시오(단, SUMIF 또는 SUMIFS 함수 사용).

공식	=SUMIF(조건범위,조건,합계범위)
함수식(F26)	=SUMIF($D$5:$D$24,$E$26,F5:F24)
설명	• **조건범위&조건** : 유형(D5:D24) 중에서 조건인 국공립(E26)을 만족하는 특활비의 합계를 구합니다. • **합계범위** : 조건을 만족하는 특활비의 합계를 구해야 하므로 합계범위는 F5:F24입니다.

◗ F26셀의 채우기 핸들을 드래그하여 G26셀까지 채워줍니다.

❽ 직장 유형별 합계 : 유형이 직장인 특활비, 합계의 합을 산출하시오(단, SUMIF 또는 SUMIFS 함수 사용).

공식	=SUMIF(조건범위,조건,합계범위)
함수식(F27)	=SUMIF($D$5:$D$24,$E$27,F5:F24)
설명	• **조건범위&조건** : 유형(D5:D24) 중에서 조건인 직장(E27)을 만족하는 특활비의 합계를 구합니다. • **합계범위** : 조건을 만족하는 특활비의 합계를 구해야 하므로 합계범위는 F5:F24입니다.

❖ F27셀의 채우기 핸들을 드래그하여 G27셀까지 채워줍니다.

❾ 가정 유형별 합계 : 유형이 가정인 특활비, 합계의 합을 산출하시오(단, SUMIF 또는 SUMIFS 함수 사용).

공식	=SUMIF(조건범위,조건,합계범위)
함수식(F28)	=SUMIF($D$5:$D$24,$E$28,F5:F24)
설명	• **조건범위&조건** : 유형(D5:D24) 중에서 조건인 가정(E28)을 만족하는 특활비의 합계를 구합니다. • **합계범위** : 조건을 만족하는 특활비의 합계를 구해야 하므로 합계범위는 F5:F24입니다.

❖ F28셀의 채우기 핸들을 드래그하여 G28셀까지 채워줍니다.

> ※ **❼~❾까지 한꺼번에 구하기**
> 절대참조와 혼합참조를 이용하여 F26셀에 다음과 같은 수식을 입력합니다.
> =SUMIF($D$5:$D$24,$E26,F$5:F$24)
> F26셀의 채우기 핸들을 드래그하여 G26셀까지 채워준 후 다시 G26셀의 채우기 핸들을 드래그하여 G28셀까지 채워줍니다.

❿ "**❾**"에 사용된 수식을 기재하시오(단, 합계를 기준으로).

1) G28셀을 선택한 후 수식 입력줄에 있는 수식 전체를 드래그하여 블록을 지정합니다.
2) 마우스 우클릭을 한 후 [복사] 또는 Ctrl + C (복사)한 다음 Enter 를 누릅니다.
3) 병합된 G29셀을 클릭해서 작은따옴표(')를 입력한 다음 Ctrl + V (붙여넣기) 또는 마우스 우클릭을 한 후 [붙여넣기]를 클릭하고 Enter 를 누릅니다(※ 수식 입력줄을 클릭한 후 붙여넣기를 해도 됩니다).

⓫ 국공립이거나 직장 어린이집인 특활비, 합계의 합을 산출하시오(단, SUMPRODUCT, ISNUMBER, FIND 함수 사용).

공식	=SUMPRODUCT(배열1,배열2....)
함수식(F30)	=SUMPRODUCT(ISNUMBER(FIND("국공립",$D$5:$D$24))+ISNUMBER(FIND("직장",$D$5:$D$24)),F5:F24)
설명	유형(D5:D24)이 "국공립"이거나 또는 (OR+) 유형(D5:D24)이 "직장"이 포함된 값을 찾아서 둘 중 하나라도 만족하면 대응하는 특활비(F5:F24)끼리 곱하고, 곱한 값의 합계를 구합니다.

❖ F30셀의 채우기 핸들을 드래그하여 G30셀까지 채워줍니다.

⑫ 강남구이거나 동작구인 특활비, 합계의 합을 산출하시오(단, SUMPRODUCT, ISNUMBER, FIND 함수 사용).

공식	=SUMPRODUCT(배열1,배열2....)
함수식(F31)	=SUMPRODUCT(ISNUMBER(FIND("강남구",$E$5:$E$24))+ISNUMBER(FIND("동작구",$E$5:$E$24)),F5:F24)
설명	자치구(E5:E24)가 "강남구"이거나 또는 (OR+) 자치구(E5:E24)가 "동작구"가 포함된 값을 찾아서 둘 중 하나라도 만족하면 대응하는 특활비(F5:F24)끼리 곱하고, 곱한 값의 합계를 구합니다.

❍ F31셀의 채우기 핸들을 드래그하여 G31셀까지 채워줍니다.

4 정렬하기

라) 작업표의 정렬순서(SORT)는 유형을 오름차순으로 정렬하고, 같은 유형 안에서는 합계의 내림차순으로 정렬하시오.

1) 정렬을 하기 위해서 A4:H24셀까지 블록 지정한 후 [데이터] 탭의 [정렬]을 클릭합니다.
2) 첫 번째 정렬 기준은 "유형"으로 선택하고 정렬을 "오름차순 정렬"로 지정한 후 [기준 추가]를 클릭합니다.
3) 새로운 기준이 만들어졌으면 새로운 정렬 기준을 "합계"로 선택하고 정렬을 "내림차순 정렬"로 지정한 후 [확인]을 클릭합니다.

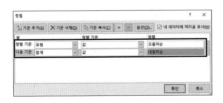

⑬ "❶"에 사용된 수식을 기재하시오(단, 자연어린이집 기준으로).

※ ⑬번 조건은 반드시 정렬 작업 후에 지정합니다.

1) D16셀을 선택한 후 수식 입력줄에 있는 수식 전체를 드래그하여 블록을 지정합니다.
2) 마우스 우클릭을 한 후 [복사] 또는 Ctrl + C (복사)한 다음 Enter 를 누릅니다.
3) 병합된 A32셀을 클릭해서 작은따옴표(')를 입력한 다음 Ctrl + V (붙여넣기) 또는 마우스 우클릭을 한 후 [붙여넣기]를 클릭하고 Enter 를 누릅니다(※ 수식 입력줄을 클릭한 후 붙여넣기를 해도 됩니다).

5 기타 조건

(1) 금액에 대한 수치는 원화(₩) 표시를 하고 천 단위마다 ','(Comma)를 표시하시오.
(2) 모든 수치(숫자, 통화, 회계, 백분율 등)는 셀 서식의 속성을 설정하는 과정에서 소수 자릿수를 "0"으로 지정하여 정수로 표시토록 하시오.
(3) 음수는 "−"가 표시되도록 하시오.
(4) 숫자 셀은 우측을 수직으로 맞추고, 문자 셀은 수평중앙으로 맞추며 이외 사항은 작업표 형식에 따르도록 하시오. 특히, 인쇄출력 시 판독 불가능이 발생되지 않도록 인쇄 미리 보기 등을 통하여 셀의 크기를 적당히 조정하시오.

1) 금액이 있는 F5:G28셀을 드래그한 후 Ctrl 을 누른 상태에서 F30:F31셀을 선택합니다.
2) [홈] 탭의 표시 형식 그룹에서 [회계 표시 형식]을 클릭합니다.

3) 문자 셀을 수평 중앙으로 맞추기 위해서 모든 시트 선택을 클릭한 후 [가운데 맞춤 ≡]을 클릭합니다.

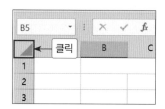

4) 인원(C5:C24)과 순위(H5:H24)를 선택하여 [오른쪽 맞춤 ≡]을 클릭합니다.

5) 금액이 ####으로 표시되면 열 너비를 적당하게 늘려줍니다.

6 열 숨기기

1) 숨겨진 열이 없기 때문에 열 숨기기는 넘어갑니다.

7 제목 서식 변경하기

1) 병합된 A1:H1셀을 선택한 후 [홈] 탭에서 글자 크기를 16pt로 입력합니다.

8 테두리 지정하기

1) A4:H32셀까지 드래그하여 블록 지정한 후 [홈] 탭의 글꼴 그룹에서 테두리를 [모든 테두리 ⊞▼]로 선택합니다.

2) 다시, A5:H24셀까지 드래그하여 블록 지정합니다. Ctrl + 1 (셀 서식)의 [테두리] 탭에서 스타일을 [없음]으로 지정하고 [중간 가로선 ⊞]을 선택한 후 [확인]을 클릭합니다.

3) 병합된 H25:H28, H30:31셀을 선택한 후 셀 서식의 [테두리] 탭에서 스타일을 [실선]으로 지정하고 [양쪽 대각선]을 선택한 후 [확인]을 클릭합니다.

9 그래프(GRAPH) 작성

나. 그래프(GRAPH) 작성
작성한 작업표에서 유형이 직장인 어린이집명별 특활비 및 합계를 나타내는 그래프를 작성하시오.

[작성 조건]
1) 그래프 형태 : 혼합형 단일축 그래프
   특활비(묶은 세로 막대형), 합계(데이터 표식이 있는 꺾은선형)
   (단, 합계만 데이터 레이블의 값이 표시된 혼합형 단일축 그래프로 하시오)
   (단, 특활비를 보조축으로 지정하시오)
2) 그래프 제목 : 직장 어린이집 특활비 납부 현황
   ---- (글자 크기 : 확대 출력, 글꼴 서체 임의)
3) X축 제목 : 어린이집
4) Y축 제목 : 특활비
5) X축 항목 단위 : 해당 문자열
6) Y축 눈금 단위 : 임의
7) 범례 : 특활비, 합계
8) 출력물 크기 : A4 용지 1/2장 범위 내
9) 기타 : 작성 조건에 없는 형식이나 모양은 기본 설정값에 따르며, 그래프 너비는 작업표에 맞추도록 하시오.

✅ 차트 만들기

1) B4셀을 선택한 후 Ctrl을 누른 채 F4:G4, B18:B24, F18:G24셀을 드래그하여 선택합니다.

2) 그래프를 만들기 위해 [삽입]−[세로 또는 가로 막대형 차트 삽입 ▮ ▮ ▾]−[묶은 세로 막대형 ▮▮]을 클릭합니다.

> **엑셀 2010 버전**
> [삽입]−[세로 막대형]−[묶은 세로 막대형]

3) 만들어진 그래프를 작업표 하단으로 드래그하여 이동하여 줍니다. 이때 차트의 왼쪽 모서리가 A34셀에 위치하도록 이동합니다.
4) 차트의 조절점을 이용하여 상단의 작업표의 열 너비인 H열까지 크기를 늘려줍니다. 차트의 높이는 적당하게 조절하여 줍니다.

✅ 차트 종류 변경하기

1) 합계 계열만 선택한 후 마우스 우클릭을 한 후 [계열 차트 종류 변경]을 클릭합니다.
2) 좌측 [콤보]가 선택된 상태에서 합계 계열의 차트 종류를 [표식이 있는 꺾은선형]으로 선택하고 **보조축을 선택**한 후 [확인]을 클릭합니다.

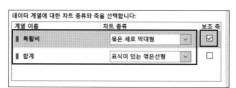

데이터 계열에 대한 차트 종류와 축을 선택합니다:		
계열 이름	차트 종류	보조 축
▮ 특활비	묶은 세로 막대형	☑
▮ 합계	표식이 있는 꺾은선형	☐

> **엑셀 2010 버전**
> 마우스 우클릭을 한 후 [계열 차트 종류 변경]을 클릭합니다. 좌측의 [꺾은선형]을 선택한 후 [표식이 있는 꺾은선형]을 클릭합니다.
>
>

> **엑셀 2010 버전(보조축)**
> 마우스 우클릭을 한 후 [데이터 계열 서식]에서 [보조축]을 선택합니다.

✅ 레이블값 표시하기

1) 합계 계열의 막대를 클릭한 후 마우스 우클릭을 한 후 [데이터 레이블 추가]−[데이터 레이블 추가]를 클릭합니다

> **엑셀 2010 버전**
> 마우스 우클릭 후 [데이터 레이블 추가]

✅ 그래프 제목

1) 차트 제목을 선택한 후 수식 입력줄에 **직장 어린이집 특활비 납부 현황**을 입력한 후 Enter를 누릅니다.

> **엑셀 2010 버전**
> [차트 도구]의 [레이아웃] 탭의 레이블 그룹에 있는 [차트 제목]−[차트 위]를 선택한 후 제목을 삽입합니다.

✅ X축 제목 삽입하기

1) 차트 도구의 [디자인] 탭−[차트 요소 추가]−[축 제목]−[기본 가로]를 클릭합니다.
2) 축 제목을 선택 후 수식 입력줄에서 **어린이집**을 입력한 후 Enter를 누릅니다.

> **엑셀 2010 버전**
> [레이아웃]−[축 제목]−[기본 가로축 제목]−[축 아래 제목]

> **엑셀 2021 버전**
> [차트 디자인] 탭−[차트 요소 추가]−[축 제목]−[기본 가로]

✅ Y축 제목 삽입하기

1) 차트 도구의 [디자인] 탭-[차트 요소 추가]-[축 제목]-[기본 세로]를 클릭합니다.
2) 축 제목을 선택 후 수식 입력줄에서 **특활비**를 입력합니다.

엑셀 2010 버전

[레이아웃]-[축 제목]-[기본 세로축 제목]-[제목 회전]

엑셀 2021 버전

[차트 디자인] 탭-[차트 요소 추가]-[축 제목]-[기본 세로]

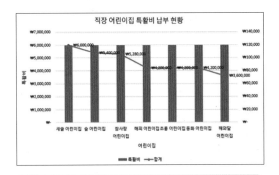

차트 글자 색과 테두리

엑셀 2016&2021은 차트의 글자 색이 회색으로 보이기 때문에 차트 영역을 선택한 후 글자 색을 검정으로 지정하고, [서식] 탭에서 [도형 윤곽선]을 검정으로 지정해두면 좋습니다. 지정하지 않아도 감점되지는 않습니다.

🔟 페이지 설정 및 인쇄

✅ 페이지 설정

1) 데이터가 입력된 셀을 선택한 후 [파일]-[인쇄]를 클릭합니다(모든 데이터들이 한 페이지에 나타나지 않습니다).
2) [현재 설정된 용지]를 클릭한 후 **[한 페이지에 시트 맞추기]**를 클릭합니다(모든 행과 열의 데이터가 한 페이지 안에 축소되어 나타난 것을 알 수 있습니다).
3) [페이지 설정]으로 들어간 후 [여백] 탭에서 위쪽 여백을 6으로 입력하고, 페이지 가운데 맞춤을 가로, 세로 체크 후 [확인]을 클릭합니다.
4) 인쇄를 클릭하여 출력 작업을 진행합니다(실제 출력은 세 가지 작업을 모두 마친 후 진행합니다).
5) [파일]-[저장]을 클릭합니다.
6) 이전 버튼을 클릭하여 편집화면으로 되돌아갑니다.

| 작업표 작성 |

	A	B	C	D	E	F	G	H	I	J	K
1			서울시 어린이집 특활비 납부 현황								
2											
4	어린이집 코드	어린이집명	인원	유형	자치구	특활비	합계	순위			
5	D-66C	키움 어린이집	32	가정	동작구	₩ 100,000	₩ 3,200,000	14			
6	D-53C	노을 어린이집	30	가정	동작구	₩ 100,000	₩ 3,000,000	15			
7	J-94C	꿈의숲 어린이집	25	가정	종로구	₩ 100,000	₩ 2,500,000	16			
8	J-31C	아이뜰 어린이집	20	가정	종로구	₩ 100,000	₩ 2,000,000	17			
9	J-33C	아이누리 어린이집	20	가정	종로구	₩ 100,000	₩ 2,000,000	17			
10	D-82C	큰나무 어린이집	18	가정	동작구	₩ 100,000	₩ 1,800,000	19			
11	D-85C	사랑가득 어린이집	15	가정	동작구	₩ 100,000	₩ 1,500,000	20			
12	D-12A	새봄 어린이집	70	국공립	동작구	₩ 130,000	₩ 9,100,000	1			
13	G-19A	온천 어린이집	65	국공립	강남구	₩ 130,000	₩ 8,450,000	2			
14	G-01A	하나 어린이집	60	국공립	강남구	₩ 130,000	₩ 7,800,000	3			
15	G-33A	공룡 어린이집	60	국공립	강남구	₩ 130,000	₩ 7,800,000	3			
16	J-24A	자연 어린이집	50	국공립	종로구	₩ 130,000	₩ 6,500,000	5			
17	D-16A	꿈꾸는 어린이집	45	국공립	동작구	₩ 130,000	₩ 5,850,000	7			
18	J-78B	새솔 어린이집	50	직장	종로구	₩ 120,000	₩ 6,000,000	6			
19	G-23B	숲 어린이집	45	직장	강남구	₩ 120,000	₩ 5,400,000	8			
20	J-50B	참사랑 어린이집	44	직장	강남구	₩ 120,000	₩ 5,280,000	9			
21	G-31B	해피 어린이집	35	직장	강남구	₩ 120,000	₩ 4,200,000	10			
22	D-40B	초롱 어린이집	35	직장	동작구	₩ 120,000	₩ 4,200,000	10			
23	G-96B	동화 어린이집	35	직장	강남구	₩ 120,000	₩ 4,200,000	10			
24	G-88B	해와달 어린이집	30	직장	강남구	₩ 120,000	₩ 3,600,000	13			
25		평균				₩ 116,000	₩ 4,719,000				
26		유형별 합계			국공립	₩ 780,000	₩ 45,500,000				
27					직장	₩ 840,000	₩ 32,880,000				
28					가정	₩ 700,000	₩ 16,000,000				
29		=SUMIF($D$5:$D$24,$E$20,G5:G24)									
30		국공립이거나 직장어린이집연 합				₩ 1,620,000	₩ 78,380,000				
31		강남구이거나 동작구연 합				₩ 1,650,000	₩ 70,100,000				
32		=IF(RIGHT(A16,1)="a","국공립",IF(RIGHT(A16,1)="b","직장","가정"))									
33											

| 그래프 작성 |

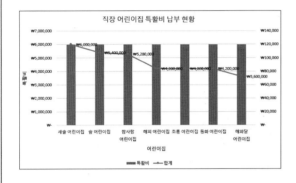

| 인쇄 미리 보기 |

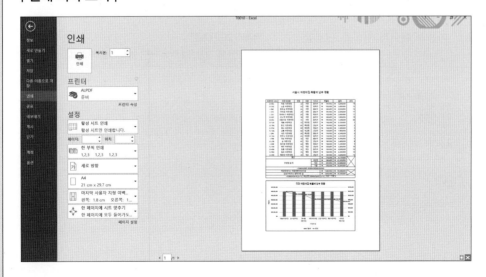

액세스 실전 모의고사 10회 풀이

① 저장하기

1) 액세스를 실행한 후 [새 데스크톱 데이터베이스]를 클릭합니다.

2) 파일 이름 입력하는 우측의 🖼를 클릭합니다.

3) 저장 위치는 [바탕화면]–[비번호 폴더] 안에 시험위원이 지정해 준 파일명을 입력한 후 [확인]을 클릭합니다.

액세스 2007&2010 버전
액세스 실행 후 [새 데이터베이스]가 선택되어있는 상태에서 우측 파일 이름 입력하는 곳 옆의 🖼를 클릭합니다.

② 테이블 작성하기

☑ 테이블1 만들기

1) 테이블 도구의 [필드] 탭의 [보기]의 [디자인 보기]를 클릭합니다.

2) 테이블을 저장하라는 창이 나오면 테이블 이름을 그대로 '테이블1'로 지정한 후 [확인]을 클릭합니다.

액세스 2007 버전
[데이터시트] 탭–[보기]–[디자인 보기]

액세스 2021 버전
[데이터 필드] 탭–[보기]–[디자인 보기]

3) 아래와 같이 필드 이름과 데이터 형식을 변경합니다.

필드 이름	데이터 형식	
제품코드	짧은 텍스트	
상품명	짧은 텍스트	
입고	숫자	
출고	숫자	
단가	통화	

액세스 2007&2010 버전
데이터 형식의 짧은 텍스트 대신 [텍스트]로 지정합니다.

4) 조건에 기본 키를 지정하라는 조건이 없으므로 기본 키를 해제하기 위해, "제품코드" 필드 이름을 클릭한 후, 테이블 도구의 [디자인] 탭에서 [기본 키]를 클릭하여 기본 키를 해제합니다.

5) 테이블 도구의 [보기]–[데이터시트 보기]를 클릭한 후 테이블 저장 대화상자가 나타나면 [예]를 클릭합니다.

6) 아래와 같이 테이블1에 데이터를 입력합니다. 필드를 이동할 때는 방향키(⬆, ⬇, ⬅, ➡)를 이용합니다.

제품코드	상품명	입고	출고	단가
CC	홍삼플러스	70	55	₩33,000
BB	샐러드 키트	50	43	₩10,000
AA	스테이플러	25	20	₩9,000
DD	로드자전거	15	9	₩360,000
CC	녹용스틱	30	28	₩40,000
CC	프로폴리스	60	33	₩20,000
AA	형광펜세트	42	25	₩13,000
DD	골프 7종세트	20	15	₩350,000
BB	국내산 가지	40	30	₩9,500
CC	유산균	44	41	₩49,000
DD	스포츠 의류	25	15	₩50,000
BB	국내산 감자	30	28	₩6,200
DD	헬스 사이클	10	5	₩140,000
DD	스포츠잡화	60	48	₩30,000
AA	지우개	50	45	₩5,000
BB	백김치 5kg	42	31	₩25,900
CC	간 영양제	30	12	₩43,000
AA	A4용지	20	20	₩26,000
AA	3색 볼펜	70	66	₩8,100
BB	흙당근	50	43	₩3,900
*		0	0	₩0

7) '테이블1' 탭 위에서 마우스 우클릭을 한 후 [닫기]를 클릭하고 테이블1을 닫아 줍니다. 좌측에 '테이블1'을 더블 클릭하여 데이터가 올바르게 입력되었는지 다시 한번 확인합니다.

액세스 2021 버전
[디자인] 탭 대신 [양식 디자인] 탭으로 들어갑니다.

✅ 테이블2 만들기

1) [만들기] 탭의 [테이블 디자인]을 클릭하여 두 번째 테이블을 만듭니다.
2) 아래와 같이 필드 이름과 데이터 형식을 지정합니다.

테이블2	
필드 이름	데이터 형식
제품코드	짧은 텍스트
거래처	짧은 텍스트

3) 테이블 도구의 [보기]-[데이터시트 보기]를 클릭한 후 테이블 저장 대화상자가 나타나면 [예]-[확인]을 클릭합니다.
4) "기본 키를 정의하지 않았습니다. 기본 키를 만드시겠습니까?"라는 대화상자가 나오면 [아니요]를 클릭합니다.
5) 아래와 같이 테이블2에 데이터를 입력합니다. 필드를 이동할 때는 방향키(↑, ↓, ←, →)를 이용합니다.

테이블2	
제품코드	거래처
AA	레드문구
BB	블루식품
CC	블랙건강
DD	그린스포츠
*	

6) '테이블2' 탭 위에서 마우스 우클릭을 한 후 [닫기]를 클릭하고 테이블2를 닫아 줍니다. 좌측에 '테이블2'를 더블 클릭하여 데이터가 올바르게 입력되었는지 다시 한번 확인합니다.

❸ 폼 작성 및 편집

✅ 폼 디자인 만들기

1) [만들기] 탭에서 [폼 디자인]을 클릭합니다.

✅ 레이블로 제목 만들기

1) 폼의 우측 하단 모서리에서 마우스 커서가 ✥ 모양일 때 드래그하여 가로는 19cm, 세로는 20cm 안쪽으로 드래그합니다.

2) 폼의 제목을 입력하기 위해서, 폼 디자인 도구의 [디자인] 탭에서 [레이블 가]을 클릭한 후 폼의 상단에 적당한 크기로 드래그합니다.
3) 레이블 안에 제목을 입력한 후 글자를 블록 지정하거나, 레이블 테두리를 클릭한 후 폼 디자인 도구의 [서식] 탭에서 크기를 16pt로 입력합니다.

> ※ 제목에서 한 줄을 입력하고 줄 바꿈은 Shift + Enter 를 누릅니다.
> ※ 조절점을 더블 클릭하면 레이블 상자가 글자 크기에 맞춰서 조절됩니다.

✅ 목록 상자 만들기

1) 폼 디자인 도구의 [디자인] 탭에서 [목록 상자 ▦]를 클릭한 후 제목 아래에 적당한 크기로 드래그하여 그려줍니다.
2) "목록 상자 마법사" 창이 나타나면 [취소]를 클릭하여 창을 닫아 줍니다.
3) 목록 상자 왼쪽에 있는 "List1:" 레이블을 선택한 후 Delete 를 눌러 삭제합니다.
4) [속성 시트]의 [데이터] 탭에서 [행 원본]을 선택한 후 ▦를 클릭합니다.

> ※ 속성 시트가 없으면 폼 디자인 도구의 [디자인] 탭에서 [속성 시트]를 클릭합니다.

5) 테이블 표시 창이 나타나면 '테이블1'과 '테이블2'를 더블 클릭한 후 [닫기]를 클릭합니다.
6) 테이블1에 있는 **제품코드** 필드를 테이블2의 **제품코드**로 드래그하여 연결해줍니다.

7) 조회화면 서식에 나와 있는 필드명 **제품코드, 상품명, 거래처, 입고, 출고, 단가**를 순서대로 더블 클릭하여 필드에 추가합니다.

필드:	제품코드	상품명	거래처	입고	출고	단가
테이블:	테이블1	테이블1	테이블2	테이블1	테이블1	테이블1
정렬:						
표시:	☑	☑	☑	☑	☑	☑
조건:						
또는:						

> 제품코드가 BB 또는 CC이면서 입고량이 50 이상인 현황 나타내기

8) 제품코드의 조건에 **BB OR CC**를 입력한 후 Enter 를 누르면 "BB Or CC"로 변경됩니다.

9) 입고가 50 이상인 현황을 나타내기 위해 입고에 **>=50**을 입력합니다. AND 조건이므로 같은 행에 조건을 입력합니다.

> 필드명 "상품명"을 오름차순으로 출력

10) 상품명을 오름차순으로 정렬하기 위해 상품명의 정렬에서 ☑를 클릭한 후 오름차순을 선택합니다.

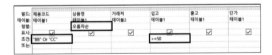

11) 데이터시트 보기와 SQL 보기로 들어가서 조건에 맞게 데이터가 추출되는지 확인합니다.

12) [폼1 : 쿼리 작성기] 탭에서 마우스 우클릭을 한 후 [닫기]-[예]를 클릭합니다.

13) [속성 시트]의 [형식] 탭에서 **열 개수**를 6으로 입력하고, **열 이름**을 **예**로 지정합니다.

14) [폼1] 탭에서 마우스 우클릭을 한 후 [폼 보기]를 클릭하여 확인합니다.

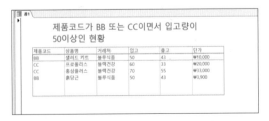

> ※ 목록 상자에 스크롤바가 생기면 감점되기 때문에 목록 상자의 높이를 키워주어 스크롤바가 생기지 않도록 합니다.

☑ 선 그리기

1) 목록 상자의 하단의 선을 만들기 위해 다시 [홈] 탭-[보기]-[디자인 보기]를 클릭한 후 폼 디자인 도구의 [디자인] 탭에서 [선 ◻]을 선택합니다.

2) Shift 를 누른 채 목록 상자 하단에 드래그하여 직선을 그려줍니다.

3) [속성 시트]의 [형식] 탭에서 [테두리 두께]를 [6pt]로 지정합니다.

☑ 텍스트 상자 만들기

1) 폼 디자인 도구의 [디자인] 탭에서 [텍스트 상자 가비]를 선택한 후 목록 상자 아래쪽에 적당하게 드래그하여 그려줍니다.

2) "텍스트 상자 마법사" 창이 나오면 [취소]를 클릭합니다.

3) 텍스트 상자 왼쪽에 있는 레이블을 선택하여 **리스트박스 조회 시 작성된 SQL문**을 입력합니다.

4) 레이블 테두리를 선택한 후, 폼 디자인 도구의 [서식] 탭에서 글자 크기를 **16pt**로 입력합니다. 레이블과 텍스트 상자의 **이동 핸들을 드래그**하여 위치를 이동할 수 있습니다.

5) 우측 하단에서 드래그하여 텍스트 상자, 선, 목록 상자가 조금이라도 포함되도록 선택합니다.

6) 폼 디자인 도구의 [정렬] 탭-[맞춤]-[왼쪽]을 클릭하고, 다시 [크기/공간]-[가장 넓은 너비에]를 클릭하여 좌/우 크기를 동일하게 맞춰줍니다.

7) [속성 시트]의 [형식] 탭에서 [테두리 색]을 [검정 텍스트]로 지정합니다.

8) 빈 곳을 클릭, 다시 텍스트 상자만 선택한 후 [속성 시트]의 [테두리 스타일]을 [파선]으로 지정합니다.

☑ SQL문 복사하기

1) 목록 상자를 클릭한 후 [속성 시트]의 [데이터] 탭에서 [행 원본]을 클릭합니다. Ctrl + C (복사)를 누른 후 텍스트 상자를 클릭합니다.

2) =를 입력하고, 작은따옴표(')를 입력합니다. Ctrl + V (붙여넣기)를 한 후 다시 작은따옴표(')로 닫아 줍니다.

3) 전체를 드래그하여 모든 컨트롤을 선택한 후 폼 디자인 도구의 [서식] 탭에서 [글꼴 색 <u>가</u>]을 [검정, 텍스트 1]로 지정합니다. [본문]을 클릭해서 [교차 행 색]을 [흰색, 배경 1]로 지정합니다.

※ 액세스 2007 버전은 기본 글꼴 색이 "검정"이기 때문에 따로 글꼴 색 지정은 하지 않습니다.

☑ 인쇄 미리 보기 및 여백 지정하기

1) [파일]-[인쇄]-[인쇄 미리 보기]에서 완성된 폼 화면을 확인할 수 있습니다.

2) 상단 [페이지 설정]에서 **위쪽 여백**을 60으로 입력하고 [확인]을 클릭합니다. 인쇄될 결과물을 확인한 후 [인쇄 미리 보기 닫기]를 클릭합니다.

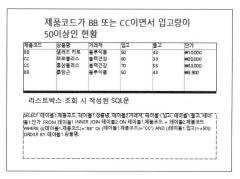

3) [폼1] 탭에서 마우스 우클릭을 한 후 [닫기]-[예]를 클릭합니다.

4 쿼리 작성 및 편집

☑ 쿼리 디자인 만들기

1) [만들기]-[쿼리] 그룹에서 [쿼리 디자인]을 클릭합니다.

액세스 2007 버전

[만들기]-[기타] 그룹의 [쿼리 디자인]

2) 테이블 표시 대화상자가 나타나면 '테이블1'과 '테이블2'를 순서대로 더블 클릭하여 테이블을 생성시킨 후 [닫기]를 클릭합니다.

3) 테이블1의 **제품코드**를 테이블2의 **제품코드**로 드래그하여 조인(JOIN)을 시켜줍니다.

☑ 테이블 조인 및 필드 추가

※ 보고서 서식을 보고 각각의 필드를 더블 클릭하여 실행하고, 계산이 필요한 필드는 처리 조건을 보고 계산합니다.

1) 보고서 서식을 보고 **상품명, 입고, 출고, 단가, 거래처**를 순서대로 더블 클릭하여 필드를 추가하여 줍니다(★ 거래처별로 재고 현황을 나타내야 하므로 반드시 거래처도 추가해줍니다).

필드:	상품명	입고	출고	단가	거래처	
테이블:	테이블1	테이블1	테이블1	테이블1	테이블2	
정렬:						
표시:	☑	☑	☑	☑	☑	☐
조건:						
또는:						

[처리 조건]
- 재고 : 입고-출고
- 재고금액 : 재고×단가
- 비고 : 재고가 3 이하이면 "재주문"으로 표시하고, 그 외에는 공란으로 처리

2) 거래처 오른쪽 필드에 **재고: 입고-출고**를 입력합니다.

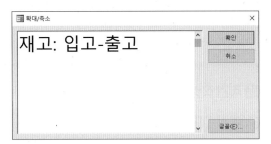

3) 재고 오른쪽 필드에 **재고금액: 재고*단가**를 입력합니다.

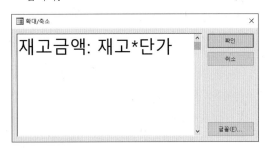

4) 재고금액 오른쪽 필드에 **비고: IIf(재고<=3,"재주문","")**를 입력합니다.

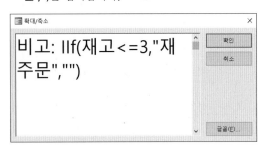

✅ 쿼리 확인하기

1) [쿼리1] 탭에서 마우스 우클릭을 한 후 [데이터 시트 보기]를 클릭하여 쿼리 결과를 확인합니다.

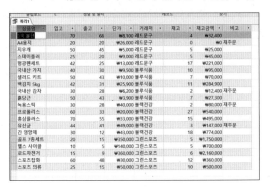

2) [쿼리1] 탭의 [닫기]를 클릭한 후, 대화상자가 나오면 [예]를 클릭한 후 폼 이름은 [쿼리1]로 지정한 후 [확인]을 클릭합니다.

5 보고서 작성 및 편집

✅ 보고서 마법사로 보고서 만들기

1) [만들기] 탭의 보고서 그룹에서 [보고서 마법사]를 클릭합니다.
2) 보고서 마법사 대화상자가 나타나면 '테이블/쿼리'를 [쿼리: 쿼리1]로 변경하고, 사용 가능한 필드에서 >> 를 클릭하여 선택한 필드로 모두 이동시킨 후 [다음]을 클릭합니다.

[처리 조건]
거래처(그린스포츠, 레드문구, 블랙건강, 블루식품)별로 정리한 후, 같은 거래처 안에서는 상품명의 오름차순으로 정렬(SORT)하시오.

3) 처리 조건에 **거래처별**로 정리하라는 지시가 있으므로 **거래처**를 선택한 후 > 를 클릭하여 그룹 수준을 지정하고 [다음]을 클릭합니다.

4) 같은 거래처 안에서는 상품명의 **오름차순**으로 정렬(SORT)해야 한다는 조건이 있으므로 첫 번째 필드를 **상품명**을 입력하고 오름차순으로 지정한 후 [요약 옵션]을 클릭합니다.

> **[처리 조건]**
> • 합계 : 각 재고, 재고금액의 합 산출
> • 총합계 : 재고, 재고금액의 전체 평균 산출

5) **재고, 재고금액**의 합계의 □를 클릭하여 ✓체크한 후 [확인]을 클릭합니다.

6) [다음]을 클릭하면 보고서 모양을 지정할 수 있는 보고서 마법사가 나타나는데 기본 설정 그대로 지정된 상태로 [다음]을 클릭합니다.

7) 보고서 제목은 [쿼리1]로 그대로 지정하고, [보고서 디자인 수정]을 선택한 후 [마침]을 클릭합니다.

☑ 필요 없는 컨트롤 삭제하기

1) [거래처 바닥글]의 =“에 대한 **요약**”의 좌측 눈금선에서 마우스 커서가 ➡로 바뀌면 클릭합니다. Shift 를 누른 채 [페이지 바닥글]의 =NOW, =Page를 Delete 를 눌러 삭제합니다.

2) [페이지 머리글]의 거래처도 선택한 후 Delete 를 눌러 삭제합니다.

☑ 컨트롤 배치 및 속성 변경하기

1) [거래처 머리글]의 거래처를 [거래처 바닥글]의 합계 좌측으로 드래그하여 내려줍니다.

2) [거래처 머리글]과 [페이지 바닥글] 아래에서 마우스 커서가 ✛로 변할 때 위로 드래그하여 높이를 끝까지 줄여줍니다. [거래처 바닥글]에 합계 컨트롤도 위치를 위쪽으로 이동한 후 높이를 줄여줍니다.

3) 각 컨트롤의 위치와 크기를 아래와 같이 변경합니다.

> ※ [쿼리1] 탭에서 마우스 우클릭을 한 후 [레이아웃 보기]를 클릭해서 #####으로 나타나 있으면, 컨트롤의 너비를 조금 더 늘려주어야 합니다.

☑ 보고서 제목 및 서식 지정하기

1) [쿼리1] 글자를 드래그하여 블록 지정한 후 보고서 제목 **거래처별 재고 현황**을 입력합니다.

2) 제목의 바깥쪽 테두리를 선택한 후, 오른쪽 조절점에서 끝까지 드래그합니다.

3) 보고서 디자인 도구의 [서식] 탭에서 글꼴 크기를 **16pt**로 입력하고, [가운데 맞춤]을 클릭합니다.

> **액세스 2007 버전**
> 폼 디자인 도구의 [디자인] 탭
>
> **액세스 2010 버전**
> 폼 디자인 도구의 [형식] 탭

4) 마우스 우클릭을 한 후 [레이아웃 보기]에서 각 컨트롤의 위치와 정렬 등을 보고서의 출력 형태에 맞춰서 적당하게 조절합니다.

☑ 금액에 대한 수치 원화(₩)로 표시하기

> ※ 레이아웃 보기로 들어가면 원화(₩) 표시가 없는 컨트롤을 확인할 수 있습니다.

1) [거래처 바닥글]과 [보고서 바닥글]의 재고금액 합계를 Shift 를 이용하여 선택합니다.

2) [속성 시트]의 [형식] 탭에서 형식을 [통화]로 지정합니다.

✅ 컨트롤 글꼴 색 및 윤곽선 설정하기

1) 모든 컨트롤을 드래그하거나 단축키 Ctrl + A (모두 선택)를 눌러 선택해줍니다.
2) 보고서 디자인 도구의 [서식] 탭에서 [글꼴 색]을 [검정, 텍스트 1]로 지정하고, [도형 윤곽선]을 [투명]으로 지정합니다.

✅ 배경색 및 교차 행 색 설정하기

1) [보고서 머리글]을 선택한 후 보고서 디자인 도구의 [서식] 탭에서 [도형 채우기]를 [흰색, 배경 1]로 지정합니다.
2) [본문]을 클릭한 후 보고서 디자인 도구의 [서식] 탭에서 [교차 행 색]을 [색 없음]으로 지정합니다.
3) 마찬가지 방법으로 [거래처 바닥글]을 클릭하여 [교차 행 색]을 [색 없음]으로 지정합니다.

✅ 선 삽입하기

1) 보고서 디자인 도구의 [디자인] 탭을 클릭한 후 [선 ◻]을 선택합니다. [페이지 머리글]의 좌측부터 Shift 를 누른 채 드래그하여 그려줍니다.
2) [페이지 머리글]의 위쪽에 그려준 선이 선택된 상태에서 Ctrl + C (복사)를 한 후 다시 Ctrl + V (붙여넣기)를 합니다.
3) 키보드의 아래 화살표(↓)를 눌러 복사된 선을 [페이지 머리글]의 아래쪽에 위치되도록 합니다.
4) [거래처 바닥글]을 클릭한 후 Ctrl + V (붙여넣기)를 하면 [거래처 바닥글] 위쪽에 선이 복사됩니다. 다시 한번 Ctrl + V (붙여넣기)를 한 후 아래 화살표(↓)를 눌러 [거래처 바닥글]의 아래쪽에 위치시켜 줍니다.

5) [보고서 바닥글]을 클릭한 후 Ctrl + V (붙여넣기)를 한 후 아래 화살표(↓)를 눌러 [보고서 바닥글]의 아래쪽에 위치시켜 줍니다.

✅ 레이아웃 보기에서 세부 설정하기

1) [쿼리1] 탭에서 마우스 우클릭을 한 후 [레이아웃 보기]를 클릭하여 보고서의 배치가 잘 되었는지 확인합니다.
2) 출력 형태를 보면서 위치와 크기를 조절해 줍니다.

6 인쇄 및 페이지 설정
✅ 인쇄 미리 보기 및 페이지 설정

1) [쿼리1] 탭에서 마우스 우클릭을 한 후 [인쇄 미리 보기]를 클릭합니다.
2) [인쇄 미리 보기] 탭에 [페이지 설정]을 클릭합니다.
3) 위쪽 여백을 60으로 입력한 후 [확인]을 클릭합니다.
4) [인쇄 미리 보기 닫기]를 클릭하여 미리 보기를 닫아 준 후에 [파일]-[저장]을 클릭합니다. 우측 상단의 [닫기 ✕]를 클릭하여 액세스를 종료합니다.

| DB 조회화면 |

제품코드가 BB 또는 CC이면서 입고량이 50이상인 현황

제품코드	상품명	거래처	입고	출고	단가
BB	샐러드 키트	블루식품	50	43	₩10,000
CC	프로폴리스	블랙건강	60	33	₩20,000
CC	홍삼플러스	블랙건강	70	55	₩33,000
BB	흙당근	블루식품	50	43	₩3,900

리스트박스 조회 시 작성된 SQL문

SELECT 테이블1.제품코드, 테이블1.상품명, 테이블2.거래처, 테이블1.입고, 테이블1.출고, 테이블1.단가 FROM 테이블1 INNER JOIN 테이블2 ON 테이블1.제품코드 = 테이블2.제품코드 WHERE (((테이블1.제품코드)="BB" Or (테이블1.제품코드)="CC") AND ((테이블1.입고)>=50)) ORDER BY 테이블1.상품명;

| DB 보고서 |

거래처별 재고 현황

상품명	입고	출고	단가	재고	재고금액	비고
골프 7종세트	20	15	₩350,000	5	₩1,750,000	
로드자전거	15	9	₩360,000	6	₩2,160,000	
스포츠 의류	25	15	₩50,000	10	₩500,000	
스포츠잡화	60	48	₩30,000	12	₩360,000	
헬스 사이클	10	5	₩140,000	5	₩700,000	
그린스포츠 합계				38	₩5,470,000	
3색 볼펜	70	66	₩8,100	4	₩32,400	
스테이플러	25	20	₩9,000	5	₩45,000	
지우개	50	45	₩5,000	5	₩25,000	
형광펜세트	42	25	₩13,000	17	₩221,000	
A4용지	20	20	₩26,000	0	₩0	재주문
레드문구 합계				31	₩323,400	
간 영양제	30	12	₩43,000	18	₩774,000	
녹용스틱	30	28	₩40,000	2	₩80,000	재주문
유산균	44	41	₩49,000	3	₩147,000	재주문
프로폴리스	60	33	₩20,000	27	₩540,000	
홍삼플러스	70	55	₩33,000	15	₩495,000	
블랙건강 합계				65	₩2,036,000	
국내산 가지	40	30	₩9,500	10	₩95,000	
국내산 감자	30	28	₩6,200	2	₩12,400	재주문
백김치 5kg	42	31	₩25,900	11	₩284,900	
샐러드 키트	50	43	₩10,000	7	₩70,000	
흙당근	50	43	₩3,900	7	₩27,300	
블루식품 합계				37	₩489,600	
총 합계				171	₩8,319,000	

파워포인트 실전 모의고사 10회 풀이

1 저장하기

1) [시작] ➡ [Microsoft Office] ➡ [Microsoft PowerPoint 2016]을 클릭하여 파워포인트를 실행합니다.
2) [파일]-[저장]-[찾아보기]를 클릭하면 저장 창이 나타납니다.
3) 저장 위치는 [바탕화면]-[비번호 폴더] 안에 시험위원이 지정해 준 파일명을 입력한 후 [확인]을 클릭합니다.

2 슬라이드 크기 변경하기

1) [디자인]-[슬라이드 크기]를 클릭한 후 [표준 4:3]으로 변경합니다.

3 레이아웃 변경하기

1) [홈] 탭-[레이아웃]에서 [빈 화면]을 클릭합니다.

4 새 슬라이드 만들기

1) 슬라이드 미리 보기 창의 슬라이드를 클릭한 후 Enter 를 눌러 빈 화면 새 슬라이드를 추가합니다.

제1 슬라이드

5 제목 만들기

1) [삽입]-[도형]-[모서리가 둥근 직사각형 ▢]을 클릭한 후 슬라이드에 드래그하여 그려줍니다.
2) [서식]-[도형 스타일]을 [색 윤곽선-검정, 어둡게 1꺄따]로 지정한 후 글자를 입력합니다(36pt).

> ※ 파워포인트 2021 버전에서는 [서식] 탭 대신 [도형 서식] 탭을 사용합니다.

6 정육면체 삽입하기

1) [삽입]-[도형]-[정육면체 ⬙]를 클릭한 후 드래그하여 그려줍니다.
2) [서식]-[도형 스타일]을 [색 윤곽선-검정, 어둡게 1꺄따]로 지정합니다(18pt, 굵게).
3) [정육면체 ⬙]를 선택한 후 Ctrl +드래그하여 복사하고 글자를 입력합니다.

7 위쪽 화살표 삽입하기

1) [삽입]-[도형]-[위쪽 화살표 ⬆]를 클릭한 후 드래그하여 그려줍니다.
2) [서식]-[도형 스타일]을 [색 윤곽선-검정, 어둡게 1꺄따]로 지정합니다.

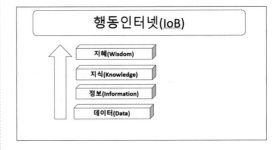

8 텍스트 상자 삽입하기

1) [삽입]-[텍스트 상자 ▥]를 클릭한 후 슬라이드에 클릭하고 글자를 입력합니다.

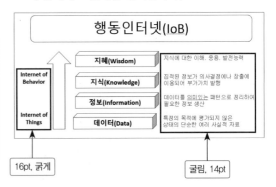

9 표 삽입하기

1) [삽입]-[표]-[표 삽입]을 클릭한 후 열3, 행5의 표를 만들어 줍니다.

2) 표 바깥쪽 테두리를 선택한 후 음영은 '흰색, 배경 1'로 지정하고, 테두리는 '모든 테두리'를 선택합니다.

3) 표 도구의 [디자인] 탭에서 [펜 두께]를 [3pt]로 지정한 후 바깥쪽 테두리를 선택합니다.

4) 표의 크기를 조절한 후 아래와 같이 내용을 입력합니다.

5) 설명 내용이 들어간 4개의 셀을 드래그하여 블록 지정하고 마우스 우클릭을 한 후 [글머리 기호]-[속이 찬 둥근 글머리 기호]를 선택합니다.

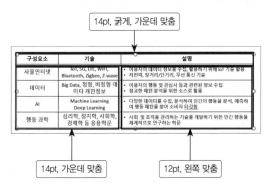

제2 슬라이드

10 제목 만들기

1) [삽입]-[텍스트 상자 📝]를 클릭한 후 슬라이드에 클릭하고 글자를 입력합니다(굴림, 36pt, 굵게).

11 텍스트 상자 삽입하기1

1) [삽입]-[텍스트 상자 📝]를 클릭한 후 슬라이드에 클릭합니다.

2) 아래와 같이 내용을 입력합니다.

제목	24pt, 굵게
내용	20pt

3) "하이퍼미디어" 앞에 커서를 둔 후 [홈] 탭-[글머리 기호]-[글머리 기호 및 번호 매기기]의 [사용자 지정]을 클릭합니다.

4) 글꼴을 [Wingdings 2]로 지정한 후 '✸'를 선택하여 [확인]을 클릭합니다.

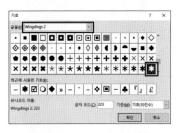

5) 아래의 나머지를 블록 지정한 후 [홈] 탭-[글머리 기호]-[글머리 기호 및 번호 매기기]의 [사용자 지정]을 클릭합니다.

6) 하위 집합을 [일반 문장 부호]로 지정하고 '—'을 선택한 후 [확인]을 클릭합니다.

7) Tab 또는 [홈] 탭의 [단락] 그룹의 [목록 수준 늘림 📝]을 클릭합니다.

8) 텍스트 상자의 테두리를 선택한 후 Ctrl + Shift 를 누른 채 아래로 드래그하여 텍스트 상자를 복사합니다.

9) 텍스트 상자의 크기를 늘려준 후 내용을 아래와 같이 수정합니다.

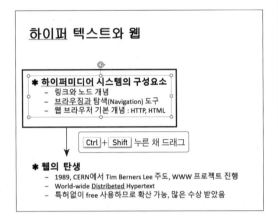

12 직사각형 삽입하기

1) [삽입]-[도형]-[직사각형□]을 클릭한 후 드래그하여 그려줍니다.

2) [서식]-[도형 스타일]을 [색 윤곽선 - 검정, 어둡게 1 개체]로 지정한 후 [서식]-[도형 채우기]-[흰색, 배경 1, 35% 더 어둡게]로 지정합니다.

3) Ctrl + Shift 를 누른 채 드래그하여 복사합니다.

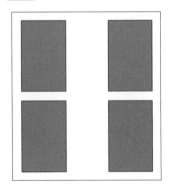

13 타원 삽입하기

1) [삽입]-[도형]-[타원◯]을 클릭한 후 드래그합니다.

2) [서식]-[도형 스타일]을 [색 윤곽선 - 검정, 어둡게 1 개체]로 지정한 후 [서식]-[도형 윤곽선]-[두께]를 [2¼ pt]로 지정합니다.

3) Ctrl +드래그하여 타원을 복사합니다.

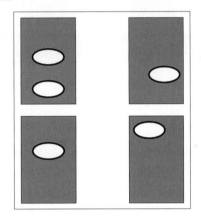

14 텍스트 상자 삽입하기2

1) [삽입]-[텍스트 상자 개체]를 클릭한 후 슬라이드에 클릭하고 글자를 입력합니다.

2) 텍스트 상자 테두리를 선택하고 Ctrl +드래그하여 복사한 후 테스트 상자의 글자 및 크기를 변경합니다.

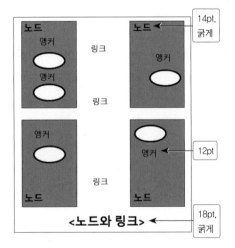

⓲ 화살표 삽입하기

1) [삽입]–[도형]–[화살표 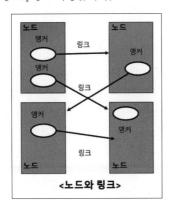]를 클릭하고 드래그 하여 각각 그려준 후 [서식]–[도형 윤곽선]–[두께]를 [2¼pt]로 지정합니다.

<노드와 링크>

⓳ 날짜와 페이지 번호 제거하기

1) [보기]–[유인물 마스터]를 클릭합니다.
2) [유인물 마스터]에서 **날짜**와 **페이지 번호** 체크를 해제한 후 [**마스터 보기 닫기**]를 클릭합니다.

⓴ 페이지 설정 및 인쇄

1) [파일]–[인쇄]에서 슬라이드 설정을 [2슬라이드]와 고품질로 지정한 후 [인쇄]를 클릭합니다.

| 인쇄 미리 보기 |

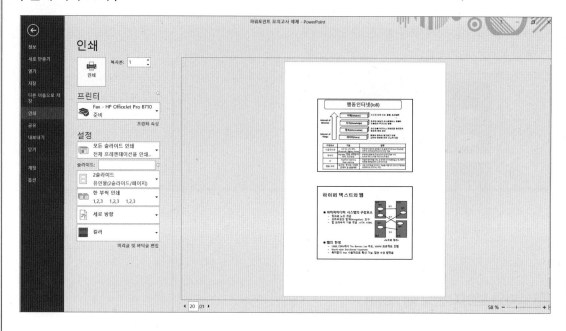

교육은 우리 자신의 무지를 점차 발견해 가는 과정이다.

- 윌 듀란트 -

우리 인생의 가장 큰 영광은
결코 넘어지지 않는 데 있는 것이 아니라
넘어질 때마다 일어서는 데 있다

-넬슨 만델라-

좋은 책을 만드는 길, 독자님과 함께 하겠습니다.

유선배 사무자동화산업기사 실기 과외노트

개정2판1쇄 발행	2024년 10월 15일 (인쇄 2024년 08월 29일)
초 판 발 행	2023년 01월 05일 (인쇄 2022년 11월 30일)
발 행 인	박영일
책 임 편 집	이해욱
저 자	고미경
편 집 진 행	노윤재 · 한주승
표지디자인	김도연
편집디자인	채현주 · 윤아영
발 행 처	(주)시대고시기획
출 판 등 록	제10-1521호
주 소	서울시 마포구 큰우물로 75 [도화동 538 성지 B/D] 9F
전 화	1600-3600
팩 스	02-701-8823
홈 페 이 지	www.sdedu.co.kr

I S B N	979-11-383-7627-3 (13000)
정 가	25,000원

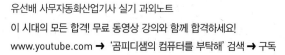

유튜브 선생님에게 배우는

유선배

공개문제에 나온 필수함수 익히기

공개문제에 나온 필수함수 익히기

01 기본 함수(SUM, AVERAGE, MAX, MIN)

※ 기본 함수 중에서는 평균을 구하는 AVERAGE 함수가 대부분 출제되지만, 다른 기본 함수도 기억해둡니다.

✔ 합계를 구하는 SUM 함수

=SUM(범위)
지정된 범위 안에 있는 합계를 구합니다.

01. C14:F14에 연도별 매출액 합계를 구해 보겠습니다.

	A	B	C	D	E	F	G	H
1			시대인 주식회사 매출 현황					
2								
3	사원번호	사원이름	2019년	2020년	2021년	2022년		
4	001	김기찬	2,540,000	3,600,000	5,200,000	8,500,000		
5	002	진용훈	5,102,000	2,580,000	4,500,000	3,600,000		
6	003	강주미	4,520,100	4,500,000	2,500,000	4,500,000		
7	004	김대근	3,560,000	3,600,000	1,360,000	5,000,000		
8	005	허병숙	2,500,000	4,500,000	4,500,000	7,500,000		
9	006	최남선	1,980,000	5,210,000	4,560,000	6,302,000		
10	007	이주호	2,100,000	2,360,000	7,600,000	4,100,000		
11	008	김준서	2,560,000	3,500,000	8,900,000	4,700,000		
12	009	유재윤	5,000,000	8,000,000	6,500,000	8,600,000		
13	010	김사랑	4,500,000	4,200,000	3,500,000	3,620,000		
14	매출액 합계							
15								

02. 합계를 구하기 위해 C14셀을 선택한 후
    =SUM(C4:C13)을 입력하고 Enter 를 누릅니다.
03. C14셀을 선택한 후 채우기 핸들에서 마우스 포인터가 +로 변경되면 F14셀까지 채워줍니다.

▲	A	B	C	D	E	F	G	H
1			시대인 주식회사 매출 현황					
2								
3	사원번호	사원이름	2019년	2020년	2021년	2022년		
4	001	김기찬	2,540,000	3,600,000	5,200,000	8,500,000		
5	002	진용훈	5,102,000	2,580,000	4,500,000	3,600,000		
6	003	강주미	4,520,100	4,500,000	2,500,000	4,500,000		
7	004	김대근	3,560,000	3,600,000	1,360,000	5,000,000		
8	005	허병숙	2,500,000	4,500,000	4,500,000	7,500,000		
9	006	최남선	1,980,000	5,210,000	4,560,000	6,302,000		
10	007	이주호	2,100,000	2,360,000	7,600,000	4,100,000		
11	008	김준서	2,560,000	3,500,000	8,900,000	4,700,000		
12	009	유재윤	5,000,000	8,000,000	6,500,000	8,600,000		
13	010	김사랑	4,500,000	4,200,000	3,500,000	3,620,000		
14	매출액 합계		=SUM(C4:C13)	42,050,000	49,120,000	56,422,000		
15								
16								

✅ 평균을 구하는 AVERAGE 함수

> =AVERAGE(범위)
> 지정된 범위 안에 있는 평균을 구합니다.

01. C14:F14셀에 연도별 평균 매출액을 구해보겠습니다.

▲	A	B	C	D	E	F	G	H
1			시대인 주식회사 매출 현황					
2								
3	사원번호	사원이름	2019년	2020년	2021년	2022년		
4	001	김기찬	2,540,000	3,600,000	5,200,000	8,500,000		
5	002	진용훈	5,102,000	2,580,000	4,500,000	3,600,000		
6	003	강주미	4,520,100	4,500,000	2,500,000	4,500,000		
7	004	김대근	3,560,000	3,600,000	1,360,000	5,000,000		
8	005	허병숙	2,500,000	4,500,000	4,500,000	7,500,000		
9	006	최남선	1,980,000	5,210,000	4,560,000	6,302,000		
10	007	이주호	2,100,000	2,360,000	7,600,000	4,100,000		
11	008	김준서	2,560,000	3,500,000	8,900,000	4,700,000		
12	009	유재윤	5,000,000	8,000,000	6,500,000	8,600,000		
13	010	김사랑	4,500,000	4,200,000	3,500,000	3,620,000		
14	평균 매출액							
15								
16								

02. 평균을 구하기 위해 C14셀을 선택한 후
    =AVERAGE(C4:C13)를 입력하고 Enter 를 누릅니다.

03. C14셀을 선택한 후 채우기 핸들에서 마우스 포인터가 +로 변경되면 F14셀까지 채워줍니다.

	A	B	C	D	E	F	G	H
1			시대인 주식회사 매출 현황					
2								
3	사원번호	사원이름	2019년	2020년	2021년	2022년		
4	001	김기찬	2,540,000	3,600,000	5,200,000	8,500,000		
5	002	진용훈	5,102,000	2,580,000	4,500,000	3,600,000		
6	003	강주미	4,520,100	4,500,000	2,500,000	4,500,000		
7	004	김대근	3,560,000	3,600,000	1,360,000	5,000,000		
8	005	허병숙	2,500,000	4,500,000	4,500,000	7,500,000		
9	006	최남선	1,980,000	5,210,000	4,560,000	6,302,000		
10	007	이주호	2,100,000	2,360,000	7,600,000	4,100,000		
11	008	김준서	2,560,000	3,500,000	8,900,000	4,700,000		
12	009	유재윤	5,000,000	8,000,000	6,500,000	8,600,000		
13	010	김사랑	4,500,000	4,200,000	3,500,000	3,620,000		
14	평균		=AVERAGE(C4:C13)					
15								
16								

☑ 최대값을 구하는 MAX 함수

=MAX(범위)
지정된 범위 안에 있는 최대값을 구합니다.

01. C14셀에 =MAX(C4:C13)를 입력한 후 Enter 를 누릅니다. C4:C13셀 범위 중에서 가장 큰
    값이 추출됩니다.

◢	A	B	C	D	E	F	G	H
1			시대인 주식회사 매출 현황					
2								
3	사원번호	사원이름	2019년	2020년	2021년	2022년		
4	001	김기찬	2,540,000	3,600,000	5,200,000	8,500,000		
5	002	진용훈	5,102,000	2,580,000	4,500,000	3,600,000		
6	003	강주미	4,520,100	4,500,000	2,500,000	4,500,000		
7	004	김대근	3,560,000	3,600,000	1,360,000	5,000,000		
8	005	허병숙	2,500,000	4,500,000	4,500,000	7,500,000		
9	006	최남선	1,980,000	5,210,000	4,560,000	6,302,000		
10	007	이주호	2,100,000	2,360,000	7,600,000	4,100,000		
11	008	김준서	2,560,000	3,500,000	8,900,000	4,700,000		
12	009	유재윤	5,000,000	8,000,000	6,500,000	8,600,000		
13	010	김사랑	4,500,000	4,200,000	3,500,000	3,620,000		
14	최대 매출액		=MAX(C4:C13)	8,000,000	8,900,000	8,600,000		
15								
16								

☑ 최소값을 구하는 MIN 함수

=MIN(범위)

지정된 범위 안에 있는 최소값을 구합니다.

01. C14셀에 =MIN(C4:C13)을 입력한 후 Enter 를 누릅니다. C4:C13셀 범위 중에서 가장 작은 값이 추출됩니다.

◢	A	B	C	D	E	F	G	H
1			시대인 주식회사 매출 현황					
2								
3	사원번호	사원이름	2019년	2020년	2021년	2022년		
4	001	김기찬	2,540,000	3,600,000	5,200,000	8,500,000		
5	002	진용훈	5,102,000	2,580,000	4,500,000	3,600,000		
6	003	강주미	4,520,100	4,500,000	2,500,000	4,500,000		
7	004	김대근	3,560,000	3,600,000	1,360,000	5,000,000		
8	005	허병숙	2,500,000	4,500,000	4,500,000	7,500,000		
9	006	최남선	1,980,000	5,210,000	4,560,000	6,302,000		
10	007	이주호	2,100,000	2,360,000	7,600,000	4,100,000		
11	008	김준서	2,560,000	3,500,000	8,900,000	4,700,000		
12	009	유재윤	5,000,000	8,000,000	6,500,000	8,600,000		
13	010	김사랑	4,500,000	4,200,000	3,500,000	3,620,000		
14	최소 매출액		=MIN(C4:C13)	2,360,000	1,360,000	3,600,000		
15								
16								

=COUNTIF(조건범위,"조건")
조건범위 안에 조건이 포함되어 있는 셀의 개수를 구합니다. 조건에는 큰따옴표("")를 반드시 넣어줍니다.

=COUNTIFS(조건범위1,"조건1",조건범위2,"조건2"....)
다중 조건을 만족하는 셀의 개수를 구합니다. 조건에는 큰따옴표("")를 반드시 넣어줍니다.

✅ 제품코드가 EX-2016인 개수 구하기

01. 제품코드가 EX-2016인 개수를 구하기 위해서는 E20셀를 선택합니다. 조건범위는 제품
코드가 있는 B4:B19셀까지가 되고 조건은 "EX-2016"입니다.

02. =COUNTIF(B4:B19,"EX-2016")를 입력한 후 Enter 를 누릅니다.

조건범위 조건

=COUNTIF(B4:B19,"EX−2016")

	A	B	C	D	E	F	G	H	I
1			곰피디 출판사 판매내역						
2									
3		제품코드	판매사원	제품명	주문수량				
4		EX-2016	곰피디	엑셀강좌 2016	526				
5		PT-2020	유재석	파워포인트 2020	300				
6		AC-2016	강호동	엑세스 강좌 2016	1250				
7		EX-2016	유재석	엑셀강좌 2016	852				
8		PT-2020	곰피디	파워포인트 2020	310				
9		AC-2016	유재석	엑세스 강좌 2016	520				
10		EX-2016	강호동	엑셀강좌 2016	365				
11		PT-2020	유재석	파워포인트 2020	987				
12		AC-2016	강호동	엑세스 강좌 2016	456				
13		EX-2016	유재석	엑셀강좌 2016	150				
14		AC-2016	곰피디	엑세스 강좌 2016	870				
15		EX-2016	곰피디	엑셀강좌 2016	530				
16		PT-2020	유재석	파워포인트 2020	1230				
17		EX-2016	곰피디	엑셀강좌 2016	200				
18		AC-2016	강호동	엑세스 강좌 2016	152				
19		PT-2020	곰피디	파워포인트 2020	190				
20		제품코드가 EX-2016인 개수			=COUNTIF(B4:B19,"EX-2016")				
21		판매사원이 곰피디인 개수							
		제품코드가 EX-2016이고							

☑ 판매사원이 곰피디인 개수 구하기

01. 판매사원이 곰피디인 개수를 구하기 위해서는 E21셀을 선택합니다. 조건범위는 판매사원
이 있는 C4:C19셀까지가 되고 조건은 "곰피디"입니다.

02. =COUNTIF(C4:C19,"곰피디")를 입력한 후 Enter 를 누릅니다.
조건범위   조건

=COUNTIF(C4:C19,"곰피디")

	A	B	C	D	E	F	G	H	I	J	K
1			곰피디 출판사 판매내역								
2											
3		제품코드	판매사원	제품명	주문수량						
4		EX-2016	곰피디	엑셀강좌 2016	526						
5		PT-2020	유재석	파워포인트 2020	300						
6		AC-2016	강호동	엑세스 강좌 2016	1250						
7		EX-2016	유재석	엑셀강좌 2016	852						
8		PT-2020	곰피디	파워포인트 2020	310						
9		AC-2016	유재석	엑세스 강좌 2016	520						
10		EX-2016	강호동	엑셀강좌 2016	365						
11		PT-2020	유재석	파워포인트 2020	987						
12		AC-2016	강호동	엑세스 강좌 2016	456						
13		EX-2016	유재석	엑셀강좌 2016	150						
14		AC-2016	곰피디	엑세스 강좌 2016	870						
15		EX-2016	곰피디	엑셀강좌 2016	530						
16		PT-2020	유재석	파워포인트 2020	1230						
17		EX-2016	곰피디	엑셀강좌 2016	200						
18		AC-2016	강호동	엑세스 강좌 2016	152						
19		PT-2020	곰피디	파워포인트 2020	190						
20		제품코드가 EX-2016인 개수			6						
21		판매사원이 곰피디인 개수			=COUNTIF(C4:C19,"곰피디")						
22		제품코드가 EX-2016이고 판매사원이 곰피디인 개수									
23		판매사원이 곰피디이고 수량이 500이상인 개수									
24		제품코드가 PT-2020 이고 판매사원이 유재석이고, 주문수량이 300 이하인 개수									

☑ 제품코드가 EX-2016이고 판매사원이 곰피디인 개수 구하기

제품코드가 EX-2016이고 판매사원이 곰피디인 개수를 구하려면 조건이 다중조건이기 때문에 COUNTIF 함수가 아닌 COUNTIFS 함수를 이용해서 구해야 합니다.

01. E22셀을 선택한 후

　　=COUNTIFS(B4:B19,"EX-2016",C4:C19,"곰피디")를 입력하고 Enter 를 누릅니다.

조건범위1 　조건1　　조건범위2　　조건2

=COUNTIFS(B4:B19,"EX-2016",C4:C19,"곰피디")

	A	B	C	D	E	F	G	H	I
1			곰피디 출판사 판매내역						
2									
3		제품코드	판매사원	제품명	주문수량				
4		EX-2016	곰피디	엑셀강좌 2016	526				
5		PT-2020	유재석	파워포인트 2020	300				
6		AC-2016	강호동	엑세스 강좌 2016	1250				
7		EX-2016	유재석	엑셀강좌 2016	852				
8		PT-2020	곰피디	파워포인트 2020	310				
9		AC-2016	유재석	엑세스 강좌 2016	520				
10		EX-2016	강호동	엑셀강좌 2016	365				
11		PT-2020	유재석	파워포인트 2020	987				
12		AC-2016	강호동	엑세스 강좌 2016	456				
13		EX-2016	유재석	엑셀강좌 2016	150				
14		AC-2016	곰피디	엑세스 강좌 2016	870				
15		EX-2016	곰피디	엑셀강좌 2016	530				
16		PT-2020	유재석	파워포인트 2020	1230				
17		EX-2016	곰피디	엑셀강좌 2016	200				
18		AC-2016	강호동	엑세스 강좌 2016	152				
19		PT-2020	곰피디	파워포인트 2020	190				
20		제품코드가 EX-2016인 개수			6				
21		판매사원이 곰피디인 개수			6				
22		제품코드가 EX-2016이고 판매사원이 곰피디인 개수			=COUNTIFS(B4:B19,"EX-2016",C4:C19,"곰피디")				
23		판매사원이 곰피디이고 수량이 500이상인 개수							
24		제품코드가 PT-2020 이고 판매사원이 유재석이고, 주문수량이 300 이하인 개수							

조건범위1	B4:B19
조건1	"EX-2016"
조건범위2	C4:C19
조건2	"곰피디"

☑ 판매사원이 곰피디이고 수량이 500 이상인 개수 구하기

01. E23셀을 선택한 후
　　=COUNTIFS(C4:C19,"곰피디",E4:E19,">=500")를 입력하고 Enter 를 누릅니다.

　　　조건범위1　　조건1　　조건범위2　　조건2

=COUNTIFS(C4:C19,"곰피디",E4:E19,">=500")

	A	B	C	D	E	F	G	H	I	J	K
1			곰피디 출판사 판매내역								
2											
3		제품코드	판매사원	제품명	주문수량						
4		EX-2016	곰피디	엑셀강좌 2016	526						
5		PT-2020	유재석	파워포인트 2020	300						
6		AC-2016	강호동	엑세스 강좌 2016	1250						
7		EX-2016	유재석	엑셀강좌 2016	852						
8		PT-2020	곰피디	파워포인트 2020	310						
9		AC-2016	유재석	엑세스 강좌 2016	520						
10		EX-2016	강호동	엑셀강좌 2016	365						
11		PT-2020	유재석	파워포인트 2020	987						
12		AC-2016	강호동	엑세스 강좌 2016	456						
13		EX-2016	유재석	엑셀강좌 2016	150						
14		AC-2016	곰피디	엑세스 강좌 2016	870						
15		EX-2016	곰피디	엑셀강좌 2016	530						
16		PT-2020	유재석	파워포인트 2020	1230						
17		EX-2016	곰피디	엑셀강좌 2016	200						
18		AC-2016	강호동	엑세스 강좌 2016	152						
19		PT-2020	곰피디	파워포인트 2020	190						
20		제품코드가 EX-2016인 개수			6						
21		판매사원이 곰피디인 개수			6						
22		제품코드가 EX-2016이고 판매사원이 곰피디인 개수			3						
23		판매사원이 곰피디이고 수량이 500이상인 개수			=COUNTIFS(C4:C19,"곰피디",E4:E19,">=500")						
24		제품코드가 PT-2020 이고 판매사원이 유재석이고, 주문수량이 300 이하인 개수									
25											

조건범위1	C4:C19
조건1	"곰피디"
조건범위2	E4:E19
조건2	">=500"

✅ 제품코드가 PT-2020이고 판매사원이 유재석이고 주문수량이 300 이하인 개수 구하기

01. E24셀을 선택한 후
   =COUNTIFS(B4:B19,"PT-2020",C4:C19,"유재석",E4:E19,"<=300")를 입력하고
   Enter 를 누릅니다.

$$=COUNTIFS(B4:B19,"PT-2020",$$
$$C4:C19,"유재석",E4:E19,"<=300")$$

	A	B	C	D	E	F	G	H	I	J	K
1			곰피디 출판사 판매내역								
2											
3		제품코드	판매사원	제품명	주문수량						
4		EX-2016	곰피디	엑셀강좌 2016	526						
5		PT-2020	유재석	파워포인트 2020	300						
6		AC-2016	강호동	엑세스 강좌 2016	1250						
7		EX-2016	유재석	엑셀강좌 2016	852						
8		PT-2020	곰피디	파워포인트 2020	310						
9		AC-2016	유재석	엑세스 강좌 2016	520						
10		EX-2016	강호동	엑셀강좌 2016	365						
11		PT-2020	유재석	파워포인트 2020	987						
12		AC-2016	강호동	엑세스 강좌 2016	456						
13		EX-2016	유재석	엑셀강좌 2016	150						
14		AC-2016	곰피디	엑세스 강좌 2016	870						
15		EX-2016	곰피디	엑셀강좌 2016	530						
16		PT-2020	유재석	파워포인트 2020	1230						
17		EX-2016	곰피디	엑셀강좌 2016	200						
18		AC-2016	강호동	엑세스 강좌 2016	152						
19		PT-2020	곰피디	파워포인트 2020	190						
20		제품코드가 EX-2016인 개수			6						
21		판매사원이 곰피디인 개수			6						
22		제품코드가 EX-2016이고 판매사원이 곰피디인 개수			3						
23		판매사원이 곰피디이고 수량이 500이상인 개수			3						
24		제품코드가 PT-2020 이고 판매사원이 유재석이고, 주문수량이 300 이하인 개수			=COUNTIFS(B4:B19,"PT-2020",C4:C19,"유재석",E4:E19,"<=300")						
25											

조건범위1	B4:B19
조건1	"PT-2020"
조건범위2	C4:C19
조건2	"유재석"
조건범위3	E4:E19
조건3	"<=300"

> =RANK(내 점수,전체 점수 범위,정렬) ^{절대값(F4키)}
> 내 점수가 전체 점수 범위 중에 몇 위인지를 구할 때 사용하는 함수입니다. 전체 점수 범위는 절대 바뀌면 안
> 되는 범위이기 때문에 F4를 눌러서 절대값으로 지정합니다.
>
> *옵션
> － 0 또는 생략 : 내림차순 정렬(제일 큰 점수가 1등)
> － 1 : 오름차순 정렬(제일 작은 점수가 1등)

✅ 주문 순위 구하기(주문수량이 가장 많은 판매사원이 1등)

01. 주문수량의 내림차순 순위를 구하기 위해 G4셀을 선택한 후
    =RANK(E4,$E$4:$E$19)를 입력합니다.
    =RANK(E4,$E$4:$E$19,0)로 입력해도 같은 결과가 나타납니다.
    － E4셀에 있는 주문수량이 주문수량 전체 범위인 E4:E19셀 범위 중에 몇 위인지를 구합
      니다. 주문수량 전체 범위는 F4를 누릅니다.

02. G4셀을 선택한 후 채우기 핸들에서 마우스 포인터가 +로 변할 때 드래그하여 G19셀까지
    채워줍니다.

	A	B	C	D	E	F	G	H	I
1				곰피디 출판사 판매내역					
2									
3		제품코드	판매사원	제품명	주문수량	반품수량	주문 순위 (내림차순)	반품 순위 (오름차순)	
4		EX-2016	곰피디	엑셀강좌 2016	526	=RANK(E4,$E$4:$E$19)			
5		PT-2020	유재석	파워포인트 2020	300	26			
6		AC-2016	강호동	엑세스 강좌 2016	1250	12			
7		EX-2016	유재석	엑셀강좌 2016	852	24			
8		PT-2020	곰피디	파워포인트 2020	310	18			
9		AC-2016	유재석	엑세스 강좌 2016	520	80			
10		EX-2016	강호동	엑셀강좌 2016	365	20			
11		PT-2020	유재석	파워포인트 2020	987	15			
12		AC-2016	강호동	엑세스 강좌 2016	456	3			
13		EX-2016	유재석	엑셀강좌 2016	150	9			
14		AC-2016	곰피디	엑세스 강좌 2016	870	10			
15		EX-2016	곰피디	엑셀강좌 2016	530	25			
16		PT-2020	유재석	파워포인트 2020	1230	41			
17		EX-2016	곰피디	엑셀강좌 2016	200	11			
18		AC-2016	강호동	엑세스 강좌 2016	152	23			
19		PT-2020	곰피디	파워포인트 2020	190	5			
20									

✅ 반품 순위 구하기(반품수량이 가장 적은 판매사원이 1등)

01. 반품수량의 오름차순 순위를 구하기 위해 H4셀을 선택한 후
    =RANK(F4,$F$4:$F$19,1)를 입력합니다.
       내점수 전체 점수 범위 정렬

    – F4셀에 있는 반품수량이 반품수량 전체 범위인 F4:F19셀 범위 중에 몇 위인지를 구합니
      다. 반품수량이 가장 작은 값을 1위로 지정해야 하므로 정렬에 1을 입력합니다.

02. H4셀을 선택한 후 채우기 핸들에서 마우스 포인터가 +로 변할 때 드래그하여 H19셀까지
    채워줍니다.

	A	B	C	D	E	F	G	H	I
1				곰피디 출판사 판매내역					
2									
3		제품코드	판매사원	제품명	주문수량	반품수량	주문 순위 (내림차순)	반품 순위 (오름차순)	
4		EX-2016	곰피디	엑셀강좌 2016	526	35		=RANK(F4,$F$4:$F$19,1)	
5		PT-2020	유재석	파워포인트 2020	300	26	12		
6		AC-2016	강호동	엑세스 강좌 2016	1250	12	1		
7		EX-2016	유재석	엑셀강좌 2016	852	24	5		
8		PT-2020	곰피디	파워포인트 2020	310	18	11		
9		AC-2016	유재석	엑세스 강좌 2016	520	80	8		
10		EX-2016	강호동	엑셀강좌 2016	365	20	10		
11		PT-2020	유재석	파워포인트 2020	987	15	3		
12		AC-2016	강호동	엑세스 강좌 2016	456	3	9		
13		EX-2016	유재석	엑셀강좌 2016	150	9	16		
14		AC-2016	곰피디	엑세스 강좌 2016	870	10	4		
15		EX-2016	곰피디	엑셀강좌 2016	530	25	6		
16		PT-2020	유재석	파워포인트 2020	1230	41	2		
17		EX-2016	곰피디	엑셀강좌 2016	200	11	13		
18		AC-2016	강호동	엑세스 강좌 2016	152	23	15		
19		PT-2020	곰피디	파워포인트 2020	190	5	14		
20									

<2개의 조건>
=IF(조건,참,거짓)
<3개의 조건>
=IF(조건1,참1,IF(조건2,참2,거짓))
<4개의 조건>
=IF(조건1,참1,IF(조건2,참2,IF(조건3,참3,거짓)))

☑ 평가1 : 평균이 90 이상이면 "우수", 평균이 90 미만이면 빈 셀을 나타내라.

01. 평가1은 조건이 2개이기 때문에 =IF(조건,참,거짓) 공식에 맞추어 구해줍니다.

	A	B	C	D	E	F	G	H	I
1									
2	No	반	성 명	국 어	영 어	수 학	평 균	평가 1	평가 2	수업
3	1	1반	진상훈	100	94	92	=IF(G3>=90,"우수","")		
4	2	2반	이정일	88	50	98	79		
5	3	1반	고성훈	72	55	89	72		
6	4	3반	명연정	60	76	57	64		
7	5	2반	정수정	78	82	74	78		
8	6	4반	박부선	95	86	100	94		
9	7	4반	김성자	83	52	56	64		
10	8	3반	박정효	95	90	95	93		
11	9	2반	윤서민	71	53	73	66		
12	10	3반	서태규	63	92	76	77		
13									

조건	G3>=90 G3셀의 평균이 90이상이면
참	"우수" "우수"를 나타내고
거짓	"" 그렇지 않으면 빈 셀 ""을 나타내라.

02. H3셀을 선택한 후 =IF(G3>=90,"우수","")를 입력하고 [Enter]를 누릅니다. 다시 H3셀을 선택한 후 채우기 핸들에서 마우스 포인터가 +로 변하면 드래그하여 H12셀까지 채워줍니다.

✅ 평가2 : 영어점수가 90 이상이면 "해외연수", 영어점수가 80 이상 90 미만이면 "국내연수" 영어점수가 80 미만이면 빈 셀을 나타내라.

01. 평가2는 조건이 3개이기 때문에 =IF(조건1,참1,IF(조건2,참2,거짓)) 공식에 맞추어 구해줍니다.

	A	B	C	D	E	F	G	H	I	J	K
1											
2	No	반	성 명	국 어	영 어	수 학	평 균	평가 1	평가 2	수업장소	
3	1	1반	진상훈	100	94	92	=IF(E3>=90,"해외연수",IF(E3>=80,"국내연수",""))				
4	2	2반	이정일	88	50	98	79				
5	3	1반	고성훈	72	55	89	72				
6	4	3반	명연정	60	76	57	64				
7	5	2반	정수정	78	82	74	78				
8	6	4반	박부선	95	86	100	94	우수			
9	7	4반	김성자	83	52	56	64				
10	8	3반	박정효	95	90	95	93	우수			
11	9	2반	윤서민	71	53	73	66				
12	10	3반	서태규	63	92	76	77				
13											

조건1	E3>=90 E3셀의 영어가 90 이상이면
참1	"해외연수" "해외연수"를 나타내고
조건2	E3>=80 E3셀의 영어가 80 이상이면
참2	"국내연수" "국내연수"를 나타내고
거짓	"" 그렇지 않으면 빈 셀 ""을 나타내라.

02. I3셀을 선택한 후 =IF($\underset{\text{조건1}}{E3>=90}$,$\underset{\text{참1}}{\text{"해외연수"}}$,IF($\underset{\text{조건2}}{E3>=80}$,$\underset{\text{참2}}{\text{"국내연수"}}$,$\underset{\text{거짓}}{\text{""}}$))를 입력하고 Enter를 누릅니다. 다시 I3셀을 선택한 후 채우기 핸들에서 마우스 포인터가 +로 변하면 드래그하여 I12셀까지 채워줍니다.

✅ 반이 1반이면 "음악실", 2반이면 "실과실", 3반이면 "컴퓨터실", 4반이면 "과학실"이라고 나타내라.

01. 평가2는 조건이 4개이기 때문에 =IF(조건1, 참1, IF(조건2, 참2, IF(조건3, 참3, 거짓))) 공식에 맞추어 구해줍니다.

	A	B	C	D	E	F	G	H	I	J	K	L	M
1													
2	No	반	성 명	국 어	영 어	수 학	평 균	평가 1	평가 2	수업장소			
3	1	1반	진상훈	100	94	92		=IF(B3="1반","음악실",IF(B3="2반","실과실",IF(B3="3반","컴퓨터실","과학실")))
4	2	2반	이정일	88	50	98	79						
5	3	1반	고성훈	72	55	89	72						
6	4	3반	명연정	60	76	57	64						
7	5	2반	정수정	78	82	74	78		국내연수				
8	6	4반	박부선	95	86	100	94	우수	국내연수				
9	7	4반	김성자	83	52	56	64						
10	8	3반	박정효	95	90	95	93	우수	해외연수				
11	9	2반	윤서민	71	53	73	66						
12	10	3반	서태규	63	92	76	77		해외연수				
13													
14													

조건1	B3="1반" B3셀의 반이 "1반"이면
참1	"음악실" "음악실"을 나타내고
조건2	B3="2반" B3셀의 반이 "2반"이면
참2	"실과실" "실과실"을 나타내고
조건3	B3="3반" B3셀의 반이 "3반"이면
참3	"컴퓨터실" "컴퓨터실"을 나타내고
거짓	"과학실" 그렇지 않으면 "과학실"을 나타내라.

02. J3셀을 선택한 후 =IF(B3="1반","음악실",IF(B3="2반","실과실",IF(B3="3반","컴퓨터실","과학실")))를 입력하고 Enter 를 누릅니다. 다시 J3셀을 선택한 후 채우기 핸들에서 마우스 포인터가 +로 변하면 드래그하여 J12셀까지 채워줍니다.

* LEFT(셀 안에 있는 문자열 중 왼쪽에서 글자 수만큼 추출해주는 함수)
  =LEFT(셀 또는 값,글자수)
* RIGHT(셀 안에 있는 문자열 중 오른쪽에서 글자 수만큼 추출해주는 함수)
  =RIGHT(셀 또는 값,글자수)

☑ 거래처 : 거래코드의 앞 한 글자가 "A"이면 "AA거래처", "B"이면 "BB거래처", "C"이면 "CC거래처"라고 나타내라.

01. 이 문제는 IF 함수와 LEFT 함수를 중첩해서 사용해야 합니다. D5셀을 선택한 후
    =IF(LEFT(B5,1)="A","AA거래처",IF(LEFT(B5,1)="B","BB거래처","CC거래처"))를 입력
    하고 Enter 를 누릅니다.

	A	B	C	D	G	H	I	J	K
1									
2		곰피디 주식회사 거래내역							
3									
4		거래코드	판매물품	거래처	매출액	할인액			
5		B-001	모니터	=IF(LEFT(B5,1)="A","AA거래처",IF(LEFT(B5,1)="B","BB거래처","CC거래처"))					
6		A-124	마우스		2,314,000				
7		C-652	마우스		3,250,000				
8		B-001	스피커		6,380,000				
9		A-121	스피커		16,500,000				
10		C-582	모니터		22,050,000				
11		B-541	마우스		2,340,000				
12		A-111	스피커		9,680,000				
13		C-222	스피커		16,500,000				
14		B-532	모니터		34,650,000				
15		C-941	스피커		11,000,000				
16		A-412	마우스		2,678,000				
17		B-842	모니터		44,100,000				
18									

조건1	LEFT(B5,1)="A" B5셀의 왼쪽에서 첫 글자가 "A"이면
참1	"AA거래처" "AA거래처"를 나타내고
조건2	LEFT(B5,1)="B" B5셀의 왼쪽에서 첫 글자가 "B"이면
참2	"BB거래처" "BB거래처"를 나타내고
거짓	"CC거래처" 그렇지 않으면 "CC거래처"를 나타내라.

02. D5셀을 선택한 후 채우기 핸들에서 마우스 포인트가 +모양일 때 드래그하여 D17셀까지 끌어줍니다.

☑ 할인액 : 거래코드의 마지막 한 글자가 "1"이면 매출액 × 1%, 거래코드의 마지막 한 글자가 "2"이면 매출액 × 2%로 나타내시오.

01. 이 문제는 IF 함수와 RIGHT 함수를 중첩해서 사용해야 합니다. H5셀을 선택한 후
=IF(RIGHT(B5,1)="1",G5*1%,G5*2%)를 입력하고 Enter를 누릅니다.

	A	B	C	D	G	H	I	J
1								
2			곰피디 주식회사 거래내역					
3								
4		거래코드	판매물품	거래처	매출액	할인액		
5		B-001	모니터	BB거래처	1	=IF(RIGHT(B5,1)="1",G5*1%,G5*2%)		
6		A-124	마우스	AA거래처	2,314,000			
7		C-652	마우스	CC거래처	3,250,000			
8		B-001	스피커	BB거래처	6,380,000			
9		A-121	스피커	AA거래처	16,500,000			
10		C-582	모니터	CC거래처	22,050,000			
11		B-541	마우스	BB거래처	2,340,000			
12		A-111	스피커	AA거래처	9,680,000			
13		C-222	스피커	CC거래처	16,500,000			
14		B-532	모니터	BB거래처	34,650,000			
15		C-941	스피커	CC거래처	11,000,000			
16		A-412	마우스	AA거래처	2,678,000			
17		B-842	모니터	BB거래처	44,100,000			
18								

조건1	RIGHT(B5,1)="1" B5셀의 오른쪽 첫 글자가 "1"이면
참1	G5*1% 매출액인 G5셀에서 1%를 곱한 값을 나타내고
거짓	G5*2% 그렇지 않으면 매출액인 G5셀에서 2%를 곱한 값을 나타내라.

02. H5셀을 선택한 후 채우기 핸들에서 마우스 포인트가 +모양일 때 드래그하여 H17셀까지 끌어줍니다.

=SUMIF(조건범위,"조건",합계범위)

조건범위 안에 조건이 포함되어 있는 합을 구합니다.

=SUMIFS(합계범위,조건범위1,"조건1",조건범위2,"조건2"....)

다중 조건을 만족하는 합을 구합니다.

※ 조건에서 셀을 참조하는 경우에는 큰따옴표("")를 넣지 않지만 직접입력할 때는 큰따옴표("")를 반드시 넣어줍니다.

✅ 제조팀이 생산3팀인 단가, 생산수량, 판매총액의 합 구하기

01. 조건범위는 제조팀이 있는 B4:B11셀이고, 조건은 "생산3팀"입니다. 합계범위는 조건을 만족하는 단가의 합을 구하려면 D4:D11셀, 생산수량의 합을 구하려면 E4:E11셀, 판매총액의 합을 구하려면 F4:F11셀의 범위를 지정합니다.

	A	B	C	D	E	F	G
1				특산물 판매현황			
2							
3		제조팀	상품명	단가	생산수량	판매총액	비고
4		생산1팀	사과	3,300	1,100	3,630,000	
5		생산2팀	딸기	4,600	500	2,300,000	
6		생산3팀	메론	8,000	230	1,840,000	
7		생산2팀	사과	2,500	260	650,000	
8		생산3팀	딸기	8,500	130	1,105,000	
9		생산1팀	메론	3,300	520	1,716,000	
10		생산1팀	사과	4,600	200	920,000	
11		생산2팀	딸기	2,500	390	975,000	
12		제조팀이 생산3팀인 합계		=SUMIF($B$4:$B$11,"생산3팀",D4:D11)			
13		상품명이 딸기인 합계					
14		제조팀이 생산1팀이고 사과인 합계					
15		상품명이 사과이고 단가가 3000 이상인 합계					

조건범위	B4:B11
조건	"생산3팀"
합계범위	단가의 합 - D4:D11
	생산수량의 합 - E4:E11
	판매총액의 합 - F4:F11

02. 제조팀이 생산3팀인 단가의 합계를 구하기 위해서는 D12셀을 선택한 후
=SUMIF($B$4:$B$11,"생산3팀",D4:D11)를 입력하고 **Enter** 를 누릅니다.

※ 조건범위인 B4:B11셀을 절대값으로 지정하여 고정한 후 D12셀의 채우기 핸들로 F12셀까지 드래그하면 나머지의 합도 쉽게 구할 수 있습니다. 엑셀의 상대참조, 절대참조, 혼합참조에 대해서 잘 익혀두기를 바랍니다.

☑ 상품명이 딸기 단가, 생산수량, 판매총액의 합 구하기

01. 조건범위는 상품명이 있는 C4:C11셀이고, 조건은 "딸기"입니다. 합계범위는 조건을 만족하는 단가의 합을 구하려면 D4:D11셀, 생산수량의 합을 구하려면 E4:E11셀, 판매총액의 합을 구하려면 F4:F11셀의 범위를 지정합니다.

	A	B	C	D	E	F	G
1				**특산물 판매현황**			
2							
3		제조팀	상품명	단가	생산수량	판매총액	비고
4		생산1팀	사과	3,300	1,100	3,630,000	
5		생산2팀	딸기	4,600	500	2,300,000	
6		생산3팀	메론	8,000	230	1,840,000	
7		생산2팀	사과	2,500	260	650,000	
8		생산3팀	딸기	8,500	130	1,105,000	
9		생산1팀	메론	3,300	520	1,716,000	
10		생산1팀	사과	4,600	200	920,000	
11		생산2팀	딸기	2,500	390	975,000	
12		제조팀이 생산3팀인 합계		16,500	360	2,945,000	
13		상품명이 딸기인 합계		=SUMIF($C$4:$C$11,"딸기",D4:D11)			
14		제조팀이 생산1팀이고 사과인 합계					
15		상품명이 사과이고 단가가 3000 이상인 합계					

조건범위	C4:C11	
조건	"딸기"	
	단가의 합 – D4:D11	
합계범위	생산수량의 합 – E4:E11	
	판매총액의 합 – F4:F11	

02. 상품명이 딸기인 단가의 합계를 구하기 위해서는 D13셀을 선택한 후
=SUMIF($C$4:$C$11,"딸기",D4:D11)를 입력하고 **Enter** 를 누릅니다.

03. D13셀을 선택한 후 채우기 핸들을 끌어 F13셀까지 채워줍니다.

✅ 제조팀이 생산1팀이고 상품명이 사과인 단가, 생산수량, 판매총액의 합 구하기

이번 문제는 다중 조건이기 때문에 SUMIFS 함수를 이용해서 구해야 합니다.

01. 합계범위는 단가의 합을 구하려면 D4:D11셀, 생산수량의 합을 구하려면 E4:E11셀, 판매 총액의 합을 구하려면 F4:F11셀의 범위를 지정합니다. 조건범위1은 제조팀인 B4:B11셀 이고, 조건1은 "생산1팀", 조건범위2는 상품명인 C4:C11셀이고, 조건2는 "사과"입니다.

A	B	C	D	E	F	G
1			**특산물 판매현황**			
2						
3	제조팀	상품명	단가	생산수량	판매총액	비고
4	생산1팀	사과	3,300	1,100	3,630,000	
5	생산2팀	딸기	4,600	500	2,300,000	
6	생산3팀	메론	8,000	230	1,840,000	
7	생산2팀	사과	2,500	260	650,000	
8	생산3팀	딸기	8,500	130	1,105,000	
9	생산1팀	메론	3,300	520	1,716,000	
10	생산1팀	사과	4,600	200	920,000	
11	생산2팀	딸기	2,500	390	975,000	
12	제조팀이 생산3팀인 합계		16,500	360	2,945,000	
13	상품명이 딸기인 합계		15,600	1,020	4,380,000	
14	제조팀이 생산1팀이고 사과인 합계		=SUMIFS(D4:D11,$B$4:$B$11,"생산1팀",$C$4:$C$11,"사과")			
15	상품명이 사과이고 단가가 3000 이상인 합계					

합계범위	단가의 합 – D4:D11
	생산수량의 합 – E4:E11
	판매총액의 합 – F4:F11
조건범위1	B4:B11
조건1	"생산1팀"
조건범위2	C4:C11
조건2	"사과"

02. D14셀을 선택한 후
=SUMIFS(D4:D11, $B$4:$B$11, "생산1팀", $C$4:$C$11, "사과")를 입력하고 Enter 를 누릅니다.
　　　 합계범위　　 조건범위1　　 조건1　　　 조건범위2　　 조건2

03. D14셀을 선택한 후 채우기 핸들을 끌어 F14셀까지 채워줍니다.

☑ 상품명이 사과이고 단가가 3000 이상인 단가, 생산수량, 판매총액의 합 구하기

이번 문제는 다중 조건이기 때문에 SUMIFS 함수를 이용해서 구해야 합니다.

01. 합계범위는 단가의 합을 구하려면 D4:D11셀, 생산수량의 합을 구하려면 E4:E11셀, 판매
총액의 합을 구하려면 F4:F11셀의 범위를 지정합니다. 조건범위1은 상품명인 C4:C11셀
이고, 조건1은 "사과", 조건범위2는 단가인 D4:D11셀이고, 조건2는 ">=3000"입니다.

	A	B	C	D	E	F	G
1				특산물 판매현황			
2							
3		제조팀	상품명	단가	생산수량	판매총액	비고
4		생산1팀	사과	3,300	1,100	3,630,000	
5		생산2팀	딸기	4,600	500	2,300,000	
6		생산3팀	메론	8,000	230	1,840,000	
7		생산2팀	사과	2,500	260	650,000	
8		생산3팀	딸기	8,500	130	1,105,000	
9		생산1팀	메론	3,300	520	1,716,000	
10		생산1팀	사과	4,600	200	920,000	
11		생산2팀	딸기	2,500	390	975,000	
12		제조팀이 생산3팀인 합계		16,500	360	2,945,000	
13		상품명이 딸기인 합계		15,600	1,020	4,380,000	
14		제조팀이 생산1팀이고 사과인 합계		7,900	1,300	4,550,000	
15		상품명이 사과이고 단가가 3000 이상인 합계		=SUMIFS(D4:D11,$C$4:$C$11,"사과",$D$4:$D$11,">=3000")			

합계범위	단가의 합 – D4:D11
	생산수량의 합 – E4:E11
	판매총액의 합 – F4:F11
조건범위1	C4:C11
조건1	"사과"
조건범위2	D4:D11
조건2	">=3000"

02. D15셀을 선택한 후
=SUMIFS(D4:D11,$C$4:$C$11,"사과",$D$4:$D$11,">=3000")를 입력하고 Enter 를
누릅니다.

03. D15셀을 선택한 후 채우기 핸들을 끌어 F15셀까지 채워줍니다.

=SUMPRODUCT(배열1,배열2....)
배열끼리 곱한 후에 그 곱의 합을 구합니다.

✅ 총 매출액 구하기

01. A제품에서 D제품까지 대응하는 셀인 각 수량과 단가를 곱해서 나타난 값의 합계를 구합니다.

02. 제품별 수량과 단가를 곱한 매출액을 합해서 =SUM(E5:E8)으로 총 매출액을 구해도 되지만, SUMPRODUCT 함수를 이용하면 더욱 쉽게 구할 수 있습니다.

03. =SUMPRODUCT(C5:C8,D5:D8)를 입력한 결과는
    (C5*D5)+(C6*D6)+(C7*D7)+(C8*D8)한 결과와 같습니다.

	A	B	C	D	E	F
1						
2		곰피디 주식회사 매출액				
3						
4	.	제품	수량	단가	매출액	
5		A제품	50	20,000	1,000,000	
6		B제품	89	15,000	1,335,000	
7		C제품	125	25,000	3,125,000	
8		D제품	58	30,000	1,740,000	
9		총 매출액	=SUMPRODUCT(C5:C8,D5:D8)			
10						
11						

☑ 거래처가 A이고 판매물품이 마우스인 매출액의 합을 구하기

➡ SUMPRODUCT 함수에서 조건이 2개일 경우에는 제일 먼저 조건이 AND(그리고) 조건인지, OR(또는) 조건인지 확인합니다.

➡ AND 조건일 때는 *(곱하기), OR 조건일 때는 +(더하기)를 사용해 줍니다.

	A	B	C	D	E	F	G	H	I	J
1										
2			곰피디 주식회사 거래내역							
3										
4		거래처	판매물품	수량	단가	매출액				
5		B	모니터	50	350,000	17,500,000				
6		A	마우스	89	26,000	2,314,000				
7		C	마우스	125	26,000	3,250,000				
8		B	스피커	58	110,000	6,380,000				
9		A	스피커	150	110,000	16,500,000				
10		C	모니터	63	350,000	22,050,000				
11		B	마우스	90	26,000	2,340,000				
12		A	스피커	88	110,000	9,680,000				
13		C	스피커	150	110,000	16,500,000				
14		B	모니터	99	350,000	34,650,000				
15		C	스피커	100	110,000	11,000,000				
16		A	마우스	103	26,000	2,678,000				
17		B	모니터	126	350,000	44,100,000				
18		거래처가 A이고 판매물품이 마우스인 매출액의 합				=SUMPRODUCT((B5:B17="A")*(C5:C17="마우스"),F5:F17)				
19										

=SUMPRODUCT((B5:B17="A")*(C5:C17="마우스"), F5:F17)

조건1	AND	조건2	곱한 후에 합계를 구할 범위
①	③	②	④

① · ② **조건1&조건2** : B5:B17셀 중에서 "A"이고, C5:C17셀 중에서 "마우스"를 둘 다 만족하면 TRUE(1), 그렇지 않으면 FALSE(0) 값을 나타냅니다.

③ AND : 조건1과 조건2를 모두 만족해야만 TRUE(1)를 나타냅니다.

④ **곱한 후 합계범위** : (조건1)*(조건2)에서 나타난 1 또는 0의 값과 대응하는 셀인 매출액의 값을 곱해서 나타난 값의 합계를 구합니다.

(B5:B17="A")*(C5:C17="마우스")
2개의 조건 중 모두 만족하면 1,
그렇지 않으면 0

주식회사 거래내역

거래처	판매물품	수량	단가	매출액	
B	모니터	[0] 50	350,000	17,500,000	0×17,500,000=0
A	마우스	[1] 89	26,000	2,314,000	1×2,314,000=2,314,000
C	마우스	[0] 125	26,000	3,250,000	0×3,250,000=0
B	스피커	[0] 58	110,000	6,380,000	0×6,380,000=0
A	스피커	[0] 150	110,000	16,500,000	0×6,500,000=0
C	모니터	[0] 63 ×	350,000	22,050,000	0×22,050,000=0
B	마우스	[0] 90	26,000	2,340,000	0×2,340,000=0
A	스피커	[0] 88	110,000	9,680,000	0×9,680,000=0
C	스피커	[0] 150	110,000	16,500,000	0×16,500,000=0
B	모니터	[0] 99	350,000	34,650,000	0×34,650,000=0
C	스피커	[0] 100	110,000	11,000,000	0×11,000,000=0
A	마우스	[1] 103	26,000	2,678,000	1×2,678,000=2,678,000
B	모니터	[0] 126	350,000	44,100,000	0×44,100,000=0
거래처가 A이고 판매물품이 마우스인 매출액의 합				4,992,000	곱해서 나타난 값의 합을 구함

08 지정된 셀 또는 값이 숫자이면 TRUE(1), 숫자가 아니면 FALSE(0) 값을 반환하는 ISNUMBER 함수

=ISNUMBER(값)

값	ISNUNBER 결과	함수식	
1	TRUE	=ISNUMBER(B3)	
200	TRUE	=ISNUMBER(B4)	값이 숫자일 경우 TRUE, 숫자가 아닐 경우는 FALSE를 반환한다.
1000	TRUE	=ISNUMBER(B5)	
A123	FALSE	=ISNUMBER(B6)	
AB567	FALSE	=ISNUMBER(B7)	
05월 05일	TRUE	=ISNUMBER(B8)	

=FIND(찾을 문자,텍스트,시작위치)

지정한 문자열에서 찾는 글자가 몇 번째에 있는지 해당 위치를 반환합니다. 찾는 문자가 없다면 #VALUE! 오류를 발생시킵니다.

- 찾을 문자 : 찾고자 하는 문자열
- 텍스트 : 찾을 문자열이 포함된 전체 문자열
- 시작위치 : 찾을 문자를 몇 번째 위치부터 찾을지 시작위치 지정(생략하면 1로 처리한다)

☑ 과제등급이 A인 시작위치를 반환하기

	A	B	C	D	E	F
1						
2	학생이름	과제등급	FIND함수 결과	FIND 함수식		
3	김기찬	C	#VALUE!	=FIND("A",$B$3:$B$22)		
4	신용욱	C	#VALUE!	=FIND("A",$B$3:$B$22)		
5	김정현	A	1	=FIND("A",$B$3:$B$22)		
6	김미라	C	#VALUE!	=FIND("A",$B$3:$B$22)		
7	박찬호	B	#VALUE!	=FIND("A",$B$3:$B$22)		
8	박현정	C	#VALUE!	=FIND("A",$B$3:$B$22)		
9	주미심	A	1	=FIND("A",$B$3:$B$22)		
10	이소라	B	#VALUE!	=FIND("A",$B$3:$B$22)		
11	이재민	C	#VALUE!	=FIND("A",$B$3:$B$22)		
12	성진효	C	#VALUE!	=FIND("A",$B$3:$B$22)		
13	최진현	B	#VALUE!	=FIND("A",$B$3:$B$22)		
14	홍길동	A	1	=FIND("A",$B$3:$B$22)		
15	송대관	A	1	=FIND("A",$B$3:$B$22)		
16	송경관	B	#VALUE!	=FIND("A",$B$3:$B$22)		
17	김춘봉	A	1	=FIND("A",$B$3:$B$22)		
18	임현식	B	#VALUE!	=FIND("A",$B$3:$B$22)		
19	임지민	A	1	=FIND("A",$B$3:$B$22)		
20	진상훈	C	#VALUE!	=FIND("A",$B$3:$B$22)		
21	임현옥	A	1	=FIND("A",$B$3:$B$22)		
22	김경태	B	#VALUE!	=FIND("A",$B$3:$B$22)		
23						

=FIND("A",$B$3:$B$22)

찾을 문자	텍스트	시작위치 생략
①	②	③

① 찾을 문자 : A라는 값을 찾아라.

② 텍스트 : A라는 문자열이 포함된 위치를 B3:B22셀 안에서 찾아라.

③ 시작위치 : 생략했기 때문에 첫 번째 시작위치를 반환하라.

01. 과제등급(B3:B22) 중에 A가 포함된 셀의 위치를 반환하려면 C3셀에 =FIND("A", $B$3:$B$22)를 입력하고 Enter 를 누릅니다.
02. C3셀을 선택한 후 채우기 핸들을 끌어 C22셀까지 채워줍니다. 과제등급에 "A"가 포함된 경우에만 시작위치인 1이 반환되고 "A"라는 문자열이 없으면 #VALUE! 오류가 발생합니다.

10 숫자 값이나 함수식의 결과값을 원하는 자리에서 반올림하는 ROUND 함수

=ROUND(셀 또는 함수식,자릿수)

✅ ROUND 계열 자릿수 이해하기

자릿수	반올림 자리	자릿수	반올림 자리
−1	십의 자리	0	일의 자리(정수)
−2	백의 자리	1	소수점 첫째 자리
−3	천의 자리	2	소수점 둘째 자리
−4	만의 자리	3	소수점 셋째 자리
−5	십만 자리	4	소수점 넷째 자리

✅ 셀 안에 있는 값을 ROUND 함수로 반올림하기

	A	B	C	D	E	F
1						
2		반올림 자리	자릿수	값	결과	함수식
3		천의 자리	-3	1234.5678	1000	=ROUND(E3,-3)
4		백의 자리	-2	1234.5678	1200	=ROUND(E4,-2)
5		십의 자리	-1	1234.5678	1230	=ROUND(E5,-1)
6		일의 자리	0	1234.5678	1235	=ROUND(E6,0)
7		소수점 첫째 자리	1	1234.5678	1234.6	=ROUND(E7,1)
8		소수점 둘째 자리	2	1234.5678	1234.57	=ROUND(E8,2)
9						

01. D3셀에 1234.5678이라는 값을 천의 자리에서 반올림하여 나타내기 위해서
    =ROUND(D3,−3)를 입력한 후 [Enter]를 누르면 D3셀에 있는 1234.5678이라는 값이 천
    셀 자릿수
    의 자리에서 반올림되어 1000이라는 값이 반환됩니다.
02. 위 그림과 같이 자리수를 다르게하여 반올림할 수 있습니다.

✅ 함수식을 ROUND 함수로 반올림하기

	A	B	C	D	E	F
1						
2		번호	이름	국어	함수식	
3		1	신지혜	85.5		
4		2	주미선	95.5		
5		3	김도현	80		
6		4	김선진	60.5		
7		5	유재효	90		
8		과목별 평균		82.3	=AVERAGE(D4:D8)	
9		과목별 평균(반올림)		82	=ROUND(AVERAGE(D3:D7),0)	
10						

01. 위 그림과 같이 국어 점수의 과목별 평균을 구하기 위해서 D8셀에
    =AVERAGE(D4:D8)를 입력하면 82.3이라는 소수점이 포함된 값이 나타납니다.
02. AVERAGE 함수식 앞에 ROUND 함수를 중첩하여 =ROUND(AVERAGE(D3:D7),0)를 입
    함수식   자릿수
    력하면 일의 자리에서 반올림된 82라는 값이 나타납니다.

※ 무조건 올림
  =ROUNDUP(셀 또는 함수식,자릿수)
※ 무조건 내림
  =ROUNDDOWN(셀 또는 함수식,자릿수)

➡ ROUNDUP 함수와 ROUNDDOWN 함수도 같이 기억합니다. 사용방법은 ROUND 함수와 동일합니다.

✅ 판매물품이 모니터 또는 스피커인 매출액의 합계 구하기

> ➡ FIND 함수 : 모니터 또는 OR(+) 스피커라는 글자가 있으면 1이라는 숫자(위치값)를 반환하고 없으면
> #VALUE!라는 오류값을 반환합니다.
> ➡ ISNUMBER 함수 : FIND 함수로 구한 값이 숫자이면 TRUE(1), 그렇지 않으면 FALSE(0)를 반환
> 합니다.
> ➡ SUMPRODUCT 함수 : ISNUMBER 함수로 추출된 TRUE(1), FALSE(0)와 대응하는 매출액끼
> 리 곱하고 곱한 값의 합계를 구합니다.

01. F18셀에 =SUMPRODUCT(ISNUMBER(FIND("모니터",$C$5:$C$17))+ISNUMBER
(FIND("스피커",$C$5:$C$17)),F5:F17)를 입력한 후 Enter 를 누릅니다.

거래처	판매물품	수량	단가	매출액
			곰피디 주식회사 거래내역	
B	모니터	50	350,000	17,500,000
A	마우스	89	26,000	2,314,000
C	마우스	125	26,000	3,250,000
B	스피커	58	110,000	6,380,000
A	스피커	150	110,000	16,500,000
C	모니터	63	350,000	22,050,000
B	마우스	90	26,000	2,340,000
A	스피커	88	110,000	9,680,000
C	스피커	150	110,000	16,500,000
B	모니터	99	350,000	34,650,000
C	스피커	100	110,000	11,000,000
A	마우스	103	26,000	2,678,000
B	모니터	126	350,000	44,100,000
판매물품이 모니터 또는 스피커인 매출액의 합계				=SUMPRODUCT(ISNUMBER(FIND("모니터",$C$5:$C$17))+ISNUMBER(FIND("스피커",$C$5:$C$17)),F5:F17)

> 1) LEFT 함수 : 텍스트 왼쪽에서 원하는 문자열 추출
> =LEFT(문자열,문자의 개수)
>
> 2) RIGHT 함수 : 텍스트 오른쪽에서 원하는 문자열 추출
> =RIGHT(문자열,문자의 개수)
>
> 3) MID 함수 : 위치와 개수를 지정하여 원하는 문자열 추출
> =MID(문자열,시작위치,문자의 개수)

☑ B3셀에서 왼쪽에서 두 글자 추출하기

01. C3셀에서 =LEFT(B3,2)를 입력하고 [Enter]를 누릅니다. B3셀에 있는 문자열 중 왼쪽에서
    두 글자 "사무"가 추출됩니다.

☑ B3셀에서 오른쪽에서 네 글자 추출하기

01. E3셀에서 =RIGHT(B3,4)를 입력하고 [Enter]를 누릅니다. B3셀에 있는 문자열 중 오른쪽
    에서 네 글자 "산업기사"가 추출됩니다.

☑ B3셀에서 세 번째 위치부터 세 글자 추출하기

01. G3셀에서 =MID(B3,3,3)를 입력하고 [Enter]를 누릅니다. B3셀에 있는 문자열 중 세 번째
    에 있는 글자부터 시작해서 세 글자 "자동화"가 추출됩니다.

▲ A	B	C	D	E	F	G	H	I
1								
2	문자열	LEFT		RIGHT		MID		
3	사무자동화산업기사	사무	=LEFT(B3,2)	산업기사	=RIGHT(B3,4)	자동화	=MID(B3,3,3)	
4								

13 ▶ **SUMPRODUCT & LEFT 함수**

⊘ 판매물품이 모니터 또는 스피커인 매출액의 합계 구하기

➡ 판매사원(B5:B17)셀의 왼쪽에서 한 글자가 "이"이면서 그리고 AND(*) 판매물품(C5:C17)셀이 "모니터"이면 TRUE(1), 그렇지 않으면 FALSE(0)를 반환합니다.

➡ 두 조건으로 추출된 TRUE(1), FALSE(0)와 대응하는 매출액과 곱한 값의 합계를 구합니다.

01. F18셀에 =SUMPRODUCT((LEFT(B5:B17,1)="이")*(C5:C17="모니터"),F5:F17)를 입력한 후 Enter 를 누릅니다.

	A	B	C	D	E	F	G	H	I	J
1										
2				곰피디 주식회사 거래내역						
3										
4		판매사원	판매물품	수량	단가	매출액				
5		이정일	모니터	50	350,000	17,500,000				
6		하정희	마우스	89	26,000	2,314,000				
7		이선유	마우스	125	26,000	3,250,000				
8		김진주	스피커	58	110,000	6,380,000				
9		주미선	스피커	150	110,000	16,500,000				
10		이선진	모니터	63	350,000	22,050,000				
11		최유진	마우스	90	26,000	2,340,000				
12		김지훈	스피커	88	110,000	9,680,000				
13		이기쁨	스피커	150	110,000	16,500,000				
14		허영민	모니터	99	350,000	34,650,000				
15		김주효	스피커	100	110,000	11,000,000				
16		허병숙	마우스	103	26,000	2,678,000				
17		이미경	모니터	126	350,000	44,100,000				
18		판매사원이 이씨이면서 판매물품이 모니터인 매출액의 합				=SUMPRODUCT((LEFT(B5:B17,1)="이")*(C5:C17="모니터"),F5:F17)				
19										

=CONCATENATE(연결대상1,연결대상2...)

여러 개의 연결대상을 하나의 문자열로 연결하여 나타냅니다.

✓ 판매사원의 오른쪽에서부터 2자리와 "/"와 판매물품 연결하기

01. G5셀을 선택한 후 =CONCATENATE(RIGHT(B5,2),"/",C5)를 입력하고 Enter 를 누릅니다.

연결대상1	RIGHT(B5,2)	B5셀의 오른쪽에서 두 글자
연결대상2	"/"	문자열 "/"
연결대상3	C5	C5셀에 있는 값

▲	A	B	C	D	E	F	G	H	I
1									
2				곰피디 주식회사 거래내역					
3									
4		판매사원	판매물품	수량	단가	매출액	연결		
5		이정일	모니터	50	350,000	17,500,000	=CONCATENATE(RIGHT(B5,2),"/",C5)		
6		하정희	마우스	89	26,000	2,314,000	정희/마우스		
7		이선유	마우스	125	26,000	3,250,000	선유/마우스		
8		김진주	스피커	58	110,000	6,380,000	진주/스피커		
9		주미선	스피커	150	110,000	16,500,000	미선/스피커		
10		이선진	모니터	63	350,000	22,050,000	선진/모니터		
11		최유진	마우스	90	26,000	2,340,000	유진/마우스		
12		김지훈	스피커	88	110,000	9,680,000	지훈/스피커		
13		이기쁨	스피커	150	110,000	16,500,000	기쁨/스피커		
14		허영민	모니터	99	350,000	34,650,000	영민/모니터		
15		김주효	스피커	100	110,000	11,000,000	주효/스피커		
16		허병숙	마우스	103	26,000	2,678,000	병숙/마우스		
17		이미경	모니터	126	350,000	44,100,000	미경/모니터		
18									

시대에듀가 합격을 준비하는 당신에게 제안합니다.

성공의 기회! **시대에듀**를 잡으십시오.
성공의 Next Step!

결심하셨다면 지금 당장 실행하십시오.
시대에듀와 함께라면 문제없습니다.

기회란 포착되어 활용되기 전에는
기회인지조차 알 수 없는 것이다.

- 마크 트웨인 -

유선배 과외!

자격증 다 덤벼!
나랑 한판 붙자

- ✓ 혼자 하기 어려운 공부, 도움이 필요한 학생들!
- ✓ 체계적인 커리큘럼으로 공부하고 싶은 학생들!
- ✓ 열심히는 하는데 성적이 오르지 않는 학생들!

유튜브 무료 강의 제공
핵심 내용만 쏙쏙! 개념 이해 수업

[자격증 합격은 유선배와 함께!]

맡겨주시면 결과로 보여드리겠습니다.

| SQL개발자
(SQLD) | GTQ포토샵&
GTQ일러스트
(GTQi) 1급 | 웹디자인기능사 | 사무자동화
산업기사 | 사회조사분석사
2급 | 정보통신기사 |

나는 이렇게 합격했다

자격명 : 위험물산업기사
구분 : 합격수기
작성자 : 배*상

나는할수있다
69년생50중반직장인 입니다. 요즘
자격증을2개정도는가지고 입사하는젊은친구들에게
일을시키고 지시하는 역할이지만 정작 제자신에게 부족한점
이많다는것을느꼈기 때문에자격증을따야겠다고
결심했습니다.처음 시작할때는과연되겠
냐?하는의문과걱정 이한가득이었지만
시대에듀인강 을우연히접하게
되었고잘차려 진밥상과같은커
리큘럼은뒤늦게시 작한늦깍이수험 생이었던저를
합격의길 로인도해주었습니다.직장생활을
하면서취득했기에더욱기뻤습니다.
합격은 시대에듀

감사합니다!

당신의 합격 스토리를 들려주세요.
추첨을 통해 선물을 드립니다.

QR코드 스캔하고 ▷ ▷ ▷ ▶
이벤트 참여해 푸짐한 경품받자!

베스트 리뷰	상/하반기 추천 리뷰	인터뷰 참여
갤럭시탭/ 버즈 2	상품권/ 스벅커피	백화점 상품권

합격의 공식
시대에듀